MITARBEITER DIESES BANDES

Prof. Dr. Werner Caskel †
(Universität Köln)
Kapitel 4

Prof. Dr. Otto Eißfeldt
(Universität Halle)
Kapitel 3

Dr. M. I. Finley
(Universität Cambridge)
Kapitel 7

Prof. Dr. Philo H. J. Houwink ten Cate
(Universität Amsterdam)
Kapitel 2

Dr. Friedrich Karl Kienitz
(Wedel in Holstein)
Kapitel 6

Prof. Dr. René Labat
(Collège de France, Paris)
Kapitel 1

Prof. Dr. Hermann De Meulenaere
(Koninklijke Musea voor Kunst en Geschiedenis, Brüssel)
Kapitel 5

Dr. Hans Th. Asbeck (München)
übersetzte Kapitel 2 und 5 aus dem Niederländischen.

Prof. Dr. Dietz Otto Edzard (Universität München)
übersetzte Kapitel 1 aus dem Französischen.

Christoph Schneider (Köln)
übersetzte Kapitel 7 aus dem Englischen.

ZUR UMSCHRIFT DER EIGENNAMEN

Die altorientalischen Orts-, Völker- und Personennamen sind in der wissenschaftlichen Umschriftweise wiedergegeben, soweit sich nicht die biblischen Formen (z. B. Sanherib) oder sonstige vereinfachte Schreibungen (z. B. Urartu statt Urarṭu) eingebürgert haben.

č	=	tsch
ḏ	=	stimmhaftes engl. th (there)
ǧ	=	dsch
ġ	=	Zäpfchen-r
ḥ	=	semitisches gepreßtes h
ḫ	=	ach-Laut
q	=	semitisches ›velares‹ k
š	=	sch
ṯ	=	stimmloses engl. th (think)
ṣ, ṭ	=	semitische ›velarisierte‹ (emphatische) s, t
ā, ē usw.	=	langes a, e usw.
ʾ	=	fester Stimmeinsatz
ʿ	=	gepreßter Kehllaut

1. Assyrien und seine Nachbarländer (Babylonien, Elam, Iran) von 1000 bis 617 v. Chr. Das neubabylonische Reich bis 539 v. Chr.

I. DIE ARAMÄISCHE WANDERUNG UND DIE RENAISSANCE ASSYRIENS

Das Ereignis, das zu Beginn des 1. Jahrtausends v. Chr. der Geschichte des Nahen Ostens seinen besonderen Stempel aufgedrückt hat, ist die siegreiche Expansion der aramäischen Nomadenstämme und ihre Landnahme in Nordsyrien, im Tal des Euphrat und im Süden Mesopotamiens[1]. Assyrien machte damals eine lange Schwächeperiode durch und hatte sich vor den Aramäern auf sein nationales Kerngebiet zurückgezogen.

Am Anfang des 10. Jahrhunderts finden wir die Aramäer im großen Euphratbogen südlich von Karkemiš schon fest angesiedelt. Noch ein Jahrhundert zuvor hatte Tiglatpilesar I. in dieser Gegend die Übergangsstellen befestigen lassen und mit Besatzungen versehen. So konnte er die Aramäer eine Zeitlang auf das jenseitige Ufer bannen. Aber unter der langen ruhmlosen Regierung des Aššur-rabi (1010–970) wurden die letzten dieser Sperriegel nacheinander aufgesprengt. Mutkinu am Ostufer des Euphrat und Pitru am Sağūr, einem der von rechts kommenden Nebenflüsse, fielen ihnen in die Hände. Damit war das Hindernis überwunden, und beiderseits des Euphrat erstreckte sich jetzt das aramäische Königreich von Bīt-Adini mit der Hauptstadt Til Barsip (Tell Aḥmar).

Der Strom der Eindringlinge wälzte sich weiter. Im Tal des Baliḫ entstanden zwei aramäische Fürstentümer und weitere im Tal des Ḫābūr. Von diesen war Bīt-Baḫiani am Oberlauf des Ḫābūr das bedeutendste. Seine Hauptstadt Guzana (Tell Ḥalaf) nahm eine Schlüsselstellung auf der Straße ein, die Assyrien mit dem Euphrat verbindet. Ausgrabungen haben hier den Palast eines Aramäerfürsten freigelegt, der wahrscheinlich zu Beginn des 9. Jahrhunderts lebte.

Der mächtige Stamm der Temaniten ist noch weiter östlich bis an den Tigris vorgestoßen. In der Umgebung der Städte Nasibīna (Nisibis), Ḫuzirīna und Gidara gründete er neue Staaten. Gidara wurde als letzte Stadt zur Zeit Tiglatpilesars II. eingenommen (966–935), und die Aramäer tauften sie in Radammāte um.

Südlich vom großen Euphratbogen wurde das Flußtal fortschreitend von aramäischen Stammesteilen besetzt, die sich hier niederließen und sich als unabhängige Fürstentümer etablierten:

Laqê in der Gegend der Ḫābūr-Mündung, Ḫindanu am Euphratknie und vor allem Suḫi, das damals von Anat bis nach Rapiqu reichte. Das Tal bildet hier oft nur einen schmalen Fruchtlandstreifen, eingezwängt zwischen Wüstenzonen. Die Städte liegen nicht selten auf Inseln im Fluß und haben folglich eine hervorragende Verteidigungsposition. Dadurch wurden die noch nomadisierenden Stämme gezwungen, sich weiter im Süden Übergangsstellen und Siedlungsgebiete zu suchen. Auf der Höhe von Akkad, d. h. an der Stelle, an der sich Tigris und Euphrat am nächsten kommen, bot sich der bequemste Übergang. Das ganze Gebiet um Sippar und Babylon bis in die Nähe des heutigen Baghdad hatte unter den Razzien beutehungriger Aramäerscharen zu leiden.

In der ersten Hälfte des 11. Jahrhunderts usurpierte ein Aramäerscheich namens Adad-apla-iddin den Thron von Babylon. Assyrien mußte hilflos zusehen und ihn anerkennen. In der Folgezeit zerfiel das Königreich Babylonien, um sich weiter östlich auf den Höhenzügen jenseits des Tigris, zwischen Dēr und Arrapḫa, neu zu konstituieren. Die großen Heiligtümer von Babylon, Borsippa und Kutha konnten sich so gut wie ganz von jeglicher politischen Bindung befreien. Die Tempel mit ihren Ländereien, Lehen und ihrem Personal sowie die Bewohner selbst unterstanden der Verwaltung durch priesterliche Behörden. Diese drei Städte waren sehr viel mehr als nur die nationalen Kultorte der babylonischen Könige; es waren heilige Städte geworden, denen das gesamte semitische Mesopotamien, ob nun Assyrer, Aramäer oder Chaldäer, seinen Kult zuwandte.

Weiter im Süden erstreckt sich bis zum Persischen Golf das weite Gebiet des ehemaligen Landes Sumer. Hier siedelten sich die mit den Aramäern eng verwandten Chaldäer an und bildeten, teils noch Nomaden, teils ganz seßhaft, um die Mitte des 9. Jahrhunderts sechs Stammesfürstentümer ohne feste Grenzen: Larak, Bīt-Dakkuri, Bīt-Amukkani, Bīt-Silanni, Bīt-Sa'alli und Bīt-Jakīn. Diese Völkerschaften, insbesondere Bīt-Jakīn, sollten ziemlich bald Babyloniens Lebensgeister zu neuem Leben erwecken.

Am Unterlauf des Tigris, südlich von der Mündung der Dijāla (Turnat), hatten sich ebenfalls große Aramäerstämme festgesetzt; es waren dies die Lita'u, Puqudu, Gambulu und Ḫindaru.

So schloß der gewaltige Völkerstrom der Aramäer nicht nur Assyrien und Babylonien vom Ḫābūr bis nach Elam eng ein; er breitete sich auch westlich vom Euphrat in Nordsyrien aus. Hier waren die Aramäer auf die Konföderation der neuhethitischen Staaten von Karkemiš, Ḥama, Aleppo und Ḫattina gestoßen, die ihnen bald stärkeren, bald geringeren Widerstand leisteten. Das Gebiet von Aleppo und Arpad fiel ihnen ziemlich rasch zu, und es bildete sich hier der Aramäerstaat von Bīt-Agusi. Dieser stieß im Osten an das ebenfalls aramäische Bīt-Adini, berührte aber im Westen das hethitische Fürstentum von Ḫattina in der Ebene von Antiochien, während er im Norden durch den Sağūr vom hethitischen Karkemiš getrennt war, das noch bis zur Zeit Sargons II. unabhängig blieb.

In nordwestlicher Richtung waren andere aramäische Stämme im 10. oder 9. Jahrhundert in das Tal des Karasu am Fuße des Amanus eingedrungen und hatten dort das Königreich von Ja'udi bzw. Sam'al mit der Hauptstadt Sam'al (Zincirli) gegründet.

Ḥama und Umgebung im Tal des Orontes war wahrscheinlich schon am Ende des 11. Jahrhunderts unter die Kontrolle der Aramäer geraten. Bei der Ausgrabung dieser Stadt trat eine aramäische Schicht zutage, die unmittelbar über der hethitischen lag. Zur gleichen Zeit besetzten die Aramäer vermutlich das gesamte Tal des Orontes und des Litani.

Das südliche Syrien fiel den Aramäern so gut wie kampflos in die Hände; denn dieses Gebiet war schon seit geraumer Zeit ohne politischen Zusammenhang gewesen. Die Namen der dort neu gegründeten Staaten kennen wir aus den alttestamentlichen Berichten über die Aramäerkämpfe des Saul, David und Salomo. Es handelt sich um Aram-Zoba in der Ebene der Beq'a, Aram-Bēt-Reḥōb, Aram-Ma'kā am Fuße des Hermon, um Gešūr im Ḥaurān und vor allem um das Königreich Damaskus, das als mächtigster dieser Staaten die politische Führungsrolle in der gesamten Konföderation innehatte.

Die drei Herrscher, die nach dem Jahre 1000 in Assyrien nacheinander den Thron innehatten – Aššur-rabi II., Aššur-rēš-iši II. und Tiglatpilesar II. – konnten dem unaufhaltsamen Vordringen der Aramäer nur mit Mühe standhalten. Aber unter Aššur-dān II. (935–912)[2] änderte sich die Lage, und das Kräfteverhältnis begann sich zu verschieben. Zwar spielt die Verteidigung des assyrischen Kerngebietes auch bei Aššur-dān II. noch eine wichtige Rolle; aber er ging zur Offensive über, und das bedeutete den Auftakt für die Wiedererstarkung Assyriens. So führte er Strafexpeditionen gegen Gebirgsstämme durch, die seine Grenzen verletzt hatten, zwang einen Aufstand der Bevölkerung des Muṣri-Gebirges (Ğebel Maqlūb) nordöstlich von Ninive nieder und eroberte zwei Städte von den Aramäern zurück. Freilich dürfen wir uns angesichts dieser Erfolge kein falsches Bild von den wiedererwachenden Kräften des Landes machen. In Assyrien herrschte noch Elend, und das Land wurde oft von Hungersnöten heimgesucht. Truppenaushebungen lasteten schwer auf der arbeitenden Bevölkerung. Aber in den Atempausen zwischen den einzelnen Feldzügen bemühte sich Aššur-dān, die einheimische Wirtschaft anzukurbeln. Er ließ der Bewässerung besondere

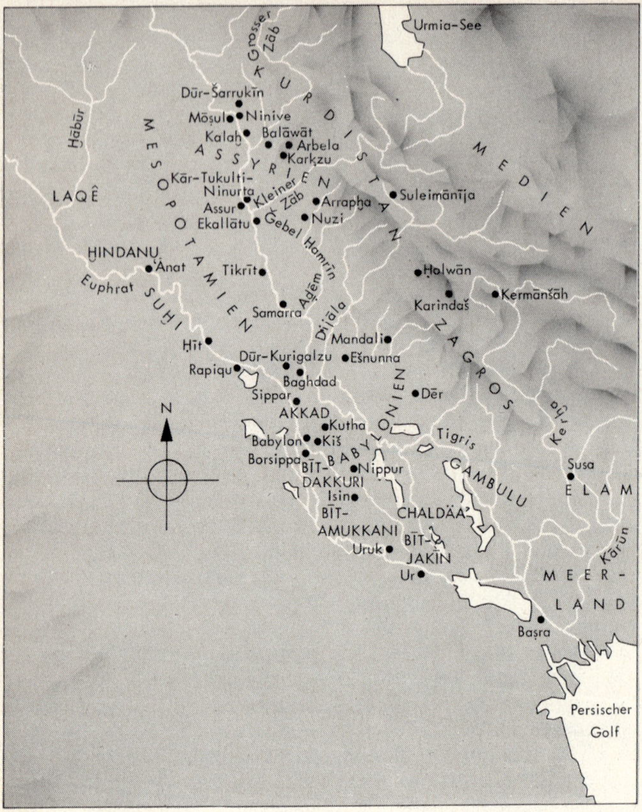

Abb. 1: Assyrien und Babylonien

Sorge angedeihen, ließ Pflüge herstellen, förderte die Viehzucht und errichtete öffentliche Bauten. Selbst die Jagd, auf der er Löwen, Wildtiere und Elefanten in großer Zahl zur Strecke brachte, war für ihn – wie später auch für seine Nachfolger – mehr eine Notwendigkeit als nur fürstlicher Zeitvertreib.

Unter seinem Sohn und Nachfolger Adad-nirāri II. (912–891)[3] zeichnet sich der politische Wiederaufstieg Assyriens schon viel deutlicher ab. Adadnirāri ließ sich seine militärischen Unternehmungen nicht mehr von den Ereignissen aufdrängen, wie das zumeist noch bei seinem Vater der Fall gewesen war, sondern er selbst ergriff die Initiative. Seine Feldzüge entsprechen, so hat es den Anschein, bereits einem wohldurchdachten Plan.

Wie in der Zeit Tiglatpilesars I. versucht Assyrien wieder ans Mittelmeer zu gelangen. Aber die Aramäer blockierten den Zugang an zwei Stellen: Nördlich von Nisibis bildete das Gebirgsmassiv des Ṭūrʿ Abdīn, eine natürliche Bastion, den Rückhalt mehrerer Aramäerstaaten; und weiter westlich am Euphrat befanden sich die Übergänge nach Nordsyrien fest in der Hand der Hethiter von Karkemiš und des aramäischen Bīt-Adini. Adadnirāri II. ging zunächst daran, das erste Hindernis aus dem Weg zu räumen. Er verschaffte sich auf der zum Euphrat führenden Straße freien Durchgang bis zum Ḫābūr und säuberte ihre Zugangswege bis heran an die südlichen Gebirgshänge von Armenien.
Schon vorher oder auch in der Zeit zwischen diesen Unternehmungen griff Adadnirāri viermal das Nairi-Land zwischen dem Oberlauf von Euphrat und Tigris an, unterwarf das Gebiet von Kutmuḫi am rechten Ufer des Oberen Tigris und drang ins Gebirge östlich vom Kleinen Zāb ein. Unter dem Vorwand, daß ihn Šamaš-mudammiq von Babylon (um 941—901) provoziert habe, annektierte er einen Gebietsstreifen auf der Höhe von Laḫiru sowie die Festungen Arrapḫa (Kerkuk) und Lubda und regelte auf diese Weise gewaltsam das Verhältnis Assyrien-Babylonien mit Šamaš-mudammiq sowie später mit dessen Sohn Nabû-šum-ukīn. Danach schlossen die Könige ein Grenzabkommen, gaben sich gegenseitig ihre Töchter zur Frau und verpflichteten sich zu dauerhaftem Frieden.
Am Mittleren Euphrat machte sich Adadnirāri II. den Landstrich Suḫi tributpflichtig, nachdem er eine Anzahl Städte, u. a. Ḥīt, unterworfen hatte; auf diese Weise versuchte er, den Strom der Wüstennomaden einzudämmen.
Aber den heftigsten und zähesten Kampf führte er gegen das nordwestlich von Assyrien gelegene Ḫanigalbat. Um sich für einen künftigen Vorstoß nach Westen den Weg zu öffnen, mußte er zunächst jenen Sperriegel zerschlagen, den ihm die Aramäerstaaten vom Stamm der Temaniten in den Weg legten. Von diesen war Nasibīna (Nisibis), seinerzeit unter König Nūr-Adad, der mächtigste. Adadnirāri zog zweimal gegen die Temaniten zu Felde, brachte aber nur Teilerfolge heim. So ließ er einstweilen von diesem seinem Hauptziel ab und griff im Jahre darauf den benachbarten Aramäerstaat von Ḫuzirīna an. Er nahm dessen gleichnamige Hauptstadt ein und nahm den König Mamlu gefangen. Dem Dritten im Bunde, Gidara, widerfuhr dasselbe. Gidara wurde eingenommen und König Muquru gefangen weggeführt. Damit war Adadnirāri Herr über den größten Teil von Ḫanigalbat. Der Feldzug im Jahre nach der Einnahme von Gidara hatte denn auch kein anderes Ziel, als die Oberherrschaft zu festigen und die dem Besiegten auferlegten Tribute einzutreiben. Jetzt war nur noch der ursprüngliche Widersacher,

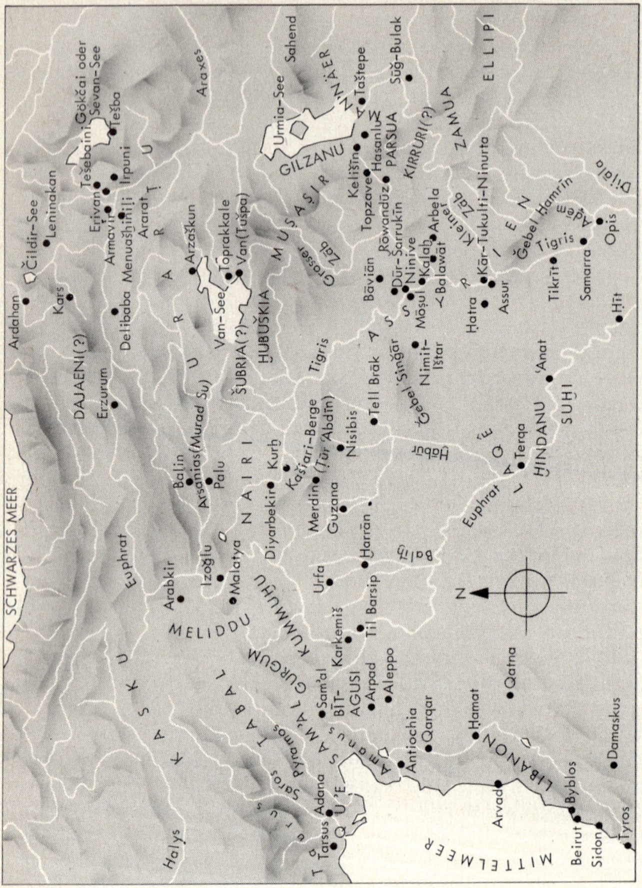

Abb. 2: Assyrien und Urartu

Nūr-Adad, auf dem Platze. Adadnirāri raffte alle Kräfte zusammen und schloß auf einem sechsten Feldzug Nisibis ein; nach hartnäckiger Belagerung wurde die Stadt im Sturm genommen. Nūr-Adad wurde mitsamt seinem Anhang gefangen nach Assyrien geführt. Auf einem siebten und letzten Feldzug wurde im Jahre darauf der Tribut von ganz Ḫanigalbat, das nunmehr als unterworfen gelten konnte, eingeholt.
Damit hatte Adadnirāri seinen Vorstoß zum Ḫābūr zum guten Ende geführt. Die Zahl seiner Feldzüge zeugt von seinem zähen

Willen und ebenso die Entschlossenheit, mit der er nacheinander Gidara und Nasibīna belagerte. Jetzt stand ihm das ganze Ḫābūr-Gebiet offen. Er zog flußabwärts und konnte ohne sonderliche Mühe die kleineren aramäischen Anrainerstaaten unterwerfen. Am Euphrat angelangt, nahm er den Tribut von Laqê und Ḫindanu entgegen.
Als Sieger auf ganzer Linie nannte sich Adad-nirāri II. mit Recht wieder »König der Gesamtheit« *(šar kiššati)* und »König der vier Weltgegenden« und griff damit auf Titel zurück, die sich in den vergangenen 150 Jahren keiner seiner Vorgänger rechtmäßig hatte zulegen können.
Sein Sohn Tukulti-Ninurta II. (891–884)[4] führte nur den ersten und geläufigeren dieser beiden Titel. Er setzte die militärischen Anstrengungen seines Vaters fort, nicht minder tatkräftig, aber vielleicht nicht auf ganz so breiter Basis. Mit einem Feldzug gegen Nairi hielt er den Druck Assyriens nach Nordwesten aufrecht. Er überquerte die Kašiari-Berge (Ṭūr ʿAbdīn) und unterwarf Bīt-Zamani mit den Hauptorten Amedi (heute Diyarbekir) und Tidu (beim heutigen Merdin). Ebenso bestätigte er die Macht Assyriens im Osten mit einem erfolggekrönten Feldzug in das Gebirgsland, das jenseits des Kirruri-Passes (östlich von Arbela) lag und von Gilzanu am Westufer des Urmia-Sees bis zu den Schluchten des Kleinen Zāb reichte.
Vor allem aber suchte er den Besitzstand im Tal des Ḫābūr und Mittleren Euphrat, die Eroberungen seines Vaters, zu sichern. Zu diesem Zweck griff er die schon von Adadnirāri II. unterworfenen Völker überraschend von der entgegengesetzten Seite an. Das Heer zog zunächst auf einem langen, beschwerlichen Marsch südwärts durch die Ğezīra, dem ausgetrockneten Wadi Ṯarṯār folgend. Auf der Höhe der Einmündung des ʿAḏēm in den Tigris führte der König das Heer ganz plötzlich an den Tigris heran und überrumpelte die dort ansässigen Utuāte, einen kriegerischen Aramäerstamm. Ebenso unvermittelt zog das Heer dann über Dūr-Kurigalzu (ʿAqar Qūf) und Sippar an den Euphrat und näherte sich dann euphrataufwärts wieder dem Ḫābūr. Tukulti-Ninurta ließ Ḥīt hinter sich und sammelte bei Anat den Tribut von Suḫi ein; dann fünf Tagesmärsche stromaufwärts den Tribut von Ḫindanu und weiter den Tribut von Laqê und Sirqu. Dann bog das Heer ins Tal des Ḫābūr ein, unterwarf und annektierte den Aramäerstaat Ḫanān, um sich schließlich Nasibīna und Ḫuzirīna zuzuwenden. Nachdem Tukulti-Ninurta von dort aus noch einen kurzen Abschreckungsfeldzug gegen die Moscher geführt hatte, betrat er wieder assyrischen Boden.
Assyriens Herrschaft über das Ḫābūr-Gebiet war nunmehr soweit gefestigt, daß Tukulti-Ninurta es sich leisten konnte, in Kaḫat, dem heutigen Tell Barrī am Ğaġġaġ, einen Palast zu bauen[5]. Darüber wurde aber die Hauptstadt nicht vernachlässigt.

Der König setzte die Befestigungen von Assur wieder instand, indem er die Mauern, die seit den fernen Tagen des Aššur-uballiṭ nicht mehr repariert worden waren, von Grund aus neu aufführte.

II. VERÄNDERUNGEN IN DER ETHNISCHEN UND POLITISCHEN STRUKTUR DER LÄNDER ÖSTLICH UND NÖRDLICH VON ASSYRIEN

Assyrien hatte seine Kraft zunächst vor allem auf Kosten der unmittelbar im Westen angrenzenden Aramäerstaaten wiedererlangt. Bei seinem weiteren Aufstieg zur militärischen Großmacht ließ es aber nicht nur seine anfänglichen Eroberungen im Westen weit hinter sich; es weitete sich auch in den östlichen Gebirgsländern aus und stieß immer weiter gegen das iranische Hochplateau vor.

Diese Gebiete hatten für Assyrien von jeher ein zweifaches Interesse: strategisch und wirtschaftlich. Jetzt aber war besondere Wachsamkeit vonnöten, weil die dortigen ethnischen und politischen Umwälzungen Assyriens Rohstoffversorgung in Frage stellten und das Land mit Invasionen bedrohten.

Seit 900 v. Chr. finden wir in den Berichten über Feldzüge im Osten zahlreiche Namen von Ländern und Provinzen, von denen die Assyrer bis dahin noch nie gehört hatten[6]: Zamua, Namri, Ḫabḫu, Ellipi, später Parsuaš, Mannäer, Meder, um die wichtigsten zu nennen.

Zamua wird zum ersten Mal in einem Feldzugsbericht Adadnirāris II. genannt. Es handelt sich dabei um das alte Lullubäerland, wie aus einer Stelle aus dem Bericht über den achten Feldzug Sargons II. hervorgeht. Dort heißt es am Anfang: »Ich brach von Kalaḫ auf und ließ meine Truppen den Unteren Zāb überschreiten ... Ich drang in die Pässe des Gebirges Kullar ein, eines Hochgebirges im Lande der Lullumäer [= Lullubäer], das (heute) Zamua heißt.« Kullar ist wahrscheinlich der heutige Kolara im Abschnitt des Kurkur Asos unweit von Darband-i-Ramkan. Zamua lag im Gebirge nördlich vom Paß Babite (heute Paß von Baziān) und den Dijāla-Quellen und umfaßte Täler und fruchtbare Ebenen, wie zum Beispiel die von Sumbi, die wohl der Ebene des heutigen Rania und Qalʿa Dizeh entspricht. Im Südwesten endete Zamua beim Paß des Landes Namar bzw. Namri; im Norden stieß das »innere Zamua« vermutlich an die sumpfigen Küstenniederungen des Urmia-Sees und grenzte dort namentlich an das Land Muṣaṣir und das Idäer- und Mannäerland. Öfters ist von »Königen« von Zamua die Rede. Das besagt wohl, daß sich die Bevölkerung aus einzelnen unabhängigen Stämmen zusammensetzte. Die größte Rolle spielte unter diesen offenbar der Stamm Dagara südöstlich vom Karadağ. Ergiebige

Ernten, Silber, Gold und Bronze, Webereierzeugnisse, Rinderherden und Pferdezucht machten Zamua zu einem wohlhabenden Lande.

Im Norden am Oberen Zāb lag das Land Ḫabḫu, dessen Einwohner sich mit der Bronzeherstellung und der Viehzucht befaßten. Später standen die Leute von Ḫabḫu auch als Leineweber in hohem Ruf und waren bekannt für ihre Wollfärberei und Silberverarbeitung. Nach Ḫabḫu, das von mächtigen Gebirgen umgeben war, gelangte man über den Paß von Ḫulun, zweifellos den heutigen Paß von Rowandūz. Mit seinen Nachbarländern Nairi und Kirruri unterhielt Ḫabḫu enge politische Beziehungen; auch waren die Sprachen dieser Länder miteinander verwandt. Ḫabḫu war in mehrere Distrikte unterteilt und hatte zahlreiche befestigte Städte.

Südlich von Zamua jenseits des Passes von Tugliaš lag Ellipi, das im Norden an Ḫarḫar, im Nordosten an den Distrikt von Ambanda und im Süden an Elam angrenzte. Bisweilen war Ḫarḫar in Ellipi mit einbezogen. Die Ellipäer waren hauptsächlich Viehzüchter. Sie waren offenbar mit den Lullubäern und Elamitern verwandt, jedoch schon ziemlich früh von iranischen Elementen durchsetzt worden. Ellipi verstand es, seine geographische Lage politisch auszunutzen, vor allem später, zur Zeit Sargons II.; denn es lag im Schnittpunkt der assyrischen und elamischen Einflußsphäre.

All diese bisher genannten Namen tauchen in den assyrischen Königsannalen zu Beginn des 1. Jahrtausends auf. Im 9. Jahrhundert kam Assyrien dann mit noch weiteren Ländern und Völkern in Berührung. Im Jahre 829 drang ein assyrisches Heer zum ersten Male südlich vom Urmia-See ins Land der Mannäer ein. Von diesem Lande können wir aufgrund eines Fundes *in situ* zumindest einen Punkt exakt lokalisieren. Es handelt sich um die Felsinschrift von Taštepe, etwa 8 km vom heutigen Čillik nicht weit vom Südufer des Urmia-Sees entfernt. Sie diente dem Gedächtnis an einen Sieg des Urartäerkönigs Menua über die Mannäer, und sie berichtet auch, daß Menua hier in der Stadt Mešta einen Palast errichtete. Das Mannäerland zerfiel in vier Hauptprovinzen: 1) Surikaš, Assyrien am nächsten gelegen, im Nordwesten vom Lande Karalla und im Süden vom Lande Allabria begrenzt; 2) Missi mit Taštepe und der weiter südlich in der Gegend von Sakkiz gelegenen Hauptstadt Izirtu bzw. Zirta; am Ostufer des Sees lag dann 3) Uišdiš, eine sehr wohlhabende und dicht bevölkerte Provinz, die bis zu den Hängen des Sahend reichte; und 4) das für seine Pferdezucht berühmte Subi, ebenfalls am Ostufer, aber auf der anderen Seite des Sahend in der Gegend von Sofiān. Nach Osten zum Kaspischen Meer hin waren die Länder Zikirtu und Andia in die mannäische Einflußsphäre einbezogen. Jedenfalls machten die

Abb. 3: Schale von Hasanlu

Herrscher der Mannäer, zumindest nominell, die Oberherrschaft über diese Länder geltend.
Ihre Wohlhabenheit verdankten die Mannäer der Pferdezucht und dem Pferdehandel, dem Anbau von Getreide und Wein und der Verarbeitung von Bronze, Eisen, Kupfer und Edelmetallen. Noch bevor die Mannäer in Abwehrkämpfe gegen Assyrien verwikkelt wurden, hatten sie sich schon gegen Territorialansprüche der Urartäer auf die Gegend des heutigen Täbris zur Wehr setzen müssen. Vermutlich war es der Kampf gegen diesen mächtigen Nachbarn, der den Mannäern im 8. Jahrhundert einen gewissen politischen Zusammenhalt bescherte.
Die Ausgrabungen der letzten Jahre in Hasanlu haben uns eine etwas klarere Vorstellung von der Kunst und Kultur der Mannäer vermittelt[7]. Hasanlu südwestlich vom Urmia-See nimmt eine wichtige Schlüsselstellung ein: Es überschaut das Tal von Solduz und liegt an einer Stelle, wo mehrere Straßen zusammenlaufen. Die Siedlungsschichten reichen von etwa 2100 bis 800 v. Chr. In den älteren Schichten begegnet uns eine Kultur von hurritischem Typus, die über einem Substrat liegt, das an zentraliranische Kulturen erinnert. Im 9. Jahrhundert macht sich ein überwiegend assyrischer Einfluß bemerkbar, und dieser blieb bestehen, bis die Stadt gegen Ende des Jahrhunderts zerstört

wurde, vermutlich durch die Hand der Urartäer. Im Laufe des 8. Jahrhunderts wurde die Stadt neu besiedelt. Die Keramik aus dieser Zeit weist gemeinsame Tendenzen einerseits mit der urartäischen Kunst auf, andererseits aber auch mit gewissen Fundobjekten aus dem Schatz im skythischen Fürstengrab von Ziwīje[8].

Das Land Parsuaš, den Nachbarn der Mannäer, lernten die Assyrer einige Jahre später kennen. Im Jahre 835 nahmen sie den Tribut von 27 »Königen« dieses Landes entgegen. Parsuaš war demnach wohl in zahlreiche mehr oder weniger voneinander unabhängige Stammesfürstentümer aufgegliedert. Die Lage von Parsuaš um diese Zeit erhellt daraus, daß die Provinz Missi als sein östlicher und Allabria als sein südlicher Nachbar genannt wird. Später, zu Anfang des 7. Jahrhunderts, scheint sich Parsuaš weiter nach Süden ausgedehnt zu haben, möglicherweise bis an die heutige Straße Baghdad-Hamadan heran. Noch später verschwand der Name Parsuaš von der politischen Landkarte des Zagros, um dann in der Form Parsumaš als Name einer noch weiter im Süden, im heutigen Baḫtiāri-Gebirge, gelegenen Landschaft wieder aufzutauchen. Dieses Schwanken sowohl in der Namensform als auch in der Lokalisierung bedeutet wohl, daß der ursprüngliche Landschaftsname auf ein Volk übertragen wurde, das langsam nach Süden wanderte. Es handelt sich um niemanden anders als die Perser, die allem Anschein nach ihren Namen von jenem Landstrich südwestlich vom Urmia-See bezogen haben, wo sie sich eine Zeitlang aufgehalten hatten.

Wir wissen freilich nicht, ob zu der Zeit, als zum ersten Male die Truppen Salmanassars III. nach Parsuaš hinabstiegen, bereits Perser in der Gegend waren. Es ist aber durchaus denkbar; denn es werden zur gleichen Zeit Meder zwischen Missi und Araziaḫ erwähnt, und das zeigt, daß sich bestimmte iranische Stämme bereits in der Gegend niedergelassen hatten. Einige Jahre später stieß Salmanassar in der Stadt Surdira im Vorland von Parsuaš auf einen Fürsten mit unbestreitbar iranischem Namen: Artašari. Im übrigen ist zu betonen, daß uns die Schriftquellen erst verhältnismäßig spät von der Landnahme der Iranier Kenntnis geben. Die Ankunft der Meder und Perser im Zagros scheint sich anfangs in der Form friedlicher Unterwanderung vollzogen zu haben. Die iranischen Stämme mit ihren Reitern und Streitwagen stellten sich in den Dienst einheimischer Herrscher und empfingen von ihnen als Gegenleistung Siedlungsplätze, Weidegebiete und Felder. Diese erste Phase des Einsickerns hat in der Geschichtsschreibung keine Spuren hinterlassen. Erst wenn iranische Stammesfürsten da und dort die einheimischen Fürsten verdrängten, bekamen die Assyrer unmittelbar mit ihnen zu tun und führten sie folglich in ihren Eroberungsberichten namentlich auf. So war der Iranier Artašari bzw. seine Familie zweifellos

schon längere Zeit in der Gegend von Surdira ansässig, als Salmanassar Anlaß hatte, ihn als den König dieser Stadt zu nennen.
Aufgrund von Ausgrabungen können wir eine Reihe der Stationen festlegen, die die Meder und Perser auf ihrer Wanderung im Inneren des iranischen Hochplateaus berührt haben: Tepe Sialk bei Kāšān, Tepe Gījān in der Ebene von Nehavend, Tepe Ḥisār und Turang Tepe in der Turkmenensteppe südlich vom Kaspischen Meer. An diesen Fundstätten treten seit dem Ende des 2. Jahrtausends neue Kulturformen auf; sie ermöglichen es uns, den Wanderweg des Volkes abzustecken, das etwa von Südosteuropa aufbrach, möglicherweise einen Bogen durch die Steppen Asiens beschrieb und dann entweder den Kaukasus durchquerte oder nördlich um das Kaspische Meer herumzog, um schließlich den Norden, dann den Westen des iranischen Hochplateaus zu erreichen. Die Reiternomaden, die ihre Herden vor sich hertrieben, haben sich wohl meistens friedlich inmitten der ortsansässigen Bevölkerung niedergelassen. Doch geschah es auch, wie zum Beispiel in Damghan, daß sie sich gewaltsam eine Reihe von Siedlungen der Einheimischen aneigneten.
Wir wissen zwar nicht, wie sich diese Invasoren damals nannten. Aber ihre materielle Kultur (Besonderheiten der Grabausstattung, Pferdeschmuck, Werkzeug, Keramik) zeigt eindeutig, daß es sich bei den Neuankömmlingen, deren Vorhut Salmanassar im Zagros antraf, um Indogermanen, und zwar um die Meder und Perser, handelt. Solche Wanderungen von Hirtenvölkern, die auf der Suche nach Weideland für ihre Herden sind, gehen langsam vor sich und erstrecken sich über Jahrhunderte. So waren sie bei der ersten Kontaktnahme mit den Assyrern noch keineswegs beendet. Im Hinterland waren weitere Bevölkerungsgruppen in Bewegung, von denen die Assyrer noch nichts wußten. Eine nicht unbedeutende Abteilung der Iranier, die Zikirtäer (die Sagartioi bei Herodot), war in der Gegend von Täbris im Vormarsch begriffen. Sie kamen vermutlich durch die Urartäer zum Stillstand; andere Iranier in der Gegend von Isfahan wurden durch die Elamiter aufgehalten.
Während die Stämme der Perser von den Regionen südlich vom Urmia-See aus den Zagros entlang ihren künftigen Wohngebieten um Persepolis entgegenwanderten, ergriff ein Iranier namens Pirisati am Ende des 8. Jahrhunderts die Herrschaft über Gizilbundi an der Grenze des Mannäerlandes. Von anderen Iraniern wiederum, Irtisari, Satiriai, Artisiraru, hören wir, daß sie sich an der Südgrenze Armeniens befanden.
Die Assyrer stießen zwar, wenn sie mit Iraniern zu tun bekamen, gewöhnlich nur auf eine beschränkte Anzahl feindlicher Soldaten und Reiter. Die Stämme der Meder waren noch voneinander isoliert und dürften jeder für sich kaum mehr als 2000

oder 3000 Krieger aufgeboten haben. Wenn aber Gefahr im Verzug war, konnte es vorkommen, daß sie sich auf ihr gemeinsames Volkstum besannen. Sie hatten sogar eine Art Bund gebildet, dessen Hauptstadt allerdings nicht zu allen Zeiten am selben Ort lag. Assyrien sollte sich eines Tages über die Gefahr klar werden, die ihm aus der Verbindung und Verschmelzung der noch verstreuten Stämme erwuchs.

Während sich also östlich von Assyrien bedrohliche Völkerwanderungen abspielten und sich die politische Landkarte neu gestaltete, kam es gleichzeitig an der Nordgrenze zu Ereignissen von nicht geringerer Tragweite, die den Verlauf der Geschichte Assyriens jahrhundertelang aufs tiefste prägen sollten. Assyrien war im Norden zwar durch eine von Westen nach Osten verlaufende hohe und nur schwer zu überschreitende Gebirgsbarriere geschützt, die Gebirge von Kurdistan. Aber dahinter erstreckte sich um den Van-See ca. 1700 m über dem Meeresspiegel eine Hochebene, deren Naturprodukte und wirtschaftliches Potential eine blühende, lebenskräftige Zivilisation zur Entfaltung brachten[9].

Die Ebene von Van bildet das Zentrum des heutigen Armenien, das die Natur zu einer Festung gemacht hat. Ihre Wälle sind im Norden der Ararat, im Westen der Antitaurus, im Osten die Höhenzüge von Maku und schließlich die kurdischen Berge, die das Land von Assyrien isolieren. Andererseits ist diese Ebene eingebettet in ein noch weiter ausgedehntes Areal, das von Wasserflächen umsäumt ist, dem Sevan-See oder Gökšay im Norden und dem Van- und Urmia-See im Süden, und das in der Mitte von dem zum Kaspischen Meer führenden ansehnlichen Tal des Araxes durchzogen ist.

Durch seine geographische Beschaffenheit ist Armenien von der Welt des Zweistromlandes ganz und gar abgesondert. Mesopotamien folgt einer ungefähr von Norden nach Süden verlaufenden Achse, die durch den Lauf der beiden Flüsse und durch den Zagros bestimmt ist, und auf dieser Achse spielt sich der Völkerverkehr ab. Dagegen nimmt die Struktur des Gebirges vom Urmia-See an eine andere Richtung ein, nämlich west-östlich; dieser Richtung ordnen sich die Gebirgsfalten, Ebenen und Täler zu, und sie bestimmt auch die Expansionstendenzen des Landes. Die Bewohner Armeniens versuchen immer wieder, im Westen über den Oberlauf des Euphrat hinaus nach Syrien und zum Mittelmeer vorzustoßen und im Osten zum iranischen Hochplateau, ins heutige Azerbaidschan.

Die Bestrebungen Assyriens sind also von zwei geographischen Gegebenheiten bestimmt: dem nord-südlichen Verlauf des Tigris und von der ost-westlichen Gebirgsbarriere, die es im Norden abschließt. Wie das nördlichere Urartu drängte auch Assyrien dem Gebirge entlang zum Mittelmeer, und zwar durch den aus diesem Grunde so genannten »assyrischen Korridor«, der über Ḫābūr und Baliḫ den Tigris mit dem Euphrat verbindet. Wir haben oben gesehen, daß es Assyrien bei seinem Wiederaufstieg aufs hartnäckigste darauf angelegt hatte, sich in dieser Richtung freie Bahn zu verschaffen, indem es die Aramäer Stamm für Stamm unterwarf. Auf ähnliche Weise verlockten die Täler des Oberen und Unteren Zāb dazu, östlich ans Südufer des Urmia-Sees vorzudringen; denn, wie wir gesehen haben, stand auch dort das Interesse Assyriens auf dem Spiel.

Kurz und gut: Assyrer und die Bewohner der Hochebene von Van waren zwar durch die kurdischen Berge voneinander getrennt; aber an den beiden Enden dieser riesigen Schutzwand griffen ihre natürlichen Expansionsbereiche gefährlich ineinander über. Sowohl im Osten in Parsuaš, im Lande Muṣaṣir und im Mannäerland als auch im Westen am Oberen Euphrat, in der Melitene und Kommagene sollten sich Assyrer und Urartäer bzw. deren Vasallen noch oft erbitterte Kämpfe liefern.

Aber die Rivalität mit Assyrien war nicht die einzige Komponente der Geschichte Armeniens im 1. Jahrtausend v. Chr. Da das Land an den Ausläufern des Kaukasus liegt, befindet es sich auf einer natürlichen Einfallstraße. Die Invasionen der folgenden Jahrhunderte haben ihm um so mehr zugesetzt, als die Wogen nicht wie einst ein Gebiet verzettelter Einzelstämme überrollten, sondern gegen das Bollwerk eines mehr oder weniger organisierten Staates anbrandeten, dessen Zusammenhalt sie erschütterten. Nach Funden in Van und Göktepe zu urteilen, dürften Verbindungen zwischen dem armenischen Hochland und Mesopotamien schon mindestens seit der Zeit des altakkadischen Reiches bestanden haben. In den folgenden Jahrhunderten spalteten sich eine Reihe hurritischer Bevölkerungsgruppen, die wir in Armenien zwischen 1800 und 1500 nachweisen können, in zahlreiche Stämme auf. Das Zentrum ihrer sehr losen Konföderation lag um den Van-See. Bei den Assyrern, die seit dem 14. Jahrhundert mit ihnen in Berührung kamen, hießen sie »Nairi-Land« und der Van-See selbst »Meer von Nairi«.

Zwischen 1300 und 1250 taucht für dieses Gebiet ein neuer Name auf, Uruaṭru. Daraus entwickelte sich die Namensform, mit der ein mächtiges, zentral regiertes Reich benannt wurde, das sich vom Van-See aus immer weiter über einen großen Teil des heutigen Armenien ausdehnte: Urarṭu (im folgenden Urartu). Sein Aufstieg vollzog sich wahrscheinlich in der Zeit zwischen Aššur-bēl-kala (1082–1066) und Salmanassar III. (858 bis 824). Aššur-bēl-kala rühmt sich, das Land Uruaṭru besiegt zu haben, und er führt in einer Liste die Namen der von ihm eroberten Städte auf, ohne aber durchblicken zu lassen, daß es sich schon um einen einheitlichen Staat handelte. Salmanassar spricht zum erstenmal von einem König von Urartu.

Dieser neue Staat verdankt seine Entstehung nicht, wie man bisweilen angenommen hat, der Invasion eines Fremdvolkes. Vielmehr entsprang er der Einigung jener Konglomeration vorwiegend hurritischer Stämme, von der wir schon gesprochen haben. Der anthropologische Typus des Urartäers, wie ihn eine Statuette aus Toprakkale darstellt (8./7. Jahrh. v. Chr), erinnert unzweideutig an Vorbilder aus Boğazköy. Die Sprache der urartäischen Inschriften ist mit dem Hurritischen verwandt, und zwar in der Weise, daß man das Alturartäische als einen neuhurritischen Dialekt bezeichnen kann.
Unter zielbewußten Führern entwickelte sich Urartu unaufhaltsam zu einer politischen Großmacht. In der Tat gab es eine Zeit, etwa von 900 bis 750, in der die Herrscher Urartus die Hegemonie über ganz Vorderasien anstrebten, und einmal waren sie nahe daran, dieses Ziel zu verwirklichen.
Der Machtaufstieg Urartus läßt sich wirtschaftlich, militärisch, aber auch anthropologisch begründen. Die Herrscher dieses Landes, dessen hauptsächliche Agrarprodukte Gerste, Spelz, Roggen, Weizen, Sesam und Wein waren, haben zu allen Zeiten eine intensive Nutzung des Bodens gefördert und, wo immer möglich, Land urbar gemacht und Gärten, Obstpflanzungen und Weinberge angelegt. Vor allem haben sie Kanäle graben lassen und Wasserspeicher, bisweilen regelrechte künstliche Stauseen angelegt, um Felder zu bewässern und die Wasserversorgung der Städte sicherzustellen. Die Assyrer haben ihre Bewunderung für die Bewässerungssysteme der Urartäer nicht verhehlt; eine Reihe der bedeutenderen Anlagen sind bis in unsere Zeit in Gebrauch geblieben, z. B. das riesige Wasserbecken Keşiş Göl, dessen uralte Dämme bis ins Jahr 1891 n. Chr. bestanden. Verfügte Urartu schon von Haus aus über große Viehherden, so erhöhte sich der Bestand noch mit jedem Kriegszug, auf dem man dem Gegner Rinder, Pferde und Kleinvieh in Menge abnahm. Urartu selbst erwies sich lange Zeit den Angriffen der Assyrer gegenüber als relativ unverwundbar. Seine Festungen waren in schwer zugängliche Felsnester eingebettet, und bei herannahender Gefahr schlossen sich die Bewohner des Landes in diese von Natur aus praktisch uneinnehmbaren Fluchtburgen ein, so daß der Feind bei seinem Angriff oft ins Leere stieß.
Urartu war nicht nur mit reicher Landwirtschaft gesegnet. Seine Textilwirtschaft stand in ebenso hohem Ruf wie seine Metallindustrie. Im 1. Jahrtausend galt der urartäische Handwerker als Meister in der Kunst, jegliches Gebrauchs- und Edelmetall zu bearbeiten. Als solcher war er freilich Erbe alter hethitischer und mitannischer Tradition, wie überhaupt das urartäische Schmiedehandwerk an einem sehr viel ausgedehnteren »Industrie«-Gebiet teilhatte, nämlich der gesamten von Kleinasien bis nach Elam reichenden Gebirgszone, innerhalb derer Ḫabḫu nordöstlich von

Assyrien und das anatolische Tabal an Bedeutung gleichrangige Produktionszentren waren. Urartu aber war durch seine zentrale Lage und durch seine Ausfuhrwege besonders begünstigt und vermochte den von ihm gespeisten Warenaustausch in die gewünschten Bahnen zu lenken. Über die Küsten des Schwarzen Meers, nach denen Urartu schon früh die Hand ausgestreckt hatte, wanderten urartäischer Export und damit auch urartäischer Einfluß bis zu den Griechen, ja bis zu den Etruskern. Im 7. Jahrhundert verband eine von Urartu beherrschte und weidlich ausgenutzte Handelsstraße über das Gebirge hinweg Susa und Trapezunt.

Gleich den Hethitern und Assyrern haben auch die Urartäer in großem Stile Fremdbevölkerungen deportiert, um bestimmte Gebiete zu kolonisieren. Auf eine Einwohnerzahl, die drei Millionen wohl nie überschritten hat, entfielen eine halbe Million Deportierte. Urartu kam den Assyrern andererseits in der Ausbeutung einer Anzahl reicher Landstriche zuvor, wie zum Beispiel der Weidegebiete um den Urmia-See. Die Könige von Urartu bezogen von dort Pferde, vor allem Reitpferde in großer Menge. Sargon II. berichtet im Jahre 714 folgendes über die Provinz Subi: »Ihre Bewohner finden in ganz Urartu nicht ihresgleichen als Spezialisten für Reitpferde. Jahr für Jahr holen sie sich die Fohlen, die im weiten Lande (der Könige von Urartu) geworfen wurden und die für das königliche Heer aufgezüchtet werden sollen, zusammen. Solange man diese Pferde nicht in die Provinz Subi ... verbracht hat, hat sie noch keiner bestiegen, und man hat sie weder ausgeritten noch Kehre und Wende machen lassen, d. h. nichts von dem, was für (ihre Verwendung als) Streit(rosse) erforderlich ist.« So war denn auch im urartäischen Heer die Kavallerie im Verhältnis zur Infanterie viel stärker vertreten als bei den Assyrern. Dafür ist umgekehrt die Streitwagentruppe der Urartäer immer weit hinter der der Assyrer zurückgeblieben.

Die politische Organisation Urartus bildete, da sie dem Muster Assyriens folgte, einen sehr günstigen Rahmen für die rasche Entfaltung des Reiches. Das Land wurde in Provinzen aufgeteilt, und Statthalter wurden mit ihrer Verwaltung betraut. Angrenzende Vasallenstaaten mußten Tribut zahlen. Allerdings verdankt Urartu seinen erstaunlichen politischen Aufstieg in allererster Linie der Initiative einer Dynastie von tatkräftigen und ehrgeizigen Herrschern, die sich nicht scheuten, in ihrer Titulatur den Vorrang vor allen zeitgenössischen Königen zu beanspruchen.

III. ASSYRIEN IM 9. JAHRHUNDERT UNTER ASSURNAṢIRPAL II. UND SALMANASSAR III.

Assyrien ahnte noch nichts von dieser an seiner Nord-Ostgrenze heraufziehenden Gefahr, als im Jahre 884 Assurnaṣirpal II. nach dem Tode seines Vaters den Thron bestieg[10]. Wir besitzen von diesem König eine Statue, die in Kalaḫ gefunden wurde und jetzt im Britischen Museum ist. Wenn sie auch nicht so sehr das getreue Abbild des Königs ist als die konventionelle Darstellung der Person des Herrschers, so spiegelt sich doch in der steifen Körperhaltung, dem stolzen Haupte, den harten Gesichtszügen mit starren Augen und Adlernase recht deutlich die Persönlichkeit wider, wie sie uns in den Inschriften geschildert wird: ehrgeizig, energisch, unerbittlich. Darin erschöpft sich freilich nicht die Beschreibung des Königs. Assurnaṣirpals Verdienste beruhten nicht nur auf rauhem Kriegertum, sondern er wußte seine Pläne überlegt auszuführen und war ein zäher und konsequenter Politiker. Er verband die von seinen Vorgängern eroberten Gebiete noch fester mit dem Reich und fügte ihnen eigene hinzu. Dabei setzte er einerseits stärkere Mittel ein, verfügte andererseits aber auch über eine politische Gesamtschau, die seine Vorfahren noch nicht haben konnten.

Die Assyrerherrschaft über die aramäischen Volksteile am Ḫābūr und am Mittleren Euphrat stand noch keineswegs auf so festen Füßen, wie man hätte glauben mögen. Die Bevölkerung lehnte sich gegen Stammesfürsten auf, die den Assyrern allzu ergeben waren. Das geschah zum Beispiel im ersten Regierungsjahr Assurnaṣirpals, als der König in den nördlichen und nordwestlichen Gebirgsländern Tribut einholte. Die Bewohner von Suru in Bīt-Ḫaluppē revoltierten, ermordeten ihren König und setzten an seine Stelle einen Fürsten aus Bīt-Adini. Assurnaṣirpal intervenierte, stellte die Ordnung wieder her und setzte einen neuen Regenten ein. Bei der Gelegenheit dehnte er auch seine Herrschaft über ganz Laqê aus, woraufhin der Statthalter von Suḫi aus freien Stücken nach Ninive kam und seinen Tribut darbrachte.

Im folgenden Jahr nahm Assurnaṣirpal seine Tätigkeit im Nordwesten gegen Nairi jenseits des Kašiari-Gebirges (Ṭūr ʿAbdin) wieder auf. Er stellte die verödete Stadt Tušhan (das heutige Kurḫ ca. 30 km südlich von Diyarbekir) wieder her, besiedelte sie neu und machte sie zur Operationsbasis, von der aus er den Tribut der Umgebung einholte. Drei Jahre später, 879, überschritt er die Kašiari-Berge auf einem neuerlichen Feldzug und unterwarf das Nairi-Land mit aller Strenge. Er besetzte Sinabu und Tidu, zwei alte Festungen, die den Aramäern in die Hände gefallen waren, und ließ dort Garnisonen zur Kontrolle des Landers zurück. Gleichzeitig warf er einen Aufstand in Bīt-Zamani

nieder, ersetzte den Rebellen durch einen proassyrischen Fürsten und deportierte 1500 Mann.
In den Jahren 881 und 880 hatte Assurnaṣirpal einen Vorwand gefunden, sich in die Verhältnisse im Zagros einzumischen. Der König von Dagara hatte sich assurfeindlich verhalten, die Paßstraße von Babite vermauern lassen, und er hatte ein Bündnis mit den übrigen Stammeshäuptern von Zamua zustande gebracht. Assurnaṣirpal nahm die feindlichen Städte ein, unterwarf die Anführer der Rebellion und empfing Tribut von ihnen. Auch hier wandte er seine bewährte Taktik an, indem er sich eine Operationsbasis schuf: er stellte die Stadt Arakdi wieder her und gab ihr den assyrischen Namen Tukulti-Aššur-aṣbat. Bereits im nächsten Jahr leistete sie Assurnaṣirpal gute Dienste bei einem Feldzug, auf dem er seine Eroberung vollendete, einen Aufstand niederwarf und Tribut einnahm. Er verstärkte sein Besatzungssystem noch durch die Restauration einer weiteren Stadt, Atlila, die er in Dūr-Aššur umtaufte. Sie sollte in der Folgezeit eine wichtige Rolle als Stapelplatz und Waffenarsenal spielen.
Der Feldzug des Jahres 878 führte von neuem an den Ḫābūr und den Mittleren Euphrat. Hier machte die Einholung des Tributes eine Machtdemonstration und die Belagerung einer Reihe von Städten notwendig. Das galt vor allem für Suḫi, dem der babylonische König Nabû-apla-iddin ein Heereskontingent unter dem Kommando seines eigenen Bruders zur Hilfe geschickt hatte. Späterhin erforderte ein neuer Aufstand, bei dem sich Laqê, Ḫindanu und Suḫi zusammenschlossen, nochmals einen Feldzug an den Euphrat. Diesmal gelangte Assurnaṣirpal durch die Wüste nach Bīt-Ḫaluppē. Er fuhr eine Strecke auf Schiffen flußabwärts, bemächtigte sich — manchmal unter erheblichen Schwierigkeiten — der aufständischen Städte und trieb den Tribut ein. Es scheint so, als seien diese Aufstände heimlich von dem Aramäerstaate Bīt-Adini geschürt worden, der den großen Euphratbogen fest in der Hand hielt und den wachsenden Einfluß Assyriens am Mittleren Euphrat argwöhnisch verfolgte. Es handelt sich daher wohl um Repressalien, wenn Assurnaṣirpal eine Reihe der Städte von Bīt-Adini einnahm und, um seine Stellung am Flusse zu halten, zwischen der Balīḫ- und Ḫābūrmündung zwei Festungen errichtete: Kār-Assurnaṣirpal auf dem östlichen und Nebarti-Aššur auf dem westlichen Ufer (vermutlich Zalabīja und Ḥalabīja zwischen Raqqa und Deir-ez-Zōr).
Um seinem Ernst noch mehr Nachdruck zu verleihen, kehrte Assurnaṣirpal im folgenden Jahre noch einmal zurück und belagerte unter erheblichem Aufwand die mächtige Festung Kaprabi (vielleicht das heutige Urfa). Er zwang Aḫūni, den Anführer von Bīt-Adini, und auch das benachbarte Til-Abna zur Tributzahlung und zur Gestellung von Geiseln.

Damit hatte sich Assurnaṣirpal erstmalig mit Bīt-Adini eingelassen und hatte es zur Anerkennung seiner Macht gezwungen. Das war, auch wenn die eigentliche Unterwerfung noch ausstand, ein unverkennbarer Erfolg; es war das Vorspiel zum Durchbruch ans Mittelmeer – einem Ziel, das keiner von Assurnaṣirpals Vorgängern in den verflossenen 200 Jahren erreicht hatte.
Schon im folgenden Jahre nämlich überschritt der König wieder den Tigris, nahm beim Vormarsch durch Bīt-Baḫiāni den Tribut dieses Staates sowie von Azalla, Bīt-Adini und Til-Abna entgegen und langte am Euphrat an. Er setzte bei Karkemiš über und empfing den Tribut des dort ansässigen neuhethitischen Fürsten Sangara. Dann folgte er dem Tal des Orontes, wobei ihm diverse andere Fürsten huldigten, darunter Lubarna von Ḫattina, der ihn in seinen beiden Hauptstädten (Kunulua und Aribua) mit allem Pomp empfing. Auf diesem Wege erreichte Assurnaṣirpal den Libanon und das Mittelmeer, und einem uralten Brauch folgend, reinigte er seine Waffen in der Flut. Die Küstenstädte Tyros, Sidon, Byblos, die Insel Arvad und der Staat Amurru huldigten ihm und boten Tribut. Auf dem Rückweg zog Assurnaṣirpal durch den Amanus und das Land Meḫri. Er ließ dort Zedern und andere Bäume fällen und nach Assyrien transportieren.
Später überschritt Assurnaṣirpal noch einmal den Euphrat, diesmal aber auf dem Wege zu einer langen Expedition in die nördlichen Gebirge. Leider folgt auf den Bericht über diesen Feldzug in den offiziellen Annalen eine Lücke. So bleiben wir im Unklaren darüber, was in den letzten sieben Regierungsjahren des Königs geschah. Einiges deutet allerdings darauf hin, daß sich Assurnaṣirpal während dieser Zeit ein oder mehrere Male genötigt sah, Urartu anzugreifen, dessen Macht an der Nordgrenze Assyriens bedrohlich zunahm.
Der Schluß der Annalen, der wieder erhalten ist, umreißt noch einmal die damaligen Grenzen Assyriens, wobei wir unter »Grenze« allerdings die jeweils am weitesten entfernten Punkte zu verstehen haben, bis zu denen assyrische Heere vorgedrungen waren. Das waren im Westen Karkemiš und sogar der Libanon und das »Große Meer«; dann die beiden Uferstrecken des Euphrat bis hinab nach Rapiqu; im Osten Gilzanu am Westufer des Urmia-Sees, der Paß von Kirruri nordöstlich von Arbela, das jenseitige Ufer des Kleinen Zāb und das Gebiet von Zaban in einer Ausdehnung vom Paß von Babite bis nach Ḫašmar; die Nordgrenze läßt sich schwerer lokalisieren, aber auf ihrer mittleren Strecke dürfte sie ziemlich tief nach Armenien hineingereicht haben; im Süden schließlich verlief die Grenze zwischen den beiden Festungen Ḫirimu und Ḫarutu, die Assurnaṣirpal den Babyloniern weggenommen hatte. Bei einem großen Teil dieses riesigen Gebietes handelt es sich freilich nur um Einfluß-

zonen, deren Bevölkerung durch Garnisonen oder durch das Heer, wenn es in regelmäßigen Zeitabständen durchzog, mehr oder weniger in Schach gehalten wurde. Auch waren einige Gebiete im Inland wie der Ǧebel Sinǧār bisher der Unterwerfung entgangen.

Assurnaṣirpals Feldzüge hatten zwar bisweilen auch rein politische Ziele; aber im wesentlichen waren sie wirtschaftlich bedingt. Alle von den assyrischen Armeen kontrollierten Randzonen belieferten das Land in Hülle und Fülle mit Gold, Silber, Rohstoffen oder Fertigwaren, mit Rindern, Pferden und mit Konsumgütern aller Art; durch die Kriegsgefangenen stellten sie auch die immer dringender benötigten Arbeitskräfte. So wurde jeder Feldzug zur »Sammelaktion«, die Reichtum und Segen in Assyrien einkehren ließ.

Das Werkzeug dieser Politik, das assyrische Heer, hatte mittlerweile bedeutende Veränderungen durchgemacht. Früher war es auf Beweglichkeit und die Möglichkeit schnellen Zuschlagens eingestellt gewesen. Jetzt wurde es schwerfälliger, da es den ganzen Apparat an Belagerungsmaschinen und das »Feldlager« mit sich führte. Zu Beginn des 1. Jahrtausends hören wir zum erstenmal davon, daß Städte lange Zeit belagert wurden. Das Feldlager wurde zum Standquartier, an dem das Heer übernachtete, während es tagsüber einzelne Trupps ohne Troß und auch ohne die schweren Streitwagen in verschiedene Richtungen aussandte. Die tägliche Beute wurde zunächst im Lager aufgestapelt. Aber auch nach der Zerstörung wiederaufgebaute Städte, die befestigt und mit Vorrat ausgestattet wurden, konnten die Rolle eines Feldlagers übernehmen. Bei der Ausplünderung des Feindlandes ging man mit mehr Methode und Strenge vor. Kleine Kavallerieabteilungen und Meldereiter sorgten für die Aufklärung und Rückendeckung des Heeres. Auch der Streitwagen änderte sich: Seine Besatzung umfaßte jetzt oft drei Mann, und er wurde statt von zwei Pferden von dreien gezogen.

Beim Operieren im Feindesland spielte die – so würde man heute sagen – »psychologische Kriegsführung« durchaus eine Rolle. Assyrien hatte, als es darniederlag, zu spüren bekommen, wie der Terror »nachhelfen« kann. So machte es nun seinerseits davon Gebrauch. Solange beim Durchmarsch durch ein Land die Versorgung gesichert war und der Tribut widerstandslos abgeliefert wurde, zog das Heer für gewöhnlich weiter, ohne daß sinnlose Greuel begangen wurden. Aber im Fall der Weigerung, Flucht oder Rebellion wurden Gefangene geköpft, eingemauert, geschunden, gehängt oder gepfählt. Auf diese Weise wurde für den rentableren Verlauf künftiger Feldzüge vorgesorgt.

Die schöpferische Kraft Assyriens, die für den Beginn der neuassyrischen Zeit so typisch ist, äußerte sich auf vielerlei Gebieten, und die Neuorganisation des Heeres war nur einer ihrer

Aspekte. Assyrien, das sich seiner Stärke nunmehr sicher sein konnte, ließ damals, so scheint es, der Entfaltung seiner geistigen Fähigkeiten freies Spiel. So ist es sicher kein Zufall, daß die assyrische Großplastik – mit der für die Assurnaṣirpal-Zeit besonders typischen Überbetonung der Muskulatur – damals ihre erste Blüte erlebte.
Der König selbst ging mit gutem Beispiel voran. Durch Tribut und Kriegsbeute waren ihm bedeutende Einnahmequellen erschlossen, und so konnte er die Bautätigkeit vervielfachen. In Assur errichtete er einen Palast und restaurierte den Sin-Šamaš-Tempel. In Ninive, wo er sich während seiner ersten fünf Regierungsjahre mit Vorliebe aufhielt, erneuerte er die Heiligtümer des Aššur und der Ištar; so auch in Imgur-Enlil (Balawāt), wo er sich außerdem noch eine Landresidenz bauen ließ.
Aber alsbald faßte er den Plan, sich eine neue Hauptstadt zu bauen. Seine Wahl fiel auf Kalaḫ, das heutige Nimrūd, das durch das Flußdreieck von Tigris und Großem Zāb geschützt ist. Hier hatte schon Salmanassar I. im 13. Jahrhundert eine Stadt gegründet; sie war aber seit der Zeit wieder völlig verfallen und verödet. Assurnaṣirpal II. setzte Tausende von Arbeitskräften, größtenteils Kriegsgefangene, ein, das alte Ruinenfeld wurde gesäubert, die Stadtanlage vergrößert und mit einer mächtigen Mauer umgeben. Die Mauer war mit Türmen bewehrt und bildete ein Rechteck von ca. 8 km Umfang. In der Westecke des Rechtecks, die den Tigris überblickt, bildete ein teils natürlicher, teils künstlicher Hügel die Akropolis: Dort entstanden die große Zikkurrat, mehrere Tempel und der Königspalast. Dieser umfaßte fast zweieinhalb Hektar und bestand aus drei Komplexen. Eine Anzahl Räume um einen Hof bildeten den Verwaltungstrakt; Empfangshalle und Thronsaal waren der offizielle Teil; in einem besonderen Flügel waren die königlichen Gemächer, der Harem, die Vorratskammern und die Waschräume untergebracht. An den Wänden der Prunkgemächer waren Reliefs mit Jagd- und Eroberungsszenen angebracht. An den Eingängen der Empfangshalle und des Thronsaales standen steinerne Kolossalstatuen in Form von – manchmal menschenköpfigen – Stieren oder Löwen, die Schutzgenien darstellten.
Der Palast Assurnaṣirpals in Kalaḫ ist der erste assyrische Palast, der im vorigen Jahrhundert ausgegraben wurde. Layard untersuchte zwischen 1845 und 1851 den Mittelteil mit Hilfe von Schächten und Stollen. Er entdeckte seinerzeit die Torhütergenien und die Reliefplatten. Fast ein ganzes Jahrhundert danach, 1949, begannen englische Ausgräber mit der Freilegung des gesamten Komplexes. Ihrer Arbeit verdanken wir die bislang am besten erhaltene assyrische Palastanlage.
Assurnaṣirpal sorgte auch für die Umgebung des Palastes. Ein Kanal, den er graben ließ, bewässerte vom Großen Zāb aus Obst-

gärten und Weinstöcke. Er ließ auch einen Naturpark anlegen und pflanzte darin alle möglichen exotischen Bäume und Sträucher an; in Käfigen und Gehegen brachte er fremdländische Vögel, wilde Tiere und sonstige seltene Tierarten unter.
Besiedelt wurde die neue Stadt mit Kriegsgefangenen, die Assurnaṣirpal aus der Euphratgegend, d. h. aus Suḫi, Laqê, Sirqu und Bīt-Adini, und aus dem Gebirgsland Zamua verschleppt hatte. Als der Bau des Palastes 879 vollendet war, weihte ihn der König mit großer Festlichkeit ein. Zehn Tage lang hielt er fast 70 000 Gäste frei. Er behielt diesen Palast dann bis zum Ende seiner Regierung als Residenz bei.
Im Jahre 858 folgte ihm sein Sohn Salmanassar III.[11] Gleich seinem Vater war er ein großer Krieger. 27 Jahre lang führte er Jahr für Jahr in eigener Person sein Heer über die Grenzen hinaus. Als er in hohem Alter das Kommando über seine Truppen an seinen obersten Feldherrn abtrat, konnte er den Ruhm beanspruchen, daß er fünfundzwanzigmal den Euphrat überschritten, siebenmal den Amanus überquert und viermal nach Kilikien eingefallen war und daß er im Norden und Osten Völker unterworfen hatte, die seine Vorgänger nicht einmal dem Namen nach gekannt hatten. Wenn aber Salmanassar die Leistungen seines Vaters noch übertroffen hat, so müssen wir bedenken, daß dieser ihm während seiner Regierung das Fundament für eine derartige Expansion gelegt hatte.
Das Hauptanliegen Salmanassars war ganz offensichtlich dasselbe, das im davorliegenden halben Jahrhundert auch seine Vorgänger beschäftigt hatte: Der Vorstoß zum »Meer des Sonnenuntergangs« und die Eroberung Syriens. Adadnirāri II. hatte auf dem Wege dahin das erste Hindernis beseitigt, indem er das Tal des Ḫābūr und den Mittleren Euphrat der assyrischen Herrschaft unterwarf. Assurnaṣirpal II. war es gelungen, die beiden Staaten auszuschalten, die die Euphratübergänge besetzt hielten, und einmal hatte er sogar den Euphrat überschritten und das Mittelmeer erreicht.
In seinem ersten Jahr hat Salmanassar das Bravourstück seines Vaters wiederholt. Er drang bis zur Mittelmeerküste vor, tauchte symbolisch seine Waffen in die Fluten und bestieg den Amanus, um Zedern und Zypressen zu fällen. Auf dem Rückmarsch aber sah er sich gezwungen, verschiedene Städte von Ḫattina, Bīt-Agusi, Karkemiš und Bīt-Adini anzugreifen. So wuchs sich der Durchzug zu einer Kraftprobe aus. Daher beschloß Salmanassar, Bīt-Adini, den Riegel am Euphrat, ein für allemal zu sprengen.
Schon im Jahr darauf kehrte er zurück, nahm mehrere Städte von Bīt-Adini ein und belagerte die Hauptstadt Til Barsip, wo sich der König Aḫūni verschanzt hatte. Die Belagerung blieb aber erfolglos. Da setzte Salmanassar aufs andere Euphratufer über und sammelte den Tribut der Nachbarstaaten ein. Aḫūni aber

war der Schrecken so sehr in die Glieder gefahren, daß er im kommenden Jahr, als er vom Herannahen des Assyrerheeres hörte, seine Hauptstadt verließ und jenseits des Euphrat seine Zuflucht nahm. Til Barsip wurde eingenommen, desgleichen die ehemals assyrischen Festungen Pitru und Mutkinu, die die Aramäer weggenommen hatten. Um jeglichen Widerstand ein für allemal zu brechen, führte Salmanassar einen vierten und letzten Feldzug gegen Aḫūni. Er nahm ihn gefangen und deportierte ihn mit seiner Familie und 22000 seiner Untertanen. Damit war Assyrien Herr über die Euphratübergänge. In Til Barsip, das den neuen Namen Dūr-Salmanassar »Salmanassar-Burg« erhielt, wurden Assyrer als Kolonen angesiedelt, und die Stadt samt ihrem Hinterland wurde der Provinz Ḫarrān zugeschlagen.

Zur gleichen Zeit war Salmanassar darum bemüht, seinen Vormarsch in Syrien nach Norden abzusichern. Schon in den allerersten Monaten seiner Regierung hatte er einen Feldzug an der Nordgrenze seines Reiches durchgeführt. Über den Paß von Simeṣi und südlich am Van-See vorbei war er ans Westufer des Urmia-Sees vorgedrungen, um den Tribut von Gilzanu einzufordern. Drei Jahre später, 856, war er nach der Einnahme von Til Barsip noch tiefer ins Herz Armeniens vorgestoßen. Zunächst folgte er mehr oder weniger dem Oberlauf des Euphrat; dann marschierte er durch die Länder Alzi südlich und Suḫni nördlich vom Murad Su und gelangte zu guter Letzt in das ferne Land Dajaeni, das wahrscheinlich im heutigen Vilayet Erzerum zu suchen ist. Von dort ging es wieder südwärts. Salmanassar zog östlich um den Van-See herum und zerstörte nach einem Sieg über den Urartäerkönig Arame Arzaškun, die damalige Hauptstadt Urartus. Nach Verwüstung der Länder Ḫubuškia und Gilzanu, auf die er es schon auf seinem vorigen Feldzug abgesehen hatte, kehrte er über den Paß von Kirruri nordöstlich Arbela wieder nach Assyrien zurück.

Nachdem Salmanassar, wie wir schon sahen, Bīt-Adini endgültig unterworfen und König Aḫūni gefangen genommen hatte, setzte er seine Grenzsicherungsmaßnahmen im Osten fort. Jenseits des Gebirges von Kullar führte er eine Expedition ins »Innere« von Zamua, das an den Urmia-See grenzte. Er schlug dort sogar eine Seeschlacht gegen die Einheimischen, die auf Papyrusbooten die Flucht ergriffen. 854 führte er einen fünften Feldzug über die Kašiari-Berge (Ṭūr ʿAbdīn) ins nördliche Šubria. Damit waren die Unternehmungen, von denen er sich freie Hand in Syrien erhoffte, einstweilen abgeschlossen.

853 brach Salmanassar von Ninive auf, erzwang sich den Durchgang durch das Tal des Baliḫ und zog in Richtung Euphrat. Er überschritt den Fluß, empfing Tribut von den dort ansässigen neuhethitischen Fürsten und opferte dem Gotte Adad von Ḫal-

Abb. 4: Fresko von Til Barsip

man (Aleppo), um dadurch seinem Gebietsanspruch gebührenden Ausdruck zu verleihen. Aber es war keinesfalls so, daß Salmanassar mit der Unterjochung einer Handvoll Fürstentümer auf der Strecke vom Euphrat bis zum Mittelmeer nun auch gleich ganz Syrien unter seinen Einfluß brachte. Das aramäische Königreich von Ḥama am Oronṭes und ganz besonders Damaskus, der seinerzeit mächtigste Aramäerstaat, wußten ihre Unabhängigkeit zu wahren und waren sehr wohl imstande, den assyrischen Aggressoren den Zugang zum Inneren von Syrien zu verwehren. Salmanassar stieß, als er sich anschickte, den Orontes aufwärts zu marschieren, bei Qarqar auf die Streitmacht einer mächtigen Koalition von zwölf Ländern, die von Israel bis nach

Kilikien reichte und deren Anführer IM-idri von Damaskus (im Alten Testament Bar-Ḥadad II.) und Irḫuleni von Ḥama waren. Nach den Berichten der Assyrer belief sich die Stärke der Gegner auf fast 4000 Streitwagen, 2000 Reiter und über 62 000 Fußsoldaten. Dazu kamen noch 1000 arabische Kamelreiter – die Araber werden hier zum erstenmal im Bereich des Fruchtbaren Halbmonds erwähnt. Was immer Salmanassar in seinen Annalen berichtet, denen zufolge die feindlichen Verluste je nach Version zwischen 14 000 und 29 000 Mann lagen – der Ausgang der Schlacht war in Wirklichkeit wohl unentschieden. Die Tatsache, daß Salmanassar nach der Schlacht noch einmal bis zum Meer vorstieß und sich sogar zu Schiff auf die offene See hinauswagte, darf uns über den eigentlichen Mißerfolg nicht hinwegtäuschen. In der Tat ließ er volle drei Jahre verstreichen, bevor er wieder nach Syrien ging.

In jenem Jahr 849 griff er von neuem das Königreich von Damaskus an, und wieder schlug ihn Bar-Ḥadad mit Hilfe seiner zwölf Vasallen zurück. Auch 848 mißlang der Versuch, selbst wenn Salmanassar behauptet, er habe 10 000 Mann unter den verbündeten Gegnern erschlagen. In den beiden folgenden Jahren hatte Salmanassar andernorts zu tun. Aber 845 startete er einen geballten Angriff gegen Syrien; ein Heer von 120 000 Mann überschritt den Euphrat. Doch auch diesem zeigte sich die syrisch-palästinensische Koalition gewachsen, und trotz hoher Verluste konnte sie die Assyrer abermals abweisen. Salmanassar steckte die Schlappe ein und wartete mehrere Jahre auf eine günstige Gelegenheit. 841, in seinem 18. Regierungsjahr, schien sie sich zu bieten. Damals war in Damaskus Bar-Ḥadad ermordet worden, und der Usurpator Ḥaza'el hatte den Thron bestiegen. Salmanassar griff ihn an. Doch Ḥaza'el verschanzte sich am Berge Sunir, dem Hermon, und leistete trotz schwerer Verluste Widerstand. Damaskus seinerseits trotzte siegreich der Belagerung. Das assyrische Heer verwüstete zwar die Obstpflanzungen, Palmenhaine und Gärten um Damaskus, konnte aber die Entscheidung nicht herbeizwingen. An der Libanonküste ließ Salmanassar, als er den Nahr-el-Kelb überschritt, sein Bild neben das Tiglatpilesars I. in die Felswand einmeißeln. Auf dem Berge Karmel nahm er den Tribut von Tyros, Sidon und von Jehu, dem König von Israel, entgegen. Drei Jahre später, 838, gelang es ihm ebensowenig wie früher, den verbissenen Widerstand von Damaskus zu brechen. Salmanassar nahm lediglich eine Reihe von Städten weg und zog mit dem Tribut von Israel, Tyros und Sidon zurück nach Assyrien.

So ist die Syrienpolitik Salmanassars trotz zäher Anstrengungen und einiger Teilerfolge letzten Endes gescheitert. Assyrien hatte in Damaskus einen ebenbürtigen Gegner gefunden. Aber der Mißerfolg sollte Salmanassar nicht daran hindern, die Kontrolle über die Straße vom Euphrat zum Mittelmeer und zum Amanus aufrechtzuerhalten. Salmanassar erkannte, daß sie ihm Gelegenheit zur Expansion nach Norden bot. Nördlich der Linie Bīt-Adini – Bīt-Agusi – Ḫattina lagen Sam'al und Qu'e, das die Kilikische Pforte beherrschte, und westlich vom oberen Euphrat Meliddu, Kummuḫu und Gurgum. Dahinter erstreckte sich Tabal, schon näher an Inneranatolien, und noch weiter landeinwärts wohnten die Muški oder Phryger, die sich damals zu regen begannen[12].

Nachdem Salmanassar zu Beginn seiner Regierung ans Mittelmeer gezogen war, das »Land Ḫatti« besiegt und den Amanus bestiegen hatte, war er im zweiten Jahre erneut über den Euphrat gezogen und hatte den Tribut »aller Könige von Transpotamien« empfangen, also wohl auch den Tribut von Sam'al und Kummuḫu. Eben solch einen Tribut »aller Könige von Ḫatti« hatte er auch auf seinem sechsten Feldzug entgegengenommen, bevor es zur Schlacht von Qarqar kam. Wenn an der Koalition gegen Assyrien auch 500 Mann aus Qu'e beteiligt waren, dann zeigt das, daß sich Kilikien damals noch dem Einfluß Assyriens hatte entziehen können. Auch Sangara von Karkemiš, möglicherweise ein Iranier, war damals noch unabhängig. Als sich Salmanassar 849 und 848 gewaltsam den Durchgang durch das Territorium von Karkemiš bahnte, hatte er ohne Erfolg versucht, Sangara zu unterwerfen. Auch in seinem 17. und 18. Regierungsjahr, d. h. 842 und 841, konnte er lediglich auf dem Amanus Zedern und Zypressen fällen und den Tribut von Ḫatti einnehmen.

Erst das nächste Jahr ließ, was dieses Gebiet betrifft, politische Ideen von größerer Tragweite zum Zug kommen. Salmanassar überschritt den Amanus und zog nach Qu'e hinauf. Jetzt konzentrierte er seine Anstrengungen auf das Taurusgebiet. 837 unterwarf er Tabal und ließ sich den Tribut der 24 Könige dieses Landes bringen. 836 nahm er denselben Tribut in einer Festung des Landes Meliddu entgegen, die er erobert hatte. 834 marschierte er ein viertes Mal gegen Qu'e, fest entschlossen, es zu Boden zu zwingen. Er nahm Tarsus ein, verwüstete eine Anzahl Provinzen und betraute einen ihm ergebenen Fürsten mit der Herrschaft.

Über diesen Eroberungen vernachlässigte Salmanassar keineswegs die übrigen Grenzen seines Reiches. Nach dem ausgedehnten Feldzug von 856 kehrte er 854 in die Berge des Nordens zurück und zwang die Bewohner von Šubria westlich vom Urmia-See zu Tributleistungen. 852 brachte eine Expedition an die Tigrisquellen den Tribut von Nairi heim. 844 wiederholte er, jedoch in entgegengesetzter Richtung, einen Teil der Feldzugsroute von 856. Nach Durchquerung von Nairi erreichte er die Tigrisquellen, zog durch den Paß von Ṭunibini, plünderte auf der anderen Seite des Gebirges eine Anzahl kleinerer Städte

an der Grenze Urartus und nahm schließlich den Tribut von Dajaeni ein. Dann durchzog er von den Euphratquellen aus die Länder Suḫni und Enzi (bzw. Alzi) und, wieder an den Euphrat gelangt, empfing er den Tribut von Meliddu.
In der Folgezeit war es Salmanassar nicht mehr vergönnt, nochmals selbst nach Norden zu ziehen. 832 und dann noch einmal 828 entsandte er seinen Feldherrn Dajjān-Aššur in den Kampf gegen den König von Urartu.
An der Ostgrenze durchzog das assyrische Heer bei seinem zweiten Feldzug gegen Zamua im Jahre 843 erstmals das Gebiet von Parsuaš, nachdem es zuvor auf dem Wege über Bīt-Ḫamban und Namri den Tribut von Ellipi empfangen hatte. 835 rief ein Aufstand in Namri erneut die Assyrer auf den Plan. Das Heer zog wieder durch Parsuaš, wo sich 27 Könige unterwarfen, und berührte auch die Stadt Ḫarḫar, wo Salmanassar eine Statue von sich aufstellen ließ. Die beiden letzten Feldzüge Salmanassars, die Dajjān-Aššur anstelle des Königs anführte, gingen abermals nach Osten. 829 bahnte sich das Heer nach einem Umweg über Ḫubuškia den Weg durch das bisher unbekannte Land der Mannäer südlich vom Urmia-See. Zirta, die Hauptstadt, wurde geplündert. Das gleiche Schicksal erlitten verschiedene Stämme von Parsuaš. 828 fiel das Heer auf dem Weg über Ḫubuškia, Muṣaṣir und Gilzanu wieder ins Mannäerland ein, nahm Tribut entgegen, um darauf noch Parsuaš und Namri auszuplündern.
Diese Feldzüge im Zagros und am Rande des iranischen Hochplateaus haben offenbar durchaus nicht nur der Erkundung und Ausbeutung der Durchzugsgebiete gedient. Bezweckt war wohl viel eher, vor die assyrischen Grenzprovinzen ein von Kirruri bis Zamua reichendes Verteidigungsglacis zu legen und dieses durch Pufferstaaten zu decken, d. h. durch Vasallenstaaten wie Bīt-Ḫamban und Namri. Aber wenn dieser Plan um die Mitte von Salmanassars Regierungszeit einigen Erfolg zu versprechen schien, so scheiterte er doch in der Folgezeit.
Für Babylonien hat sich Salmanassar nur in den Jahren 851 und 850 interessiert[13]. Als sich Marduk-bēl-usāte gegen seinen Bruder, den König Marduk-zākir-šumi von Babylon, empörte und ihn zwang, ihm die Hälfte seines Reiches abzutreten, nahm Salmanassar die Gelegenheit wahr, dem in seinem Besitz geschädigten König zu Hilfe zu eilen. Er tat das zunächst auf die Weise, daß er dem Empörer die Städte Mē-Turnat und Laḫiru wegnahm. 850 griff er Marduk-bel-usāte dann in seiner Hauptstadt Ganānāte an und metzelte ihn zusammen mit seinem Anhang nieder. Nachdem er Marduk-zākir-šumi seinen vollen Machtbereich zurückerstattet hatte, zog Salmanassar ins Land Akkad und opferte den Hauptgöttern von Babylon, Borsippa und Kutha. Aber er beanspruchte auch Tribut von der chaldäischen Bevölkerung im tiefen Süden Babyloniens. Dagegen behandelte er die Ein-

wohner von Babylon und Borsippa als die freien Untertanen ihrer Stadtgötter mit ausgesuchtem Wohlwollen.
Die Episode seiner Intervention in Akkad hat Salmanassar als eines der bedeutendsten Ereignisse seiner Regierung interpretiert. Von den vier Reliefdarstellungen auf dem in seinem 13. Jahr angefertigten Thronsockel[14] schildert eine die Übergabe des Tributs durch die Chaldäer und eine zweite die Begegnung mit Marduk-zākir-šumi. Gerade die letztgenannte Szene — die beiden Könige sind dargestellt, wie sie sich in Freundschaft die Hand reichen — sollte wohl die Aussöhnung der Assyrer und Babylonier feierlich bekräftigen.
Ab 832 betraute Salmanassar seinen obersten Feldherrn mit der Leitung der Feldzüge, da er selbst alt geworden war. Dajjān-Aššur, um den es sich handelt, muß als Würdenträger im assyrischen Staat eine außerordentliche Bedeutung erlangt haben, da ihn die Annalen Jahr für Jahr namentlich erwähnen. Unter Salmanassar hat denn auch der assyrische Adel den Höhepunkt seiner Macht erreicht. An sich waren dem Ehrgeiz hoher Beamter dadurch wirksame Grenzen gesetzt, daß, alter Tradition folgend, jeder König bei Regierungsantritt seine Würdenträger neu ernannte. Da aber Assurnaṣirpal und Salmanassar ungewöhnlich lange regierten, hatte das periodisch zu erwartende Revirement auf sich warten lassen, und das Gegenteil war eingetreten: Wer einmal ein Amt innehatte, gewann auf Grund der stabilen Verhältnisse immer mehr Prestige und Einfluß im Reich.
Einer anderen Tradition zufolge wurde in Assyrien jedes Jahr nach einem Beamten benannt, der als Jahreseponym auftrat. Der Eponymenkanon spiegelt in gewisser Weise die Rangfolge der Beamten im Staat wider. Der König selbst gab dem ersten vollständigen Jahr, das auf seine Thronbesteigung folgte, den Namen. Nach ihm kamen der oberste Heerführer *(turtān)*, der ›Palastherold‹ *(nāgir ekalli)*, der Obermundschenk *(rab šāqê)* und der Haushofmeister *(abarakku)*; dann folgten die Provinzstatthalter, wobei der von Assur den Anfang machte.
827 bricht die Reihe der Statthalter ab, und es beginnt ein neuer Zyklus, in dem wieder der König, der *turtān*, der Obermundschenk, der Haushofmeister und der Palastherold das Eponymat bekleideten. Was war der Grund für diesen Neubeginn; weshalb entschloß sich der König, »zum zweitenmal das Los vor Aššur und Adad zu werfen«? Gestattete es die Institution des Eponymats nicht, einen Zyklus von 30 Jahren zu überschreiten, da die Zahl derer, die für das Eponymat in Frage kamen, erschöpft war? Oder waren politische Unruhen, die just um diese Zeit ausbrachen, der Grund?
Auf jeden Fall vermittelt uns die lange Reihe von Provinzstatthaltern einen leidlichen Begriff von der Verwaltungsgliede-

rung im zeitgenössischen Assyrien, allerdings mit der Einschränkung, daß wir die Liste nicht ganz vollständig wiederherstellen können. Dafür gibt es wenigstens drei Gründe. Einmal müssen wir damit rechnen, daß jemand, ohne daß das besonders erwähnt wird, mehrere Provinzen, Städte oder Territorien verwaltete. Zweitens waren bestimmte Provinzen sicher nicht bedeutend genug, als daß ihre Statthalter die Ehre des Eponymats hätten beanspruchen können. Schließlich ist der Text, auf den wir uns stützen, leider zum Teil zerstört, und die Namen von zehn Provinzen stehen in einer Textlücke. Wir wissen jedoch, daß Salmanassar kein westlich vom Euphrat gelegenes Gebiet dem assyrischen Reich einverleibt hat; er ließ sowohl in Anatolien als auch in Nordsyrien die politische Struktur der besiegten Staaten unangetastet und begnügte sich damit, ihm ergebene Herrscher einzusetzen, wenn sich die Gelegenheit dazu bot.

Zu Beginn seiner Herrschaft residierte Salmanassar mit Vorliebe in Ninive oder in Palästen auf dem flachen Lande. Für seinen Palast in Imgur-Enlil (Balawāt) ließ er »Bronzetüren« anfertigen, die heute mit zu den berühmtesten Kunstdenkmälern Assyriens gehören. Auch für die ursprüngliche Hauptstadt Assur sorgte er durch Erneuerung der Stadtmauern. Vor allem aber widmete er sich Kalaḫ[15]. Er setzte den von seinem Vater begonnenen Ausbau der Stadt fort und legte in einem Winkel der Umfassungsmauer ein umfangreiches Gebäude an, den sog. *ēkal mašarti*, eine Art Arsenal, das bis zum Ende des assyrischen Reiches in Gebrauch blieb. Der *ēkal mašarti* beherbergte das Feldlager, den Streitwagenpark, die Waffen und die Kriegsbeute. In drei großen Höfen wurden vor dem alljährlichen Auszug der Truppen die Soldaten mit Waffen ausgerüstet und gemustert, die Reiter trainiert und die Streitwagen bestückt. An den nordwestlichen und nordöstlichen Hof schlossen sich Magazine und Werkstätten an, während der Südosthof von den Unterkünften für Offiziere und gemeine Soldaten umgeben war. Südlich von diesem Komplex ließ Salmanassar eine Saalflucht für seinen persönlichen Gebrauch anlegen. Erwähnt sei besonders der Thronsaal mit dem teilweise in eine Nische eingebauten Thronsockel aus reliefiertem Kalkstein. Andere wichtige Funde aus den Ruinen von Nimrūd sind eine Statue des Königs in Gebetshaltung und der berühmte *Schwarze Obelisk*, auf dem in Wort und Bild eine Anzahl siegreicher Feldzüge des Königs verewigt sind.

Hier in Kalaḫ wurde Salmanassar in seinem 32. Regierungsjahr, d. h. im Jahre 827, von einer Revolte überrascht, deren Urheber sein eigener Sohn Aššur-dan-apli war — vielleicht weil ihn sein Vater willkürlich von der Thronfolge ausgeschlossen hatte. Die Rebellion nahm gleich zu Anfang höchst bedrohliche Ausmaße an. Ninive, Assur, Arbela, Arrapḫa und 20 weitere Städte stellten sich auf die Seite der Aufrührer und boten ihnen ihre Gar-

Abb. 5: Elfenbeinstatuette aus Nimrūd. Dargestellt ist ein syrischer Tributträger, bekleidet mit einem vorn geöffneten Schurz, der von einem Stoffwulst gehalten wird. Auf der Schulter trägt er eine Gazelle, während die Linke einen Strauß am Hals packt.

nisonen an sowie Schutz hinter ihren Mauern. Kalaḫ, die neue Hauptstadt, blieb dem König treu; ebenso wohl die entfernteren Provinzen. Da der König in dieser Periode innerer Wirren seine vier Hauptwürdenträger erneut mit dem Eponymat betraute, dürfen wir annehmen, daß sich unter diesen keiner befand, der an dem Aufstand teilhatte. Vier Jahre lang blieb die politische Initiative Assyriens durch den Aufstand gelähmt, und der greise König starb 824, ohne daß er seiner Herr geworden wäre.

Auch sein Sohn und Nachfolger Šamši-Adad V.[16] hatte noch zwei Jahre lang zu kämpfen, bevor er endlich mit seinem Bruder und dessen Anhang fertig wurde. Die Bedingungen, unter denen der Friede wieder einkehrte, waren alles andere als ruhmvoll. Šamši-Adad mußte sich die Unterstützung oder wenigstens die Neutralität des babylonischen Königs Marduk-zākir-šumi erkaufen, der diesmal seinerseits darauf ausging, aus der schwierigen Situation, in der sich Assyrien befand, Kapital zu schlagen. Wir kennen den Vertrag, den die Könige schlossen, nur aus einem Fragment der babylonischen Fassung[17]. Von den politischen Klauseln ist so gut wie nichts erhalten; aber andeutungsweise erfahren wir, daß sie ganz und gar auf den Vorteil des babylonischen Vertragspartners abgestimmt waren.

Es ist möglich, daß die Umstände in Assyrien den König veranlaßten, einige Änderungen in der traditionellen Beamtenhierarchie vorzunehmen. Der Haushofmeister der Ära Salmanassar wird im Eponymenkanon jetzt unmittelbar hinter dem König zitiert und nimmt damit die Stelle des obersten Feldherrn *(turtān)* ein, dessen Amt nach dem Tode des alten und allzu mächtig gewordenen Dajjān-Aššur vielleicht eine Zeitlang außer Kraft gesetzt worden war. Es wird jedenfalls erst wieder im Jahre 814 erwähnt, wo es ein gewisser Bēlu-balāṭ innehatte. Unter den Militärs stand vielmehr bei Regierungsbeginn des Šamši-Adad der *rab rēši* (etwa Oberst) Mutarriṣ-Marduk am höchsten in Gunst. Er ist jedenfalls der einzige, dessen Name in den Annalen rühmend hervorgehoben wird, so wie früher der Name des Dajjān-Aššur. Mutarriṣ-Marduk führte drei Feldzüge erfolgreich durch, zwei gegen aufständische Fürsten im Nairi-Land und einen dritten gegen die Mannäer, Meder und nach Parsuaš.

In den verbleibenden fünf Jahren seiner Herrschaft kannte Šamši-Adad nur noch ein Ziel: die Rache an Babylonien. 816 zog er auf seinem vierten Feldzug gegen Marduk-balassu-iqbi, den Nachfolger des Marduk-zākir-šumi. Die Assyrer überschritten den Ebiḫ (Ğebel Ḥamrīn) und nahmen im Tal der Dijāla eine Reihe von Städten ein, vor allem Mē-Turnat; jenseits des Berges Jalman eroberten sie u. a. Dūr-Papsukkal (Kala-Neft oder Mendeli), das damals offenbar einer der Hauptorte des Königreichs Babylonien war. Marduk-balassu-iqbi verteidigte diese Stadt

hartnäckig, wurde aber trotz der Hilfe, die er durch Truppenkontingente der Chaldäer, Aramäer, Namaräer und Elamiter erhielt, am Ufer des Daban (= Āb-i-Gangir oder Āb-i-Neft) geschlagen.
Im folgenden Jahr drang Šamši-Adad von neuem zur Dijāla vor. Diesmal eroberte er eine Reihe Residenzstädte, darunter Gananāte und Nimitti-šarri, und stieß dann bis nach Dēr vor, das er ebenfalls einnahm. Marduk-balassu-iqbi und zahlreiche Gefangene wurden nach Ninive deportiert. Den Bericht über diesen Feldzug, der bis an die Grenzen von Elam und Parsamaš führte, legte Šamši-Adad in einem »Gottesbrief« nieder[18]. Jetzt galt es, den neuen König in Babylonien, Baba-aḫa-iddin, zu unterwerfen. Das geschah auf einem weiteren Feldzug, der etwa dieselbe Route nahm wie die vorhergehenden: Mē-Turnat, Dūr-Papsukkal, Gananāte, Bīt-rēdûti, Laḫiru wurden abermals erobert und der König schließlich gefangengenommen. Daraufhin betrat Šamši-Adad das eigentliche Babylonien und huldigte den Göttern in den großen Heiligtümern von Kutha, Babylon und Borsippa. Sodann stieß er weiter nach Süden vor und nahm den Tribut der Chaldäerstämme entgegen. Bei seiner Rückkehr legte Šamši-Adad die assyrisch-babylonische Grenze neu fest und ließ sich die Oberherrschaft über die Nomaden am unteren Tigris von neuem bestätigen.
Man kann zwar nicht sagen, daß Assyrien unter Šamši-Adad V. soviel Macht wie zur Zeit seiner Vorgänger erlebt hätte; immerhin bewirkte der König, daß Assyrien die schwere innere und äußere Krise überwand, in der er es bei Regierungsantritt vorgefunden hatte. Šamši-Adad hat auf den Titel seines Vaters und Großvaters, »König der vier Weltgegenden«, verzichten müssen; aber den Titel »König der Gesamtheit«, den ihm Marduk-zākir-šumi von Babylonien abspenstig gemacht hatte, konnte Šamši-Adad mit gutem Recht wieder führen[19].
Als Šamši-Adad 811 starb, war sein Sohn Adad-nirāri III. noch minderjährig. Die Regentschaft führte für ihn fünf Jahre lang seine Mutter Sammuramât, das ist die Semiramis der griechischen Sage[20]. Der Eponymenkanon vermeldet für diese Zeit Feldzüge gegen die Meder und Mannäer und eine Polizeiaktion in Guzana; sie waren vermutlich das Werk des Generals Nergal-ilia. Für die folgenden Jahre nennt der Kanon sodann sieben weitere Feldzüge gegen die Meder und vier gegen Ḫubuškia; aber sie waren zumeist wohl politisch und militärisch unbedeutend; denn die Königsannalen[21] erwähnen nur zwei Unternehmungen. Die eine im Jahre 805, dem ersten Jahr, in dem Adad-nirāri selbst regierte, richtete sich gegen Syrien. Damaskus hatte sich nach einer Niederlage durch den König von Ḥama gegen Bar-Ḥadad III. aufgelehnt. Adad-nirāri III. hielt den Augenblick für gekommen, jenseits des Euphrat die Politik seines

Großvaters Salmanassar wieder aufzugreifen. Er zog bis vor Damaskus und empfing dort den Tribut des neuen Königs, Mari', wie auch den Tribut weiterer syrischer und palästinensischer Fürsten. Es war aber wohl nur ein Scheinerfolg, und der Feldzug blieb ohne weitere Konsequenzen. Jedenfalls kehrte Adad-nirāri bis zum Ende seiner Regierung nicht wieder nach Syrien zurück.
Die andere Unternehmung fiel in die Jahre 795 bis 794. Der Eponymenkanon spricht hier von zwei Feldzügen gegen Dēr. Der König von Babylon wurde besiegt und gezwungen, den von Assyrien neu festgelegten Grenzverlauf anzuerkennen. Dabei wollte Adad-nirāri aber weniger sein Reich vergrößern als die Beziehungen zwischen Assyrien und Babylonien regeln, und zwar auf gütliche Weise, wenn irgend möglich. So war es eine versöhnliche Geste, wenn er den Babyloniern die geraubten Götterstatuen zurückgab und diesen Göttern regelmäßige Opfer stiftete. Es wurde feierlich Frieden zwischen den Brudervölkern proklamiert, wobei Adad-nirāri öffentlich seine Verehrung für die großen Götter von Kutha, Babylon und Borsippa kundgab. Damals wurde übrigens auch eine Chronik verfaßt, in der der Autor in Erinnerung brachte, daß seit 700 Jahren einzig und allein die Babylonier schuld an all den Bruderkriegen gehabt hätten[22].
Dieses Schwärmen für Freundschaft und für die Vereinigung von Assyrern und Babyloniern spiegelt einen eigentümlichen Wandel der assyrischen Mentalität wider. Die Assyrerkönige versäumten nie, wenn sie ins Land Akkad hinabzogen, zu den Tempeln von Babylon und Borsippa zu wallfahrten; denn es waren heilige Stätten aller Mesopotamier geworden. Auch in Assyrien breitete sich der Kult des Marduk und vor allem des Nabû aus und erfreute sich wachsender Popularität. Der Eponymenkanon nennt als das Hauptereignis des Jahres Adad-nirāri 22 die Grundsteinlegung für einen Nabû-Tempel in Ninive, und vom folgenden Jahr berichtet er: »Nabû zog in seinen neuen Tempel ein.«[23] Auch in Kalaḫ wurde ihm ein Heiligtum errichtet, und der Gouverneur von Kalaḫ weihte dem Gotte zwei Statuen »für das Leben des Königs und seiner Mutter Sammuramât«. Um diese Zeit kamen auch bei den Assyrern, namentlich in der Aristokratie, Personennamen immer mehr in Mode, in denen der Gott Nabû als Schutzgott angerufen wird (z. B. Nabû-šarra-uṣur »Nabû, bewahre den König!« Nabû-išdēja-ukīn »Nabû hat mein Fundament gefestigt« u. a. m.).
Bei all dem handelt es sich nicht um eine bloße Erweiterung des Reichspantheons. Vielmehr bereicherte der Nabû-Kult die Vorstellungswelt des Assyrers um neue geistige Werte. Auf den Statuen in Kalaḫ wird Nabû als »der überaus Weise«, »der Herr der Künste«, »der Allwissende«, »der das Schreibrohr hält« be-

zeichnet. Das waren zwar für babylonische Verhältnisse geläufige und traditionelle Götterepitheta; aber für Assyrien war es etwas unerhört Neues, daß man Weisheit und Wissenschaft einen so hohen Rang einräumte. Selbst die Idee des Königtums wurde von dieser Tendenz beeinflußt. Dem König von Assyrien schmeichelte es, als weise, klug und gebildet zu gelten — und nicht nur mutig im Kriege und von seinen Feinden gefürchtet. Auch sah er sich in der Rolle des Bewahrers und Verteidigers von babylonischem Kulturerbe, das von den immer mehr um sich greifenden Raubzügen der Aramäer und Chaldäer im Süden bedroht war. Eine etwa zeitgenössische Chronik, die von den Ereignissen vor Regierungsantritt des babylonischen Königs Erība-Marduk berichtet, schreibt: »Durch Mord und Zerstörung haben die Aramäer die Felder der Bewohner von Babylon und Borsippa an sich gerissen.«[24] So fühlten sich die Assyrer auch, was diese Gefahr betraf, mit ihren südlichen Nachbarn solidarisch. Adad-nirāri III. zog dreimal zu Strafexpeditionen gegen aramäische Nomaden, die Ituäer, aus, die nördlich vom unteren Zāb ins Tal des Tigris eingefallen waren.

Das Bild von der Regierungszeit Adad-nirāris III. bliebe unvollständig, würden wir nicht noch auf eine Textgruppe näher eingehen, die uns Aufschluß über die Struktur und das Leben einer assyrischen Provinz zu jener Zeit gibt. Es handelt sich um Texte aus Guzana, der Hauptstadt der gleichnamigen Provinz im Ḫābūr[25]. Im Norden reichte sie bis zum Ṭūr ʿAbdīn und beherrschte folglich eine wesentliche Strecke des »assyrischen Korridors«, jener Straße, die am Rande der Wüste entlangläuft und Assyrien mit dem Euphrat verbindet. Guzana war erst wenig assyrisiert. Die dort ansässigen Aramäer waren nur zum Teil schon fest unterworfen; viele von ihnen ertrugen die Assyrerherrschaft nur murrend, wie der Aufstand zeigt, von dem wir oben hörten. Die Einheimischen waren überwiegend Bauern und lebten in Dörfern unter der Aufsicht assyrischer Steuereinheber *(nāgiru)* und kleinerer Militärkommandos. Assyrien bezog aus Guzana vor allem Getreide, Gold und Pferde.

Der Statthalter von Guzana war in seinem Palast (die Ruinen wurden auf dem Tell Ḥalaf freigelegt) praktisch ein kleiner König. Befehle nahm er nur vom Assyrerkönig selbst oder von einem ausgewiesenen Vertreter wie dem Oberbefehlshaber *(turtān)*, einem General oder sonst einem mit besonderer Mission betrauten Beamten entgegen. In der Hierarchie rangierte er vor dem Statthalter der Nachbarprovinz Nasibīna; er konnte diesen in dienstlicher Angelegenheit nach Guzana zitieren. Ihm zur Seite stand der »Oberste der Städte« *(rab ālāni)*, eine Art Unterstatthalter, sowie zahlreiches Zivil- und Militärpersonal. Zweifellos aus Gründen der Vorsicht lebten die Frauen der Offiziere und Beamten in einem gemeinsamen Harem.

Alle Gewalt lag beim Statthalter. In der Zivilverwaltung ließ er sich in den wichtigeren Landstädten durch sog. »Delegierte« *(qēpu)* und in kleineren Siedlungen durch »Verwalter« *(abarakku)* vertreten. Oberhirten überwachten die großen Viehherden. Die Einheimischen waren zumeist als Hirten, Landarbeiter oder Handlanger beschäftigt und wechselten oft ihren Arbeitsplatz. Alle waren sie, ob Aramäer oder Assyrer, zu Fron und Steuer verpflichtet. Ausgenommen waren nur eine kleine Zahl von Freigekauften *(zakû)*, die sich durch eine Pauschalzahlung von Silber, von der der Statthalter sicher einen guten Teil für sich einbehielt, der Abgabe von Naturalien entzogen. Dem Statthalter stand es in der Tat frei, seine Provinz nach Gutdünken auszubeuten. Er war nur verpflichtet, die Soldaten und die Beamten samt Familie mit Unterhalt zu versorgen, Lebensmittelvorräte für das königliche Heer bereitzuhalten, für die Reise- und Aufenthaltskosten von Kurieren und Gesandten aufzukommen und schließlich jedes Jahr den vom König vorgeschriebenen Tribut nach Assyrien abzusenden.

Der Statthalter kommandierte auch die örtlichen Streitkräfte, diese mußten für Ordnung in der Provinz sorgen, ihre Zugangswege absichern und vor allem die Garnisonen unterhalten, die die nach Assyrien führende »königliche Heerstraße« säumten. Ein Teil der Truppen stand in Bereitschaft, um sich auf Befehl an einem bestimmten Sammelplatz mit der Armee des Königs zu vereinigen. Der Ordnungsdienst und routinemäßige Polizeiaktionen lagen, wie es scheint, in der Hand von Zehnerschaften unter einem Dekurion *(rab ešerte)*; sie stellten die Grundeinheiten des Heeres dar und konnten selbständig operieren. Aus einem Verwaltungstext erfahren wir, wie eine solche Einheit ausgerüstet war: »Ein Streitwagen, vier Pferde, zwei Esel, zehn Bogen, zehn Dolche, zehn Lanzen, zehn Panzerhemden, zehn Köcher, zehn Schilde, zehn Koller, zehn Wehrgehänge, zehn Gürtel, ein Rind und zehn Schafe.«[26] Ob das nun die Standardausrüstung war oder nicht, wir wissen, daß die Heeresmagazine von Guzana seinerzeit reich ausgestattet und mit Vorrat versorgt waren.

Natürlich dürfen wir das Bild, das uns die Texte von Guzana vermitteln, nicht ohne weiteres auf andere Provinzen übertragen. Die einen waren schon stärker assyrisiert als Guzana, wo die Assimilierung noch bis zum folgenden Jahrhundert auf sich warten ließ; in anderen machte sich der Einfluß des Eroberers noch sehr viel langsamer breit. Wie sehr Assyrien eine Provinz mit Beschlag belegte, hing im übrigen auch von ihrer strategischen Bedeutung ab, ferner davon, ob die Bewohner Nomaden oder Seßhafte waren, und schließlich von der wirtschaftlichen Ergiebigkeit.

In den Texten von Guzana fällt kein Wort über die blutigen

Unruhen, von denen die Provinz gegen Ende der Regierung Adad-nirāris III. heimgesucht wurde, und wir erfahren aus ihnen nichts über die allgemeine politische Lage des Reiches. Sie war alles andere als sicher. Als Adad-nirāri starb, verließ er Assyrien an der Schwelle einer neuen Schwächeperiode. Keiner seiner drei Söhne, die ihm nacheinander auf dem Thron folgten, erhob wie Adad-nirāri III. und dessen Vater Anspruch auf den Herrschertitel »König der Gesamtheit«.

IV. DER AUFSTIEG URARTUS

In Assyrien machte sich angesichts seines urartäischen Nachbarn immer stärkere Unruhe breit. Seit Assurnaṣirpal II. achteten die Assyrerkönige scharf auf ihre Nordgrenze; mehrfach schritten sie in Šubria ein, und der Überfall auf die urartäische Hauptstadt im Jahre 856 war nur das Vorspiel zu immer häufigeren Zusammenstößen.

Die Furcht war wohlbegründet. Denn um diese Zeit treten in Urartu die ersten Schriftdenkmäler auf, Zeugen dafür, daß zumindest die führende Schicht in Urartu den Zugang zur Hochkultur gefunden hatte und außerdem entschlossen war, die eigene Macht auch öffentlich zu demonstrieren.

Sardur I. (um 832–825), ein Zeitgenosse der letzten Regierungsjahre Salmanassars III., ließ auf der Mauer einer seiner Festungen dreimal eine Inschrift anbringen, in der er sich bezeichnete als »den Großkönig, den mächtigen König, König der Gesamtheit, König des Nairi-Landes, der nicht seinesgleichen hat, Hirte, von allen bewundert, der den Kampf nicht fürchtet und die Rebellen unterjocht«[27]. Wie stark der Einfluß der akkadischen Kultur in dem neuen Staatswesen war, zeigt die Verwendung der Keilschrift und der akkadischen Sprache, die assyrische Phraseologie, der Gebrauch mesopotamischer Herrschertitulatur, vor allem des Titels »König der Gesamtheit« *(šar kiššati)* als Führungsanspruch auf internationaler Ebene. Urartu wurde sich seiner Stärke bewußt, indem es Assyrien nachahmte und sich zugleich mit ihm verglich.

Noch deutlicher trat das Nationalbewußtsein der Urartäer unter Išpuini (um 824–806), dem Sohne Sardurs I., hervor. Man ging jetzt dazu über, die Inschriften, die auch zahlenmäßig stark anwuchsen, in der Landessprache abzufassen. Zwar wurde gelegentlich eine assyrische Übersetzung beigefügt; aber das geschah, um den politischen Geltungsanspruch über die Grenzen hinaus sichtbar zu machen.

Die Inschriften stammen in ihrer Mehrzahl aus der Umgebung des Van-Sees, dem Kerngebiet des Reiches. Aber Urartu begann, seiner überschüssigen Kraft ein Ventil nach außen zu öffnen.

Išpuini führte sein Heer mehrmals nach Norden an den oberen Araxes und hinterließ Inschriften an der Straße, die vom Tal des Arsanias hinauf zum Gebirgsjoch von Delibaba führt. Eine andere Inschrift verewigt einen Feldzug, auf dem er mit 106 Streitwagen, an die 10 000 Reiter und über 22 000 Fußsoldaten südlich vom Urmia-See gegen Parsuaš und die Mannäerstadt Mešta zog.
Ein ganz anderes Thema behandelt dagegen eine Stele mit zweisprachiger – assyrisch-urartäischer – Inschrift, die an der Straße von Rowandūz nach Ušnu aufgestellt war und nach der die Paßhöhe, an der sie stand, Kel-i-šin »blauer Stein« heißt. Sie berichtet von einer Wallfahrt, die Išpuini mit seinem Sohne Menua ins Nachbarland Muṣaṣir zu dem berühmten Tempel des urartäischen Reichsgottes Ḫaldi unternahm. Diese Stele sollte wohl auf der strategisch wichtigen Straße – nur knapp 100 km von Arbela entfernt – die Grenze zwischen Urartu und Assyrien bzw. zwischen den Einflußgebieten beider markieren. Išpuini nennt sich unter anderem »König der Gesamtheit«; die urartäische Entsprechung dazu, »König des Landes der Streitwagen«, wollte möglicherweise die Selbstbestätigung des kriegerischen Bergvolkes gegenüber Völkern der Ebene ausdrücken. Dem alten Titel »König von Nairi« in der assyrischen Version entspricht urartäisch »König des Landes Biai«. Man hat das mit »König des Frucht-Landes« übersetzt und darin eine Anspielung auf die reichen Obstgärten der Ebene von Van gesehen. Išpuini nennt sich schließlich »Herr der Stadt Ṭušpa(n)«; Ṭušpa war die neue Hauptstadt des Reiches, die die Assyrer später Ṭurušpa nannten.
Noch stärker religiösen Charakter hat die Inschrift an der Wand einer Felsnische unweit des Van-Sees. Sie zählt die Opfer auf, die jeden Monat einigen 70 Gottheiten dargebracht wurden, und sie ist dadurch für uns eine unschätzbare Quelle für die Kenntnis des urartäischen Pantheons[28]. Die umfangreichsten Opfer waren für den Reichsgott Ḫaldi, den Wettergott Tešeba (den Tešup der Hurriter) und für die Sonnengottheit Šiwini vorgesehen. Dagegen gehörte der Mondgott Šelardi mit zu den Göttern, die verhältnismäßig bescheidene Opfer erhielten. Die Liste führt auch eine Reihe von Kollektivbezeichnungen für Götter auf und nennt außerdem anonyme Gottheiten des Van-Sees und der Berge sowie schließlich die Schutzgötter bestimmter Städte. Die Felsnische, deren Wand die Inschrift trägt, hat die Gestalt einer Tür. Da das Wort »Tür« im Urartäischen nicht selten den Tempel selbst bezeichnet, könnte man daran denken, daß solcherlei Nischen zumindest in bestimmtem kultischem Zusammenhang als Verbindungstüren zwischen der Welt der Götter und der Sterblichen gedacht wurden.
In den Inschriften seiner letzten neun Jahre führt Išpuini neben seinem eigenen Namen auch den seines Sohnes Menua auf und

in seinem Todesjahr sogar noch den seines Enkels Inušpua. Er wollte sie damit wohl an den Segnungen des Königtums, vielleicht aber auch an der Herrschaft selbst teilhaben lassen. Dieser Brauch, der möglicherweise dem Wunsche nach Kontinuität des Herrscherhauses entsprang, verschwand alsbald unter der Regierung des Nachfolgers, Menua, der um 805, also etwas später als in Assyrien Adad-nirāri III., zur Regierung kam und allein herrschte.

Menua nannte sich zwar weiter »Herr von Ṭušpa«, gründete aber unter anderem eine neue Hauptstadt, die er zur Festung ausbaute und nach sich benannte; sie lag in der Nähe der Quellen des Karasu. Der König ließ landwirtschaftlich noch ungenutzte Gebiete seines Reiches unter Kultur nehmen und sorgte durch Anlage von Kanälen für ihre Bewässerung.

Außenpolitisch war seine Regierung durch weitläufige und einträgliche Feldzüge gekennzeichnet. Eine Felsinschrift bei Taštepe, südlich vom Urmia-See, erinnert an einen Sieg über die Mannäer. Auch an anderen Stellen können wir das Vordringen Urartus aus den *in situ* befindlichen Inschriften ablesen. Wir finden sie an den Hängen des Ararat, entlang dem Oberlauf des Araxes bis nach Erzerum und im Westen beiderseits des Arsanias. Dort berichtet auch eine Felsinschrift, daß Menua Šebeteria (das heutige Palû), Ḫuzana (Ḥozan), Ṣupani (gewiß die Sophene bei den klassischen Autoren) unterwarf, im Gebiet des heutigen Balin einen Statthalter einsetzte, die Grenze des Ḫattilandes (Nordsyrien) erreichte und am Euphrat den Tribut des Königs von Meliṭea (Melitene) empfing.

Diese mächtige Expansion, in deren Verlauf Assyrien seine Grenzbezirke Kullimeri und Ulluba an Urartu verlor, nahm unter Argišti I. (um 789—766), dem Sohne Menuas, noch größere Ausmaße an. Allerdings erscheinen uns seine Erfolge auch deshalb so beachtlich, weil das zeitgenössische Assyrien von den letzten Jahren Adad-niraris III. bis zum Regierungsbeginn Aššurdans IV. eine Zeit wachsender Ohnmacht durchlebte.

Wie sein Vater hat auch Argišti I. überall, wo er als Eroberer durchzog, Stelen und Felsinschriften hinterlassen. Aus ihnen erfahren wir, daß seine Herrschaft, die südlich vom Araxes vollauf gefestigt war, weit über das Flußtal hinausgriff und im Nordosten über Erivan bis an den Sevan-See, im Norden bis nach Leninakan und zum Çildir-See reichte. So annektierte Argišti I. die ganze Ararat-Ebene und das Tal des Araxes, nachdem er die dort ansässigen Stämme besiegt hatte. Mit solchem Landgewinn konnte er die Erträge der Landwirtschaft, die Zahl der Herden und das Potential an Arbeitskräften in Urartu spürbar erhöhen. Die Metallindustrie erlebte einen neuen Aufschwung, da Urartu jetzt über die Kupferminen des Kleinen Kaukasus verfügte.

Auf dem linken Araxesufer erbaute Argišti an der Stelle des späteren Armavir eine Festungsstadt, die er Argištiḫinili nannte. Nicht weniger als vierzehn Inschriften wurden in ihrer Umgebung gefunden. Sie erzählen von den großen Arbeitsvorhaben Argištis und seiner Nachfolger: Urbarmachung von Land, Anpflanzung und Bewässerung von Obst- und Weingärten, Bau von Tempeln und Palästen. Während des ganzen 8. Jahrhunderts blieb Argištiḫinili der Hauptstützpunkt Urartus in Transkaukasien. Die Stadt war stark befestigt und barg umfangreiche Lebensmittelvorräte. So konnte sie zugleich als Zufluchtsstätte für die Bewohner der umliegenden Ländereien und als Ausgangsbasis für militärische Unternehmungen nach Norden und Nordosten dienen.

Während Argištiḫinili die Herrschaft über das Gebiet zwischen Araxes und Sevan-See sicherstellte, setzte sich Argišti durch Eroberung der Festung Qieḫuni, deren Ruinen noch heute bei der Einmündung des Zangu am Nordwestufer des Sees zu sehen sind, in den Besitz der fruchtbaren Küstenebene. Um sie besser unter Kontrolle zu behalten, erbaute er ca. 50 km weiter südlich eine neue Zitadelle, Irpuni, und siedelte dort 6600 Kriegsgefangene an, zumeist Leute von der Grenze Syriens und vom Euphratufer. In Irpuni, das auf dem Hügel Arinberd östlich von Erivan liegt, wurde während mehrerer Kampagnen gegraben. Gefunden wurden mit Wandmalereien ausgestattete Wohnräume und Inschriften, die davon berichten, daß der König den Tempeln der Stadt Schilde, Köcher, Pfeile und Gürtel als Weihgabe darbrachte.

Die Taten Argištis I. — Feldzüge, Unternehmungen wirtschaftlicher Natur, religiöse Stiftungen — sind auch Gegenstand einer ungewöhnlich langen Felsinschrift bei Van. Es sind sozusagen die Annalen seiner Regierung. Viele der dort genannten Städte und Länder sind uns bisher noch unbekannt. Dagegen können wir anhand von Ortsnamen, die sich mit einiger Wahrscheinlichkeit identifizieren lassen, die Angaben der anderen Inschriften in mancher Hinsicht präzisieren oder erweitern. So erfahren wir, daß die Heere der Urartäer nördlich der Linie Kars-Leninakan in Richtung Ardahan Krieg führten; daß sie im Westen erneut in die Melitene und nach Syrien vorgestoßen sind, daß sie schließlich besondere Anstrengungen auf das Gebiet am Urmia-See und zwar auf die Länder Buštu, Paršuaš, Manna, Ušqala und Uišdiš verwandten. Manche Expeditionen machten erst an den »Bergen der Assyrer« halt, soweit sie nicht unmittelbar mit den Assyrern in Berührung kamen. Die Zahl der annektierten Bezirke war beträchtlich, und ein ganzer Kranz von Nachbarländern erhielt den Status von Vasallenstaaten. Folgende als Beispiel ausgewählte Zahlen vermögen ein Bild vom Ausmaß der Eroberungen Argištis zu vermitteln: Auf der Strecke von der Provinz Abeliankh bis zur Ebene von Kars wurden 106 Festungen und 453 Landstädte geplündert und verbrannt; in einem der eroberten Gebiete mußten die Besiegten dem über sie eingesetzten Statthalter 41 Minen reines Gold, 37 Minen Silber, 20 000 Minen Kupfer, 1000 Reitpferde, 300 Rinder und 20 000 Schafe abliefern.

Die Ausdehnung Urartus schritt auch unter Argištis Sohn und Nachfolger Sardur III. (um 765–733) noch weiter fort; sie kam erst zum Stillstand, als ihr Tiglatpilesar III., der Erneuerer der assyrischen Macht, energisch Einhalt gebot. Aššur-nirari V., der Vorgänger Tiglatpilesars, wird einmal namentlich in einer Inschrift Sardurs erwähnt. Er heißt dort schlichtweg »König von Assyrien«[29], während Sardur selbst nach wie vor die anspruchsvollen Herrschertitel seiner Vorgänger führte. Er setzte im übrigen das Werk seines Vaters in jeglicher Beziehung fort.

Das Gebiet rings um den Sevan-See unterwarf er sich auf einer Reihe von Feldzügen, die ihn nacheinander ans westliche, südwestliche und südöstliche Ufer führten. Auf Kriegszügen in der Gegend von Leninakan eroberte er mehrere Städte südwestlich vom Çildir-See. Er kämpfte auch gegen ein Land Qulḫai. Falls es wirklich stimmt, daß es sich dabei um dasselbe Land handelt, das die Griechen Kolchis nannten, so ist es nicht unmöglich, daß Urartu unter Sardur III. und speziell an dieser Stelle der Schwarzmeerküste seine Kontakte mit der Mittelmeerwelt aufnahm, und zwar durch die Vermittlung der Küstenbewohner. 756 wurde ja nach allgemeiner Überlieferung Trapezunt von Milet aus kolonisiert. Den Siegen des Königs folgten Bevölkerungsumsiedlungen in größtem Stil, und es wurden zahlreiche Gebiete annektiert. Die Kriegsbeute, die Sardur heimführte, umfaßte in einem der Jahre nicht weniger als 37 800 Kriegsgefangene, 3500 Pferde, 40 353 Stück Rindvieh und 214 700 Stück Kleinvieh.

Besonders heftig wurde nach wie vor auch im Bereich des Urmia-Sees gekämpft. Sardur verwüstete das Land der Mannäer und ihrer Nachbarn, nahm Festungen ein, brannte Städte nieder und brachte schwere Beute nach Hause. Er war im übrigen, so scheint es, darauf aus, die Grenze Urartus zwischen dem Urmia-See und dem heutigen Täbris endgültig festzulegen, und machte sich zu dem Zwecke eine Anzahl weiterer Gebietsstreifen zu eigen.

Den stärksten Druck aber übte Sardur am oberen Euphrat gegen Nordsyrien aus. Eine urartäische Inschrift am Euphrat zwischen Izoğlu und Kümürhan sagt, daß Sardur in diesem fernen Landstrich, in den noch kein König Urartus seinen Fuß gesetzt hatte, sein Lager aufschlug, daß er Festungen entlang dem Euphrat eroberte und daß sich Ḫilaruada, der König von Malatia (urartäisch Me-li-ṭe-a-ni), vor ihm zwecks Unterwerfung prosterniert habe. Sardur nahm ihm neun Zitadellen und zehn

Städte, die wohl alle am Euphrat lagen, weg und machte ihn zum Vasallen[30].

Auf einem anderen Feldzug gelangte Sardur in das Nachbarland von Meliddu/Malatia, das Kummuḫu der Assyrer. »Kustašpili, der König von Qumaḫa«, schreibt er, »war unabhängig und zahlte keinem König Tribut ... Ich zog gegen das Land Qumaḫa. Im Kampfe fiel mir die Uita, die Festung des Königs, in die Hand, und ebenso die Königsstadt Ḫalpa, die durch einen See geschützt (?) ist. Ich näherte mich der Königsstadt Parala. Da kam er (Kustašpili) vor mich, prosternierte sich, und ich legte ihm als Tribut, den er mir auch zahlte, auf: 45 Minen reines Gold, 800 Minen Silber, 3600 Stück Stoff, 2000 Bronzeschilde und 1535 Gefäße aus Bronze.«[31] Dieser Kustašpili, der sich dem König von Urartu unterwarf, ist kein anderer als Kustašpi von Kummuḫu, den im Jahre 742 Tiglatpilesar III. in eben derselben Stadt Ḫalpa bzw. Ḫalpi, wie er sie nennt, besiegte.

Sogar der König einer noch weiter südlich gelegenen Stadt, Kamanaš von Karkemiš, huldigte in einer Weihinschrift in hethitischen Hieroglyphen (um 752) Sardur III. als seinem Oberherrn[32].

Damit hatte der König von Urartu die drei wichtigsten neuhethitischen Staaten am oberen Euphrat, Meliddu bzw. Miliddu, Kummuḫu und Karkemiš, unter seinen Einfluß gebracht. Er bedrohte nun unmittelbar den Ausgang des »assyrischen Korridors« zum Amanus und zugleich die Ausläufer der Kilikischen Pforte. Von seiner hohen Warte am Euphrat aus überschaute er das nördliche Syrien und konnte es politisch entscheidend beeinflussen.

Assyrien selbst war damals ganz und gar unfähig, den Ehrgeiz Urartus zu bremsen. Von den drei Söhnen Adad-nirāris III. hat sich Salmanassar IV., der 781 als erster den Thron bestieg, der Geschichte so gut wie gar nicht eingeprägt. Während seiner zehnjährigen Regierung zog er sechsmal gegen Urartu, ein Zeichen dafür, wie sehr er sich anstrengen mußte, dem gefährlichen Druck standzuhalten. Die übrigen Feldzüge – gegen die aramäischen Ituäer, zum »Zedernwald« und einmal sogar gegen Damaskus – waren wohl nur kurze Raubzüge.

Die zentrale Figur auf der politischen Bühne Assyriens war damals der oberste Feldherr Šamši-ili, der sein Amt auch unter den beiden Nachfolgern Salmanassars IV. beibehielt und der ohne Zweifel dreißig Jahre lang die eigentliche Autorität im Reiche verkörperte. Er war es wohl auch, der gegen Urartu kämpfte. Jedenfalls ließ er auf den Torhüterlöwen am Eingang seines Palastes in Til-Barsip eine Inschrift anbringen, in der er sich seiner Erfolge über die Urartäer rühmt. Dabei erwähnt er mit keinem Wort seinen König – so hoch war er gestiegen und so tief die Autorität des Herrschers gesunken[33].

Unter Aššur-dān III., der 772 seinem Bruder folgte, ging es weiter bergab. Einige wenige Feldzüge in Syrien, im Tal der Dijāla und gegen medische Stämme können uns nicht darüber hinwegtäuschen. Die innere politische Lage wurde immer ernster. Schon im Jahre 768 war das Heer »im Lande« geblieben. Es blieb auch 764 noch im Lande, nachdem die Pest Assyrien heimgesucht hatte. Schwere Unruhen zogen herauf, die sechs Jahre lang anhalten sollten. 763 kam es zum Ausbruch – zunächst in Assur, wo die Revolte zwei Jahre andauerte. 761 griff sie nach Arrapḫa über, und bis zu ihrem Abklingen vergingen wieder zwei Jahre. 759 endlich erreichte sie auch Guzana; gleichzeitig brach wieder die Pest aus und entvölkerte das Land. Ein Feldzug nach Guzana erwies sich als unumgänglich, um der Revolte Herr zu werden. Erst danach zog »wieder der Frieden ins Land«, um die Worte des Eponymenkanon zu gebrauchen. Assyrien ging aus diesen Prüfungen schwächer denn je hervor, und wiederum blieb das Heer zwei Jahre »im Lande«[34].

Allen inneren Widrigkeiten zum Trotz blieb sich Assyrien aber der äußeren Gefahr bewußt, die es bedrohte. Es mußte zusehen, wie das aramäische Bīt-Agusi die politische Vorherrschaft über Nordsyrien an sich riß, die vorher Ḥama innegehabt hatte. Der neue Staat zwischen Euphrat und Amanus war für Assyrien um so gefährlicher, als er ebenso wie das wiedererstarkte Karkemiš auf die Macht Urartus zählen konnte, das im Bogen um Assyrien herum an den Euphrat vorgedrungen war.

Das waren die Sorgen Assyriens, als 754 Aššur-nirāri V., der dritte Sohn Adad-nirāris, zur Regierung kam, nach wie vor unter der Ägide des zäh an seinem Platz verharrenden Šamšiili. Aššur-nirāri setzte sein Heer gegen Arpad, die Hauptstadt von Bīt-Agusi, in Marsch und zwang König Mati-ilu zu einem Vertrag mit Assyrien. Der Text dieses Vertrages ist an der Stelle, an der die politischen Klauseln stehen, leider nicht vollständig erhalten. Wir erfahren aus dem Anfang eines der Paragraphen, daß sich Mati-ilu verpflichtete, Überläufer und Rebellen an der Flucht zu hindern und assyrienfeindliche Agitation zu unterbinden. Nach einem anderen Paragraphen verspricht der König von Arpad, Aššur-nirāri V. jederzeit auf dessen Gesuch hin militärischen Beistand zu leisten[35].

Die Unterzeichnung dieses Vertrages hatte zweifellos das Ziel, den Drang Urartus nach Nordsyrien aufzuhalten. Aber kaum fühlte sich Mati-ilu der unmittelbaren Gefahr ledig, da sagte er sich wieder von Assyrien los. Trotzdem war dieser vorübergehende Erfolg das Hauptereignis von Aššur-nirāris Regierung. Sehen wir von zwei Feldzügen gegen Namri 749 und 748 ab, so erwähnt der Eponymenkanon für die restlichen Jahre keinen Auszug des Heeres und auch sonst nichts von Bedeutung.

Die Zeit des politischen Dahindämmerns war nur das Vorspiel

zu neuen Unruhen. Sie kamen 746 in der Hauptstadt Kalaḫ zum Ausbruch. Dabei wurde der König wahrscheinlich umgebracht, und ein vierter Sohn Adad-nirāris III. übernahm die Macht. Es war Tiglatpilesar III. (assyrisch Tukulti-apil-Ešarra). Wir wissen bis heute nicht, ob er selber den Aufruhr geschürt hat, ob ihn die Aufständischen an die Macht gebracht haben oder aber ob umgekehrt Tiglatpilesar die Revolte niedergeschlagen hat. Wie dem auch sei, in Tiglatpilesar III. fand Assyrien wieder einen Herrscher von ganz anderem Schrot und Korn, als es seine Vorgänger gewesen waren.

V. TIGLATPILESAR III. UND SARGON II., DIE BEGRÜNDER DES ASSYRISCHEN GROSSREICHES

Geschrumpfte Königsgewalt, ein Land, das von Bürgerkriegen ausgezehrt sich hinter seine Grenzen zurückgezogen hatte und von einem mächtigen Nachbarn bedroht wurde, das war das Erbe, das der neue Herrscher von Assyrien, Tiglatpilesar III., antrat[36]. Aber er wußte sich überall im Inneren Respekt und Gehorsam zu verschaffen, schmiedete sein Eisen und brach zum Siegeszug außerhalb seiner Grenzen auf. Seine Eroberungen machten Assyrien zu einem wahrhaften Imperium; er und fast alle seine Nachfolger nannten sich wieder »König der vier Weltgegenden«.

Die Ordnung im Inneren war schnell wiederhergestellt. Tiglatpilesar III. bestieg am 13. Ajjār (April/Mai) den Thron und zog im Monat Tešrīt (September/Oktober) zu seinem ersten Feldzug aus. Das Ziel war, Assyrien und Babylonien von dem ständig anwachsenden Druck der aramäischen und chaldäischen Stämme zu befreien. »Zwischen den Strömen« zog er hinab, nahm Städte ein, unterwarf die Nomaden und erreichte den Uknu (Kārūn) und den Persischen Golf. Das eigentliche Babylonien ließ er dabei unbehelligt; er trug sogar Sorge, daß dort Arbeiten für das Gemeinwohl in Angriff genommen wurden. Er suchte alle großen Heiligtümer von Sippar bis Uruk auf, besonders Babylon, Borsippa und Kutha, wo ihn die Priesterschaft freundlich empfing. So zeigte er sich als der naturgegebene Beschützer der heiligen Stätten, aber auch als der Beschützer des Throns von Babylon, den seit drei Jahren der König Nabonassar (Nabûnāṣir) innehatte.

Im zweiten Regierungsjahr traf er weitere Maßnahmen zur Befreiung Assyriens, diesmal im Zagros, wo er verschiedene Gebirgsländer besetzte oder unschädlich machte, und sein Heer brachte reiche Beute heim. Mit dem dritten Feldzug begann der König, eine der beiden schwierigsten Aufgaben anzugehen, die sich damals Assyrien stellten: die syrische Frage.

Mati-ilu von Arpad hatte sich die Schwäche Aššur-nirāris V. zunutze gemacht und den Vertrag mit Assyrien gebrochen. Um seinem Tun die Krone aufzusetzen, hatte er sogar eine Koalition syrischer Staaten zusammengebracht, die sich auf die Unterstützung durch Sardur III. von Urartu berufen konnte. Wir kennen den Vertrag, den die verschiedenen Koalitionsteilnehmer untereinander schlossen, in seinem aramäischen Wortlaut aus einer Reihe von Stelenfragmenten aus Sfire unweit von Aleppo. Dort wird stolz verkündet, daß sich das »obere und untere Aram« bzw. »ganz Aram«[37] zusammenschloß. Auch Meliddu, Kummuḫu und Gurgum, die drei Vasallenstaaten Urartus am Euphrat, waren dem Bündnis beigetreten.
Tiglatpilesar zog 743 an der Spitze eines mächtigen Heeres gegen Arpad, das die Seele der Koalition verkörperte. Aber kaum hatte er den Euphrat erreicht, da fiel ihm schon Urartu in die Seite. Sardur verhehlte seine Absicht in keiner Weise: Er wollte die Assyrer aus Nordsyrien verbannen und seine Hegemonie in diesem Gebiet mit Gewalt durchsetzen. Es kam zur Schlacht an beiden Euphratufern zwischen Ḫalpi und Kištan (heute Ḥalfati und Kustam nicht weit von Birecik). Das Kriegsglück neigte sich den Assyrern zu, Sardur unterlag und zog sich Hals über Kopf in sein Land zurück. Tiglatpilesar verzichtete auf die Verfolgung und nahm seinen Marsch gegen Arpad wieder auf. Er umzingelte die Stadt, während seine Truppen das Land von Ḥama bis zum Amanus in Besitz nahmen. Die Belagerung dauerte von 742 bis 740, ohne daß Tiglatpilesar lockerließ. Als er sie schließlich einnahm, da verbreitete sich das Echo des Sieges in ganz Syrien. Die Könige von Kummuḫu, Gurgum, Qu'e, Karkemiš, Damaskus und Tyros kamen nach Arpad, das fortan assyrische Provinzhauptstadt war, und brachten dem Sieger ihren Tribut. Auch das angrenzende Land Unqi wurde der Herrschaft eines Gouverneurs unterstellt.
Aber dieser Sieg brachte noch nicht die endgültige Entscheidung; denn als das assyrische Heer im Jahr darauf auf einem Feldzug in Ulluba am Rande des armenischen Taurus war, bildete sich in Syrien eine neue Koalition. Diesmal war der König von Sam'al (bzw. Jaʿūdi) am Golf von Issos, der dort gerade den Thron usurpiert hatte, der Initiator.
Tiglatpilesar griff die Verbündeten im Jahre 738 an. Er eroberte zahlreiche Städte in den Gebieten von Ḥama, Ḫatarikka und Sam'al und gliederte das neugewonnene Land in Provinzen auf. Den Thron von Sam'al gab er an den legitimen Erben, Panammû II., zurück, und er vergrößerte dessen Herrschaftsbereich auf Kosten von Gurgum.
Dieser neuerliche Sieg war geeigneter Anlaß, den Tribut neu festzusetzen. Tiglatpilesar zählt bei der Gelegenheit die ihm untertanen Städte und Länder auf: Kummuḫu, Damaskus, Sama-

ria, Tyros, Byblos, Qu'e, Karkemiš, Ḥama, Sam'al, Gurgum, Meliddu und Kaška; hinzu kamen weiter entfernt wohnende Tributpflichtige wie der König und die Fürsten von Tabal oder die Araberkönigin Zabība.

Von 737 bis 735 konnte Tiglatpilesar unbesorgt um das weitere Schicksal Syriens seine Aufmerksamkeit anderen Horizonten zuwenden. Es galt jetzt vor allem, mit dem zweiten außenpolitischen Problem fertigzuwerden, der immer gegenwärtigen Bedrohung durch Urartu. In der Tat führt der Eponymenkanon drei Jahre lang Feldzüge gegen die Meder, gegen Nairi und gegen Urartu auf.

Der erste dieser drei Feldzüge war vermutlich keine von der Hauptstadt ausgehende Unternehmung. Er lag in den Händen des Statthalters von Mazamua mit den ihm unterstellten Truppen. Er festigte und erweiterte die Oberhoheit Assyriens über die Nachbargebiete dieser Provinz: über Namri, Bīt-Ḫamban, Parsuaš u. a.; gleichzeitig wurden Ellipi und zahlreiche Mederstämme zur Tributzahlung gezwungen. Den Assyrern wurde bei dieser Gelegenheit klar, daß das »Mederland« oder, wie man es jetzt zu nennen begann, das »Land der mächtigen Meder« weit gen Sonnenaufgang reichte. Das Heer stieß in ihr unübersehbares Territorium vor und gelangte, ohne übrigens alle Stämme zu besiegen, bis zum Berge Bikni, dem »blauen Berge«, d. h. bis zum Demawend, an dessen Fuß das heutige Teheran liegt. Viehherden ohne Zahl, 5000 Pferde und 65 000 Kriegsgefangene, die später im Dijāla-Gebiet angesiedelt wurden, waren die Beute auf dieser Unternehmung.

Der Feldzug des Jahres 736 zwischen Van-See und oberem Euphrat bezweckte vermutlich zweierlei: Einmal sollten die 739 in Ulluba errungenen Erfolge genutzt werden; vor allem aber wollte Tiglatpilesar einen entscheidenden Schlag gegen Urartu vorbereiten. Daß er es hierauf anlegte, sehen wir daraus, daß er sich im folgenden Jahre 735 den Weg mitten ins Herz von Urartu bahnte und die Landeshauptstadt Ṭurušpa belagerte. Zwar konnte er sie trotz blutiger Kämpfe nicht einnehmen; aber das assyrische Heer zog auf einem Marsch von 600 km Länge mordend und sengend durchs Land. An der Südgrenze Urartus wurden zahlreiche Burgen erobert. Tiglatpilesar ließ hier eine neue Festung anlegen und besiedelte sie mit Leuten, die er aus Sam'al deportierte. Die Festung wurde dem Kommando eines Feldherrn unterstellt und erhielt die Aufgabe, die eroberten Gebiete zu überwachen, die verwaltungsmäßig mit verschiedenen assyrischen Provinzen verbunden wurden. Auf diese Weise konnte Tiglatpilesar einen Riegel vor seine Nordgrenze schieben, und das war, nachdem er den Krieg nach Urartu hineingetragen hatte, doch ein gewisser Erfolg, auch wenn er vor Ṭurušpa gescheitert war.

In den folgenden Jahren mußte er sich wieder Syrien zuwenden. Dort saßen neben Panammû von Sam'al und Menahem von Israel, treu ergebenen Vasallen, andere, die sich weniger gefügig zeigten. Damaskus und Samaria, Askalon und Gaza verweigerten den Tribut; Tyros und Sidon lehnten sich dagegen auf, daß man ihnen den Ägyptenhandel eingeschränkt hatte. Assyrien mußte also von neuem intervenieren. 734 zog Tiglatpilesar gegen das Philisterland. Auf dem Hinmarsch unterwarf er Ḫitarikka sowie mehrere Städte an der phönikischen Küste, unter anderem Byblos, und teilte das Gebiet in sechs Militärdistrikte auf. Weiter im Süden machte er einen Teil von Damaskus zur assyrischen Provinz. Schließlich griff er Gaza an und plünderte die Stadt. Ihr König, Hanno, floh nach Ägypten.
Daraufhin rief ihn Ahas von Juda um Hilfe an, da er von den Königen von Israel und Damaskus hart bedrängt wurde. Tiglatpilesar fiel nach Israel ein, deportierte die Bevölkerung und gab den Thron seinem Schützling Hosea. Dann belagerte er Damaskus; aber die Stadt konnte sich seiner zunächst erwehren, und die Assyrer verwüsteten die Gärten und Palmenhaine der Umgebung. Erst 732 fiel die Stadt. Der König von Damaskus mußte mit dem Leben büßen, ein Teil der Bevölkerung wurde in die Verbannung geschickt. Aus den eroberten Gebieten wurden assyrische Provinzen gemacht. Tiglatpilesar ergriff noch weitere Maßnahmen, um die Lage wieder ins Gleichgewicht zu bringen. Askalon und wiederum Israel wurden für ihre Erhebung hart gestraft. Tyros, das der assyrische Großmundschenk mit seinen Truppen eingenommen hatte, wurde schwerer Tribut auferlegt. In Sam'al erhielt der Sohn des getreuen Panammû den Thron, da sein Vater bei der Belagerung von Damaskus gefallen war. In Anatolien wurde der aufrührerische König von Tabal von einem gegen ihn entsandten Obersten besiegt, seiner Stellung entledigt und durch einen assyrienfreundlichen Fürsten ersetzt. Sogar Samsi, die Königin der Araber, mußte einen assyrischen Kommissar bei sich aufnehmen und über den Tribut hinaus ein Hilfskontingent von 10000 Kriegern stellen.
Der Sieg des Jahres 732 war für die Annalenschreiber neuer Anlaß, die Tributärstaaten Assyriens aufzuzählen. Zu den sechs Jahre zuvor genannten gesellten sich jetzt noch Arvad, Ammon, Moab, Askalon, Juda, Edom und Gaza mit ihren Königen.
Mit diesen Feldzügen kam die militärische und politische Aktivität Tiglatpilesars in Syrien und Palästina endgültig zum Abschluß. Während der letzten Jahre seiner Regierung änderte sich kaum noch etwas. Der König wandte sich wieder der entgegengesetzten Seite zu, dem südlichen Mesopotamien. In Babylon war Nabonassar 734 in seinem vierzehnten Regierungsjahr gestorben. Sein Sohn Nādinu (mit vollem Namen Nabû-nādin-zēri) wurde nach zwei Jahren von einem Usurpator, Nabû-šum-ukīn,

ermordet, der aber seinerseits schon nach zwei Monaten wieder von dem Chaldäer Ukīn-zēr (Nabû-ukīn-zēr), einem Angehörigen des mächtigen Stammes Bīt-Amukkani, entthront wurde. Solcherlei Wirren erregten die Besorgnis Tiglatpilesars III. Nachdem er vergeblich versucht hatte, eine Revolte gegen Ukīn-zēr anzuzetteln, entschloß er sich zu energischem militärischem Vorgehen. Es kam in der Tat nicht nur darauf an, Bīt-Amukkani eine Lektion zu erteilen; vielmehr mußten auch die übrigen großen Stämme im Süden unterworfen werden, da sie mit ihrem Ungestüm immer wieder die politische Stabilität Babyloniens gefährdeten.

Tiglatpilesar besiegte zunächst den Stamm der Puqudu. Sein Gebiet wurde zusammen mit einigen Distrikten an der elamischen Grenze der Jurisdiktion des assyrischen Statthalters von Arrapḫa unterstellt. Dann kamen Bīt-Silāni und Bīt-Sa'alli an die Reihe: Die Stammesscheichs wurden getötet oder gefangengenommen, die Ortschaften zerstört, und im Verlauf einer riesigen Umsiedlungsaktion wurden 120000 Stammesangehörige in die Fremde geführt. Ukīn-zēr selbst wurde in seiner Residenz Šapia in Bīt-Amukkani von den vereinten Truppen des *turtān* und des Statthalters von Arrapḫa angegriffen; Šapia fiel nach längerem Widerstand; Ukīn-zēr geriet in Gefangenschaft; das Land ringsherum wurde verwüstet. Nach der Niederlage Bīt-Amukkanis unterwarfen sich Bīt-Dakkūri und das Meerland; Marduk-apla-iddin (der Merodachbaladan des Alten Testaments) König des Meerlandes und Angehöriger des Stammes Bīt-Jakīn, brachte seinen Tribut höchstpersönlich dem Sieger im eroberten Šapia dar.

Damit war der Süden befriedet. Was sollte mit Babylonien geschehen? Tiglatpilesar wollte das Land nicht einem beliebigen Abenteurer überlassen, wollte es aber auch nicht zur gewöhnlichen assyrischen Provinz degradieren. Um Babylonien trotzdem, wie es ihm vorschwebte, eng an Assyrien binden zu können, verfiel er auf eine politische Neuerung: die persönliche Doppelmonarchie. Indem er als König von Assyrien die traditionelle Titulatur »König von Babylon« und »König von Sumer und Akkad« annahm, respektierte er die Eigenständigkeit der Stadt und des Königreiches von Babylon. Um dieser Doppelheit der Herrschaft deutlicher Ausdruck zu geben, legte er sich als König Babyloniens den Namen Pūlu zu. Ein Zugeständnis an die einheimisch-babylonische Tradition war es auch, daß er in den Jahren 729 und 728 persönlich die Mardukprozession anführte, die das neue Jahr einleitete und durch die das Königtum immer wieder seine legitime Weihe erhielt. Auf diese Weise durfte er wohl hoffen, für die heikle Frage der assyrisch-babylonischen Beziehungen eine echte und dauerhafte Lösung gefunden zu haben.

Tiglatpilesar III. starb 727. Welch Unterschied zwischen dem

Land, das er nach siebzehnjähriger Herrschaft hinterließ, und dem, das er bei Regierungsantritt vorgefunden hatte! Als tatkräftiger, zielstrebiger Monarch hatte er es wohl verstanden, seine politischen Mittel zu handhaben. Das Heer hatte unter ihm neue Gestalt gewonnen und war leistungsfähiger geworden. Auf Tiglatpilesar gehen die Anfänge eines stehenden Heeres zurück, dessen Kern aus der Leibwache hervorgewachsen war und das bedeutende Kontingente fremder Söldner umfaßte. Zugleich wandelte sich die Ausrüstung des Heeres. Der Streitwagen wird größer, er kann vier Mann Besatzung aufnehmen und vierspännig gefahren werden. Dabei wird er mehr und mehr zum Transportfahrzeug, während er seine Rolle als Stoßwaffe an die Reiterei abtritt, die im assyrischen Heer nun schon auf anderthalb Jahrhunderte Tradition zurückblickt und noch ständig anwächst. Allerdings wird die Reiterei nach wie vor in kleineren Einheiten eingesetzt; erst einige Jahre später unter Sargon erscheinen Einheiten von über tausend Reitern. In der Infanterie wird vor allem das Corps der Pikeniere ausgebaut, das von der Bogenschützentruppe und den Schleuderern umgeben und abgesichert wird.

Das Gros des Heeres wurde bislang jeweils für einen Feldzug ausgehoben; es diente als Stoßtruppe, ohne aber das eroberte Gebiet unter Besatzung zu halten. Das neue Heer dagegen war jahreszeitlich ungebunden. Es konnte im Bedarfsfall eine feindliche Stadt lange Zeit belagern und versah sich zu diesem Zweck mit allem nötigen schweren Material. Es fungierte als Besatzungsmacht, siedelte Militärkolonen um und hob zusätzliche Streitkräfte aus. Das Heer erhöhte seine Schlagkraft durch die Schaffung selbständig agierender Stafetteneinheiten und die Ausbildung eines Nachrichtendienstes. Der König selbst ist nicht mehr nur Krieger und Heerführer, sondern gleichsam der Chef des Generalstabs, der die Truppenbewegungen an mehreren Fronten entwirft und überwacht. In Einzelfällen oder bei großangelegten Feldzügen kam es vor, daß er seinen Feldherrn oder Würdenträgern bestimmte Aufgaben übertrug, die für ihren eigenen Aktionsbereich von besonderem Interesse waren.

Solcher Reformgeist zeigt sich auch in der Verwaltung des Reiches und zwar, genauer gesagt, in der Verwaltungskonzeption der neu annektierten Gebiete, während im alten Besitzstand keine wesentlichen Änderungen eintraten. Die Eponymenlisten führen weiter die traditionellen Provinzen auf und zwar annähernd in der altangestammten Reihenfolge. Auf den König folgten im Eponymat nach wie vor der oberste Heeresführer *(turtān)*, der »Palastherold« *(nāgir ekalli)*, der »Großmundschenk« *(rab šāqê)* und der »Haushofmeister« *(abarakku)*. Zweifellos handelt es sich hier wie auch bei den meisten im Eponymat folgenden Statthaltern um Leute, die neu in ihr Amt eingesetzt worden waren. Aber das Revirement im Verwaltungsapparat zu Beginn einer neuen Regierung war ja alte assyrische Tradition. Der einzige, der nicht von seinem Posten abgelöst wurde, war der Statthalter von Assur, der wie seine Vorgänger den Titel »Statthalter *(šaknu)* von Assur, Kār-Tukulti-Ninurta, Ekallāte, Itu und Ruqaḫa« führte. Tiglatpilesar erwähnt in seinen Annalen die Statthalter von Arrapḫa, Nairi und Lullumê bzw. Zamua. Neu ist als Verwaltungstitel der »Administrator« *(bēl piḫāti)*; bisweilen, so scheint es, nimmt er die Stelle des Statthalters ein; meist aber wurden so Feldherrn genannt, die mit der Verwaltung frisch eroberter oder neu geschaffener Provinzialkreise betraut wurden. Die Verwaltung konnte sich dadurch, daß man kleinere Einheiten schuf, wirksamer durchsetzen, und zwar auch dann, wenn diese neuerworbenen Bezirke im übrigen verwaltungsmäßig mit den großen herkömmlichen Provinzen verbunden wurden[38].

In dem Bestreben, die Expansionsprobleme Assyriens auf die Dauer zu lösen, wurde Tiglatpilesar zu einer Politik der Annektierung und Eroberung gezwungen, die seine Möglichkeiten zu überschreiten drohte. So hütete er sich denn, den Bogen zu überspannen. Es sieht sogar so aus, daß er eine Provinz nur dann voll und ganz dem Reich einverleibte, wenn das unerläßlich war. Sonst ließ er sich meist auf eine Kompromißformel ein, indem er sog. »Verwaltungsaußenbezirke« schuf. Gleichzeitig behielt Tiglatpilesar das System tributpflichtiger Vasallenstaaten bei. Wenn immer sich Gelegenheit bot, setzte er in einem eroberten Gebiet einen Mann seiner Wahl auf den Thron, der ihm dann – zumindest eine Zeitlang – ergeben war, da er ihm seine Stellung verdankte und auf assyrische Hilfe angewiesen war. Schließlich gab er – vor allem in Grenzgebieten – der einheimischen Regierungsgewalt noch »Kommissare« an die Seite, die als Inspektoren und Berater fungierten.

Die rapide Ausweitung des Reiches bewog den König andererseits, Bevölkerungsumsiedlungen in größtem Stil vorzunehmen. Ehedem hatte man die Kriegsgefangenen vor allem als Arbeitskräfte benötigt. Tiglatpilesar I. hatte als erster auch den politischen Aspekt der Frage ins Auge gefaßt. Aber erst Tiglatpilesar III. benutzte die Deportation systematisch als Mittel, den nationalen Zusammenhalt aufzusprengen, und zwar sowohl in der Heimat der Deportierten als auch dort, wo man sie unter Einheimischen ansiedelte. Umsiedler stellten vor allem die Einwohnerschaft neugegründeter Grenzfestungen; sie waren dort zunächst entwurzelt und mit ihrer Umgebung nicht im geringsten vertraut. Umsiedlungen mußten, wenn sie ihre Wirkung nicht einbüßen sollten, häufig und in großer Zahl vor sich gehen. Das war denn auch der Fall. So wurden zum Beispiel über 30000 Syrer aus der Gegend von Ḥama in den Zagros und ins mittlere Armenien verpflanzt. 150 000 Aramäer aus Südbabylonien wurden in die nördlichen und nordöstlichen Grenzmarken, ja sogar nach Iran selbst gebracht, von wo man andererseits wieder auf einem einzigen Feldzug 65 000 Gefangene wegschleppte. Selbst wenn man den Zahlen in den Annalen nur bedingt vertraut, so geben sie doch eine Vorstellung von der ungeheuren und systematisch betriebenen Bevölkerungsvermengung. Diese Tatsache sollte später entscheidende Bedeutung für das Geschick Assyriens erlangen.

Tiglatpilesar III. schuf in den unterworfenen Gebieten neue Festungen in großer Zahl. Er belegte sie mit assyrischen Garnisonen und verstärkte ihre Schlagkraft durch die Ansiedlung von Militärkolonen. Hier zeigt sich ein neuer Zug der Eroberungspolitik: Die assyrische Macht wurde fest verwurzelt. Das stehende Heer mitsamt seinen Zusatzkontingenten machte das möglich. Wenn die Belagerung von Arpad drei Jahre andauerte, die von Damaskus zwei, so ist das ein Beweis dafür, daß umfangreiche assyrische Heereseinheiten jeweils mehrere Jahre lang auf syrischem Boden verweilten. Andernorts verhielt es sich ebenso. Auch der König pflegte sich in den neugewonnenen Außenprovinzen viel länger aufzuhalten als seine Vorgänger. So war er in Syrien, als ihm die Statthalter von Nairi, Zamua und andere die Beute und die Gefangenen präsentierten, die sie in ihren jeweiligen Aktionsbereichen gemacht hatten. Alles in allem leitete die Regierung Tiglatpilesars III. in mehr als einer Hinsicht eine neue Ära für Assyrien ein.

Von der kurzen Regierung seines Sohnes und Nachfolgers Salmanassar V. (726–722) wissen wir nur wenig. Wir besitzen keine Inschrift von ihm, und die wenigen Hinweise im Eponymenkanon sind, da schlecht erhalten, so gut wie unbrauchbar. Immer erfahren wir aus den Königslisten, daß er die von seinem Vater inaugurierte Babylonienpolitik fortsetzte, indem er die Doppelkrone unter zwei verschiedenen Namen trug: Šulmānuašarēd (Salmanassar) in Assyrien, Ululaja in Babylonien.

Wir wissen auch, daß sich Hosea, der König von Israel, gegen Salmanassar V. erhob und daß das assyrische Heer drei Jahre lang Samaria belagerte. Ob allerdings schon Salmanassar oder erst sein Nachfolger die Stadt einnahm, läßt sich nicht mit Sicherheit sagen. Ereignisse der Folgezeit legen den Rückschluß nahe, daß Salmanassar V. Kilikien annektiert hat. Aber einen zeitgenössischen Beleg haben wir dafür noch nicht. Salmanassar sah sich wohl auch gezwungen, die Steuerfreiheit und politische Immunität der Bürger von Assur und Ḫarrān außer Kraft zu setzen bzw. einzuschränken; wenigstens waren es solcherlei unpopuläre Maßnahmen, die seinen Untergang heraufbeschworen, wenn wir den Worten seines Nachfolgers glauben dürfen. »Während die Bürger [von Assur] früher weder Abgaben noch Fron gekannt hatten, legte [Salmanassar] ihnen, indem er seine Hand in böser Absicht gegen die Stadt erhob, schwere Abgaben und Fron auf und behandelte sie wie Zinspflichtige. Daher hat der Enlil unter den Göttern (= der Gott Assur) im Zorn seines Herzens seiner Regierung ein gewaltsames Ende gesetzt und, indem er mich, Sargon, als König von Assyrien bezeichnete, mir Szepter, Thron und Krone verliehen.«[39]

Berichte wie diese verraten, statt ihn zu verschleiern, nur allzu deutlich den Staatsstreich des Usurpators. Wir wissen in der Tat nichts von dem Vorleben des neuen Königs. Die Gelehrten streiten sich darüber, ob es sich um einen Abenteurer oder aber ebenfalls um einen Sohn Tiglatpilesars III. handelt[40]. Sicher ist nur, daß er durch einen Gewaltstreich auf den Thron gelangte. Seinen Aufstieg stellte er bewußt als einen Bruch mit der Vergangenheit dar. Denn in der Einleitung seiner Inschriften erwähnt er niemals seine Vorgänger. Viele seiner Untertanen haben sein tragisches Ende später als die Sühne für ein Sakrileg empfunden, das er beging, als er sich der Herrschaft bemächtigte.

Als Sargon am 12. Ṭebēt (Dezember/Januar) 722 den Thron bestieg, galt es, zahlloser Schwierigkeiten Herr zu werden: Umtriebe im Inneren, Unruhen in Babylonien, eine neue Koalition in Syrien und die erklärte Feindschaft Elams, Ägyptens und Urartus[41].

Um zunächst dem Schlimmsten abzuhelfen, unterzeichnete er einen vorläufigen Pakt mit dem Chaldäer Marduk-apla-iddin und bemühte sich, die innere Opposition zum Schweigen zu bringen. Den Bewohnern von Assur und Ḫarrān gab er in voller Form ihre Gemeindeprivilegien zurück und stellte sie von neuem frei »von der allgemeinen Fron, dem Aufruf des Steuereintreibers, den Zöllen und den Hafensteuern«. Auch entband er alle Tempel des Landes von jeglicher fiskalischer Verpflichtung[42].

Marduk-apla-iddin aber machte sich das Stillhalteabkommen zunutze, rückte in Babylon ein und ließ sich im Frühjahr 721 zum König krönen. Dabei hatte er die Zustimmung Elams, das seine wiedererwachende Macht erstmals wieder auf der Bühne der internationalen Politik demonstrierte. Hier hatte nämlich König Ummanigaš (Ḫumban-nikaš) 742 eine neue Dynastie begründet. Auch in Syrien bildete sich unter Ilu-bi'di von Ḥama und Ḥanūna von Gaza eine antiassyrische Koalition, die beim ägyptischen Heer Rückhalt fand.

720 bezog Sargon in einem Zweifrontenkrieg Stellung gegen seine Feinde. Ein assyrisches Heer ließ sich bei Dēr mit den Truppen des Ummanigaš in den Kampf ein, wobei der eigentliche Plan vermutlich darin bestand, Babylonien von der Hilfe Elams abzuschneiden. Das Treffen ging aber nicht zugunsten Sargons aus. Er wurde zurückgeschlagen, und nach einem Streifzug zur Züchtigung des aufständischen Stammes der Tu'umūna

zog er sich zurück. Marduk-apla-iddin behielt zwar die Königskrone, vermochte aber den Sieg ebensowenig wie seine Verbündeten auszukosten. Dēr selbst blieb in assyrischer Hand und wurde nicht eingenommen.

Gegen Frühjahrsende desselben Jahres lieferte Sargon der syrischen Koalition bei Qarqar eine Schlacht und diesmal erfolgreich. Der Sieg hatte die Wiedergewinnung der abgefallenen Provinzen Arpad, Simirra und Damaskus zur Folge. Daraufhin nahm Sargon Gaza im Philisterland ein, besiegte den ägyptischen *turtān* und zerstörte Rafia an der Grenze Ägyptens. Am Ende des Jahres marschierte er nach Samaria zurück, baute die Stadt wieder auf und machte sie zur Hauptstadt der neuen Provinz Samerīna.

Damit war die Lage im Inneren und an den beiden Enden des Reiches einigermaßen wiederhergestellt, und Sargon hatte während der folgenden drei Jahre die Hände frei, sich mit der urartäischen Frage zu befassen, die eine sehr viel ernstere Gefahr darstellte.

Urartu hatte in seiner auswärtigen Einflußzone und auch im Landesinneren durch Tiglatpilesar III. schwere Rückschläge erlitten; aber die Niederlagen hatten doch keineswegs den Lebensnerv des Landes getroffen. Rusa, der 730 seinem Vater Sardur III. auf dem Thron folgte, war der zeitweise schwankenden Situation rasch wieder Herr geworden. Die Inschriften und Denkmäler seiner Regierung lassen ihn als einen beherzten Krieger und großen Bauherrn erscheinen[43]. Eine Felsinschrift südlich vom Sevan-See zählt 23 Länder auf, deren Könige Rusa unterwarf: Vier am West- und Südwestufer des Sees und neunzehn auf der gegenüberliegenden Seite und in den ›furchtbaren Bergen‹ des Kleinen Kaukasus. In einem der zuerst eroberten Länder erbaute er einen Tempel und eine Stadt, Ḫaldini, d. h. »Ḫaldi-Burg«, zu Ehren des urartäischen Reichsgottes. Eine andere Festung, Tešebaini, erbaute er dem Wettergott Tešeba auf dem Hügel Karmir-Blur bei Erivan. Tešebaini mit seinen Zyklopenmauern und massiven Ecktürmen spielte in der Folgezeit eine wichtige Rolle – dies um so mehr, als die Bedeutung der anderen Städte Transkaukasiens, Argištiḫinili und Irpuni, allmählich verblaßte.

Im eigentlichen Herzen Urartus östlich vom Van-See bewahrt eine Monumentalstele die Erinnerung an großangelegte Bewässerungsarbeiten, durch die die Umgebung der neugegründeten Stadt Rusaḫinili der Kultur erschlossen wurde. Rusa legte einen riesigen Stausee an, den »Rusa-See« (heute Keşiş-Göl), dessen Dämme bis ans Ende des 19. Jahrhunderts nach Chr. dem Verfall getrotzt haben. Zugleich verlegte Rusa seinen Herrschersitz vom Felsen von Van auf die nahegelegene Anhöhe Toprakkale.

Rusa verzichtete zwar auf die Gebietsansprüche seiner Vorfahren in Syrien; dafür verlegte er seine politische Aktivität nach Tabal in Anatolien und am anderen Ende seines Reiches ins Land der Mannäer. Vor allem richtete sich sein Interesse auf das Land Muṣaṣir, jene Grenzmark, in der Urartu und Assyrien zäh und verbissen den gegenseitigen Einfluß niederzuringen versuchten, wobei sie immer hart am Rande des offenen Konflikts standen. Wie Išpuini in Kel-i-šīn errichtete Rusa bei Topzawa, ebenfalls auf der Heerstraße von Rowandūz, eine zweisprachige Stele[44]; in ihrer Inschrift nahm er klipp und klar das Protektorat über Muṣaṣir, dessen König Urzana ihm den Thron verdankte, für sich in Anspruch. Assyrien seinerseits war bestrebt, Muṣaṣir mit der Grenzprovinz zu vereinigen, die dem »Palastherold« unterstand.
Assyrische Quellen ergänzen die Nachrichten der urartäischen Inschriften auf willkommene Weise. Sie sind für uns besonders deshalb so wertvoll, weil es sich in der Mehrzahl um Briefe und von der Grenze eingesandte Berichte handelt[45]. Die Berichte, die wir mit einiger Wahrscheinlichkeit in die Zeit vor 720 datieren können, handeln hauptsächlich von Aufständen, die Rusa niederschlug. Die urartäischen Provinzstatthalter suchten ihre Selbständigkeit zu gewinnen, und Rusa mußte sich sein Reich im wahrsten Sinne des Wortes zurückerkämpfen. »Mit meinen beiden Pferden und meinem Wagenlenker habe ich das Königtum von Urartu erobert« heißt es wohl nicht von ungefähr auf einer Statue des Rusa, die dieser im Tempel von Muṣaṣir darbrachte. Bei der Rückgewinnung der Macht in Urartu haben zweifellos auch administrative Neuerungen eine Rolle gespielt, die Rusa in Transkaukasien durchführte. Er teilte die Provinzen nämlich in kleinere Bezirke auf, um dadurch die Macht der Statthalter einzuschränken und sie leichter bei der Stange zu halten. Rusa verfuhr also genauso wie Tiglatpilesar III., als er in Assyrien das Prestige des Königtums wiederherstellte.
Urartäische Quellen sind oft das Echo assyrischer Briefe und Annalen und umgekehrt, wenn es sich um die Ereignisse der folgenden Jahre handelt. 719 mußte Sargon seinem Schützling, dem Mannäer Iranzu, zu Hilfe eilen, als dieser von einem Aufstand bedroht war, den Urartu und Mittati von Zikirtu, ein Vasall Urartus, geschürt hatten. 718 ging er gegen Tabal vor, das das assyrische Joch abgeschüttelt hatte. Er setzte einen neuen Herrscher ein und stellte die freundschaftlichen Beziehungen dadurch wieder her, daß er ihm eine seiner Töchter zur Frau gab. 717 fand Sargon einen Vorwand, um Karkemiš, die Schlüsselstellung am Euphrat, an sich zu reißen. Die Stadt hatte geheime Verbindungen mit Midas von Phrygien aufgenommen. Sargon ließ sie durch Assyrer besetzen und verstärkte die örtliche Gar-

nison durch ein Zusatzkontingent von 30 Streitwagen, 200 Reitern und 3000 Fußsoldaten.

Als 716 Urartu und seine Vasallen Uišdiš und Zikirtu wieder einmal Unruhe unter den Mannäern stifteten und der legitime Herrscher, ein Sohn des Iranzu, ums Leben gekommen war, griff das assyrische Heer ein, eroberte die Hauptstadt Izirtu und nahm die Unterwerfung des Usurpators Ullusunu entgegen. Sargon machte sich seinen Sieg sofort zunutze und legte zur Verstärkung der in Parsuaš stationierten Garnisonen einen Verteidigungsgürtel an. Sein Schwerpunkt lag bei der Stadt Kišesim, die Sargon in Kār-Nergal umtaufte. Ein zweites Glacis baute er weiter südlich in Medien auf; hier war Ḫarḫar der Mittelpunkt, das Sargon zur Festung ausbaute und in Kār-Šarrukīn (Sargonsburg) umbenannte. Anlaß dafür waren ebenfalls Unruhen – diesmal von den Elippäern angezettelt.

Diese Defensivmaßnahmen setzte Sargon im nächsten Jahr, 715, noch weiter fort, nachdem es bei den Mannäern und an der neuen Militärgrenze von Kār-Šarrukīn abermals zu Unruhen gekommen war. Sargon verstärkte die Garnison von Kār-Šarrukīn und suchte die strategische Bedeutung der Stadt noch dadurch zu erhöhen, daß er in den eroberten Landstädten der Umgebung ein Netz von sekundären Stützpunkten anlegte. Es handelt sich um Siedlungen, die Sargon nach der Zerstörung wiederaufbauen, neu besiedeln ließ und denen er neue assyrische Namen gab: Kār-Nabû, Kār-Sin, Kār-Adad und Kār-Ištar.

Überall in den weiten Gebieten östlich von Assyrien zeichnet sich jetzt ganz deutlich die Landnahme der Iranier ab. Mittati und Bagdatti herrschen östlich vom Urmia-See in Zikirtu und Uišdiš. Die Ebenen südlich und östlich von Šehrizōr sind in der Hand der Stammesfürsten Uksatar, Durisi und Satarešu, während Aḫuaparnu, Bagbararna, Satarpanu, Ašpabarra, Ušrai, Ḫardukka, Arbaku, deren Namen teils sicher, teils wahrscheinlich iranisch sind, Teile des Zagros und vom Hochplateau beherrschen. Das Land der »mächtigen« oder »fernen« Meder reichte »bis Sonnenaufgang«, »bis an den Rand des Berges Bikni« (Demawend) und stieß im Süden an Ellipi und Simaš. Nicht nur die Inschriften, aus denen wir die hier aufgeführten Namen kennen, zeigen uns, in wie hohem Grade Iranier die einheimische Zagrosbevölkerung durchsetzt haben, sondern auch die Wandreliefs im damals im Bau befindlichen Königspalast von Dūr-Šarrukīn. Die dort dargestellten Städte wie Kišesim in der Provinz Parsuaš, Sikriš in der Provinz Ḫarḫar oder Kinda'u sind mit ihren turmbewehrten Mauern hinter einem den Zugang erschwerenden Wasserlauf typische medische Burgen, wie wir sie von Ausgrabungen im Inneren des Hochplateaus kennen. Auch die dargestellten Personen spiegeln, selbst wenn Einheimische gemeint

sind, mit ihrer Kleidung, Bewaffnung, Haar- und Barttracht ein und denselben iranischen Typus wider. Die Haare sind kurz und meist gelockt; der kurzärmlige Rock reicht bis auf die Knie und ist in der Taille von einem Gürtel umschlossen; um die Schulter hängt ein Schafspelz; als Schuhwerk dienen oft hohe Schnürstiefel. Die Bewaffnung besteht aus einer langen Lanze und einem rechteckigen korbförmigen Schild. Nichts könnte den Einfluß iranischer Zivilisation auf die Zagrosbevölkerung deutlicher kennzeichnen als diese Einförmigkeit der Tracht und des Menschentyps.
Ob Sargon die Gefahr schon vorausahnte, die Assyrien aus dieser einstweilen noch nicht zur Einheit zusammengeschlossenen Stammesvielfalt erwachsen sollte, können wir nicht sagen. Fest steht jedoch, daß er sie von seinen militärischen Vorposten aus scharf beobachtete und daß er sich durch Spione auf dem laufenden hielt. Wenn Berichte des Inhalts einliefen: »Die Meder der Umgebung verhalten sich (zur Zeit) ruhig«, so trug das zweifellos zur Genugtuung des Königs bei.
Beunruhigender wirkten Nachrichten von der Nordgrenze. Dort hören wir zum erstenmal von den Horden der Kimmerier, die aus dem Kaukasus hervorbrachen und ins Hinterland Urartus und in die Randgebiete des Urmia-Sees einfielen. Sargon legte außerordentlich großen Wert darauf, auf dem laufenden gehalten zu werden, und deshalb faßte er den Nachrichtendienst unter der Leitung des tüchtigen Kronprinzen Sanherib zusammen. Sanherib empfing von den Grenzposten die Berichte der Spitzel und die Protokolle über das Verhör von Überläufern und Kriegsgefangenen. Er verglich die Nachrichten miteinander, überprüfte sie, um dann durch Spezialkurier einen zusammenfassenden Bericht an seinen Vater zu geben. Aus einem dieser Berichte hören wir, daß der König von Urartu sich persönlich an die Spitze der gesamten Streitkräfte seines Reiches gestellt habe, um gegen die Aggressoren zu Felde zu ziehen; andere melden, Rusa habe in einem blutigen Treffen eine schwere Niederlage erlitten: Das Heer sei in Auflösung begriffen, der oberste Feldherr gefangen, drei Generäle gefallen und ihre Truppen seien vernichtet; der König habe sich in die Berge geflüchtet, und es fehlen weitere Nachrichten über sein Heerlager.
Es ist sehr zu bedauern, daß wir diese Texte nicht näher datieren können. Denn wir wüßten gern, ob die dort berichteten Ereignisse die fernere Ursache, der eigentliche Anlaß oder aber die Folge davon waren, daß sich Sargon im Jahre 714 zu einem heftigen Angriff gegen Urartu entschloß. Wie dem auch sei, Sargon hat diesen seinen achten Feldzug für würdig befunden, ihn in einem »Gottesbrief« niederzulegen, in dem er über seine außerordentlich umfangreiche und von Erfolg gekrönte Unternehmung berichtete[46].

Sargon überschritt den Oberen und Unteren Zāb und zog über das Gebirge Kullar in Richtung Urmia-See. Dabei durchquerte er die mannäische Provinz Surikaš und das benachbarte Allabria. Nach einem Umweg über Parsuaš betrat er den am See gelegenen Teil des Mannäerlandes. Von dort aus beschrieb er einen weiten Bogen nach Osten in Richtung Zikirtu und Andia, die bereits auf den zum Kaspischen Meer hin abfallenden Gebirgshängen liegen. Auf die Nachricht hin, daß der König von Urartu seinen Vasallen zu Hilfe eilte, kehrte Sargon in Geschwindmärschen an den Urmia-See zurück und vernichtete bei einem Überraschungsangriff ein Heer der Urartäer in einer der Gebirgsschluchten des Uauš (Sahend). Nach diesem Erfolg zog er am See entlang nach Norden und betrat in der Gegend des heutigen Täbris urartäischen Boden. Er zog plündernd durch das Land, ohne auf Widerstand zu stoßen; denn die Bevölkerung schloß sich bei Herannahen der Assyrer in ihre Burgen ein oder flüchtete in die Berge. Sargon folgte dann vermutlich der Karawanenstraße, die von Täbris über Sofiān, Marand und Erçek nach Van führte. Er zog am Nord- und Westufer des Van-Sees entlang und verließ Urartu wieder bei der Grenzstadt Uaiaiš, wahrscheinlich dem heutigen Bitliš. In Hubuškia (Saird?) empfing er den Tribut des noch unabhängigen Teils von Nairi. Während das Gros des Heeres nach Assyrien zurückkehrte, machte Sargon selber mit seinem Fußvolk und 1000 Reitern noch einen unerwarteten Abstecher nach Muṣaṣir. Er nahm die gleichnamige Hauptstadt ein und trug unermeßliche Beute davon. Der König von Urartu, »niedergeschmettert vom überwältigenden Glanz des Gottes Aššur, ... fuhr sich wie einem Schwein mit seinem eigenen Schwert in den Leib und setzte seinem Leben ein Ende«. So berichten wenigstens die später abgefaßten Annalen über den Tod des Rusa. Der Autor des »Gottesbriefes« scheint von dem tragischen Ende Rusas merkwürdigerweise nichts zu wissen. Er spricht lediglich davon, daß Rusa krank und verzweifelt war[47]. Man könnte daran denken, daß Rusa sehr bald nach diesem Ereignis starb und daß der Sieg der Kimmerier, sofern er überhaupt in die Zeit n a c h 714 gehört, unmittelbar folgte. Wahrscheinlicher ist allerdings, daß der Kimmeriersieg in die Zeit v o r 714 fällt und Sargon erst die Gelegenheit bot, den Entscheidungsschlag gegen die Macht von Urartu zu führen. Auf jeden Fall konnte Sargon insofern davon profitieren, als er das politische Gleichgewicht an der Nordgrenze zu seinen Gunsten verschob. Sargon annektierte den Pufferstaat Muṣaṣir und verband ihn eng mit der Provinz des Palastherolds.

713 blieb Sargon in Assyrien und überließ es den jeweiligen Statthaltern, die Ordnung in ihren Schutzzonen wiederherzustellen. In Ellipi hatte ein Aufstand, an dem wohl auch Elam nicht unschuldig war, den proassyrischen König Daltâ vom

Thron gefegt. Die Statthalter der östlichen Grenzmarken intervenierten und setzten Daltâ wieder in sein Amt ein. Weiter nördlich wurde das in Aufruhr befindliche Land Karalla, ein Nachbar von Allabria, gezüchtigt und zur Provinz gemacht. Das hatte zur Folge, daß sich zahlreiche Mederfürsten unterwarfen und aus freien Stücken Tribut ablieferten.

Am entgegengesetzten Ende des Reiches, in Tabal, machten den Assyrern wieder einmal die Umtriebe Urartus und der Phryger zu schaffen; daraufhin zogen die westlichen Statthalter ihre Truppen zusammen, eroberten Tabal und Kilikien und machten beide Länder zur assyrischen Provinz. Auch die folgenden beiden Jahre wurden darauf verwandt, das Defensivsystem im Nordwesten weiter auszubauen. Zunächst wurde der Vasallenstaat Kammanu, ein unsicherer Kantonist, aufgeteilt. Die Hauptstadt Melid samt Umgebung (die spätere Melitene) wurde dem Assyrien ergebenen Fürsten von Kummuḫu zugesprochen, während der Norden zur Militärgrenze erklärt wurde. Sargon ließ dort eine Anzahl Festungen errichten, um die Urartäer im Osten und die Phryger und Kaska im Norden und Westen abzuwehren. Schließlich wurde 711 Gurgum dem assyrischen Reiche einverleibt.

Mittlerweile war der oberste Feldherr Assyriens in Palästina eingeschritten, um einen Aufstand in Asdod zu unterdrücken, hinter dem Juda, Edom, Moab und Ägypten standen. Schon 715 hatte Assyrien Maßnahmen ergriffen, um den Einfluß des Pharaos in diesem Gebiet in seine Schranken zu verweisen. Sargon hatte Samaria mit Arabern besiedelt, und auch kleinere Siedlungen im benachbarten Wādi al-ʿArīš hatten Fremdbevölkerung erhalten. Zweimal hatte gar der Pharao selbst angesichts der assyrischen Vorposten Tribut gezahlt. Nach dem Aufstand in Asdod ging Assyrien radikaler vor: Die Stadt wurde assyrische Provinz, und bis ans Ende der Regierung Sargons herrschte endlich Ruhe in Palästina.

Nachdem Sargon die am stärksten bedrohten Grenzgebiete gesichert hatte, hielt er im Jahre 710 den Augenblick für gekommen, um die Rechnung mit Marduk-apla-iddin zu begleichen und Rache an Elam zu nehmen. In Elam herrschte seit 717 Šutur-Naḫundi (Šutruk-Naḫḫunte II.), der Neffe jenes Königs, der Sargon geschlagen hatte. Sargon setzte zwei Armeen zum Angriff an. Die eine, unter der Führung des Statthalters von Dēr, hielt Elam in Schach. Die zweite, unter dem Kommando des Königs selbst, zog das rechte Tigrisufer entlang, überquerte dann den Euphrat und machte sich daran, Babylon zu belagern. Marduk-apla-iddin gab Babylon auf und zog sich Schritt für Schritt zurück in Erwartung der elamischen Hilfstruppen. Die blieben aber aus. Schließlich entfloh er in die Marschen des Meerlandes. Inzwischen ergriff ein Teil des assyrischen Heeres Besitz vom weitausgedehnten Südbabylonien, wo die Aramäerstämme Gambulu, Ḫindānu, Rašû und andere ihre Weidegebiete hatten. Einige Stämme verschanzten sich auf dem jenseitigen Ufer des Uknu (Kārūn) und leisteten Widerstand. Das eroberte Gebiet wurde zur assyrischen Provinz Gambulu zusammengefaßt.

Mit dem anderen Teil des Heeres schlug Sargon sein Hauptquartier in Kiš auf und befriedete von dort aus Bīt-Dakkūri. Daraufhin fiel ihm auch Babylon wie eine reife Frucht in die Hand. Die Bewohner der Stadt boten ihm die Königskrone an, und er ließ sich krönen. Auf diese Weise erneuerte er die Doppelmonarchie, behielt aber seinen assyrischen Namen bei. Als rechtmäßiger babylonischer König leitete er 709 die Mardukprozession. Er blieb dann noch länger in Babylonien, um die Aramäer- und Chaldäerstämme am Unterlauf von Euphrat und Tigris endgültig zu unterwerfen und die Städte von der Bedrohung durch die räuberischen Sutäernomaden zu befreien. Durch die Verheiratung seines Sohnes Sanherib mit einer jungen Babylonierin aramäischer Herkuft, Naqi'a, besiegelte er seine Versöhnungspolitik. Elam gegenüber verschaffte sich Sargon dadurch Respekt, daß er – zumindest zeitweise – den Grenzstreifen von Jatbur und Rašû besetzte. Das Jahr 708 verbrachte Sargon noch in Babylonien. An den Grenzen waren indes die Statthalter wachsam auf ihrem Posten. Im Nordwesten wurde Kummuḫu (die Kommagene), bisher treu ergebener Vasall, eingenommen und zu einer neuen assyrischen Provinz gemacht.

Nie zuvor war Assyriens Macht so gewaltig gewesen. Urartu, einst der gefährlichste Gegenspieler, war ausgeschaltet, da es sich ganz auf die Abwehr der Kimmerier konzentrieren mußte. Splitter der Kimmerier hatten sich zwar südwärts zum Mannäerland und Zagros durchgeschlagen. Aber die Hauptmasse stieß nach Westen vor und verheerte das Hinterland Urartus. Midas von Phrygien, der sich durch die Kimmerier nicht weniger bedroht fühlte, suchte Verbindung mit Assyrien. 709 schickte er eine Gesandtschaft an Sargon und erkannte seine Macht an. Auch der König von Telmun (Baḥrain) und die Fürsten von Zypern beugten sich vor Sargon.

707 kehrte Sargon aus Babylon mit der gesamten Beute, die er im Süden Mesopotamiens gemacht hatte, zurück. Von nun an widmete er sich der Fertigstellung seiner neuen Hauptstadt Dūr-Šarrukīn, deren Grundstein er schon zehn Jahre zuvor gelegt hatte. Schon lange hatte Sargon den Plan gehegt, dem Reich eine neue Hauptstadt zu geben. Sie sollte Zeugnis von der Macht und Herrlichkeit seiner Regierung ablegen, ihm aber auch Schutz vor dem Druck der politischen Parteien und den immer wieder aufflackernden Aufständen im alten Assur gewähren. Schon vor seinem Einzug in Dūr-Šarrukīn hatte er es meist vorgezogen, statt in Assur in Ninive zu residieren, und hatte dort

allerhand Restaurationsarbeiten vorgenommen, in deren Verlauf er sogar die Tempel von Marduk und Nabû an eine andere Stelle verlegte.
Den Ort für die künftige Residenz wählte Sargon ca. 16 km stromaufwärts von Ninive am Fuße des Muṣri (Ǧebel Maqlūb) an der Stelle des heutigen Ḫorṣabād aus. Die Bauarbeiten begannen in seinem fünften Regierungsjahr; aber noch mindestens vier weitere Jahre wurden darauf verwandt, Grundbesitz in großem Ausmaß anzukaufen oder auszutauschen und zwar, ohne den Grundbesitzern die Steuerfreiheit zu nehmen[48]. Sargon teilte die Lasten für den Bau unter mehrere Provinzstatthalter auf und betraute den ›Großinspizienten‹ Ṭāb-šar-Aššur mit der Bauleitung. Zwecks leichterer Aushebung von Arbeitskräften ordnete er einen bis zum Abschluß der Arbeiten gültigen allgemeinen Schuldenerlaß an. Bei der Anlage der Stadt beschränkte man sich keineswegs auf die Errichtung der Mauern, Paläste und Tempel, sondern es wurden rings um die Stadt große Flächen Brachland unter Kultur genommen. Dabei war in erster Linie an die Ausweitung der Ölbaumpflanzungen gedacht, weil die Ölproduktion in der Wirtschaft Assyriens unzureichend war. Der Bau von Dūr-Šarrukīn erwies sich auch sonst als Ansporn zu Fortschritt und wirtschaftlichem Aufschwung. So ließ Sargon zwecks leichterer Materialbeschaffung neue Steinbrüche eröffnen, regte die Metallindustrie zur technischen Vervollkommnung an und lenkte im übrigen den Strom der Kriegsbeute und der Provinzabgaben nach Dūr-Šarrukīn.
Als die Stadt schließlich Gestalt annahm, bot sie einen gestrengen, aber nichtsdestoweniger grandiosen Anblick. Sie maß 1760 mal 1635 m im Rechteck und war von einer fast acht km langen Stadtmauer mit acht Toren umgeben. Die genauen Maße des Mauerumfangs, 16 280 Ellen, stimmten mit der symbolischen Zahl des Königsnamens überein.
Im Westteil der Stadt lag die eigentliche Residenz, die vom übrigen Stadtgebiet durch eine weitere Einschließungsmauer abgesondert war. Der Palast erhob sich auf einer riesigen Terrasse von 15 m Höhe und sprang über die Stadtmauer vor. Architektonisch unterschied er sich nicht wesentlich von den Bauten älterer Perioden. Neu waren vor allem die gigantischen Ausmaße der Gebäude. Alles war auf monumentale Wirkung angelegt. Riesige Schutzgenien bewachten die Eingänge an allen vier Himmelsrichtungen. Die Ehrenpforte enthielt nach syrischer Manier einen Portikus mit vier monumentalen Zedernsäulen, die auf je zwei Bronzelöwen ruhten.
Der Palast war um mehrere Höfe herum gelagert, von denen zwei besonders groß waren. Er barg ein wahres Labyrinth von Räumen, teils privater, teils offizieller Natur. In den Prunksälen stellten große Kalksteinreliefs den König auf seinen Eroberungs-

zügen und bei der Einnahme feindlicher Städte dar. Der Skulpturenfries, der an den Wänden entlanglief, wurde besonders dadurch hervorgehoben, daß die Wandfläche darüber bis zur Decke einheitlich glatt gehalten war, von einzelnen polychromen Details und Ziernägeln abgesehen. Der Duft der langen, aus seltenen Hölzern gefertigten Deckenbalken vermengte sich mit dem Duft der Zedern- oder Zypressentüren, die mit Streifen gehämmerter Bronze beschlagen waren.

In der Südwestecke der Stadt lag, vom Palast durch eine mächtige Mauer getrennt und am Fuß einer majestätischen Zikkurrat mit vielfarbigem Ziegelwerk, der heilige Bezirk, der dem Kult der sechs Hauptgottheiten Ea, Sin, Šamaš, Nabû, Adad und Ninurta samt ihren göttlichen Gemahlinnen reseviert war. Am 22. Tešrīt (September/Oktober) 707 wurden die Statuen dieser Gottheiten feierlich in ihre Heiligtümer eingeführt. Ein umfangreiches Kultpersonal stand zu ihrem Dienste bereit, und die Götter wurden von nun an regelmäßig mit reichlichen Opfern geehrt.

Noch im selben Jahr wurden die Annalen und Prunkinschriften Sargons abgefaßt, die zusammen mit den Denkwürdigkeiten seiner Regierung auch die Gründung der neuen Hauptstadt feierten. Dūr-Šarrukīn wurde am 6. Ajjār (April/Mai) des folgenden Jahres, 706, eingeweiht. Die Stadt war zu dem Zeitpunkt noch nicht ganz fertiggestellt und auch erst teilweise besiedelt. Als Bewohner hatte Sargon Kriegsgefangene und Deportierte verschiedener Herkunft und Sprache ausgewählt, damit sie nicht allzu schnell politischen Zusammenhalt fänden. Sie standen unter der Aufsicht von assyrischen Kommissaren und Obleuten, die ihnen »den schuldigen Respekt vor den Göttern und dem König« eindrillten und sie zugleich mit den Bedingungen vertraut machten, unter denen sie Land zugewiesen bekamen.

In diesem 16. und letzten vollständigen Jahr, das Sargon in Assyrien zubrachte, kam es sonst kaum zu bemerkenswerten Ereignissen, abgesehen von leichten Unruhen in Karalla, das vor sieben Jahren assyrische Provinz geworden war; sie wurden alsbald niedergeschlagen.

VI. Das assyrische Reich unter den Sargoniden

Als Sargon 705 starb, hinterließ er seinem Sohne Sanherib[49] ein scheinbar gut gefestigtes Reich und ein starkes, aufs beste geschultes Heer. Auch war Sanherib selbst bereits mit den Staatsgeschäften wohl vertraut und in die Außenpolitik eingeweiht. Kaum hatte er jedoch den Thron bestiegen (am 12. Āb, Juli/August), da begannen schon die Schwierigkeiten auf ihn einzustürmen.

Sargons Siege hatten letzten Endes doch nirgends eine endgültige Lösung herbeigeführt. Assyrien sah sich auf Gedeih und Verderb mit seinen Eroberungen verbunden und fand sich in unmittelbarem Kontakt mit seinen mächtigen Nachbarn Ägypten, Urartu und Elam. Mehr denn je suchten diese Staaten ihre Eigenständigkeit zu wahren, indem sie Assyrien im Vorland ihrer Grenzgebiete Schwierigkeiten in den Weg legten. Zumal in Elam war wieder eine Periode großer Vitalität angebrochen, und es maßte sich an, Assyrien die Vorherrschaft über Babylonien streitig zu machen; im weiten Süden Babyloniens brodelten überall neue Kräfte. Das Assyrerreich seinerseits begann, sich der Folgen seiner Politik der Völkervermengung bewußt zu werden, die die Begründer des Reiches so systematisch betrieben hatten. Zwar waren die Massendeportationen der Ausweitung des Reiches durchaus förderlich gewesen, weil der Zusammenhalt der besiegten Völker geschwächt wurde. Aber zugleich hatte man dadurch im eigentlichen Assyrien das Nationalgefühl verwässert. Der unter Sanherib auftretende brutale Chauvinismus war denn wohl auch eher eine instinktive Abwehrreaktion als die plötzliche Wendung zu aggressivem Nationalismus.
In Babylon ergriff kurz nach Sargons Tod ein Unbekannter die Macht, Marduk-zākir-šumi; er wurde aber alsbald wieder durch Marduk-apla-iddin verjagt, der zäh und beharrlich sein Ziel verfolgte, wieder aus seinem Versteck in den Sümpfen des Meerlandes auftauchte und sich von neuem zum König Babyloniens ausrufen ließ. Ganz Südbabylonien, Seßhafte und Nomaden, waren auf seiner Seite. Indem er rücksichtslos auf den Tempelschatz des Esangila in Babylon zurückgriff, sicherte er sich die Unterstützung des Königs von Elam, Šutruk-Naḫḫuntes II., der ihm tatkräftig Hilfe leistete und ihm Hilfstruppen unter seinem obersten Feldherrn *(turtān)*, Imbappa, seinem Vize-*turtān* und zehn Generälen schickte.
Sanherib reagierte äußerst heftig. Mit einem Heer umzingelte er einen Teil seiner Feinde bei Kutha, während sich seine Generäle vor Kiš dem Gros der babylonisch-elamischen Koalition zum Kampf stellten. Kutha wurde im Sturm genommen und Sanherib eilte daraufhin seinen Generälen zu Hilfe, die bei Kiš in Bedrängnis geraten waren. Die Vereinigung der assyrischen Heere brachte den Sieg. Marduk-apla-iddin war wiederum geschlagen und entzog sich abermals durch Flucht. Sanherib betrat Babylon als Sieger und setzte einen in Assyrien erzogenen babylonischen Adligen, Bēl-ibni, auf den Thron. Es gelang den Assyrern aber nicht, Marduk-apla-iddin im Meerland aufzustöbern. Er blieb unauffindbar. Daher kühlte Sanherib seinen Mut an Bīt-Jakīn, dem Stammland Marduk-apla-iddins. Alle aufrührerischen Stämme unterwarfen sich, und Sanherib kehrte mit gewaltiger Beute nach Assyrien zurück.

Das Echo auf diese große, von Elam geförderte Aufruhrbewegung ließ auch bei den Bergvölkern des Zagros, den »Kassiten« und ihresgleichen, nicht auf sich warten. Zumal Išpabara, König von Ellipi, hielt den Augenblick für gekommen, um das assyrische Joch abzuschütteln. Im Verlauf seines zweiten Feldzuges im Jahre 702 bestrafte Sanherib die Rebellen im Zagros und fügte dem Reich zwei neue Distrikte hinzu: Die nach ihrer Restaurierung neu besiedelte Feste Bīt-Kilamzaḫ mit Umgebung wurde mit der Provinz Arrapḫa verbunden; Elenzaš, eine Distriktshauptstadt von Ellipi, wurde in Dūr-Sin-aḫḫē-erība (»Sanheribsburg«) umgetauft und bildete fortan einen Teil des Militärkreises von Ḫarḫar (Kār-Šarrukīn). Das ganze Unternehmen hatte zur Folge, daß sich auch bisher unabhängige, weit entfernte Mederstämme unterwarfen.
Auch im Westen hatte der Tod Sargons schwere Unruhen hervorgerufen. Askalon, Sidon und mehrere Stadtstaaten in Syrien und Palästina versuchten, sich von der assyrischen Vormundschaft freizumachen, wobei der eigentliche Anstifter wohl Ägypten war. Sanherib zog 701 gegen die Aufständischen. Der König von Sidon sah sich zur Flucht nach Zypern genötigt. Sanherib setzte in Sidon und Askalon neue Herrscher ein und empfing Tribut von diesen Städten und außerdem von Samsi-muruna, Arvad, Byblos, Asdod, Bēt-Ammōn, Moab, Edom und anderen Orten. Damit war aber die Lage noch nicht wiederhergestellt. Die Bewohner von Ekron hatten ihren assyrienfreundlichen König an Hiskia von Juda ausgeliefert und befürchteten nun Repressalien von seiten Assyriens. So wandten sie sich an den Pharao um Hilfe, und der schickte ihnen Streitwagen, Reiter und Bogenschützen, die sich in der Ebene von Elteke mit den Leuten von Ekron zur Schlacht aufstellten. Sie wurden aber von den assyrischen Truppen auseinandergetrieben und verloren zahlreiche Gefangene, zumal innerhalb des ägyptischen Generalstabs. Ekron wurde eingenommen, bestraft und an den von Sanherib befreiten rechtmäßigen König Padî zurückgegeben. Hiskia wurde in Jerusalem belagert und ein großer Teil seines Landes wurde unter Ekron, Asdod, Askalon und Gaza aufgeteilt. Sanherib brachte reichen Tribut heim; Hiskia selbst aber war klug genug, von sich aus Tribut nach Ninive zu senden.
Die Tatsache, daß Sanherib im Westen voll beansprucht war, machte sich der unermüdliche Marduk-apla-iddin zunutze, um seine subversive Tätigkeit im Süden Babyloniens wieder aufzunehmen. Sanherib schickte im Jahre 700 Truppen ins Herz von Bīt-Jakīn; aber Marduk-apla-iddin suchte das Weite. Nachdem ihn die Assyrer bis in die entlegensten Schlupfwinkel verfolgt hatten, lud er seine Götterstatuen, ja selbst die Gebeine seiner Ahnen auf Schiffe und steuerte mit einem Teil seines Heeres über die Lagune hinweg die elamische Küste von Nagītu an.

Dort suchte er Schutz. Die assyrischen Soldaten, die seine Flucht nicht verhindern konnten, durchkämmten die Schilfwälder und Marschen von Bīt-Jakīn, zogen plündernd bis an die Grenze von Elam und nahmen unter anderem die Brüder des Flüchtigen sowie Prinzen aus dem Hause Bīt-Jakīn gefangen. Auch Bēl-ibni von Babylon wurde in die Gefangenschaft geführt, da er sich in der Angelegenheit alles andere als loyal verhalten hatte. Sanherib griff jetzt zu einem anderen Mittel, um das lästige und immer von neuem auftauchende Problem der Beziehungen zu Babylonien endgültig aus der Welt zu schaffen. Er setzte seinen ältesten Sohn Aššur-nādin-šumi, den Kronprinzen, auf den Thron von Babylon, um das Land fest in der Hand zu haben und zugleich seinen Nachfolger mit der Ausübung der Macht vertraut zu machen.

Das Vorgehen Assyriens blieb nicht ohne Folgen für Elam. Eine Palastrevolution stürzte Šutruk-Naḫḫunte II., und sein jüngerer Bruder Ḫallušu-Inšušinak kam an die Macht. Er regierte von 699 bis 693.

So waren im Westen und Süden des assyrischen Reiches wieder Ruhe und Ordnung eingezogen. Sanherib führte noch einen Feldzug gegen die Stadt Utku im Nipur-Gebirge östlich vom Tigris und überließ es seinen Feldherren, Aufstände in Kilikien (696) und in Til-Garimme am Taurus zu unterdrücken. Er selbst blieb in Assyrien und wandte sich Aufgaben zu, die ihm näher am Herzen lagen. Wie sein Vater wollte er sich seine eigene Hauptstadt schaffen. Sanherib hatte sich um Dūr-Šarrukīn nicht weiter gekümmert, das mittlerweile Sitz eines Provinzstatthalters geworden war, und er hatte die Stadt unvollendet gelassen. Statt dessen warf er ein Auge auf Ninive. Seine Vorgänger hatten dort zwar schon einen Herrscherpalast besessen und auch immer wieder Unterhalts- und Verschönerungsarbeiten ausführen lassen. Aber Sanherib wollte Ninive zur schönsten Stadt des Landes und zu einer alles in den Schatten stellenden Reichshauptstadt machen. Er begann schon bei Regierungsantritt mit der Arbeit. Die erste Fassung der Annalen, die nach dem Feldzug von 703 entstand, zieht bereits eine vielversprechende Bilanz. In der fünften Fassung von 694 erhalten wir dann den vollen Bericht[50].

Sanherib ließ den Kanal Tebiltu ableiten, da er die Fundamente des alten Palastes unterwühlt hatte. Das alte Kanalbett wurde aufgefüllt und das Grundmauerwerk des Palastes von 395 x 95 auf 914 x 440 Ellen erweitert und 190 Ziegellagen hoch aufgeführt. Auf dieser Terrasse entstand der neue Palast. Sanherib ließ das Baumaterial von überallher kommen, und er schien seinen Vater bei den Baumaßnahmen noch übertreffen zu wollen: Steinbrüche in großer Zahl wurden ausfindig gemacht und abgebaut, ungenutzte Wälder abgeholzt, und unter den Bild-

hauern und Metallgießern herrschte Hochbetrieb. Man erfand bei dieser Gelegenheit auch neue Bronzegußtechniken.
Während sich Sargon beim Bau von Dūr-Šarrukīn hauptsächlich von politischen und wirtschaftlichen Gesichtspunkten hatte leiten lassen, verspürt man bei Sanherib deutlich den Hang zum Urbanismus und einen ausgeprägten Sinn für Ästhetik und harmonische Gestaltung. Er vergrößerte die Stadt von einem Umfang von 9300 auf 21815 Ellen, erweiterte Straßen und Plätze und ließ beim Tor der Innenstadt eine Brücke aus Ziegeln und Kalkstein errichten; ferner legte er einen über 30 m breiten »Königsweg« an, der von Stelen gesäumt war und quer durch die Stadt zu einem der fünfzehn Stadttore, dem »Gartentor«, führte. Die Außenmauer war 40 Ziegel breit, 100 Ziegellagen hoch und lag hinter einem 50 m breiten Graben.
Parks und Gärten verschönerten die Umgebung der Stadt. Oberhalb und unterhalb Ninives pflanzte Sanherib Obstbäume aller Art, Duftpflanzen, Wein und Ölbäume an. In den nördlich der Stadt gelegenen Gemarkungen ließ er Landparzellen an sämtliche Stadtbewohner verteilen mit der Auflage, Obstgärten oder Kornfelder anzulegen.
All diese Anpflanzungen brauchten große Mengen Wasser. Zunächst ließ Sanherib den Lauf des Ḫosr durch einen ca. 16 km langen Kanal regulieren. Achtzehn fächerförmig angelegte Zubringerkanäle führten das Quell- und Regenwasser von den Hängen des Muṣri heran. Um möglichen Überschwemmungen vorzubeugen, ließ er oberhalb Ninives einen mit Schilf bepflanzten künstlichen Sumpf anlegen, in dem Vögel und Wild ausgesetzt und um den herum ebenfalls Bäume gepflanzt wurden. Diese Wasserversorgungsmaßnahmen reichten zunächst aus. Aber nach 694, d. h. nach der Einweihung des Palastes, zwang die immer weitere Ausdehnung von Parkanlagen und Kulturland die Erschließung neuer und entlegenerer Wasserquellen. In Frage kam das Gebirge am Berge Tas unweit der Grenze Urartus. Sanherib ließ den Oberlauf des Gomel, eines Nebenflusses vom Großen Zāb, mit Schleusen aufstauen; das Wasser wurde dann in einen Kanal geleitet, der über eine Strecke von fast 50 km zum Ḫosr führte. Dabei war ein anderes Flußtal zu überbrücken, und das geschah mit Hilfe des berühmten Aquäduktes von Ğerwān[51].
Über allen diesen Vorhaben vergaß Sanherib jedoch nicht seinen alten Widersacher in Babylonien. Wir wissen nicht, ob Sanherib einem Schlag des Marduk-apla-iddin zuvorkommen oder selbst die Initiative ergreifen wollte. Jedenfalls faßte er den Plan, Marduk-apla-iddin in Elam am Persischen Golf anzugreifen. Er ließ in Ninive durch syrische Schiffsbaumeister eine Flotte hochbordiger Schiffe bauen und bemannte sie mit Gefangenen aus Tyros, Sidon und Zypern. Die Schiffe fuhren tigrisabwärts bis

nach Opis und wurden dann auf Rollen zum Euphrat hinüberbefördert. Dort wurden sie wieder zu Wasser gelassen. In Chaldäa wurden Soldaten, Pferde, Kriegsmaterial und Verpflegung an Bord genommen. Obwohl anfangs durch einen Sturm aufgehalten, gelangte die Flotte schließlich heil ans Ufer von Nagītu und landete an der Mündung des Ulai (Kerḫa). Die Truppen gingen an Land, nahmen die Küstenstädte Ḫilmu, Pillatu und Ḫupapānu ein und zerstörten sie. Mit Beute und Gefangenen zogen sie dann siegreich an die Küste von Chaldäa zurück, wo Sanherib bei Bāb-Salimeti in seinem Feldlager wartete.

Aber er hatte kaum Muße, sich seines Erfolges zu freuen. Der König von Elam zahlte ihm mit gleicher Münze heim. Im Herbst desselben Jahres überfiel er in einem tollkühnen Überraschungsmanöver Babylonien von Norden her, drang in Sippar ein, richtete ein Blutbad an und legte Feuer an die Stadt. Er nahm den Regenten, Sanheribs Sohn, gefangen und setzte eine seiner Kreaturen, Nergal-ušēzib, auf den Thron von Babylon.

Sanherib mußte seinen Rachedurst fast ein ganzes Jahr lang zügeln. Erst im September 693 gelang es ihm, das vereinigte Heer der Babylonier und Elamiter bei Nippur anzugreifen. Er zersprengte die Gegner, und Nergal-ušēzib wurde sein Gefangener. In Elam wurde währenddessen der besiegte Ḫallušu-Inšušinak durch eine Revolte entmachtet, und sein älterer Bruder Kudur-Naḫḫunte kam auf den Thron. Trotz Einbruch des Winters wollte Sanherib seinen Vorteil weiter ausnutzen. Aber die Elamiter zogen sich nach Ḫidalu zurück, und die kalte Jahreszeit zwang die Assyrer zur Umkehr. Im Juni 692 wurde der neue König von Elam ermordet. Ihm folgte sein Bruder Ḫumbannimena II., den die Assyrer Menānu nannten. Er regierte bis 687.

Die Babylonier dachten nicht im entferntesten an Unterwerfung. Sie hatten mittlerweile den Chaldäer Mušēzib-Marduk an ihre Spitze berufen, der im Süden einen hartnäckigen Kleinkrieg gegen die Assyrer geführt hatte. Die Schimpfnamen, mit denen Sanherib in seinen Annalen die Könige von Babylon und Elam belegt, sprechen Bände für den erbitterten Zorn, den die Assyrer gegen beide Länder hegten.

Mušēzib-Marduk wußte sich allerseits mit Gold die Hilfe von Verbündeten zu erkaufen. 691 brachte er im Verein mit Menānu ein Bündnis aller Völker des Zagros, von Parsuaš, Anzan, Ellipi und Pašeru sowie der Aramäer- oder Chaldäernomaden aus den Grenzgebieten zusammen. Das Kernstück dieses riesigen Kriegeraufgebotes bildete die elamitische Armee: Fußvolk, Streitwagen, Reiter und Troß ohne Zahl. Der ganze Heerbann stieß bei Ḫalulê am Tigris unweit des heutigen Samarra mit dem babylonischen Heer zusammen. Dort prallte Sanherib auf sie, und es entbrannte eine erbitterte Schlacht. Wie immer Sanheribs Berichte lauten mögen, Assyrien ging nicht als Sieger aus dem Kampf hervor. Aber die Gegner hatten ebenfalls so hohe Verluste, daß sie ihren Teilerfolg nicht weiter auszunutzen vermochten. Auch war der oberste Feldherr der Elamiter im Kampf gefallen.

Zwei Jahre später hatte sich Sanherib wieder erholt. Der König von Elam war im April 689 von einer Lähmung befallen worden, und das machte sich Sanherib zunutze. Er marschierte gegen Babylon, um es unbarmherzig zu züchtigen. Mit Hilfe von Breschen und Leitern nahm er die Stadt im Dezember 689 ein und ergriff Mušēzib-Marduk. Babylon wurde diesmal mit unglaublicher Härte behandelt. Die wenigen Bewohner, die dem Blutbad entkommen waren, wurden aus der Stadt getrieben, deportiert oder in die Sklaverei verkauft. Die Götterstatuen wurden zerbrochen oder gefangen weggeführt. Privathäuser und Tempel – alles wurde geplündert und verwüstet. Die Trümmer wurden in den Euphrat geworfen. Dann ließ Sanherib den Fluß über die Stadt leiten, die nur noch eine einzige offene Wunde war. Selbst der Boden Babylons bekam die Rache zu spüren. Sanherib hatte das Erdreich in den Euphrat geworfen, damit es ins Meer davongetragen werde. Erde vom Neujahrsfesthaus wurde nach Assyrien übergeführt.

Eine derartige Zerstörungswut mag wundernehmen. Bisher hatten die Könige von Assyrien selbst in Zeiten größter Hemmungslosigkeit noch immer zwischen der weltlichen Gewalt des Königtums von Sumer und Akkad und den heiligen Stätten Babylon und Borsippa unterschieden. Denn Marduk und Nabû hatten in Assyrien einen weiten Kreis von Glaubensdienern. Wie kam es, daß Sanherib diesmal Königtum, Einwohnerschaft, Tempel, Priester und die Götter selbst mit demselben Haß und Rachedurst verfolgte? Dafür gibt es wohl mehrere Gründe. Die Mardukpriesterschaft hatte untätig zugesehen, wie der Tempelschatz des Esangila für die Besoldung einer antiassyrischen Koalition vergeudet wurde. Babylon war andererseits politisch und religiös der ruhende Pol für die stets in Aufruhr befindlichen Nomaden und Halbnomaden im Süden und für ihre ehrgeizigen Stammesscheichs, von denen jüngst einer, Mušēzib-Marduk, Assyrien die erniedrigende Schlappe bei Ḫalulê beigebracht hatte. Und was noch schlimmer war, Babylon war für den Tod des assyrischen Kronprinzen nicht minder verantwortlich als Elam.

Das alles waren betrübliche Tatsachen, die in Assyrien besonders deshalb so bitter aufgenommen wurden, als das Land seinerzeit von einer Welle des hektischen Nationalismus heimgesucht wurde. Wo immer man in Religion, Kultur oder Politik babylonischen Einfluß witterte, war die Reaktion äußerst heftig. Da mit dem Tode des Kronprinzen die Erbfolge in Frage gestellt war, erhitzten sich die Gemüter noch stärker. Alter Tradition

nach war der älteste Sohn des Königs von Rechts wegen und von Gottes Gnaden zum Thronfolger ausersehen. Starb er vor seinem Vater, so konnte dieser offenbar nach Gutdünken und ohne Ansehn des Alters den Nachfolger unter seinen übrigen Söhnen auswählen[52]. Sanherib hatte noch fünf weitere Söhne. Der jüngste, Asarhaddon, war der Sohn seiner letzten Frau, der Naqi'a, die in Assyrien Zakûtu genannt wurde. Sie war eine Frau von energischem Charakter und sicher außerordentlich ehrgeizig. So intrigierte sie leidenschaftlich zugunsten ihres eigenen Sohnes, während die älteren Brüder nicht weniger heftig um ihre Chance rangen. Sie hatten ihren Rückhalt in den nationalistischen Kreisen von Assyrien, wo man die probabylonischen Sympathien der Königin und ihres Sohnes für verbrecherisch erachtete.
In den Annalen ist in dieser Zeit, in der Assyrien von Einflußkämpfen zerrissen war, nichts mehr von bemerkenswerten außenpolitischen Erfolgen zu lesen. Knapp drei Monate nach der Einnahme von Babylon war Menānu, der König von Elam, gestorben. Sein Nachfolger war ein Neffe von ihm, wahrscheinlich Ḫumban-ḫaltaš. Unter dem Friedensregiment dieses Königs konnte sich, so scheint es, Elam eines wachsenden Einflusses erfreuen. Nachbargebiete wie Ellipi oder das Meerland, wo sich ein aus dem elamischen Exil heimgekehrter Sohn des Marduk-apla-iddin festsetzte, machten sich von der Bevormundung Assyriens frei und wandten sich Elam zu.
In Anatolien wurde Tabal wieder selbständig; Urartu gewann Muṣaṣir und andere Grenzgebiete zurück. Auch in Palästina fehlte es nicht an Rückschlägen für die Assyrer. Der Pharao Taharka unterstützte einen erneuten Aufstand des Hiskia, und das assyrische Heer, das Jerusalem belagerte, wurde von der Pest dezimiert.
So sah sich denn Sanherib gescheitert in seinem Bemühen, das Erbe Sargons zu bewahren. Die inneren Schwierigkeiten lähmten sein Handeln. Wir wissen nicht, in welchem Jahr er seinen Nachfolger bestimmte. Als es soweit war, fiel seine Wahl jedenfalls auf seinen jüngsten Sohn Asarhaddon. Dieser schrieb später in seinen Annalen: »Obgleich ich jünger war als meine älteren Brüder, hat mein Vater, der mich erzeugte, auf Befehl der Götter ... inmitten meiner Brüder gerade m e i n Haupt getreulich emporgehoben mit den Worten: ›Dieser sei mein Erbprinz.‹ Als er darauf Šamaš und Adad durch Opferschau befragte, antworteten sie ihm ein festes Ja mit den Worten: ›Er ist dein Nachfolger.‹ Er beachtete ihren gewichtigen Ausspruch, versammelte die Assyrer, klein und groß, sowie meine Brüder, den Samen meines Vaterhauses, und ließ sie vor ..., den Göttern von Assyrien, die Himmel und Erde bewohnen, einen feierlichen Eid schwören, mein Nachfolgerecht zu respektieren.«[53]
Ausführlichkeit und Nachdruck bei dieser Verpflichtungserklä-

rung taten aber keineswegs das ihre, die Rivalität unter den Brüdern zum Schweigen zu bringen. Vielmehr verschworen sich die von der Nachfolge Ausgeschlossenen mit ihren Gefolgsleuten gegen den Kronprinzen. Man schreckte weder vor Verleumdungen, übler Nachrede noch vor Komplotten zurück, wenn es galt, Asarhaddon in Mißkredit zu bringen oder einzuschüchtern. Zu der politischen Spaltung kam noch ein gewisses religiöses Unbehagen. Die Zerstörung Babylons und seiner Tempel hatte, wenn auch anfangs von einem großen Teil der öffentlichen Meinung gutgeheißen, alsbald im Lande das vage Gefühl aufkommen lassen, daß ein Kultfrevel geschehen war. Die assyrische Priesterschaft sah sich veranlaßt, die den Göttern Babyloniens auferlegte Strafe durch theologische Spekulation zu rechtfertigen. Zur gleichen Zeit griff unter den Deportierten und den Emigranten aus Babylonien eine Art ›messianischer‹ Hoffnung um sich, die den Wiederaufbau der Stadt und das Ende des Exils ankündigte. Ob Asarhaddon es bewußt wollte oder nicht, er jedenfalls war es, den man in den heimlich umlaufenden Weissagungen als den Befreier bezeichnete. Seine Widersacher beschuldigten ihn darob des Landesverrats, und selbst sein Vater war über die Entwicklung der Dinge verärgert. Obwohl Asarhaddon seinen Kronprinzentitel beibehielt, mußte er sich doch ins Exil retten. Er begab sich an einen uns nicht näher bekannten Ort jenseits von Ḫanigalbat.

Dort erreichte ihn die Nachricht, daß sein Vater am 20. Ṭebēt (Dezember/Januar) 681 ermordet worden war. Wir kennen nicht den eigentlich Schuldigen – die späteren Quellen sprechen einmütig von Vatermord. Falls es Asarhaddon selbst war, was aber durchaus nicht sicher ist, so wäre er allenfalls der Anstifter zum Mord geworden. Denn er war ja außer Landes und mußte erst auf Gewaltmärschen nach Ninive zurückkehren, wo sich seine Brüder bereits um die Thronfolge stritten. Der nun folgende Bürgerkrieg währte über sechs Wochen. Erst am 8. Adar (Februar/März), bei Frühlingsanfang 681, bestieg Asarhaddon als Sieger den Thron[54].

Seine erste Sorge galt der Wiederherstellung der Ordnung im Staate. Er bestrafte die Rebellen samt Familien, sorgte für die Eintreibung der rückständigen Steuern und gab Klagen statt, soweit sie berechtigt waren. Auch säumte er nicht, sogleich der dornenvollen babylonischen Frage zuleibe zu rücken. Kaum drei Monate auf dem Thron, ließ er bereits die verwüstete Stätte Babylons aufräumen und mit den Wiederaufbauarbeiten beginnen. Allerdings mußte er als König von Assyrien immerhin behutsamer zu Werke gehen als zur Zeit, da er nur Kronprinz war. Durch feinsinnige Ausdeutung der vergangenen Ereignisse gelang es ihm, seinen Vater von der Anschuldigung des Kulturfrevels reinzuwaschen. Durch eine Reihe die Assyrer begünstigender Maßnahmen suchte er geschickt, ein Gegengewicht zu seiner so notorisch probabylonischen Einstellung zu schaffen. So restaurierte er gleichzeitig mit dem Esangila von Babylon auch das Nationalheiligtum Ešarra in Assur. Beide Bauwerke wurden, wenn auch noch nicht völlig vollendet, fast am selben Tage und mit gleichem Aufwand zu Beginn des zweiten Regierungsjahres eingeweiht.

Dem empfindlichen Lokalpatriotismus seiner Untertanen machte Asarhaddon dadurch eine Konzession, daß er in aller Form das alte Verbot neu bestätigte, demzufolge es jedem Fremden untersagt war, den Assurtempel zu betreten. Er ließ die zerstörten oder verstümmelten Statuen der Götter von Babylon wiederherstellen – aber in Assur und zur gleichen Zeit, da er auch die assyrischen Götterstatuen restaurierte. Manche babylonischen Götter wurden auf der Stelle mit großem Prunk nach Babylon befördert; andere wie die Mardukstatue selbst mußten noch lange Zeit auf das Ende ihres Exils warten[55]. Den nach Babylon zurückgekehrten Einwohnern sowie den Bewohnern von Nippur, Borsippa und Sippar verkündete Asarhaddon abermals ihre altangestammten Wirtschafts- und Handelsprivilegien. Er betonte auch den kosmopolitischen Charakter Babylons und seine Bestimmung zur offenen Stadt und zum Sammelplatz der Völker. Aber – auch hier trieb er Gleichgewichtspolitik – zur gleichen Zeit trug er Sorge dafür, daß den assyrischen Städten ihre traditionellen Freiheiten wiedererstattet und noch erweitert wurden.

Viel schwieriger war es dagegen, die territoriale Frage in Babylonien zu lösen. Die Nomaden, besonders die Stämme Bīt-Dakkūri und Gambulu, hatten weite Gebiete für sich in Beschlag genommen. Die assyrischen Gegenmaßnahmen riefen unter diesen Stämmen starken Unwillen hervor, und der König des Meerlandes zog den Euphrat hinauf, um Ur zu belagern. Aber ein Heer der Assyrer warf ihn nach Elam zurück, wo er dann ermordet wurde. Daraufhin ergaben sich die Gambulu. Die Schwierigkeiten mit den Leuten von Bīt-Dakkūri dauerten noch einige Jahre an, weil sie sich weigerten, das geraubte Land wieder herauszugeben. Sie zettelten sogar in Nippur Unruhen an. Asarhaddon mußte zweimal, 678 und 675, mit aller Strenge gegen ihre Stammesoberhäupter und gegen die Hochkommissare von Nippur vorgehen. 675 mischte sich Ḫumban-ḫaltaš II. von Elam, der im selben Jahr wie Asarhaddon den Thron bestiegen hatte, in diese Wirren ein und führte einen blutigen Raubzug gegen Sippar. Aber er starb kurz darauf ganz plötzlich und wurde von seinem Bruder Urtaki abgelöst, der in der Folgezeit gute Beziehungen zu Assyrien unterhielt.

Wenn im Süden nach und nach wieder Ruhe und Ordnung einzogen, so schwelte die Unruhe an anderen Stellen des Reiches weiter, um sich hier und dort zu Ausbrüchen zu verdichten. Unter Sanherib war der Alpdruck einer kimmerischen Invasion gänzlich gewichen. Die Kimmerierhorden waren am Horizont Anatoliens verschwunden. Sie eroberten, wie wir wissen, Sinope an der nördlichen Schwarzmeerküste und zerstörten 696 das Phrygerreich. Der ferne Kriegslärm war sicher nicht bis nach Assyrien gedrungen. Erst vom zweiten Regierungsjahr Asarhaddons an (679) trat plötzlich unweit der Kilikischen Pforte wieder die Vorhut der Kimmerier in Erscheinung. Ein Feldzug war jetzt unvermeidlich. Die Kimmerier wurden bei Ḫubušna, wohl dem heutigen Ereğli, geschlagen und zurückgeworfen. Im Verlauf dieser Unternehmungen wurden wahrscheinlich auch die Bergbewohner von Ḫilakku (Kilikien) gewaltsam unterworfen sowie etwas später (676) die Rebellenstädte Sissu (heute: Sis) und Kundu im Taurus. In derselben Gegend erstand den Assyrern ein anderer ziemlich gefährlicher Gegner, ein gewisser Mugallu. Wenn wir den zahlreichen Orakelanfragen, die sich auf ihn beziehen, glauben dürfen, so hätte er sich in den Besitz eines Teils der Melitene gesetzt, sich mit dem König des wieder selbständigen Tabal verbündet und an der Spitze eines großen Heeres den assyrischen Truppen, die ihn 675 vergeblich in Meliddu belagerten, das Leben schwer gemacht.

Im selben Jahr führte Asarhaddon einen langen und mühseligen Feldzug in Nordostarabien. Nach dem Sieg über eine Reihe von Stammesscheichs errichtete er eine lose Oberherrschaft über das Land Bāzu, das vermutlich Telmun (Baḥrain) benachbart war. Die Annalen beschreiben dieses wilde entlegene Land folgendermaßen: »(Was) das weitentfernte Land Bāzu (betrifft), ein vergessenes Stück Festland, ein Salzgebiet, eine Stätte des Durstes – 120 Doppelstunden Sandgebiet mit Disteln und Magneteisen(?), wo Schlangen und Skorpione wie Ameisen das Feld bedecken, 20 Doppelstunden im Ḫazû-Gebirge, dem Gebirge der ›Donnersteine‹, ließ ich hinter mir und durchzog ich ...«[56]

In schon etwas frühere Zeit fallen zwei Polizei- bzw. Vergeltungsaktionen in Syrien. Die eine richtete sich gegen einen arabischen Usurpator, der den Assyrien treu ergebenen Sohn des verstorbenen Ḫaza'el vom Thron verjagt hatte; die andere gegen Sidon, dessen König Abdi-milkutti geglaubt hatte, er könne die assyrische Vorherrschaft abschütteln. Abdi-milkutti wurde 677 besiegt und im Jahr darauf enthauptet. Seine Stadt wurde zerstört, und eine neue Stadt, Kār-Aššur-aḫa-iddina »Asarhaddonshafen«, trat an ihre Stelle. Einen Teil der Beute verwandte er darauf, den König von Tyros für sein loyales Verhalten zu entschädigen. Er schloß einen Vertrag mit ihm, der zum Teil erhalten ist[57]. Außer dem König von Tyros hielten ihm auch die Könige von Juda, Edom, Moab, Gaza, Askalon, Ekron, Byblos,

Arvad, Samsi-muruna, Ammon und Asdod die Treue, ferner »zehn Könige von der Meeresküste« und ebenso die »zehn Könige von der Mitte des Meeres«, womit eine Anzahl zypriotischer Fürsten gemeint war.
Es ist nicht unmöglich, daß diese Erfolge in Syrien und Palästina den König von Assyrien zu dem Versuch bewegten, jeglichen ägyptischen Einfluß aus diesen Gebieten zu verbannen. Das Unternehmen scheiterte aber wohl; denn eine spätere Chronik berichtet, daß die Truppen der Assyrer 674 in Ägypten eine Niederlage einstecken mußten. Die zeitgenössischen Annalen übergehen das Ereignis natürlich mit Stillschweigen.
Auch über die Mannäer äußern sich die Annalen nur sehr zurückhaltend. Wir hören nur, daß sie ebenso wie ihr Verbündeter, der Skythe Išpakaia, besiegt wurden. Dagegen lassen zahlreiche Orakelanfragen durchblicken, daß Mannäer und Skythen starke Unruhe verbreiteten. Von den östlichen Nachbarn Assyriens scheinen die »unzugänglichen Gutäer« damals die unruhigsten gewesen zu sein, gleich als ob ihnen die Nachbarschaft mit Kimmeriern und Skythen neuen Tatendrang verliehen hätte. Wir treffen die Mannäer nicht mehr nur am Ufer des Urmia-Sees wie zu Zeiten Sargons, sondern sie waren inzwischen bis nach Zamua hinabgestiegen, wo sie den Pferdehandel zwischen Parsuaš und Assyrien zu unterbinden suchten. So werden sie stets unter den Räubern und Wegelagerern aufgezählt, vor deren Handstreichen man sich in acht zu nehmen hatte.
Zur Bedrohung durch die Mannäer gesellte sich auf dem iranischen Hochplateau noch die Medergefahr. Schon vor 676 hatte Asarhaddon einmal Gelegenheit gehabt, in dieses unermeßliche Gebiet einzudringen. Drei »fernwohnende« Mederfürsten waren ihn um Hilfe gegen kriegerische Nachbarn angegangen, und Asarhaddon hatte ihnen zwecks Wiederherstellung der Ordnung seine Feldherren geschickt, »die die (jenen Medern) am nächsten gelegenen Gebiete verwalteten«. Kurz danach – immer noch vor dem Jahre 676 – drangen die Assyrer auf anderen Streifzügen noch tiefer ein und zwar »bis an den Rand der Salzwüste ... beim Berge Bikni«. Bei dem ersten Feldzug ist nicht ganz klar, wo er stattfand – ob im späteren Parthien oder aber bei Isfahan und in Hyrkanien; dagegen geht aus der Erwähnung des Bikni ganz klar hervor, daß der zweite Feldzug in die Gegend des heutigen Teheran führte. Zeitgenössische Orakelanfragen und Briefe spielen häufig auf die Meder an. Wenn auch das von ihnen bewohnte Hinterland nicht immer notwendigerweise Feindesland war, so war es doch ziemlich unsicher. Bewaffnete Streifen nahmen dort die Tributleistungen, vor allem die für Assyrien unentbehrlichen Pferde, entgegen.
Von Elam bis zur Grenze von Urartu hatten die Assyrer zur Überwachung dieser weiträumigen Unsicherheitszone eine Kette

von Burgen und Forts angelegt. Die wichtigsten waren Bīt-Parnakki in der Nähe des heutigen Kirmānšāh, Bīt-kāri in der Gegend von Ḥamadān und nach wie vor das alte Ḫarḫar, das Sargon ausgebaut und in Kār-Šarrukīn umgetauft hatte. Der Nachrichtendienst war wie schon früher eine der Hauptaufgaben der assyrischen Heeresleitung, die größtes Interesse hatte, über die wechselnden Launen der Meder auf dem laufenden zu bleiben. Es gereicht dem politischen Spürsinn Asarhaddons zur Ehre, wenn er sich wegen einer möglichen Konföderation iranischer Stämme Sorgen machte und befürchtete, daß einer der Stammesfürsten, Kaštariti, sich an die Spitze einer solchen Unternehmung stellen könnte[58]. Das Bündnis kam aber nicht zustande; ganz im Gegenteil – Asarhaddon konnte seine Schirmherrschaft über immer neue Stämme ausdehnen.
Weiter im Norden witterte Asarhaddon ebenfalls Gefahr in Gestalt eines wiedererstarkenden Urartu und dem möglichen Zusammenspiel zwischen Urartu und Kimmeriern und Skythen. Freilich hatte sich das Gros der Invasoren nach Westen abgesetzt, und die im Lande oder an der Grenze Urartus verbliebenen Stammesteile waren nicht stark genug, um zu verhindern, daß sich Urartu von seinem Schock erholte. Es vermochte sogar seine alten Einflußzonen auf Kosten Assyriens wiederzugewinnen. Rusa II., der Sohn Argištis II., der seit 678 regierte, führte bei Erivan große Bewässerungsarbeiten durch, nahm Land unter Kultur und führte Bauten aus[59]. Ihm ist zum Beispiel im wesentlichen der Bau der Festung Tešeba (Karmir-Blur) am linken Ufer des Zangu zuzuschreiben. Um einem Angriff Rusas im Grenzgebiet von Šubria vorzubeugen, unternahm Asarhaddon im Jahre 673 eine ausgedehnte Polizeiaktion, über die er in einem »Gottesbrief«[60] berichtet. Wenn er eine seiner Töchter dem Skythenfürsten Partatua von Sakasene, dem Protothyes der Griechen, zur Frau gab und sich dadurch seines Beistandes versicherte, so hatte er möglicherweise den Hintergedanken, ein Gegengewicht gegen eine etwaige assyrienfeindliche Koalition mit Urartu an der Spitze zu schaffen.
Das Jahr 672 stellt in der Geschichte Asarhaddons einen entscheidenden Wendepunkt dar. Durch ein seltsames Spiel des Schicksals sah sich Asarhaddon denselben dynastischen Schwierigkeiten gegenüber, mit denen schon sein Vater Sanherib Bekanntschaft gemacht hatte und die Assyrien in den Bürgerkrieg gestürzt hatten. Sein ältester Sohn Sin-iddina-apla war vorzeitig gestorben, und Asarhaddon mußte nun einen neuen Kronprinzen ernennen. Er hatte allerdings vorgehabt, das Reich nach seinem Tode unter seine beiden ältesten Söhne aufzuteilen. Der eine sollte Assyrien, der andere Babylonien erben. So hatte er offenbar schon seinen zweiten Sohn Šamaš-šum-ukīn darauf vorbereitet, den babylonischen Thron zu übernehmen. Nun zö-

gerte er, ob er den Zweitgeborenen zum König von Assyrien machen oder ob er ihm einen seiner jüngeren Brüder vorziehen sollte.
Asarhaddon war schon von Natur aus ein Zauderer. Unentschlossen, abergläubisch, ängstlich und nicht selten der Spielball in den Händen seiner Ratgeber, lebte er in ständiger Furcht vor ungünstigen Vorzeichen, Krankheit oder dem Zorn der Götter. Um das Schicksal nicht herauszufordern, hatte er sogar die alte Sitte des »Ersatzkönigtums« wiederbelebt. Ein »Ersatzkönig« hatte die Aufgabe, ein Unheil auf sich zu ziehen, das der Voraussage nach über dem König schwebte. Es kann gut sein, daß ihn in jenem Jahr 672 eine Krankheit und der Tod seiner Gemahlin bewegte, nun schleunigst seine Nachfolge zu regeln. Asarhaddon entschloß sich, Šamaš-šum-ukīn für den Thron in Babylon aufzusparen, und er ernannte als assyrischen Kronprinzen seinen dritten Sohn Assurbanipal, der sportlich und gebildet, allerdings noch kaum für das verantwortungsvolle Amt des Herrschers vorgebildet war. Diese Wahl beschwor am Hofe und in der Priesterschaft eine starke Opposition herauf[61]. Assurbanipal rief, um die Wogen zu glätten, wie einst sein Vater eine Art »Kronrat« von Assyrien ein. Die Königsfamilie, Würdenträger und alle Ränge der Gesellschaft wurden aufgefordert, eine feierliche Verpflichtung einzugehen, desgleichen die Vasallen und die Verbündeten der Assyrer. Zeugnis dafür sind acht Verträge, die bei dieser Gelegenheit mit medischen Fürsten geschlossen wurden[62]. Diese Texte wie auch andere vermitteln uns dadurch, daß sie alle nur denkbaren Widerstände und Revolten in Erwägung ziehen, ein sehr sprechendes Bild von der damaligen Struktur des Reiches.
Die Brüder des Königs, seine Vettern, Onkel, die entfernteren Verwandten des Königshauses und die Mitglieder der Nebenlinien bildeten die oberste Schicht königlichen Geblüts. Dann folgte die große Zahl hoher Würdenträger, zum Teil Eunuchen, die die Hofgesellschaft darstellten. Es gab kaum eine angesehene Familie im Reich, die nicht einen oder mehrere Vertreter bei Hofe hatte. In der Provinz waren wie eh und je Statthalter mit der Reichsverwaltung betraut. Es waren fast schon lokale Dynasten, die immer mehr zur Unabhängigkeit tendierten. Wie zur Zeit Sargons bildete das Reich auch jetzt noch ein scheinbares Ganzes. In Wirklichkeit aber waren zahlreiche Elemente dieses Ganzen mit dem assyrischen Geist schwer zu vereinbaren. Wenn es eine sprachliche Einheit gab, dann eher durch das Aramäische als durch die akkadische Sprache. Das Gemeinsame in der Religion bestand in der Verehrung der großen Gottheiten, die in Assyrien den Nationalgöttern Konkurrenz machten. Überall war die Astrologie im Schwange; aber diese babylonische Wissenschaft ließ sich auf Assyrien nur vermittels mehr oder

weniger gekünstelter terminologischer Gleichsetzungen anwenden, und sie trug viel eher einem verschwommenen Weltreich Rechnung als dem Patriotismus der Assyrer. Es bestand eine gewisse Tendenz zur Vereinheitlichung von Kunst und Sitten; aber hier war Assyrien vielleicht mehr der nehmende als der gebende Teil.

Die Bevölkerung war zwar immer noch unterteilt in die Klasse der Vollfreien *(mār-banû)*, der Sklaven und einer dritten dazwischenliegenden Klasse, der *muškēnu;* aber die Deportationspolitik hatte überall zur Verwässerung des assyrischen Ethnos geführt. Auf dem flachen Lande, in den Städten und Residenzen gab es überall bedeutsame Fremdenkolonien. Selbst das Heer stellte nicht mehr die Elite der assyrischen Nation dar. Es war von zahlreichen Ausländerkontingenten durchsetzt, und Nichtassyrer stiegen nicht selten in wichtige Stellungen auf. Das geistige Erbe der akkadischen Kultur, d. h. jener Schatz von altüberliefertem Wissen, der im Laufe der Jahrhunderte immer von neuem kopiert worden war, wäre noch am ehesten dazu angetan gewesen, die tiefverwurzelte Einheit des Landes zu retten. Aber dieses Erbe war nur dem in sich geschlossenen Kreis der Schreiber zugänglich und übte auf die Außenwelt keinen eigentlichen Einfluß mehr aus.

In der Tat war die Einheit des Reiches fast ausschließlich in der Person des Königs verkörpert. Der König knüpfte die persönlichen Bande zu den verschiedenen Teilen seines Volkes, das seinen Suzerän durch Eid anerkannte. So erklärt es sich, daß in der Politik Assyriens die »eidlichen Übereinkünfte« *(adê)*, die der König allen und jedem einzelnen abverlangte, an Zahl immer mehr zunahmen, und so erklärt sich die Rolle der »Palastvertreter« *(ša pan ekalli)*, gleichsam Vorläufer der *missi dominici*, die ständig unterwegs waren, um von Stämmen, Korporationen und Garnisonen den Loyalitätseid gegenüber dem Herrscher entgegenzunehmen. Eide und Übereinkünfte dieser Art pflegten auch die siegreichen Feldherrn dem unterlegenen Nachbarn abzuverlangen. So lesen wir in den 672 mit den Mederfürsten geschlossenen Verträgen folgende Klausel: »Wenn (jemand auf Kosten Assurbanipals) die Königsherrschaft über Assyrien an sich reißen sollte, . . . so werdet ihr mit ihm nicht gemeinsame Sache machen, . . . sondern euch gegen ihn erheben, Krieg gegen ihn führen und andere Länder in den Kampf gegen ihn einbeziehen.«[63] In solch grundsätzlicher Verkennung des nationalen Geistes zugunsten eines ausschließlich auf die Person des Königs abgestellten Treueverhältnisses zeigt sich zugleich die Stärke und die Schwäche des Reiches. War der König stark und energisch, so war es auch der Staat; war der König schwach und seine Person umstritten, so gab es kein einigendes Band, das den Zusammenhalt des Reiches garantierte. Kurz und gut, nachdem

Assurbanipal nun offiziell zum Thronfolger bestimmt war, machte ihn Asarhaddon aufs innigste mit der Verantwortung des Herrschertums und der Verwaltung des Reiches vertraut.
So war die Zukunft augenscheinlich gesichert. Asarhaddon konnte das Hauptunternehmen seiner Regierung in Angriff nehmen, die Eroberung des Nildeltas. Gelang der Plan, so konnte er die Einkünfte des Reiches um unschätzbare Reichtümer vermehren; vor allem aber konnte er durch eine wirkungsvolle Neutralisierung Ägyptens seine Herrschaft über Syrien und Palästina ein für allemal etablieren.
Der Pharao Taharka sah den Angriff Asarhaddons voraus und suchte ihm die Spitze zu brechen, indem er in Syrien intrigierte. Es gelang ihm, Tyros und möglicherweise auch Askalon aufzuwiegeln. Aber im Frühjahr 671 zog Asarhaddon, nachdem er einen Teil seines Heeres zur Belagerung von Tyros abkommandiert hatte, durch die Wüste und betrat ägyptischen Boden. Im Verlauf des Monats Du'ūzu (Juni/Juli) schlug er mehrfach das ägyptische Heer und eroberte Memphis. Taharka floh in den Süden, wohin ihm die Assyrer einstweilen noch nicht zu folgen wagten. Das eroberte Gebiet wurde in kleine Bezirke zerstückelt und die Namen der Städte assyrisiert. In der Mehrzahl der Fälle ließ es der Sieger sein Bewenden damit haben, daß er den lokalen »Königen«, d. h. den Gaufürsten, gegen die ägyptische Monarchie den Rücken stärkte und ihnen assyrische Vizekönige und Statthalter an die Seite gab[64]. Asarhaddon nahm den Titel »König der Könige von Muṣur (Ägypten), Patros (Oberägypten) und Kuš (Äthiopien)« an, und er brachte unermeßliche Beute aus dem Delta heim.
Trotz ihrer lokalen Bindung stand die Assyrerherrschaft in Ägypten nur auf schwachen Füßen. Kaum hatte der König den Rücken gekehrt, da brachen schon Unruhen aus, wobei die zurückgelassenen assyrischen Garnisonen nicht viel ausrichten konnten. Asarhaddon entsandte zunächst seinen Feldherrn Ša-Nabû-šu, um die Ordnung wiederherzustellen. Vielleicht hielt er die Aufstände für nicht sehr gravierend, möglich ist aber auch, daß er Ninive nicht verlassen konnte, weil er sich in diesem Jahr (670) gezwungen sah, eine Reihe von Würdenträgern hinzurichten. Da die Unruhen in Ägypten nicht aufhörten, zog er im folgenden Jahr wieder selbst an der Spitze seines Heeres zum Delta. Unterwegs starb er ganz unerwartet, am 10. Araḫsamna (Oktober/November) 669.
Der plötzliche Tod des Königs brachte Assyrien an den Rand einer schweren politischen Krise. Asarhaddon hatte seine Thronfolgemaßnahmen seinerzeit nur mit Mühe durchgesetzt. Sie wären ohne Zweifel wieder in Frage gestellt worden, hätte sich nicht seine Mutter Naqi'a-Zakûtu mit ungewöhnlicher Energie eingesetzt. Sie beschwor »die Brüder Assurbanipals, die (übrigen)

Abkommen des Königshauses, die Großen, Statthalter, Präfekten, Offiziere, Scheichs, Lehnsträger und Verwaltungsbeamten des ganzen Landes sowie alle Bürger Assyriens, Männer wie Frauen«, ihren Treueid nicht zu brechen. Unter Androhung eines entsetzlichen göttlichen Strafgerichtes forderte sie sie auf, an keinerlei Komplott oder Mordanschlag gegen ihren Enkel, den künftigen legitimen Herrscher – und sei es nur in Gedanken – teilzunehmen, sondern vielmehr jeglichen Aufwiegler im Heer oder in der Verwaltung anzuzeigen, und befände er sich selbst unter den höchsten Amtsträgern des Reiches[65].

Die Königinmutter genoß am Hofe einen ungeheuren Einfluß. In aller Augen war sie das leibhaftige Symbol für die Legitimität und Fortdauer der Dynastie. Ihr gewichtiges Eingreifen entschied die Lage und entwaffnete die Aufrührer. Noch im selben Monat, da Asarhaddon gestorben war, wurde Assurbanipal als König Assyriens anerkannt. Einige Monate darauf, im Frühjahr 668, übertrug er gemäß dem Willen seines Vaters seinem Bruder Šamaš-šum-ukīn den Thron von Babylon.

Die Chronologie der Ereignisse während der Regierung Assurbanipals ist noch nicht gesichert. Zwar hat er zahlreiche und sehr detaillierte Inschriften hinterlassen[66]; aber sie führen die Feldzüge nicht immer in der tatsächlichen Reihenfolge auf. Da im übrigen die meisten Feldzüge nicht vom König selbst, sondern von seinen Feldherrn geleitet wurden, besteht die Möglichkeit, daß sie manchmal gleichzeitig und nicht, wie es den Annalen zufolge scheint, nacheinander stattgefunden haben.

Wie kaum zu bezweifeln, war der neue König bis 664 zunächst mit der ägyptischen Frage befaßt. Taharka hatte das Delta wiedererobert und sich wieder in Memphis festgesetzt. Assurbanipal entsandte 667 seinen *turtān* und die Statthalter der Grenzbezirke gegen ihn. Das assyrische Heer und seine Hilfstruppen, die 24 Könige »von der Meeresküste, den Inseln und dem Binnenland« geschickt hatten, stießen bei Karbaniti auf die ägyptischen Truppen des Taharka. Er wurde besiegt, gab Memphis auf und floh zu Schiff nach Theben. Daraufhin zog ein starkes assyrisches Heereskontingent unter Führung des »Obermundschenken« über einen Monat lang südwärts, konnte aber den entscheidenden Sieg nicht herbeizwingen, da sich der Gegner, Taharka, ihm entzog.

Im Delta wurde mittlerweile die alte Lage wiederhergestellt, die Gaufürsten wurden wieder in ihre Ämter eingesetzt, und der Mächtigste von ihnen, Nikkû (Necho I.), erhielt seine Güter und seine Vorrangstellung in Sais zurückerstattet. Allerdings hatte der Erfolg Taharkas, selbst wenn er nur von kurzer Dauer war, dem Prestige Assyriens nicht gut getan. Nach Abzug des Expeditionskorps trugen die Gaufürsten, obwohl die Assyrer ihre Garnisonen verstärkt hatten, Taharka von sich aus an, einen neuen Aufstand zu schüren. Aber die assyrischen Feldherrn bekamen Wind von der Sache, nahmen die Schuldigen fest und brachten sie nach Ninive. Sie wurden samt und sonders bestraft mit Ausnahme des Necho, den zu schonen Assurbanipal für taktisch klüger hielt. Er gab ihm nicht allein sein Gaufürstentum von Sais zurück, sondern überhäufte ihn mit Ehren und erweiterte seine Macht; dem Sohn des Necho gab er die Stadt Athribis, die früher die Apanage des Pharaonachfolgers gewesen war.

Taharka starb bald darauf, im Jahre 664. Sein Neffe und Nachfolger Tanutamun, den die Assyrer Tantamane nannten, wollte den Traum ägyptischer Vorherrschaft, den sein Onkel nicht hatte verwirklichen können, nun seinerseits in die Tat umsetzen. Er ging zur Offensive über, nahm Memphis ein und erstritt noch weitere Siege. Necho verschwand von der Bildfläche. Das Herannahen eines assyrischen Heeres machte aber Tanutamuns Hoffnungen zunichte. Erst zog er sich nach Theben zurück, dann wich er noch weiter in den Süden zurück, ohne verhindern zu können, daß die Assyrer Memphis und Theben einnahmen und plünderten. Die assyrische Herrschaft über das Delta blieb danach ohne weitere nennenswerte Zwischenfälle bis 655 bestehen.

Während dieser Ereignisse in Ägypten brachten Assurbanipals Feldherrn außerdem noch die aufsässige Gebirgsstadt Kirbit bei Dēr und im Westen des Reiches Baʿl von Tyros und Jakinlu von Arvad zur Raison.

Da Assurbanipal durch seine Politik in Syrien und Palästina voll in Atem gehalten wurde, wandte er Gerüchten über Vorfälle in Inneranatolien nur ein halbes Ohr zu. Nach der Zerstörung des Phrygerreiches waren die Kimmerier, die die aus Thrakien stammenden Trerer in ihrem Gefolge mitbrachten, immer weiter nach Westen gezogen. Gyges, der 687 König von Lydien geworden war, konnte ihren Vormarsch eine Zeitlang aufhalten. 660 schickte er eine Gesandtschaft an den König von Assyrien und bat ihn um Hilfe. Auch Tabal und Kilikien, die ebenfalls um ihren Bestand bangten, suchten um den Schutz Assurbanipals nach. Für Assyrien war Lydien ein Land »jenseits des Meeres«, fern und kaum bekannt. Sein Bündnisgesuch wurde zwar gnädig aufgenommen, blieb aber ohne praktische Folgen. Gyges hat den Assyrern diese Gleichgültigkeit, wie wir noch sehen werden, übel vermerkt.

Es trifft freilich zu, daß Assurbanipal damals viel stärker um seine Ostgrenze besorgt war. Der Mannäerkönig Aḫšeri hatte mehrere Burgen, in denen assyrische Garnisonen lagen, eingenommen. Assurbanipal sandte seinen Obermundschenken Nabû-šar-uṣur zu einem Vergeltungsfeldzug aus. Die Mannäerhauptstadt Izirtu wurde belagert, die umliegenden Provinzen verwüstet. Aḫšeri wurde durch eine Revolte gestürzt und ermordet. Sein Sohn, der seine Thronfolgerrechte zu wahren wußte, unterwarf sich dem Assyrerkönig als Vasall. Assurbanipal legte ihm schweren Tribut auf und nahm ihm eine Anzahl Grenzbezirke weg.

Da es auch unter den Medern und den bei ihnen ansässigen Kimmeriern gärte, mußten sie durch Strafexpeditionen zur Raison gebracht werden. Es wurden einige Städte eingenommen und mit einer Buße belegt, die Anführer der Rebellion gefangen genommen und nach Ninive gebracht. Aber noch 657 läßt ein astrologischer Bericht durchblicken, daß der König von Assyrien nach wie vor in Furcht vor den Raubzügen der Kimmerier lebte[67].

Die assyrisch-elamischen Beziehungen erforderten nicht minder Wachsamkeit[68]. Zu Beginn seiner Regierung hatte Assurbanipal sich der Hoffnung hingegeben, Urtaki werde ihm gegenüber die gleiche Herzlichkeit bezeugen wie seinem Vater Asarhaddon. Er hatte das gute Einvernehmen sogar noch zu fördern versucht. Als nämlich Elam infolge einer Dürrekatastrophe von furchtbarer Hungersnot heimgesucht wurde, belieferte Assurbanipal die darbenden Bewohner mit Lebensmitteln und gestattete einer Anzahl elamischer Stämme, auf assyrischem Boden Zuflucht zu nehmen, um erst dann in aller Freiheit zurückzukehren, wenn die Plage vorüber war.

Aber seit 668 herrschte im Staate Susa ein neuer König, Tempt-Ḫumban-Inšušinak, den die Assyrer schlicht und einfach Te-Umman nannten. Es war ein ehrgeiziger, durchtriebener und gegen jeglichen Annäherungsversuch an Assyrien eingeschworener Mensch. Er machte all seinen Einfluß geltend, damit Urtaki die antiassyrische Rebellion unterstützte, die soeben in Nippur und bei den Gambuläern ausgebrochen war.

Urtaki gab schließlich nach. Er machte sich die Schwierigkeiten, die Assyrien 665 in Ägypten zu überwinden hatte, zunutze und gewährte den Aufständischen in Südbabylonien Hilfe. Auf diesen Angriff war Assurbanipal nicht gefaßt. Er war nur höchst unzulänglich auf einen Gegenstoß vorbereitet. Das Heer, das er unter dem Befehl des Großmundschenken aussandte, konnte den Gegner zwar bis zur Grenze zurückdrängen, errang aber keinen entscheidenden Erfolg. Doch das Glück war auf seiten des Assyrerkönigs. Noch im selben Jahr, 663 (?), starben der aufrührerische Stammesscheich von Gambulu, der abtrünnige Statthalter von Nippur, Urtaki und seine Ratgeber allesamt eines gewaltsamen oder unerwarteten Todes.

Aber auch für Te-Umman war der Tod seines Onkels Urtaki ein Glückstreffer. Er konnte dadurch einen großen Teil Elams unter seiner Herrschaft vereinigen. Te-Umman ergriff die Gelegenheit, und alle, die als Rivalen in Frage kamen, d. h. die Söhne der beiden vorausgegangenen Könige, mußten sich Hals über Kopf ins Exil begeben. Assurbanipal blieb keine andere Wahl; er mußte den geflüchteten Prinzen wohl oder übel Asyl gewähren.

So vermochte Assyrien hier im Süden wie auch anderswo im Reich seinen früher erworbenen Besitz nur mit Mühe aufrechtzuerhalten – und das, obwohl es Ägypten besetzt hielt! Das schwankende Gleichgewicht dauerte jedoch noch einige Jahre an.

Gegen 655 zeigten sich die ersten Risse. Psammetich I., der neue König von Ägypten, schüttelte damals mit vollem Erfolg das assyrische Joch ab. Gyges von Lydien, der auf die Freundschaft Assyriens nun gern verzichtete, hatte ihm dabei Hilfskontingente geschickt. Assurbanipal mußte den Verlust des Deltas ohne weitere Reaktion hinnehmen. Das Verhalten Elams machte ihm zu dieser Zeit größere Sorgen und ging ihn auch unmittelbarer an. Te-Umman saß fest im Sattel und wurde von Tag zu Tag arroganter. Im August 653 ging er zur Offensive über und führte einen heftigen Schlag gegen Südmesopotamien, wo noch immer Unruheherde vorhanden waren. Im September setzte Assurbanipal, diesmal besser gerüstet, bei Dēr zum Gegenangriff an, wobei er es darauf anlegte, hinter den feindlichen Linien Unruhe anzuzetteln. Te-Umman wich bis Susa zurück, wo ein Aufstand ausbrach. Er wurde dessen aber Herr, stellte sein Ansehen wieder her und sammelte neue Truppen. Das Entscheidungstreffen fand bei Tell-Tuba (Tulliz) am Ulai (Kerḫa) statt. Die Elamiter wurden besiegt, Te-Umman und sein Sohn fielen in der Schlacht. Elam wurde daraufhin aufgeteilt. Der älteste der drei Söhne des Urtaki, Ummanigaš (Ḫumban-nikaš II.) wurde zum König in Madaktu ernannt, der jüngste, Tammaritu, in Ḫidalu (Beḥbehān), während Atta-ḫamit-Inšušinak (bei den Assyrern Attameti) in Susa die Macht ergriff. Dort regierte er von 653–648 als Vasall von Ninive. Ganz Gambulu wurde hart gestraft und mußte die von Elam erhaltene Hilfe schwer bezahlen. Assurbanipal glaubte, den Süden nun endlich befrieden zu können, indem er einen Prinzen aus dem Hause Bīt-Jakīn zum Herrscher des Meerlandes bestellte. Es war Nabû-bēlšumāte, ein Enkel des Marduk-apla-iddin. Assurbanipal schickte ihm eine assyrische Leibgarde und assyrische Berater.

Dieser scheinbar siegreiche Feldzug war in Wirklichkeit alles andere als ein Zeichen für die militärische Überlegenheit Assyriens. Im Grunde war er nur Symptom für die Unfähigkeit Assyriens, der ewigen Revolten im Süden Herr zu werden. Uruk, Eridu, Gurasimmu, Puqudu und selbst Nippur befanden sich unausgesetzt im Aufstand, bald verhüllt, bald offen, und im tiefen Süden herrschte allgemeine Assyrerfeindschaft. Die wenigen mit Assyrien verbündeten Städte wie Ur, Kissig und Šat-

tena klagten bitter über die Atmosphäre des Hasses, von der sie ringsum umgeben waren, und über die langsame Reaktion der assyrischen Truppen im Falle, da man ihrer bedurfte.
Auch Babylon war eine Brutstätte des Neides und Grolls. Es ist gut denkbar, daß Šamaš-šum-ukīn von Anbeginn seiner Regierung — zumindest insgeheim — auf seinen jüngeren Bruder eifersüchtig war, der bei der Reichsteilung besser weggekommen war. Sein eigenes Reich beschränkte sich auf die vier Städte Babylon, Borsippa, Kutha und Sippar und ihre unmittelbare Umgebung. Und selbst über dieses magere Erbteil beanspruchte Assurbanipal noch sein Aufsichtsrecht.
Im Mai-Juni 652 hielt Šamaš-šum-ukīn den Augenblick für gekommen, seinen Vorteil aus der allgemeinen Unzufriedenheit zu ziehen. Er lehnte sich gegen seinen Bruder auf, knüpfte Beziehungen mit Ägypten, mit den Arabern und mit den syrischen Fürsten an und sandte Geheimboten in den Süden. Durch Intrigenspiel und reichlich ausgestreute Geldgeschenke sicherte er sich viel Zulauf. Nabû-bēl-šumāte vom Meerland war einer der ersten, die sich an seine Seite stellten. Ihm folgten die Könige von Elam, wiewohl sie doch Assurbanipal ihren Thron verdankten. Assyrien reagierte mit eben derselben Trägheit, die ihm seine Verbündeten zum Vorwurf machten. Während Babylonien von Truppen eingeschlossen wurde, besetzte der Feldherr Bēl-ibni, gestützt auf die assyrientreue Stadt Kissig, das Meerland. Nabû-bēl-šumāte floh, wobei er die bei ihm befindlichen Assyrer als Gefangene mitnahm. Elam seinerseits machte gewaltige Anstrengungen, um Babylon zu stützen. Ummanigaš setzte zahlreiche Truppen in Marsch, die unter dem Befehl eines Prinzen, eines Sohnes des Te-Umman, und mehrerer anderer Feldherrn standen. Ein assyrisches Heer konnte diese Verstärkungstruppen bei Mangisi in der Nähe von Dēr zum Stillstand bringen und schlagen. Gleichzeitig versuchte Assurbanipal, seinen Widersacher durch Intrigen lahmzulegen. 651 wurde Ummanigaš durch einen Aufstand gestürzt, und sein Neffe Tammaritu II. kam an die Macht. Da auch er sein Wohlwollen Babylon zuneigte, wurde er anläßlich eines neuerlichen, vom Feldherrn Indabigaš angezettelten Aufstandes vom Thron verjagt und gezwungen, in Assyrien Asyl zu suchen. Assurbanipal nahm ihn auf in der Hoffnung, ihn noch verwenden zu können. Indabigaš spürte, daß der Wind aus einer anderen Richtung zu wehen begann, und vermied es daher, als er den Thron bestiegen hatte, sich offen zugunsten Babylons zu kompromittieren. Aber wenn er Assurbanipal auch die assyrischen Kriegsgefangenen zurückschickte, so sperrte er sich doch der wiederholten Aufforderung, Nabû-bēl-šumāte selbst auszuliefern. Aber auch Assurbanipal spielte das gleiche Spiel. Er machte dem neuen König Elams gegenüber gute Miene, ohne aber dabei den vom Thron verjag-

ten Tammaritu II., der an seinem Hof weilte, zurückzuschicken oder aufzuhören, unter der Hand den bewaffneten Widerstand bestimmter elamischer Kreise zu ermutigen.
Diese Politik der Nadelstiche hatte zumindest den Vorteil, daß zwischen den beiden Staaten für einige Zeit ein gewisses Gleichgewicht geschaffen wurde. Assurbanipal profitierte davon, um mit der eigentlichen babylonischen Revolte fertigzuwerden. Schon seit drei Jahren belagerten assyrische Truppen Babylon und andere Städte des Landes. Im Du'ūzu (Juni/Juli) 648 fiel Babylon, nachdem die letzten Verteidiger einen riesigen Brand entfacht hatten, in dessen Flammen Šamaš-šum-ukīn freiwillig den Tod suchte.
Das restliche Babylonien wurde verhältnismäßig schnell zur Ruhe gebracht. Akkad, Chaldäa, Aram und das Meerland wurden wiedererobert und der Kontrolle von Statthaltern oder Kommissaren unterworfen. Nippur, das als Drehscheibe für die Assyrerherrschaft in Südmesopotamien ausersehen war, erhielt als dauernde Besatzung eine starke assyrische Garnison. Das aus seiner Asche wiedererstandene Babylon wurde zusammen mit den anderen Städten der Befehlsgewalt eines gewissen Kandalānu unterstellt, der trotz seinem Titel »König« kaum mehr war als ein assyrischer Statthalter.
Übrig blieb Elam, der natürliche Rückhalt jeglicher Rebellion in Babylonien. In Susa war Atta-ḫamit-Inšušinak 648 gestorben, und sein Sohn Ḫumban-ḫaltaš III. war ihm auf dem Thron gefolgt. Er hatte seine Herrschaft auch über Madaktu ausgedehnt, während ein gewisser Ḫumban-ḫabua (Unbanḫabua) sich in Babilu einen kleinen Staat eingerichtet hatte.
Assurbanipal war nun entschlossen, Elam ein für allemal zu zerschmettern. Unter dem Vorwand, daß die Elamiter ihm die Auslieferung des Nabû-bēl-šumāte verweigerten, führte er im Siwān (Mai/Juni) 647 eine gewaltige Zangenoffensive gegen sie. Die eine Armee rückte vom Meerland aus gegen Susa vor; die andere nahm sich von Dēr aus Madaktu aufs Korn. Ḫumban-ḫaltaš III. entfloh und ließ seine Hauptstadt im Stich. Tammaritu II. wurde wieder auf den Thron gesetzt. 646 löste die Rückkehr des Ḫumban-ḫaltaš eine neue Intervention der Assyrer aus. Bei der von Bēl-ibni geleiteten Offensive wurde Rašû verwüstet, der Widerstand der Elamiter beim Übergang über den Idide (Āb-i-Diz) bei Dūr-Untaš (Čoga-Zambīl) gebrochen, Madaktu und Susa eingenommen und darauf das Hinterland auf einer Breite von 600 km mit assyrischen Truppen überschwemmt. Bei der Rückkehr machte sich das Heer über Susa her, wo kein Stein auf dem anderen blieb. Elam war jetzt nur noch ein Vasallenstaat, obwohl Ḫumban-ḫaltaš III., der im zerstörten Madaktu die Herrschaft ergriff, dem Sieger zu guter Letzt doch noch den Leichnam des Nabû-bēl-šumāte

auslieferte, der sich bar jeder Hoffnung das Leben genommen hatte.

Elams Niederlage zog unmittelbar die Unterwerfung einer Reihe von Nachbarländern nach sich. Unter ihnen befand sich auch das Land der Perser, Parsumaš; König Kuraš (Kyros I.) sandte Tribut nach Ninive und lieferte zugleich seinen leiblichen Sohn als Geisel aus[69].

Als letzte Gegner blieben die Araber[70] übrig, die bisher straflos ausgegangen waren; sie hatten zum Teil Šamaš-šum-ukīn in Babylonien ihren Beistand geliehen, während sich andere in der Syrischen Wüste erhoben und die assyrischen Garnisonen und deren Verbündete in Syrien und Palästina hart bedrängt hatten. Die Vergeltungsmaßnahmen gingen vom Gouvernement Damaskus aus. Assyrische Truppen brannten überall in der Wüste die Beduinenlager nieder und raubten die Kamelherden der straffällig gewordenen Stämme. Mit der Züchtigung der Nabatäer, der Eroberung von Akko, der Absetzung des Königs von Juda und der Verpflanzung von Leuten aus Susa und Elam nach Samaria wurden denn auch die allerletzten Nachwehen des babylonischen Aufstandes beseitigt.

Elam war besiegt, die Araber unterworfen — damit war an allen Grenzen des Reiches wieder Frieden eingekehrt. In Anatolien erneuerte nach der Plünderung von Sardes durch die Kimmerier und dem Tode des Gyges Ardys, Gyges' Sohn, den Treueid, den sein Vater gebrochen hatte. Aus einer etwa ins Jahr 640 zu datierenden Inschrift erfahren wir, daß das assyrische Heer den Barbarenführer Tugdamme, gewiß keinen anderen als Lygdamis, der den Tempel von Ephesus geplündert hatte, zum Stehen brachte und schlug, als er den Versuch unternahm, die Kilikische Pforte zu durchbrechen.

Die letzte Fassung der Annalen aus dem Jahr 636 endet mit einer Lobeshymne auf das herzliche Verhältnis, das damals zwischen Urartu und Assyrien bestand. Rusa II. unterhielt in Ninive eine Gesandtschaft und bezeugte Assurbanipal eine geradezu sklavische Ergebenheit: »Wie ein Sohn seinem Vater«, sagt Assurbanipal, »schickte er mir ein übers andere Mal Botschaften, in denen er um mich als seinen Oberherrn warb.« In Wahrheit war Rusa sehr besorgt über die Umtriebe unter den in Urartu verbliebenen Kimmeriern und unter den sakasenischen Skythen. Es waren die Vorwehen der Völkerstürme, die bald bis nach Kleinasien hinüberbranden und den Fall und Ruin des urartäischen Reiches nach sich ziehen sollten.

Liest man die Königsannalen, so könnte man glauben, Assurbanipal hätte über dreißig Jahre lang als unermüdlicher Eroberer an der Spitze seiner Heere gestanden. Dieses Bild wäre freilich ebenso falsch wie das vom effeminierten wollüstigen Sardanapal, als den ihn die Griechen in Erinnerung behalten haben. Wenn

Assurbanipal in seinen Inschriften in der ersten Person von seinen Feldzügen berichtet und sich selbst die Durchführung aller militärischen Unternehmungen zuschreibt, so wissen wir doch, daß die meisten in der Hand seiner Feldherrn gelegen haben. Dagegen trifft durchaus zu, daß Assurbanipal in seinem Palast persönlich die außenpolitischen Entscheidungen für sein Reich traf und, wenn auch aus der Ferne, die Bewegungen seiner Armeen dirigierte. Das zeigen Briefe des Königs, in denen er zum Beispiel Rechenschaft oder ausführliche Information verlangt oder diesen oder jenen Feldherrn dafür tadelt, daß er, ohne neue Instruktionen anzufordern, von den für ihn erlassenen Richtlinien abgewichen sei[71].

Assurbanipal hatte, wie wir wissen, eine große Vorliebe für Prunk, Festlichkeit und die Schmeicheleien seiner Höflinge. Aber er hatte in seiner Jugend auch eine Erziehung zum Krieger und Sportsmann erfahren, und darauf war er sehr stolz. Sie hatte seinen Charakter geprägt und seinen Körper gestählt. So liebte er es auch in reifen Jahren, seine Kraft zu erproben, und von seinen Palastreliefs wissen wir, daß er ein großer Jäger vor dem Herrn war.

Aber Assurbanipal hatte noch andere und fürwahr weniger gewöhnliche Charaktervorzüge aufzuweisen. Er war ein gelehrter und kulturbeflissener Herrscher: »Ich habe gelernt«, sagte er, »was der weise Adapa gebracht hat, habe mir den verborgenen Schatz, die gesamte Tafelschreiberkunst angeeignet, bin in die (Wissenschaft von den) Vorzeichen am Himmel und auf der Erde eingeweiht, diskutiere in der Versammlung der Gelehrten, deute zusammen mit den erfahrensten Leberschauern die Leberomina. Ich kann komplizierte, undurchsichtige Divisions- und Multiplikationsaufgaben lösen, habe schon immer kunstvoll

Abb. 6: Jagd des Assurbanipal

geschriebene Tafeln in schwer verständlichem Sumerisch und mühsam zu entzifferndem Akkadisch gelesen, habe Einblick in die Schriftsteine aus der Zeit vor der Sintflut, die ganz und gar unverständlich sind.«[72]

Dahinter mag gut und gern ein wenig Prahlerei stecken. Aber trotzdem verraten diese Zeilen einen unleugbaren Wissensdurst und Bildungsstolz. Assurbanipal behielt ihn Zeit seines Lebens bei. Das beweist uns seine Bibliothek. In den Ruinen seines Palastes wurden über 25 000 Tafeln und Fragmente geborgen. Neben den Archiven seiner Regierung, den Annalen, Briefen, Verträgen, Wirtschafts- und Verwaltungstexten, trug er das gesamte Geistesgut und alle Wissenschaft seiner Zeit zusammen: Epen, Lehrgedichte, Mythen, Fabeln, Weisheitsliteratur; medizinische, astronomische, omenkundliche Traktate; Hymnen, Rituale, Gebete, Beschwörungen u. a. m. Die zahlreichen lexikalischen Texte und literarischen Kommentare der Assurbanipal-Bibliothek bezeugen auf der anderen Seite, wie sehr man um das Studium von Schrift und Sprache bemüht war.

Der König beschränkte sich nicht darauf, seine Umgebung zu reger geistiger Tätigkeit zu ermuntern. Er selbst nahm, wie wir schon hörten, lebhaften Anteil, indem er sich zahlreiche Texte vorlesen ließ oder sie selbst zu lesen versuchte und sich womöglich auch im Schreiben übte. Seiner Wißbegierde wie auch seiner Unkenntnis verdanken wir so manche Leseglosse, Erklärung und Kommentarstelle aus der Hand der ihn beratenden Schreiber, und daraus zieht auch der heutige Übersetzer noch oft guten Nutzen. Assurbanipal war nicht weniger darauf bedacht, gute Ordnung in seiner Bibliothek zu halten und sie ständig zu erweitern. Jede Tafel wurde mit seinem Namen versehen, und in den Kolophonen sind die Originaltafeln assyrischer, sumerischer oder akkadischer Herkunft angeführt, nach denen der Kopist seine Abschrift hergestellt hatte. Assurbanipal schrieb zum Beispiel an einen seiner Korrespondenten: »Order des Königs an Šadânu . . .: Am Tage, da du diese meine Tafel zu Gesicht bekommst, nimm Šuma . . ., Bēl-ēṭir . . ., Aplâ . . . und die (übrigen) Gelehrten von Borsippa, die du wohl kennst, mit dir; sammle alle Tafeln die sich in ihrem Hause befinden oder im Ezida (. . .) deponiert sind, soviel ihrer auch seien, und ebenso die seltenen Tafeln aus deinen Archiven, die es in Assyrien nicht gibt — suche sie zusammen und schicke sie mir! . . . Solltest du übrigens die eine oder andere Tafel finden . . ., von der ich dir in meinem Brief nicht geschrieben habe und die du meines Palastes für würdig hältst . . ., so schicke sie mir ebenfalls!«[73]

Schon Vorgänger Assurbanipals wie zum Beispiel Tiglatpilesar I. oder Sargon II. hatten sich um die Errichtung von Palastbibliotheken bemüht. Aber einen derartigen Sammeleifer, wie ihn der

eben zitierte Brief voraussetzt, dürfen wir wohl bei keinem von beiden erwarten.
Wenngleich Assurbanipal weniger für gewaltige Bauwerke übrig hatte als Sargon oder Sanherib, so darf er doch trotzdem als ein Förderer der Kunst und der Künstler gelten. Der Reliefschmuck seines Palastes zeugt von der Entfaltung eines sehr verfeinerten Stiles. Es mag sein, daß den Werken der Ära Assurbanipal die robuste Kraft und majestätische Würde der Zeit Assurnaṣirpals abgeht. Dafür sind sie aber geschmeidiger in der Zeichnung, und man verspürt viel stärker die Freude am malerischen Detail und am Bemühen, die lebende Bewegung im Bilde einzufangen. Reliefs wie die verwundete Löwin, der sterbende Löwe oder die Wildesel zeigen, daß die Tierdarstellung noch nichts von ihrer frühen Vervollkommnung eingebüßt hat.

VII. DAS ENDE ASSYRIENS UND DAS NEUBABYLONISCHE REICH

Über das Ende der Regierung Assurbanipals besitzen wir bisher keine offizielle Nachricht. Aus einem späteren Text geht hervor, daß er 42 Jahre regiert habe; folglich müßte er bis 627/626 gelebt haben. Wahrscheinlich beruht die Zahl 42 aber auf einem Irrtum. Die letzten Urkunden, in denen ausdrücklich der Name Assurbanipals genannt ist, sind zwei Privatverträge aus Nippur. Beide stammen aus dem Jahr 631, dem 38. Regierungsjahr, wobei der jüngere Text mit Junianfang das äußerste Datum liefert. Es wird im allgemeinen angenommen, daß Assurbanipal einige Monate darauf, spätestens aber 627 starb.[74]
Ein anderes Problem stellt sich anläßlich seiner unmittelbaren Nachfolger, die sagen, sie seien seine Söhne. Die Vermutung ist geäußert worden, daß es sich in Wirklichkeit um ein und denselben Sohn handelt, der im Laufe seiner Regierung den Namen gewechselt habe. Wenn diese Hypothese auch eine Anzahl Schwierigkeiten aus dem Weg räumt, so wirft sie doch wieder neue Fragen auf, so daß es im Augenblick wohl vernünftiger ist anzunehmen, daß zwei verschiedene Söhne Assurbanipal auf dem Thron gefolgt sind.
Der erste, Aššur-etel-ilāni[75], hatte offenbar reichlich Mühe, sein väterliches Erbe zu übernehmen. Ein Usurpationsversuch wurde nur durch das energische Einschreiten seines ihm treu ergebenen Lehrers im Kriegshandwerk, des Feldherrn Sin-šum-lišir, vereitelt. Aššur-etel-ilāni lohnte es ihm, indem er ihn mit Ländereien belehnte [76]. Nach den Daten von Privatverträgen zu urteilen, hat Aššur-etel-ilāni mindestens vier Jahre regiert. In Assyrien selbst ist er bisher nur durch eine Inschrift bezeugt, in der von Arbeiten am Nabû-Tempel zu Kalaḫ die Rede ist. Das Formular ist das übliche, und der König versieht sich mit denselben

Titeln, die er auch hinter den Namen seines Vaters und Großvaters anfügt, ganz als ob in der politischen Situation des Reiches alles beim alten geblieben wäre. Die übrigen Dokumente aus seiner Regierung stammen alle aus Babylonien, und zwar aus Dilbat, Nippur, Sippar und Uruk. Sie zeigen, daß Assyrien zumindest noch nominell die Oberherrschaft über diese Bezirke ausübte. Nach 627 hören wir nichts mehr von Aššur-etel-ilāni. Einige Monate lang übte der Feldherr Sin-šum-līšir selbst die Herrschaft aus; dann ging sie an Sin-šar-iškun über, der sich ebenso wie Aššur-etil-ilāni als Sohn Assurbanipals bezeichnet.

Im selben Jahr 627 starb in Babylon der assyrische Statthalter Kandalānu, den Assurbanipal nach dem tragischen Ende des Šamaš-šum-ukīn auf den Thron gesetzt hatte. Wir wissen von seiner Regierung so gut wie nichts. Eine Chronik erwähnt keine besonderen Zwischenfälle, so daß wir annehmen dürfen, daß das Neujahrsfest in Babylon und Borsippa regelmäßig gefeiert werden konnte. Aus der Streuung von Verträgen, die nach Kandalānu datiert sind, ergibt sich, daß sein Herrschaftsbereich wohl nur diese beiden Städte und gelegentlich noch Sippar und Uruk einschloß.

Während die Städte Babyloniens, die eine assyrische Garnison hatten, 627 zunächst Sin-šum-līšir und dann Sin-šar-iškun als König anerkannten, wählte Babylon selbst nach Kandalānus Tod zunächst keinen Nachfolger; der Thron blieb unbesetzt. »Ein Jahr lang«, sagt später eine Chronik, »gab es keinen König im Lande.« Die Schreiber pflegten ihre Urkunden damals mit einem posthumen Datum zu versehen: »Jahr 21, nach Kandalānu« in den letzten Monaten des Todesjahres und »Jahr 22, nach Kandalānu« im Jahre darauf.

Der mehrfache Regierungswechsel, dem in Assyrien Staatsstreiche des Militärs vorausgingen, während in Babylon eine königslose Zeit folgte, hatte unvermeidlich eine Schwächung der Königsautorität und Störung der Ordnung zur Folge. Dabei ist es allerdings kaum wahrscheinlich, daß die Ereignisse in irgendeiner Form durch die damalige Skythenwanderung beeinflußt waren. Die Skythen wandten sich nach ihrem Sieg über die Kimmerier zwischen 630 und 620 nach Syrien, plünderten das Land, ließen Jerusalem erzittern und kamen bis vor die Tore Ägyptens, wo der greise Psammetich sie durch Geldzahlung zur Umkehr bewog. Daraufhin brandeten sie zurück gegen den Oberlauf des Euphrat, wo archäologische Funde von ihrer Herrschaft zeugen. Hat auch das Prestige Assyriens in Syrien dadurch gelitten, daß man das Land den skythischen Mordbrennern zur Beute überließ, so hat sich doch offenbar das eigentliche Mesopotamien so gut wie gar nicht von den Skythenstürmen beeindrucken lassen. Weniger die äußere Gefahr als der bro-

delnde Aufruhr der aramäischen und chaldäischen Bevölkerung Südbabyloniens, zumal Bīt-Jakīns und des Meerlandes, bedrohte das innere Gleichgewicht des Staates.
Schon seit Generationen betrachteten ihre Stammeshäupter, die die Religion des Marduk und Nabû angenommen hatten, Babylon und Borsippa als ihre Kultzentren. Bei jeder sich bietenden Gelegenheit hatten sie – und oft mit Erfolg – versucht, sich in den Besitz dieser Städte zu setzen. Ihr Traum war die echte politische Einheit all der alten Nomadenstämme, bei denen die gemeinsame Herkunft und Religion, Landhunger, aber auch der Haß auf die assyrische Besatzungsmacht einen aggressiven, eifernden Nationalismus zeitigte. Marduk-apla-iddin war mehrmals darauf und daran gewesen, diesen Traum zu verwirklichen.
Oberhaupt des Meerlandes war seinerzeit Nabopolassar (Nabû-apla-uṣur). Sin-šar-iškun befand es für gut, seine Herrscherstellung offiziell anzuerkennen. Aber diese Konzession vermochte den Ehrgeiz Nabopolassars nicht im entferntesten zu befriedigen. Die Schwierigkeiten, die Assyrien heimsuchten, und die offensichtliche Ratlosigkeit bei der Neubesetzung von Kandalānus Thron boten ihm vielmehr die wahre Gelegenheit, seine Ziele zu verwirklichen.
Nabopolassar plünderte Uruk mit elamischer Hilfe und griff dann Nippur an. Assyrien reagierte mit der Entsendung eines Heeres, von dem ein Teil Babylonien einschloß, während der andere Teil die assyrische Garnison von Nippur entsetzte. Nabopolassar wich, hart bedrängt, bis nach Uruk zurück; erst dort gelang es ihm, seine Verfolger zu schlagen, die sich nun ihrerseits zurückzogen. Unterdessen hatten die Bewohner Babylons den Ring der Belagerer gesprengt und die andere Heereshälfte siegreich zurückgeschlagen. Durch diesen zweifachen Erfolg war die Niederlage Nabopolassars vor Nippur wieder wettgemacht. Babylon trug ihm die Herrschaft an, ebenso wie es die Vorfahren einst mit Marduk-apla-iddin getan hatten. Nabopolassar wurde alsbald in Sippar und einige Wochen darauf, am 25. November 626, offiziell auch in Babylon als »König von Akkad« anerkannt [77].
Doch war seine Stellung noch lange nicht gesichert. Trotz Schwächung der Königsgewalt in Assyrien blieb die Armee dem König treu ergeben und büßte nichts von ihrer Schlagkraft ein. Nach wie vor vermochte sie Jahr für Jahr nach Akkad hinabzuziehen, teils zur Abschreckung, teils zur Unterstützung der Garnisonen. Die Gegenangriffe der Babylonier waren behutsam und örtlich beschränkt.
Nach und nach wendete sich aber das Blatt zugunsten Babylons. 623 erhob sich der Distrikt von Dēr gegen die Assyrer, und Ninive selbst mußte sich eines Angriffs erwehren, dessen Urhe-

ber möglicherweise die Truppen des Phraortes waren. Falls es sich um den gleichnamigen Meder handelt (der Name des angreifenden Volkes steht leider in einer Textlücke)[78], könnte es dieselbe Begebenheit sein, von der Herodot in seinem ersten Buch, Kap. 102 spricht: »... bis (Phraortes) endlich auch gegen die Assyrer zog, nämlich die Assyrer von Ninos ... Auf dem Zuge gegen sie aber wurde Phraortes, nachdem er 22 Jahre regiert hatte, mit dem größten Teil seines Heeres geschlagen.« Wie immer dieser Angriff ausgegangen sein mag, er zeigt deutlich, daß die Defensivstellung Assyriens auf dem iranischen Hochplateau zusammengebrochen und daß das Volk der Meder von einem ganz neuen Eroberungsgeist beseelt war.

Hier bricht der Text der Chronik ab, nach dem wir bisher den Gang der Ereignisse verfolgt haben. Für die folgenden sieben Jahre besitzen wir keinerlei historische Quellen. Lediglich aus Wirtschaftstexten aus den Jahren 622 bis 620 wissen wir, daß Uruk noch Zankapfel zwischen Assyrien und Babylonien war.

616, im zehnten Regierungsjahr des Nabopolassar, setzt der Chronikbericht wieder ein, und es zeigt sich auf den ersten Blick, daß sich das Kräfteverhältnis ganz eindeutig verschoben hat. Jetzt sind es die babylonischen Truppen, die außerhalb der Landesgrenze die Initiative ergreifen und auch behalten. 616 ziehen sie euphrataufwärts bis zum Ḫābūr, dann, nach Abwehr eines Angriffs der Assyrer, bis zum Baliḫ. Die Umkehrung der politischen Situation dürfte, besonders hinsichtlich des Euphrattals, in Ägypten den greisen Pharao Psammetich stark beunruhigt haben. Vierzig Jahre vorher hatte er mit eigener Hand sein Land vom Joch der Assyrer befreit und später ohne fremde Hilfe das Philisterland ganz oder doch zu einem gewissen Teil annektiert. Jetzt stand zu befürchten, daß die totale Niederlage Assyriens in Syrien nur noch gefährlichere Gegner auf den Plan rufen würde.

Seine Sorge war besonders begründet, weil im Verlauf des Jahres 616 die Babylonier auch den Tigris hinaufmarschierten, die Assyrer am Ufer des Kleinen Zāb über den Haufen rannten und auf dem folgenden Feldzug die alte Hauptstadt Assur belagerten. Zwar wurden sie durch einen assyrischen Gegenangriff zurückgetrieben; aber der kam 250 km vor Babylon zum Stehen, weil die Meder die Provinz Arrapḫa bedrohten. Die Meder begannen 614 unter der Führung des Kyaxares, der nach dem Tode seines Vaters Phraortes die Skythen vom Kaspischen Meer besiegt und das Heer reformiert hatte, einen gewaltigen Angriff gegen Assyrien. Sie marschierten zunächst in Richtung Ninive, umgingen dann aber die Stadt, um Tarbiṣu (Šarīf-Ḫān) einzunehmen. Anschließend zogen sie tigrisabwärts, um ihrerseits Assur zu belagern. Diesmal konnte sich die Stadt nicht halten. Die Meder eroberten und plünderten sie und deportierten oder erschlugen die Bewohner. Nabopolassar kam zu spät zum Zuge und fand nur noch rauchende Trümmer vor. Er schloß mit Kyaxares einen Freundschaftsvertrag, der Berossos zufolge durch die Verheiratung von Nabopolassars Sohn mit einer Tochter des Mederkönigs besiegelt wurde.

Die Zerstörung Assurs hat Assyrien in seinen Grundfesten erschüttert, ihm aber noch nicht den Todesstoß versetzt. Nach jedem Ansturm zogen die Angreifer wieder getrennt von dannen und waren in erster Linie darauf bedacht, die Beute in Sicherheit zu bringen. So gaben sie dem Gegner Gelegenheit, seine Kräfte zu sammeln. Im Jahr 613 führte das assyrische Heer noch wieder unter Sin-šar-iškun Krieg im Euphrattal und erzwang einen überstürzten Rückzug der Babylonier, als sie sich nach Rückeroberung des wohl von Assyrien aufgehetzten Suḫu mit großem Aufwand daranmachten, Ana' zu belagern. Aber das waren nur noch die letzten Zuckungen der einstigen assyrischen Macht. Die Auflösung stand schon dicht bevor.

612 koordinierte die medisch-babylonische Koalition ihre Anstrengungen mit mehr Geschick: Ninive selbst wurde belagert. Drei Monate lang leistete die Stadt Widerstand; im August des Jahres fiel sie und wurde geplündert. Sin-šar-iškun kam vermutlich im Kampf ums Leben. Aber ein Teil der Assyrer konnte sich nach Ḫarrān absetzen, möglicherweise bereits unter der Führung des Aššur-uballiṭ. Die Babylonier verfolgten sie mordend und sengend bis Nisibis, während sich die Meder mit dem Löwenanteil der Schätze von Ninive in ihr Land davonmachten. Im Herbst ließ sich Aššur-uballiṭ in Ḫarrān, dem letzten Stückchen assyrischer Erde, zum König ausrufen.

Im Jahr darauf bekam das babylonische Heer noch zweimal den Widerstand der letzten assyrischen Verteidigungsbastion zu spüren. Allerdings griffen sie nicht direkt an, sondern beschränkten sich darauf, in der Umgebung, östlich von Nisibis, Beute und Kriegsgefangene zusammenzuraffen. 610 kamen sie wieder, und nach fünf Monaten stießen auch die Meder zu ihnen. Beim Herannahen der Alliierten gab Aššur-uballiṭ mit seinen Truppen und einigen vom Pharao entsandten Hilfskontingenten Ḫarrān auf und zog sich auf die Westseite des Euphrat zurück. Das von Verteidigern entblößte Ḫarrān wurde eingenommen, geplündert und mit einer babylonischen Garnison besetzt.

Einige Monate später, 609, setzte Aššur-uballiṭ, diesmal mit der Hilfe des neuen Pharao, Necho, der ihm stärkere ägyptische Einheiten gesandt hatte, wieder nach Osten über den Euphrat, um seine Hauptstadt wiederzugewinnen. Er belagerte sie zwei Monate, aber vergebens. Noch bevor Nabopolassar seiner Garnison zu Hilfe kam, waren die Belagerer schon zurückgeworfen und geschlagen. Was mit Aššur-uballiṭ weiter geschah, wissen wir nicht. Die Chronik nennt seinen Namen nicht mehr. Das mysteriöse Verschwinden des letzten assyrischen Königs hat den Historikern viel zu denken gegeben. Haben etwa, wie manche annehmen, die Ägypter ihrem allzu schwachen Verbündeten selber den Garaus gemacht, da er ihnen mehr eine Last als von Nutzen war? Wir wissen es nicht. Jedenfalls gab es fortan kein Assyrien mehr. Babylon stand Ägyptens Truppen unmittelbar gegenüber, und Ägypten hatte Assyrien in seiner Rolle am Euphrat abgelöst.

Als das Assyrerreich in sich zusammenbrach, erhob der Pharao offen seine Gebietsansprüche auf das einstmals ägyptische Territorium Syrien und Palästina. Die Meder interessierten sich nicht weiter für dieses Gebiet. Sie besetzten das eigentliche Assyrien und Ḫarrān und betrachteten den Mittel- und Oberlauf des Tigris als ihre Westgrenze. Die Babylonier dagegen waren im Besitz von ganz Mesopotamien und dem Euphrattal in seiner ganzen Länge bis zum Euphratbogen, und sie waren folglich der Meinung, daß ihnen das ganze westeuphratische Gebiet rechtens zustünde.

Vorerst war Nabopolassar allerdings noch anderweitig beansprucht. Er führte in den Jahren nach der Eroberung von Ḫarrān Krieg im Gebirge südlich von Urartu, vielleicht mit dem Ziel, Assyrer, die die Katastrophe überlebt hatten, zu zersprengen und Beute zu machen; eher aber wohl, um dem zu erwartenden Vorrücken der Meder an den Halys die Flanke zu bieten. Am wahrscheinlichsten freilich bleibt, daß sich Babylonien für einen eigenen Vorstoß nach Westen den rechten Flügel absichern wollte.

Vom Frühjahr 607 an zog der alternde König mehr und mehr den Kronprinzen Nebukadnezar (Nabû-kudurri-uṣur) zu den Regierungsgeschäften heran. Nach einer gemeinsam geführten Gebirgskampagne bildete sich der Brauch heraus, daß sich Vater und Sohn regelmäßig im Oberbefehl der Truppen ablösten. Wenn Nebukadnezar mit dem Heer in den Krieg zog, blieb Nabopolassar in Babylon und leitete die inneren Angelegenheiten des Staates – und umgekehrt. Das vordringliche Anliegen des Jahres 607 war die Eroberung Syriens. Haupthindernis war Karkemiš am Euphrat, wo sich eine starke ägyptische Garnison verschanzt hatte. Sie bestand hauptsächlich aus Fremdvölkertruppen und griechischen Söldnern. Im Hinterland hielten nur einige wenige Stützpunkte wie Ribla am Orontes die Verbindung mit der ägyptischen Ausgangsbasis aufrecht.

Gegen Ende 607 gelang es Nabopolassar, unweit von Karkemiš am Westufer des Euphrat einen Brückenkopf zu bilden. Allerdings wurde seine Garnison ein paar Monate später von den Ägyptern umzingelt und niedergemetzelt. Einem weiteren Versuch an einer anderen Flußübergangsstelle war ebenfalls kein längerer Erfolg beschieden. Babylon mußte die Stellung nach einem heftigen Gegenangriff der Ägypter wieder räumen. Dem

Zustand wollte Nabopolassar ein Ende setzen. Im Frühjahr 605 übertrug er den Oberbefehl über die gesamten Truppen dem Kronprinzen und beauftragte ihn, den Euphratübergang zu erzwingen und Karkemiš zu nehmen. Nebukadnezar überschritt den Fluß in einem Überraschungsmanöver und griff Karkemiš an seiner verwundbaren Stelle, nämlich von Süden und Westen her an. Die Schlacht begann außerhalb der Mauern und setzte sich in erbittertem Nahkampf im Stadtinnern fort. Karkemiš wurde in Schutt und Asche gelegt und die ägyptische Garnison samt Söldnerheer fast bis auf den letzten Mann niedergemacht. Nur ein paar Mann überlebten und entflohen; aber Nebukadnezar setzte ihnen nach und metzelte sie schließlich bei Ḥama nieder.

Die ungeheure Härte, mit der gekämpft wurde, zeigt sehr deutlich, daß für beide, Babylonien und Ägypten, Großes auf dem Spiel stand. In der Tat hatte der Sieg von Karkemiš zur Folge, daß der Großteil von Syrien und Palästina vom Euphrat bis zur ägyptischen Grenze Nebukadnezar praktisch widerstandslos in die Hände fiel.

Fern von Babylon, im eroberten Syrien, erfuhr der Kronprinz einige Wochen später, daß sein Vater am 17. August in Babylon gestorben war. Er kehrte in Gewaltmärschen zurück und wurde schon am 7. September des Jahres 605 in der Hauptstadt und den übrigen Städten des Reiches als König anerkannt[79]. Da die Lage im Inneren vollkommen ruhig war, konnte Nebukadnezar II. noch im Herbst desselben Jahres wieder zu einem langen Syrienfeldzug aufbrechen, der bis zum Februar 604 dauerte. Freilich verdient er nur äußerlich die Bezeichnung Feldzug. Nebukadnezar durchzog Syrien die kreuz und die quer, ohne auch nur auf den leisesten Widerstand zu stoßen, und er kehrte mit reicher Beute beladen zurück nach Babylon. Dieser »Feldzug« war der erste in einer langen Reihe erfolgreicher Unternehmungen, die wir anhand der wenig abwechslungsreichen Chronikangaben Jahr für Jahr verfolgen können bis zum Jahr 595, wo die Chronik endet. Es waren zumeist nur ›militärische Spaziergänge‹, doch sie erfüllten vollauf ihre Aufgabe: Ägypten im Auge zu behalten und im Bedarfsfall die notwendigen Maßnahmen zu ergreifen. 604 belagerte und plünderte Nebukadnezar die Philisterstadt Askalon, bei der zu befürchten stand, daß sie ein Brückenkopf der Ägypter wurde. Drei Jahre später entschloß er sich zum unmittelbaren Angriff auf Ägypten. Aber der Pharao Necho hatte Zeit und Weile gehabt, seine Kräfte zu mobilisieren. Beide Gegner erlitten in offener Feldschlacht schwere Verluste. Unter den Babyloniern waren sie so enorm, daß Nebukadnezar zwei volle Jahre (Januar 600 bis Dezember 599) benötigte, um sein Heer wieder auf den alten Stand zu bringen und vor allem die Streitwagentruppe und die Reite-

rei, die bei dem Treffen am meisten gelitten hatten, zu reorganisieren.
Ende 599 wurden also die Syrienfeldzüge wieder aufgenommen. Nebukadnezar sandte Streifen gegen Beduinenstämme aus, die sich die Ägypter mehr oder weniger hörig gemacht hatten. Es war wohl auch der Diplomatie des Pharaos nicht entgangen, daß sich um die Zeit Jōjakīn, König von Juda, auflehnte. Nebukadnezar belagerte ihn in Jerusalem, und am 16. März 597 fiel die Stadt. 3000 Juden, vielleicht sogar mehr, mußten in die babylonische Gefangenschaft ziehen, und der Thron von Juda wurde an Zedekia gegeben.
596 kamen die Babylonier offenbar nicht über Karkemiš hinaus. Der König von Babylon mußte sich am Tigris einem neuen Gegner stellen, möglicherweise einem Heer Elams. Aber der Alarmzustand ging rasch vorüber und hatte keine schlimmeren Folgen. Im nächsten Jahr, vom Dezember 595 bis zum Januar 594, herrschte Aufruhr im Inneren, der diesmal wahrscheinlich von der Armee ausging. Er wurde kurz und bündig und mit aller Strenge niedergeschlagen. Am Jahresende hatte Nebukadnezar die Hände wieder frei und zog erneut nach Syrien, wo er den Tribut seiner Vasallen einhob. Dann begann wieder der Zyklus der schon Tradition gewordenen Tourneen in Syrien.
Aber hier brechen die Chroniken ab, anhand derer wir uns ziemlich genau über den Verlauf der Ereignisse unterrichten konnten. Für 594 und die folgenden 38 Jahre, in denen die drei in Frage kommenden Chroniken schweigen, müssen wir uns an andere, weniger unmittelbare Quellen halten. So hören wir, daß der Pharao Apries (595–570), der zweifellos die ägyptische Expansionspolitik in Asien wiederbeleben wollte, Gaza einnahm, Tyros und Sidon angriff und einen neuen Aufstand in Juda provozierte. Nebukadnezar trieb die Ägypter zurück, nahm 587 nach achtzehnmonatiger Belagerung zum zweitenmal Jerusalem ein, deportierte Tausende von Juden, annektierte kurz darauf das Königreich Juda und hielt dreizehn Jahre lang die Belagerung von Tyros aufrecht.
Nach einem andern Text richtete Nebukadnezar 568 einen Angriff gegen Ägypten. Vielleicht wollte er von den Unruhen profitieren, die den neuen Pharao Amasis an die Macht brachten, und bei der Gelegenheit ins Delta einfallen, um Ägypten zum Verzicht auf seine asiatischen Interventionen zu zwingen. Leider ist der Text sehr schlecht erhalten und gestattet uns nicht, Näheres über die Unternehmung und ihre Folgen zu erfahren. Sicher ist nur, daß der König von Babylon seine syro-palästinensischen Besitzungen etwa zehn Jahre vor dem Ende seiner Regierung fest in der Hand hielt. Er hatte eine Straße anlegen lassen, die abgesehen von ihrer strategischen Bedeutung auch den Abtransport der Libanonzedern erleichterte.

Jahr für Jahr strömten von hier und aus anderen Teilen des Reiches die Güter nach Babylon. Zum erstenmal seit vielen Jahrhunderten war die Stadt wieder Zentrum eines starken und mit Reichtum gesegneten Landes. Anfangs trug sie noch die Spuren der Verwüstungen vergangener Kriege; denn der unter Nabopolassar begonnene Wiederaufbau von Etemenanki, der großen Zikkurrat Babylons, war noch nicht vollendet. Nebukadnezar setzte ihn fort und nahm zugleich andere Objekte in Angriff. Babylon, die heilige Stadt, sollte zur reichen und mächtigen Metropole werden. Daher verwandte er den größten Teil seiner Einkünfte auf ihre Ausstattung, während andere Städte wie Dilbat, Kutha, Sippar, Uruk, Larsa, Marad, Ur und Borsippa bescheidener bedacht wurden. Nebukadnezar restaurierte eine Anzahl Kapellen des Mardukheiligtums, vollendete Etemenanki, baute verschiedene andere Tempel wieder auf und verwandte dabei Gold, Silber, Edelsteine und seltene Hölzer in rauhen Mengen.
Im Norden der Stadt hatte sein Vater am alten Bett des Euphrat einen kleinen Palast erbaut. Nebukadnezar setzte ihn bei der Erweiterung in sehr viel größere Proportionen um. Hinter dem auf die Prozessionsstraße führenden Monumentaltor umfaßte der Palast fünf Höfe, von denen aus man nacheinander in die Wachräume, die Kanzlei, die Empfangssäle, die königlichen Gemächer und den Harem gelangte. Westlich gegen den Euphrat schloß den Palast eine mächtige Burganlage ab; im Norden schützte ihn die Innenmauer der Stadt. An den anderen Seiten trennten ihn starke Mauern von der übrigen Innenstadt. Das Palastinnere war mit Ziegelreliefs in lebhaften Farben ausgestattet: Tieren, Pflanzenmotiven und Blendsäulen, gekrönt von Voluten und Palmetten. An der Nordostecke, wo die Ausgräber einen Unterbau mit mehrfachen Gewölben freilegten, erhoben sich möglicherweise die berühmten ›hängenden Gärten‹, eines der sieben Weltwunder des Altertums.
Unweit vom Palast erhob sich über der doppelten Umschließungsmauer das schönste der acht Stadttore, das Ištartor. Es war ein Bau von imposanter Konzeption mit dreifachem Portal und gezackten Türmen. Auf der Fassade und den Innenwänden aus blauen Emailziegeln befanden sich alternierende Reihen reliefierter Drachen und Stiere.
Hinter dem Ištartor setzte sich die mit weißem Kalkstein und rotem Brecciastein gepflasterte Prozessionsstraße fort. Sie war 22 m breit und von dicken Mauern gesäumt, die auf dem Hintergrund blauer Emailziegel rote oder gelbe Löwenreliefs zwischen Rosettenfriesen zeigten. Die rechte Mauer bildete den Abschluß der sog. ›Burg‹, die linke beschloß das ›Schloßmuseum‹, das gleichfalls aus solidem Ziegelmauerwerk errichtet war.
Das sind die am meisten ins Auge springenden Schöpfungen

Nebukadnezars. Daneben widmete er sich dem Ausbau der Befestigungsanlagen. Er restaurierte die doppelte, in einem Rechteck verlaufende Stadtmauer, deren gewaltige quadratische Türme über einen Wassergraben blickten. Aber zwecks noch besserer Sicherung schützte er die Stadt vor dem unmittelbaren Zugriff durch die Anlage einer äußeren Stadtmauer, der ›großen Ostmauer‹. Sie war ebenfalls doppelt und mit Türmen bewehrt und verlief in größerer Entfernung von der inneren Mauer. Sie war ca. viereinhalb Kilometer lang und beschrieb auf der linken Seite des Euphrat einen riesigen rechten Winkel. Die beiden Enden stießen an die Stadt heran. Zwischen innerer und äußerer Mauer lag ein ausgedehntes Vorstadtareal, ferner Gärten, Parks und sicher auch das *bīt akītu,* d. h. das außerhalb der Stadt gelegene Neujahrsfesthaus. Ganz im Norden lag in einem Winkel der äußeren Stadtmauer und dicht am Euphrat der Sommerpalast Nebukadnezars.

Ein Großteil der umfangreichen Baumaßnahmen in Babylon hatte also den Zweck, die Verteidigungsposition der Hauptstadt zu erhöhen. Das war nicht unbegründet. Man möchte annehmen, daß der König von Babylon durchaus den unheimlichen Druck verspürte, den die Völker im Osten auf sein Land ausübten.

Die Meder, die im Osten die größte Macht innehatten, waren zur Zeit freilich mit Babylon verbündet. Um 590 hatten sie die Urartäerhauptstadt Ṭušpa eingenommen und verwüstet und damit den Zusammenbruch Urartus herbeigeführt. Nur einige urartäische Enklaven haben das Ereignis möglicherweise überlebt wie die weiter nördlich gelegene Festung Tešeba (Karmir-Blur). Sie fiel, wenn die Annahme der russischen Ausgräber zutrifft, erst 585 den Skythen zum Opfer. Hier besteht allerdings keine Klarheit. Nach Meinung anderer war sie schon dreißig Jahre zuvor in den Strudel der Ereignisse nach der Einnahme von Ninive geraten[80]. Wie dem auch sei, die Meder bahnten sich unter der Führung des Kyaxares den Weg zum Halys (Kizil Irmak) und stießen dort auf Alyattes, den König von Lydien, der die Kimmerier besiegt hatte. Der Krieg zwischen Medern und Lydiern währte fünf Jahre und kam erst bei der Sonnenfinsternis vom 28. Mai 585 zum Stillstand. Unter den Friedensvermittlern befand sich nach Herodot auch ein gewisser Labynetos. Man könnte bei diesem Namen an Nabonid denken, der etwa als Gesandter des Königs von Babylon auftrat. Oder aber es liegt eine Namensverwechslung mit Nebukadnezar selbst vor, der zwischen 595 und 570 das nach Assurbanipals Tod selbständig gewordene Nachbarland Kilikien annektiert hatte.

Die letzten Jahre Nebukadnezars waren möglicherweise von inneren Wirren gestört. Sein Sohn und Nachfolger Awīl-Marduk (der Evilmerodach der Bibel) regierte jedenfalls nur zwei Jahre (562–560). Nach seinem Tode bestieg der Feldherr Neriglissar (Nergal-šar-uṣur) den Thron[81]. Er war ein reicher Großgrundbesitzer und verfügte über ausgedehnte Ländereien bei Babylon und Opis. Eine Zeitlang hatte er das Amt eines königlichen Rechnungskommissars am Tempel von Sippar innegehabt, und als Soldat war er zweifellos 587 an der Belagerung von Jerusalem beteiligt gewesen. Er kam, scheint es, schon als betagter Mann an die Macht, und den größten Teil seiner vier Regierungsjahre widmete er friedlichen Aufgaben: Der Restauration von Tempeln, Palästen, Ufermauern und Kanälen. Nur in seinem letzten Jahr, 557/556, unternahm er einen Feldzug in Kilikien, dessen Babylon untertaner Teil, Ḫumê, von kriegerischen Nachbarn bedrängt wurde. Neriglissar durchquerte Ḫumê, d. h. das Gebiet zwischen Tarsus und Adana, und führte im Gebirge des trachäischen Kilikien Krieg bis an die Grenzen Lydiens. Durch die Befriedung dieses Landes gelang es ihm, den Verbindungsweg zwischen Lydien und dem Fruchtbaren Halbmond wieder zu öffnen. Wenig später ist Neriglissar wohl gestorben. Sein junger Sohn Lābaši-Marduk regierte nur drei Monate. Er wurde ermordet, worauf die überlegene Partei Nabonid an die Regierung brachte.

Die Persönlichkeit dieses neuen Königs gibt noch heute viele Rätsel auf[82]. Sicher ist — denn das gibt er selbst zu —, daß Nabonid nicht von königlichem Geblüt war. Von seinem Vater Nabû-balassu-iqbi wissen wir nur wenig; er soll »Statthalter« *(šakkanakku)* und »Prinz« *(rubû)* gewesen sein, was vielleicht darauf schließen läßt, daß er Stammesscheich in einem der größeren aramäischen Stammesverbände Babyloniens war. Sicher ist auch, daß die Mutter des Nabonid, Adda-guppi', auf ihren Sohn einen besonders großen Einfluß ausübte, da sie ein sehr hohes Alter erreichte. Sie war Priesterin des Mondgottes Sin von Ḫarrān gewesen und hatte nach der Eroberung der Stadt mit ihrem Sohne Zuflucht am Hofe von Babylon gefunden. Nabonid war in die Dienste Nebukadnezars und Neriglissars getreten.

Als Nabonid durch einen Aufstand an die Macht kam, wehrte er sich gegen den Vorwurf, ein Usurpator oder Neuerer zu sein: »Lābaši-Marduk, der noch junge Sohn (des Neriglissar)«, so schreibt er, ». . . hatte sich entgegen dem Wunsche der Götter auf den Thron gesetzt . . . Auf das Geheiß Marduks, meines Herrn, ward ich zur Herrschaft über das Land erhoben . . . Ich bin der legitime Vollstrecker (der Politik) Nebukadnezars und Neriglissars, meiner königlichen Vorgänger, während Awīl-Marduk, der Sohn Nebukadnezars, und Lābaši-Marduk, der Sohn Neriglissars . . .«[83] Leider bricht der Text mitten im Satz ab. Doch der Sinn dürfte klar sein. Die beiden Könige, die durch Revolution ihren Thron verloren, waren gottlose Herrscher. Nabonid dagegen trug seine Verehrung für den großen Reichsgott Marduk offen zur Schau und gab sich als der getreuliche Bewahrer der Tradition seiner großen Vorgänger Nebukadnezar und Neriglissar.

Tatsächlich haben diese beiden Könige den engen Rahmen eines rein babylonischen Nationalismus gesprengt und ihm einen Hauch vom Ideal des Weltreiches mitgeteilt, wie es das Reich der assyrischen Könige gewesen war. Dafür hat der Siegeszug Babylons bis ans Mittelmeer den deutlichen und dauerhaften Beweis geliefert. Nabonid betonte dieses assyrische Erbe noch stärker als seine Vorgänger. Er nennt die Herrscher von Ninive seine »königlichen Vorfahren« und macht sich zum Teil ihre Titulatur zu eigen. Diese Haltung war sicher zu einem Gutteil vom Einfluß seiner Mutter bestimmt. Die greise Priesterin von Ḫarrān konnte sich schmeicheln, daß sie das Licht der Welt erblickte, als Assurbanipal auf der Höhe seiner Macht stand; daß sie die letzten 22 Jahre Assurbanipals miterlebt und ihr Priesterinnenamt in jener Stadt ausgeübt hatte, die die letzte Hauptstadt Assyriens war.

Diese Gefühlsbindung an Ḫarrān, die die Mutter ohne Zweifel auf den Sohn übertrug, sollte die Politik Nabonids ganz entscheidend bestimmen, und sie wurde durch andere Neigungen im Grunde noch verstärkt. Nabonid, der durch einen Gewaltstreich auf den Thron gelangt war, empfand ein besonders starkes Bedürfnis, seine Legitimität bestätigt zu sehen, weil die nationalistischen Kreise und die Priesterschaft mit ihrer Opposition keineswegs hinter dem Berge hielten. Daraus erklärt sich das dauernde Bestreben des Königs, seine öffentlichen Handlungen ganz und gar im Sinne unverfälschter, ehrwürdiger mesopotamischer Geschichtstradition auszuführen. Wenn immer er Tempel restaurierte, ließ er mit größtem Eifer nach den Ziegeln mit der Inschrift des ältesten Tempelbegründers suchen. Er pflegte sie dann ehrfurchtsvoll zusammen mit seiner eigenen Gründungsurkunde wieder an die alte Stelle zu setzen. Auf diese Weise gab er sich das Bewußtsein, daß sich seine Regierung fest an die lange Reihe all der Könige anschloß, die seit der Grundsteinlegung nacheinander legitime Herrscher im Land gewesen waren.

Trotzdem verrät die ganz besondere Sorgfalt, die er dem Tempel von Ḫarrān angedeihen ließ, seine heimliche Vorliebe. Neben der großen babylonischen Göttertrias Marduk, Nabû, Nergal (Jupiter, Merkur, Mars), die er wie seine Vorgänger anbetete, stand bei ihm die astrale Trias Sin, Šamaš, Ištar (Mond, Sonne, Venusstern), die man im Assyrien der Sargoniden innig verehrt hatte, in hoher Gunst, und im Innersten seines Herzens räumte er Sin, dem Gott seiner Mutter, einen hervorragenden Platz ein. Solches religiöse Gebaren führte alsbald zu einem Ideenkonflikt zwischen dem babylonischen Klerus und dem Kö-

nig, und das um so mehr, als der Mondgott des Nabonid nicht der babylonische Sin war, sondern der in Symbolik und Erscheinungsform ganz anders geartete Sin von Ḫarrān.
Dieser Konflikt kam nicht sofort zum Ausbruch. Die Autorität des Siegers blieb zunächst unangetastet. Nabonid konnte unbesorgt die Politik, zumal die Außenpolitik seiner Vorgänger fortsetzen. 554/553 führte er einen Feldzug gegen Ḥama, und im Jahre darauf war er ebenfalls in Syrien und zog ferner gegen Adammu (Edom) zu Felde. Vielleicht hat ihn in diesen Jahren auch schon der Aufstand des Kyros und sein Sieg über den Meder Astyages (zwischen 556 und 550) in die Lage versetzt, Ḫarrān wiederzuerobern und mit den Wiederaufbauarbeiten am Tempel des Sin zu beginnen.
Auch im Inneren ist, so scheint es, bei der Stellung des Königs und der Verfassung des Staates im wesentlichen alles beim alten geblieben. Die ersten Jahre Nabonids vermitteln dem modernen Historiker sogar in politischer und wirtschaftlicher Hinsicht das genaueste und vielleicht auch besonders typische Bild vom neubabylonischen Königtum.
Nabonid griff, als er in seinem vierten Regierungsjahr seinen Sohn Bēl-šar-uṣur (Belsazar) mit zur Herrschaft heranzog und ihm sogar die Ausübung der Regierungsgewalt überließ, wenn er selbst abwesend war, auf einen schon bestehenden Brauch der neubabylonischen Zeit zurück: Auch Nabopolassar war so mit seinem Sohn Nebukadnezar verfahren. Allerdings behielt Nabonid in diesem System der Mitregentschaft auch bei sehr langer Abwesenheit die volle Königssouveränität bei, während sein Sohn die Gewalt nur namens seines Vaters ausübte.
Bei seinen Entscheidungen stand Nabonid eine Art Privatkabinett zur Seite. Es bestand unter anderem aus dem Privatsekretär, einem »Verwalter« *(šatammu)* und einem »Staatssekretär« *(zazakku)*. An der Spitze des Staatswesens zählte man ferner etwa zwanzig Großwürdenträger, von denen die ersten vier Leute mit zum Teil so altertümlichen Titeln wie »Großbäcker« *(rab-nuḫatimmu)*, »Großorganisator« *(rab-kāṣiru)*, »der vor dem Palaste« *(ša pan ekalli)* und »Majordomus« *(rab-bīti)* waren. Weiterhin gab es die für den Harem und den Thronfolgerpalast verantwortlichen Sekretäre, den Obersten der Boten, der Schiffer und der Kaufleute sowie den Großsänger.
Politisch war Babylonien in Provinzen aufgegliedert, die zumeist den alten aramäisch-chaldäischen Stammesgebieten ihr administratives Gepräge gaben: Puqudu, Dakkūru, Gambulu, Amukkānu. Unter den Statthaltern hatte den höchsten Rang der vom Meerland, das ja die Wiege der Dynastie war. Alle zusammen bildeten sie die Versammlung der »Großen von Akkad«, neben denen die Obersten Priester bestimmter Tempel, die Stadtpräfekten *(qīpi ālāni)* und die Vasallenkönige, zumal die von Tyros,

Gaza, Sidon, Arvad und Asdod ebenfalls einen bedeutenden Rang einnahmen.

Die Struktur des neubabylonischen Reiches war von zwei Hauptgegebenheiten bestimmt: Einmal verdankte es, wie aus bestimmten Titeln hoher Würdenträger und aus der Statthalterhierarchie ersichtlich, eine Menge den Verwaltungskadern seiner Heimstätte, des Meerlandes; der andere Faktor war der wirtschaftliche Rang, den die großen Heiligtümer wie Babylon, Borsippa oder Uruk mit ihren riesigen Domänen einnahmen. Das Tempelpersonal war außerordentlich zahlreich und mannigfaltig gegliedert. Von den Priestern und den Sklaven abgesehen umfaßte es eine neue soziale Schicht, die der Tempeloblaten *(širkū)*, deren Rechtsstellung zwischen der von Unfreien und Vollfreien lag. Die dem Tempel für alle Zeit »geschenkten« Männer und Frauen hatten bestimmte Aufgaben zu versehen, wofür sie als Entgelt Nahrung, Wohnung und Kleidung empfingen. Die Tempel unterhielten auch enge Beziehungen zu einer großen Zahl von Kaufleuten und freien Handwerkern in der Stadt, den *mār banûti*. Die Versammlung *(puḫru)* dieser Bürger trat oft in gemeinsamer Sitzung mit den verantwortlichen Delegierten der Priesterschaft zusammen.

Die Geschäftsbarkeit der Tempel und ihrer Ressorts (bewegliche Habe, Landbesitz, Personal) lag in der Hand der »Bevollmächtigten« *(qīpū)*, denen »Ökonomen« *(šatammū)* zur Seite standen. Die *šatammū* dürften bereits einen ziemlich bedeutenden Rang eingenommen haben, da einer von ihnen eine Tochter des Königs Neriglissar heiratete. Zusammen mit den »Tempelschreibern« verwalteten *qīpū* und *šatammū* das Eigentum des Gottes. Dabei griffen sie nur insofern in Belange des religiösen Lebens ein, als es sich um materielle Fragen, Verköstigung oder Arbeitskräfte handelte.

In der Mehrzahl der Fälle wurden die Tempelgüter nicht von den Tempeln selbst bewirtschaftet. Palmgärten und Äcker wurden für gewöhnlich in Pacht gegeben. Der König erhielt von diesen Liegenschaften den Zehnten, der zusammen mit den Einkünften aus den königlichen Domänen den Hauptanteil des regelmäßigen Staatseinkommens darstellte. Dazu kamen Einfuhr- und Straßenzölle und andere Rechtsamen, von denen besonders der »königliche Korb« (*quppu* oder *sellu*) genannt sei. Für die letztgenannte Abgabe waren in den verschiedenen Städten hohe Beamte, vor allem »die über dem Korbe des Königs« *(ša muḫḫi quppi ša šarri)* zuständig und verantwortlich. Die gefüllten Körbe wurden unter strenger Bewachung nach Babylon gebracht, wo sie vor allem für den Unterhalt des Palastes dienten.

Die Königsverwaltung beschränkte sich aber nicht darauf, den Tempelzehnten nur zu vereinnahmen. Sie sorgte auch dafür, daß er reichlich genug ausfiel. In den großen Städten des Reiches hatte der oberste vom König ernannte Zivilbeamte, der »Auftraggeber« *(šakin ṭēmi)*, nicht selten den Vorrang vor dem »Bevollmächtigten« *(qīpu)* des Tempels. Er konnte dessen Buchführung inspizieren, hatte den Vorsitz im Gericht und hatte als Assistenten einen »Zweiten« *(šanû)* neben sich. Im einzelnen und speziellen allerdings unterstand die Finanzaufsicht den »königlichen Kommissaren« *(rēš šarri)*, die namens der Krone an der Tempelverwaltung teilhatten.

Die Ergiebigkeit der Tempelgüter war, ob verpachtet oder nicht, in der Tat gewöhnlich nicht sehr groß. Die defizitäre Lage hatte eine Verschärfung der Staatsaufsicht zur Folge. In zahlreichen Verwaltungstexten der neubabylonischen Zeit treffen wir königliche »Kontrolleure« *(bēl piqitti)* an. Als solche fungierten bisweilen bestimmte »Kommissare«, die dann den Titel »königliche Kontrollbeauftragte« *(rēš šarri bēl piqitti)* führten. Die Staatsaufsicht veranlaßte bzw. förderte andererseits eine geregelte Landwirtschaft, die Anpflanzung neuer Palmwälder und die Aufforstung der alten Bestände. Es entstanden die sog. »Generalpachten«. Der »Generalpächter« empfing riesige Domänen und schaltete sich zwischen den Tempel und die einzelnen Bauern und Kleinpächter ein, die auf diese Weise zu Unterpächtern herabsanken und keinerlei direkte Verbindung mit dem Tempel mehr hatten. Der Generalpächter schuldete dem Tempel einen festen Pachtzins für die Ernte, die stets von den Tempelbeamten im voraus auf dem Halm taxiert wurde. Die erste Generalpacht können wir im Jahre Nebukadnezar 23 belegen; sie wurde für den »Kontrolleur« Šumu-kīn eingerichtet, der in Babylon als Bankier tätig war[84].

Die höhere Priesterschaft sah der fortschreitenden Ausbreitung der Dattel- oder Kornpachten mit scheelem Auge zu; denn darin äußerte sich nur allzu deutlich das Übergreifen der Königsautorität auf die Verwaltung der Tempelgüter. Die Tendenz ließ sich auch dadurch nicht aufhalten, daß »Generalpachten« an Beamte vergeben wurden, die einzig und allein vom Tempel abhingen. Schließlich gipfelte die Entwicklung im Erlaß des Jahres 549, den Bēl-šar-uṣur im Namen seines Vaters Nabonid verkündete. Der Erlaß stellte gleichsam das Muster für ein Lastenregister der »Generalpächter« auf, in dem Abgabezins, Schuldverpflichtungen, Unterhaltsrationen, Arbeitslöhne, Zusammensetzung der Arbeitsgruppen u. a. m. festgelegt wurden. In Wirklichkeit aber hatte der Erlaß eine noch größere Tragweite. Es sollte zugleich ein Statut für den Zehnten errichtet und durch Ertragssteigerung auf den großen Gütern des Reiches eine echte Landwirtschaftspolitik in Gang gesetzt werden.

Es kann gut sein, daß diese Politik des Königs, die in den weiten Priesterkreisen übel beleumundet war, einen der Anlässe für die schwere Krise geliefert hat, die im siebten Regierungsjahr des Nabonid ausbrach. Der König kommt in einer seiner Inschriften mit folgenden Worten auf sie zu sprechen: »Die Söhne von Babylon, Borsippa, Nippur, Ur, Uruk, Larsa, die Priester und Bewohner der heiligen Stätten von Akkad fehlten, vergingen sich und versündigten sich . . ., sprachen nur noch falsche, ungerechte Worte und fraßen einander wie die Hunde. Sie ließen Fieber und Hungersnot in ihrer Mitte entstehen, so daß die Bevölkerung zurückging. Ich aber begab mich weit weg von meiner Stadt Babylon und schlug den Weg nach Tēmâ, Dadānu, Padakku, Ḫibrâ, Jadiru, ja bis nach Jatribu ein und wanderte zehn Jahre lang zwischen diesen Städten hin und her; in meine Stadt Babylon aber kehrte ich nicht ein.«[85]

Die Städte, die am Ende dieses Passus genannt werden, sind Oasen in der arabischen Wüste, die auf einer Achse von 400 km von Taima (Tēmâ) bis nach Medina (dem alten Jaṯrib) reichen. In der Tat hat Nabonid zehn Jahre in Arabien zugebracht. Nachdem er den König von Taima besiegt und getötet hatte, errichtete er in jener Stadt seine Hauptresidenz und ließ sich dort einen Palast erbauen, während in Babylon der Kronprinz, gestützt auf die Armee, die Angelegenheiten des Staates lenkte.

Bei dem Entschluß des Königs, Babylon zu verlassen, haben ohne Zweifel die im Lande herrschende Hungersnot und die im Reich weitverbreitete feindliche Gesinnung, wo nicht gar Rebellion, eine Rolle gespielt. Doch bedarf es noch weiterer Gründe, um zu erklären, weshalb der König sich darauf versteifte, ganze zehn Jahre in Arabien zu weilen und die Wüstenstraßen zu durchziehen.

Aus verschiedenen Texten geht klar hervor, daß einer der akutesten Aspekte der Krise religiöser Natur war. Keinem war mehr verborgen, wie Nabonid mit Worten, Taten und Plänen seiner Vorliebe für den Kult des Mondgottes, und zwar des Sin von Ḫarrān, Ausdruck verlieh. In den Augen der orthodoxen Priester Babyloniens war der König zum gottlosen, unsinnigen Fanatiker geworden, der »die Riten störte, die Orakel verwirrte und die besterprobten Rituale in Acht und Bann tat«, und das alles für einen Gott, »desgleichen man noch nie im Lande gesehen«, »von dem weder Ea, der Schöpfer, [die Gestalt] ersonnen noch der Weise Adapa den Namen gekannt hatte«[86].

Aber noch weitere Gründe dürften mitgespielt haben, als sich Nabonid nach Arabien zurückzog, Gründe, die durch die derzeitige politische Situation im Nahen Osten bestimmt waren. Im Osten Babyloniens wuchs die iranische Macht auf beängstigende Weise an; Ägypten hielt mit seiner Feindschaft nicht hinter dem Berg, und die Araber waren unsichere Kandidaten.

549 schlug der Perser Kyros die Meder und nahm Ekbatana ein. Im folgenden Jahr war er bereits Herrscher über das gesamte

Ostufer des Tigris. 547 überschritt er den Fluß südlich von Arbela, marschierte zum Ḫābūr und drang nach Anatolien ein. In der Schlacht von Pteria blieb ihm zwar der entscheidende Sieg über Kroisos von Lydien versagt; aber er eroberte Sardes nach einer Belagerung von nur 14 Tagen. Das babylonische Reich war fortan vom Mittelmeer bis zum Persischen Golf von den Persern eingeschlossen, die über die Meder und Lydier triumphiert hatten.

Höchstwahrscheinlich hat Nabonid diese ernste Bedrohung längst vorausgesehen und Maßnahmen getroffen, um ihrer Herr zu werden. Dadurch, daß er das Reich dem Schutze eines vom Kronprinzen befehligten Heeres überließ und selbst mit seinen Truppen auf eine andere mögliche Verteidigungsbasis auswich, konnte er seinem Defensivsystem eine größere Tiefe und stärkeres Gewicht verleihen. Zugleich hatte er die Araber bei der Hand, so daß unter ihm alle semitischen Kräfte gegen die arischen Eroberer vereint waren.

Der Besitz Arabiens hatte für Nabonid aber auch große wirtschaftliche Bedeutung. Man hat mit Recht darauf hingewiesen, daß um die Mitte des 6. Jahrhunderts v. Chr. der Persische Golf an der Küste versandete, so daß die Seeschiffe nicht länger den Hafen von Ur anlaufen konnten. Der Hafen von Ḫudimir an der Ostküste des Golfes befand sich unter persischer Kontrolle, während es äußerst schwierig und langwierig war, die Waren auf dem Landweg längs der Westküste heranzubefördern. So spielte sich der Handelsverkehr im wesentlichen auf der Wüstenpiste ab, die über Taima westlich nach Ägypten verlief. Da Nabonid über den wichtigen Umschlagplatz verfügte, den die Oase Taima darstellte, konnte er den Warenaustausch zugunsten des von Hungersnöten geplagten Mesopotamien beeinflussen. Zugleich vermochte er wirtschaftlichen Druck auf Ägypten auszuüben, das auf diese Weise gezwungen wurde, den Pharao zu einer Revision seiner Politik zu bestimmen.

Die Beweggründe für Nabonids zehnjährigen Arabienaufenthalt waren also ohne Zweifel vielschichtig und wohldurchdacht. Aber seine Zeit hat diese Gründe wohl kaum eingesehen und ebensowenig die Generationen nach ihm; denn der Aufenthalt Nabonids in Taima hat sich in der Folgezeit in verschiedenen Legenden niedergeschlagen.

Wie dem auch sei, die Defensivstrategie des Nabonid konnte Kyros nicht daran hindern, seine Machtposition mittlerweile immer noch zu verstärken. Nach Xenophon hätte er versucht, in Syrien einzudringen, um mit den Arabern freundschaftliche Bande anzuknüpfen. Vielleicht beabsichtigte Kyros, Babylonien vom Westen her in den Rücken zu fallen. Aber dieses Manöver war nicht mehr nötig. Von Haß geblendet streckte die Priesterschaft von Babylon bereits die Arme nach dem persischen Erobe-

rer aus, dem man den Ruf vorantrug, daß er tolerant sei und nationale Traditionen zu respektieren wisse.
Bei seiner Rückkehr nach Babylon ließ Nabonid die Götterbilder von Sin, Nusku und ihren Gemahlinnen in feierlicher Prozession aus der Hauptstadt nach Ḫarrān überführen, wo das Eḫulḫul mit großem Pomp eingeweiht wurde. Aber zu der Zeit waren die Würfel schon gefallen. 539 marschierten zwei Heereskolonnen der Perser beiderseits des Tigris in Babylonien ein. Am 14. Tešrīt (September/Oktober) wurde »Sippar kampflos eingenommen«, und am 16. zogen die Truppen des Gobryas, des Statthalters von Gutium, ohne einen Schwertstreich in Babylon ein. Nabonid wurde beim Rückzug gefangengenommen. Nach Xenophon hätte man ihn dem Tode überantwortet; Berossos dagegen will wissen, daß der Sieger ihm Gnade widerfahren ließ und ihn nach Karmanien ins Exil schickte. Am 29. Oktober zog Kyros selbst unter großem Auflauf der Menge in Babylon ein. Er nahm den Titel »König aller Länder« und sein Sohn Kambyses den Titel »König von Babylon« an. Kyros brachte den Tempeln, Festen und Riten den nötigen Respekt entgegen, und die babylonische Priesterschaft begrüßte den neuen König mit lautem Jubel und erkannte ihn auf der Stelle als den legitimen Machthaber an.
Damals ist es wohl niemandem bewußt geworden, daß sich eine entscheidende Wendung in der Geschichte vollzog und daß nach den Assyrern nun auch Babylonien aufhörte, als historische Größe zu existieren. In der Tat hatten die Ereignisse für die breite Masse kaum irgendwelche Folgen. Das tägliche Leben ging weiter. Nur in bestimmten Kreisen war noch ein letzter Funke des Patriotismus wach. 522 und dann noch einmal 521 kam im Gefolge eines Komplotts ganz kurzfristig ein »Usurpator« an die Macht, um die Worte der Perser zu gebrauchen. Beidemal nannte er sich Nebukadnezar und rief so für eine kurze Weile den erlauchten Namen einer noch frischen Vergangenheit wieder ins Leben. Aber das waren nur die letzten Zuckungen eines schon überlebten Nationalismus.

Zeittafel: Assyrien, Babylonien, Urartu 1010–539

ASSYRIEN	BABYLONIEN	
Aššur-rabi 1010–970	(von 1003 bis 748 drei Dynastien mit 23 Königen)	
Aššur-rēš-iši 970–966		
Tiglatpilesar II. 966–935		
Aššur-dan II. 935–912		
Adad-nirāri II. 912–891		
Tukulti-Ninurta II. 891–884		URARTU
Assurnaṣirpal II. 884–858		
Salmanassar III. 858–824		Sardur I. ca. 832–825
Šamši-Adad V. 824–811; Sammuramât		Išpuini ca. 824–806
Adad-nirāri III. 811–781		Menua ca. 805–788
Salmanassar IV. 781–772		Argišti ca. 787–766
Aššur-dan III. 772–754		
Aššur-nirāri V. 754–745	Nabû-nāṣir 747–734	Sardur III. ca. 765–733
Tiglatpilesar III. 745–727	= Pūlu 729–727	Rusa ca. 730–714
Salmanassar V. 727–722	= Ululāju 726–722	
	Marduk-apla-iddin II. 721–710	
Sargon II. 722–705 →	710–705	
Sanherib 705–681 →	688–681	
Asarhaddon 681–669 →	681–669	
Assurbanipal 669–631/629 (?)	Šamaš-šum-ukīn 668–648	
Aššur-etel-ilāni 631/629–627 (?)	Kandalānu 648–627	ACHÄMENIDEN
Sin-šar-iškun 627 (?)–612	Nabopolassar 626–605	
Aššur-muballiṭ 612–609		
	Nebukadnezar II. 605–562	Kambyses ca. 600–559
	Awīl-Marduk 562–560	
	Neriglissar 560–556	
	Lābaši-Marduk 556	
	Nabonid 556–539	Kyros II. 559–529

Anmerkung: Vollständig wiedergegeben ist nur die Reihe der assyrischen Könige. Für Urartu vgl. F. W. König, Archiv für Orientforschung, Beiheft 8 (1955/57). Für Elam (auf der Zeittafel nicht berücksichtigt) vgl. W. Hinz, Das Reich Elam. 1964, S. 152. Vollständige Listen der babylonischen Könige (z. T. mit leicht abweichenden Zahlen) bei A. Scharff – A. Moortgat, Ägypten und Vorderasien im Altertum. 1950, S. 500 ff.; W. von Soden, Propyläen Weltgeschichte II (1963), S. 69; A. L. Oppenheim, Ancient Mesopotamia. 1964, S. 339 ff.

2. Kleinasien zwischen Hethitern und Persern[1]

Kleinasien zwischen Hethitern und Persern, also – zeitlich gesehen – zwischen dem Augenblick, als die verwüstete hethitische Hauptstadt in Flammen aufging (ein Ereignis, über das die schriftlichen Quellen nichts berichten, von dem die stummen Ruinen aber um so deutlicher sprechen), und dem Moment, als die Perser sich anschickten, ihrem Reich eine letzte Arrondierung im Westen zu geben, mit anderen Worten, Kleinasien zwischen dem 12. und 6. Jahrhundert v. Chr.: das soll der Inhalt dieses Kapitels sein. Es ist in gewisser Hinsicht typisch, daß es mit der Schilderung eines Zeitpunktes beginnt, zu dem in der sogenannten ägäischen Völkerwanderung Gruppen aus dem Westen über jene »Brücke«, die Kleinasien in geographischem Sinn seit jeher gewesen war, von Europa nach Asien zogen, und daß die Darstellung mit dem Moment endet, als gerade das Gegenteil der Fall war, das heißt, als auf dem gleichen Weg Gruppen aus dem Osten nach Europa eindringen wollten. Das ist ein wichtiges Kapitel der Weltgeschichte, denn der Kulturaustausch von Osten nach Westen hat in bedeutendem Umfang eben in dieser Zeitspanne und in diesem Gebiet stattgefunden. Da diese beiden Gegebenheiten – einerseits die Wechselwirkung von Osten und Westen gerade in diesem Gebiet und andererseits die Kulturübertragung ausgerechnet in dieser Periode – letztlich auf geographische Voraussetzungen zurückgehen, ist es wohl angebracht, diese zuerst näher aufzuzeigen.
Kleinasien bildet die Landverbindung zwischen Europa und Asien. An seiner Südküste entlang verläuft jene wichtige Schiffahrtsroute, die das griechische Inselreich mit Nordsyrien verbindet. Die geographische Gestalt Kleinasiens läßt die Bedeutung der West-Ost-Verbindung hervortreten, während die Bergmassive entlang der Nord- und Südküste den Verkehr von Norden nach Süden geradezu erschweren. Das die Südküste beherrschende Taurusgebirge beginnt schon in Lykien, der westlichsten Landschaft an diesem Küstenstrich, und setzt sich dann parallel der Küstenlinie nach Osten fort. Nur zweimal läßt es Raum für eine Flachküste, und zwar in Pamphylien und Cilicia Campestris. Das erstgenannte Gebiet wurde schon in myke-

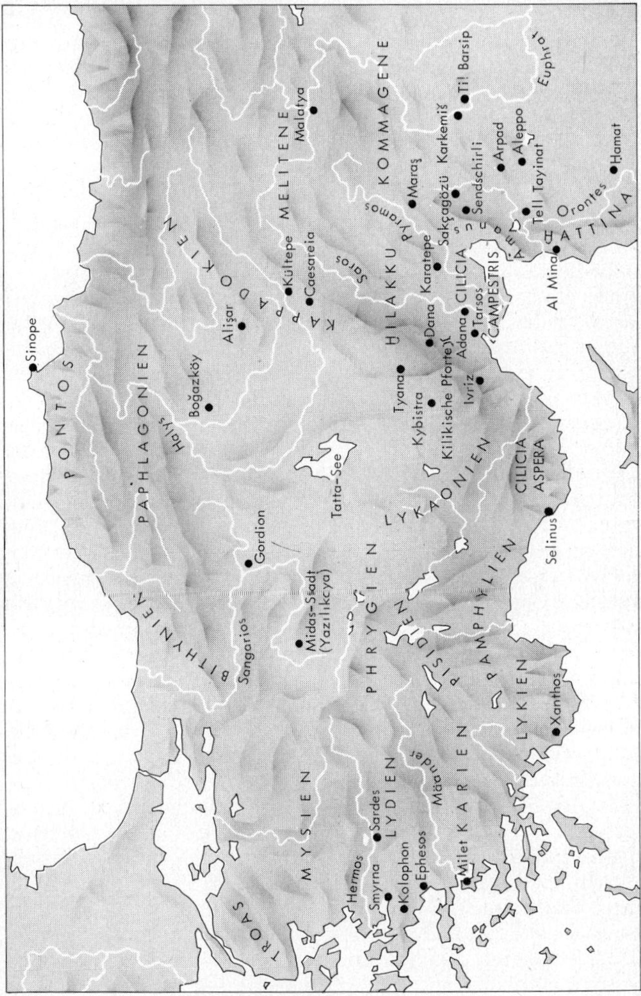

Abb. 7: Kleinasien zwischen Hethitern und Persern

nischer Zeit von den Griechen besiedelt; beim letzteren liegen die Verhältnisse verwickelter. Einerseits glaubt man, auch hier Spuren einer griechischen Infiltration – wenn auch aus späterer Zeit – zu finden, andererseits ist hier ein starker Einfluß aus semitischem Gebiet festzustellen. Letzteres ist recht einleuchtend, denn die Kilikische Pforte (Pylae Ciliciae) bildet gegen das anatolische Hinterland eine stärkere Barriere als das Amanusgebirge gegen Nordsyrien. Geographisch und klimatologisch gehört die kilikische Ebene zu Syrien. Die assyrische und später die neubabylonische Oberhoheit über dieses Gebiet war denn auch eine logische politische Folge dieser geographischen Verhältnisse.
Aber nicht allein die friedlichen Kontakte zwischen Ost und West fanden in diesem Gebiet statt; auch große Völkerwanderungen wählten diesen Weg, und oft blieb dann ein Teil der Zuwanderer als neue Eigentümer des Landes zurück. Etwas derartiges muß wohl geschehen sein, als die ersten hethitischen Bewohner ins Land kamen. Im 12. Jahrhundert v. Chr. wiederholte sich das bei den Phrygern, die damals vom Westen her nach Kleinasien eindrangen. Wenn sich auch die neu Hinzugekommenen in allen Fällen weitgehend dem vorhandenen kulturellen Rahmen anpaßten, brachte ihre Einwanderung doch eine Schichtung zustande, die zu dem in sich geschlossenen Charakter der ägyptischen und mesopotamischen Zivilisationen in starkem Gegensatz stand. Die zwangsläufige Anpassung war wiederum durch die geographischen Verhältnisse bedingt, die ganz natürlich eine Zersplitterung in eine Vielzahl von Kleinstaaten mit sich brachten, von denen jeder sich unter einem eigenen Machthaber einer starken örtlichen Autonomie erfreute. Im allgemeinen bedurfte es einer langen Anlaufzeit, bis die Neuhinzugekommenen zu einer Form starker Zentralmacht gelangten.
Während es einfach ist, den Handlungsschauplatz zu charakterisieren, bietet die Geschichtsschreibung selbst viele Probleme, denn einheimische schriftliche Quellen für diesen Zeitraum fehlen gänzlich, was den Westen und die Mitte angeht, und sind in ihrer Tragweite beschränkt, was den Osten betrifft. Glücklicherweise ist die Geschichte dieser Periode auch noch aus Schilderungen anderer, nämlich griechischer Autoren und mesopotamischer Schreiber bekannt. Die griechischen Quellen stammen alle aus ziemlich später Zeit. Sie liefern daher ein ziemlich spätes Bild aus griechischer Sicht, dessen Wert schwer zu beurteilen ist. Mit den mesopotamischen Quellen ist es besser bestellt, denn sie repräsentieren eine zeitgenössische Reaktion auf die Ereignisse. Der Südosten Kleinasiens lag nämlich von der Mitte des 9. Jahrhunderts v. Chr. ab in der assyrischen, später in der neubabylonischen Einflußsphäre. Die mesopotamischen Königstexte können uns denn auch von dieser Periode an eine bescheidene Orien-

tierung über den Südosten Kleinasiens, Cilicia Campestris (d.i. Qu[m]e in den assyrischen und Ḫume in den neubabylonischen Texten), Kappadokien (Tabal und Ḫilakku), Melitene (Meliddu) und Kommagene (Kummuḫu) bieten. Das ist genau das Gebiet, in dem man die einheimischen Hieroglyphentexte findet. Diese Inschriften stammen von Resten der alten hethitischen Bevölkerung, die zum luwischen Teil des hethitischen Stammes gehörten. Die luwische Bevölkerung des Südostens, die die Hieroglyphentexte und damit die einzige einheimische Quelle von Bedeutung für diese Periode geschrieben hatte, unterhielt enge Beziehungen mit ihren luwischen Stammesgenossen in Syrien. Die Geschichte dieser beiden Gruppen soll daher auch als ein Ganzes behandelt werden.

Obwohl die Tradition eine lange Reihe lydischer Fürsten kennt und von einer Heraklidendynastie berichtet, die über einen geschlossenen Zeitabschnitt von etwa 1200 v. Chr. bis zu Gyges, dem ersten König aus der Dynastie der Mermnaden, regiert haben soll, sind keine historischen Tatsachen dieser Art bekannt. Auch hinsichtlich der östlicheren Gegenden, wo die Hieroglyphentexte gefunden wurden, spricht man von einer dunklen Periode, die dort von 1200 bis 1000 v. Chr. gedauert habe.

Zu Beginn dieses Kapitels wurde bereits flüchtig angedeutet, daß die Phryger es anfänglich noch nicht zur Ausbildung einer starken Zentralmacht gebracht hatten, wie es im 8. Jahrhundert v. Chr. der Fall war, als Phrygien zu den Großmächten zählte. Obwohl auch andere Theorien vertreten werden, hält man wohl am besten an der alten These vom Zusammenhang des Phrygischen mit dem Thrakischen und Illyrischen fest und denkt daran, daß dieses Volk vom Balkan gekommen ist. Ein historisches Kernproblem dieser Periode bildet die Frage, wie weit die Phryger nach Kleinasien eingedrungen sind. Die Texte des assyrischen Königs Tiglatpilesar I. (1117–1078) nehmen bei der Beurteilung dieser Frage einen wichtigen Platz ein, denn sie berichten, daß dieser Tiglatpilesar in seinem ersten Regierungsjahr am Oberlauf des Tigris gegen 20 000 Muški unter Führung von fünf Königen eine Schlacht geliefert habe. Da die Phryger des 8. Jahrhunderts von den Assyrern mit dem gleichen Namen Muški bezeichnet wurden, wird diese Stelle oft als Beweis dafür angeführt, daß ein Teil der Phryger wohl sehr weit nach Osten vorgedrungen sein mußte. Zwangsläufig ist dieser Schluß aber nicht, denn es ist nicht ausgeschlossen, daß die Bezeichnung Muški von den fern im Nordosten Kleinasiens wohnenden Moschoi der späteren griechischen Texte auf die Phryger übergegangen ist, weil sie für die Assyrer die Nebenbedeutung »Westländer« hatte – das natürlich nur unter der Annahme, daß die Moschoi bereits so früh in denselben Gegenden gewohnt haben.

Die Archäologen haben sich gefragt, inwieweit es vor dem 8. Jahrhundert v. Chr. östlich des Halys ständige phrygische Siedlungen gegeben hat. Einige Vertreter dieser Wissenschaft bestehen denn auch darauf, nicht von den phrygischen, sondern den post-hethitischen Schichten von Boğazköy zu sprechen. Es steht fest, daß Boğazköy-Ḫattuša im 12. Jahrhundert v. Chr. in Flammen aufgegangen ist und mindestens ein Jahrhundert lang unbewohnt geblieben ist. Danach wurde die Zitadelle jedoch wieder bewohnbar gemacht, wobei man weitgehend das aus hethitischer Zeit übriggebliebene Baumaterial verwendete.
Wenn Tiglatpilesar I. vielleicht auch nicht von den Phrygern selbst gesprochen hat, so hat er doch bestimmt die Fürsten von Malatya (Arslantepe) und Karkemiš (Cerablus) erwähnt. Diese beiden Städte waren die wichtigsten luwischen Zentren jener Epoche. Für beide ist eine ausgesprochene Verschmelzung hethitisch-luwischer und ḫurritischer Einflüsse charakteristisch, so wie Karkemiš dies schon zur Zeit des Neuen Reiches gezeigt hatte. In dieser Hinsicht ist es bemerkenswert, daß Ini-Tešup[2], der damals vermutlich König von Karkemiš war, den gleichen ḫurritischen Namen trug wie ein König des 13. Jahrhunderts. Auf dem Gebiet der Kunst lassen die kultischen Reliefs von Malatya, die den König als Priester zusammen mit verschiedenen Gottheiten darstellen, enge Zusammenhänge mit den Reliefs von Yazilikaya (dem Felsenheiligtum bei Boğazköy) und Alaca Hüyük erkennen. Vermutlich hat zu Anfang das politische Übergewicht bei Karkemiš gelegen. Die »Großkönige« dieser Stadt haben wahrscheinlich einen Anspruch auf diesen Titel gehabt; den assyrischen Texten zufolge regierten sie über das »Land Ḫatti« oder sogar das »Großland Ḫatti«. Von hier aus muß mindestens das frühere hethitische Gebiet bis einschließlich zum Amanus und nach Sam'al und vielleicht sogar bis einschließlich Gurgum und Meliddu regiert worden sein. Über Malatya (assyrisch: Meliddu) in der griechischen Landschaft Melitene wurde bereits oben gesprochen. Sam'al mit der Hauptstadt Zincirli umfaßte das Gebiet des Amanus. Gurgum mit der Hauptstadt Maraş (Marqasi in den assyrischen Texten) fiel ungefähr mit dem südwestlichen Teil von Kommagene zusammen. Auch Til Barsip (Tell Aḥmar) war ein wichtiger luwischer Stützpunkt, ehe es in aramäische Hände überging. Im Gebiet der Orontesmündung lag ein Staat, der als Ḫattina bezeichnet wurde, aber auch den semitischen Namen ʿAmqa (Tal oder Ebene) trug. Ḥama bildete den südlichsten Stützpunkt der Luwier. Auch in Aleppo muß noch eine Zeitlang ein luwisches Königreich bestanden haben.
Tiglatpilesars Eroberung von Karkemiš hat noch lange nachgewirkt, denn der von ihm in der Nähe von Karkemiš angelegte Stützpunkt Pitru hat noch ein Jahrhundert lang standgehalten.

Was sich in dieser Epoche in den luwischen Gebieten Kleinasiens selbst abspielte, entzieht sich jeder Beurteilung. Vielleicht ist dies eine Folge des Umstandes, daß die assyrischen Könige noch nicht bis nach Kilikien und Kappadokien vorgedrungen sind. Es sieht vor allem ganz danach aus, als ob die einheimische luwische Bevölkerung erst dann in Erscheinung trat, als sie mit einer zivilisierteren Macht — in dieser Periode Assur, später Griechenland — in Berührung kam und gerade dadurch in ihrem Selbstbewußtsein gestärkt wurde. Man erkennt sie also an ihrer Reaktion auf Einflüsse von außen, und das am deutlichsten in den Gebieten, aus denen die als Katalysator wirkende Macht sich für kurze Zeit wieder zurückziehen mußte. Besonders günstig liegen die Umstände in Nordsyrien, da Assur zweimal — zuerst unter Tiglatpilesar I. und später noch einmal unter Assurnaṣirpal II. und Salmanassar III. — vergeblich nach der Hegemonie über Syrien gestrebt hatte, ehe die früheren luwischen Reiche in der zweiten Hälfte des 8. Jahrhunderts als reine Provinzen dem Assyrerreich einverleibt worden sind.
Doch muß hier gleich zugegeben werden, daß die Kenntnisse über das erste neuhethitische »Interregnum« noch begrenzt sind. Man darf vermuten, daß die ḫurritischen Einflüsse an verschiedenen Orten noch ansehnlich sind. Anderswo, in Ḥama, aber auch in Sam'al ist ein deutlicher semitischer Einfluß spürbar. Im 10. und 9. Jahrhundert wurde in einer Reihe von Staaten die Macht von aramäischen Gruppen übernommen. Schon in der zweiten Hälfte des zehnten Jahrhunderts ging Til Barsip aus hethitischen in aramäische Hände über, und von dieser Zeit ab bis 855 v. Chr. war es der Mittelpunkt des aramäischen Bīt-Adini-Reiches. Sam'al, das vorher einen anderen Namen getragen hatte, wurde 920 aramäisch, während Arpad kurz nach 900 durch aramäische Gruppen erobert wurde und von diesem Zeitpunkt an zu dem aramäischen Staat Bīt-Agusi gehörte. Noch später, um 820, wurde Ḥama zusammen mit dem früheren Gebiet von Aleppo zu einem aramäischen Reich vereinigt, das eine bedeutende Rolle spielen sollte.[3]
Texte aus diesem ersten »Interregnum« haben uns Til Barsip (Tell Aḥmar) und Maraş geliefert, am bedeutsamsten sind aber wohl die Texte der Dynastie Suḫis I. von Karkemiš, auch wenn diese Fürsten sich schlicht »Landesherren« nannten. Im Rahmen der gesamten Hieroglyphentexte bilden die von Karkemiš das größte »Corpus« und gehören gerade durch ihren inneren Zusammenhang zum aufschlußreichsten Material. Hinzu kommt, daß sie archäologisch zugänglich sind, weil sie an Ort und Stelle gefunden wurden und größtenteils der Baugeschichte ihres Fundortes gewidmet sind. Dies bietet die Möglichkeit, die Texte und die Bauwerke miteinander in Beziehung zu bringen. Die Texte sind im Inhalt zwar noch überwiegend religiöser Natur, berich-

ten aber auch schon über militärische Unternehmungen und wasserbautechnische Arbeiten. Verglichen mit den Texten des 2. Jahrtausends hat sich – vermutlich unter mesopotamischem Einfluß – das Gewicht also einigermaßen zugunsten weltlicher Belange verschoben.

Die Hauptgötter der Stadt findet man gleichzeitig mit den Titeln, der Genealogie und der Verherrlichung des Fürsten am Anfang der Inschriften erwähnt, da die Lobpreisung des Königs zum großen Teil seiner Beziehung zur Götterwelt gewidmet ist. Man findet die Götter erneut bei der Verwünschungsformel am Schluß erwähnt, wo Drohungen gegen die gerichtet werden, die das Bauwerk, das Relief oder den Text etwa schänden oder verbergen. In Karkemiš scheint der Sturmgott Tarḫundaš (oder Tarḫu[i]š) die wichtigste Figur des Pantheons gewesen zu sein; neben ihm stand Karḫuḫaš, eine Erscheinungsform des Gottes, der das Leben der Natur schützte und als heiliges Tier den Hirsch hatte, während der Sturmgott vielfach auf einem Stier abgebildet wurde. An dritter Stelle stand Kubabaš, die »Königin von Karkemiš«, wie die Texte sie nennen.

Der assyrische Charakter der Löwen, auf denen zwei dieser Texte angebracht sind (A 14b von Astuwatimais und A 14a von Suhis II.) macht es wahrscheinlich, daß diese Fürsten Zeitgenossen der assyrischen Könige Adad-nirāri II. (911–891) und Tukulti-Ninurta II. (890–884) waren, als Assur einem zeitweiligen Rückgang schon zuvorgekommen war, aber die Machtausbreitung unter Assurnaṣirpal II. (883–859) und Salmanassar III. (858–824) noch in der Zukunft lag. Diese Datierung wird noch wahrscheinlicher durch den Umstand, daß ein Fragment mit einigen Keilschriftzeichen erkennen läßt, daß der Text des Astuwatimais den Charakter einer zweisprachigen Inschrift gehabt hat.[4]

Während eine Reihe von Titeln in den Hieroglyphentexten Relikte aus der Zeit des Neuen Reiches sind, z. B. »Großkönig«, »Held« und »Landesherr«, gibt es einen anderen, der neu ist und vermutlich auch einem neuen Begriff entspricht, der für diese Periode im gesamten östlichen Mittelmeerbecken typisch ist: den Titel Tarwana, »Richter«. Man hat ihn mit dem semitischen *šōpeṭ* (»Richter«) und dem kleinasiatisch-griechischen Tyrannos verglichen. Dieser Titel kennzeichnet den Fürsten in seiner Friedenstätigkeit als Richter neben dem König als militärischem Führer in Kriegszeiten und dem König in seiner priesterlichen Funktion. Vermutlich besteht ein Zusammenhang mit der geographischen Situation der lokal begrenzten Gemeinschaften in einer Periode, in der sich noch keine größeren Staatsformen entwickelt haben. In diesem Sinn ist sehr gut ein Zusammenhang mit der biblischen »Richter«-Figur möglich, die ja auch der Vorläufer der Könige einer späteren Zeit war.

Eine Reihe von Königen des 9. Jahrhunderts trug Namen, die Erinnerungen an die der großen hethitischen Könige des 2. Jahrtausends wachrufen. In Ḫattina haben nach den assyrischen Texten Könige mit den Namen Lubarna (Labarna) und Sapalulme (Šuppiluliuma) regiert; in der gesamten Geschichte von Gurgum in dieser neuhethitischen Zeit trugen drei Könige den Namen Muwatalli. Aus ihren Namen lassen sich auf diese Weise die politischen Aspirationen dieser Fürsten ablesen. Auffallend ist, daß man sich in den größeren Staaten wie Karkemiš und Malatya mehr an eine zeitgenössische Namensgebung gehalten hat.

Mit Assurnaṣirpal II. (884–858) begann die zweite Invasion Assurs in das von den luwischen Hethitern bewohnte Gebiet. Dieser assyrische König rühmte sich, sein Reich erstrecke sich vom Tigris bis zum Libanon und zum Mittelmeer. Assurnaṣirpal II. bestieg den Amanus, drang damit bis in das Gebiet von Sam'al vor und erreichte Kummuḫu, wo zu der Zeit ein König namens Qatazilu (Ḫattušili oder Kantuzzili) regierte. Sein Ruhm drang aber auch bis nach Kleinasien, denn in dem großen Text, der den Bau und die Einweihung seines Palastes in Kalaḫ beschreibt, werden bei den 69754 Gästen, die zehn Tage lang an den Festlichkeiten teilnehmen, auch 5000 hohe Würdenträger erwähnt, die als ausländische Vertreter erschienen. Die Liste umfaßt neben den Gesandten aus sonstigen Gegenden des Nordens und Nordwestens auch Abgesandte aus luwischen Ländern wie Ḫatti (Karkemiš), Gurgum, Meliddu und sogar Qu'e. Vor allem die Erwähnung von Qu'e (Cilicia Campestris) und Meliddu (Melitene) ist interessant.

Salmanassar III. (858–824) war der erste Fürst, der persönlich wiederholt nach Kleinasien vordrang. Zunächst hatte er freilich noch eine Reihe von Schwierigkeiten im Nordwesten zu überwinden. Unter seinen Gegnern findet man nebst aramäischen Königen auch viele luwische Fürsten, die nicht nur aus Syrien, sondern auch aus Qu'e und Ḫilakku, dem bergigen Gebiet im Norden und vielleicht auch Nordwesten von Qu'e stammten.

Nach einigen assyrischen Erfolgen wurde die Gruppe tributzahlender Fürsten immer größer. Vom zwanzigsten Jahr seiner Regierung ab galten die Eroberungszüge Salmanassars III. Kleinasien. Dreimal zog er nach Qu'e, machte in Meliddu Eroberungen, ging zweimal nach Tabal und drang sogar bis nach Ḫubušna (Kybistra?) vor. Zu dieser Zeit setzte sich Tabal aus einer Vielzahl kleiner Fürstentümer zusammen – in einem Text werden 24, in einem anderen 20 genannt –, über die ein König Tuatti als Souverän zu herrschen schien. Der Name Tuwatis, der wohl die einheimische Schreibweise des assyrischen Tuatti darstellt, findet sich in einer Reihe von Hieroglyphentexten. Wahrscheinlich haben verschiedene Fürsten diesen Namen getragen.

Auch der Vater von Wasu-Šar(ru)maš, dem König von Tabal zur Zeit Tiglatpilesars III. (743–726), wurde so genannt, desgleichen ein in einem urartäischen Text erwähnter König. Die beiden letzteren könnten sehr gut identisch sein.[5]

Salmanassar III. hat also mit vielen Völkern Berührung gehabt, die von den Assyrern ein gutes Jahrhundert später aufs neue bekämpft und deren Gebiete dann dem assyrischen Reich als Provinzen eingegliedert werden sollten. Gegen Ende seiner Regierungszeit brach jedoch ein Aufstand aus, der das ganze Reich in zwei Lager spaltete; es kostete Assur über ein halbes Jahrhundert, bis es wieder stark genug war, um im Nordwesten einzugreifen.

In der zweiten Hälfte des 9. Jahrhunderts war Ḥama ein bedeutender Staat. Die ethnischen Verhältnisse lagen hier besonders kompliziert. In Texten aus Ḥama zur Zeit Salmanassars III. berichtet ein König mit dem ḫurritischen Namen Urḫilinas in hieroglyphisch-luwischen Inschriften, er habe für die Göttin Baḫalatis, ein Name, hinter dem sich der semitische Titel Baʿlat (»Gebieterin«) verbirgt, einen Sessel gebaut und eine Stele errichtet. Fundorte von Texten des gleichen Königs im Süden und im Norden kennzeichnen die Grenzen von Ḥama, als es noch nicht durch die aramäische Gruppe unter Leitung von Zakir eingenommen ist.[6] Um 820 bildete aber dieser Zakir aus Ḥama und dem früheren Aleppo ein mächtiges Reich, das bei den anderen nordsyrischen Staaten soviel Widerstand hervorrief, daß es zu einer Koalition luwischer und aramäischer Staaten kam.[7]

Ein anderer Zeitgenosse Salmanassars III. war Ḫalpa-Ru(n)daš (Qalparu[n]da) von Ḫattina. Er wird außer in assyrischen Königsinschriften auch in Hieroglyphentexten aus Tell Tayinat[8] erwähnt. Das ergibt einen wichtigen Anhaltspunkt für die Datierung der Texte und Reliefs dieses Ortes.

Der zeitweilige Rückgang der assyrischen Macht bildete im Nordwesten den Auftakt zu einem zweiten luwischen »Interregnum«. In dieser Epoche wuchs die Macht des Urartu-Reiches, das die Nordgrenze Assyriens zu bedrohen begann, rapid an. Mit der Zeit mischte sich Urartu in Nordsyrien so stark ein, daß sogar die assyrische Verbindungslinie mit Kleinasien unterbrochen wurde. Eine Reihe von Texten aus allen wichtigen luwischen Zentren macht es möglich, die Geschichte des 8. Jahrhunderts ziemlich ausführlich darzustellen. Oben wurde schon betont, daß gerade der Kontakt, den die Assyrer zur Zeit Assurnaṣirpals II. und Salmanassars III. mit Qu'e und Tabal hatten, dafür verantwortlich ist, daß für diese Periode auch die luwischen Gruppen Kilikiens und Kappadokiens in die Untersuchung einbezogen werden können. Das Machtgefüge dieser Zeit war reichlich kompliziert. Im Westen bildeten die *Phryger* im 8. Jahrhundert ein zentral von Gordion aus regiertes Reich. Der

Mittelpunkt der luwischen (tabalischen) Macht lag mehr nach Osten in Caesarea (Kayseri). Im Nordosten Kleinasiens grenzte das Machtgebiet der Phryger (der Muški in den assyrischen Texten) an das von Urartu.

Zur Zeit seiner größten Blüte umfaßte das phrygische Reich so große Teile Kleinasiens, daß es in geopolitischer Hinsicht als der Erbe der hethitischen Tradition charakterisiert werden kann. Vielleicht hätte es eine derartige Rolle auch völlig ausgefüllt, wenn es nicht schon ziemlich bald nach den Konflikten mit Sargon II. dem Sturmlauf der kimmerischen Horden zum Opfer gefallen wäre. Die Ausgrabungen von Gordion und namentlich die Öffnung der Grabhügel bei dieser Stadt haben deutlich gemacht, daß die Reichtümer des Midas die Phantasie der Griechen zu Recht gereizt haben. Von großer Bedeutung für eine spätere Phase der phrygischen Kultur sind die Ausgrabungen in Midas-Stadt (Yazilikaya), das vor allem wegen der Felsengräber in seiner Umgebung berühmt ist. Um die Mitte des 8. Jahrhunderts müssen die Phryger von den Griechen das Alphabet übernommen haben; die ältesten Texte in alphabetischer Schrift, die in Gordion gefunden wurden, stammen aus dem letzten Viertel des 8. Jahrhunderts. Die Ausgrabungen haben gezeigt, daß die phrygische Bautechnik dieser Periode auf einer hohen Stufe stand und daß dies ebenso für die phrygischen Tischler, Bronzeschmiede und Elfenbeinschnitzer gilt. Bewunderung erwecken auch die Reste von phrygischen Webereien. Überdies zeigten die Funde, daß die Phryger in den letzten 25 Jahren des 8. Jahrhunderts Handelsbeziehungen mit Assyrien und vor allem mit Urartu unterhalten hatten. Von Midas, dem König der Phryger zur Zeit Tiglatpilesars III. und Sargons II., wird in griechischen Quellen berichtet, er sei mit einer Griechin verheiratet und der erste ausländische König, der ein Geschenk zum Heiligtum von Delphi sandte. Vermutlich besagt diese Überlieferung, daß Midas danach strebte, sein Reich auch nach Westen auszudehnen, wobei er mit den griechischen Küstenstädten in Berührung kam.

Boğazköy-Ḫattuša war im 8. Jahrhundert — nach den Ausgrabungen der letzten Jahre zu schließen — nicht nur auf der Zitadelle, sondern über ein ziemlich ausgedehntes Gebiet hin bewohnt. Man kann wohl ohne Bedenken diese Phase der posthethitischen Besiedlung als phrygisch charakterisieren. Die altphrygischen Inschriften verschiedener Orte können als Beweis dafür dienen, daß die Phryger in diesen Jahrhunderten in der Tat große Teile Kappadokiens besessen haben müssen. Alişar ist nach den hieroglyphischen Knopfstempeln, die man gefunden hat, lange Zeit luwisch gewesen. Doch spricht viel dafür, daß dieser Ort zeitweise zum phrygischen Gebiet gehört hat. Die post-hethitischen Schichten von Kültepe kann man jedoch durchaus wieder der luwischen Bevölkerungsgruppe zurechnen, denn diese Stadt lag ganz klar innerhalb der Zone von Hieroglypheninschriften. Bei den türkischen Ausgrabungen fand man aufschlußreiche Reste aus dieser Periode.

Ein paar Befestigungen betrachtet man als Abschnitt der Verteidigungslinie der luwischen Bevölkerungsgruppen gegen die Phryger und zwar Göllüdağ, 40 km nordwestlich von Niğde, und Kerkenesdağ, 18 km südöstlich von Yozgat.[9] Den Verlauf der Grenzlinie können vielleicht auch einige Hieroglypheninschriften verdeutlichen. Bei Karaburun wurde nämlich eine solche gefunden, die eindeutig von einer Befestigung spricht und überdies bei den klar erkennbaren Resten einer militärischen Befestigungsanlage angebracht war. Das gleiche gilt für die Inschriften von Çalapverdi. Die Angaben von phrygischer und hieroglyphisch-luwischer Seite deuten also ungefähr die gleiche Grenzlinie an, die zudem noch durch die assyrischen Texte nachgewiesen wird.

Oben wurde bereits angedeutet, daß die Phryger im Norden Kappadokiens die Nachbarn der Urartäer waren. In dieser Hinsicht ist ein in Kalaḫ gefundener Brief etwa aus der Zeit von 735 bis 732 v. Chr. besonders interessant. Darin nimmt der assyrische König auf ein Schreiben eines hohen Beamten im kleinasiatischen Gebiet bezug, der ihm gemeldet hat, daß der Phryger-König Midas mit ihm freundschaftliche Beziehungen aufgenommen und Gesandte von Qu'e, die durch phrygisches Gebiet unterwegs nach Urartu waren, um dort Unterstützung gegen die Assyrer zu suchen, abgefangen und an ihn ausgeliefert habe. Dieser Brief ist sehr wichtig, weil daraus hervorgeht, daß wegen dieses Ereignisses ein ständiger Vertreter der Assyrer am phrygischen Hof blieb. Außerdem ergibt sich daraus, daß der assyrische König auf gleicher Ebene mit Midas verhandeln wollte.[10]

Tabal war im 8. Jahrhundert ein bedeutender Staat. Zweifellos in direkter Nachfolge der großen Könige des Neuen Reiches, deren Monumentalinschriften ja noch gut erhalten waren, führten Fürsten wie Tuwatis und Wasu-Šar(ru)maš die Titel »Großkönig« und »Held«. Ein Teil der tabalischen Texte hat einen amtlichen und infolgedessen kalligraphischen und archaisierenden Charakter, während andere stark syllabisch geschrieben sind und kursive Schriftformen zeigen. Die Hörigkeit vieler kleiner Fürsten gegenüber den »Großkönigen« dieses Gebietes, die oben schon für die Periode Salmanassars III. konstatiert wurde, äußert sich in den Texten in der Weise, daß ein örtlicher Fürst sich als »Diener« des Tuwatis oder Wasu-Šar(ru)maš bezeichnet. Eine Reihe von Texten berichtet von der Aufstellung eines Bildes für den Sturmgott. In zweien dieser Texte trägt der Sturmgott das schmückende Beiwort »Tarḫuis vom Weingarten«. Diese gleiche oder eine stark verwandte Erscheinungsform findet man auch in dem berühmten Relief von Ivriz. Nach dem Text handelt es sich um den »großen Tarḫundiš« (?), während die bildliche Darstellung mit Weintrauben und üppigen Ähren immer den Gedanken an eine Vegetationsgottheit wachgerufen hat. Offenbar hat der Sturmgott auch eine derartige Wesensfacette. Religionsgeschichtlich ist von großer Bedeutung, daß in vielen dieser Texte der »Mondgott von Ḫarran« und »Kubabaš von Karkemiš« erscheinen. Es ist wahrscheinlich, daß die Tatsache, daß der Mondgott im hethitisch-luwischen Pantheon nicht ein stark personifizierter Gott mit eigenem Kult und eigenen Festen war, eine Lücke gelassen hatte, die diese Infiltration hervorgerufen hat. Die Verbreitung des Kubabaš-Kultes ist aber noch wichtiger, da Tabal das Verbindungsglied zwischen Karkemiš, wo diese Göttin schon im 2. Jahrtausend beheimatet gewesen war, und dem phrygischen Gebiet bildete, wo sie als Kubelis (Cybele) große Bedeutung hatte. Dabei darf man aber nicht vergessen, daß ihr Charakter sich bei dieser Umsiedlung gewandelt haben muß. Durch die Phryger hat sich ihre Verehrung nicht nur in Lydien und im griechischen Kleinasien verbreitet, sondern sogar bis nach Rom, wo ihr auf dem Palatin im Victoria-Tempel ein Platz zugewiesen wurde (204 v. Chr.).

Die Texte des Gebietes um Tyana nehmen eine Sonderstellung ein. In dieser Gegend herrschte in der zweiten Hälfte des 8. Jahrhunderts Warpalawas, den Tiglatpilesar III. als Urballu erwähnt. Einer der wichtigsten Texte dieser Gegend ist eine Inschrift aus der nächsten Umgebung der berühmten Silberminen von Tun(n)a (Dana). Sie befindet sich 6 km von den Minen selbst entfernt am Weg zu der dazu gehörenden Siedlung.[11] Der örtliche Gebieter bezeichnet sich zwar als »Diener des Warpalawas«, aber trotzdem auch als »Richter«.

Der Fundort der berühmten zweisprachigen Inschrift von Karatepe war vielleicht nicht das Landschloß, für das man es gehalten hat, sondern eine Befestigung am Ceyhan-Fluß (Pyramus), der die Gebiete von Qu'e und Gurgum voneinander trennte. Gegenüber von Karatepe, am anderen Ufer des Flusses, wurde nämlich ein Text gefunden, der nach dem Urteil Laroches die typischen Schriftformen von Gurgum zeigt.[12] Dies ist ein Anhaltspunkt für eine Datierung in die Zeit vor 711 v. Chr., denn damals wurde auch Gurgum eine assyrische Provinz, eine Festungsanlage zwischen beiden Gebieten also sinnlos. Wahrscheinlich ist die ursprüngliche Version des Textes das Phönikische gewesen, denn an einer Anzahl von Stellen läßt die Syntax des Luwischen eine Beeinflussung durch ein semitisches Idiom vermuten. Auch die Tatsache, daß die hieroglyphische Version »ärmer« im Wortschatz ist, deutet in diese Richtung, da bei einer Übersetzung in der Regel eher Nuancen verlorengehen als gewonnen werden. Doch ist der geistige Hintergrund an einigen Stellen deutlich hethitisch. So sagt beispielsweise Asi-Tiwatas, daß zu seiner Zeit die Frauen »mit der Spindel« dort lustwandelten, wo früher unsicheres Gelände gewesen sei (171 ff.); dabei darf man bedenken, daß in der hethitischen bildenden Kunst die Spindel neben dem Spiegel das normale Attribut der Frauen und Göttinnen zu sein pflegte. Wahrscheinlich wurde das Original von einem phönikischen Autor, der zum Teil auch von hethitischen Vorstellungen ausging, für einen luwischen Auftraggeber verfertigt und erst später ins Luwische übersetzt.

Es ist wichtig, die Stellung Asi-Tiwatas' näher zu umreißen. Er sagt in der Einleitung, Awarikus habe ihn »groß gemacht«. Dann folgt als Attribut »König von Adanas«, wobei leider undeutlich bleibt, ob man diese Hinzufügung auf Asi-Tiwatas oder auf Awarikus beziehen muß. Diesen Awarikus hat man mit Urikki identifiziert, der in den Texten Tiglatpilesars III. (745 bis 727) als König von Qu'e bezeichnet wird und dessen Name ebenfalls in dem Brief aus Kalaḫ erscheint, der über die Intrigen von Qu'e mit Urartu spricht. In dem Text klingt etwas von dem Stolz durch, wenn jemand als der erste einer neuen Dynastie oder wenigstens als der erste eines neuen Zweiges einer Dynastie betrachtet werden möchte. Und weil er sich nirgends ausdrücklich als den Sohn des Awarikus (Urikki) bezeichnet, ist diese Möglichkeit sehr naheliegend.[13] Aus mehreren Abschnitten gewinnt man den Eindruck, daß er nicht nur über Karatepe, sondern auch über Adana geherrscht hat. Da diese Stadt als die traditionelle Hauptstadt dieser Gegend erscheint, steht wohl fest, daß Asi-Tiwatas Awarikus' Nachfolge als Regent über ganz Qu'e angetreten hat; es dürfte nicht ausgeschlossen sein, daß Awarikus bei den Assyrern wegen seiner Bemühungen um Unterstützung von seiten Urartus in Ungnade fiel, und daß ihm dann Asi-Tiwatas auf dem Thron folgte.

Seit der Mitte des 8. Jahrhunderts v. Chr. befuhren griechische Seeleute die kilikischen Küstengewässer. Die wichtigsten Angaben darüber finden sich in den Texten Sargons II. (722–705), wo darauf hingewiesen wird, daß ihre Tätigkeit bereits eine Generation vor Sargons Zeit begonnen habe. Sowohl in Mersin als auch in Tarsus hat man griechische Töpferwaren mit geometrischem Dekor gefunden. So wurden die Angaben der Texte durch die der Archäologie erhärtet. Doch war die nordsyrische Küste mit der Hafenstadt al-Mina für die griechische Schiffahrt noch wichtiger. Dabei sei gleich erwähnt, daß Urartu in der ersten Hälfte des 8. Jahrhunderts auf Nordsyrien bedeutenden Einfluß ausübte. Es ist wahrscheinlich, daß die Beziehungen der frühen griechischen und etruskischen Kunst zu Urartu die Folge dieser frühen griechischen Kontakte mit Nordsyrien waren. Der luwische Staat Ḫattina, in dessen Gebiet al-Mina lag, hat in diesem Zusammenhang eine bedeutende Rolle gespielt.[14]

Was Malatya angeht, so sind die chronologischen Probleme noch weit von einer Lösung entfernt. Was die zeitliche Einordnung der Könige betrifft, so ist man auf kunsthistorische Vergleiche und eine beschränkte Anzahl von Synchronismen mit Urartu und Assur angewiesen. Die urartäischen Texte lassen erkennen, daß Malatya zur Zeit der Regierung Sardurs II. von Urartu unterworfen wurde.
Der ḫurritische Einfluß in diesem Gebiet ist besonders groß. Dies ist die Gegend, wo die Göttin Ḫebat eine große Verehrung genoß. Das Ideogramm des Sturmgottes wird in dieser ḫurritischen Umgebung häufig als Tešup gelesen werden müssen. Eine dritte, hier viel verehrte Gottheit ist Šar(rū)maš, doch haben neuere Untersuchungen von Laroche erwiesen, daß dieser Gott ursprünglich nicht ḫurritisch, sondern eben eine einheimische anatolische Figur gewesen ist. Er gilt in der Götterwelt als der Sohn Tešups und Ḫebats und hat das gleiche heilige Tier wie seine Mutter, nämlich einen Löwen.
Im zweiten Viertel des 8. Jahrhunderts regierte in Gurgum ein Herrscher mit dem Namen Ḫalpa-Ru(n)daš (III.). Sein Text steht auf dem bekannten Löwen von Maraş (Maraş 1) und ist vor allem dadurch bekannt, daß der König in seiner Genealogie nicht weniger als sechs Vorgänger aufzählt und auch seine eigenen Epitheta ausführlichst angibt. Der Löwe hat offensichtlich eine architektonische Funktion gehabt, wohl als dekorativer Eckstein für einen Portikus im bekannten Ḫilani-Stil, in dem so viele Bauwerke dieser Epoche errichtet wurden. Bei Bauten dieses Genres hat man es mit einem geschlossenen Komplex von Gemächern zu tun, der nicht willkürlich erweitert werden konnte wie die meisten anderen Arten von orientalischen Palästen, wo jeweils an allen Seiten neue von Gemächern umgebene Höfe angebaut werden konnten. Hier hat man eine Vorhalle oder Portikus mit ein bis drei Säulen und dahinter ein Hauptgemach, das breiter als tief ist und um das sich die anderen Räume gruppieren. Die assyrischen Könige haben ein Detail dieser typisch nordsyrischen Bauweise übernommen: Sie verwendeten das hybride halb semitische, halb hethitische Kompositum Bīt Ḫilani als Andeutung eines Torbaues in diesem Stil, wobei vor dem mesopotamischen Tor selbst eine solche Vorhalle mit Säulen angeordnet war.
Karkemiš liefert auch noch für die Periode des zweiten »Interregnums« die meisten Angaben. In dieser Stadt läßt sich der urartäische Einfluß, den man für Malatya auf Grund der urartäischen Königsinschriften annehmen darf, vielleicht sowohl textlich als auch archäologisch nachweisen. Zur Zeit Sardurs II. regierte in Karkemiš ein Fürst namens Asti-Ruwas. In seiner Regierungszeit wurde die große Zeremonientreppe erbaut. Während die neuen Reliefs, die für diesen Bau geschaffen wurden,

Spuren von assyrischem, aber auch urartäischem Einfluß erkennen lassen, darf man vielleicht dem dazugehörigen Text – er ist an dieser Stelle allerdings nicht eindeutig – entnehmen, daß Asti-Ruwas nicht nur ein Zeitgenosse Sardurs II. gewesen, sondern auch von ihm abhängig war.[15]

Die Söhne dieses Fürsten wurden durch Araras vertrieben, der als Rebell und Parvenu gilt, da er in seinen Texten jegliche Genealogie wegließ. Ein auffallender Aspekt der Einleitung zu einem Text von Araras liegt in der Tatsache, daß er besonderen Nachdruck auf die internationalen Beziehungen legt, die er mit Mira (an der Grenze von Pamphylien und Cilicia Aspera), Mysien, den Muški (Phrygern) und den Syrern (?) unterhalten haben will (A 6 2–3). Auch spielt er darauf an, daß seine Diener bei allen Königen willkommen seien. Diese Passagen deuten vielleicht auf eine »aktive Außenpolitik« in einer international orientierten Welt hin. Die Angaben der Archäologie stimmen mit einer derartigen These vollkommen überein. Bei der Behandlung Phrygiens kam schon zur Sprache, daß dieses Gebiet enge Beziehungen mit Urartu und Assur einerseits und mit der griechischen Westküste andererseits unterhalten haben muß. Man hat interessante Hinweise zusammengebracht, um zu erhärten, daß sich in der zweiten Hälfte des 8. Jahrhunderts neben der Schiffsroute von al-Mina aus auch der Landweg über Kleinasien zu einer wichtigen Verbindung mit dem Westen entwickelt hat.[16]

Araras' Sohn Kamanas finden wir in den Texten von Karkemiš, aber auch auf der Stele von Cekke erwähnt. Die Rückseite dieser Stele verewigt die Stiftung einer Stadt, die seinen Namen getragen hat, so wie die Festung von Karatepe den Namen Asi-Tiwatas' trug. Die Stele wurde zweimal verwendet – das erstemal durch einen Fürsten mit einem nur teilweise lesbaren Namen (er bezeichnet sich als den Lieblingsdiener Sardurs) und später (und ausgiebiger) von Kamanas, der die Rückseite benutzte und ausdrücklich vermerkt: »Kamanas ist kein Diener Sardurs!« Zur Zeit seiner Regierung oder vielleicht schon unter Araras muß sich Karkemiš also der Macht Urartus wieder entzogen haben. In diesem Zusammenhang ist von Bedeutung, daß in einem der Texte von Araras eine Anspielung auf einen assyrischen König zu finden ist (A 24). Leider erlaubt der Zusammenhang keine präzise Analyse. Die Texte Tiglatpilesars III. machen deutlich, daß es vor 740 zu einem Ende der Regierungsmacht des Kamanas gekommen sein muß.

Mit Tiglatpilesar III. (745–727) begannen die assyrischen Aspirationen wiederaufzuleben. Nachdem in zwei Etappen – 745 in einer Feldschlacht im Süden von Kummuḫu und 735 im Verlauf eines Feldzuges, während dessen Tiglatpilesar III. bis zur Hauptstadt selbst vorgedrungen war – Urartu kaltgestellt worden

war, begann die allmähliche Annexion der luwischen Gebiete durch das assyrische Reich. Unter Tiglatpilesar III. begonnen, erreichte diese Entwicklung unter Salmanassar V. (727–722) und Sargon II. (722–705) ihre Höhepunkte. In Tiglatpilesars III. drittem Regierungsjahr standen seine nordsyrischen Gegner unter Führung Urartus. Die Aufzählung dieser Gruppe gibt einen treffenden Eindruck von den Ausmaßen der urartäischen Einflußsphäre zu diesem Zeitpunkt. Es waren Meliddu, Kummuḫu, Arpad und Gurgum. Nach dem Fall Arpads im Jahr 740 schickte eine Reihe von Fürsten Gesandte zu Tiglatpilesar III., um den Sieger gnädig zu stimmen. Es waren Gesandte Kuštaspis von Kummuḫu, Urikkis von Qu'e, Pisiris' von Karkemiš und Tarḫularas von Gurgum; in dem Text mögen noch einige andere genannt gewesen sein, ihre Namen sind aber leider zerstört. Ein luwischer Fürst wollte sich jedoch nicht unterwerfen, Tutammu von Ḫattina, das im Westen von Arpad an der Küste lag. Sein Gebiet wurde daher einem Provinzialgouverneur unterstellt. Über seine Gefangennahme findet sich in einem in Kalaḫ aufgefundenen und kürzlich veröffentlichten Brief eine interessante Andeutung. Ein Beamter teilt darin dienstlich mit, er habe dem Ersuchen des *turtān* um Übersendung der Beute Genüge getan: Tutammu sei mit seinen Hofwürdenträgern unterwegs.[17]
Nach neuen assyrischen Erfolgen fühlten sich im Jahr 738 viele Fürsten wieder veranlaßt, ihre Loyalität zu demonstrieren. Unter ihnen trifft man nun zwölf Fürsten aus luwischem Gebiet an. Zu dieser Zeit ist der assyrische Einfluß also schon tief in Kleinasien eingedrungen. Aus einem der Jahre nach dem Angriff von 735 auf die urartäische Hauptstadt muß der Brief stammen, über den im Zusammenhang mit Phrygien gesprochen wurde. In diesem Schreiben wird der Hoffnung Ausdruck gegeben, die Fürsten von Tabal möchten ihren Widerstand doch recht bald aufgeben, da Midas jetzt auf ein freundschaftliches Verhältnis zu Assur Wert zu legen scheine.[18] Im Jahr 732 griff Tiglatpilesar III. rigoros in Tabal ein. Man hat angenommen, einer der Gründe dafür könne gewesen sein, daß Wasu-Šar(ru)maš bei einer neuerlichen Treuedemonstration im Jahre 732 keinen Vertreter gesandt habe. Er wurde gefangengenommen und durch einen Höfling ersetzt.
Man nimmt allgemein an, daß Sam'al und Qu'e unter der Regierung Salmanassars V. (727–722) auf den Status von Provinzen degradiert worden sind. Unter Sargon II. (722–705) folgten noch Ḥama (720), Karkemiš (717), Tabal (713), Kammanu (712), Gurgum (711) und schließlich Kummuḫu mit Meliddu (708). Bei fast allen Aufständen und Konflikten in Kleinasien wird Midas als Anstifter bezeichnet. Im Jahr 715 zog Sargon selbst von Qu'e aus gegen die Phryger. Ein Gouverneur von Qu'e mußte noch zweimal gegen die Phryger ins Feld ziehen, ehe 709 eine

Abb. 8: Portallöwe aus Malatya

abschließende Offensive begann. Erst dann schickte Midas eine Gesandtschaft und bot seine Unterwerfung an.
Dank Landsbergers Scharfsinn ist es möglich, bei einer Persönlichkeit mehr ins Detail zu gehen: es ist Muwatalli von Kummuḫu. Er muß nach Landsbergers Feststellungen der König gewesen sein, der in Sakçagözü als Bauherr abgebildet ist und zugleich für das große Königsbild Modell gestanden hat, das in der Torkammer der Löwenpforte in Malatya gefunden wurde. Nachdem es dieses Tor geziert hatte, war es offenbar schon im Altertum vergraben worden. Landsberger vermutet, daß Muwatalli Sargon im Jahr 720 bei dessen Schwierigkeiten geholfen und dann zum Dank einen Teil von Sam'al bekommen hat, wo er den Palast von Sakçagözü erbauen ließ; 712 erhielt er die Stadt Meliddu, die früher die Hauptstadt des Reiches des Tarḫunazi von Kammanu gewesen war. Damit ist zugleich festgestellt, daß der Palast von Sakçagözü zwischen 720 und 708 gebaut und das Bild zwischen 712 und 708 geschaffen worden sein muß, denn 708 wurde Muwatalli durch die Assyrer abgesetzt.[19]
In der hethitischen Kunst der neuhethitischen Epoche unterscheidet man eine Reihe von Stilen: an erster Stelle den traditionellen Stil, der die hethitischen Überlieferungen des Neuen Reiches fortsetzte. Seine prägnantesten Vertreter hat er in den schon erwähnten kultischen Reliefs von Malatya, deren Inhalt religiös und deren Idee und Ausführung eng mit der

Kunst von Yazilikaya und Alaca Hüyük verwandt waren. Dann folgte der assyrisierende Stil, der durch den Ablauf der geschichtlichen Ereignisse in zwei Phasen geteilt wird. Während der ersten Phase, die durch den Rückgang der assyrischen Macht nach Salmanassar III. beträchtlich verlängert wurde, beeinflußte Assur die Wahl der Themen, doch wurden diese assyrischen Motive auf eine eigene Weise verarbeitet. In der zweiten Phase, die mit der Zeit Tiglatpilesars III. begann, bekam die hethitische Kunst mehr den Charakter einer provinziellen Nachahmung dessen, was in Assur gemacht wurde; auch in der Ausführung trachtete man das Vorbild zu kopieren, so daß der eigene Charakter ganz verlorenging. Neben diesen assyrischen Impulsen hat sich auch ein starker aramäischer Einfluß geltend gemacht, vor allem in Sam'al, aber ebenso in Sakçagözü und in dem kilikischen Karatepe.

Vermutlich hat das assyrische Reich zur Zeit Sargons II. seine größte Ausdehnung nach Nordwesten erlebt. Allerdings trat schon vor Ende von Sargons Regierung ein Umschwung ein. 705 mußte Sargon aufs neue nach Tabal ziehen. Da trat das unerhörte Ereignis ein, daß ein assyrischer König auf einem Feldzug im Ausland fiel. Bereits 704 oder 703 mußte Sanherib (705 bis 681) aufs neue in Qu'e und Ḫilakku kämpfen. Es würde zu weit führen, in diesem Rahmen alle Konflikte aufzuzählen, die im Verlauf des siebten Jahrhunderts von Assur in der Südostecke Kleinasiens ausgetragen wurden. Im allgemeinen kann man sagen, daß die kilikische Ebene (Cilicia Campestris) in assyrischer Hand blieb, daß aber das nördlichere Gebiet, Ḫilakku und Tabal, nicht mehr in die unmittelbare assyrische Einflußsphäre fiel. Östlichere Teile des luwischen Gebietes wie Kummuḫu, Sam'al und Gurgum kamen wieder fest in assyrischen Besitz. Es ist nicht unmöglich, daß schon in dieser Periode die ersten Keime für das kilikische Reich gelegt wurden, das in der kleinasiatischen Politik des 6. Jahrhunderts eine wichtige Rolle spielen sollte.

Einer der Konflikte in diesem Gebiet verdient jedoch Aufmerksamkeit, da nach der Überlieferung der Griechen auch diese darin verwickelt gewesen sein sollen. 696 v. Chr. erhob sich Kirua von Illubru gegen Sanherib (705–681). Kirua hatte dabei die Unterstützung der Bewohner von Ḫilakku, Tarsus und der (griechischen) Festung Anchiale. (Dieser letztere Name erscheint in den assyrischen Texten als Ingirra.) Vermutlich bagatellisiert Sanherib den Ernst der Ereignisse, denn es dürfte ein bedeutender Aufstand gewesen sein. Nach der griechischen Überlieferung soll Sanherib die Griechen in Kilikien in einer Landschlacht oder in der Nähe davon in einer Seeschlacht geschlagen haben. Es ist sehr interessant, daß man bei den Ausgrabungen in Tarsus tatsächlich eine Verwüstungsschicht und auch die

Reste eines Wiederaufbaus der Stadt durch Sanherib gefunden hat. In den Schichten unmittelbar vor und nach der Verwüstung erreichten die Funde griechischer Keramik einen Höhepunkt.

Eigentlich hätte in den bisherigen Ausführungen schon eher ein neuer Faktor in der Weltpolitik dieser Periode aufgezeigt werden müssen: Die Kimmerier und Skythen findet man nämlich schon zur Zeit Sargons II. und sogar vor 713 erstmals erwähnt. Da sich ihr Auftreten jedoch am stärksten im siebenten Jahrhundert auswirkte, habe ich die Behandlung bisher zurückgestellt. Die Kimmerier waren die eingeborene Bevölkerung Südrußlands. Ihre Niederlassungen waren durch eine späte Bronzekultur charakterisiert, während die Verbreitung eiserner Schwerter und Dolche nach Ansicht der Archäologen eng mit dem Aufkommen der Skythen zusammenhängt. Zu den wenigen kimmerischen Niederlassungen, die ausgegraben und untersucht wurden, gehören diejenigen im Gebiet der später Kimmerikon genannten Stadt an der Küste des Schwarzen Meeres, 45 km südwestlich von Kertsch.

Während des 8. Jahrhunderts kamen im Zuge einer weit ausgedehnten Völkerwanderung, deren Ursprung fern im Osten liegen muß, die Massageten aus dem Gebiet nördlich des Oxus in Bewegung. Sie überfielen die Skythen, und diese stürzten sich wiederum auf die östlichen Kimmerier. Bald darauf zogen Gruppen beider Völker über den Kaukasus und kamen damit in das Blickfeld der Assyrer. Wissen wir von den Kimmeriern schon nicht allzu viel, so herrscht über die Skythen außerdem noch eine grundsätzliche Meinungsverschiedenheit: Ein Teil der Gelehrten faßt den Begriff sehr weit auf und deutet alle Nomaden der euroasiatischen Steppe als Skythen; die heutige russische Wissenschaft begrenzt den Begriff hingegen auf eine kleine Gruppe von Stämmen, die an den Küsten des Asowschen Meeres und des Schwarzen Meeres zwischen der Mündung des Bug im Westen und des Kuban im Südosten gewohnt und sich vielleicht noch über einen Teil der Steppe verbreitet hatten.

Die nomadischen Skythen waren die Schöpfer einer dekorativen, in Knochen und Metallen ausgeführten Tierkunst von sehr sauberen Formen. Die Bilder sind jeweils der Jagd entlehnt. Ihre Tierfiguren zeichnen sich durch impressionistische Tendenzen aus, wobei man zuweilen Impressionen von verschiedenen »Momenten« in ein und derselben Figur zu kombinieren versuchte. Obwohl diese Tierposen Stück für Stück visuell scharf erfaßt sind und außerdem künstlerisch gekonnt verarbeitet sind, bekommt die Darstellung dadurch doch einen artifiziellen, beinahe abstrakten Charakter.

Von den Skythen vertrieben, ließ sich eine erste Gruppe der Kimmerier am Van-See nieder und geriet dann mit Urartu in Konflikt. In einem Brief, der zweifellos vor 713 zu datieren ist, informierte Sanherib — damals noch Kronprinz — seinen Vater über die Verhältnisse an der Nordgrenze und erwähnte auch die Anwesenheit der Kimmerier. Zur Zeit seiner eigenen Regierung drangen die Kimmerier dann in Kleinasien ein. Das phrygische Reich war der kimmerischen Invasion nicht gewachsen. So endete die Großmachtstellung Phrygiens jener Epoche. Die Überlieferung will wissen, Midas habe Selbstmord begangen. Im allgemeinen neigt man dazu, bei der zeitlichen Einordnung dieses Ereignisses Eusebius zu folgen und die Vernichtung Gordions somit in das Jahr 696/695 v. Chr. zu datieren. Doch kommt dafür ebenso das Jahr 676 v. Chr. in Frage. Bei den amerikanischen Ausgrabungen in Gordion hat man deutliche Spuren dieser Verwüstung gefunden. Es scheint aber, als ob nach Midas' Tod doch noch Prinzen aus seinem Hause als Fürsten über Phrygien geherrscht haben; Gordion blieb auch weiterhin Residenzstadt. Die Ausgrabungen haben auch in östlicheren Landesteilen kleine befestigte Residenzen aus dem 7. und 6. Jahrhundert zutage gefördert.

Vermutlich hat sich in dieser Zeit eine bedeutende Gruppe Kimmerier im Norden Kleinasiens rund um Sinope für längere Zeit niedergelassen. Die griechische Tradition liefert für diese These einige Anknüpfungspunkte. Asarhaddon (681–669) meldete einen Sieg über die Kimmerier in der Umgebung von Ḫubušna (wohl eine Variante von Ḫubišna-Kybistra), der ins Jahr 679 datiert werden muß.

Die Skythen, die die Kimmerier vertrieben hatten, nahmen zum Teil den gleichen Weg wie diese erste kimmerische Gruppe und zogen ebenfalls über den Kaukasus. Danach ließen sie sich am Urmia-See nieder. Eine andere Gruppe zog dagegen nach Südrußland, also zum eigentlichen Stammland der Kimmerier. Dies hatte zur Folge, daß eine zweite Gruppe von Kimmeriern über den Balkan von Westen her nach Kleinasien eindrang. Diese westliche Invasion scheint in mehreren Phasen verlaufen zu sein.

Die erste Attacke fand zu Anfang der Regierungszeit Assurbanipals (669–631/29?) statt. Die Angst vor den Kimmeriern war sichtlich schon so groß, daß nicht nur die Könige von Tabal und Ḫilakku, sondern sogar Gyges von Lydien bei Assur Hilfe suchten.[20] Nach assyrischer Überlieferung soll der Gott Aššur dem »Gugu« im Traum geraten haben, sich an Assurbanipal zu wenden. Bei diesem ersten Angriff aus dem Westen vermochte Gyges dem kimmerischen Druck noch standzuhalten. Die Überlieferung Strabos, Gyges habe die Troas beherrscht, dürfte wohl auf diese Situation zu beziehen sein. Es kam aber anders — wenigstens stellen die Assyrer es so dar —, als Gyges es unterließ, den vorübergehenden Beziehungen zu Assur durch die Entsendung eines ständigen Gesandten einen dauerhaften Charakter zu geben, und bei Psammetich von Ägypten Unterstützung suchte. Bei einem zweiten Angriff, der vielleicht von Sinope aus erfolgte, nahmen die Kimmerier Sardes – mit Ausnahme der Zitadelle – ein. Gyges wurde getötet (652 v. Chr.).

Herodot wußte über Gyges zu berichten, er habe genau wie Midas dem Heiligtum von Delphi Geschenke zukommen lassen und zwar sechs goldene Schalen im Gewicht von dreißig Talenten. Er sandte Heere gegen Milet und Smyrna und eroberte Kolophon. Hieraus kann man schließen, daß Gyges bestrebt war, die griechischen Städte zu unterwerfen, die die drei Flußtäler beherrschten (Milet den Mäander, Kolophon den Kayster und Smyrna den Hermos).

Sein Nachfolger Ardys, der nach assyrischen Quellen erneut Beziehungen zu Assur angeknüpft haben soll, hat nach Herodot Priene erobert und Milet überfallen. Unter seiner Regierung wurde Sardes durch die thrakischen Trerer, die eng mit den westlichen Kimmeriern zusammen operierten, erneut eingenommen (645 v. Chr.).

Nach griechischer Überlieferung soll der Anführer der Kimmerier bei dem Angriff von 652 v. Chr. Lygdamis geheißen haben. In den assyrischen Texten findet man diesen Namen als Tugdamme wieder. Strabo berichtet, Lygdamis sei schließlich in Kilikien umgekommen. In assyrischen Worten ausgedrückt, handelte es sich wohl um Qu'e oder Ḫilakku; die assyrischen Berichte lassen sich mit einer derartigen Behauptung gut vereinbaren. Man datiert dieses Ereignis zwischen die Jahre 637 und 626 v. Chr. Es spricht viel dafür, daß die erneute Kolonisierung von Sinope im Jahr 630 v. Chr. mit dieser Niederlage der Kimmerier zusammenhängt. Herodot meldet, erst Alyattes habe die Kimmerier ganz aus Kleinasien vertrieben. Er meinte damit vermutlich die letzten Reste der westlichen Kimmerier, die sich in der Tat noch lange in der Troas behauptet haben.

Während der letzten Jahrzehnte des 7. Jahrhunderts machten die Skythen sich erneut stark bemerkbar. Nach Herodot beherrschten sie 28 Jahre lang »die hochgelegenen Gegenden Asiens«, wo vor und nach ihnen die Meder herrschten. Ihr Auftreten rief im ganzen Nahen Osten Panik hervor. Plündernd und eine Spur der Verwüstung hinter sich lassend, zogen sie umher. Einmal drangen sie sogar über Syrien und Palästina bis an die Grenzen Ägyptens vor. Erst dort wurde ihr Angriff durch ägyptisches Gold abgewendet.

Es würde zu weit führen, hier alle griechischen Angaben über die lydische Geschichte aufzuführen; auf eine Angabe kann aber kaum verzichtet werden. Es ist die große Blütezeit des Reiches unter Alyattes. Unter seiner Regierung wurde Smyrna erobert (600 v. Chr.). Bei den Ausgrabungen dieser Stadt fand man deutliche Spuren einer Belagerung, unter anderem einen hohen

Erdhügel, von dem aus Befestigungen der Stadt überwältigt werden sollten, und außerdem Pfeilspitzen beider Parteien. Auch viele Gegenden des Binnenlandes wurden unter Alyattes' Regierung der lydischen Verwaltung unterstellt. In den Augen der Griechen war das Land geradezu sprichwörtlich reich, aber durch übermäßigen Hang zu Luxus und Pracht verweichlicht. Um die Mitte des 7. Jahrhunderts entlehnten die Lydier für ihre Schrift von den Griechen das Alphabet. Die lydischen Inschriften einer späteren Periode zeigen, daß das Lydische zur anatolischen Sprachenfamilie gerechnet werden darf. Wie man vermutet, soll es dem Hethitischen (Nesischen) näher als dem Luwischen gestanden haben.

Eine wesentliche Facette der Geschichte dieser Epoche liegt in der Entwicklung des unabhängigen Ḫilakku, das vermutlich schon im Begriff war, ein bedeutender Staat zu werden, auch wenn es noch nicht die kilikische Ebene umfaßte. In diesem Gebiet haben die neubabylonischen Könige sich in einer Fortsetzung der traditionellen Politik der mesopotamischen Mächte behaupten können – einer Politik, die im Lauf der Geschichte dort häufig darauf abzielte, in der kilikischen Ebene einen Brükkenkopf auf dem Weg nach Westen besetzt zu halten.[21] Das unabhängige Ḫilakku und das Babylon der neubabylonischen Könige haben als »interessierte Außenstehende« gemeinsam in dem Konflikt zwischen den Medern und Lydiern von 590 bis 585 v. Chr. vermittelt. Man findet darüber einen Bericht bei Herodot. Er schildert, wie eine totale Sonnenfinsternis – die Astronomen haben sie auf den 28. Mai 585 v. Chr. datiert – die Kriegführenden so erschreckte, daß sie zu einem Kompromiß gebracht werden konnten. Die beiden Parteien wurden dann durch die Könige von Kilikien und Babylon miteinander versöhnt. Von diesem Augenblick an bildete der Halys die Grenze zwischen den beiden Machtsphären, so daß Paphlagonien zu Lydien gehörte und die Gegend am anderen Ufer medisch war.

Eine Angabe über den Umfang des Reiches des Kroisos – des Königs also, der nach Midas den tiefsten Eindruck auf die griechische Phantasie gemacht hat – findet sich bei Herodot. Er schreibt, dieser Fürst habe sich alle Völker auf seiner Seite des Halys unterworfen, ausgenommen die Lykier und Kilikier. Kurz darauf erwähnt Herodot als eines der Völker des Kroisos ausdrücklich die Pamphylier. Eine Bestätigung dieser Angabe findet sich in der Beschreibung eines Feldzuges des neubabylonischen Königs Neriglissar (560–556) in das Innere von Cilicia Aspera, denn aus dem Text ist in der Tat zu entnehmen, daß dieses Gebiet von einem einheimischen König regiert wurde und daß das lydische Reich bei Selinus begann.[22] Die Mitteilung Herodots über die Unabhängigkeit der Lykier erhält besondere Prägnanz durch die Tatsache, daß aus den einheimischen Texten einer späteren Epoche unumstößlich hervorgeht, daß sich in Lykien noch lange eine luwische Bevölkerungsgruppe halten konnte. Eine eng verwandte luwische Gruppe lebte bis tief in die griechisch-römische Zeit in Cilicia Aspera; auch sie befand sich in einer genauso starken natürlichen Isolierung wie die lykische Bevölkerung.

Während Babylon im Jahr 585 bei der Schiedstätigkeit zwischen den Medern und Lydiern noch als Großmacht empfunden wurde, hatte seine Rolle zur Zeit des historischen Konfliktes zwischen Kroisos und Kyros weit weniger Gewicht. Babylon gehörte zu einer antipersischen Koalition, die von Kroisos aufgezogen worden war und außerdem noch Ägypten und Sparta umfaßte. Kilikien, der andere Vermittler, wählte die persische Seite oder bewahrte mindestens eine wohlwollende Neutralität gegenüber den Persern. Man findet den Bericht darüber bei Herodot. Kroisos begann mit einem Angriff auf Ephesos, richtete aber dann seine Interessen auf alle Ioner und Äoler und versuchte allmählich, eine Stadt nach der anderen zu unterwerfen. Schließlich war er der Souverän aller Griechen in Kleinasien. Die Griechen auf den Inseln ließ er nach einigem Zaudern noch ungeschoren. Dann entschloß er sich zum Krieg gegen Kyros. Herodot gibt den berühmten Bericht über das Orakel von Delphi, dem es gelang, Kroisos' Vertrauen zu gewinnen. Der Fürst mißverstand jedoch das Orakel, als es weissagte, er werde einem großen Reich ein Ende bereiten, wenn er den Kampf mit den Persern beginne, und als es einen persischen Sieg prophezeite, wenn ein Maulesel über die »Meder« herrschen werde. Kroisos meinte das große Reich der Perser und glaubte, daß dieser persische Sieg letztlich unmöglich sei. Die Zweideutigkeit des ersten Orakels wurde dabei übersehen und ebenso die verschleierte Anspielung im zweiten auf Kyros' Abstammung von einer medischen Prinzessin, die mit einem persischen Untertan verheiratet war. So ergriff Kroisos die Initiative zum Kampf und zog über den Halys nach Kappadokien, das zuvor zum medischen Gebiet gehört hatte und nun persisch war. Es war das Jahr 547 v. Chr. Obwohl der folgende Kampf unentschieden endete, beschloß Kroisos in seine Hauptstadt zurückzukehren, weil er sich an seine Bundesgenossen wenden wollte, ehe er im folgenden Frühling den Krieg weiterführte. Kyros wartete den nächsten Lenz aber nicht erst ab, sondern fiel plötzlich in Lydien ein. Sein Aufmarsch erfolgte so schnell, daß Kroisos völlig überrascht war. Nach einer Feldschlacht in der Ebene vor Sardes, die mit einer lydischen Niederlage endete, folgte eine Belagerung der Stadt durch die Perser. Vierzehn Tage später wurde Sardes eingenommen. Ein neuer Zeitabschnitt, die persische Zeit, begann für Kleinasien. Zum erstenmal seit vielen Jahrhunderten war ganz Kleinasien unter einem Herrscher vereinigt.

3. Syrien und Palästina vom Ausgang des 11. bis zum Ausgang des 6. Jahrhunderts v. Chr. Vom Aufkommen des Königtums in Israel bis zum Ende des jüdischen Exils

DIE AUFGABE

Die fünf Jahrhunderte syrisch-palästinischer Geschichte, die es im Folgenden zu betrachten gilt, zerfallen in die drei Perioden 1025–880, 880–745 und 745–538. In der ersten konnte sich Syrien-Palästina noch der Freiheit erfreuen, die ihm der im 12. Jahrhundert eingetretene Zusammenbruch der ägyptischen Oberherrschaft über dieses Gebiet gebracht hatte. Die zweite bekam es zu spüren, daß eine andere auswärtige Großmacht, die assyrische, ihre Hand nach Syrien-Palästina ausstreckte. Die dritte erfuhr es, daß sich diese Großmacht, die gegen Ende des 7. Jahrhunderts von der babylonischen abgelöst wurde, Syrien-Palästina unterwarf und sich völlig eingliederte. Dabei stehen uns für das von Israel und seinen Nachbarn, den Philistern im Westen, den Edomitern im Süden, den Moabitern und Ammonitern im Osten, den Aramäern im Nordosten und den Phönikern im Nordwesten beherrschte Gebiet vor allem dank des Alten Testaments verhältnismäßig viele und gute Nachrichten zur Verfügung, jedenfalls weitaus mehr als etwa für die Geschichte der Staaten, die sich nach dem um 1200 erfolgten Zusammenbruch des hethitischen Großreiches in Nordwestsyrien und Südostkleinasien gehalten oder neu gebildet, in Sprache, Schrift und Kultur zunächst die hethitische Tradition weiter gepflegt haben, dann aber, von etwa 1000 ab, größtenteils aramaisiert worden sind. So kommt das Alte Testament auf sie nur ganz gelegentlich zu sprechen. Die einzigen und dazu leider noch dürftigen Quellen, die uns für sie zur Verfügung stehen, sind ein paar Stellen in Kriegsberichten assyrischer Könige und vereinzelte Funde – darunter ein paar Inschriften –, die an einigen Stellen ihres Machtbereiches gemacht worden sind. Was diesen Nachrichten zu entnehmen ist, muß, soweit wie möglich, zu einer selbständigen kurzen Darstellung der Geschichte dieser hethitischen oder neohethitischen Nachfolgestaaten ausgestaltet werden, wobei auch ihre allmähliche Aramaisierung zu erwähnen ist, also dem von den Aramäern handelnden Abschnitt vorgegriffen wird.

Die Geschichte der Philister, der Edomiter, der Moabiter und der Ammoniter ist dagegen so eng mit der Geschichte Israels

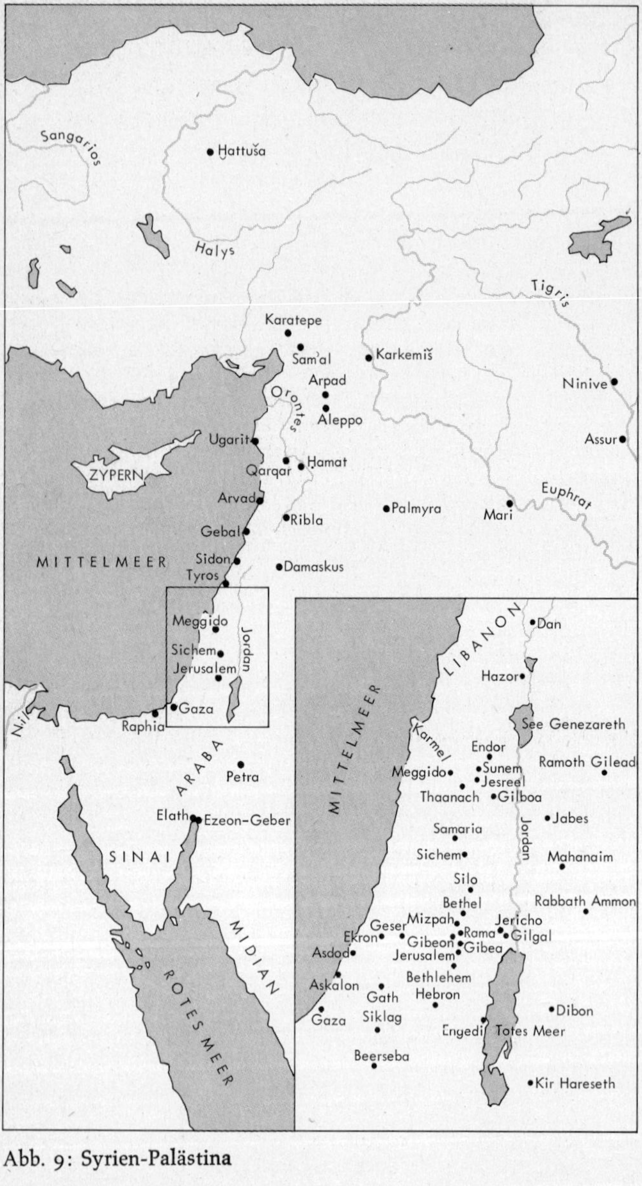

Abb. 9: Syrien-Palästina

verzahnt, daß diesen Völkern keine besondere Darstellung gewidmet zu werden braucht, sondern ihre Geschichte ausreichend im Zusammenhang mit der des Volkes Israel erzählt werden kann. Wie mit den Philistern, den Edomitern, den Moabitern und den Ammonitern, so hat Israel in den hier zu behandelnden fünf Jahrhunderten seiner Geschichte auch mit den Aramäern und mit den Phönikern viele und enge Berührungen gehabt. Die Darstellung der Geschichte Israels muß daher des öfteren auch auf die der Aramäer und der Phöniker zu sprechen kommen. Immerhin lassen die uns außerhalb des Alten Testaments für die Aramäer und für die Phöniker zur Verfügung stehenden Nachrichten – aramäische und phönikische Inschriften, Berichte assyrischer und babylonischer Könige und bei griechisch-römischen Autoren erhaltene, aus dem aramäischen und phönikischen Bereich stammende ältere Angaben – doch auf die Geschichte dieser beiden Völker so viel Licht fallen, daß sie um ihrer selbst willen in besonderen Abschnitten dargestellt werden muß. Die Schilderung jedes der drei Hauptteile, in die der von uns zu beschreibende Zeitraum zerlegt werden soll, 1025–880, 880–745 und 745–538, beginnt also mit Israel und läßt der Darstellung seiner Geschichte die der hethitischen Nachfolgestaaten, der Aramäer und der Phöniker, folgen. Dabei muß und darf die infolge des Fehlens von Nachrichten aus der Periode 1025 bis 880 auf Rückschlüssen aus späteren Perioden aufgebaute Darstellung der Geschichte der hethitischen Nachfolgestaaten auf den ersten Hauptteil unserer Schilderung beschränkt werden.

I. UNABHÄNGIGKEIT SYRIEN-PALÄSTINAS (1025–880 V. CHR.)

a) Israel und Juda

α) *Einführung des Königtums. Saul*

Wie die Tatsache, daß Syrien-Palästina seit dem Anfang des 12. Jahrhunderts für etwa zwei Jahrhunderte sich selbst überlassen blieb und keiner fremden Macht untertan war, in seinem ganzen Bereich die Bildung selbständiger Staaten, und zwar zumeist als Königreiche, begünstigt hat, so trifft das auch für Israel zu. Freilich ist das Königtum in Israel erst verhältnismäßig spät aufgekommen, zwei oder gar drei Jahrhunderte später als bei seinen ihm verwandten edomitischen, moabitischen und ammonitischen Nachbarn, was mit Israels Religion zusammenhängen mag, nämlich mit der Überzeugung, daß es neben dem als König betrachteten Nationalgott Jahwe eigentlich keinen irdischen König geben dürfe. Jedenfalls scheint, wie sogleich zu zeigen ist, bei der Wahl des ersten Königs Israels, Sauls, diese Überzeugung zum Ausdruck gekommen zu sein.

Was Israel zur Einführung des Königtums veranlaßt hat, war einerseits das an alle israelitischen Stämme gerichtete Hilfegesuch der von den Ammonitern schwer bedrohten Stadt Jabes in Gilead im Ostjordanland (I Sam. 11), andererseits der immer unerträglicher werdende Druck, den die Philister auf die israelitischen Stämme in Mittelpalästina ausübten (I Sam. 13, 19—22). Die Folge der Vorgänge, die zur Betrauung des Benjaminiten Saul mit dem Königtum führten, ist freilich nicht ganz sicher. Ebenso kann man über den Anteil, den der ephraimitische Prophet Samuel daran gehabt hat, verschiedener Meinung sein. Was das letztere angeht, so hat nach I Sam. 7,2 — 8,22; 10, 17—19; 12, 1—25; 15, 1—35 Samuel das Verlangen des Volkes nach einem König als Beeinträchtigung der Ansprüche Jahwes, der allein des Volkes König sein wolle, mißbilligt und Sauls Bestallung zum König nur ungern und nur auf unmittelbare Anweisung seines schließlich resignierenden Gottes vorgenommen. Das dürfte damit in Zusammenhang stehen, daß der hier als Richter gedachte Samuel nach 7, 10—17 Israel von den Philistern befreite und dementsprechend nicht Saul mit dieser Aufgabe betrauen konnte, sondern ihm als erste Tat seines Königtums die Ausrottung der Amalekiter auftrug (15, 1—35). Die Abschnitte I Sam. 9, 1—10, 16. 20—27; 11, 1—15; 13, 1—14, 46, die — was hier aber ohne Bedeutung ist, weil sie in der uns angehenden Frage übereinstimmen — auch ihrerseits nicht einheitlich zu sein scheinen, dagegen sagen, daß Saul auf Jahwes Geheiß von Samuel zum König gesalbt und mit der Aufgabe, Israel von den Philistern zu befreien, betraut worden sei. Sie erzählen weiter, wie der zum König Erkorene durch seinen glänzenden Sieg über die Jabes-Gilead belagernden Ammoniter seine Würdigkeit kundgetan und wie er in Zusammenwirken mit seinem Sohn Jonathan die Philister besiegt und aus dem Gebiet Israels hinausgejagt hat (Kap. 13—14). Kap. 11 — jetzt durch das nicht in diesen Zusammenhang hineingehörige Kap. 12 von seiner unmittelbaren Fortsetzung in Kap. 13—14 getrennt — und Kap. 13—14 verknüpfen Sauls Sieg über die Ammoniter und seinen Erfolg gegen die Philister in der Weise (13, 2), daß sie erzählen, Saul habe, nachdem er zum Lohn für seine Jabes-Gilead geleistete große Hilfe in Gilgal vom Volk zum König eingesetzt worden sei, das von ihm gegen die Ammoniter aufgebotene Gesamtisrael bis auf 3000 Mann entlassen und mit diesen die Philister aus dem Lande gejagt. Diese Verknüpfung kann auch den Tatsachen entsprechen. Was aber die Erzählung in I Sam. 7—15 angeht, nach der Jahwe und sein Prophet der Einführung des Königtums in Israel zurückhaltend, ja eigentlich ablehnend gegenüberstanden, so könnte sie sich daraus erklären, daß die gegen Ende seiner Regierung sicher zwischen Saul und Samuel eingetretene Spannung an den Beginn von Sauls Regierung gestellt worden ist. Es ist jedoch daneben durchaus mit der Möglichkeit zu rechnen, daß aus bestimmten und dann am ehesten prophetischen oder priesterlichen Kreisen von vornherein Stimmen gegen die Einführung des Königtums in Israel überhaupt und insbesondere gegen die Bestallung Sauls laut geworden sind.

Historisch ist jedenfalls, daß Saul sein Königtum mit einem glänzenden Sieg über die Philister, die bis dahin Israel aufs schwerste bedrückt hatten, eröffnete. Freilich war damit die von den Philistern drohende Gefahr nicht für die Dauer gebannt. Vielmehr trifft es gewiß zu, wenn I Sam. 14, 52 gesagt wird, daß der Krieg gegen die Philister heftig weiter getobt hat, solange Saul am Leben war, und daß er überall nach kriegstüchtigen Männern suchte, die er in diesem Kampf einsetzen konnte. Diese Kämpfe sind bis auf den letzten, von dem noch die Rede sein muß, für Saul siegreich verlaufen. Dasselbe gilt von Sauls Kriegen gegen Moab, Ammon, Edom, Aram-Zoba und die Amalekiter. Freilich sind wir über diese Kämpfe wie überhaupt über Sauls Außenpolitik ganz schlecht unterrichtet. Als Quelle steht uns dafür eigentlich nur das Verzeichnis von I Sam. 14, 47–48 zur Verfügung, das listenartig die von Saul bekriegten auswärtigen Feinde: Moab, Ammoniter, Edom, Könige von Aram-Zoba und Amalek aufzählt und feststellt, daß Saul in diesen Kämpfen immer Erfolg gehabt habe, eine Feststellung, die in dem uns vorliegenden Text aus Animosität gegen Saul freilich in ihr Gegenteil verkehrt worden ist, nämlich dahin, daß Saul hier überall freventlich gehandelt habe.[1] Aber wenn wir auch leider über Art und Verlauf dieser Kriege Sauls nichts Näheres erfahren, so sind sie doch historisch. Was Moab und Ammon, die Philister und Amalek angeht, so sind diese Völker ja schon in der Richterzeit als Feinde Israels aufgetreten, wie sie denn, um Edom vermehrt, unter David und später ebenfalls als Feinde Israels erscheinen. Bei Amalek aber bestätigt die in ihrer Grundlage jedenfalls historische Erzählung, daß Saul gegen Amalek und seinen König Agag gekämpft hat (I Sam. 15), die Angabe von 14, 48, Saul habe Amalek geschlagen und so Israel aus der Gewalt seines Plünderers gerettet. Weiter erklärt sich die I Sam. 23, 10–12; 26, 1–2 berichtete Tatsache, daß Judäer, also Stammesgenossen Davids, ihn, als er vor Saul flüchten mußte und in Juda Zuflucht suchte, dem ihn verfolgenden Saul verraten haben, doch wohl nur so, daß die Judäer sich Saul für die Abwehr feindlicher Einfälle in ihr Land dankbar erweisen wollten. Bei solchen Einfällen ist in erster Linie an solche der Amalekiter zu denken, wie diese denn auch weiterhin Juda schwer zugesetzt und noch David zu Gegenmaßnahmen veranlaßt haben (I Sam. 27, 7–12; 30, 1–31).

Wie uns für Sauls Außenpolitik nur ganz dürftige Nachrichten zur Verfügung stehen, so gilt das auch für seine Innenpolitik. Da kommt zunächst die I Sam. 14, 49–51 erhaltene Liste von Sauls Hofstaat in Betracht, die außer Sauls Söhnen, Töchtern und Gattin nur seinen Heeresobersten Abner nennt, der sein Vetter war. Es handelt sich also um eine ganz patriarchalische Regierungsform, wie sie nur denkbar ist, wenn sich Saul im wesentlichen auf den militärischen Oberbefehl beschränkt und die innere Verwaltung einschließlich der Rechtspflege und des Kultus weiterhin den Stämmen überlassen hat. Als später unter David und Salomo das Königtum viele der früher dieser Selbstverwaltung obliegenden Aufgaben an sich zog, nahm auch, wie wir sehen werden, die Zahl der Mitglieder des Hofstaates erheblich zu. Zur Innenpolitik gehören die Maßnahmen, durch die Saul die in dem von Israel beanspruchten Gebiet noch bestehenden kanaanäischen Enklaven gewaltsam israelitisiert hat. Eine derartige Maßnahme, nämlich die offenbar sehr blutig verlaufene Nationalisierung der Stadt Gibeon, setzen die Erzählungen II Sam. 24, 1–25 und 9, 1–13 voraus, die von der Auslieferung der zu Anfang der Regierung Davids noch am Leben befindlichen Sauliden mit Ausnahme Merib-Baʿals[2], des Sohnes Jonathans, handeln. An einen anderen Fall gewaltsamer Israelitisierung durch Saul erinnert die im Zusammenhang der Erzählung von der Ermordung Esbaʿals[3], des Sohnes Sauls, durch zwei Bürger der benjaminitischen Stadt Beeroth gemachte Mitteilung, daß die Bürger von Beeroth ihre Heimat hätten aufgeben und in dem – vielleicht philistäischen – Ort Gittaim Zuflucht suchen müssen (II Sam. 4, 3); hier wird es sich wohl um eine von Saul, dem Vater Esbaʿals, erzwungene Räumung der Stadt Beeroth durch die hier noch wohnenden Kanaanäer handeln. Im übrigen wissen wir nicht einmal, wie lange Saul als König regiert hat. Denn auf die offenbar aus einem Mißverständnis oder Schreibfehler zu erklärende Angabe von I Sam. 13, 1: »... Jahr war Saul alt, als er König wurde, und zwei Jahre war er König über Israel« ist keinerlei Verlaß, wie denn auch die über Sauls Regierung gemachten Mitteilungen sich jedenfalls auf mehr als zwei Jahre beziehen. Aber ob mit einer zehnjährigen oder einer längeren Regierung zu rechnen ist, läßt sich nicht ausmachen. Wenn hier für sie die Jahre 1025–1005 angesetzt werden, so kann das also nur ein mit aller Vorsicht zu betrachtender Versuch sein.

Wie Sauls Anfänge verhältnismäßig ausführlich erzählt werden, was seinen Grund weithin darin hat, daß der Prophet Samuel stark an ihnen beteiligt war, so wird auch über sein Ende verhältnismäßig viel mitgeteilt, was sich wiederum daraus erklärt, daß Samuel dabei eine nicht unbedeutende Rolle spielte. Außerdem fällt Sauls Ende in mancher Hinsicht mit den Anfängen Davids, der unseren Erzählern wichtiger war als Saul, zusammen. So ließen sich manche David-Erzählungen nur bringen, wenn in ihnen auch von Saul die Rede war. Die späteren Regierungs- und Lebensjahre Sauls waren von einem doppelten Mißgeschick überschattet. Zunächst haben sich bei ihm mit zunehmendem Alter offenbar Anfälle von Schwermut und Minderwertigkeitskomplexe eingestellt und seinen Glauben an sich selbst, die Vorbedingung allen Erfolges, erschüttert. Sodann scheint sich sein Verhältnis zu Samuel, das zunächst gut war, mehr und mehr getrübt zu haben. Das bedeutete Sauls Zerwürfnis mit der von Samuel geleiteten prophetischen Bewegung überhaupt, die nach I Sam. 9, 5–6. 9–14; 19, 18–24 sehr verbreitet und einflußreich gewesen sein muß. Ebenso ist im Lauf der Zeit eine Entfremdung zwischen Saul und den Priestern des königlichen Tempels in Nob eingetreten, die später zur Folge hatte, daß der vor Saul flüchtige David bei der auf Mose zurückgehenden, also sehr einflußreichen Priesterschaft dieses Tempels Hilfe fand und daß Saul als Rache dafür diese Priesterschaft niedermachen ließ, mit Ausnahme Abjathars, eines Urenkels Elis, des Lade-Priesters von Silo, der dem Blutbad entrinnen konnte.

Am meisten machte aber Saul wohl die Sorge für den Fortbestand seiner Dynastie zu schaffen, die aus der Befürchtung erwuchs, daß der von Saul als Offizier an seinen Hof gezogene, mit höchsten Ehren ausgestattete (I Sam. 18, 5; 19, 8) und sogar mit seiner zweiten Tochter Michal verheiratete (18, 17–30; 19, 11–17; 25, 44; II Sam. 3, 13–16; 6, 16–23; I Chr. 15, 29) David wegen seiner großen Erfolge in der Bekämpfung der Philister den Kronprinzen Jonathan an Beliebtheit beim Volk überflügeln und diesem die Thronnachfolge streitig machen würde, eine Befürchtung, die für Saul um so quälender war, als Jonathan mit David in engster Freundschaft (I Sam. 18, 1–4; 19, 1–7; 20, 1–21, 1; II Sam. 1, 17–27) verbunden war und die seiner Zukunft von diesem drohende Gefahr nicht sah oder nicht sehen wollte. So kam es zwischen Saul und David zum Bruch, ohne daß sich sagen ließe, wie lange ihr gutes Einvernehmen gedauert, wann die gegenseitige Entfremdung begonnen hat und wann der endgültige Bruch eingetreten ist. Während 21, 11–16, die Mitteilung von einem ersten episodischen Übertritt Davids zu dem Philisterkönig Achis von Gath wohl sicher legendär ist, dazu bestimmt, den Aufenthalt Davids bei dem philisteischen Landesfeind, der tatsächlich stattgefunden und fast anderthalb Jahre gedauert hat, als eine ganz kurzfristige Episode hinzustellen, erzählen I Sam. 18, 6 – 21, 10 den wirklichen Hergang dieses Bruches. 22, 1 – 27, 12 berichten dann von den Monaten, in denen Saul den vor ihm nach Juda geflüchteten David zu ergreifen versuchte, bis dieser schließlich mit seinen Frauen und Kindern und seinen auf 600 Mann angewachsenen Freischärlern zu dem Philisterkönig von Gath, Achis, übertrat und dieser ihm die im Süden seines Gebietes liegende Domäne Ziklag als Residenz zuwies, offenbar mit der Aufgabe, die Südgrenze des philisteischen Gebietes gegen nomadische Einfälle zu sichern (I Sam. 27, 1–12). 27, 7 gibt als Zeit, die David bei den Philistern zugebracht hat, ein Jahr und vier Monate an. Das wird stimmen. Etwa ebenso lange mag sich David in Juda zu halten versucht haben, ehe er zu den Philistern übertrat, während die Zeit, in der David an Sauls Hof geweilt und in seinen Diensten gestanden hat, wohl länger gewesen sein und zehn Jahre oder auch mehr betragen haben mag.

Über die Schwierigkeiten innerer und äußerer Art, die Sauls spätere Regierungsjahre belastet haben, sind die Philister dank ihres Nachrichtendienstes gewiß im Bilde gewesen. So schien ihnen die Gelegenheit günstig, die ihnen von dem in der Blüte seiner Mannesjahre stehenden Saul entrissene Oberherrschaft über Israel zurückzugewinnen und insofern noch mehr auszudehnen, als sie es jetzt anscheinend auch auf die Beherrschung der durch israelitisches Gebiet führenden Handelsstraßen abgesehen hatten. So planten sie, Saul in der Jesreel-Ebene zwischen Jesreel und Sunem und dem Gebirge Gilboa anzugreifen. Auf dem Weg zu dem von ihnen in Aussicht genommenen Kampfgelände hielten die Philister eine Heerschau ab, bei der auch David mit seinen Leuten aufmarschierte, aber trotz des ihm von seinem Lehnsherrn Achis ausgestellten Vertrauenszeugnisses von den argwöhnischen anderen Philisterfürsten zurückgeschickt wurde. So kehrte David, während die Philister den Marsch nach Jesreel fortsetzten, in seine Residenz Ziklag zurück. Ein gnädiges Geschick hatte ihn davor bewahrt, auf seiten der Philister gegen sein eigenes Volk kämpfen zu müssen.

Von dem Verlauf der in der Jesreel-Ebene zwischen den Philistern und den Israeliten ausgetragenen Schlacht erfahren wir kaum etwas. Wie sonst gelten auch hier die Erzählungen nicht so sehr dem sachlichen Hergang des Geschehens als vielmehr dem Schicksal der an ihm hauptsächlich beteiligten Personen. Da wird die sonst stark sagenhafte Erzählung von der Befragung einer Totenbeschwörerin in Endor durch den an seiner Sache verzweifelnden Saul (I Sam. 28, 3–25) insofern historisch sein, als Saul in der Tat dem bevorstehenden Kampf mit wenig Zuversicht entgegengesehen hat. Das paßt ja auch dazu, daß der alternde Saul offenbar von schlimmen Schwermutsanfällen heimgesucht worden ist. Sodann wendet sich nach der flüchtigen Feststellung (31, 1), daß die Israeliten vor den Philistern hätten fliehen müssen und daß auf dem Gebirge Gilboa gefallene Israeliten herumlagen, die Erzählung dem Ergehen Sauls und seiner

Söhne zu und teilt mit, daß die Söhne Sauls Jonathan, Abinadab und Malchisua von den Philistern erschlagen worden seien und daß der schwerverwundete Saul zunächst seinen Waffenträger gebeten habe, ihn zu töten, damit er nicht den Philistern in die Hände falle, und dann, als dieser sich weigerte, sich selbst in sein Schwert gestürzt habe, worauf der Waffenträger seinem Beispiel gefolgt sei. Weiterhin wird I Sam. 31, 8–13 erzählt, daß die Philister die Leichname Sauls und seiner drei Söhne an der Mauer der von ihnen besetzten Stadt Betschan aufgehängt, daß aber die Bürger von Jabes-Gilead die Leichen von dort geraubt und ihnen in Jabes eine ehrenvolle Bestattung bereitet hätten, übrigens eine Bestätigung der Geschichtlichkeit der I Sam. 11 stehenden Erzählung von der Hilfe, die vielleicht zwei Jahrzehnte früher Saul der von den Ammonitern bedrängten Stadt Jabes hatte zuteil werden lassen. Wie sich der II Sam. 1, 1–16 stehende Bericht über Sauls Tod, nach dem ein Amalekiter, der zufällig auf dem Gebirge Gilboa weilte, Saul auf dessen Wunsch den Todesstoß versetzt habe, zu dem anderslautenden in I Sam. 31, 1–13 verhält, ist schwerlich mit Sicherheit zu sagen.

β) *David und Esbaʿal*

Der Tod Sauls bedeutete für David nicht nur, daß sein persönlicher Feind nicht mehr da war, sondern zugleich, daß für ihn nun die Bahn zum weiteren Aufstieg, ja zur Herrschaft über Israel, also zum Antritt des von Saul hinterlassenen Erbes frei war. Denn wenn auch, wie gleich zu zeigen sein wird (S. 144), ein Sohn Sauls, der damals vierzigjährige (II Sam. 2, 10) Esbaʿal, sofort von Sauls Feldhauptmann Abner zum König »über Gilead und über die Asuriter[4] und über Jesreel und über Ephraim und über Benjamin und über das ganze Israel« (II Sam. 2, 9) gemacht wurde, so war doch vorauszusehen, daß früher oder später die Waagschale des Schicksals zugunsten Davids ausschlagen würde. David selbst war dessen sicher. Das zeigt die Tatsache, daß er, nachdem er bald nach Sauls Tod in Hebron zum König über Juda gemacht worden war, an die Bürger von Jabes-Gilead eine Botschaft sandte, in der er ihnen für die Sauls Leichnam erwiesene Ehrung dankte, Jahwes Lohn dafür erbat, seine eigene Anerkennung in Aussicht stellte und mit diesen unmißverständlichen Sätzen schloß: »Aber jetzt seid unerschrocken und bewährt euch als tüchtige Männer. Denn Saul, euer Herr, ist tot. Mich aber hat das Haus Juda zum König über sich gemacht« (II Sam. 2, 7).

Sauls Tod kam David nicht ungelegen. Das schließt keineswegs aus, daß er über Sauls und seiner Söhne, vor allem seines Freundes Jonathan, Tod aufrichtig getrauert hätte. Daß das geschehen ist, zeigt vielmehr eindrücklich das ohne Zweifel von

David selbst gedichtete Trauerlied von II Sam. 1, 17–27 mit seinen Versen:

22 Ohne Blut Erschlagener, ohne Fett von Helden
wich nicht zurück Jonathans Bogen,
kehrte Sauls Schwert nicht leer heim.
23 Saul und Jonathan, geliebt und hold,
blieben im Tode wie im Leben ungetrennt,
waren schneller als Adler, stärker als Löwen.
26 Leid ists mir um dich, mein Bruder Jonathan,
du warst mir gar hold.
Wunderbarer war mir deine Liebe
als Frauenliebe.

Über solcher Trauer kam indes die Erfüllung der Forderungen des Tages nicht zu kurz. Vielmehr siedelte David nach Sauls Tod mit seiner Familie und seinen Bewaffneten bald in den Vorort seines Heimatstammes Juda, Hebron, über. Das ist gewiß im Einvernehmen mit seinen philistäischen Oberherren, besonders mit seinem Lehnsherrn Achis von Gath, geschehen. Den Philistern konnte es ja nur lieb und recht sein, wenn die beiden Teile, in die nach Sauls Tod sein Reich jetzt zerfiel, der im Namen des Sauls-Sohnes Esbaʿal von Sauls Feldhauptmann Abner regierte Nordstaat Israel und der David als König anerkennende Südstaat Juda, sich gegenseitig in Schach hielten. Je feindlicher sich diese beiden Teilstaaten gegenüberstanden, um so weniger brauchten die Philister zu fürchten, daß ihnen noch einmal eine geschlossene gesamtisraelitische Macht, die sie in ihren Grenzen zu bleiben zwang, wie das unter Saul der Fall gewesen war, entgegentreten würde. Die beiden israelitischen Bruderstaaten sorgten schon dafür, daß diese Erwartungen der Philister nicht zuschanden wurden. Das zeigt eindrucksvoll II Sam. 2, 12–32, die Erzählung von dem Kampf, der bei Gibeon zwischen je zwölf Vertretern der aus Mahanaim im Ostjordanland, der Residenz Esbaʿals, heranmarschierten, von Abner kommandierten Truppen Esbaʿals und den unter Joabs Führung aus Hebron gekommenen Leuten Davids stattgefunden hat. Der Kampf brachte den Tod der beiden Zwölfergruppen mit sich, löste so einen erbitterten Kampf zwischen den beiderseitigen Hauptgruppen aus und hätte mit der völligen Vernichtung der unterlegenen Truppen Abners geendet, wenn nicht Abners an Joab gerichteter Appell, zu bedenken, daß es sich doch um einen Bruderkrieg handele, diesen veranlaßt hätte, von der Verfolgung der Leute Abners abzulassen und den Kampf abzubrechen.[5] Wie lange im übrigen die Auseinandersetzungen Esbaʿals und Davids gedauert haben, läßt sich mit Sicherheit nicht sagen. II Sam. 3, 1a besagt, daß sich dieser Kampf lange hingezogen habe. 2, 10 nennt als Dauer der Regierung Esbaʿals zwei Jahre und 2, 11 als

Zeit, in der David in Hebron König über Juda war, sieben Jahre und sechs Monate, zwei Daten, die insofern nicht zueinander passen, als 3,2 – 5,1 eigentlich den Eindruck erweckt, daß David bald nach Esba'als Ermordung König über Israel geworden sei, und wohl durch die Annahme harmonisiert werden müssen, daß das Datum von 2, 10 auf einem Irrtum oder Mißverständnis beruht, während das zweite richtig ist. Jedenfalls hatte die Auseinandersetzung zwischen Esba'al und David das Ergebnis, daß der Einfluß des ersteren zugunsten der Bedeutung des letzteren geringer und geringer wurde, wie es 3, 1b in klassischer Prägnanz heißt: »David wurde immer stärker, das Haus Sauls aber immer schwächer.«

Zu der Schwächung von Sauls Haus trug wesentlich bei, daß zunächst Abner, Esba'als Feldhauptmann, dann Esba'al selbst ermordet wurden. Abner, von Esba'al darüber zur Rede gestellt, daß er mit einer Nebenfrau Sauls Umgang gehabt habe, begab sich, nachdem er sich des Einverständnisses der Ältesten Israels vergewissert hatte, zu David nach Hebron und versprach ihm, daß er ihm ganz Israel zuführen werde. Joab, der während Davids Verhandlungen mit Abner von Hebron abwesend war, erfuhr nach seiner Rückkehr davon. Er begab sich sofort zu David, machte ihm bittere Vorwürfe darüber, daß er Abner, der nur Spionage hätte treiben wollen, in Frieden habe umkehren lassen, holte ihn unter einem Vorwand zurück und stieß ihn im Tor von Hebron nieder. Angeblich tat er das, um für seinen Bruder Asahel, den Abner in dem oben (S. 144) erwähnten Kampf zwischen den Leuten Esba'als und den Leuten Davids bei Gibeon aus Notwehr niederstoßen mußte, Rache zu nehmen. In Wahrheit war gewiß für ihn die Befürchtung maßgebend, David werde Abner zuungunsten Joabs bevorzugen (3, 6–39). Esba'als Ermordung folgte bald. Zwei aus Beeroth stammende Offiziere seiner Streifscharentruppe machten – wohl aus Rache dafür, daß, wie wir sahen (S. 140), sein Vater Saul Beeroth gewaltsam israelitisiert und dabei Blut vergossen hatte – Esba'al nieder, erhielten aber von David nicht die Belohnung, die sie erwartet hatten, sondern wurden von ihm hingerichtet, während Esba'als Kopf ehrenvoll in Abners Grab zu Hebron beigesetzt wurde (II Sam. 4, 1–12). Nun war der Weg für David zur Herrschaft über Israel völlig frei. Die Ältesten Israels, d. h. des bisher von Esba'al beherrschten Gebietes, kamen denn auch bald nach Hebron und salbten ihn zum König über Israel, nachdem er mit ihnen einen Vertrag geschlossen hatte (5, 1–3). Auf diese Erzählung folgt in 5, 4–5 die offenbar zuverlässige Mitteilung, daß David dreißig Jahre alt gewesen sei, als er König wurde, und daß er vierzig Jahre regiert habe, sieben Jahre und sechs Monate in Hebron über Juda und dreiunddreißig Jahre in Jerusalem über Israel und Juda.

γ) *David*

Nachdem David so König über ganz Israel geworden war, erkannte er bald, daß die Regierung Gesamtisraels von seiner fast an der Südgrenze des nun von ihm beherrschten Bereiches gelegenen Residenz Hebron schwierig oder gar unmöglich sein würde, daß er vielmehr eine zentraler gelegene Hauptstadt wählen müsse. Zugleich hielt er es im Hinblick auf die Spannungen zwischen Juda und Israel, zwischen Süd und Nord, die sich schon damals bemerkbar machten und in der Folgezeit eine verhängnisvolle Rolle spielen sollten, für notwendig, sich eine Residenz zu schaffen, die von diesen Spannungen frei war, die weder zu Juda noch zu Israel gehörte, sondern sein alleiniges Eigentum war, d. h. er mußte eine bisher freie kanaanäische Stadt erobern, die dann nach dem Kriegsrecht sein Eigentum war. Dazu wählte er die von den Jebusitern bewohnte Stadt Jerusalem und ihre Zion genannte Akropolis aus. Die — übrigens ohnedies sehr kurze — Erzählung über die Eroberung dieser Stadt in II Sam. 5, 6—8 und ihrer von David dann »Davids Stadt« benannten Akropolis ist leider infolge von Textverderbnissen so undurchsichtig, daß wir über den Hergang kaum etwas sagen können. An diese Erzählung schließen sich in 5, 9—16 Angaben über die von David veranlaßte Verstärkung der Stadtmauer, über den Bau seines Palastes, der von Hiram, dem König von Tyros, durch Lieferung von Zedernholz und Überlassung von Zimmerleuten und Steinmetzen gefördert wurde, und über die Frauen, die sich David in Jerusalem nahm, sowie über seine dort geborenen Kinder an, Angaben, die teilweise erst später geschehene Handlungen und Ereignisse betreffen und insofern vor 5, 17—25 zu früh stehen. 5, 17—25 folgt dann die Erzählung von zwei sich bald an die Eroberung Jerusalems anschließenden und offenbar schnell aufeinanderfolgenden Siegen Davids über die Philister. Die Perikope beginnt in 5, 17: »Als die Philister hörten, daß man David zum König über Israel gemacht hatte, zogen alle Philister herauf, um Davids habhaft zu werden. Aber David hörte davon und zog sich in die Bergfeste zurück.« Die Erzählung bezieht sich also sicher auf eine vor dem in 5, 9—12 mitgeteilten Ausbau Jerusalems durch David liegende Zeit. Über den genaueren Zeitpunkt ist man sich aber nicht einig. Indem die meisten die Bergfeste, in die sich David angesichts des Angriffs der Philister nach 5, 17 zurückgezogen hat, auf die Bergfeste Adullam, in der laut I Sam. 22, 1; II Sam. 23, 13 David in den ersten Wochen nach seinem Bruch mit Saul Zuflucht suchte, beziehen, setzen sie das Vorgehen der Philister gegen David gleich nach der in II Sam. 5, 1—3 erzählten, in Hebron geschehenen Salbung Davids zum König über Israel an, lassen es also gegen den noch in Hebron residierenden David gerichtet sein. Aber die in 5, 9, also kurz vor 5, 17, genannte »Bergfeste«

ist ohne jeden Zweifel Jerusalem oder genauer: seine Akropolis Zion. So dürfte es am nächsten liegen, auch die Bergfeste von 5, 17 auf den Zion zu beziehen, und dies um so mehr, als die sonst in 5, 17–25 genannten geographischen Gegebenheiten, etwa die Ebene Rephaim, sich alle in der Umgebung Jerusalems finden. Die 5, 17–25 erzählten Angriffe werden also gegen David, der sich Jerusalem erkämpft hatte, gerichtet und als eine Art Sanktion gedacht gewesen sein: Durch Verwüstung der die Versorgung Jerusalems gewährleistenden Felder, vor allem der fruchtbaren Ebene Rephaim, sollten die Jebusiter, die früheren Besitzer Jerusalems, gegen ihren neuen Herrn, David, aufgebracht werden. Aber das gelang nicht. Die Philister hatten zu spät erkannt, daß der von ihnen bis dahin als Schachbrettfigur zu ihrem eigenen Nutzen gebrauchte David eine große politische Macht geworden war, die es nicht nur zu beachten, sondern auch zu fürchten galt. Offenbar hatte David die Fiktion, Vasall der Philister zu sein, lange aufrechtzuerhalten verstanden. Als die Philister die wahre Sachlage erkannten, war es für sie zu spät. Die blutige Zurückweisung ihres Versuches, die Stellung des eben Herr von Jerusalem gewordenen David wieder zu erschüttern und ihn aufs neue zu ihrem Vasallen herabzudrücken, mußte den Philistern schon klar machen, wie sich das Blatt zu ihren Ungunsten gewendet hatte. Diesen schlimmen Erfahrungen sollten in der Zukunft noch weitere folgen. David aber konnte ungehindert den Ausbau seiner Hauptstadt Jerusalem fortsetzen, von dem, wie wir sahen (S. 146), in II Sam. 5, 9–12 proleptisch schon die Rede war. Die in II Sam. 21, 15–22; 23, 8–17 erzählten oder vorausgesetzten Grenzkämpfe Davids gegen die Philister werden ebenfalls in Davids Anfänge hineingehören. Dasselbe wird von der II Sam. 20, 1–14 erzählten Auslieferung der Sauliden an die Gibeoniten (vgl. oben S. 140), von der nach 9, 1–13 nur der Sohn Jonathans Merib-Baʿal ausgenommen war, und von der II Sam. 24, 1–25 berichteten Musterung des Volkes gelten, die das Hereinbrechen einer Pest und die Errichtung eines Sühnealtars durch David zur Folge gehabt hat.

In der Antike war jede politische Hauptstadt zugleich kultische Metropole. So war auch David darauf bedacht, seiner Hauptstadt kultisch-religiösen Glanz zu verleihen. Zu dem Zweck schien ihm die Einholung der altehrwürdigen Lade Jahwes, die in Israels vorkanaanäischer Zeit eine so große Rolle gespielt hatte und so etwas wie ein Symbol für die großisraelitische Idee geworden war, sich jetzt aber in dem – II Sam. 6,2 Baʿalê Juda genannten – etwa 20 km nordwestlich von Jerusalem gelegenen Ort Kirjath Jearim befand und hier eine recht bescheidene Rolle spielte, nach Jerusalem das Gegebene. So wurde unter Davids persönlicher Teilnahme »die Gotteslade, über die der Name des auf den Keruben thronenden Jahwe Zebaoths«, also des dereinst in Silo verehrten Gottes, genannt ist, in feierlicher Prozession nach Jerusalem gebracht und hier in einem von David für sie errichteten Zelt aufgestellt, das wohl im Bereich des Königspalastes, nicht etwa — wie man in Mißverständnis von I Kön. 1, 38—40 gemeint hat — an der Gihon-Quelle stand. Die Ausführlichkeit und Genauigkeit des von II Sam. 6 gebotenen Berichtes über diese prächtige Staatsaktion zeigt, welche Bedeutung David der Lade zuerkannte. Vielleicht ist uns in Psalm 24, 7—10 gar der festliche Wechselgesang erhalten, der in dem Augenblick angestimmt wurde, da die Prozession an die uralten Tore der Stadt Jerusalem herangekommen war, indem der eine Chor von außen her an diese Tore die Aufforderung richtete, die Lade und den durch sie repräsentierten Jahwe Zebaoth, den herrlichen König, einzulassen, und der andere Chor von innen die Majestät des Einlaß begehrenden Gottes nachdrücklich betonte.

Bei dem mit der Einholung der Heiligen Lade nach Jerusalem gezeigten Bemühen, seine Hauptstadt zum Sitz der altisraelitischen kultisch-nationalen Tradition zu machen, vergaß David indessen nicht die Rücksichtnahme auf den Kultus der — größtenteils von ihm dort belassenen und in seinen Dienst genommenen — früheren Herren von Jerusalem, der Jebusiter. Vielmehr legte er Wert darauf, deren kultisch-religiöse Vorstellungen und Bräuche zu schonen und, soweit das möglich war, gar mit denen der neu nach Jerusalem gekommenen Jahwe-Religion zu verschmelzen. Zu dem Zweck ließ er den Kultus des nach Gen. 14, 18—24 und Psalm 110 im vordavidischen Jerusalem verehrten El ʿEljon, des »Höchsten Gottes«, nicht nur bestehen, sondern erkannte ihn auch dadurch, daß er dessen Oberpriester Zadok neben dem aus dem Priestergeschlecht von Silo, das auf Mose zurückging, stammenden Abjathar mit der Hut der Lade betraute und so El ʿEljon und Jahwe einander näherbrachte, ein Vorgang, der später damit endete, daß El ʿEljon von Jahwe aufgesogen wurde, indem El ʿEljon, »Höchster Gott«, zu einem Prädikat Jahwes wurde. Ob das — gewiß wenigstens für die Anfänge der Residenz Davids in Jerusalem anzunehmende — Weiterbestehen des El ʿEljon-Kultus, dem doch wohl sicher ein Tempel zur Verfügung stand, den Jahwe-Verehrern, vor allem David selbst, den Gedanken nahelegte, auch Jahwe einen Tempel zu errichten, kann man mit Recht fragen. Jedenfalls hat David nach II Sam. 7 diesen Plan sehr ernsthaft erwogen und bei dem ihn sonst beratenden Propheten Nathan auch zunächst Beifall gefunden, indem dieser des Königs Vorhaben als Jahwes Willen entsprechend interpretierte. Aber — so heißt es in II Sam. 7 — in der auf diese Unterredung Nathans mit David folgenden Nacht habe Nathan von seinem Gott den Befehl er-

halten, David von diesem Plan abzuraten. Der im übrigen stark sagenhaft ausgeschmückten Erzählung liegt wohl der Tatbestand zugrunde, daß der von einigen, und darunter wohl von David selbst, erwogene Bau eines Jahwe-Tempels von anderen, mehr konservativ an der Art des vorkanaanäischen Israel und seines um das Heilige Zelt als Mittelpunkt gelagerten Kultus festhaltenden Gruppen als Jahwe mißliebige Neuerung betrachtet und daher von ihnen vereitelt wurde.
Von Davids Hofstaat liegen uns zwei – offenbar verschiedene Phasen seiner Regierung widerspiegelnde – Listen vor: II Sam. 8, 16–18 und 20, 23–26. Die erste nennt den Heeresobersten, den Kanzler, zwei Priester, den Schreiber, den Kommandanten der Leibwache und fügt die »Söhne Davids, die Priester waren«, hinzu; die zweite nennt zusätzlich den Vorsteher des öffentlichen Arbeitsdienstes und sagt, anstatt die priesterlichen Davids-Söhne zu erwähnen, »der Jairit Ira war gleichfalls Priester bei David«[6].
Über Davids Außenpolitik aber sind wir leider ebenso dürftig unterrichtet, wie das bei Saul der Fall war. Das ist um so bedauerlicher, als David auf außenpolitischem Gebiet Gewaltiges geleistet und ein wirkliches Großreich geschaffen hat. Es war eigentlich das einzige Mal in der Geschichte Syriens und Palästinas, daß Syrien-Palästina selbst eine Großmacht gewesen ist und nicht zum Bereich von Großmächten gehört hat, die ihren Schwerpunkt außerhalb von Syrien und Palästina hatten. Von den Kämpfen und den ihnen folgenden Verhandlungen, die das Zustandekommen des Großreiches ermöglicht haben, erfahren wir so gut wie nichts. Von der Art, wie die – gewiß in jedem Fall besonders gelagerten – Beziehungen der von David seinem Reich einverleibten oder angegliederten Völker und Staaten zu ihm geregelt waren, hören wir ebensowenig. In II Sam. 10–12 ist zwar von Kämpfen Davids gegen die Ammoniter und die zunächst mit diesen verbündeten Aramäer ziemlich ausführlich die Rede, aber diese Kämpfe werden in 10, 1 – 11, 1; 12, 26–31 eigentlich nicht um ihrer selbst willen erzählt, sondern weil sie den Hintergrund bilden für den Umgang Davids mit der Bath-Seba, dem Weibe des im Feld stehenden Hethiters Uria, und für die Geburt zweier aus dieser Ehe hervorgegangener Söhne, von denen der erste bald starb, der zweite, Salomo, der spätere König, aber unter Jahwes Schutze gedieh (11, 2 – 12, 25). So können wir auch nicht mit Sicherheit sagen, ob die in II Sam. 10–12 ziemlich ausführlich erzählten Kriege Davids gegen die Ammoniter und die Aramäer dieselben sind wie die in der Liste der auswärtigen Kriege II Sam. 8, 1–14 mit genannten gegen die Aramäer und die Ammoniter. Ein gegen letztere geführter Krieg wird hier nicht ausdrücklich erwähnt, aber doch dadurch vorausgesetzt, daß unter den Völkern, denen David dem Jahwe

geweihte Beute abgenommen hat, auch die Ammoniter genannt werden. Dagegen liefert II Sam. 10—12 von der hier gemeinten kriegerischen Auseinandersetzung Davids mit den Ammonitern ein sehr anschauliches Bild. Den Anlaß dazu gab die schmähliche Behandlung, die der junge ammonitische König Nahas den Gesandten, die Davids Anteilnahme am Tod seines Vaters Hanun aussprechen sollten, angedeihen ließ (10, 1—5). Um gegen die erwartete Strafexpedition Davids gerüstet zu sein, erkauften die Ammoniter die Hilfe der Aramäer, genauer: der Aramäer von Beth Rehob, der Aramäer von Zoba, des Königs von Maacha und von Is-Tob. Aber die Aramäer wurden von den unter Joabs Oberkommando stehenden Israeliten geschlagen. Die Ammoniter zogen sich in ihre Hauptstadt Rabba zurück. Damit war der Krieg wenigstens zunächst zu Ende. Die Aramäer, genauer: der als ihr Haupt geltende König des in der Libanongegend und östlich von ihr zu suchenden Reiches Zoba, Hadadeser, nahm aber von sich aus den Kampf gegen Israel wieder auf, sammelte die anderen aramäischen Mächte, darunter die »jenseits des Stromes«, d. h. die der westlich an den Euphrat grenzenden Teile der syrisch-arabischen Wüste, bei dem wohl im nördlichen Ostjordanland zu suchenden Ort Helam und unterstellte sie seinem Feldherrn Sobach. David marschierte nach Helam, griff die alliierten Aramäer an und schlug sie vernichtend, so daß sie sich ihm unterwarfen und jeden Gedanken, den Ammonitern weiterhin Hilfe zu leisten, aufgaben.

Ausführlicher als von den Ammonitern ist in dem Verzeichnis der von David geführten Kriege, wie es in II Sam. 8, 1—14 erhalten ist, von den Aramäern die Rede. Hadadeser, der, wie wir eben sahen, auch in 10, 6—19 als Oberhaupt einer aramäischen Koalition erscheint, wird 8, 3—12 als König des schon von Saul bekriegten (S. 139) Zoba genannt und als »Sohn Rehobs«, d. h. aus dem Aramäerstaat Rehob, der östlich vom See Genezareth gelegen und Damaskus zum Nachbarn gehabt haben wird, stammend bezeichnet. Der Angriff Davids traf ihn, als er sich anschickte, an den Euphrat zu marschieren, wo offenbar die dort ansässigen Aramäer sich gegen seine Oberherrschaft aufgebäumt hatten, und endete mit einem vollen Sieg Davids. Von den hier über die von Davids Beute handelnden Angaben verdient die Mitteilung hervorgehoben zu werden, daß David die ihm in die Hände gefallenen Streitwagenpferde bis auf 100 gelähmt habe. Offenbar spielte der Streitwagen in Davids militärischer Technik noch keine Rolle, so daß er mit den Pferden nichts anzufangen wußte. Ob David später in dieser Hinsicht umgelernt hat, läßt sich nicht sagen. Aber wir werden sehen, daß sein Sohn und Nachfolger Salomo das Schwergewicht von der Infanterie auf die Streitwagenkorps verlagert hat. In den Krieg Davids gegen Hadadeser von Zoba wurden auch die

Aramäer von Damaskus hineingezogen, die offenbar auf Grund einer Bündnispflicht ihm zu Hilfe eilten.
Auch sie wurden vernichtend geschlagen. Hier erfahren wir auch einmal, was mit dem besiegten Land geschah. Es wurde einem Militärgouverneur unterstellt und mit schweren Tributleistungen belastet. Auch Zoba mußte schwer bluten, aber von einer Unterstellung des Landes unter einen israelitischen Militärgouverneur und der – damit doch notwendigerweise verbundenen – Absetzung Hadadesers wird jedenfalls nichts gesagt. Wohl aber wird erzählt, daß der König des Zoba nördlich benachbarten Staates Hamath (Ḥama), Thoi oder Thou, der mit Hadadeser im Krieg gestanden hatte, seinen Sohn Joram oder Hadoram zu David geschickt habe, um ihm nicht nur seine Glückwünsche zum Sieg über Hadadeser, sondern auch goldene, silberne und bronzene Gefäße, also doch eine Art freiwilligen Tributs, zu überbringen.
Von den Philistern heißt es in II Sam. 8, 1, daß David sie besiegt und ihnen den Ellen-Zaum genommen habe. Von weiteren Maßnahmen – Einsetzung eines Militärgouverneurs, Tributleistung und dergleichen – verlautet nichts. Das wird wohl so zu verstehen sein, daß David die Philister zwar auf ihr Stammland beschränkte und ihnen Übergriffe auf israelitisches Gebiet verwehrte, aber ihre Selbständigkeit sonst nicht antastete. Die anscheinend sprichwörtliche und daher nicht eindeutige Wendung von der Fortnahme des Ellen-Zaumes wird dann wohl besagen, daß David den Philistern die früher von ihnen geübte Ausdehnung ihres Herrschaftsbereiches auf Israel unmöglich machte.
Von Davids Sieg über die Moabiter handelt – abgesehen von der Erwähnung der moabitischen Beute unter den von David dem Jahwe gemachten Weihegaben in II Sam. 8, 12 – nur 8, 2, wo von einem entsetzlichen Blutbad berichtet wird, das David unter den Moabitern anrichtete, wie es nach I Kön. 11, 15–16 auch in Edom geschah. Hinzugefügt wird, daß die Moabiter tributpflichtige Untertanen Davids wurden, ein Tribut, der nach II Kön. 3, 4 ein Jahrhundert später in der jährlichen Ablieferung von 100 000 Lämmern und der Wolle von 100 000 Widdern bestand. Von der Einsetzung eines Militärgouverneurs lesen wir nichts. So hat David den – freilich gewiß in seinen Befugnissen stark eingeschränkten – moabitischen König doch vielleicht auf seinem Thron gelassen, wie das möglicherweise trotz II Sam. 12, 30–31, wo von der Verurteilung der besiegten Ammoniter zu harter Zwangsarbeit die Rede ist, auch mit dem ammonitischen König geschehen sein könnte. Jedenfalls finden wir später in Moab (II Kön. 3) und in Ammon (Jer. 27, 3) eigene Könige wieder, wie übrigens auch in Edom (II Kön. 8, 20).
Von Edom sagt II Sam. 8, 13 f., daß David es bei der Rückkehr

von seinem Sieg über die Aramäer im Salztal geschlagen, einen Militärgouverneur dort eingesetzt und ganz Edom untertan gemacht habe. Die Stelle in I Kön. 11, 15–16, von der schon die Rede war, erzählt von der Grausamkeit, mit der David oder sein Feldherr Joab Edom behandelt hat. Damals – so 11, 17–22. 25 – gelang es dem noch im Knabenalter stehenden edomitischen Prinzen Hadad, nach Ägypten zu entkommen, wo er die Schwester der Gemahlin des Pharao zur Frau erhielt und diese ihm einen Sohn, Genubath mit Namen, gebar.[7] Auf die Nachricht vom Tod Davids kehrte er sofort nach Edom zurück, bestieg hier den Königsthron und machte Israel und Salomo viel zu schaffen. Eine gewisse Oberhoheit über Edom muß Salomo aber behalten haben. Sonst hätte er nicht in Gemeinschaft mit Hiram von Tyros die Flottenfahrten von Ezeon-Geber (I Kön. 9, 26–28; 10, 22), die den Durchzug durch edomitisches Gebiet erforderlich machten, unternehmen können. Von einem Krieg gegen die Amalekiter ist um seiner selbst willen weder in II Sam. 8 noch sonst die Rede. 8, 12 erscheint Amalek vielmehr nur unter den Völkern, denen David dann von ihm Jahwe geweihte Beute abgenommen habe. Aber Abwehrkriege gegen die räuberischen Kamelnomaden, wie es die Amalekiter waren, hat David gewiß nicht nur damals führen müssen, als er Vasall der Philister war und in Ziklag residierte (I Sam. 30), sondern sie werden dauernd notwendig gewesen sein. Schon Gideon (Richt. 6–8) und Saul (I Sam. 14, 48; 15, 1–34) hatten sich dieser lästigen Eindringlinge erwehren müssen.

Unter den nach II Sam. 8, 1–14 von David besiegten Nachbarvölkern werden die Phöniker nicht genannt. Das ist kein Zufall. Vielmehr haben zwischen den phönikischen Städten und David freundliche Beziehungen bestanden (I Kön. 5, 15–25. 32; 9, 10–14), die sich auch unter Salomo und später erhalten haben.

So dürftig die uns für Davids Außenpolitik zur Verfügung stehenden Nachrichten sind, um so ausführlicher sind die Angaben über seine Familie, insbesondere über seine als Thronfolger in Betracht kommenden Söhne. II Sam. 9–20 und I Kön. 1–2, die jedenfalls mittelbar auf einen oder mehrere Augenzeugen der Vorgänge zurückgehen müssen und des öfteren die Geschehnisse räumlich von Meter zu Meter und zeitlich von Minute zu Minute beschreiben, erzählen von der ehrenvollen Behandlung des Jonathan-Sohnes Merib-Baʿal, die diesem von David zuteil wurde, der ihn aber doch zugleich unter ständiger Aufsicht hielt (II Sam. 9); von der, wie wir sahen, mit Kriegen Davids gegen die Ammoniter zusammenhängenden Geburt Salomos (II Sam. 10–12); von der Ermordung des Kronprinzen Amnon durch Absalom, der sich an dessen Schwester Tamar vergangen hatte (II Sam. 13); von der Begnadigung des wegen seiner Mordtat zu dem Vater seiner Mutter, Thalmai, dem König des östlich vom Oberlauf des Jordan zu suchenden aramäischen Staates Gesur geflüchteten (13, 37—38) Absalom durch David (II Sam. 14) und von Absaloms Empörung gegen David, die diesen zur Preisgabe seiner Hauptstadt Jerusalem, zur Flucht ins Ostjordanland (II Sam. 15, 1—17, 23) und zu der dort stattfindenden kriegerischen, mit Absaloms Niederlage und Tod endenden Auseinandersetzung (II Sam. 17, 24—19, 9) nötigte; von Davids Rückkehr ins Westjordanland (II Sam. 19, 10—39), von einer dabei zum Ausbruch kommenden Kompetenzstreitigkeit zwischen Israel und Juda und einem in deren Folge von dem Benjaminiten Seba angezettelten, aber von Joab bald niedergeschlagenen Aufstand gegen David und sein Haus (II Sam. 20) und schließlich von dem Streit um die Nachfolge Davids zwischen Adonia, dem Sohn der in II Sam. 3, 4 genannten Hagith, und Salomo, dem Sohne der Bath-Seba, der nicht nur von seiner Mutter, sondern auch von seinem Erzieher, dem Propheten Nathan, dem Kommandeur der Leibwache Davids, Benaja, sowie von dem zweiten Lade-Priester Zadok und anderen unterstützt wurde, während Davids Feldhauptmann Joab und der erste Lade-Priester Abjathar auf Adonias Seite standen (I Kön. 1—2).

Ein Wort muß noch über das gesagt werden, was David für die Jahwe-Religion bedeutet und geleistet hat. Daß er bei all seiner Verschlagenheit und Grausamkeit, Eigennützigkeit und sinnlichen Leidenschaft nicht nur ein zärtlicher, ja allzu gütiger und nachsichtiger Vater, sondern auch persönlich fromm gewesen ist, liegt auf der Hand. Ob II Sam. 12, 1—14, wonach David auf die in dem klassischen »Du bist der Mann!« gipfelnden Vorhaltungen, die ihm der Prophet Nathan wegen seiner Vergehungen an der Bath-Seba und an ihrem Mann Uria gemacht hat, sein Unrecht eingesteht, von der Art der Religiosität Davids ein richtiges Bild gibt, kann man freilich fragen. Eher mag das bei II Sam. 12, 15—25 der Fall sein, wonach David die Genesung des tödlich erkrankten, ihm von der Bath-Seba geborenen ersten Sohnes durch Fasten und Selbstkasteiung zu erreichen suchte und, als das ohne Erfolg blieb und das Kind starb, zum größten Erstaunen seiner Umgebung seine übliche Lebensweise wiederaufnahm, als ob nichts geschehen wäre, und das in rationalistisch-fatalistischer Ergebung damit begründete, daß nach dem Tod des Kindes seine Selbstdemütigung keinen Sinn mehr hätte. Auch für den Jahwe-Kultus hat David ohne Zweifel viel getan. Wenn dabei auch politische Rücksichten mit eine Rolle spielten, etwa bei der Einholung der Lade nach Jerusalem, von der die Rede war (S. 147 f.), so besteht doch kein Anlaß, an Davids innerer Verbundenheit mit dem Kultus zu zweifeln. Insofern steckt in dem Bericht von I Chr. 22, 2—29, 30, der in sicher sehr übertreibender Weise erzählt, daß David den Bau und die Ausstattung des Tempels durch seinen Nachfolger Salomo gründlich vorbereitete, doch ein Körnchen Wahrheit. Dasselbe gilt von der Tradition, die etwa die Hälfte der in unserem Psalmbuch stehenden 150 Psalmen David zuschreibt: bei dem einen oder dem anderen Psalm ist die Möglichkeit, daß er von David stammt, sehr ernsthaft zu erwägen, um so ernsthafter, als David jedenfalls eine große poetische Begabung gehabt hat. Von dem in II Sam. 1, 17–27 erhaltenen Trauerlied auf Saul und Jonathan sahen wir ja schon (S. 143 f.), daß es sicherlich von David verfaßt wurde. Das dürfte auch von dem Trauerlied auf Abner in II Sam. 3, 33–34 gelten, das sich freilich an dichterischer Kraft und Schönheit mit dem auf Saul und Jonathan gedichteten nicht entfernt messen kann.

δ) *Salomo*

Während die hier in Betracht kommenden Quellen bei David eine seinem Lebenslauf und der Folge seiner Schicksale und Handlungen entsprechende chronologische Darstellung erlauben, ist das angesichts der Art der uns für Salomo in I Kön. 3 bis 11 zur Verfügung stehenden Nachrichten ganz unmöglich. Vielmehr ist hier eine sachliche Gruppierung geboten, die in den Fällen, die eine zeitliche Ansetzung des betreffenden Faktums ermöglichen, diese erwähnen mag. Sechserlei kommt in Betracht: 1. die Außenpolitik, 2. die Umgestaltung des Heerwesens, 3. die Schaffung neuer Verwaltungs- und Abgabenbezirke, 4. die Errichtung von Handelsmonopolen, 5. die Entfaltung einer reichen, fast üppigen Bautätigkeit, 6. die Anpassung der Hofhaltung an die in Israels Umgebung üblichen Sitten.

Salomo hat das von seinem Vater David geschaffene Großreich Israel im allgemeinen erhalten können. In einem Fall ist ihm sogar der Erwerb eines neuen Territoriums gelungen. Freilich ist das keine mit Waffen erzwungene Ausdehnung seiner Herrschaft gewesen, sondern die Auswirkung politisch-diplomatischer Verhandlungen. Der in den ersten Jahren der Regierung Salomos auf dem ägyptischen Thron sitzende Pharao, vielleicht Siamun (976–958), hat eine seiner Töchter Salomo zur Frau gegeben (I Kön. 3, 1)[8] und ihr die 50 km westlich von Jerusalem an der israelitisch-philisteischen Grenze gelegene, soeben von ihm eroberte kanaanäische Stadt Geser als Mitgift geschenkt (I Kön. 9, 16). Salomo hat diese Stadt sofort neu aufgebaut und befestigt.[9] Bedeutete es schon sehr viel, daß Salomo eine ägyptische Prinzessin als seine Hauptgemahlin heimführen konnte, so stellte der Erwerb der Grenzfestung Geser einen ganz erheblichen Zuwachs seiner Macht dar. Allein um der schönen Augen Salomos willen hat der Pharao ihm aber Geser kaum überlassen. Vielmehr wollte er wahrscheinlich mit diesem Eingriff in ein zu Israels Interessensphäre gehörendes Gebiet zugleich demonstrieren, daß Ägypten seine alten Ansprüche auf Beherrschung der südpalästinischen Mittelmeerküste keineswegs aufgegeben habe. Dieser Salomo in seinen Anfangsjahren gelungenen Vergrößerung seines Reiches steht freilich der in der zweiten Hälfte seiner Regierung eingetretene Verlust altisraelischen Landes gegenüber. Wie in I Kön. 9, 10–14 berichtet wird, hat Salomo nach Vollendung seines Tempel- und Palastbaus als Entgelt für die zu den Bauten geleisteten Materiallieferungen an Hiram von Tyros zwanzig nahe der tyrisch-israelischen Grenze gelegene israelitische Städte abgetreten.

Wie oben (S. 150), als davon die Rede war, daß David erbeuteten Streitwagenpferden die Fesseln durchschneiden und sie so lähmen ließ, erwähnt wurde, hat Salomo das gesamte Heerwesen auf Streitwagenkorps umgestellt. Die Angaben über die Zahl der ihm zur Verfügung stehenden Streitwagen und der dazugehörigen Pferde und Männer, wie sie in I Kön. 5, 6 und 10, 26 gemacht werden, sind freilich nicht einheitlich. Indes wird man kaum fehlgehen, wenn man mit 1400 Kampfwagen, mit 4000 Zugpferden und mit 12 000 Wagenkämpfern rechnet. Ein erheblicher Teil der von Salomo errichteten Bauten waren Kasernen für die Streitwagenkorps, wobei offenbar zwischen Kasernen einerseits, Zeug- und Proviantháusern andererseits kein scharfer Unterschied zu machen, sondern anzunehmen ist, daß die von Salomo errichteten Garnisonen auch mit Waffen- und mit Vorratslagern versehen waren. Das wäre für Jerusalem als selbstverständlich anzunehmen, auch wenn wir nicht aus I Kön. 7, 2; 10, 16–17; 14, 25–28; II Kön. 11 und sonst erführen, daß der Königspalast eine Kaserne und ein Zeughaus umfaßte. Die Bauten, die von Salomo nach I Kön. 9, 15–19 außer in Jerusalem in Hazor, Megiddo[10], Geser, Beth-Horon, Baʿalath und Thadmor[11] errichtet und teilweise (Geser, Megiddo, Hazor) archäologisch nachgewiesen worden sind, werden Kasernen, Zeug- und Vorratshäuser zugleich gewesen sein. Das gilt auch von der am Roten Meer gelegenen Hafenstadt Ezeon-Geber, die Salomo als Ausgangspunkt für seine zusammen mit dem König von Tyros unternommene Ophir-Schiffahrt gedient hat. Die hier für die Zeit Salomos nachgewiesenen Bauten werden wenigstens zum Teil ebenfalls der Lagerung von Waffen und Vorräten gedient haben.

Übrigens bedeutete die von Salomo vorgenommene Umstellung des Militärwesens auf die Streitwagenpraxis, in der nur ein kleiner Teil seiner wehrhaften Untertanen zum Dienst herangezogen werden konnte, keineswegs, daß die übrigen dem Staat gegenüber keine Verpflichtungen gehabt hätten. Ihnen oblag vielmehr eine Art öffentlicher Arbeitsdienst. Über seine Ordnung wird in I Kön. 5, 27–30 einiges gesagt, und 11, 28 heißt es, daß Jerobeam von Salomo über den Arbeitsdienst des Hauses Joseph gesetzt worden sei. Dagegen scheint die Angabe von

I Kön. 9, 20–23, nach der die Israeliten von diesem Arbeitsdienst befreit gewesen und daß zu ihm nur die im israelitischen Gebiet noch vorhandenen Nicht-Israeliten herangezogen worden seien, auf einem Mißverständnis zu beruhen.
Über die Neueinteilung des Salomonischen Reiches oder, genauer gesagt, seines größeren nördlichen Teiles, also Israels im engeren Sinne, sind wir dadurch verhältnismäßig gut unterrichtet, daß uns in I Kön. 4, 7–19; 5, 7–8 eine – textlich freilich sehr schadhafte – amtliche Liste erhalten ist, die die Vorsteher der neuen Bezirke nennt und zugleich die Größe dieser Bezirke angibt.[12] Bei der Bildung der zwölf Bezirke, von denen hier die Rede ist, hat man teilweise an die alten Gebiete der Stämme angeknüpft, aber da, wo es sich um später israelitisch gewordenes, ehemals kanaanäisches Land handelte, die Neueinteilung ohne Rückgriff auf frühere Verhältnisse, die Grenzziehung aber jedenfalls nach der Ertragsfähigkeit der Provinzen vorgenommen. Denn diese Bezirke dienten in erster Linie der Versorgung des königlichen Hofes und der Garnisonen mit Lebensmitteln, Futter und Zugtieren (vgl. I Kön. 5, 2–3). Welch hohen Rang die Vorsteher dieser Bezirke einnahmen, ist daraus ersichtlich, daß mehrere von ihnen Schwiegersöhne Salomos waren. Von den in der Liste aufgeführten Bezirken lag keiner auf dem Gebiet des früheren Stammes Juda. Da kaum anzunehmen ist, daß Juda von den jenen Bezirken auferlegten Leistungen ganz frei war, wird damit zu rechnen sein, daß Juda auf andere Weise zu derartigen Leistungen herangezogen worden ist. Dabei könnte Juda glimpflicher davongekommen sein als Israel, und Israel könnte das als eine Zurücksetzung hinter Juda schmerzlich empfunden haben. Diese Erbitterung hätte sich bei nächster Gelegenheit Luft machen können. Jedenfalls besteht wenigstens die Möglichkeit, daß einer der Gründe, weshalb Israel sich nach Salomos Tod von der davidischen Dynastie getrennt hat, der gewesen ist, daß Israel sich durch Leistungen an den königlichen Hof und an die Garnisonen stärker belastet fühlte als Juda und diese Ungerechtigkeit nicht weiter ertragen wollte. Ein anderer Grund könnte der gewesen sein, daß die Einrichtung des öffentlichen Arbeitsdienstes an Israel größere Anforderungen gestellt hat als an Juda. Vielleicht ist mit beiden Gründen zu rechnen.
Wenn man Salomo wohl einen Kaufmann auf dem Königsthron oder einen königlichen Kaufmann genannt hat, so ist das vollauf berechtigt. Salomo hat in der Tat den Handel aufs stärkste begünstigt und dabei für viele Waren königliche Handelsmonopole eingeführt, die eine wesentliche Quelle zur Deckung seiner hohen Ausgaben für seine militärischen Rüstungen und für seine prächtigen Bauten bildeten. Nach I Kön. 10, 28 f. bezog Salomo die zur Bespannung der Streitwagen nötigen Pferde aus

Kilikien, die Streitwagen aber aus Ägypten, wo die Kampfwagenfabrikation auf eine jahrhundertealte Tradition zurückblicken konnte. Dabei kostete ein Pferd ein Viertel vom Wert eines Streitwagens. Als Abnehmer dieser Streitwagen und ihrer Bespannung werden 10, 29 die Könige der Hethiter und die Könige Arams genannt, also die nach dem Zusammenbruch des hethitischen Großreiches in Nordwestsyrien und in Südostkleinasien an dessen Stelle getretenen neuhethitischen Staaten und die dort und anderswo seit dem 11. Jahrhundert entstandenen aramäischen Reiche, über die noch berichtet werden muß (S. 164 ff.). Neben dem Handel mit Streitwagen und Pferden scheint Salomo auch den ebenfalls sehr gewinnreichen internationalen Handel mit Spezereien aller Art, Weihrauch und dergleichen, monopolisiert zu haben. Diesem Handel hat auch wohl der Besuch der Königin von Saba, von dem in I Kön. 10, 1–10. 13 die Rede ist, gegolten, indem damals über seine Art und seine Ausdehnung Näheres vereinbart worden sein mag.
Der weite Strecken zu Lande und zu Wasser umspannende internationale Handel setzt voraus, daß die Wege, die er geht, gesichert sind. So hat die Sicherung der Oberhoheit über diese Wege mit zu der Handelspolitik Salomos gehört, wie – wir sahen es schon (S. 142) – auch der Ausdehnungsdrang der Philister bereits der Beherrschung der Handelsstraßen gedient haben mag. Die Kontrolle der Handelswege war für Salomo um so wichtiger, als sie nicht nur dem Schutz der eigenen Handelsunternehmungen zugute kam, sondern auch Zolleinnahmen mit sich brachte, indem von nicht-israelitischen Benutzern dieser Straßen Abgaben verlangt wurden. Wie weiträumig und großzügig Salomos Handelspolitik war, zeigen nicht nur seine Seefahrten[13] nach dem an der Ostküste Afrikas oder der Südküste Arabiens oder gar in Indien oder in Südafrika zu suchenden, jedenfalls nach der Angabe von I Kön. 10, 22, daß solch eine Unternehmung drei Jahre erforderte, von Ezeon-Geber, dem Ausgangshafen, recht weit entfernten Ophir, sondern auch seine Kamelkarawanen benutzenden Handelsunternehmungen zu Lande. Von diesen vermittelt die Angabe von I Kön. 9, 18; II Chr. 8, 4, daß Salomo auch in »Thadmor in der Steppe in Aram«[14] (in I Kön. 9, 18 ist ba'^{a}rām »in Aram« statt bā'āräṣ »im Lande« zu lesen), also in Palmyra, Bauten errichtet habe, eine Vorstellung. Denn diese Bauten in der alten, schon Jahrhunderte vor Salomo bestehenden Karawanenhandelsstadt werden Kasernen, Zeug- und Vorratshäuser zugleich gewesen sein und jedenfalls dem Handel gedient haben.
Der wichtigste und prächtigste Bau, den Salomo aufgeführt hat, war der Palast, von dem der Tempel einen Teil bildete.[15] Von ihm hören wir denn auch verhältnismäßig viel, wobei freilich der Palast zugunsten des Tempels etwas zu kurz kommt. Hier

läßt sich auch die Zeit der Regierung Salomos nennen, in der diese Bauten begonnen und vollendet wurden. Nach I Kön. 5, 15—32 haben Salomos Verhandlungen mit Hiram, König von Tyros, wegen Lieferung von Bauholz und Überlassung von Zimmerleuten und Steinmetzen zu Anfang der Regierung Salomos stattgefunden. 6, 1. 37 f. wird das dahin ergänzt, daß der Bau des Tempels im vierten Jahre Salomos begonnen und in seinem elften Regierungsjahr vollendet worden ist, also sieben Jahre gedauert hat. Über den Palast erfahren wir aus 7, 1, daß Salomo an ihm 13 Jahre gebaut hat. 9, 10 gibt als Bauzeit für Tempel und Palast zwanzig Jahre an. Palast und Tempel bildeten einen von einer gemeinsamen Mauer mit Toren für den Palast- und für den Tempelteil umgebenen Komplex, in dessen südlicher Hälfte die wohl um besondere Innenhöfe gelegenen Palastbauten, nämlich zunächst das Libanonwaldhaus, das—nach den im Erdgeschoß angebrachten Stützen aus Libanonzedern benannt — jedenfalls auch als Zeughaus (I Kön. 10, 17; II Kön. 20, 13) diente, die propyläenartige Säulenhalle, die Thronhalle mit dem I Kön. 10, 18—20 beschriebenen Thron aus Gold und Elfenbein, sodann der Wohnbau des Königs und der Harem, standen, während die nördliche Hälfte von dem großen Tempelvorhof mit dem Brandopferaltar und von dem Tempel selbst eingenommen wurde. Gewiß haben für die Palastanlage auswärtige Bauten, etwa assyrische, als Vorbilder gedient, aber Genaueres läßt sich darüber nicht mehr feststellen.

Von der in I Kön. 7, 1—12 gegebenen knappen Beschreibung des Palastkomplexes heben sich die ziemlich ausführlichen Mitteilungen über den Tempel, wie sie 5, 15—32; 6, 1—38; 7, 9. 13—51 geboten werden, bemerkenswerterweise ab. Die drei Haupträume des Tempels — Vorhalle, Hauptraum und Zella — werden nach ihren Maßen, ihrer Bauart und der Täfelung ihrer Innenwände genau beschrieben (6, 1—22). Weiter werden die in der Zella aufgestellten, aus Ölbaumholz geschnitzten und mit Gold überzogenen riesigen Keruben samt ihren sich über die Heilige Lade ausbreitenden Flügeln genau geschildert (6, 23 bis 28; 8, 6), ebenso die der Verbindung der Tempelräume dienenden Türen (6, 31—34). Besonders ausführlich ist in 7, 15—50 von den Metallarbeiten die Rede, die der berühmte Erzschmied Hiram aus Tyros gefertigt hat, von den vor der Vorhalle stehenden zwei Ehernen Säulen (7, 15—21. 41—42), dem von zwölf Rindern getragenen Ehernen Meer (7, 23—26. 44), den zehn Kesselwagen (7, 27—39. 43), den vor dem Adyton zu beiden Seiten des Eingangs stehenden 10 Goldenen Leuchtern (7, 49) und den mannigfachen, zum Kult nötigen Töpfen, Schalen, Schaufeln und sonstigen Geräten (7, 40. 50). Auch für den Tempel, für Grund- und Aufriß wie für die Innenausstattung, werden auswärtige Vorbilder maßgebend gewesen sein, um so eher, als die phönikischen Architekten und Kunsthandwerker, die beim Bau mitgewirkt haben, es gewohnt waren, sich für ihre Arbeit Anregungen aus aller Welt geben zu lassen. Läßt sich im allgemeinen über die Heimat dieser Vorbilder auch nichts Sicheres sagen, so scheint doch hinsichtlich des Außenbaus festzustehen, daß der Syrien-Palästina eigentümliche Tempel mit dem erhöhten Adyton auf den Bau des Salomonischen Tempels, dessen Lade und Keruben bergende Zella höher lag als die Vorhalle und der Hauptraum (6, 2. 20), eingewirkt hat.[16] Was aber die Innenausstattung angeht, so kommen Keruben, Palmen und Blumengehänge, mit denen die Täfelung der Innenwände des Tempels und ihre Türflügel verziert waren (6, 29. 32–35), und Löwen, Rinder und Keruben, die auf den Tragflächen der Kesselwagen angebracht waren (7, 29), als Schmuckmotive in Israels Nachbarschaft an vielen Orten vor, wie sich denn auch der Verzierung des Thrones Salomos (10, 18–20) mit Stierprotomen und Löwenfiguren aus Israels Umgebung viele Parallelen an die Seite stellen lassen.

War, wie wir sahen (S. 149), Davids Hofstaat schon größer als der Sauls, so ist der Salomos noch viel umfangreicher geworden. Als neue Minister erscheinen hier der Vorgesetzte der zwölf Bezirksvögte, von denen die Rede war (S. 156), der »Freund des Königs« und der Hausminister, ohne daß wir in jedem Falle deren Zuständigkeit genau bestimmen könnten (4, 2–6). Neben der Vergrößerung des zu ihm gehörenden Personenkreises erfuhr Salomos Hof auch sonst im Gegensatz zum Hof Davids eine auswärtige Vorbilder nachahmende Ausgestaltung, die man nicht zu Unrecht mit der Neigung europäischer Fürsten, es dem Hof Ludwigs XIV. (1643–1715) gleichzutun, verglichen hat. Schon der Bau des Tempels und des Palastes zeugt davon. Sodann gehört hierher die ungewöhnliche Ausdehnung des Harems, die Salomo vorgenommen hat. Aber es blieb nicht bei diesen äußeren Verfeinerungen des höfischen Lebens, wie sie das Erstaunen der Königin von Saba wachriefen (I Kön. 10, 1–10. 13), sondern es kam eine Vertiefung der Geistesbildung von ungewöhnlichen Ausmaßen hinzu. In der Erzählung von dem Besuch der Königin von Saba bei Salomo heißt es, daß sie Salomo viele Fragen vorgelegt, daß dieser sie alle beantwortet und daß sie daraufhin ihrer großen Verwunderung über Salomos Weisheit vernehmlichen Ausdruck gegeben habe. Um zu verstehen, worum es hier geht, muß man I Kön. 5, 9–14 und 10, 23–24 heranziehen. Dort wird mitgeteilt, daß Salomo weiser gewesen sei als alle Weisheit Babyloniens und Ägyptens, daß er die damals offenbar weithin bekannten Weisen Ethan, Heman, Chalkol und Darda an Weisheit übertroffen habe, daß alle Welt nach Jerusalem gekommen sei, um Salomos Weisheit zu hören, und daß er 3000 Sprüche und 1005 Lieder gedichtet habe, die zur Botanik und zur Zoologie Beziehungen gehabt, nämlich die Zeder auf dem Libanon und das aus der Mauer wachsende Ysop-Kraut sowie die Tiere, die Vögel, das Gewürm und die Fische behandelt hätten. Hier sind offenbar Dichtungen gemeint, die als Anfänge botanischer und zoologischer Wissenschaft verstanden werden müssen und gewiß vielfach in Frage- oder Rätselform gekleidet waren, so daß sie Stoff zu geistvoller Unterhaltung boten. So muß man sich die Fragen, die nach 10, 1–10. 13 die Königin von Saba Salomo stellte, und die Antworten, die er ihr gab, vorstellen. Daß mit den Sprüchen von 5, 12 daneben auch solche, die es mit Lebenserfahrungen oder mit allerlei Klugheitsregeln und Mahnungen zu tun haben, gemeint sind, ist keineswegs ausgeschlossen, sondern auch darum nur wahrscheinlich, weil dann die Tradition, die eine Reihe von Sammlungen derartiger Sprüche – Sprüche Salomos, Prediger Salomos, Weisheit Salomos – auf Salomo zurückführt, einen historischen Anknüpfungspunkt hat. Man kann fragen, ob die 1005 Lieder, die 5, 12 neben den 3000 Sprüchen genannt werden, auch als didaktische Dichtungen zu verstehen sind, die sich nur in der Form von den Sprüchen unterschieden, oder ob es sich hier um Erzeugnisse lyrischer Poesie handelt. Sollte das letztere zutreffen, so wäre wohl am ehesten an erotische Poesie zu denken, wie Salomo denn in der Folgezeit als Verfasser solcher Dichtung gegolten hat und ihm das Hohelied zugeschrieben wird.

ε) *Die Reichsteilung*

Hatten schon die Aufstände Absaloms und Sebas, von denen schon oben auf S. 153 die Rede war, gezeigt, daß das israelitische Volk oder doch Teile von ihm mit Davids Großmachtpolitik, die für sie schwere Belastungen brachte, nicht einverstanden waren und wirkte da die Rivalität zwischen dem israelitischen Norden und dem judäischen Süden mit, so konnten die gewaltigen Ansprüche, die Salomo zur Bestreitung der großen Ausgaben für seine Militär- und Handelspolitik an seine Untertanen stellte, deren Unzufriedenheit nur noch steigern. Dabei kann und wird diese auch kultisch-religiöser Art gewesen sein und sich gegen die für das Empfinden vieler zu weit gehende Duldung, die Salomo aus außenpolitischen Rücksichten fremden Kulten entgegenbrachte, gerichtet haben. Jedenfalls läßt die – gewiß stark sagenhafte – Erzählung in I Kön. 11, 29–39, nach der der Prophet Ahia von Silo auf seiten des von Salomo zunächst zum Vorsteher der gesamten Fronarbeit des Hauses Joseph eingesetzten, dann aber mit ihm zerfallenen Jerobeam gestanden und seine Ansprüche auf die Herrschaft über Israel in Jahwes Namen anerkannt und unterstützt hat, dergleichen vermuten. Vielleicht war Silo, das ja mit seiner Lade einmal kultischer Mittelpunkt Israels gewesen war, Sitz einer gegen Jerusalem und seinen Kult gerichteten Opposition. Da es Jerobeam gelang, vor den Nachstellungen Salomos, der gewiß von der jenem durch Ahia geleisteten Hilfe wußte und sich über die mit der Opposition eines angesehenen Propheten gegebene Bedrohung seines Thrones im klaren war, nach Ägypten zu entkommen, und da er von hier aus weiter gegen Salomo konspiriert haben wird, hatte Salomo allen Grund, auf der Hut zu sein. So fehlt es an Anzeichen dafür, daß Salomos Thron einer festen Grundlage entbehrte, nicht, und es ist kein Wunder, daß nach seinem Tod das von David geschaffene und von ihm im großen und ganzen zusammengehaltene Reich auseinanderbrach.

Wie sich die Dinge geändert hatten, zeigte, daß, während nach dem Tod des Sauls-Sohnes Esbaʿal die Ältesten Israels sich zu David nach Hebron begeben und ihm dort die Krone angeboten hatten (S. 145), Salomos Sohn und Erbe Rehabeam die von altehrwürdiger Tradition verklärte Metropole Israels, Sichem, aufsuchen mußte, um dort die Krone aus der Hand der Israeliten entgegenzunehmen. Ein weiterer Unterschied ist dieser: In II Sam. 5, 3 heißt es, daß David mit den Ältesten Israels in Hebron vor Jahwes Angesicht einen Vertrag geschlossen habe und daß er dann von ihnen zum König gesalbt worden sei. Offenbar ist David bei diesem Vertragsschluß der Mächtigere gewesen. Nach I Kön. 12, 1–24 aber begann die Verhandlung zwischen den beiden Partnern, den Vertretern Israels und Rehabeams, damit, daß jene sich über die harte Arbeit und das schwere Joch, die Salomo ihnen auferlegt hätte, beschwerten und um deren Erleichterung baten. Welche Lasten die Vertreter Israels dabei im Auge hatten, ob die Leistungen an die zwölf Bezirksvögte (S. 156) oder die Verpflichtung zum Arbeitsdienst (S. 155 f.), die vielleicht von Israel als besonders drückend und ungerecht empfunden wurden, weil Juda möglicherweise in dieser Hinsicht anders und besser behandelt wurde als Israel, läßt sich nicht ausmachen. Jedenfalls wurden diese Beschwerden von den alten und erfahrenen Ratgebern Rehabeams als nicht unberechtigt empfunden; sie empfahlen daher dem jungen König, nachgiebig zu sein. Aber dieser schlug solche Ratschläge in den Wind, folgte dem Rat seiner Altersgenossen, wies die Bitten Israels mit beleidigender Schärfe zurück und erreichte damit, daß sich Israel in aller Form von der davidischen Dynastie lossagte und dabei das schon ein halbes Jahrhundert vorher (II Sam. 20, 1, vgl. S. 153) von Seba angestimmte Revolutionslied aufs neue erklingen ließ:

»Wir haben nicht teil an David und kein Erbe am Sohn Isais;
Zu deinen Zelten, Israel! Nun sieh nach deinem Hause, David!«

Wie groß die Erbitterung der Israeliten war, zeigt die Tatsache, daß sie den Arbeitsdienstführer Adoram, der vom König mit dem Versuch, die Situation zu retten, beauftragt war, steinigten, woraufhin Rehabeam sofort auf seinem Streitwagen nach Jerusalem flüchtete. Nun war für Jerobeam, der auf die Nachricht vom Tod Salomos sofort in die Heimat zurückgekehrt war und offenbar (I Kön. 12, 20) während der Verhandlungen Rehabeams mit den Ältesten Israels schon in Sichem geweilt und diesen den Rücken gestärkt hat, die Bahn frei: die Vertreter Israels luden ihn in ihre Mitte und salbten ihn zum König über ganz Israel. Nach 12, 21–24 hat Rehabeam bald aus den zu ihm haltenden Stämmen Juda und Benjamin 180000 Mann zur Zurückgewinnung des gesamtisraelitischen Königtums aufgeboten, aber auf den ihm durch den Propheten Semaja übermittelten Befehl Jahwes hin den Angriff unterlassen. Das ist wohl eine unhistorische Legende. An Auseinandersetzungen zwischen den beiden Staaten hat es freilich während der nächsten sechs Jahrzehnte nicht gefehlt (I Kön. 14, 30; 15, 16–22). Von der zwischen Asa von Juda (908–868) und Baesa von Israel (906 bis 883) muß nachher noch die Rede sein. Erst unter Ahab von Israel und Josaphat von Juda, die etwa gleichzeitig regiert haben, ist es zur Aussöhnung zwischen Israel und Juda gekommen.

Bei dem Überblick über die Reihe der Könige des Nordstaates Israel einerseits und die des Südstaates Juda andererseits fällt sofort ein großer Unterschied auf: In Juda sind die Davididen bis zum Untergang des Staates 587 v. Chr. auf dem Thron geblieben. Für die erhoffte Wiederherstellung des israelitischen Gesamtstaates hat man dort mit dem wiedererstehenden David oder einem Angehörigen des Davidhauses als König gerechnet. In Israel dagegen sind gewaltsame Thronwechsel die Regel, und die mehrere Generationen überdauernde Herrschaft einer Dynastie bildet die seltene Ausnahme. Eigentlich haben nur Omri und Jehu solche Dynastien geschaffen, wobei die Omris sich vier, die Jehus zehn Jahrzehnte auf dem Thron behaupten konnte. Die Gründe für die blutigen Thronwechsel in Israel sind nicht immer erkennbar. Aber mögen auch persönliche Motive, Ehrgeiz und Machtgier Anteil an ihnen haben, so werden es doch meistens außen- oder innenpolitische Meinungsverschiedenheiten gewesen sein, die für die Umstürze verantwortlich zu machen sind. So wird der in I Kön. 14, 1–18 erzählte Bruch Ahias von Silo mit Jerobeam, dem er doch mit zur Thronbesteigung verhalf, denselben Grund haben, der den Propheten zum Kampf gegen Salomo veranlaßt hatte: Mißbilligung der von den beiden Königen verfolgten Kultus- und Sozialpolitik, die nach seiner Meinung Jahwes Geboten widersprach.

Das politische Auseinanderfallen des israelitischen Gesamtreiches hatte auch kultische Folgen. Angesichts der überragenden Bedeutung, die Jerusalem und sein Tempel für das gesamte Israel erlangt hatten, war zu erwarten, daß viele Bürger des Nordstaates ihre Verbindung mit dem Jerusalemer Tempel auch nach der Spaltung, aufrechterhalten würden. Solch kultisch-religiöse Beziehungen schlossen aber das Gefühl politischer Zusammengehörigkeit ein oder konnten es wenigstens tun. Das konnte dann zu einer Schwächung der Bedeutung des Nordstaates führen. So legte Jerobeam Wert auf die Schaffung nordstaatlicher Kultstätten, die für seine Untertanen an die Stelle des Tempels in Jerusalem treten konnten und ihnen den Besuch Jerusalems unnötig machten. Daß sich Stätten, die auf eine ehrwürdige Tradition zurückblickten, dazu besonders eigneten, versteht sich von selbst. Bethel und Dan boten diese Voraussetzungen. In Bethel, das nach Gen. 28. 35 überdies schon von Jakob als Kultstätte begründet worden sein soll, hat nach Richt. 20, 26–28 einmal unter Pinehas, Aarons Enkel, also einem Angehörigen der alten, auf Mose oder Aaron zurückgehenden Priesterfamilie, die Lade ihre Stätte gehabt. Von Dan sagt Richt. 18, 30, daß dort etwa um dieselbe Zeit ein anderer Angehöriger dieses Priestergeschlechtes, Jonathan, Moses Enkel[17], Dienst getan habe. So erwählte Jerobeam diese beiden Kultstätten und stattete sie mit einem Kultsymbol, dem Jungstierbild, aus, das – in unserer vom gegnerischen Jerusalemer Standpunkt beeinflußten Überlieferung (Ex. 32) freilich als abgöttisch gebrandmarkt – wie die Lade in Israels vorkanaanäischer Zeit eine große Rolle gespielt hatte und es daher nach Meinung Jerobeams mit der in Jerusalem stehenden Lade wohl aufnehmen konnte (I Kön. 12, 26 bis 33; 13, 1–34; 14, 1–20). Bethel und Dan haben, wie etwa die Polemik eines Amos gegen diese Kultstätten zeigt (Amos 7, 10–17; 8, 14), tatsächlich dem zu ihrer Gründung führenden Zweck gedient, wenn auch eine völlige Aufhebung der Verbindung von Bürgern des Nordstaates mit dem Jerusalemer Tempel niemals erreicht worden ist, sondern trotz aller Hemmnisse allerlei Zusammenhänge geblieben sind (Jer. 41, 4–9).

ζ) *Die ersten Könige der Teilstaaten Israel und Juda*

Aus dem Zerfall des israelitischen Gesamtreiches zogen böswillige Nachbarn ihren Vorteil. Denn die Einzelstaaten hatten selbstverständlich nicht die Kraft zur Gegenwehr, die der Einheitsstaat gehabt hatte. Von den beiden Großmächten, der nordöstlichen und der südwestlichen, die seit langem auf Syrien-Palästina Ansprüche gemacht und um deren Durchsetzung auch wohl miteinander gekämpft hatten, war die erste, die assyrische, damals noch nicht wieder so stark, daß sie entscheidend in Syrien-Palästina hätte eingreifen können. Es dauerte erst noch etwa ein halbes Jahrhundert, bis das möglich war. Aber der damalige Vertreter der anderen Großmacht, der Begründer der XXII. ägyptischen Dynastie, Pharao Sisak, konnte doch im fünften Jahr Rehabeams, also bald nach dem Auseinanderfall des israelitischen Gesamtreiches, in Palästina eingreifen und hier beide Staaten, Juda und Israel, empfindlich schädigen (I Kön. 14, 25—28; AOT, S. 98—99; AOB, Nr. 114; ANET, S. 263—264; ANEP, Nr. 349). Auch die Israel unmittelbar benachbarten kleineren Völker, die Edomiter, die Moabiter, die Ammoniter, die Philister und die Aramäer, werden gewiß die durch die Reichsteilung eingetretene Schwächung der Israeliten zu ihren Gunsten ausgenutzt haben. Von Grenzkämpfen, die der israelitische Nordstaat mit den Philistern auszutragen hatte, hören wir einiges in I Kön. 15, 27 und 16, 15, wo von Kämpfen um das an der philisteisch-israelitischen Grenze gelegene Gibbethon die Rede ist. Ein für den Nordstaat sehr schmerz- und verlustreicher Eingriff der Aramäer wird uns in 15, 16—22 sogar ziemlich ausführlich berichtet. Danach hat um 900 der judäische König Asa, als er von dem israelitischen König Baesa hart bedrängt wurde, die Hilfe des Königs von Damaskus, Benhadad, des Sohnes Tabrimmons, erkauft, der daraufhin in Israel einfiel, große Teile Nordostgaliläas verheerte und damit Baesa zwang, von seinem Angriff auf Juda abzustehen. Diesem aramäischen Angriff folgten bald weitere.

b) Die hethitischen Nachfolgestaaten

Dem in dem Seevölkersturm, der um 1200 über das östliche Mittelmeerbecken hinwegfegte, zugrunde gegangenen Hethiterreich waren, wie seinen Grenzen überhaupt, so auch seiner syrischen Grenze Staaten vorgelagert, die eine gewisse Selbständigkeit behielten, aber doch im weiteren Sinn zum hethitischen Machtbereich gehörten. Dabei waren, wie es, namentlich bei Karkemiš, die in Ras Šamra, dem antiken Ugarit, zutage gekommenen Texte aus dem 14. und dem 13. Jahrhundert erkennen lassen, die Fürstenhäuser dieser Vasallenstaaten auch wohl Sekundogenituren der Familie des hethitischen Großkönigs, was ihre Bedeutung wesentlich erhöhte. So wissen wir von dem Fürsten von Karkemiš, daß er weitgehende Aufsichtsrechte über Ugarit besaß und hier im Namen des Großkönigs wichtige Entscheidungen treffen konnte. Von diesen syrischen Vasallenstaaten haben manche den Seevölkersturm überstanden. Wissen wir auch über das, was in den beiden ersten Jahrhunderten nach dieser Katastrophe ihr Schicksal gewesen ist, leider nichts, so stehen uns doch von etwa 1000 an für ihren Fortbestand mancherlei Zeugnisse zur Verfügung. Zunächst sind nämlich an vielen Stellen des nordsyrischen und südostkleinasiatischen Raumes einerseits mit hethitischer Hieroglyphenschrift geschriebene Texte in luwisch-hethitischer Sprache und andererseits Erzeugnisse ḫurritisch-hethitischer Kunstfertigkeit zutage gekommen, die das Weiterleben hethitischer Traditionen bezeugen, so in Karkemiš[18], Hamath[19] sowie in und bei Zincirli[20], der Stätte des antiken Sam'al, der Hauptstadt von Ja'udi. Sodann nennen vom 9. Jahrhundert an Berichte assyrischer Könige über ihre Vorstöße ans Mittelmeer sowie urartäische Inschriften eine ganze Reihe neohethitischer Kleinstaaten, die uns sonst unbekannt sind und sich geographisch nicht genau festlegen lassen, aber doch jedenfalls in Nordsyrien und Südostkleinasien zu suchen sind. Nach alledem dürfen wir mit großer Sicherheit annehmen, daß manche dieser uns erst für die zweite Periode unserer Darstellung, für 880—745, bezeugten nord- und mittelsyrischen Staaten in die Zeit des großhethitischen Reiches zurückgehen. Das gilt außer von den schon genannten Karkemiš, Hamath und Ja'udi-Sam'al auch etwa von dem in der Bibel (I Kön. 10, 28; II Chr. 1, 16) und in assyrischen Inschriften genannten kilikischen Qu'e[21]. Wie lange sich in Nordwestsyrien und Südostkleinasien bei günstigen Bedingungen die hethitische Tradition halten konnte, zeigt die Tatsache, daß Azitawadda, der einen kleinasiatischen, nicht-semitischen Namen tragende Fürst eines am Mittellauf des Ceyhan, des antiken Pyramus, gelegenen Staates, seinen um 730 anzusetzenden ausführlichen Bericht über den Bau der nach ihm Azitawaddija genannten, an der Stätte des heutigen Karatepe[22] gelegenen Stadt außer in phönikischer auch in hethitischer Hieroglyphenschrift und Sprache abgefaßt hat.

c) Die Aramäer

Aus der semitischen Völkerkammer, der syrisch-arabischen Wüste, hat sich vom 12. Jahrhundert an eine neue Welle semitischer Kleinvieh-Nomaden sowohl nach Osten, nach Mesopotamien und Babylonien, als auch nach Westen, nach Syrien und Palästina, ergossen, die aramäische, die, wie wir sahen (S. 135), die neuhethitischen Staaten Nordsyriens überflutet und hier einen Synkretismus alter hethitischer Traditionen und neu ins Land gekommener aramäischer Elemente geschaffen hat. Schon die Namen der uns für diese Staaten aus späterer Zeit bekannten Fürsten sind teils kleinasiatisch, teils semitisch. In Hamath steht neben dem Namen des Königs Thoi oder Thou der des Kronprinzen Hadoram oder Joram, in Ja'udi-Sam'al Panamuwa neben Barrākib und in Azitawaddija (Karatepe) Azitawadda neben seinem Beinamen Barūkbaʿal »Gesegneter Baʿals«. Die Mischung des kleinasiatischen und des aramäischen oder auch phönikischen Erbes zeigt sich weiter an dem schon erwähnten Nebeneinander hethitischer Bilder- und semitischer Buchstabenschrift, das eine Parallele in dem Nebeneinander der kleinasiatisch-luwischen und der semitischen Sprache hat, sowie an der Mischung

ḫurritisch-hethitischer und phönikisch-aramäischer Kunstmotive. Auf die Dauer hat freilich jedenfalls auf dem Gebiet der Sprache und der Schrift das semitische Element gegenüber dem kleinasiatischen die Oberhand behalten, wie denn schon die Assyrer das Aramäische als die Verkehrssprache ihres Weltreiches gebraucht haben und die Babylonier und Perser ihnen darin gefolgt sind. Es lohnt sich, in diesem Zusammenhang an II Kön. 18, 26–28 = Jes. 36, 11–13 zu erinnern, wo aus dem Jahre 701 erzählt wird, daß der im Auftrag seines Königs Hiskia mit dem von Sanherib aus dem belagerten oder schon eroberten Lachis[23] zur Forderung der Kapitulation Jerusalems dahin entsandten Obermundschenken in hebräischer Sprache verhandelnde Eljakim seinen Partner bat, die aramäische Sprache zu gebrauchen, die er wohl verstände, aber sein Volk nicht — eine Bitte, die der Obermundschenk höhnisch mit der Begründung ablehnte, seine Worte seien ja gerade für das Volk bestimmt und sollten es mutlos machen.
Davon, daß Israel im Verlauf seiner Geschichte des öfteren Berührungen mit den Aramäern gehabt hat und daß diese meistens feindlicher Art gewesen sind, ist wiederholt die Rede gewesen. So war es zur Zeit Sauls, Davids, Salomos und mancher ihnen folgenden Könige der beiden Teilstaaten Israel und Juda.[24] Die hier in Betracht kommenden Stücke des Alten Testaments lassen dabei erkennen, daß die vielen aramäischen Staaten, die es in Syrien-Palästina gegeben hat, sich immer wieder zu Koalitionen zusammengeschlossen haben und daß diese sich sowohl in ihrer Führung als auch in ihrer Mitgliedschaft oft und rasch verändern konnten. So war es, wie wir sahen (S. 150), eine unter Führung des Königs von Zoba, Hadadeser, stehende Koalition mehrerer aramäischer Staaten, nämlich der von Zoba, Beth Rehob, Maacha und Is-Tob, zu der wohl noch als Nomaden ohne festen Wohnsitz zu denkende aramäische Stämme auf der Westseite des mittleren Euphrat gehörten, die von den durch David hart bedrängten Ammonitern zur Hilfe geholt wurde, freilich gegen diesen nichts ausrichten konnte und sich ihm sogar unterwerfen mußte (II Sam. 10, 6–19; 8, 3). Von weiteren aramäischen Koalitionen wird die Rede sein, wenn es gilt, die Geschichte der syrisch-palästinischen Aramäer in den Perioden 880–745 und 745–538 v. Chr. darzustellen.

d) Die Phöniker

Als gegen Ende des 11. Jahrhunderts in Israel das Königtum aufkam, konnten die phönikischen Hafen- und Handelsstädte — Tyros, Sidon, Berytos, Byblos[25], Arvad und andere — auf eine viele Jahrhunderte, in Einzelfällen gar Jahrtausende umfassende Geschichte zurückblicken. Den Seevölkersturm, der auch über sie dahingebraust war, hatten sie zumeist gut überstanden, oder sie haben sich doch bald von ihm erholt. Ebenso haben sie sich der Aramäisierung, die vom 12. Jahrhundert an in Syrien eintrat und im Binnenland die aramäische Sprache mehr und mehr die Oberhand gewinnen ließ, gegenüber behaupten können. Zwar war um 1100 ein assyrischer König, Tiglatpilesar I. (1117 bis 1078), bis ans Mittelmeer vorgestoßen, hatte von Sidon, Byblos und Arvad tributartige Geschenke empfangen und auf einem phönikischen Schiff eine Fahrt zur Inselstadt Arvad unternommen. Aber damals konnte noch niemand ahnen, daß das in Tiglatpilesar I. verkörperte Assyrien zwei, drei Jahrhunderte später die phönikischen Städte in ihrer Autonomie fühlbar einschränken und von ihnen dauernde oder doch wiederholte Tribute verlangen würde. Im übrigen erlebten die phönikischen Städte, unter denen zunächst Sidon, dann von etwa 1000 an Tyros die bedeutendste war, vom 12. Jahrhundert an eine Zeit großer wirtschaftlicher Blüte, die es ihnen ermöglichte, an Küsten und auf Inseln des Mittelmeeres Handelsfaktoreien und Kolonien anzulegen, auf Zypern und auf Sardinien, an der nordafrikanischen und an der westspanischen Küste und anderswo.[26] Von diesen Kolonien hat Karthago, das, wie es scheint, im 12. Jahrhundert von Sidon gegründet und zwei oder drei Jahrhunderte später (814) von Tyros neu gegründet worden ist, die größte Bedeutung erlangt und ist schließlich seiner Mutterstadt Tyros über den Kopf gewachsen. Die um die Mitte des 10. Jahrhunderts von Salomo zusammen mit Hiram von Tyros unternommenen Ophir-Fahrten, von denen die Rede war (S. 157), zeugen ebenfalls von dem seemännischen Unternehmungsgeist, der damals die Phöniker beseelte.

Was die Geschichte der einzelnen phönikischen Städte in der Zeit von 1025 bis 880 angeht, so stehen uns für Byblos und für Tyros die meisten Quellen zur Verfügung. Aus Byblos, das, wie ägyptische Nachrichten und Grabungen gezeigt haben, schon im 5. Jahrtausend besiedelt gewesen ist und jedenfalls seit dem 3. Jahrtausend mit Ägypten in Handelsbeziehungen gestanden hat, liegen phönikische Inschriften vor[27], die von sechs Königen des Zeitraums 1000–900 stammen. Die älteste von ihnen steht auf dem Rand des Sarkophags, den Ethbaʿal für seinen Vater Achiram anfertigen ließ.[28] Zwei andere, die 70 oder 80 Jahre jüngeren des Abibaʿal und des Elibaʿal, sind – Darstellungen von Weihungen an die Baʿalat von Byblos, die Hauptgöttin der Stadt – auf Statuen ägyptischer Pharaonen, die erste auf einer des Scheschonk I. (935–919), die zweite auf einer des Osorkon I. (912 bis 874), angebracht und bezeugen so die enge Verbindung dieser beiden phönikischen Könige mit Ägypten, wie übrigens auch der Schmuck des Achiram-Sarkophags ägyptische Motive aufweist. Über Tyros enthalten die von Josephus aus Bearbeitungen der

Tyrischen Annalen übernommenen Stücke, die außer dem 6. Jahrhundert das 10., das 9. und das 8. Jahrhundert angehen[29], mancherlei Nachrichten, die mit denen des Alten Testaments und der Inschriften assyrischer Könige übereinstimmen und sich dadurch als zuverlässig erweisen. So können wir die Reihe der tyrischen Könige von Hiram I. (969–936), dem Zeitgenossen Davids und Salomos, von dem schon die Rede war (S. 146), bis auf Ethbaʿal (887–856), den I Kön. 16,31 genannten Schwiegervater Ahabs, lückenlos verfolgen; sie läuft von Balbazeros (935–919) bis Phelles (888), der von Ethbaʿal ermordert worden ist.

Wie in der uns jetzt angehenden Zeit, zwischen 1025 und 880, die phönikischen Städte eine – durch ihre politische Autonomie bedingte oder doch geförderte – große wirtschaftliche Blüte erlebt haben, so kann auch der geistige Einfluß, den sie damals auf die Welt ausgeübt haben, kaum überschätzt werden. Das zeigt die bereits erwähnte Förderung der Bauten Salomos durch Hiram I. von Tyros, der übrigens nach dem Zeugnis der Tyrischen Annalen in seiner Hauptstadt Tyros ein großes Bauprogramm verwirklicht hat. Welche Werbekraft die wirtschaftliche und geistige Blüte der phönikischen Städte damals und schon vorher hatte, zeigen auch weitere Angaben. So wird im Debora-Lied Richt. 5, 17 mißbilligend festgestellt, daß Angehörige des an Phönikien angrenzenden israelitischen Stammes Dan auf fremden, d. h. phönikischen Schiffen Dienst tun und sich dadurch den Verpflichtungen, die sie ihren bedrängten Volksgenossen gegenüber haben, entziehen, und Richt. 18, 7 heißt es von der an den Jordanquellen gelegenen kanaanäischen – dann von den Daniten eroberten und in Dan umgenannten – Stadt Lais, daß sie nach phönikischer Art lebe, womit gewiß nicht nur die äußere Zivilisation, sondern auch die geistige Kultur gemeint ist. Daß auch Israel sich der von Phönikien ausstrahlenden, der eigenen in vieler Hinsicht überlegenen Kultur nicht entziehen konnte, zeigt etwa die bei Josephus, Ant. Jud. VIII 5, 3 § 148 f. erhaltene, aus den hier oben erwähnten Tyrischen Annalen stammende Erzählung, daß in einem – dem zwischen der Königin von Saba und König Salomo ausgetragenen (S. 159) ähnlichen – geistigen Wettstreit zwischen Hiram von Tyros und Salomo schließlich doch ein Abgesandter Hirams namens Abdemon die Oberhand über Salomo behalten habe. In dem uns jetzt angehenden Zeitraum begann auch die Übernahme des phönikischen Alphabets durch die Griechen, ein Vorgang, der von dem Beitrag der Phöniker zur Menschheitskultur eine sehr eindrückliche Anschauung gibt.

Allgemeines

Nachdem schon anderthalb Jahrhunderte vorher Tiglatpilesar I. (1117–1078) nach Syrien gezogen, hier die Macht Assyriens zur Schau gestellt und von Byblos, Sidon und Arvad Tribut empfangen hatte, führte erst der Assyrerkönig Assurnaṣirpal II. (884–858) wieder Feldzüge gegen Nordsyrien, richtete hier schlimme Zerstörungen an und empfing von vielen Staaten, darunter Tyros, Sidon, Byblos, Amurru, Tribut. Die meisten seiner Nachfolger, vor allem Salmanassar III. (858–824), Adad-nirāri III. (811–781), Salmanassar IV. (781–772) und Aššur-nirāri V. (754–745), setzten, wenn auch mit wechselndem Nachdruck, die Feldzüge nach Syrien-Palästina und die Eintreibung großer Tribute von den unterworfenen Ländern fort. Salmanassar III., der sich rühmt, einundzwanzigmal den Euphrat überschritten zu haben, hat von vielen syrischen und palästinischen Staaten Tribut empfangen, so von Karkemiš, Aleppo, Hamath, Damaskus, Tyros, Sidon und Bît-Ḫumri = »Haus Omris«, d. i. Israel. Adad-nirāri III. nennt etwa dieselben Staaten als von ihm unterworfen und zu Tributleistungen gezwungen und fügt noch Edom und Philistäa hinzu. Die eigentliche Unterwerfung Syriens und Palästinas ist indes, wie wir sehen werden, erst durch Tiglatpilesar III. erfolgt (745–727). Offenbar haben die syrisch-palästinischen Staaten trotz der Warnsignale, die ihnen die seit anderthalb Jahrhunderten von den Assyrern auf ihr Land geführten Angriffe hätten sein können, die ihnen von dort drohende tödliche Gefahr nicht erkannt oder jedenfalls zu wenig ernst genommen. So kreist ihre Innenpolitik allein um die eigene Achse, und sie glaubten sich noch dazu Kämpfe gegen die näheren Nachbarn leisten zu können.

a) Israel und Juda

α) *Omri und seine Dynastie in Israel. Josaphat und Jehoram in Juda*

Von den Kämpfen der syrisch-palästinischen Staaten untereinander wird sogleich die Rede sein müssen (S. 170 ff.). Zuvor gilt es der Tatsache zu gedenken, daß von 880 an, also etwa ein halbes Jahrhundert nach der Reichsteilung, die beiden Teilstaaten Israel und Juda ihr Kriegsbeil begraben und sich einander zu nähern begonnen haben. Das mag – abgesehen von den etwa in Rechnung zu stellenden persönlichen Neigungen der beiderseitigen Könige – der Tatsache zu danken sein, daß damals das aramäische Reich von Damaskus unter Benhadad I. immer mächtiger wurde, beiden Staaten, Israel und Juda, gefährlich zu werden drohte und diese sich der Notwendigkeit, angesichts dieser Gefahr zusammenzustehen, solche Vorkommnisse wie den I Kön. 15, 16–21 erzählten aramäischen Einfall in Israel, den Juda erkauft hatte, unmöglich zu machen und alle kriegerischen Auseinandersetzungen zu unterlassen, nicht länger verschließen konnten. Mitgewirkt hat dabei auch wohl die Tatsache, daß der damalige Vorort der Phöniker Tyros – vielleicht in der Befürchtung, eine allzu große Steigerung der Macht des Aramäerstaates Damaskus könne auch den Phönikern gefährlich werden – die Anknüpfung freundlicher Beziehungen zwischen Israel und Juda gefördert hat. Ehen zwischen einer tyrischen Prinzessin, der Isebel, und dem israelitischen Kronprinzen Ahab einerseits und der aus dieser Ehe hervorgegangenen Tochter Athalja mit dem judäischen Kronprinzen oder König Jehoram andererseits bekräftigten das Bündnis Israels und Judas sowie die guten Beziehungen dieser beiden Staaten zu Tyros.

Am Schluß der Erzählung von dem zweiten Einfall Benhadads von Damaskus in Israel (I Kön. 20,22–43) wird mehr nebenbei erwähnt, daß der israelitische König Omri dem König von Damaskus, Benhadad, die Einrichtung von Handelsniederlassungen in der von ihm neugeschaffenen Hauptstadt Samaria hat gestatten müssen, was zeigt, daß Omri gegen Damaskus eine Niederlage erlitten hatte. Omri, der, im Felde von dem israelitischen Heer zum König erkoren, erst nach Beseitigung zweier Nebenbuhler, des Simri und des Thibni (16,15-22), den Thron besteigen konnte, muß ein kraftvoller und erfolgreicher Herrscher gewesen sein. Unser Königsbuch widmet ihm freilich nur ganze sechs Verse (16, 23 bis 28), von denen noch dazu zwei seine Kultuspolitik verurteilen, erwähnt aber doch, daß er sich die neue Hauptstadt Samaria[30] geschaffen habe, und spricht auch von Siegen, die er errungen hat. Für seine Bedeutung spricht weiter nicht nur die Tatsache, daß sein Sohn und zwei seiner Enkel ihm auf dem Thron gefolgt sind und sein Haus so ein halbes Jahrhundert regiert hat, sondern auch, daß assyrische Könige noch ein, zwei Jahrhunderte später Israel als Bît-Ḫumri (»Haus Omris«) bezeichnen. Wenn selbst ein Omri Damaskus unterlag, so gibt das wohl einen Begriff von der Macht, die dieser Staat damals besaß.

Auch Omris Sohn und Nachfolger Ahab bekam diese Übermacht von Aram-Damaskus zunächst zu spüren. Benhadad – wohl nicht Benhadad I. von I Kön. 15, 16–22, sondern Benhadad II., der in assyrischen Inschriften Hadadeser genannt wird – griff, von zweiunddreißig Königen mit ihrer ganzen militärischen Macht unterstützt, Ahab an, schloß ihn in seiner Hauptstadt ein und verlangte von ihm eine bedingungslose Kapitulation. Diese lehnte der sonst zu weitgehenden Zugeständnissen bereite

Ahab im Einverständnis mit seinen Ratgebern ab. Eine von Ahab vorgenommene Neuorganisation seiner Truppen einerseits und die auf sträflicher Unterschätzung des Gegners beruhende Sorglosigkeit Benhadads und seiner Verbündeten andererseits bewirkten, daß der israelitische Angriff Erfolg hatte. Die Aramäer erlitten eine vernichtende Niederlage und wurden von den Israeliten verfolgt. Benhadad aber gelang es, auf einem Pferd in Begleitung einiger anderer Reiter zu fliehen (I Kön. 20, 1–21).

Der aramäische König hat nach der empfindlichen Niederlage eine Umgestaltung der ihm zur Seite stehenden Koalition vorgenommen, die offenbar in einer Einschränkung der Selbständigkeit seiner Verbündeten und in einer Erhöhung seines Einflusses bestand. In dem Bericht, den 20, 22–43 über diese zweite Schlacht zwischen Ahab und Benhadad gibt, wird das als Ersetzung der Könige durch Statthalter bezeichnet (20, 24), also deutlich und wohl richtig als Zentralisierung der Macht in der Hand Benhadads kenntlich gemacht. Aber genutzt hat diese Maßnahme nichts. Die bei der wohl wenig östlich vom See Genezareth zu suchenden Stadt Aphek stattgefundene Schlacht endete mit einer vernichtenden Niederlage Benhadads, der durch Selbstdemütigung die Gnade des Siegers erwirkte, freilich harte Friedensbedingungen in Kauf nehmen mußte, darunter die, daß er Ahab die Genehmigung zu Handelsniederlassungen in Damaskus zu erteilen hatte, wie ein paar Jahrzehnte vorher Omri dem Benhadad solch ein Zugeständnis hatte machen müssen, als er ihm die Erlaubnis zu Handelsniederlassungen in Samaria gab (S. 170).

Drei Jahre später – so steht in I Kön. 22, 1–38 – war Ahab der Angreifer, wobei er sich der Unterstützung durch den judäischen König Josaphat erfreuen konnte. Es ging diesmal um die Wiedergewinnung der Stadt Ramoth Gilead im nordöstlichen Jordanland, die ein Streitobjekt zwischen Israel und Damaskus war und sich jetzt in der Hand von Aram-Damaskus befand. Dem Auszug Ahabs und Josaphats zum Kampf ging eine Befragung von Propheten voraus, bei der sich die von Zedekia, dem Sohn Knaenas, geführte übergroße Mehrheit, die Erfolg prophezeite, und der einsame Micha, der Sohn Jimlas, der eine Katastrophe Israels voraussagte, gegenüberstanden. Die Schlacht endete mit einer vernichtenden Niederlage Israels und dem Tod Ahabs. Wie sich die in I Kön. 20. 22 erzählten Kämpfe zwischen Israel und Aram-Damaskus zu der von Salmanassar III. (858–824) in seinen Berichten wiederholt und ausführlich geschilderten, im Alten Testament aber überhaupt nicht erwähnten Schlacht, die dieser König 853 bei der zu Hamath gehörenden Festung Qarqar einer großen, von Irḫuleni von Hamath, Hadadeser von Damaskus und Ahab von Israel geführten Koalition sy-

risch-palästinischer Fürsten geliefert hat, chronologisch verhalten, ist im einzelnen schwerlich mit Sicherheit auszumachen. Nur das läßt sich sagen, daß diese Schlacht, an der Ahab ja maßgebend beteiligt war, dem in I Kön. 22 erzählten Kampf um Ramoth Gilead, in dem Ahab fiel, um etwa ein Jahr oder doch ein paar Monate vorausgegangen sein muß. Vielleicht besteht zwischen diesen beiden Ereignissen ein sachlicher Zusammenhang: Ahab hat möglicherweise die Schwächung, die Damaskus durch seine Beteiligung an der Schlacht bei Qarqar erlitten haben dürfte, für so groß gehalten, daß ihm jetzt der Angriff auf ein von Israel in Anspruch genommenes, aber von Damaskus besetztes Territorium im östlichen Jordanland erfolgversprechend schien – eine Erwartung, die sich freilich nicht erfüllt hat. Die Kämpfe Israels gegen Aram-Damaskus sind in der Folgezeit weitergegangen, ohne daß wir in jedem einzelnen Fall sagen könnten, wie sie genau anzusetzen sind. In den Erzählungen von II Kön. 6, 8–7, 20 wird nämlich nur der »König von Israel« ohne Angabe seines Namens genannt. Aber daß die hier in Betracht kommenden Ereignisse nach der Niederlage der Israeliten bei Ramoth Gilead (I Kön. 22, 1–40), von der eben die Rede war, stattgefunden haben, dürfte feststehen. Auch das wird deutlich sein, daß wenigstens zunächst die Aramäer noch die Überlegenen sind. Einmal – so erzählt II Kön. 6, 24–7, 20 – haben die Aramäer Samaria belagert und die Stadt gar so weit aushungern können, daß Mütter sich zum Verzehr des Fleisches ihrer eigenen Kinder bereit fanden. Die Rettung Samarias wurde damals allein dadurch bewirkt, daß die vor der Stadt lagernden Aramäer sich durch die offenbar unzutreffende Kunde, ihnen drohe von anderer Seite Gefahr, zum Abzug bewegen ließen.
Auch Joram, der Sohn und zweite Nachfolger Ahabs, hatte gegen Aram-Damaskus zu kämpfen. Vielleicht ist die eben behandelte Belagerung und Rettung Samarias unter Joram anzusetzen, und jedenfalls ist er es, der in II Kön. 8, 28–29; 9, 1–28 im Bund mit Ahasja von Juda den Kampf um Ramoth Gilead gegen Hasael von Damaskus wiederaufgenommen hat, einen Krieg, in dessen Verlauf Jehu, von dem Propheten Elisa gestützt, die Macht an sich gerissen und beide Könige, Joram und Ahasja, niedergeschossen hat. Auch Jehu, der, wie auf S. 177 darzulegen sein wird, sich 841 Assyrien unterworfen und damit – vom aramäischen Standpunkt aus gesehen – die syrisch-palästinische Sache verraten hat, und sein Nachfolger Joachas sind ebenso wie Joas von Juda von den Aramäern, deren König damals Hasael war, ganz schwer heimgesucht worden (13,3; 12, 18 f.). Erst unter Joas, dem Sohn und Nachfolger des Joahas, wandte sich das Blatt zugunsten Israels (13, 24 f.), was wohl mit dem stärkeren Druck, dem Damaskus jetzt von Assyrien ausgesetzt war, zusammenhing. Josaphat, der König von Juda, der, wie wir sahen

(S. 171), mit Ahab in die für Israel unglücklich verlaufene Schlacht um Ramoth Gilead gezogen war, hatte etwa ein Jahrzehnt später wieder Gelegenheit, seiner Verbundenheit mit Israel, wo inzwischen auf den bei Ramoth Gilead gefallenen Ahab sein Sohn Joram (851–845) gefolgt war, Ausdruck zu geben. Mesa von Moab, der bisher dem König von Israel den riesigen Tribut von 100 000 Lämmern und der Wolle von 100 000 Widdern geleistet hatte (II Kön. 3, 4), stellte, vielleicht ermutigt durch die Niederlage, die Israel gegen die Aramäer von Damaskus erlitten hatte, diese Tributleistung ein, was nicht nur II Kön. 3, 4–5 erzählt, sondern auch durch die 1869 bei Dibān, der Stätte des alten moabitischen Dibon, gefundene, jetzt im Louvre befindliche Stele[31] (Abb. 10) berichtet wird, die Mesa um 840 zur Erinnerung an die von ihm im Vertrauen auf den Beistand seines Gottes Kamos erkämpfte Befreiung seines Landes vom israelitischen Joch errichten ließ. Joram – so erzählt II Kön. 3 weiter – machte gegen Mesa mobil, wozu auch die Anfrage an Josaphat gehörte, ob er mit gegen Moab ins Feld ziehen wollte. Dieser sagte zu und gebrauchte dabei die – offenbar für solche Fälle übliche – Formel »Mein Volk wie dein Volk, meine Rosse wie deine Rosse«, die er auch (I Kön. 22, 4) bei seiner Zusage an Ahab, mit gegen Ramoth Gilead zu ziehen, gebraucht hatte. Außerdem gab er den Rat, Moab nicht, wie es das Gegebene gewesen wäre, von Norden aus, sondern unter Umgehung der Südspitze des Toten Meeres von Süden her anzugreifen, ein Rat, der sich wahrscheinlich daraus erklärt, daß Mesa die Nordgrenze seines Landes gegen den dort zu erwartenden Angriff stark befestigt hatte, und der tatsächlich befolgt wird. So marschierten die verbündeten Israeliten und Judäer durch edomitisches Gebiet, auf dem sich der König von Edom ihnen anschloß. Jedenfalls nennen II Kön. 3, 9. 12 den König von Edom als Teilnehmer dieses Feldzuges. Wenn das zutrifft, muß der Feldzug gegen Mesa später liegen als der 8, 20–22 der Regierung Jorams von Juda (851–845) zugeschriebene Abfall Edoms von Juda, der mit der Einsetzung eines eigenen Königs verbunden war, während I Kön. 22, 48 für die Zeit Josaphats ausdrücklich feststellt: »Es war kein König in Edom.« Die Auflehnung Edoms gegen seinen judäischen Oberherrn könnte dann ebenso wie der Abfall Moabs von Israel durch die Schwächung, die Israel und Juda durch die Aramäer erfahren hatten, veranlaßt worden sein. Wie schwach Juda damals war, zeigt die in II Kön. 8, 22 gemachte Mitteilung, daß auch die philisteische Stadt Libna von ihm abgefallen sei. Die drei verbündeten Könige hatten zunächst Erfolg, schlugen die sie unvorsichtig angreifenden Moabiter zurück, verheerten das Land und schlossen die von ihnen übriggebliebenen in Kir Hareseth, dem heutigen el-Kerak etwas nordöstlich der Südspitze des Toten Meeres, ein. Ein von Mesa

Abb. 10: Mesa-Stein

wegen der Unmöglichkeit, die Stadt zu halten, unternommener Ausbruchsversuch mißlang, aber die angesichts der die Stadt belagernden Feinde von Mesa auf der Stadtmauer vorgenommene Opferung seines Sohnes, des Kronprinzen, hatte den erwünschten Erfolg. Der Gott Kamos nahm dieses Opfer an und nötigte Israel, die Belagerung aufzugeben und in die Heimat zurückzukehren.

Josaphat hat also in der Tat, wie I Kön. 22, 45 feststellt, Friede mit Israel gehabt. Auch weiterhin ist es, wenn man von der noch zu nennenden (S. 176) Züchtigung Amazjas von Juda durch Joas von Israel um 790 und von dem ebenfalls noch zu erwähnenden (S. 182) Angriff des mit Rezin von Damaskus verbündeten israelitischen Königs Pekah auf Ahas von Juda (734) absieht, kaum mehr zu Reibereien zwischen Israel und Juda gekommen. Aber, wenn auch von den beiden Verbündeten Israel der überlegene Teil war, so bedeutet das doch keineswegs, daß sich Juda aller Selbständigkeit begeben hätte. Nach I Kön. 22, 50 hat Josaphat den Vorschlag des Sohnes und unmittelbaren Nachfolgers Ahabs, Ahasjas, mit ihm gemeinsam die Ophir-Schiffahrt wiederaufzunehmen, abgelehnt.

Ein Wort muß noch gesagt werden über Ahabs und Josaphats Kultuspolitik. Die Heirat Ahabs mit der tyrischen Prinzessin Isebel, von der die Rede war (S. 170), hatte zur Folge, daß der Kultus des in den hierher gehörigen Erzählungen des Alten Testaments immer nur »Der Baʿal« genannten Hauptgottes von Tyros – sei es Baʿal Schamēm »Der Himmelsgott« oder Melkart »Der König der Stadt«[32] – in Samaria, der Hauptstadt Israels, und offenbar weit darüber hinaus eine solche Verbreitung gewann, daß die berufenen Vertreter der Jahwe-Religion, in erster Linie die Propheten und an deren Spitze Elia, darin eine ernste Bedrohung ihrer angestammten Religion sahen. So wurden Elia und sein Jünger Elisa die Führer der gegen die – von dem in dieser Hinsicht seiner Gemahlin Isebel offenbar zu willfährigen Ahab wenigstens mittelbar geförderte – Phönikisierung und d. h. Kanaanisierung des israelitischen Wesens gerichteten Opposition. Was diese unter Elias Führung erstrebte, den Sturz der Ahab-Dynastie und damit das Ende der Verehrung des tyrischen Gottes in Israel, ist durch Jehu, der von Elisa inspiriert war, verwirklicht worden, freilich in der Weise, daß er die zunächst kultisch-religiöse Bewegung zu einer mit furchtbaren Bluttaten verknüpften rein politischen Aktion hat ausarten lassen (II Kön. 9–10). In Juda, wo die aus der Ehe Ahabs mit Isebel hervorgegangene Athalja Frau des judäischen Königs Jehoram (S. 170) geworden war und nach der 845 erfolgten Ermordung ihres Sohnes Ahasja sich unter blutigem Terror zur Königin von Juda aufgeschwungen hatte, hat sich die 845 in Israel ausgerottete Kultuspolitik noch sechs Jahre, solange

Athalja lebte und regierte, halten können. 840 wurde Athalja im Verlauf einer von dem Oberpriester Jojada geführten Revolution, die den damals siebenjährigen Sohn Ahasjas, Joas, zum König erhob, getötet (II Kön. 11).

Von Josaphat sagt I Kön. 22, 41—51, er habe das getan, was Jahwe wohlgefiel, und gibt als Beispiel dafür nur an, daß er die Geweihten, also Kultprostituierte, die aus den Tagen seines Vaters noch vorhanden waren, aus dem Land gejagt habe. Aber die in II Chr. 17, 1 — 21, 1 stehenden Angaben über Josaphat, die auch sonst sehr viel ausführlicher sind als die des Königsbuches (I Kön. 22, 41—51), besagen in 19, 4—11, daß Josaphat das Volk von Beerseba bis zum Gebirge Ephraim, also von der Süd- bis zur Nordgrenze seines Reiches Juda, missioniert und zu Jahwe bekehrt und daß er überall in seinem Land eine neue Gerichtsverfassung eingeführt habe, Nachrichten, denen gewiß ein historischer Kern zugrunde liegt, ohne daß dieser sich sicher herausschälen ließe.

β) *Jehu und seine Dynastie in Israel. Athalja, Joas, Amazja, Asarja (Usia) in Juda*

Die Dynastie Jehus, die 845 durch Jehus Revolution auf Israels Thron gekommen war und sich auf ihm — ein, wie wir sahen (S. 162), für Israel ganz ungewöhnlicher Fall! — ein Jahrhundert halten konnte, indem fünfmal der Sohn auf den Vater folgte: Joahas (818—802) auf Jehu, Joas (802—787) auf Joahas, Jerobeam II. (787—747) auf Joas und Sacharja (747) auf Jerobeam II., hat, wie wir sahen (S. 169 f.), im allgemeinen mit Juda und seinen Königen: Ahasja (845), Athalja (845—840), Joas (840 bis 801), Amazja (801—773), Asarja (Usia) (773—735), Frieden gehalten, wobei auch die beide Staaten bedrohende aramäische Gefahr, von der sogleich zu sprechen sein wird, mitgewirkt haben mag. Aber zwischen Joas von Israel (802—787) und Amazja von Juda (801—773) ist es doch zu einer sehr ernsten Auseinandersetzung gekommen, die Amazja durch anmaßendes Betragen provoziert zu haben scheint. Nachdem er einen Sieg über Edom errungen hatte (II Kön. 14, 7), hat — so 14, 8—14 — Amazja Joas von Israel durch Boten sagen lassen, sie wollten sich miteinander messen. Er hat sich durch die mit leichtem Spott gemischte Aufforderung des Joas, doch Ruhe zu halten, nicht von seiner Angriffslust abhalten lassen und dafür schwer büßen müssen.

Die den Nordstaat Israel und den Südstaat Juda gleichmäßig bedrohende aramäische Gefahr war unter Jehu von Israel (845 bis 818) und seinem Sohn Joahas (818—802) sowie unter dem ihnen etwa gleichzeitigen judäischen König Joas (840—801) noch stark (II Kön. 8, 7—15; 10, 32 f.; 12, 18—19; 13, 3. 7. 22). Nach 10, 32—33 hat Hasael von Damaskus dem Jehu seinen ganzen

Besitz im östlichen Jordanland entrissen, wohl als Rache dafür, daß Jehu bei dem Angriff Salmanassars III. (858–824) auf Damaskus diesem keine Hilfe geleistet, sich vielmehr dem Assyrerkönig unterworfen und ihm Tribut geleistet hat – ein Vorgang, den Salmanassar nicht nur in einem seiner Berichte, sondern auch in einer bildlichen Darstellung festgehalten hat, die nach ihrer Beischrift den Tribut Jehus von Bît-Ḫumri, also Jehus vom Hause Omri, d. h. von Israel, dem Betrachter vor Augen führt.[33] 12, 18–19 berichtet, daß Hasael Juda bis Gath besetzt habe und daß Joas die Belagerung Jerusalems nur durch einen großen Tribut habe abwenden können. Auch Jehus Sohn und Nachfolger, Joahas (818–802), hat unter den Angriffen Hasaels und seines Sohnes und Nachfolgers Benhadad III. schwer zu leiden (13, 22) und sich eine sehr weitgehende Entwaffnung gefallen lassen müssen (13, 3. 7). Zwischen diesen beiden Versen, die über eine furchtbare Heimsuchung Israels durch Damaskus berichten, steht in v. 4–5 die Mitteilung, daß Jahwe seinem bedrängten Volk einen Helfer gesandt habe, der sie aus der Gewalt Arams befreit und ihnen ermöglicht hätte, »in ihren Zelten zu wohnen wie ehedem«. Das besagt doch wohl, daß Israel die ihm von Hasael nach II Kön. 10, 32–33; 13, 22 entrissenen Gebiete damals zurückgewonnen hat. Dieser Erfolg wird, wie wir gleich sehen werden, sonst Jerobeam II. (787 bis 747) zugeschrieben (14, 25), und es spricht alles dafür, daß diese Nachricht auch zutrifft. Die in den Mitteilungen über Joahas von Israel (818–802) eingestreute Nachricht, Jahwe habe Israel einen »Helfer« gesandt, der das Ostjordanland für Israel zurückgewonnen habe, wird also wohl so zu erklären sein, daß der Erzähler hier über die Zeit des Joahas um einige Jahrzehnte hinaus auf die Jerobeams II. blickt.[34] Sonst könnte mit dem Helfer der israelitische König Joas (802–787) gemeint sein, von dem es 13, 23–25 heißt, daß er dem Benhadad die Israel von seinem Vater Hasael abgenommenen israelitischen Städte wieder entrissen habe.

Unter Joas von Israel (802–787) und Amazja von Juda (801 bis 773) ließ der Druck der Aramäer von Damaskus auf Israel und Juda nach, was damit zusammenhängen dürfte, daß Damaskus neuen Drohungen seitens der Assyrer ausgesetzt war. Nach II Kön. 13, 22–25 konnte Joas sogar Benhadad III. die Städte wieder entreißen, die dieser seinem Vater Joahas weggenommen hatte. Überhaupt begann um 780 ein halbes Jahrhundert, das beiden Staaten, Israel und Juda, einen großen politischen und ökonomischen Aufschwung brachte. Der bisher von Damaskus auf sie ausgeübte Druck war, wie wir eben sahen, gewichen oder doch schwächer geworden, und die von dem wiedererstarkenden Assyrien drohende Gefahr wurde nur von ganz wenigen erkannt, während die meisten sie nicht sahen oder nicht sehen wollten. Jerobeam II. von Israel (787—747) und der mit ihm etwa gleichzeitige Asarja, König von Juda, konnten so beide ihre Staaten auf Kosten ihrer Nachbarn wesentlich erweitern. Jerobeam II. hat nach II Kön. 14, 25. 28 die Gebiete von Damaskus und Hamath, die bis dahin einer anderen Großmacht, nämlich der von dem nordwestsyrisch-südostkleinasiatischen Staat Ja'udi, von dem noch die Rede sein muß (S. 180), geführten Koalition angeliedert waren, in Israels Einflußsphäre einbeziehen können und ist dazu von dem Propheten Jona, dem Sohn Amitthais, der ihm Jahwes Segen zu diesen Unternehmungen angekündigt hatte (14, 25), ermutigt worden, während der Prophet Amos (6, 13. 14) seines Volkes Stolz auf die errungenen Erfolge für unbegründet erklärte und — doch wohl in bewußter Opposition gegen Jonas' Optimismus (II Kön. 14, 25 einerseits, Amos 6, 14 andererseits)[35] — das Kommen der Assyrer androhte, die alle von Israel errungenen Siege in Niederlagen verwandeln würden. Asarja (Usia), der — wie übrigens auch Jerobeam II. 14, 23—29 — vom Königsbuch mit nur ein paar Versen (15, 1—7) bedacht wird, aber in II Chr. 26, 1—23 eine ausführlichere Darstellung erhält, hat nicht nur landwirtschaftliche und militärische Neuerungen eingeführt (26, 9—15), sondern auch außenpolitisch große Erfolge errungen, nämlich unter Aufhebung des edomitischen Königtums Elath wieder zurückgewonnen, philistäisches Gebiet annektiert und Einfälle nomadischer Nachbarn zurückgeschlagen.

Einige wollen auch unter dem Azrija'u von Ja'udi[36], von dem Tiglatpilesar berichtet, daß er eine große Koalition syrischer Staaten gegen Assyrien zusammengebracht habe, aber von Tiglatpilesar besiegt worden sei, unter Gleichsetzung von Ja'udi mit Juda den judäischen König Asarja (Usia) verstehen. Aber dieser Azrija'u war in Wahrheit ein aus dem nordwestsyrischen Ja'udi, das uns samt seiner Hauptstadt Sam'al durch die um die Wende des letzten Jahrhunderts in Zincirli und seiner Umgebung vorgenommenen deutschen Ausgrabungen näher bekannt geworden ist, stammender Thronprätendent, der von einer in Zincirli zutage gekommenen Inschrift aus der zweiten Hälfte des 8. Jahrhunderts zwar nicht mit Namen genannt, aber doch insofern erwähnt wird, als die unheilvolle Rolle, die er in Sam'al-Ja'udi mit seiner grausamen Ausrottung der dort heimischen Dynastie gespielt hat, sich in ihr zu spiegeln scheint.[37]

b) Die Aramäer

Für die Periode 880—745 liegen uns verhältnismäßig viel Nachrichten über die Aramäerstaaten Hamath, Damaskus, Arpad und Ja'udi-Sam'al vor. Hamath und Damaskus waren neben

Ahab von Israel führend an der großen Koalition syrisch-palästinischer Staaten beteiligt, mit der Salmanassar III. (858–824) 853 bei der zu Hamath gehörigen Festung Qarqar[38] gekämpft hat. Obwohl der Assyrerkönig, der in seinen Berichten des öfteren auf sie zu sprechen kommt, sich den Sieg zuschreibt, hat diese Schlacht die Widerstandskraft der Koalition doch keineswegs gebrochen. Jedenfalls hat Salmanassar noch mehrere Feldzüge gegen Hamath und Damaskus unternehmen müssen. Später sind Hamath und Aram-Damaskus, die gegen Salmanassar zusammengehalten hatten, Feinde geworden. Offenbar hat, als nach dessen Tod der von Assyrien auf Syrien ausgeübte Druck nachließ, Aram-Damaskus seine Einflußsphäre auf Kosten von Hamath erweitern wollen. Davon zeugt vielleicht schon die vor einem Vierteljahrhundert bei dem 7 km nördlich von Aleppo gelegenen Brēdsch aufgefundene Stele aus dem Ende des 9. Jahrhunderts[39], deren – leider etwas beschädigte – aramäische Inschrift »Bar[ha]dad, Sohn des [ ] König von Aram« als Stifter und »Melkart seinem Herrn« als Empfänger der Weihung nennt. Einige Jahrzehnte später, zwischen 800 und 780, weiß Zakir[40], »König von Hamath und Laʿasch«[41], in seiner aramäischen Inschrift davon zu berichten, daß er von einer unter Führung Bar-Hadads, des Sohnes Hasaels, Königs von Aram, d. h. Aram-Damaskus, stehenden großen nordsyrischen Koalition, zu der auch Samʾal gehört hat, angegriffen und in seiner Festung Hazrak belagert, aber von seinem Gott Beʿelschamēn, zu dem er um Hilfe gebetet habe, gerettet worden sei. Im übrigen haben sich, wenn die oben S. 178 vorgeschlagene Auffassung von II Kön. 14, 28 f. zutrifft, Hamath und Damaskus bald danach insofern eine Beschränkung ihrer Autonomie gefallen lassen müssen, als Jaʾudi-Samʾal damals diese beiden Staaten in seine Einflußsphäre einbeziehen konnte und als wiederum ein, zwei Jahrzehnte später Jerobeam II. von Israel (787–747) seinerseits über sie ein Aufsichtsrecht gewonnen oder sie gar annektiert hat.

Arpad, dessen gewaltiger, 30 km nördlich von Aleppo aufragender Tell, Tell Erfād, von einer langen und inhaltsreichen Geschichte dieser Stätte zeugt, wird in dem Eponymen-Kanon[42] für das Jahr 805 als Ziel eines Feldzuges Adad-nirāris III. (811 bis 781) genannt. Mehr hören wir von der Stadt und dem Staat, dessen Metropole Arpad war, als Matiʾel um 760 hier die Herrschaft in die Hand bekam. 754 mußte sich dieser zu einem fur ihn recht ungünstigen Vertrag mit Aššur-nirāri V. (754–745) bequemen[43], der vielleicht schon durch die Bemühungen Sardurs II. von Urartu, die syrischen Staaten gegen Assyrien aufzuwiegeln, hervorgerufen war, der nämlich Matiʾel an Assyrien binden sollte. Matiʾel hat indes diesen Vertrag nicht lange gehalten, sondern sich bald auf die Seite Urartus geschlagen, mit

dem Erfolg, daß sich, wie wir sehen werden (S. 198), Tiglatpilesar III. gleich zu Anfang seiner Regierung gegen Arpad gewendet, es drei Jahre lang belagert und 740 erobert und gründlich zerstört hat. Außer diesem in seinem assyrischen Wortlaut auf einer Tontafel großenteils erhaltenen und seit einem Jahrhundert bekannten Vertrag Aššur-niräris V. mit Mati'el besitzen wir drei, seit 1930 in dem 25 km südöstlich von Aleppo gelegenen Sfire zutage gekommene aramäische Stelen-Texte, die »Verträge des Barga'ja, des Königs von Katak«, offenbar einem Arpad benachbarten mächtigen aramäischen Staat, »mit Mati'el, dem Sohne des 'Atarsamak, dem König von Arpad« zum Inhalt haben[44] und – soweit der noch weithin provisorische Stand ihrer Erforschung schon derartige Aussagen zuläßt – etwa um dieselbe Zeit wie der assyrische Vertrag geschlossen sind und ebenfalls irgendwie mit dem Unternehmen Sardurs zusammenhängen, sei es, daß sie sich gegen ihn richteten, sei es, daß sie vielmehr eine gegen Assyrien gerichtete Aktion darstellten, für die der in dieser Hinsicht energischere König von Katak den König von Arpad gewinnen oder zwingen wollte.
Über den nordwestsyrischen oder südostkleinasiatischen Staat Ja'udi-Sam'al, der schon erwähnt worden ist (S. 178), sind wir dank einiger in oder bei seiner Hauptstadt, dem heutigen Zincirli, gefundenen Inschriften, von denen die beiden ältesten, die des Kilamuwa, etwa aus dem Jahre 825, reines Phönikisch, die beiden folgenden, die des Panammuwa I. aus der Mitte des 8. Jahrhunderts sowie die etwas jüngere Panammuwas II. einen phönikisch-aramäischen Misch-Dialekt[45] aufweisen und die restlichen sechs aus der zweiten Hälfte des 8. Jahrhunderts aramäisch abgefaßt sind, verhältnismäßig gut unterrichtet. In seiner großen Inschrift nennt Kilamuwa seine Vorgänger auf dem Thron, nämlich den Urgroßvater Gabbar, den Großvater Bamah, den – auch von Salmanassar III. (858–824) als Tributpflichtigen genannten – Vater Chajan und den Bruder Scha'ūl. Er erwähnt, daß er von dem König der Danuna bedrängt, aber durch den von ihm zur Hilfe gerufenen Assyrerkönig gerettet worden sei und daß sich sein Volk dann ungetrübten Glückes und großen Wohlstandes habe erfreuen können. Von Glück und Wohlstand seines Volkes spricht auch Panammuwa II., der Sohn des Qaral, in der auf einer um die Mitte des 8. Jahrhunderts von ihm gestifteten, ursprünglich 4 Meter hohen Dolerit-Statue des Gottes Hadad angebrachten Inschrift, die trotz ihrer Beschädigung doch so viel erkennen läßt, daß der König in ihr seinem Gott Hadad sowie den anderen Göttern seines Hauses Dank für den von ihnen empfangenen Segen sagt.

c) Die Phöniker

Wie seit dem Anfang des 9. Jahrhunderts Syrien und Palästina überhaupt das Wiedererstarken des assyrischen Reiches und insbesondere seine Vorstöße ans Mittelmeer zu spüren bekamen, so traf das auch für die phönikischen Handels- und Hafenstädte zu. Zwar haben diese Städte in dem jetzt zu behandelnden Zeitraum, also zwischen 880 und 745, ihre Autonomie weitgehend behauptet. Annexionen phönikischer Gebiete, Entthronung der angestammten Dynastien und ihre Ersetzung durch einen assyrischen Statthalter sind damals kaum vorgekommen, wie dergleichen auch sonst vor Tiglatpilesar III. nur verhältnismäßig selten geschehen ist. Aber zu – oft sehr schweren – Tributleistungen wurden seit dem Wiedererstarken Assyriens die phönikischen Städte doch immer wieder herangezogen. Dabei werden bald diese, bald jene Städte genannt, ohne daß erkennbar würde, welche Gründe für die jeweilige Auswahl maßgebend sind. Jedenfalls erscheinen am häufigsten Tyros und Sidon.
Ein deutliches Symbol der Oberherrschaft, die das assyrische Reich im 9. Jahrhundert über die phönikische Küste ausgeübt hat, ist das Relief, das ein Assyrerkönig, wahrscheinlich Salmanassar III. (858–824), am südlichen Steilufer des Nahr el-Kelb nahe der Mündung dieses Flusses ins Mittelmeer neben einer vier Jahrhunderte älteren Inschrift des ägyptischen Pharao Ramses II. (1301–1234) anbringen ließ.[46]

III. SYRIEN-PALÄSTINA ALS TEIL DES ASSYRISCHEN UND DES BABYLONISCHEN REICHES (745–538 v. Chr.)

a) Israel und Juda

α) *Die letzten zwei Jahrzehnte des Nordstaates Israel und sein Ende*
Hatten bis über die Mitte des 8. Jahrhunderts hinaus Israel und Juda und ebenso wohl auch die anderen syrisch-palästinischen Staaten die ihnen von Assyrien drohende Gefahr verkannt oder unterschätzt, so änderte sich das mit einem Schlag, als Tiglatpilesar III. (745–727) die auf Unterwerfung Syrien-Palästinas gerichtete Politik mit einer bis dahin unerhörten Energie und Brutalität wieder aufnahm und in ihr das schon von einigen seiner Vorgänger angewandte Mittel der Deportation rücksichtslos gebrauchte. Im Anfang der Regierung Tiglatpilesars hat der schon erwähnte Azrija'u aus Ja'udi-Sam'al, wohl anknüpfend an eine ältere unter Ja'udis Führung stehende syrisch-palästinische Koalition, aus der Jerobeam II. Hamath und Damaskus herausgelöst hatte (S. 178), um diese Länder seinem

Machtbereich einzugliedern, eine gegen Assyrien gerichtete große Koalition so gut wie aller syrisch-palästinischen Staaten zusammengebracht. So stand Tiglatpilesar vor der Aufgabe, diese Koalition niederzuwerfen, und er hat sie gründlich erfüllt. Große Teile Syriens wurden nach der Deportation der dort heimischen Bevölkerung Assyrien einverleibt, darunter neunzehn Provinzen von Hamath, und sehr viele Staaten, Städte, Völker und Stämme tributpflichtig gemacht. Unter diesen erscheinen Rezin von Damaskus, Menahem von Samaria, Hiram von Tyros, Sibittibi'ili von Byblos und Zabiba, die Königin von Arabien. Es ist verständlich, daß die syrisch-palästinischen Staaten nach Mitteln Ausschau hielten, die ihnen ihre Selbständigkeit oder doch einen Teil von ihr erhalten konnten. Dazu war der Abschluß von Koalitionen mehrerer Staaten das Gegebene, wie Syrien-Palästina schon viele derartige Zusammenschlüsse gesehen hatte.

Zu diesem Mittel griffen auch Rezin von Damaskus und Pekah von Israel. Als dritten im Bunde suchten sie Ahas von Juda zu gewinnen. Dieser weigerte sich aber, dem Bündnis seiner beiden Nachbarn beizutreten, wozu ihn auch die Erwägung, daß er in diesem Dreierbund doch der schwächste Partner sein und viel von seiner Selbständigkeit einbüßen würde, geführt haben dürfte. Da Ahas nicht willig war, brauchten Rezin und Pekah Gewalt. Sie belagerten Ahas in Jerusalem und drohten ihn durch einen Gegenkönig, Tabeel mit Namen, vermutlich einen Aramäer, zu ersetzen. In dieser Notlage, die noch dadurch vergrößert wurde, daß in Edom wieder ein einheimischer König auf den Thron kam, der die dort ansässigen Judäer aus Elath vertrieb und Elath für die Dauer unabhängig machte (II Kön. 16, 6)[47], wandte sich Ahas trotz der ernsten Warnung des Propheten Jesaja mit einem Hilfegesuch an Tiglatpilesar. Das hatte auch Erfolg. Der Assyrerkönig rückte heran, eroberte Damaskus und verleibte Aram-Damaskus dem assyrischen Reich ein. Auch Israel wurde schwer bestraft. Zwar ließ Tiglatpilesar einen Rumpfstaat Ephraim bestehen, aber große Teile der Küstenebene, Galiläas und Gileads wurden assyrische Provinzen.[48] Pekah fiel einer Verschwörung zum Opfer. Deren — von den Assyrern begünstigter — Anführer, Hosea, der Sohn Elas, wurde als König dieses Reststaates eingesetzt. Tiglatpilesar berichtet in seiner diese Ereignisse betreffenden Inschrift: »Da sie Pekah, ihren König, gestürzt hatten, setzte ich Hosea zur Herrschaft über sie« (AOT, S. 348; ANET, S. 284). Hier ergänzen sich die assyrischen Inschriften einerseits und die ziemlich ausführlichen biblischen Nachrichten andererseits in glücklicher Weise (II Kön. 15, 29—30; 16, 5—18; Jes. 7, 1—9, 6; AOT, S. 346—348; ANET S. 282—284). Aber dem Rumpfstaat Ephraim war keine lange Dauer beschieden. Nach dem Tod Tiglatpilesars im Jahr 727 hielt der von ihm zum König gemachte Hosea die Gelegenheit für günstig, das assyrische Joch abzuschütteln. Diese Gelegenheit war um so günstiger, als er, wie andere aufstandslustige syrisch-palästinische Fürsten, sich dabei ägyptischer Hilfe erfreuen durfte. In II Kön. 17, 4 heißt es von Salmanassar V. (727 bis 722): »Als der König von Assur eine Verschwörung an Hosea entdeckte – er hatte Boten an So[49], den König von Ägypten, geschickt und dem König von Assur nicht wie sonst alljährlich Tribut gesandt –, da ließ ihn der König von Assur verhaften und ins Gefängnis werfen«, und 17, 6 fährt fort: »Im sechsten Jahr Hoseas nahm der König von Assur«, d. h. Salmanassars Nachfolger Sargon II. (722–705), »Samaria ein, führte die Israeliten nach Assur gefangen und siedelte sie an in Halah und am Ḫabur, einem Flusse Gosans, und in den Städten Mediens.« Sargon selbst aber berichtet: »Im Anfang meiner Regierung und in meinem ersten Regierungsjahr Samaria eroberte ich ..., 17 290 Leute, die darin wohnten, führte ich fort. 50 Wagen für meine königliche Streitmacht hob ich unter ihnen aus ... Die Leute der Länder, der Beute meiner Hände, ließ ich darin wohnen. Meine Kammerherrn setzte ich als Statthalter über sie. Tribut und Abgabe wie den Assyrern legte ich ihnen auf« (AOT, S. 348; ANET, S. 284; DOTT, S. 59). Völlig gebrochen war freilich damals der Widerstand des ehemaligen Nordstaates Israel gegen die Fremdherrschaft noch nicht. Vielmehr hat er sich auch noch später an syrisch-palästinischen Erhebungen gegen Assyrien beteiligt (S. 185 f.). Aber das waren doch nur gelegentliche Regungen des Freiheitsdranges, die wenig Bedeutung hatten. Im übrigen verschwand Israel jetzt aus der Geschichte, und wir haben es hinfort nur mit Juda zu tun, bis auch dieser Staat 587 zusammenbrach und 538 in der Form eines Kirchenstaates wiederaufzuleben begann.

β) *Hiskia, Manasse, Amon, Josia bis Zedekia. Ende des Südstaates. Das babylonische Exil*

Als auch der Rest Israels, der Rumpfstaat Ephraim, 722 von der Bildfläche verschwand, war Hiskia (725–697) König von Juda. Von ihm berichten II Kön. 18–20; II Chr. 29–32, daß er vom König von Assur abfallen konnte und ihm nicht mehr untertan zu sein brauchte, daß er einen Sieg über die Philister errungen und daß er tief einschneidende kultreformatorische Neuerungen eingeführt habe, ohne daß sich sagen ließe, ob diese Maßnahmen vor der doch auch wohl Judas Selbständigkeit einschränkenden Einverleibung des israelitischen Nordstaates ins assyrische Reich oder nach ihr anzusetzen sind. Fraglich muß auch bleiben, ob und wieweit die kultreformatorischen Maßnahmen und deren Ausdehnung auf das Gebiet des ehemaligen Nordstaates, von denen II Kön. 18, 3–6; II Chr. 30–31 die Rede ist, historisch sind. Insbesondere ist strittig, 1. ob Hiskia die Reinigung des Tempelkultus von fremden Elementen und die Aufhebung aller außer dem Tempel in Jerusalem vorhandenen Kultstätten wirklich so gründlich vorgenommen hat, daß er als Vorläufer und Vorbild Josias betrachtet werden muß, der hundert Jahre später dasselbe getan hat (S. 188 ff.), oder ob die Verdienste Hiskias um den Kultus in dem Wunsch späterer Generationen, seine in dieser Hinsicht sicher anerkennenswerten Maßnahmen möglichst nachdrücklich hervorzuheben, hier doch etwas übertrieben worden sind, und 2. ob Hiskia sich wirklich einer derartigen Unabhängigkeit von den Assyrern hat erfreuen dürfen, daß die Feststellung von 18, 7, er habe von dem assyrischen König abfallen können und ihm nicht mehr untertan zu sein brauchen, zutrifft. Die erste Frage wird dahin zu beantworten sein, daß in unserer Überlieferung Hiskias Verdienste um den Jahwe-Kultus wohl sicher übertrieben sind, daß Hiskia hier aber wirklich etwas geleistet hat und daß wenigstens eine der ihm zugeschriebenen Maßnahmen dieser Art ohne jeden Zweifel historisch ist. Gemeint ist die II Kön. 18, 4 berichtete Zerschlagung des Kultsymbols der Ehernen Schlange, die nach Num. 21, 4–9 von Mose eingeführt worden war und bis in Hiskias Zeiten einen Opferkult hatte. Wenn Hiskias Reform vor der Zerstörung solch eines ehrwürdigen Kultsymbols nicht zurückschreckte, darf man annehmen, daß seine Maßnahmen auch sonst wenigstens zum Teil tief einschneidend gewesen sind. Man wird sogar fragen dürfen, ob damals nicht auch die Lade aus dem Adyton des Tempels entfernt worden ist und damit ihre Bedeutung verloren hat und ob der Bericht über diese Maßnahme, der ursprünglich wie der über die Zerstörung der Ehernen Schlange in den Mitteilungen über Hiskias Regierung gestanden hat, darum weggebrochen worden ist, weil die Lade auch nach ihrer Beseitigung wenigstens theoretisch und für die Vergangenheit ihre Würde behalten hat. Die letzten Male, da die Lade erwähnt wird, sind die Flucht Davids vor Absalom, an der die Träger der Lade, die Priester Zadok und Abjathar, zunächst beteiligt waren, bis sie samt der Lade von David zurückgeschickt wurden (II Sam. 15, 24–29), und die Einweihung des Salomonischen Tempels, bei der die Lade feierlich in das Adyton des Tempels gebracht wurde (I Kön. 8, 1–9). Als 597 und 587 der Tempel von den Babyloniern geplündert wurde, stand die Lade offenbar nicht mehr darin. Jedenfalls wird sie weder in II Kön. 25, 8–17 noch in Jer. 52, 12–23 unter den Beutestücken erwähnt. Dazu paßt, daß Jeremia (3, 16–17) ankündigt, man werde in der kommenden Heilszeit die Lade nicht vermissen, was voraussetzt, daß die Lade, wenigstens in bestimmten Kreisen, damals ihre Bedeutung verloren hatte. Für ihre Beseitigung kommen wohl nur zwei Möglichkeiten in Betracht: Raub durch einen Feind bei einer der mannigfachen

Plünderungen des Tempels oder Beseitigung durch Kreise, die das alte Lade-Symbol ebenso für überholt hielten wie die Eherne Schlange. Von diesen Möglichkeiten ist am ehesten an die zweite, genauer: an die Beseitigung der Lade durch Hiskia zu denken. Hiskia konnte sich das leisten.

Was die zweite Frage, Hiskias Verhältnis zu den Assyrern, angeht, so hat seine Politik ihnen gegenüber offenbar zwischen Behauptung seiner Selbständigkeit auf der einen und Anerkennung ihrer Oberhoheit auf der anderen Seite geschwankt, je nach den in seinen Regierungsjahren besonders wechselhaften politischen Verhältnissen. Aus dem entschlossenen Willen, sich seine Unabhängigkeit zu sichern, erklären sich zunächst seine Bemühungen um die Wasserversorgung der Stadt und Festung Jerusalem, um die Instandsetzung ihrer Mauer, um die Herstellung von Waffen, um die Anlage von Proviantthäusern und um die moralische Aufrüstung seiner Offiziere (II Kön. 20, 20; II Chr. 32, 1–8. 27–30), wie denn nach II Chr. 32, 1–2. 4 (vgl. Sir. 48, 17) diese Maßnahmen ausdrücklich als gegen die Assyrer gerichtet hingestellt werden. Bei Hiskias Maßnahmen für die Versorgung Jerusalems mit Wasser werden die biblischen Angaben wieder einmal in erwünschter Weise durch einen archäologischen Fund bestätigt und veranschaulicht, nämlich durch die 1889 in dem Tunnel, der die Gihon-(Marien-)Quelle mit dem Siloah-Teich verbindet, entdeckte Siloah-Inschrift[50], die einen sehr anschaulichen Bericht über den Bau des Tunnels gibt, wie durch den Tunnel selbst, der – wahrscheinlich von Hiskia erbaut – heute seine Aufgabe genauso erfüllt, wie er das nun fast 2000 Jahre lang getan hat.

Weiter gehört zu Hiskias Bemühungen um die Erhaltung der Selbständigkeit seines Volkes den Assyrern gegenüber die Bereitwilligkeit, mit der er trotz Jesajas Warnung auf das ihm von dem babylonischen Thronprätendenten Merodach-Baladan gemachte Angebot, sich einer gegen Assyrien gerichteten Koalition anzuschließen, wenigstens zunächst eingegangen ist (II Kön. 20, 12–19 = Jes. 39, 1–8), indem er dem babylonischen Gesandten seinen ganzen Palast samt Zeughaus und Schatzkammern gezeigt und ihm so zu verstehen gegeben hat, daß er zum Krieg wohl gerüstet und damit ein wertvoller Bundesgenosse sei.

Auch sonst hat es für Hiskia an Gelegenheiten, sich gegen die Oberherrschaft Assyriens gerichteten Verschwörungen anzuschließen, nicht gefehlt. Wir haben sogar dank der Tatsache, daß Jesaja in diesen Fällen ebenso seine warnende Stimme erhoben hat, wie das gegenüber Merodach-Baladan der Fall war, und daß uns diese seine Warnungen wenigstens teilweise im Jesaja-Buch erhalten sind, darüber verhältnismäßig viele und ausführliche Nachrichten. Nur läßt sich nicht immer mit Sicherheit sagen, welche der verschiedenen Versuchungen zum Abfall von Assyrien, die an Hiskia herangetreten sind, gemeint ist. Die Jes. 20, 1–6 stehende Warnung Jesajas an Juda sowie an Edom, Moab und die Philisterstädte, voran Asdod, die in den Inschriften Sargons als an diesem Aufstand gegen Assyrien beteiligt genannt werden, im Vertrauen auf Ägypten, wo damals ein äthiopische Dynastie am Ruder war, sich gegen Assyrien zu erheben, ist freilich nach dem Jahre, »in dem der General nach Asdod kam, als ihn der König Sargon von Assyrien sandte und er Asdod belagerte und eroberte«, datiert. Sie bezieht sich also auf den Aufstand einer syrisch-palästinischen Koalition, der erfolglos blieb und 711 zur Eroberung Asdods durch die Assyrer führte — Ereignisse, die, wie schon angedeutet, in Inschriften Sargons ausführlich erwähnt und uns so auch von daher gut bekannt sind (AOT, S. 350–352; ANET, S. 284–287; DOTT, S. 58–63), zudem jetzt durch eine bei den amerikanisch-israelischen Grabungen von 1962/63 in Asdod zutage gekommene, noch nicht veröffentlichte Sieges-Stele Sargons II. veranschaulicht werden. Warnungen an die Judäer, die im Vertrauen auf ägyptische Hilfe einen Aufstand gegen Assyrien vorbereiteten, enthält auch Jes. 30, 1–17; 31, 1–9, ohne daß sich mit Sicherheit ausmachen ließe, ob sie in dieselbe Zeit wie Jes. 20, 1–6 oder aber in die Zeit nach Sargons Tod im Jahre 705 gehören. Der Tod Sargons hat nämlich, wie in anderen Teilen des assyrischen Machtbereiches, so auch in Syrien und Palästina Aufstände ausgelöst. Hiskia hat dabei sogar eine führende Rolle gespielt und daher das Strafgericht Sanheribs (705–681), des Nachfolgers Sargons, in aller Schärfe zu spüren bekommen. Er hatte den rechtmäßigen und Assyrien treu gebliebenen König von Ekron, Padi, in Jerusalem gefangengehalten und mußte, nachdem Sanherib bei dem südwestpalästinischen Eltheke die zur Unterstützung der Aufständischen herbeigeeilte ägyptische Streitmacht besiegt hatte, wie die Angehörigen der Assyrien feindlichen Partei in Ekron dafür furchtbar büßen, während Padi von Sanherib wieder auf den Thron von Ekron gesetzt wurde. Hiskias Land, Juda, wurde völlig verwüstet, eines erheblichen Teiles seiner Bevölkerung und einer großen Menge Viehs beraubt. Hiskia selbst wurde in Jerusalem eingeschlossen und so bedrängt, daß er der Abtretung großer Gebiete an die assyrertreuen Könige von Asdod, Ekron und Gaza zustimmen und außerdem noch einen ungeheuren Tribut leisten mußte (AOT, S. 352–354; ANET, S. 287–288; DOTT, S. 64–73. Taf. IV). Die ziemlich ausführlichen assyrischen Nachrichten über dieses Ereignis stimmen mit den viel knapperen biblischen Angaben insofern überein, als auch in diesen (II Kön. 18, 14–16) von einer ganz schweren Tributleistung Hiskias an Sanherib die Rede ist, weichen aber darin von ihnen ab, daß sie von dem Mißerfolg der Belagerung Jerusalems durch

die Assyrer, den die entsprechenden biblischen Erzählungen nachdrücklich hervorheben, kein Wort sagen. Nun sind diese biblischen Erzählungen (II Kön. 18, 17–19, 37 = Jes. 36, 1–37, 38) gewiß weithin ungeschichtliche Legenden. Aber einen historisch ausdeutbaren Kern werden sie doch enthalten, den nämlich, daß Jesaja, der im übrigen König und Volk immer vor der Auflehnung gegen die assyrische Oberherrschaft gewarnt hatte, in dem Augenblick, als der Feind Jerusalem mit dem Tempel, dem Wohnsitz Jahwes, anzugreifen wagte und sich dabei prahlerisch seiner früheren Eroberungen (II Kön. 19, 11–13) rühmte, seine Stellung gewechselt, diesem Feind den Untergang angedroht und triumphiert hat, als dieser Untergang eintrat und Jerusalem verschont blieb. Das ist um so wahrscheinlicher, als zumindest ein zweifellos von Jesaja stammendes Wort, nämlich Jes. 10, 5–15. 24–34, vorliegt, in dem er, der sonst den Assyrer als eine von Jahwe gegen Israel gebrauchte Zuchtrute ausgegeben hat, eindeutig Assyrien die göttliche Strafe für seine Hoffart ankündigt. Offenbar ist die Eroberung Jerusalems Sanherib tatsächlich nicht gelungen. Die Gründe dafür kennen wir freilich nicht, denn was uns in II Kön. 19, 35 = Jes. 37, 36 und in II Kön. 19, 9 = Jes. 37, 9 als Grund – es sind zwei verschiedene Gründe – angegeben wird, trifft kaum zu.
Manasse, der seinem Vater Hiskia auf dem Thron von Juda folgte und ihn länger als ein halbes Jahrhundert innehatte (696 bis 642), wird von den ihn betreffenden Abschnitten des Königs- und des Chronikbuches (II Kön. 21, 1–18; II Chr. 33, 1–20) als Vertreter einer der von seinem Vater verfolgten diametral entgegengesetzten Kultuspolitik geschildert, der im Jahwe-Kult allerlei synkretistische Elemente geduldet oder gar neu in ihn eingeführt hat, darunter Totenbeschwörung und Kinderopfer. Weiter heißt es von ihm (II Kön. 21, 16), daß er in Jerusalem unschuldiges Blut in Strömen vergossen habe, was, da diese Angabe auf die Mitteilung, daß die Jahwe-Propheten gegen Manasses Abgötterei protestiert und Jahwes Strafe für sie angekündigt hätten (21, 10–15), folgt, sich auf seine Maßnahmen gegen Propheten beziehen muß. Übrigens weiß das pseudepigraphische »Martyrium Jesajas« zu erzählen, daß Jesaja unter Manasse den Märtyrertod erlitten hat, daß er nämlich mit einer Baumsäge zersägt worden ist, ein Topos der Erzählung, auf den der Hebräerbrief in 11, 37 anzuspielen scheint, wenn er unter den Todesarten der Glaubenshelden auch das Zersägtwerden nennt. II Chr. 33, 10–13. 18 f. berichtet über das Königsbuch hinaus noch, daß Manasse als Gefangener von den Assyrern »nach Babel« abgeführt worden sei, daß er in der Gefangenschaft Buße getan, wieder in sein Königtum eingesetzt worden sei, nun durch Erneuerung der Stadtmauer von Jerusalem und militärische Maßnahmen sein Land gestärkt und darüber hinaus

auch zur Reinigung und Förderung des Jahwe-Kultes mancherlei getan habe (II Chr. 33, 14–17). 33, 18–19 spielt auch auf das Gebet an, das Manasse in seiner Not gesprochen haben soll, wie sich denn unter den Apokryphen des Alten Testaments ein – wohl durch diese Chronik-Stelle veranlaßtes, erst in christlicher Zeit entstandenes – Gebet Manasses befindet. Irgendein historisches Faktum wird der Mitteilung von Manasses Verhaftung durch die Assyrer, seiner Begnadigung und der dann erfolgten Wendung seiner National- und Kultuspolitik schon zugrunde liegen, aber eine genauere Aussage über dieses Faktum ist unmöglich. Im übrigen erklärt sich die wenigstens zunächst dem reinen Jahwe-Kultus abträgliche Verhaltensweise Manasses gewiß mit daraus, daß während seiner Regierung (696 bis 642) das assyrische Reich unter Asarhaddon (681–669) und Assurbanipal (669–627) seine größte Ausdehnung erfuhr, auch Ägypten in seine Machtsphäre einschloß und so Juda völlig umklammerte.

Manasses Sohn und Nachfolger Amon (641–640) ging in den Jahwe mißfälligen Bahnen, die sein Vater eine Zeitlang, wohl zu Anfang seiner Regierung, gegangen war, wobei II Chr. 33, 23 ausdrücklich feststellt, daß er sich nicht wie sein Vater Manasse vor Jahwe gedemütigt habe. Eine gegen Amon gerichtete Palastverschwörung machte seiner Regierung und seinem Leben ein vorzeitiges Ende. Über die Gründe dieser Verschwörung verlautet nichts. Jedenfalls hat sie offenbar im Volk wenig Widerhall gefunden. Das Volk wandte sich vielmehr gegen die Verschwörer, machte sie alle nieder und setzte den damals acht Jahre alten Sohn Amons, Josia, zum König ein (639–609). Dieser Josia ist für die uns vorliegende – mindestens in ihren Grundzügen zuverlässige – Überlieferung (II Kön. 22, 1–23, 30; II Chr. 34, 1 – 35, 27) der König, der sich wie kein anderer für die Reformierung des Jahwe-Kultes eingesetzt, ihn von kanaanäischen Elementen, die ihm seit langem anhingen, wie von assyrischen Einflüssen jüngeren Datums gereinigt und ihn unter Aufhebung aller außer dem Tempel vorhandenen Heiligtümer ganz in Jerusalem zentralisiert hat. Maßgebend für diese Kultreform des Josias war ein angeblich von Mose stammendes Gesetzbuch, das für den Fall der Erfüllung seiner Forderungen göttlichen Segen, für den Fall des Ungehorsams aber furchtbare Strafen Jahwes ankündigte. Dieses Buch sei – so heißt es in II Kön. 22, 3–10 und in II Chr. 34, 8–18 – im 18. Regierungsjahr Josias, also 622, bei der im Auftrag des Königs von seinem Minister Saphan im Tempel vorgenommenen Revision der dort für die Instandhaltung des Tempels eingegangenen Weihegaben von dem Oberpriester Hilkia gefunden (so II Chr. 34, 14) worden. Nach einer anderen Version – so ist doch wohl II Kön. 22, 8 zu verstehen – habe Hilkia bei jener Revision dieses Buch

Saphan als Fund angezeigt und ihm ausgehändigt. Saphan habe es dem König übergeben, der daraufhin sofort die gleich zu beschreibenden Maßnahmen ergriffen habe, um den Forderungen des neu aufgetauchten Gesetzbuches Moses zu entsprechen.
Daß dieses Buch nicht ein wirklich von Mose stammendes Dokument ist, darf als sicher gelten. Aber ob es sich hier um einen tatsächlichen Fund handelt, das Buch also wirklich – einerlei um wieviel – älter ist als die in den eben wiedergegebenen Berichten des Königs- und des Chronik-Buches erzählten Vorgänge, oder ob die Mitteilung Hilkias, er habe das Buch gefunden, eine Fiktion darstellt, die dem Buch ein größeres Ansehen verleihen sollte, eine pia fraus, wie solche in der Geschichte von Religionen und Kirchen auch sonst vorgekommen sind, wird sich nicht mehr entscheiden lassen. Trifft die zweite Möglichkeit zu, so müßte man annehmen, daß eine auf gründliche Reform des Jahwe-Kultes drängende Gruppe, an der man sich dann vor allem Propheten beteiligt denken müßte, sich für die Verwirklichung ihres Programms mehr von einem Mose zugeschriebenen Gesetzbuch versprach als von einem, das sich zu seiner tatsächlichen Entstehungszeit, der damaligen Gegenwart, bekannte. Im ersten Fall müßte man sich die Dinge vielleicht so denken, daß – etwa hundert Jahre vorher, in der ja auch reformfreudigen Zeit Hiskias – eine auf Neuerungen bedachte Gruppe ihr Programm, dessen spätere Verwirklichung sie erhoffte, im Tempel niedergelegt hat, wo es ein Jahrhundert später aufgefunden wurde und eine sehr weitgehende Reform ausgelöst hat. Man kann sich aber auch vorstellen – denn dafür lassen sich ebenfalls ernsthafte Gründe geltend machen –, daß die Pläne, von denen man sagte, daß sie von Mose stammten, von einer kurz vor dem Zusammenbruch des Nordstaates dort tätigen Reformbewegung nach Jerusalem gerettet und dort an einem als sicher geltenden Ort im Tempel deponiert worden sind. Übrigens macht es für die historische Darstellung nicht allzuviel aus, ob das 622 als Neuentdeckung ausgegebene, angeblich von Mose geschriebene Gesetzbuch damals erst entstanden oder etwa ein Jahrhundert vorher abgefaßt ist. Denn gewirkt hat dieses Buch jedenfalls erst seit seiner angeblichen oder tatsächlichen Entdeckung im Jahr 622. Schriften, vor allem solche der Propheten wie Amos, Hosea, Jesaja und Micha, lassen von einer Beeinflussung durch das damals bekanntgewordene Buch nichts erkennen, während später entstandene Bücher des Alten Testaments wie die Bücher der Richter, Samuel und Könige sowie Jeremia deutliche Spuren davon aufweisen. Zudem ist es klar, daß zwischen dem nach II Kön. 22–23 und II Chr. 34–35 im 18. Jahr des Königs Josia aufgefundenen Gesetzbuch und dem deshalb Deuteronomium, »Wiederholung des Gesetzes«, benannten Buch, weil es – zu Unrecht – als »Wiederholung« der in

den Büchern Exodus, Leviticus und Numeri enthaltenen Gesetze aufgefaßt wurde, insofern ein unverkennbarer Zusammenhang besteht, als die vom Deuteronomium geforderte Zentralisierung des Kultus nach Jerusalem von Josias Buch gefordert sein muß und die sich auf dieses Buch stützende Reform Josias das erfüllt, was im Deuteronomium verlangt wird. Das Gesetzbuch des Josia und das Deuteronomium oder wohl richtiger der Kern des letzteren decken sich also.

Josia ist an seiner Kultreform mit seinem ganzen Herzen beteiligt gewesen, wobei Frömmigkeit und nationales Empfinden offenbar Hand in Hand gegangen sind. Aber daß er seine Pläne verwirklichen konnte, war sehr wesentlich mit bedingt durch die damaligen politischen Verhältnisse, die Juda und den anderen noch einigermaßen selbständigen syrisch-palästinischen Staaten größere Bewegungsfreiheit ließen, als es vorher der Fall gewesen war. Hatte bereits unter Assurbanipal (669—627) das assyrische Reich viel von seiner früheren Macht eingebüßt, so ging unter seinen Nachfolgern der Verfall schnell weiter. Nachdem Assur schon von ihnen erobert worden war, fielen 612 Ninive und 610 Ḫarran in die Hände der verbündeten Babylonier und Meder, die nun Assyriens Erbe antraten. Dieser schon bei Josias Regierungsantritt beginnende Zerfall der assyrischen Autorität löste, wie bei den anderen syrischen Staaten, so auch bei Juda und seinem jungen König Freiheitsbestrebungen aus, die — für die Antike selbstverständlich! — nationaler und kultischer Art zugleich waren. Wie die Anerkennung der politischen Oberhoheit auch für Juda mit Konzessionen an den Kult assyrischer Götter, etwa mit der Aufstellung eines dem Sonnengott Šamaš geweihten, mit Rossen bespannten Wagens im Eingang des Jahwe-Tempels (II Kön. 23, 11), verbunden gewesen war, so säuberte Josia jetzt den Tempel von solchen Elementen. Aber Josia konnte sich darüber hinaus auch Eingriffe in die eigentlich politische Machtsphäre der Assyrer gestatten. So hat er nach dem wenigstens in den Grundzügen historischen Bericht (23, 15—20) bei seinem Vernichtungskampf gegen alle Kultstätten außerhalb des Jerusalemischen Tempels auch auf das Gebiet der assyrischen Provinz Samaria übergegriffen und ihre Kultstätten, vor allem die von Bethel, zerstört und geschändet.

Daß für Josia enge Verbundenheit mit dem Jahwe-Kultus und nationales Empfinden Hand in Hand gingen, zeigte sich auch weiterhin. Als der Pharao Necho um 609 an den Euphrat marschieren wollte, um den Assyrern, die früher mit Ägypten verfeindet waren, jetzt aber gegenüber den aufsteigenden Babyloniern, die Ägypten gefährlich zu werden drohten, als der Unterstützung wert betrachtet wurden, gegen die verbündeten Babylonier und Meder zu helfen, trat ihm nach II Kön. 23, 29—30 Josia bei Megiddo mit Heeresmacht entgegen, offenbar in der

Absicht, zu verhindern, daß Ägypten sich aufs neue zum Herrn über Syrien und Palästina aufwerfen und dann auch Juda die ihm durch den Zusammenbruch Assyriens in den Schoß gefallene Freiheit wieder verlieren würde. Aber Necho behielt bei dem Treffen die Oberhand, während Josia den Tod fand oder tödlich verwundet wurde, nach Jerusalem überführt und dort bestattet wurde. Die mit seinem Tod verbundene Niederlage des frommen Königs hat auf sein Volk einen ganz tiefen und dauernden Eindruck gemacht. Nach II Chr. 35, 25 hat Jeremia ein Trauerlied auf ihn gedichtet, und der Vortrag von Trauerliedern auf Josia ist gesetzlich verordnet worden und hat sich jahrhundertelang gehalten.

Das Scheitern von Josias Versuch, die Freiheit seines Landes Necho gegenüber zu behaupten, brachte es mit sich, daß dieser Herr Palästinas und Syriens wurde, freilich nur für ein paar Jahre. Aber in diesen kurzen Jahren bekam Juda seine Abhängigkeit von Ägypten nachdrücklich zu spüren. Den Sohn Josias, Joahas, den das Volk zum Nachfolger seines Vaters gemacht hatte, setzte Necho kurzerhand ab. An seiner Stelle machte er seinen Bruder Eljakim zum König, wobei er seinen Namen in Jojakim änderte, doch gewiß um anzudeuten, daß der neue König sein Geschöpf sei, wie nach II Kön. 24, 17 zehn Jahre später Nebukadnezar den von ihm an Stelle des nach Babylon deportierten Jojachin zum König über Juda eingesetzten Matthanja in Zedekia umgenannt hat.

605 änderte sich die politische Lage im Vorderen Orient wieder von Grund aus. Zwischen den beiden Anwärtern auf den Besitz Syriens und Palästinas, den von dem uns schon bekannten Pharao Necho geführten Ägyptern und dem von dem damaligen Kronprinzen Nebukadnezar kommandierten Babyloniern, kam es bei Karkemiš am Euphrat zur Schlacht, die mit einer Niederlage der Ägypter endete und entschied, daß die Babylonier, zunächst der König Nebukadnezar (605–562), die Herren Syriens und Palästinas sein würden, wie es II Kön. 24, 7 in klassischer Prägnanz heißt: »Der König von Ägypten rückte aus seinem Lande nicht mehr aus; denn der König von Babel nahm vom Bache Ägyptens bis zum Euphratstrom alles, was dem König von Ägypten gehört hatte«, d. h. ganz Syrien-Palästina. Jojakim hat diese im syrisch-palästinischen Raum eingetretene Machtverschiebung überstanden, also offenbar rechtzeitig und in gehöriger Form den neuen Herrn, Nebukadnezar, anerkannt. Aber auf die Dauer hat Jojakim den von seinen Nachbarn, den Ägyptern, den Philistern und den Phönikern, an ihn herangetragenen Versuchungen, im Bund mit ihnen das babylonische Joch abzuschütteln, doch nicht widerstehen können. II Kön. 24, 1–6 erzählt, daß Jojakim drei Jahre lang Nebukadnezar die Treue gehalten habe, daß er dann aber von ihm abgefallen sei

und daß Nebukadnezar daraufhin aramäische, moabitische und ammonitische Banden zu Einfällen nach Juda veranlaßt habe. II Chr. 36, 5—8 bringt — ohne Angabe des Jahres, in dem das geschehen sei — über II Kön. 24, 1—6 hinaus die Nachricht, daß Nebukadnezar Jojakim gefesselt nach Babylon gebracht und daß er einen Teil der Tempelgeräte geraubt und seinem Palast in Babylon zugeführt habe. Daniel 1, 1—2 erzählt, daß im dritten Jahr der Regierung Jojakims Nebukadnezar gegen Jerusalem gezogen sei, es belagert, Jojakim gefangengenommen, einen Teil der Tempelgeräte geraubt, nach Babylon gebracht und im Tempel seines Gottes deponiert habe. Daß Jojakim im dritten Jahr seiner Regierung seinem Oberherrn den Gehorsam aufgesagt und von diesem zur Verantwortung gezogen, vielleicht gar nach Babylon zitiert worden ist, mag schon stimmen. Aber da kann es sich dann — ähnlich wie bei Manasse (S. 187 f.) — nur um einen zeitweiligen Aufenthalt Jojakims in Babylon handeln, dem die Rückkehr nach Jerusalem auf seinen Thron bald gefolgt ist. II Kön. 24, 6 teilt nämlich mit, daß Jojakim in Jerusalem eines friedlichen Todes gestorben und dort bei seinen Vätern bestattet und daß sein Sohn Jojachin sein Nachfolger geworden sei. Zu Bedenken gegen die Richtigkeit dieser Nachricht besteht kein Anlaß.

Der Anfang des von unserem Königsbuch gegebenen Berichtes über Jojakims Sohn und Nachfolger Jojachin (II Kön. 24, 8—17) nennt Jojachins Alter bei der Thronbesteigung, 18 Jahre, die Dauer seiner Regierung, 3 Monate, sowie den Namen seiner Mutter Nehustha (24, 8). Er bringt dann das übliche, hier negativ lautende Urteil über ihn und erzählt, mit »In dieser Zeit zogen herauf die Diener Nebukadnezars, des Königs von Babel, gegen Jerusalem, und die Stadt geriet in Belagerung« beginnend, verhältnismäßig ausführlich von der Eroberung Jerusalems durch Nebukadnezar, der Plünderung des Königspalastes und des Tempels, der Deportation von Tausenden angesehener und tüchtiger Leute sowie der Jojachins und von der Einsetzung des in Zedekia umgenannten Onkels des Jojachin, Matthanja, zu Jojachins Nachfolger. Ein Grund für diese Maßnahme Nebukadnezars wird nicht genannt. Da der Bericht über sie in dem Jojachin geltenden Abschnitt des Königsbuches steht, scheint die Annahme am nächsten zu liegen, daß Jojachin bald nach seiner Thronbesteigung Nebukadnezar den Gehorsam aufgekündigt und dadurch das über ihn hereinbrechende Strafgericht verschuldet hat. Da aber Jojachin sich mit seiner Familie und seinem Hofstaat offenbar gleich zu Anfang der Belagerung ergab und er und seine Umgebung verhältnismäßig milde behandelt wurden, sehr viel milder jedenfalls, als es zehn Jahre später bei Zedekia samt Familie und Hofstaat der Fall war (II Kön. 25, 6—7. 18—21 = Jer. 52, 9—11. 24—27), werden die Dinge wohl vielmehr so liegen, daß Jojakim die Auflehnung gegen Nebukadnezar angezettelt hat, aber vor Nebukadnezars Gegenschlag gestorben ist und so nun Jojachin als der Verantwortliche galt, was er auch insofern wirklich gewesen sein mag, als er die nun einmal eingeleitete Erhebung nicht mehr bremsen konnte und vielleicht auch nicht wollte. Jedenfalls ist der Aderlaß an materiellen Gütern und an in der Verwaltung, in Militär und in der Wirtschaft führenden Menschen damals sehr groß gewesen. Wie tief und wie lange die Katastrophe Jerusalems von 597 als nationales Unglück empfunden worden ist, zeigt einerseits die Tatsache, daß der Prophet Hesekiel, der zu den damals Deportierten gehört hat, die ihm zuteil gewordenen Offenbarungen nach der Ära von 597 datiert hat (Hes. 1, 2; 8, 1 u. ö.), und andererseits der Umstand, daß unser Königsbuch mit der 562 von Nebukadnezars Nachfolger Ewil-Merodach (562–560) verfügten Begnadigung Jojachins schließt und so doch wohl einen hoffnungsvollen Ausblick auf die Zukunft der Davidischen Dynastie und damit des ganzen Volkes Israel geben will. Übrigens scheint Jojachin auch in der Gefangenschaft als König von Juda anerkannt worden zu sein. Jedenfalls wird in Listen von Öl- und Gerstezuteilungen an Mitglieder der babylonischen Hofhaltung – Kriegsgefangene, Handwerker, Exulanten und dergleichen aus sehr verschiedenen Ländern und Völkern – für das Jahr 593 auch König Jojachin von Juda genannt.[51] Hesekiel hat also offenbar mit der Beibehaltung der Jojachin-Ära und der damit gegebenen Nichtanerkennung Zedekias nicht allein gestanden.

Das auf die Deportation Jojachins folgende Jahrzehnt (597 bis 587) war für die Judäer von Ausbrüchen politischer Leidenschaft erfüllt, indem die eine Partei zu entschlossenem Widerstand gegen Babylon reizte, die andere die Nutzlosigkeit solchen Widerstandes einsah und nachdrücklich zur Mäßigung riet. Dabei waren es keineswegs allein die Judäer des Heimatlandes, die in dieser Weise in Parteien zerrissen waren. Vielmehr war das auch bei den immerhin viele Tausende umfassenden Exilierten von 597 der Fall. Zwischen diesen und den im Land Gebliebenen bestand trotz der sie trennenden großen Entfernung eine sehr rege Verbindung, so daß die einen über die Haltung der anderen gut Bescheid wußten und sie zu beeinflussen suchen konnten. Vor allem waren es hier und dort die Propheten, die über die zwischen ihnen liegende weite Strecke hinweg sich gegenseitig beobachteten und stützten oder bekämpften. Wir sind darüber darum besonders gut unterrichtet, weil uns von der in das Jahrzehnt 597–587 fallenden Verkündigung Jeremias, der diese schicksalsschweren Jahre in Jerusalem oder seiner nächsten Umgebung erlebt hat, viel erhalten ist, und weil Hesekiel, der – 597 mit Jojachin nach Babylon deportiert – nach vielen von ihm erhaltenen Worten über das Ergehen der im Land Gebliebenen so gut Bescheid wußte, daß man, gewiß mit Unrecht, die Überlieferung, nach der er im Exil aufgetreten ist, für unzutreffend erklärt und seine Wirksamkeit oder doch ihren Anfang nach Juda verlegt hat.

Was Jeremia angeht, so mag hier die Erinnerung an seine Auseinandersetzungen mit den in Juda gebliebenen und den nach Babylon deportierten Propheten genügen, die dem Volk das baldige Eingreifen Jahwes zu seinen Gunsten in Aussicht stellten und damit bewußt oder unbewußt den Willen zur Auflehnung gegen die babylonische Oberherrschaft stärkten. Nach Jer. 27, 1—22 hat Jeremia im fünften Jahr Zedekias, also um 593[52], indem er symbolisch ein Joch auf seine Schultern legte, den Gesandten von Edom, Moab, Ammon, Tyros und Sidon, die zwecks Vorbereitung einer gegen Babylon gerichteten Verschwörung zu Zedekia nach Jerusalem gekommen waren, die Mahnung mitgegeben, sich der Oberherrschaft Nebukadnezars zu beugen und sich ja nicht in falschem Vertrauen auf leichtfertige Heilsweissagungen falscher Propheten zum Widerstand bewegen zu lassen, und dem König seines eigenen Volkes, Zedekia, sowie den Priestern und dem ganzen Volk dieselbe Warnung gesagt. Diese Verkündigung Jeremias hat — so Jer. 28, 1—17 — den Propheten Hananja veranlaßt, das Joch von Jeremias Schulter fortzunehmen, es zu zerbrechen und anzukündigen, daß Jahwe ganz bald die Oberherrschaft Nebukadnezars zerbrechen werde. Daraufhin wiederholte Jeremia seine Warnung und kündigte dem Hananja einen baldigen Tod an, der — so 28, 17 — auch eingetreten ist. Jer. 29, 1—23 teilt den Wortlaut eines Briefes mit, den Jeremia an die Deportierten von 597 gerichtet und in dem er sie ermahnt hat, sich auf eine längere Dauer des Exils gefaßt zu machen und sich nicht durch anderslautende Prophezeiungen irremachen zu lassen, und fügt die von ihm im Auftrag Jahwes an zwei solcher Lügenpropheten gerichtete Drohung hinzu, daß sie von Nebukadnezar hingerichtet werden würden. 29, 24—32 berichtet von einem Brief des im Exil lebenden Propheten Semaja an den mit der Polizeiaufsicht über den Tempel beauftragten Priester Zephanja, in dem er sich darüber beschwerte, daß Zephanja nicht gegen den landesverräterischen Jeremia eingeschritten und ihn in Block und Halseisen gelegt hätte, und von der Strafe, die Jeremia ihm im Namen Jahwes angedroht hat, daß er nämlich ohne Nachkommen bleiben und die bevorstehende Heilszeit nicht mehr erleben werde. In der Verurteilung der von großen Teilen der 597 Deportierten und der damals in Juda Gebliebenen gehegten Hoffnungen auf baldigen Zusammenbruch der Macht Babylons und der Ankündigung eines das von 597 weit in den Schatten stellenden Strafgerichts stimmt Hesekiel, der zu den 597 Deportierten gehörte,

mit Jeremia überein. So schaute er in der großartigen Vision Hes. 8, 1–11, 25, wie die abgöttischen Jerusalemer getötet wurden, Jahwe aber auf seinem Thronwagen Jerusalem verließ und damit Stadt und Tempel der Vernichtung preisgab. An dem Tag, als die Belagerung Jerusalems begann, erhielt er von Jahwe den Auftrag, am Schicksal eines unbrauchbar gewordenen Topfes die Notwendigkeit des Endes Jerusalems zu veranschaulichen (Hes. 24, 1–14). Von dem Leben der 587 Deportierten wird die Rede sein, wenn die Eroberung Jerusalems und die ihr folgende Deportation erzählt worden sind.
Wie Jojakim hat auch Zedekia den von Ägypten und anderen Nachbarn Judas an ihn herangebrachten Verlockungen zum Abfall von Nebukadnezar auf die Dauer nicht widerstehen können, obwohl er, im Grund ein willenloses Werkzeug in den Händen der auf den Abfall von Babylon hinarbeitenden Kriegspartei, des öfteren im geheimen Jeremias Rat eingeholt hat und von ihm dringend vor der Auflehnung gegen Nebukadnezar gewarnt worden ist. So nahm das Schicksal seinen Lauf. Im Januar 588 begann die Belagerung Jerusalems durch die Babylonier, die anderthalb Jahre gedauert hat. Da der von Pharao Hophra seinen Bündnisverpflichtungen entsprechend unternommene Versuch, Jerusalem zu entsetzen (Jer. 37, 6–16), mißlang und die Lebensmittel ausgingen, wurde die Lage der Stadt unhaltbar. Als dazu im Juli 587 noch eine Bresche in die Stadtmauer geschlagen wurde, suchten Zedekia und seine Umgebung sich durch die Flucht zu retten, wurden aber bei Jericho eingeholt und ins babylonische Hauptquartier Ribla am Orontes gebracht. Hier ließ Nebukadnezar vor den Augen Zedekias seine Söhne töten, danach ihn blenden und gefesselt nach Babylon bringen. Einen Monat später, im August 587, hat dann der mit großen Vollmachten ausgestattete Oberst der Leibwache, Nebusaradan, Jerusalem völlig zerstört, die Stadtmauer niedergelegt, den Tempel, den Palast und andere Bauwerke eingeäschert, den Tempel ausgeplündert, viele angesehene Jerusalemer und Judäer deportiert und 67 Honoratioren – darunter fünf angesehene Priester – zur Hinrichtung nach Ribla schaffen lassen. Zur Eingliederung Judas in das babylonische Reich ist es aber damals doch noch nicht gekommen. Vielmehr ließ Nebusaradan einen Rumpfstaat Juda, der seine Hauptstadt nicht mehr in dem offenbar von den Babyloniern völlig besetzten Jerusalem, sondern in dem 10 km nördlich davon gelegenen Mizpah hatte, bestehen und unterstellte ihn dem Gedalja, der, wie die Babylonier wußten, vor dem Aufstand gegen Nebukadnezar gewarnt hatte. Aber diesem Rumpfstaat war nur ein kurzes Leben beschieden. Im Oktober 587 fiel Gedalja dem Dolch eines von den Ammonitern aufgehetzten Angehörigen des David-Hauses, Ismael mit Namen, zum Opfer. Die Führer der kleinen judäischen Schar, die

sich um Gedalja gesammelt hatte, fürchteten nun, daß die Babylonier für die Ermordung ihres Vertrauensmannes furchtbare Rache nehmen würden. So emigrierten sie nach Ägypten und schleppten auch Jeremia und seinen Sekretär und Freund Baruch, die sich Gedalja zur Verfügung gestellt hatten, gegen ihren Willen mit. Was aus diesen Emigrierten in Ägypten geworden ist, wissen wir nicht. Damit verlieren sich auch die Spuren Jeremias und Baruchs. Vom Rumpfstaat Juda verlautet weiterhin nichts mehr; wahrscheinlich ist sein Gebiet jetzt in die nördlich angrenzende Provinz Samaria eingegliedert worden, eine Regelung, die wohl bis zur Rückkehr der Juden aus dem Exil oder – vielleicht mit einer durch jüdische Emanzipationsbestrebungen bedingten kurzfristigen Unterbrechung – bis 445 bestanden hat, als Nehemia von Artaxerxes I. (465–424) zum Statthalter über Juda ernannt worden ist.

Von den Deportierten des Jahres 597 haben wir schon gehört, daß sie mit den in der Heimat gebliebenen Volks- und Glaubensgenossen in engster Fühlung standen, deren Belange zu ihren eigenen machten, eigentlich mehr in der Heimat als im Exil lebten und der Rückkehr nach Juda sehnsüchtig entgegensahen. Gewiß werden auch viele der Deportierten von 587 bei dieser Haltung geblieben sein. Aber – wie könnte es anders gewesen sein! – die Katastrophe des Jahres 587 bedeutete doch eine sehr schwere Belastung solcher Zuversichtlichkeit. So gewannen unter den Exilierten Sprichwörter wie dieses (Hes. 18,2): »Die Väter aßen Herlinge, und den Söhnen wurden die Zähne stumpf« Raum und begannen, den Glauben an eine neue Zukunft des Volkes zu unterhöhlen. Da hat Hesekiel, der bis zur Katastrophe unerbittlich ihre Unabwendbarkeit verkündet hatte, den Exilierten neuen Mut gemacht und damit dem »Deuterojesaja« genannten Verfasser von Jes. 40–55, dem großen Trostpropheten, der, wie wir sehen werden (S. 197 f.), gegen Ende des Exils aufgetreten ist, in wirksamer Weise vorgearbeitet. In der großartigen Schau der Wiederbelebung von Totengebeinen (Hes. 37, 1–14) verhieß Hesekiel im Auftrag seines Gottes Israel eine neue Zukunft, in der – so 37, 15–28 – die getrennten Teile des Davidischen Einheitsreiches unter dem König David wiedervereint sein würden. Im Jahr 573 schaute er visionär, wie Jahwe auf seinem Thronwagen wieder feierlich in seinen völlig erneuerten Tempel Einzug hält (40, 1 – 43, 12).

Von dem äußeren Leben der Exilierten erfahren wir wenig. Immerhin wird deutlich, daß sie nicht eigentlich Gefangene waren, sondern – selbstverständlich auf bestimmte Bezirke beschränkt – frei ihrem Beruf, sei es Handel, sei es Handwerk, sei es Ackerbau, nachgehen konnten. Weiter läßt sich sagen, daß sie eine gewisse Selbstverwaltung hatten, nämlich von »Ältesten« geleitet oder doch vertreten wurden. Wenigstens eine der ihnen zugewiesenen Wohnstätten können wir geographisch bestimmen, das bei Nippur gelegene Tel Abib (Hes. 3, 15) am großen Kanal (Wasser Chebar Hes. 1, 1. 3; 3, 23; 10, 15. 20. 22; 43, 3), Wohnsitz des Propheten Hesekiel. Andere Wohnsitze der Exilierten werden Esra 2, 59; Neh. 7, 61; 3. Esra 5, 36 genannt. Die Exilierten hatten offenbar volle Bewegungsfreiheit und konnten sich gegenseitig besuchen. Hes. 8, 1; 14, 1; 20, 1 werden Besuche von »Ältesten«, also offenbar von Vorstehern der den Juden zugewiesenen Wohnstätten, bei Hesekiel erwähnt, die der Erörterung wichtiger, zumeist gewiß ethisch-religiöser Fragen dienten und voraussetzen, daß Hesekiel sich großer Achtung bei seinen Landsleuten erfreute, obwohl er ihnen nicht selten Vorwürfe machte (etwa 14, 1—11) oder Plänen, die sie erwogen, schroff widersprach (etwa 20, 1—44). In der Tat kommt Hesekiel für die Geschichte des Judentums größte Bedeutung zu. Er hat sowohl für die Erhaltung einer von Tempel und Opfer unabhängigen ethischen Religiosität als auch für die Neugestaltung des Kultus in der zuversichtlich erhofften Heilszeit Entscheidendes geleistet.

Gegen Ende der ersten Hälfte des 6. Jahrhunderts mehrten sich die Anzeichen dafür, daß die mit der Niederringung der Assyrer durch die verbündeten Meder und Babylonier (612), die den letzteren die Oberherrschaft über Syrien und Palästina eingebracht hatte, in Vorderasien geschaffene politische Lage vor allem durch das Eingreifen Kyros' II. (559—529) sich ändern würde. Dieser sagte 552 seinem medischen Oberherrn Astyages (585—550) den Gehorsam auf, besetzte weite Gebiete des medischen Reiches, schlug 546 Kroisos von Lydien und eroberte dessen Hauptstadt Sardes. Diese Erfolge des persischen Königs nötigten die Mächte, die sich durch ihn bedroht fühlten, zum Zusammenschluß und zur Gegenwehr, vor allem den Pharao Amasis und den König von Babylon Nabonid, während die exilierten Juden ebenso wie die von Nabonid unterdrückten Marduk-Priester von Kyros das Geschenk der Freiheit erhofften. Unter den exilierten Juden gab insbesondere der schon genannte Deuterojesaja den durch das Auftreten des Kyros bei ihnen ausgelösten Erwartungen wirkungsvollen poetischen Ausdruck. Kyros werde — so verkündigte er — Babylon und ihre Götter vernichten, als Jahwes Beauftragter aber den exilierten Juden die triumphale Rückkehr in ihre Heimat erlauben. Dabei machte er der Gruppe seiner Mitexilierten, die in dumpfer Resignation dahinlebten, wie es diejenigen, die jenes Sprichwort von den Herlingen verbreiteten, getan hatten, damit Mut, daß er einen Teil des über Israel hereingebrochenen Unglücks nicht als Strafe für seine Schuld, sondern als ein stellvertretend für andere auf sich genommenes Leid ausgab, wie denn seine Verkündigung so beginnt:

»Tröstet, tröstet mein Volk,
spricht euer Gott.
Redet Jerusalem zu Herzen
und verkündigt ihr,
daß vollendet ihr Dienst,
daß bezahlt ihre Schuld,
daß sie von Jahwes Hand Doppeltes empfing
für alle ihre Sünden!«

Mit seiner Trostverkündigung hat Deuterojesaja ebensoviel für die Geschichte des Judentums getan wie Hesekiel. Ja, er hat weit darüber hinaus bis ins Christentum hineingewirkt, das – damit wohl Jesu eigenem Beispiel folgend – den Gottesknecht des Deuterojesaja in Jesus wiedererkannt und Jes. 52, 13 – 53, 12 mit seinem »Er trug unsere Krankheit und lud auf sich unsere Schmerzen« auf Jesu stellvertretendes Leiden und Sterben bezogen hat. Mit der seiner Gegenwart geltenden Ankündigung aber, daß Kyros den exilierten Juden die Freiheit schenken werde, hat Deuterojesaja recht behalten. Kyros hat tatsächlich den Juden die Rückkehr in ihre Heimat und den Neubau ihres Tempels erlaubt und darüber hinaus auch die von Nebukadnezar aus dem Jerusalemischen Tempel geraubten Schätze zurückgegeben (Esra 1, 1–11; II Chr. 36, 22–23).

b) Die Aramäer

In die Anfänge der jetzt zu betrachtenden Epoche der Geschichte Arams (745–538), die mit den Anfängen der Regierung Tiglatpilesars III., des eigentlichen Begründers der assyrischen Weltmacht, zusammenfallen, gehört die Niederschlagung des von Sardur III., König von Urartu (um 765–733), angezettelten großen Aufstandes gegen Assyrien und die damit in Zusammenhang stehende Zerstörung Arpads, wovon schon die Rede war, sowie das ebenfalls bereits erwähnte Auftreten des Usurpators Azrija'u von Ja'udi. Freilich lassen die hier in Betracht kommenden Quellen, Berichte Tiglatpilesars einerseits und die aramäische Inschrift (KAI, Nr. 215) auf einer Statue, die Barrākib, König von Ja'udi, um 730 für seinen Vater Panammuwa II., den Sohn des Barṣur, errichtet hat, andererseits, in mancher Hinsicht verschiedene Auffassungen zu. In der Inschrift des Barrākib kommt der Name des Azrija'u überhaupt nicht vor. Vielmehr wird nur – und das noch nicht einmal ganz unmißverständlich – auf einen Usurpator angespielt, der Barṣur gestürzt und in dessen Familie ein entsetzliches Blutbad angerichtet hat, dann aber von Tiglatpilesar beseitigt und durch den legitimen Thronfolger Panammuwa II. ersetzt worden ist. Bei dem von Tiglatpilesar als Anführer einer gegen ihn gerichteten, bald von ihm zerschlagenen großen syrischen Koalition genannten[53] Azrija'u von Ja'udi aber gehen seit über einem Jahrhundert die Meinungen darüber auseinander, ob er mit dem judäischen König Asarja (Usia) (773—735) oder aber mit einem aus dem nordsyrischen Staat Ja'udi-Sam'al stammenden oder doch dort hochgekommenen Usurpator identisch sei. Die für die eine und für die andere Auffassung sprechenden Argumente können hier nicht aufgeführt werden. Vielmehr muß die Feststellung genügen, daß die Deutung des von Tiglatpilesar genannten Azrija'u auf einen im nordsyrischen Ja'udi ans Ruder gekommenen Usurpator alle Wahrscheinlichkeit für sich hat und daß die hier in Betracht kommenden Sätze der Inschrift auf der von Barrākib seinem Vater Panammuwa II. errichteten Statue am ehesten verständlich werden, wenn man sie auf die brutale Revolution des Abenteurers Azrija'u bezieht.

Die Niederwerfung des von Azrija'u geführten großen Aufstandes syrischer Staaten gegen die Oberherrschaft Assyriens hatte zur Folge, daß eine ganze Reihe von ihnen dem assyrischen Reich als Provinzen einverleibt wurden und daß viele andere zwar noch eine gewisse Selbständigkeit behielten, aber einen hohen Tribut leisten mußten. Damals wurden neunzehn von Hamath abhängige Territorien Assyrien einverleibt, nachdem man einen großen Teil ihrer Bevölkerung deportiert hatte, während Hamath selbst unter dem König Eniel noch selbständig blieb und erst, wie wir gleich noch sehen werden, 720 als Vergeltung für einen neuen Aufstandsversuch von Sargon II. (722—705) endgültig zerstört wurde. Unter den Königen, die damals Tiglatpilesar Tribut leisteten, aber werden unter anderen genannt Rezin von Damaskus, Pisiris von Karkemiš und Panammuwa II. von Sam'al. Indes konnten sich auch diese Könige wie viele andere ihrer wenigstens bedingten Selbständigkeit nur noch kurze Zeit erfreuen. Von Damaskus sahen wir schon (S. 182), daß es 734 von den Assyrern annektiert worden ist, und ebenso ist bereits erzählt worden (ebd.), daß im Zusammenhang damit Israel die — zu vier assyrischen Provinzen gemachte — Hälfte seines Gebietes eingebüßt und daß zwölf Jahre später der zunächst belassene Rumpfstaat ein ähnliches Schicksal erfahren hat. Karkemiš hat mit dem Tod seines letzten Königs Pisiris (745—717) seine Selbständigkeit verloren. In Hamath hat ein hier hochgekommener Usurpator namens Ilubi'di oder Jaubi'di unter Ausnutzung der in einigen Assyrien längst einverleibten Staaten, darunter Arpad, Damaskus und Samaria, wieder aufflackernden Selbständigkeitsgelüste und im Vertrauen auf ägyptische Hilfeversprechen um 720 eine Koalition gegen Assyrien zustande gebracht, sich jedoch in seiner Festung Qarqar nicht halten können. Er ist mit ihr Sargon II. (722 bis 705) in die Hände gefallen und von ihm kläglich geschunden worden. Auch Sam'al, dessen letzte zwei Könige, Panammuwa II. (743–732) und Barrākib (732–720), treu zu Assyrien gehalten hatten, scheint um 720 seine Selbständigkeit verloren zu haben und eine assyrische Provinz geworden zu sein. Die Vermutung liegt nahe, daß auch Sam'al der Versuchung zum Abfall von Assyrien nicht hat widerstehen können und daß Assyrien darauf mit der Annexion dieses Staates geantwortet hat. Ein eindrucksvolles Symbol der assyrischen Oberhoheit über Sam'al stellt die hier ein halbes Jahrhundert später von Asarhaddon (681–669) errichtete, 3,22 Meter hohe Dolerit-Stele[54] dar, die ihn und zwei von ihm besiegte Gegner, Abdimilkutti von Sidon oder Baʿal von Tyros und den Sohn Taharkas von Äthiopien (vgl. unten S. 202), zeigt, wobei der überlebensgroße Asarhaddon seine beiden ganz klein dargestellten Gegner an je einem durch deren Nasen gezogenen Strick hält (Abb. 11). Auch Azitawaddija (Karatepe) scheint um 710 seine Selbständigkeit verloren zu haben, ohne daß sich dafür ein Grund angeben ließe.

c) Die Phöniker

Mit Tiglatpilesar, der überhaupt zur Festigung seines Reiches viel drastischere und brutalere Mittel anwandte als seine Vorgänger, bekamen auch die phönikischen Städte das auf ihnen lastende Joch der assyrischen Oberherrschaft nachdrücklicher zu spüren, als es vorher der Fall gewesen war. Mit anderen Teilen Syriens machte er das Eleutheros-Tal (Nahr el-Kebīr) und den nördlich von ihm gelegenen Küstenstreifen zur assyrischen Provinz; nur Arvad behielt hier seine wenigstens relative Freiheit. Die südlich vom Eleutheros gelegenen Städte, vor allem Byblos und Tyros, wurden wie Arvad behandelt und kamen ebenfalls noch mit bloßer Tributzahlung davon. Sargon II. (722–705) hat indes die Mutterstadt Tyros ihrer zyprischen Kolonien, darunter Kition, beraubt und um 707 auf Zypern eine Basaltstele mit seinem Bild errichtet, deren Inschrift insbesondere seine Eroberung von Zypern stolz hervorhebt (AOB, Nr. 135; AOT, S. 350; ANET, S. 284). Sanheribs (705–681) Versuch, Tyros in seine Gewalt zu bringen, scheiterte freilich, aber es gelang ihm doch, der Metropole einen Teil ihrer Festlandsbesitzungen zu entreißen und sie dadurch erheblich zu schwächen, was zur Folge hatte, daß Karthago sich mehr und mehr von der Bevormundung durch seine Mutterstadt frei machen und als Vorort der phönikisch-punischen Städte an ihre Stelle treten konnte. Die übrigen phönikischen Städte vermochte Sanherib zu bezwingen. In Sidon, dessen König Luli oder Elulaios vor den Assyrern auf eine Mittelmeerinsel, wohl nach Zypern, geflohen war, setzte Sanherib einen König von seinen Gnaden namens Ethbaʿal ein.

Abb. 11: Dolerit-Stele Asarhaddons aus Zincirli

Für Asarhaddon (681–669) und Assurbanipal (669–626), die ihr Reich bis nach Ägypten ausgedehnt hatten, war es besonders wichtig, daß die an dem Weg von Assyrien nach Ägypten liegenden Phönikerstädte Ruhe hielten. Daher mußten sie, wenn sie rebellierten, zu drakonischen Strafmaßnahmen greifen. So hat Asarhaddon einen Aufstandsversuch Abdimilkuttis von Sidon 677 damit beantwortet, daß er ihn hingerichtet, die Stadt von Grund aus zerstört und an anderer Stelle eine neue assyrische, »Asarhaddonsburg« genannte Stadt gebaut hat. Tyros, dessen König Baʿal dem siegreichen Assyrerkönig bald seine Huldigung darbrachte, zog aus Sidons Katastrophe Nutzen. Es erhielt nämlich Teile seines Gebietes zugewiesen. Ein paar Jahre später (671) konnte Baʿal indes der Versuchung, sich an einer gegen Assyrien gerichteten, von Taharka (S. 200) gestützten Koalition syrisch-palästinischer Fürsten zu beteiligen, nicht widerstehen, mußte sich aber, nachdem dieser Aufstand niedergeschlagen war, die Umwandlung seines gesamten Festlandbesitzes in eine assyrische Provinz gefallen lassen und sich darüber hinaus zu vertraglicher Anerkennung des ihm an die Seite gestellten assyrischen Statthalters verpflichten. Baʿal hat sich trotz dieses Vertrages[55] gegen Asarhaddons Nachfolger Aššurbanipal empört und dafür schwer büßen müssen. Auch den Trotz der Inselfeste Arvad hat Assurbanipal brechen können.
Die letzten Jahrzehnte des 7. Jahrhunderts, die den Niedergang und den Zusammenbruch Assyriens sahen, mögen auch den phönikischen Städten eine gewisse Erleichterung des auf ihnen lastenden Druckes gebracht und ihnen gar die Wiedergewinnung dieser und jener Machtposition ermöglicht haben. Als aber Nebukadnezar 605 König des an die Stelle Assyriens getretenen babylonischen Reiches geworden war und wieder Ansprüche auf Syrien-Palästina geltend machte, sahen sich die phönikischen Städte aufs neue in ihrer Autonomie bedroht, was ihre Neigung zu Zusammenschlüssen mit anderen, ebenfalls bedrohten syrisch-palästinischen Staaten wieder aufleben ließ. Daß zu diesen vor allem Juda gehörte und daß die Propheten Jeremia und Hesekiel die judäischen Könige vor einer Beteiligung an solchen Koalitionen warnten und im Zusammenhang damit ihre Drohungen auch gegen die phönikischen Städte richteten, vor allem gegen Tyros, sahen wir bereits (S. 194). Die Seele des Widerstandes gegen Nebukadnezar war damals Tyros und sein König Ethbaʿal II. So hat Nebukadnezar bald nach der Einnahme Jerusalems (587) Tyros zu belagern begonnen, aber trotz dreizehnjähriger Bemühungen (Hes. 29, 17–21) die Stadt nicht nehmen können[56], sondern sich auf eine Abmachung mit ihr einlassen müssen, nach der Ethbaʿal und sein Haus freilich auf den Thron verzichteten, aber Tyros doch ein Königreich blieb. Da für die beiden ersten Drittel des 6. Jahrhunderts die Tyrischen Annalen,

von denen oben S. 168 die Rede war, erhalten sind, kennen wir die Könige und Regenten, die von 590 bis 530 in Tyros regiert haben. Als Nachfolger Ethbaʿals wird da Baʿal genannt. Im übrigen verdienen noch zwei Nachrichten über die Geschichte Phönikiens im 6. Jahrhundert Erwähnung. Die erste ist die in einer bei den deutschen Ausgrabungen in Babylon zutage gekommenen Hofstaatsliste Nebukadnezars (605–562)[57] aus etwa dem Jahr 565 stehende Aufzählung der Könige von Tyros, von Gaza, von Sidon, von Arvad, von Asdod und von Mir . . ., die zeigt, daß, wie in der einen oder anderen Philisterstadt, so auch in einigen phönikischen Städten damals Könige am Ruder waren. Die zweite ist die — bei Josephus, *Contra Apionem* I, 21 §§ 154 bis 158 erhaltene — Annalenangabe, daß — wohl im Jahr 562 oder später — die Tyrer den nach Babylon deportierten Angehörigen einer früheren tyrischen Dynastie, wohl der Ethbaʿals II., namens Merbalos zurückgeholt und ihn zum König gemacht hätten, eine — doch gewiß nur im Einverständnis mit dem Nachfolger Nebukadnezars, Ewil-Merodach, mögliche — Maßnahme, die der Begnadigung Jojachins durch diesen König, von der S. 193 die Rede war, an die Seite gestellt werden darf. Aus dem letzten Vierteljahrhundert der babylonischen Oberherrschaft über Syrien-Palästina liegen Nachrichten, die sich auf Phönikien beziehen, kaum vor. Den Übergang der Macht von den Babyloniern auf die Perser haben, wie es scheint, die nun in die 5. Satrapie des persischen Reiches eingegliederten phönikischen Städte ruhig hingenommen. Dazu paßt, daß der Bruder des eben erwähnten Merbalos, Hiram, 552 König von Tyros geworden und es bis 532 geblieben ist, also offenbar die Oberherrschaft der Perser anerkannt hat und von diesen auf dem Thron belassen worden ist.

4. Arabien

Wenn man Arabien von Süden her betrachtet, so sieht man am besten, wie groß das Land ist, aber auch wie öde. Die Halbinsel steigt von der Niederung des Euphrats und der Küste des Persischen Golfes allmählich an, bis sie im Inneren 900 m und an der Grenze Westarabiens (el-Ḥejaz)[1] über 1000 m erreicht. Südlich von Mekka schiebt sich das Küstengebirge zu einem hohen Grat zusammen, der nach dem Roten Meer und nach der Wüste weitere Kämme entsendet und sich in Südarabien (el-Yemen) bis auf fast 4000 m erhebt. Er fällt im Osten zu einer Hochebene ab, deren gebirgiger Saum an eine riesige Sandwüste und im Süden an eine kleinere stößt. Die nördliche Sandwüste ist durch Sandstriche, die dem Persischen Golf parallel laufen, mit der nordarabischen Sandwüste verbunden. Im Westen ziehen sich ungefähr parallel zu den Küstenbergen und manchen Ortes über sie vulkanische Wüsten (arabisch: Ḥarra). Sie beginnen eigentlich schon bei Damaskus. Eine von ihnen, Ḥarrat Khaibar, ist nach ihrem Hauptort benannt, an dem Quellen durchgebrochen sind und die Lava in fruchtbare Erde verwandelt haben. Ganz Innerarabien hat, wenn er überhaupt fällt, Winterregen vom Dezember bis zum Februar. Südarabien – die Grenze liegt nördlich von Nagrān – aber hat zwei Regenzeiten, vom März bis zum April und vom Juli bis zum September. Außerdem gab es hier mehr fruchtbares Land als dort. So z. B. die Alluvialebene südlich von Nagrān, wo die Minäer (südarabisch: Maʿīn) wohnten, und die Hochebene, die den Sabäern (Sabaʾ) gehörte, aber auch die weiten Täler, in denen sich während des Regens Flüsse bilden, das Wadi Nagrān, das Wadi Baiḥan, das von Süden kommend nahe Timnaʿ im kleinen Sand versickert, und das Wadi Ḥaḍramōt samt seinen Seitentälern, das parallel dem Indischen Ozean läuft. Es existierte also ein natürliches Gefälle in der Wirtschaft und daher auch in der Kultur von Süden nach Norden. Zwar gab es in der weiteren Umgebung der heutigen Hauptstadt Arabiens größere Oasen und reichlich Wasser, in geringerem Ausmaß auch in Westarabien, z. B. in Medina und weiter nördlich in einem langgestreckten Tal, das in altorientalischer Zeit Dedān, später aber al-ʿUla genannt wurde (und so auch bis

Abb. 12: Arabien

jetzt heißt, während es zu Beginn der islamischen Zeit auch den Namen Wadi-l-qura[2] führte). Sonst aber waren ständige Niederlassungen und Brunnen im Norden selten. Das Rote Meer bereitete der damaligen Schiffahrt Schwierigkeiten: Stürme und Korallenriffe im Norden, wechselnde Winde im Süden. Die Araber haben es wohl auf primitiven Fahrzeugen gekreuzt, aber nicht nach Norden oder Süden befahren. An der Südostküste ist der kleine Bezirk Dhofar nebst Hafen zu merken, weil dort Weihrauch wuchs und noch wächst. Dort, wo eine Bucht tief in die arabische Küste des Persischen Golfes einschneidet, liegt eine Inselgruppe, die seit dem Hochmittelalter el-Baḥrain heißt und deren Hauptinsel, einst Tilmun genannt, seit jeher ein Hauptplatz der Perlenfischerei war und sehr früh eine eigenständige Kultur (soweit es so etwas gibt) besaß, die auch auf das gegenüberliegende Küstenland ausstrahlte. Im Norden beziehen wir die Syrische Wüste ein[3], weil das Land der Araber in der Zeit, von der dieses Kapitel berichtet, bis zu den Bergketten reichte, die von Dumer, nahe bei Damaskus, nach Nordosten zum Euphrat verlaufen. Die Araber wurden von den Assyrern und Babyloniern Aribi, Arubu, Arabu genannt ('Arab in der Bibel zuerst durch Jeremia 25,24 um 600 bezeugt), wobei die Endungen i, u ebensowenig zu dem Namen gehören wie das deutsche ... er. Ob das Wort ursprünglich der Name eines Landes war, wie im Alten Testament, ob es, wie so oft bei der Entstehung von Volksnamen, nur einen kleinen Teil der Nation bezeichnete, ist nicht genau bekannt. Das Land dieser Araber grenzte nach der Auffassung des späten 6. Jahrhunderts im Südwesten an eine Linie Dedān-Taima'-Adumatu/Duma. Das war einst, wie aus sprachlichen Indizien erhellt, ungefähr die Südgrenze ihrer Vorgänger, der Aramäer[4]. — Der Name Arabien wurde also von den Babyloniern noch nicht für die Halbinsel gebraucht — nicht, weil sie ihnen unbekannt war, sondern aus traditionellen Gründen.

Im Jahr 853 zog Gindib[5] mit tausend Kamelen, wie viele andere syrische Fürsten, als Verbündeter des Königs von Damaskus nach Norden gegen Ḥama, um Salmanassar III. von Assyrien aufzuhalten.[6] Er nahm an der Schlacht von Qarqar (am Orontes, nordwestlich von Ḥama, dicht südlich von Jisr el Shughur) teil, die wohl unentschieden ausgegangen ist. — Erst über 100 Jahre später, nach der Unterwerfung Syriens und den ersten Feldzügen Tiglatpilesars III. (745—727), erscheinen Land und Volk der Aribi. In einem Bericht über den Tribut der Herrscher von Kleinasien bis Ägypten wird auch eine Königin von Arabien erwähnt. Nach 736 floh eine zweite Königin, die ihren Vasalleneid gebrochen hatte, nach einer verlorenen Schlacht, nach großen Verlusten an Menschen und Vieh, an eigenem Besitz und dem ihrer Götter nach Bazu in Ostarabien. Da sie dort keine Hilfe fand, kehrte sie zurück und unterwarf sich. Aufgeschreckt oder aus Furcht um ihre Handelsbeziehungen, erboten sich sieben Städte und Stämme aus dem fernen Westen zur Tributzahlung: Mas'a, Taima', Saba', Ghaifa, Idib'il(?)[7] und andere. Ob Mas'a Land oder Volk, Stadt oder Stamm bezeichnete, das schwankt in den Berichten. Saba' aber meinte wirklich Land und Volk. Als Tribut werden in der einen Quelle außer Kamelen Aromata (= Räucherwerk) und Gewürze angegeben, also Waren, die von den Oasen- und Stammeshäuptern den aus Südarabien kommenden Karawanen als Durchgangszoll auferlegt wurden. In der anderen Quelle werden außerdem Gold und Silber genannt.

Sargon II. (722—705) rühmt sich, vier fern in der Wüste hausende, wilde und nie unterworfene Stämme zerschmettert und die überlebenden (Gefangenen) in Samaria angesiedelt zu haben. Das ist leicht übertrieben; denn zwei von ihnen wurden bereits von seinem Vater unterworfen, ein dritter, Thamud, aber hatte noch eine lange Geschichte vor sich.

Aus der Regierungszeit Sanheribs (705—681) erfahren wir

Neuigkeiten über die Aribi. Zum erstenmal erschienen arabische Hilfstruppen im Dienst Babylons unter dem Bruder der Königin Iati'e/Yathi'. Auch trat nun ein König der Aribi auf, Ḥaza'el[8], der zugleich der König der Qidri, der biblischen Qedar, war. Sanherib griff die Aribi überraschend an, die Königin Te'elḫunu, bei der sich auch Ḥaza'el befand, floh mit ihm nach Adumatu/Duma. // Die Feste wurde belagert und fiel. (Ḥaza'els Weib), die Königin Iskallatu wurde gefangen, die Statuen seiner Götter nach Ninive geschleppt. Unter Asarhaddon (680–669) erwirkte Ḥaza'el in Ninive die Rückgabe seiner Götter. »Die Tabua, einen Zögling meines Palastes, setzte ich (neben Ḥaza'el) als Königin der Aribi ein, mit deren Göttern entließ ich sie in ihr Land«, Worte Asarhaddons, dessen Bericht nach // beginnt. Bei seinem Sohn Assurbanipal aber steht: »... Te'elḫunu, die Priesterin der Dilbat, lieferte Ḥaza'el dem Sanherib aus ... Asarhaddon setzte ihn wieder ein. Te'elḫunu begleitete die Sieger freiwillig. Ḥaza'el erwirkte die Rückgabe seiner Göttin ...« und so vorher und bis zum Schluß. Diese Version, hinter der Te'elḫunu steht, soll der in der Liste der zurückgegebenen Götter fehlenden großen Göttin Atarsamain = Ištar-Dilbat zu ihrem Recht verhelfen und am Anfang Te'elḫunus Anteil am Fall von Duma hervorheben. Etwas ist an diesem Bericht wahr, vielleicht: »Duma fiel, weil sie zum Feinde überging«, aber nicht mehr; denn wenn man den König Ḥaza'el fängt, meldet man nicht, man habe die Königin (Iskallatu) gefangen.

Nach Ḥaza'els Tod wurde dessen Sohn Iata'/Yatha' (der seit seinem zweiten Aufstand mit den Namen Uaate'/Watigh? und Iauta'/Yautagh? ›Spitzbube‹ bedacht wurde; mit dem ersten Namen wurde auch sein Onkel bezeichnet) zum König ernannt und sein Tribut um 10 Minen Gold, 100 erlesene Edelsteine, 50 Kamele und 100 Lederbeutel mit Aromata erhöht. Einige Jahre später brachte Uabu/Wahb ganz Arabien gegen ihn zum Aufstand, doch wurde dieser mit Hilfe assyrischer Truppen niedergeworfen. Trotzdem erhob sich auch Yatha' gegen Asarhaddon und mußte fliehen. Wieder wanderten die Götter nach Ninive. Unter Assurbanipal (688–633) bekam er sie zurück und hielt dann einige Jahre Ruhe. Als sich aber das Verhältnis zwischen Assurbanipal und dessen Bruder, den jener zum König von Babylonien gemacht hatte, kritisch zuspitzte, trat Uaate'-Yatha' trotz der Siege Assurbanipals im Westen zu jenem über; freilich war sein neuer Herr mit Elam verbündet. Er schickte seine Truppen unter einem anderen Häuptling der Qedar, Abiiate'/Abiyathi', und dessen Bruder nach Babylon. Dann sammelte er alle Araber und verheerte die Gebiete der assyrischen Vasallen im Westen von Ḥama bis Edom, vermutlich, um sie zum Abfall von Assurbanipal zu bewegen. Aber die Aribi wurden überall geschlagen, auch im Paß von

Yabrud, nordöstlich von Damaskus, durch den sie aus der Steppe nach Innersyrien vorgedrungen waren. Uaate' floh weit weg nach Nabayat.

Hier tritt ein neues arabisches Land, das nach seiner Bevölkerung benannt ist, den biblischen Nebayoth, in unseren Gesichtskreis. Es lag vermutlich bei Tebuk (164 km nordwestlich von Taima')[9], wo sich viele Wege kreuzten. Das wird durch den Bericht eines babylonischen Offiziers an die königlich assyrische Kanzlei beleuchtet. Auf die Anfrage: »Was wißt ihr Neues über die Araber?« antwortete er: »Als die Karawane aus Nabayat auszog, wurde sie von ... vom Stamm Massa' überfallen, die Begleiter erschlagen oder gefangen. Nur einer entkam ...«[10]

Wir kehren zu unserem Thema zurück. Natnu, König von Nabayat, befürchtete Schwierigkeiten mit den Assyrern wegen seiner Aufnahme des Flüchtlings und erklärte sich daher nach längeren Verhandlungen zum Vasallen Assurbanipals. Auch muß er Uaate' das Asyl versagt haben; denn dieser erschien später am Hof und wurde grausam bestraft. Währenddessen hatte sich Ammuladi, der König der Qedar, erhoben und die Angriffe gegen die Länder im Westen fortgesetzt. Er wurde aber vom König von Moab geschlagen und später gefangengenommen. Auch Uaate's Gemahlin Adiya, die Königin von Arabien, fiel in die Hand Assurbanipals. – Inzwischen waren die arabischen Hilfstruppen vor Babylon vernichtet worden, Abiiate' und sein Bruder jedoch entkommen. Jener erschien freiwillig vor Assurbanipal und wurde an Stelle von Uaate' Sohn Haza'els zum König von Arabien ernannt. Es dauerte aber nicht lange, bis auch er abfiel, von Natnu nach langem Zögern Hilfe erhielt und sich sogar mit seinem Onkel Uaate' Sohn Haza'els namens Uaate' Sohn Bir-Daddas verband, der sich nach der Flucht seines Neffen zum König von Arabien proklamiert hatte. Endlich tauchte als vierter Verbündeter eine Kultgemeinschaft der Göttin Atarsamain (siehe S. 207) auf. – Die Araber lagerten, meist mit Weib und Kind und Herden, unterhalb der nahe Damaskus beginnenden und nordöstlich zum Euphrat laufenden Bergkette. Assurbanipal verließ am 25. Juni (?) das rechte Euphratufer etwa bei Balis und zog südwärts durch die Steppe, die im Sommer ohne jedes Leben war, und über den Gebirgszug. Südwestlich von Yarki/Erek stieß er auf die Lager der Atarsamain-Verehrer und der Nabayat. Sie flohen nach kurzem Gefecht und konnten trotz langer Verfolgung nicht erreicht werden. Beim Weitermarsch nach Südwesten wurden andere Verehrer der Atarsamain mit den Qedar unter Uaate' Sohn Bir-Daddas eingekesselt. Dem König und seinen Kriegern gelang der Ausbruch, seine Familie und die Angehörigen seiner Leute aber wurden samt ihren Herden nach Damaskus getrieben. Am 3. August brach Assurbanipal von dort auf und erreichte die arabische Hauptmacht, die

Qedar unter Abiiate', bei Khulkhuliti/Khålkhåla am Ostrand der Ledjāh, schlug sie, nahm Abiiate' gefangen, drängte die Qedar über den steilen Rand jenes Lavagebietes[11], ließ die umliegenden Wasserstellen besetzen und zwang die Halbverdursteten, sich zu ergeben. Eine ungeheuer große Menge von Sklaven und Vieh wurde nach Assyrien gebracht. – Schließlich kam auch Uaate' Sohn Bir-Daddas aus einem Heiligtum im Land der Qedar zum Vorschein, nachdem ihm Natnu seine Bitte um Hilfe abgeschlagen und seine Truppe gemeutert hatte. Er wurde wie die übrigen gefangenen Könige erniedrigt und gequält, sein Sohn zum König von Arabien gemacht. Zuletzt siegte Nebukadnezar (605–562) über die Qedar (Jeremia 49,28; weiteres Fischer Weltgeschichte, Bd. 5, S. 378).
Die Kriegsberichte Tiglatpilesars und Assurbanipals waren durch Reliefs illustriert.[12] Diese bieten einen guten Einblick in das Leben der Araber. Unter anderem sehen wir, daß die Truppen, die in den Berichten erwähnt werden, ein Kamelreiterkorps waren, »das manches der Kavallerie und den Streitwagenkämpfern abgesehen hatte«[13]. Was aber die arabische Gesellschaft von den anderen der damaligen Zeit unterschied, war die Alleinherrschaft von Königinnen; selbst als sie Frauen von Königen wurden, behielten sie nicht nur den Titel, sondern auch die Rechte des Souveräns, so die zweite Adiya[14]. In der Religion machten sich fremde Einflüsse geltend. Atarsamain, der Morgenstern, die Venus, war nicht nur sprachlich ein Mischwesen. Es ist nämlich möglich, daß diese Gottheit erst durch das Eindringen der mesopotamischen Theologie zu einer Göttin wurde. Te'elḫunu wird nämlich nicht nur *qumirta* (auf aramäisch: Priesterin), sondern auch *apkallatu* (auf akkadisch: Weise) genannt, was eben Theologin bedeutet. Jedenfalls war die Gottheit 'Athtarsamain – 'Athtar ist die arabische Form von Atar –, die später in Westarabien verehrt wurde, männlich.[15] Unter den übrigen Göttern ist nur ein autochthon arabischer zu entdecken: Ruldayu[16]/Ruḍay (oder Ruḍau?).
Wir betrachten nun Ostarabien, wo Bazu 676 durch Asarhaddon erobert wurde. Der Zug galt wohl eigentlich der Insel Tilmun, wie ein Ausspruch des Königs erraten läßt. Da Asarhaddon aber im Persischen Golf über keine Flotte von Vasallen verfügte, mußte er den König von Tilmun durch Terror auf dem benachbarten Festland einschüchtern. Deshalb wurden dort sieben Könige und eine Königin umgebracht ... Nur einer entkam, erschien in Ninive und wurde mit Bazu ›belehnt‹. – Unter den Namen der Könige sind zwei arabische: Akbar und Ḥābis. Auch bei den Städtenamen ließe sich vielleicht der eine oder andere Ort mit späteren arabischen identifizieren. – Die Schwierigkeiten des Weges werden sehr übertrieben: »120 *bēru*/ Doppelstunden Sand-Gebiet ..., wo Schlangen und Skorpione

wie Ameisen das Feld bedeckten, durchzog ich«. Die 120 *bēru* stammen aus der Provinzeinteilung Sargons II., wo sie die Entfernung von dem Euphrat-Reservoir nach Meluḫḫa (inkorrekt = Bazu) meinen. So dicht »wie Ameisen« ist der ausschweifenden Phantasie des Königs entsprungen oder für sie erdacht. Aber daß Bazu ein Salzland sei, was vor diesem Zitat steht, wird durch Eratosthenes bestätigt. Auch an dem Sand-Gebiet ist etwas Wahres daran. Denn da für Sand nicht das übliche Wort steht, sondern Schlammsand, so ist damit die vor dem heutigen el-Qaṭīf liegenden Sabkha[17] gemeint. Das Khazu/Ḥazw-Gebirge, das der König durchzogen haben will, ist allerdings unauffindbar.

Wir betrachten jetzt Westarabien. Dabei müssen wir von dem Aufenthalt des Königs Nabonid von Babylon in Taima' ausgehen; denn die Inschriften des Königs und andere, die sich auf diesen merkwürdigen Vorgang beziehen, enthalten geographisch-historische Nachrichten, die weit über das hinausgehen, was aus dem Alten Testament über Westarabien bekannt ist. In der oben S. 204 genannten Ḥarrat Khaibar lernen wir drei Oasen kennen, die noch heute existieren[18]; aber nur eine von ihnen hat ihren Namen bewahrt, nämlich Khaibar. Ebenso erscheint hier zum erstenmal Yathrib. So hieß noch fast 1200 Jahre später al-Medina, als der Prophet Mohammed dort die Urgemeinde des Islam gründete, denn Yathrib kommt noch einmal im Koran vor. – Über die Bevölkerung dieser Landschaft zur Zeit der babylonischen Besetzung verlautet kein Wort. Sie sollte ihre Identität verlieren, als sie dem König untertan wurde – so ist dieses Schweigen wohl zu deuten. Wohl aber wird in einer »Friedensbotschaft« neben anderen fremden Ländern[19] das Land der Aribi erwähnt. Mit dem Frieden war es allerdings nicht weit her. »Leute aus dem Lande der Araber« plünderten eine Karawane (oder eine Oase), wurden aber bald niedergeworfen. Der Aufenthalt Nabonids in Taima' hat lange nachgewirkt. Zeugnisse dafür sind das Bild des Gottes Ṣalm auf der ›Stele von Taima'‹, über die einiges in Fischer Weltgeschichte, Bd. 5, S. 378 zu lesen ist, und ein Sgraffito, d. h. eine in den Fels geritzte Inschrift, in der Nähe von Taima', die von einem Gegenstand handelt, den der König von Babylon geweiht hatte.[20] Das dritte Zeugnis ist hypothetisch: In Südarabien führt der Mondgott nur in Ḥaḍramōt den Namen Sin. Auch wird in diesem Namen die Länge des ī entgegen der südarabischen Orthographie in der Schrift ausgedrückt. Ist es möglich, daß diese Tatsachen auf der Werbung Nabonids für seinen Gott beruhen? Sie hatte nur in Ḥaḍramōt Aussicht auf Erfolg, weil es im Gegensatz zu seinen Nachbarländern noch keine eigene Kultur entwickelt hatte. Dazu brauchte er keine Missionare nach Ḥaḍramōt zu schicken, sondern konnte sich an die angesehenen

Männer wenden, welche die Karawanen nach Norden führten (solche werden auf S. 214 geschildert). Ein Beispiel für diese Handelsverbindungen der Ḥaḍramoter, das nur eine Generation jünger ist, wird uns weiter unten begegnen.
Es ist schwierig, südarabische Geschichte zu erzählen, weil man sich nicht einig ist, wann sie beginnt, d. h. wie alt ihre Zeugen – Inschriften, Bauten und andere Denkmäler – sind. Die Zahl der Inschriften ist sehr groß und wächst beständig. Trotzdem lassen uns die Inschriften manchmal bei wichtigen Ereignissen im Stich. Auch fehlen in ihnen bei allen älteren Dynastien Herrscher. Das liegt zum Teil daran, daß viele Steine mit Inschriften später in Häuser verbaut wurden und noch werden. Auch haben, an der Fülle von Ruinenstätten gemessen, nur wenige Ausgrabungen stattgefunden. 1928 wurde ein jüngerer Tempel in Ḥuqqa nahe Ṣan'a', der späteren und jetzigen Hauptstadt des Yemen, durch C. Rathjens und H. von Wissmann aufgedeckt, 1937/38 ein älterer in einem Seitental von Ḥaḍramōt bei el-Ḥureiḍa von drei Engländerinnen.[21] Die Expeditionen der Amerikaner von 1950–1952 haben in Timna', der Hauptstadt von Qataban, in Marib, der von Saba', und in Dhofar eine Fülle von Ergebnissen gebracht[22], mußten aber, bis auf die letzte, vorzeitig abgebrochen werden.
Die Meinungsverschiedenheiten über das Alter der Inschriften laufen auf die Frage nach dem Beginn und der Herkunft der Schrift hinaus. Um sie zu beantworten, stellen wir zunächst fest, daß es in Arabien zwei alte Schrifttypen gab, einen nordarabischen und einen südarabischen. Beide stammen indirekt von einer phönikischen Schrift ab, und beide sehen Runen ähnlich. Wir nennen den ersten Typ ›vorarabisch‹, weil darin nicht Arabisch, sondern andere Sprachen geschrieben wurden. Er liegt in zehn Inschriften vor, meist auf Krugscherben und Siegeln, deren Fundorte von Ur in Chaldäa bis nach Taima' und vom Ḥauran bis Dedān reichen und die etwa zwischen 700 und 450 v. Chr. entstanden sind.[23] Die Bedeutung dieser Schrift für die Geschichte und Kultur Arabiens liegt darin, daß ihr im 5. Jahrhundert zwei neue Typen entsprossen sind, zuerst der dedanische, später der ›thamudische‹, der außer dem schlecht erfundenen Namen nichts mit dem auf S. 206 genannten Stamm zu tun hat, es sei denn in viel späterer Zeit.
Nicht über die Herkunft, sondern über die Neugestaltung der südarabischen Schrift ist Mlle. J. Pirenne »zu dem Schluß gekommen, daß der Stil der monumentalen südarabischen Schrift, so wie sie in den ältesten bis heute bekannten Texten erscheint, von dem Stil der griechischen beeinflußt ist«[24]. Aber dieser Schluß ist unbeweisbar.[25] Leider weiß man kaum etwas von der Schrift, die auf vergänglichem Material geschrieben wurde, ehe man sich entschloß, sie in einer neuen Gestalt auf Mauern, Al-

täre und Stelen zu setzen. Andererseits haben sich merkwürdigerweise einige Buchstaben aus der vorarabischen Schrift in die ersten Stadien der südarabischen verirrt.[26] Sind sie erst damals aus der fremden eingedrungen oder sind sie Reste der früheren eigenen, die in diesem Fall aus jener entstanden wäre? Das Problem der Herkunft der südarabischen monumentalen Schrift ist also noch nicht gelöst. Dagegen ist die Frage nach dem Alter der Inschriften durch das Werk J. Pirennes[27] annähernd entschieden. Es ist von der letzten Ansetzung — »etwa 800« — um rund 300 Jahre zu vermindern. Doch steht es uns frei, den Anfang aus historischen Gründen um 525 anzusetzen und nicht um 485, wozu die Fessel der Theorie von der griechischen Einwirkung zwingt.

Die Ahnen der Minäisch, Qatabanisch und Ḥaḍrami sprechenden Völker sind im 2. Jahrtausend aus dem Nordosten eingewandert (ihre Mundart berührt sich in einer wichtigen Erscheinung mit dem Akkadischen), vielleicht als Kaufleute, die allmählich ihre Verwandten nach sich zogen und die dünne einheimische Bevölkerung assimilierten oder zu Heloten herabdrückten. Die Sabäer kamen, wohl als Verband von Kriegern, später ins Land, und zwar von Nordwesten (ihr Dialekt berührt sich in derselben Eigenschaft mit dem Kanaanäischen), besetzten die Hochebene und drängten sich zwischen Maʿīn und Qatabān. Bis hierher sind wir auf Vermutungen angewiesen. Unser Wissen beginnt mit drei Nachrichten in den assyrischen Königsinschriften. Die erste kennen wir schon. Sie sieht nicht so aus, als ob die Assyrer näheres über Saba' gewußt hätten. Dann scheinen die Sabäer sich um gute Beziehungen zu der Syrien beherrschenden Großmacht des Nordens bemüht zu haben, denn Yithʿi'amar, der Sargon II. (722—705) alle Arten von Aromata als Tribut überbrachte, trägt einen fürstlichen Namen. Endlich traten die beiden Länder in ein freundschaftliches Verhältnis. Sanherib (705 bis 681) erzählt stolz von dem Schatz, den ihm Karib'il, König von Saba', zur Grundsteinlegung des Tempels für das Neujahrsfest geschickt hatte. Die biblischen Nachrichten enden mit Hesekiel 27,22 vor 571. Hier bringen die Kaufleute aus Saba' (und Raghma) »Balsam«, Edelsteine und Gold auf den Markt von Tyros, dieselben Waren, welche in der Legende die Königin von Saba' Salomo bringt.

Die einheimischen Berichte beginnen mit den Siegesbotschaften des Karib'il Watar, der etwa zwischen 510 und 490 Südarabien von Nagrān bis zum Indischen Ozean unterworfen hat. Er nennt sich jedoch nicht König, sondern m k r b, das gemäß den sprachlich äquivalenten Namen Makram oder Mukarram[28] im späteren Arabisch »Edler« bedeutet. Er erwähnt aber den letzten König, dessen schwächliche Politik er wiedergutgemacht habe. — Neben Karib'il Watar und dessen Bruder stehen drei andere Männer[29],

die wie ihre Nachkommen gleichfalls den Titel Makrab führten (wir wählen diese Form nach dem Vorbild von J. H. Mordtmann). Man kann daher annehmen, daß Karib'il Watar das Königtum mit Hilfe einiger von diesen Männern gewaltsam beseitigt hat. Es ist aber später aus den Makrab ein neues Königshaus hervorgegangen, dessen Angehörige an den Eigennamen der Makrab festhielten. Sie haben also wohl ihre Vorgänger der Abstammung nach für legitim gehalten. Tatsächlich sind uns die Namen Karib'il und Yith'i'amar vor der Periode der Makrab begegnet, in der sie wiederkehren, wie wir für Karib'il gesehen haben. Vielleicht darf man daraus schließen, daß Karib'il Watar und seine Gefährten nicht mehr thronberechtigten Nebenlinien des Königsgeschlechtes angehörten. Merkwürdigerweise nannten sich diese Prinzen nur selbst Makrab, während ihre Untertanen ihnen diesen Titel nicht gaben. Das weist auf einen revolutionären Zug in dem Putsch des ersten Makrab hin.
In die Regierungszeit Karib'il Watars fällt die Gründung einer sabäischen Kolonie in dem gegenüberliegenden Teil Afrikas. Über ihre Umstände weiß man nichts. Wahrscheinlich hat sie etwas mit der Revolution zu tun. Es entstand dort ein zweites Saba'. Dies war der Anfang einer Kette von Ereignissen, an deren Ende das Kaiserreich Äthiopien steht, das früher Abessinien hieß. – In Qatabān und in Ḥaḍramōt regierten gleichzeitig mit dem ersten Makrab Könige; er gönnte ihnen aber den Titel nicht, wie sich noch zeigen wird. Die qatabanische Dynastie war sabäischer Herkunft, Ma'īn ein Städtebund. Auch gab es südwestlich von Ḥaḍramōt ein Königreich Ausan und noch andere Königreiche, dazu eine Reihe von Gebieten mit unbekanntem Status.
Die Grundlagen der Wirtschaft in Südarabien[30] vom 8. bis zum 6. Jahrhundert lassen sich mit ziemlicher Sicherheit erschließen. Gold wurde aus alluvialem Ton gewaschen und in Bergwerken gewonnen; Halévy sah 1870 Reste von solchen Bergwerken. Kupfer gab es im Land selbst, Zinn zur Herstellung von Bronze kam wohl vom Mittelmeer. Auch Eisen, selbst im Mittelalter selten, war in Südarabien zu finden. Noch in islamischer Zeit war der Yemen als Fundort des Rubins berühmt. Er gehörte also zu den Edelsteinen, welche von den Herrschern in Nordarabien den Assyrern als Tribut geliefert und von den Sabäern auf den Markt von Tyros gebracht wurden. – Die Täler im Westhang des Randgebirges, die in der zweimaligen Saison viel Regen (Monsun) erhalten und in den mittleren Höhenlagen durch Terrassenkultur nutzbar gemacht worden sind, scheinen einst bewaldet gewesen zu sein.[31] Noch im 3. Jahrhundert wurde von den Minäern erstaunlich viel Holz für Festungswerke und andere Bauten verwandt. Weihrauch war weit im Osten zu Hause[32], Myrrhe in Ḥaḍramōt und Ausan. Auch der Balsambaum wuchs in Süd-

arabien. Aber der »Balsam« war einer der vielen Duftstoffe, die in den Inschriften vorkommen. Dazu gehörte auch l d n = Ladanon, ein Räucher- und Heilmittel. Im Land selbst wurde Kostos[33], eine wohlriechende Wurzel, so hoch geschätzt, daß Karib'il Watar es in der Aufzählung der Beute gleich hinter die kostbarste, die fortgeführten Weber, stellte. Unter den Gewürzen nennt Herodot (III, 110 f.) Kassia, einen Ersatz für Zimt, und diesen selbst. Aber da ist sein Gewährsmann einem Irrtum oder einem Geschäftstrick erlegen; denn Zimt war Durchgangsware aus Ceylon. – Im Gebirge herrschte Regenfeldbau vor, auf der Hochebene, von den wenigen Bächen und Quellen abgesehen, und in den weiten Tälern künstliche Bewässerung. Diese wurde entweder durch die Anlage verschieden geformter Becken, die durch Ziehbrunnen gefüllt wurden, oder durch die Errichtung von Dämmen mit Schleusen, die das während der Monsunregen rasch fließende Wasser durch Kanäle und Rinnen auf die Felder verteilten, durchgeführt. Im Wadi Baiḥan ist das Alter solcher Werke (und damit eine dichte Besiedelung) mittels der anwachsenden Schlammschichten auf 1050 (vielleicht zu hoch, aber nicht unter 900) geschätzt worden, in Ḥaḍramōt noch höher. – Es wurden Hirse, Weizen und Wein angebaut, im Norden gab es viele Dattelpalmen. Ziegen, Schafe und Rinder wurden gehalten, im Norden auch Kamele und Esel. Das Gewerbe war durch Spinnereien und Webereien vertreten. Sie setzen den Anbau von Färberpflanzen voraus – als solche ist aber nur der arabische Safran (Wars) bekannt – oder die Einfuhr von Farbstoffen.

Die Bedeutung des südarabischen Handels ergibt sich aus allem bisher Gesagten. Über die Art und den Umfang des Transits von Afrika und Indien nach Norden läßt sich für die Zeit vor 800 nichts Sicheres sagen. – Der Handel verlangt halbwegs gangbare Wege und permanente Wasserstellen. An manchen Routen gibt oder gab es uralte, bis 70 m in den Fels getäufte Brunnen[34], so an der die nordarabische Sandwüste kreuzenden, aber auch in der heruntergekommenen Oase Yabrin am großen Sand des Südens. Die ›Weihrauchstraße‹ führte über Nagrān und östlich des späteren Mekka nach Yathrib/Medina und weiter zum Mittelmeer. Ḥaḍramōt besaß einen direkten Zugang zu Nagrān und benutzte ihn, wenn es konnte. Die kleine Statue aus dem Peloponnes, ±530, die im Wadi Gurdan/Jirdan gefunden wurde, hat gewiß ein Ḥaḍrami in Tyros (?) in Zahlung genommen.[35] Der Karawanenverkehr auf der Weihrauchstraße in Südarabien selbst setzte ein Übereinkommen unter den Anliegern oder das politische Übergewicht eines von ihnen voraus. Sie lief an den Hauptstädten Shabwat, Timnaʿ, Marib und Maʿīn vorbei, obwohl der nächste Weg von Marib nach Norden keineswegs über Maʿīn führt. Alle diese Orte waren sonderbarerweise nach dem Sand vorgeschoben. — Ebenso fällt auf, daß große Heiligtümer vor den Toren dieser Städte lagen: der Tempel des sabäischen Nationalgottes Almaqah 3,5 km vor Marib, Ruṣāf (Riṣāf), der Tempel des 'Athtar dhu Qabiḍ 800 m östlich von Ma'īn (der S. 216 abgebildete Pfeiler gehört zu dem um 330 wiederaufgebauten Heiligtum). Das Städtewesen war am meisten im Minäerland ausgebildet. Dort lagen in der Niederung el-Jauf diesseits Ma'īn wie an einer Kette aufgereiht von Osten nach Westen nahe beieinander vier Städte: Harim, Kamnāh/Kamna, Nashq/es-Sauda', Nashan/el-Beiḍa'. In jeder regierte ein König; aber nur Harim brachte es später zu politischer Bedeutung und einer eigenen Kultur. Ma'īn ist wie die eben genannten Städte auf einem künstlichen Hügel errichtet, um es vor den Fluten zu schützen, welche ein Tal bei ungewöhnlich starkem Regen überschwemmen. Yathil/Baraqish, später zu einer starken Festung ausgebaut, die bis jetzt als solche dient, liegt auf einem Bergrücken, der das Land ringsum beherrscht. Alle diese Orte existierten lange, bevor »die Horden der ersten Makrab über sie herfielen« (Fakhry). Aber wir wissen nicht, wie sie damals aussahen, sondern kennen sie erst, soweit überhaupt, in der neuen Gestalt, die sie im 4. und 3. Jahrhundert erhielten. Die Städte waren für unsere Begriffe klein: Ma'īn hatte einen Umfang von 400 x 250 m.

Mit dem öffentlichen Anschlag persönlicher und amtlicher Mitteilungen, mit den Eroberungen Karib'il Watars und den riesigen Bauten seines Nachfolgers begann ein neuer Zeitabschnitt der südarabischen Zivilisation. Sein Kennzeichen in der Architektur ist die Einführung der Rustika-Quadern beim Mauerbau. Auf Grund von technischen und stilistischen Veränderungen lassen sich an ihnen vier (noch nicht ganz genau abgegrenzte) Stadien der Architektur ablesen. Vorher wurden, wenigstens am Hauptgebäude des 'Athtar-Tempels zu Timna', unverzierte Quadern verwendet. Später wurde die untere Schicht des Sin-Tempels in el-Hureiḍa aus roh zugerichteten Feldsteinen erbaut. — Ḥaḍramōt hinkte eben auch in der Kunst nach. Dekorative Kunstwerke aus der Zeit vor 525 sind nicht bekannt. Wir müssen daher ein späteres wiedergeben, um zu zeigen, in welch' anmutige Form ein traditioneller Bildinhalt gebracht werden konnte. Es ist damit der oben genannte und Seite 216 abgebildete Pfeiler gemeint. Versuchen wir die Bedeutung der auf ihm abgebildeten Dinge zu ergründen. Sie scheinen in 6 Zonen vom Himmel zur Erde zu führen. Denn die sieben Kreise stellen wie auch sonst im Alten Orient das Siebengestirn, die Plejaden, dar. Der Steinbock, ibex, ist bekanntlich ein Tierkreiszeichen, in Südarabien aber gehört er dem 'Athtar an. In Übereinstimmung mit der Stellung dieses Gottes beherrschen die zehn schreitenden Steinböcke das Bild. Die neun Spitzen darunter stellen Ähren

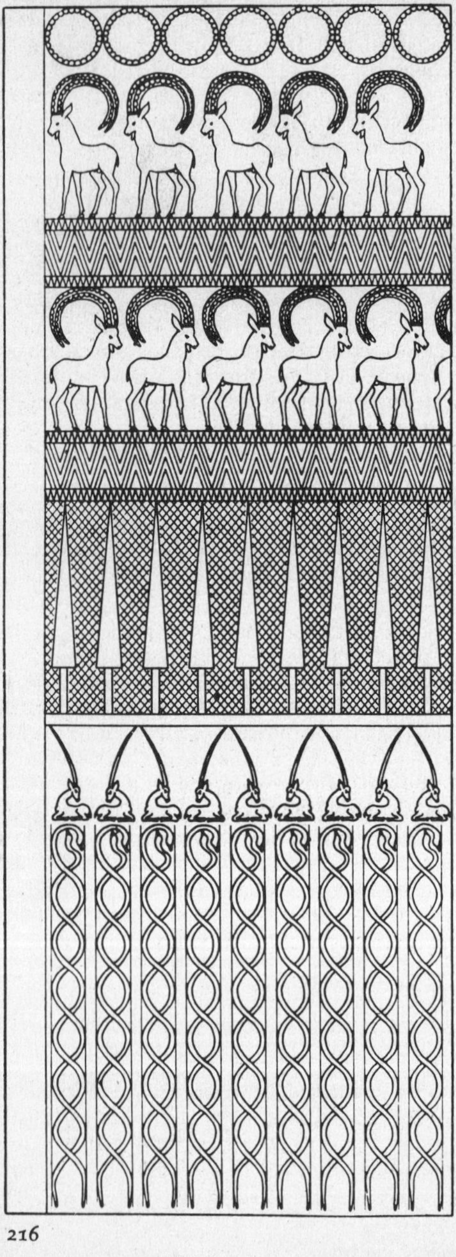

Abb. 13:
Pfeiler im
Tempel
Riṣāf

dar. Es folgen neun ruhende Antilopen, unter ihnen neun Schlangenpaare. Waren sie der Erdgöttin zu eigen, d. h. der befruchteten Erde? Aber was bedeutet es, daß die Schlangen von den Antilopen nicht getrennt sind? Und welche Bewandtnis hat es mit den konischen Figuren, welche durch die Hörner der Antilopen gebildet werden, über denen, nur durch einen Strich geschieden, die Ähren wachsen? Diese Fragen sind nur zu beantworten, wenn wir die Bilder und Zeichen eines alten Kalendersystems betrachten, das auf Beobachtung des heliakischen Auf- und (Unter-)ganges heller Gestirne, d. h. ihres Aufgehens kurz vor Sonnenaufgang (und Untergehens nach Sonnenuntergang), beruhte. Er ist in einem schriftlosen Volk erfunden worden und war nicht nur im alten Orient und in der Antike im Gebrauch, sondern auch bei einem schriftlos gewordenen Volk, den Arabern vor der islamischen Zeit. Der praktische Zweck jenes Kalenders war die Festlegung der Zeit für Saat und Ernte. Zu der Bildreihung auf dem Pfeiler gibt es freilich bei den Bildern des Kalenders nichts Vergleichbares, nur zu den drei Gestalten. Es stehen nämlich oben nicht die Plejaden, sondern sieben sich berührende Ringe, die durch 28 Vertiefungen (auf dem Bild Bögen) plastische Form erhalten – Zeichen der Herrschaft 'Athtars im Himmel. Die Steinböcke des 'Athtar stellen, hin und her gehend, den Lauf des Morgen- und Abendsterns (S. 218) dar. Ähre? Nein, Pfeilspitze[36], Symbol des Marduk von Babel, durch Rollsiegel bekannt und entlehnt. Die Antilopen ersetzen den in Arabien nicht vorkommenden Hirsch. Das ergibt sich daraus, daß der himmlische Hirsch mit zwei aus seinen Nasenlöchern heraushängenden Schlangen erscheinen kann. Der Hirsch, also hier die Antilope, ist das Symbol für den glänzenden Stern des W (γ der Cassiopeia).[37] Aber das Schlangenpaar kann kaum etwas anderes bedeuten als zwei mythische Wesen im Himmel. Wenn es der Antilope ferner steht als deren uraltem Vorbild, dem Hirsch, so hat sich der Mythos geändert. Es ist aber das Astronomische aus Antilope-Hirsch auszuscheiden, so daß allein das Mythische bleibt. Wir kennen es nicht, wir sehen nur, daß auch diese mythischen Geschöpfe[38] 'Athtar gehorchen.

Auch für das geistige Leben vor 525, Recht und Religion ausgenommen, gibt es keine direkten Zeugen. Selbst indirekte schienen zu fehlen, wenigstens für die Dichtung. Das war aber ein Irrtum. In einer minäischen Inschrift, in der zum erstenmal ein Kaufmann über seine und seiner Familie Leistungen zum gemeinen Nutzen Rechenschaft ablegt (sie wird in Fischer Weltgeschichte Bd. 5, S. 381 erklärt), steht in Zeile 4:

Muśnad^{a} ṭaib^{i} wa-afẓān wa-dhahab^{a} mauth^{i} dhu Naḥmān, »Duftendes Harz und Thymian, Gold legiert in dhu Naḥmān«. Hier liegt nicht nur der aus der Dichtung im Alten Testament bekannte Parallelismus membrorum vor, sondern auch der Reim, nicht allein eine rhythmisierte Wortfolge, sondern ein Versmaß. Allerdings ist dieses nicht sicher zu bestimmen, weil die Quantität der auslautenden, hochgesetzten Vokale unbekannt ist. Selbstverständlich steht in der ersten Halbzeile etwas anderes als in dem Knittelverse, wir wollten aber den Leser nicht mit einer Untersuchung der dort vorkommenden Aromata langweilen. Gemeint sind Opfergaben — in einem anderen Fall wird »rotes Gold« gespendet.[39] Es befremdet, in einer Urkunde frommes Handeln in Verse gebracht zu finden. Aber sie sind wohl ein Zitat aus einer Hymne.

Die Religion der südarabischen Völker[40] hat sich im Lauf der Zeit verwandelt und ihre Götterwelt sich vermehrt. Berührung mit dem Ausland, politische und soziale Veränderungen haben dazu beigetragen. Die Vermehrung war in manchen Fällen eine wirkliche — ein Beispiel dafür steht in Anm. 43 —, in anderen nur scheinbar; Wassergeister, himmlische Grenzwächter und Hausgötzen wurden, lange bevor sie in den Inschriften auftauchen, verehrt. Aber die wesentlichen Erscheinungen dieser Religion reichen weit über das 6. Jahrhundert hinauf. Die Götterwelt war astral: Sonne, Mond und Sterne, nur in umgekehrter Reihenfolge. Die Sterne wurden dargestellt durch Morgen- und Abendstern[41], die Venus, die aber hier männlich ist und 'Athtar heißt. Wir kennen ihn schon aus Nordarabien und hier von seinen Tempeln her. Der Mondgott hieß in Saba' Almaqah, in Ma'īn Wadd (Freundschaft), in Qatabān 'Amm (Vatersbruder), aber auch Anbay[42], in Ḥaḍramōt, wie der Leser schon weiß, Sin, außerdem Ḥaul. Die Sonne stellte man sich weiblich vor. 'Athtar war der Hauptgott der Minäer. Er steht aber auch in Saba' und in Qatabān so oft vor den nationalen Göttern, daß man ihn auch dort als obersten Gott angesehen haben muß. Die Gottheiten wurden nach ihren Erscheinungsorten und Gegenständen oder den Tempeln differenziert als dhu . . ., »der von« . . ., z. B. 'Athtar dhu Yahriq.[43] Sie wurden nicht durch Bilder, sondern durch Symbole dargestellt: Keule, Blitz und zwei andere Zeichen, von denen eines, ein Rechteck mit geschweiften Seiten, einen Schild darstellen könnte. Man stellte sie auch durch ihnen zugehörige Tiere, Antilope, Steinbock, Stier, dar. Man verehrte die Götter durch Schlachtopfer und Brandopfer, durch Weihrauch und Libationen. Man bat sie um alles Gute dieser Welt, rief sie bei jedem Unternehmen an und dankte ihnen durch Opfer und Weihgeschenke jeder Art. Man erfuhr die Weisung des Gottes durch sein Orakel. Der Gott war mit seinem Tempel identisch, wie aus vielen späteren Formulierungen und Beispielen hervorgeht. Beim Besuch der Tempel und Feste wurde rituelle Reinheit verlangt, Verstöße dagegen wurden auf verschiedene Weise geahndet. Ob die Einrichtung der öffentlichen Buße (siehe Fischer Weltgeschichte Bd. 5, S. 380) vor 525 bestanden hat, ist zweifelhaft. In den Inschriften ist nichts von einer Priesterherrschaft zu vernehmen. Es gibt keine frühen Beispiele für die Vergottung von Menschen, wohl aber Zeichen für das Bestehen gewisser theokratischer Vorstellungen. Die von dem ersten Makrab gebrauchten oder von ihm selbst geprägten Formeln: (durch den Bund von) Almaqah, Karib'il und Saba' – 'Amm, Anbay, Warau'il und Qatabān – Sin, Ḥaul, Yada''il und Ḥaḍramōt, mit ihrer Verbindung von Gott oder Göttern, Herrscher und Land, das mit Volk gleichzusetzen ist, sind ebenso Zeugnisse der Theokratie wie Versuche, den unbekannten Begriff »Staat« auszudrücken.[44]

5. Die Dritte Zwischenzeit und das äthiopische Reich

Um das Jahr 1100, in der Regierungszeit Ramses' XI., war der politische Todeskampf des ägyptischen Neuen Reiches in seine Endphase getreten. Die Machtlosigkeit des Königs bei der Bekämpfung der Wirtschaftskrise, in die das Land seit der Regierung Ramses' III. verfallen war, seine Laxheit bei der Eindämmung politischer Intrigen und seine Neigung, die Verantwortung für die Staatsverwaltung auf hohe Beamte abzuwälzen, öffnete ernstzunehmenden Kämpfen im Inland Tür und Tor. Im Norden des Landes kam es schließlich so weit, daß die königliche Residenz *Pi-Ramesse* aufgegeben wurde. In Mittelägypten sickerten zahllose libysche Stämme ein. In der zweiten Hälfte der Regierung Ramses' XI. folgten dann in Theben die Ereignisse Schlag auf Schlag, wenn auch verschiedene chronologische Fragen hier noch ungeklärt sind. Zu einem nicht genauer bestimmbaren Zeitpunkt – vermutlich im 12. Regierungsjahr Ramses' XI. – brach eine soziale Revolution aus. Sie ist unter der Bezeichnung »Aufruhr gegen den Hohenpriester Amenhotep« bekannt.[1] Amenhoteps Nachfolger auf dem hohenpriesterlichen Thron dürfte ein *homo novus* namens Herihor gewesen sein. Er scheint eine Militärkarriere hinter sich gehabt zu haben. Sonst ist über seine Vergangenheit nichts bekannt. Er kann dieses Amt frühestens im 17. Regierungsjahr Ramses' XI. bekleidet haben, als er bereits als »General« und »Unterkönig von Nubien« fungierte. Im 19. Regierungsjahr Ramses' XI. – dem ersten einer neuen Ära, die in bestimmten Urkunden unter der Bezeichnung »Erneuerung der Geburt« vorkommt – übte Herihor gleichzeitig das Amt eines Wesirs oder Staatsministers aus. Er kontrollierte nach eigenem Gutdünken die obersten politischen und religiösen Machtfaktoren des Landes: den Klerus, die Beamtenschaft und das Heer. Von nun an wurde der König mehr und mehr in den Hintergrund gedrängt. Zwar wurde sein Name in den offiziellen Inschriften noch erwähnt, aber Herihor trat nach und nach immer stärker in Erscheinung und eignete sich schließlich die meisten königlichen Vorrechte an. Praktisch blieb seine Macht freilich auf den Süden des Landes und auf Nubien beschränkt. In Tanis – im Norden des Reiches — hatte nämlich Smendes, vermutlich ebenfalls ein früherer Staatsminister, in gleicher Art und Weise die königliche Verwaltung ignoriert und auf eigene Faust Reformen durchgeführt. Als um 1085 Ramses XI. — wir wissen nicht, auf welche Weise — im Dunkel der Geschichte verschwand, war Ägypten faktisch in zwei ganz unabhängige Reiche aufgeteilt.[2]

I. DIE XXI. DYNASTIE

a) Tanis und Theben

Zu Unrecht hat man lange Zeit angenommen, nach dem Tod Ramses' XI. habe Herihor in reiferen Jahren noch den Königsthron bestiegen. Neuere Quellen deuten darauf hin, daß der Herrscher ihn wohl überlebt hat.[3] Im siebenten Jahr der »Erneuerung der Geburt«, d. h. im 25. Regierungsjahr Ramses' XI., bekleidete Pianchi, der älteste Sohn Herihors, das Amt des Hohenpriesters des Amun. Aber wie dem auch sei, sieht es doch ganz danach aus, als ob nach Ramses' XI. Tod Smendes und dessen Gemahlin Tentamun als die tatsächlichen Herrscher Ägyptens betrachtet wurden. Auch das tanitische Staatsoberhaupt führte den Titel »Hoherpriester des Amun, des Königs der Götter« und gründete auf diese Weise seine Regierung auf das gleiche Dogmenprinzip wie sein thebanischer Zeitgenosse Herihor. Dessen Sohn Pianchi fügte sich willig Smendes' Oberherrschaft und sah davon ab, sich den Königstitel zuzulegen. So konnte der Herrscher seinen Einfluß auch im Süden des Landes ausüben und Theben — wenigstens dem Schein nach — alle politische Macht entziehen. Man kann sogar bis zu einem gewissen Grad von einer Annäherung zwischen den beiden Hauptstädten sprechen, denn unter Psusennes I., Smendes' Nachfolger, heiratete dessen Tochter Maatkare den thebanischen Hohenpriester Pinodjem, der inzwischen von seinem Vater Pianchi die Herrschaft über das geistliche Reich geerbt hatte und wie sein Großvater Herihor die ganze weltliche und geistliche Macht in seiner Hand vereinigte. Das so geschmiedete Band kam vor allem Theben zugute. Während seiner langen Regierung begnügte sich Psusennes I. in Tanis mit einem theoretischen Königtum und machte sich um den Bau und die Restauration von Tempeln verdient.[4] Es steht freilich fest, daß er seinen Schwager dem Thron als Mitregent verband, nachdem sich dieser im Rahmen seines hohenpriesterlichen Amtes völlig selbständig der Verschönerung der Tempel in Karnak und Medinet Habu sowie der Konservierung der Mumien aus den Königsgräbern des Neuen Reiches gewidmet hatte, die unter den letzten Ramessiden wiederholt durch Grabschänder entweiht worden waren.[5] Während

Psusennes' Name außerhalb von Tanis kaum erwähnt wird, ist Pinodjems Name mit dem Königsring umgeben, so daß sich die Frage stellt, ob er nicht doch eine Zeitlang Hof gehalten hat. Seine Nachfolger regierten in Theben in der Tat über ein halbes Jahrhundert lang ein Gebiet, das sich vom ersten Katarakt bis zu der befestigten Stadt Teudjoi (El-Hibe) in Mittelägypten erstreckte. An der nördlichen Grenze ihres Reiches ließen die thebanischen Herrscher der XXI. Dynastie, die zugleich Hohepriester des Amun und Oberbefehlshaber des Heeres waren, eine Reihe von Festungen anlegen, um den Libyern die Stirn zu bieten, die in dieser Gegend immer noch Druck auf das Land ausübten. Pinodjems Sohn, Masaherta, starb kurze Zeit nach seiner Thronbesteigung, nachdem auch er seinen Pontifikat genutzt hatte, um die Königsmumien gegen die Grabschänder zu sichern. Inzwischen wurden in Theben und in den Provinzen bereits seit einiger Zeit zahlreiche Mitglieder der herrschenden Dynastie – darunter auch Frauen – zu hohen Priesterämtern berufen. Früher oder später mußte dieses königliche Monopol bei dem benachteiligten Priesterstand Verstimmung hervorrufen. Beim Tod Masahertas brachen im Landesinnern Unruhen aus. Sie zwangen schließlich seinen Bruder und Nachfolger, Mencheperre, vermutlich von seiner Residenz in Teudjoi aus mit einer Truppenmacht nach Theben zu ziehen, um dort die Ruhe wiederherzustellen. Ungefähr fünfzig Jahre blieb Mencheperre als Hoherpriester in Theben an der Macht. Gemeinsam mit seiner Gemahlin Esemachbit strebte er nach der Königswürde und nahm sich wie seine Vorgänger der Mumien der Könige und Amun-Priester an, die unter seiner Aufsicht restauriert wurden. In Karnak ließ er verschiedene Neubauten und Restaurationsarbeiten durchführen. Unter anderem ließ er eine Einfriedigungsmauer an der Nordseite des Tempels errichten, »um den Tempel seines Vaters Amun-Re zu schützen und ihn von den Menschen zu säubern, nachdem er festgestellt hatte, daß er mit Wohnungen von Ägyptern bebaut worden war, die sich in den Höfen von Amuns Domäne niedergelassen hatten«[6]. Nach ihm nahmen nacheinander seine Söhne Smendes und Pinodjem II. vom Hohenpriesterthron Besitz. Zum Schluß kam Psusennes, der die Reihe der thebanischen Priesterkönige abschloß. Keiner von ihnen hat mehr als eine untergeordnete Rolle gespielt. Es war Pinodjem II., der im Tal von Deir el-Bahari das Versteck aussuchte, in welchem er die Mumien aus den Königsgräbern des Neuen Reiches unterbringen ließ.[7] Es wurde bis zur Regierung Scheschonks I. benutzt. Die Ironie der Geschichte hat es gewollt, daß 1878 dieses Versteck auch erst wieder durch Grabräuber entdeckt wurde, um schließlich doch noch für die Wissenschaft gerettet zu werden.

Residierte der tatsächliche König Ägyptens in dieser Zeit auch zu Tanis, so scheint seine Macht doch nicht sehr weit über die Mauern seines Palastes hinaus gereicht zu haben. In Theben rechnete man zwar die Zeit nach dem Regierungsjahr des Herrschers im Norden, aber das ist wohl mehr als wohlwollende Anerkennung einer souveränen Macht denn als Beweis wirklicher Unterwerfung zu deuten. Auf Psusennes I. folgten Amenemope, Siamun und der nur vorübergehend auftauchende Psusennes II. Ihren Regierungsperioden wäre schlechthin nie eine Bedeutung zugemessen worden, hätten nicht die Ausgrabungen P. Montets in Tanis sie etwas stärker ins Licht gerückt.[8] Das ungeplünderte Grab Psusennes' I. und Amenemopes, das vor allem kostbare silberne Schmuckstücke enthielt, die von einer regen Handelspolitik zeugen, wurde innerhalb der geräumigen Tempelumfriedung in unmittelbarer Nähe der anderen großen Bauten gefunden. Um ihre Tempel, Paläste und Mausoleen verschönern und ausstatten zu können, sahen sich die tanitischen Herrscher mangels geeigneter Hilfsmittel gezwungen, Baumaterialien ihrer Vorgänger zu verwenden und ältere Totenstädte zu plündern. Dies wirft ein grelles Licht auf die Ohnmacht dieser Dynastie, die, um sich in Selbstgenügsamkeit behaupten zu können, sich gutwillig mit dem Abstieg Thebens zufriedengab und der tatsächlichen Gefahr, daß die libyschen Maschwesch hochkommen könnten, nicht ins Auge blicken wollte. Von einer tatkräftigen Außenpolitik kann unter diesen Umständen kaum die Rede sein. Es bleibt einstweilen noch einigermaßen zweifelhaft, ob Siamun der ägyptische Pharao war, der nach dem Buch der Könige (I,9,16 ff.) die Philister schlug und die Stadt Gezer einnahm. Die Entdeckung eines Skarabäus mit dem Namen Siamuns in Tell el-Fara in der westlichen Negev-Wüste und die Spuren einer Verheerung in der ersten Hälfte des 10. Jahrhunderts, die bei Ausgrabungen in Tell Mor bei Asdod ans Licht kamen, sind die einzigen Andeutungen, die auf asiatischer Seite die Möglichkeit dieses Feldzugs stützen. Man fragt sich vergeblich, welche Überlegungen Siamun und später Scheschonk I. dazu veranlaßt haben könnten, in Palästina Krieg zu führen.[9] Während der ganzen Dritten Zwischenzeit frappiert Ägyptens außenpolitische Passivität. Als 853 eine gewaltige Koalition zustande kam, um bei Karkar (Qarqar) am Orontes dem assyrischen Eroberer Salmanassar III. eine Schlacht zu liefern, war Ägypten außerstande, die Koalition wirksam zu unterstützen.

b) Der Gottesstaat des Amun

Es ist ohne weiteres klar, daß die anwachsende Macht Amun-Res und seines thebanischen Klerus' während des späten Neuen Reiches die Ursache war, daß zur Zeit der XXI. Dynastie Ägypten de facto in zwei Reiche aufgespalten war. Diese Revolution, die die politische Macht des Pharao nach Tanis verlagerte und Theben einer Dynastie von Hohenpriestern Amuns preisgab, verlief Hand in Hand mit weitreichenden Folgen für die Verwaltung, die in ihrer Gesamtheit einstweilen noch nicht zu übersehen sind. In großen Linien muß man sich einen Zustand vorstellen, bei dem der Einfluß von Gott und Geistlichkeit in allen Äußerungen des öffentlichen Lebens dominierte. Man hat insofern wohl zu Recht von einem Gottesstaat gesprochen, der durch Amun-Re und die beiden übrigen Mitglieder der thebanischen Dreiheit – die Göttin Mut und den Gott Chons – allmählich kontrolliert wurde. Im Grunde war diese neue Regierungsform aber nur eine Scheintheokratie: In Wirklichkeit dominierte das Prinzip der militärischen Diktatur, deren religiöse Verbrämung nur über die Sterilität und Ohnmacht hinwegzutäuschen versuchte. Dadurch, daß man das Heer und den Klerus der gleichen Macht unterwarf, wurde vorläufig die Gefahr einer Kollision zwischen den zwei einflußreichsten Mächten des Landes verhütet; der Tempelbesitz konnte mit dazu beitragen, die Bedürfnisse der militärischen Organisation zu decken, und bot reichlich Gelegenheit, die verantwortlichen Funktionen im Land ausschließlich durch treue Gefolgsleute des Regimes wahrnehmen zu lassen. Die soziale Kluft zwischen den führenden Männern und der Bevölkerung konnte dadurch nur noch größer werden.

Da die Quellen zu spärlich sind, ist schwer zu beurteilen, ob dieser Gottesstaat in Tanis das gleiche konkrete Aussehen angenommen hat wie in der südlichen Hauptstadt. Wir wissen nur, daß sowohl Smendes als auch Psusennes I. als Hohepriester des Amun auftraten und daß auch Amenemope diesen Titel führte, ehe er den Thron bestieg. Die thebanische Dreiheit wurde auch in Tanis verehrt und der Name Seths, der bei den Ramsesherrschern hoch in der Gunst gestanden hatte, nicht mehr geduldet. Ideologisch stand der König-Gott des Nordens auf einer Linie mit dem Gott-König des Südens.

In dieser Zeit politischer Unsicherheit wuchs sich das Orakel zu einem Mittel par excellence aus, um Beschlüsse aller Art in den Augen der großen Masse zu rechtfertigen. Der Brauch, sich bei einem Gott Rat zu holen und ihm sein Urteil zu entlocken, bestand in Ägypten freilich schon seit dem Neuen Reich, aber erst unter der XXI. Dynastie nahm er eine solche Verbreitung an, daß praktisch jede bedeutendere Angelegenheit der Weisung des Orakels unterworfen wurde.[10] Das geschah insbesondere bei Umdispositionen rein politischer oder verwaltungsmäßiger Art. Von Herihor, dem Begründer der Dynastie, ist eine fragmentarische Stele erhalten, auf der Chons und Amun-Re als Orakelgötter auftreten.[11] Als Mencheperre, der Sohn Pinodjems I., aus dem Norden nach Theben kam, ließ er sich von Amun-Re als

Hoherpriester bestätigen. Danach rief er — als neuer Hoherpriester und stets mit der Rückendeckung durch das Orakel — Rebellen aus der Verbannung in der Oase von Khargeh zurück und ließ zum Ausgleich für diese Amnestie die schwersten Missetäter unter ihnen mit dem Tod bestrafen.[12] Auf diese Weise kam man dazu, dem Gottesurteil eine bedeutende Rolle in der Rechtsprechung einzuräumen. Bei juristischen Vereinbarungen innerhalb der hohenpriesterlichen Familie wurde Amun-Re um Billigung der getroffenen Regelungen gebeten. Wie sich in einem solchen Fall der Gott durch Dekret äußerte, erhellt aus einem Passus der Inschrift, in der Maatkare, die Tochter Psusennes' II., durch den Mund des Hohenpriesters eine souveräne Bekräftigung ihres Eigentumsrechtes erbat[13]:
»Aufs neue (sprach er — nämlich der Priester — zu Amun-Re, dem König der Götter), diesem großen Gott, dem Mächtigen, der zu Anbeginn war, und zu Mut und Chons, den großen Göttern: Tötet alle Menschen, von welcher Art auch immer im ganzen Lande, Männer oder Frauen, die streiten werden über alle möglichen Dinge von gleichviel welcher Art, welche Maatkare, die von Amun geliebte Tochter des Königs Psusennes, durch Ankauf des Landes im Süden erwarb, sowie über (alle möglichen) Dinge (gleichviel welcher Art, die das) Volk des Landes, (das an sie verkauft wurde,) oder (?) die sie als Kind aus ihrem Besitz erhielt. Gegen diejenigen, welche betrügerisch mit Dingen daraus umgehen, morgen oder übermorgen, werden wir unsere große, schwere Rache üben und ihnen in keinem Falle verzeihen.
Sehr starke Zustimmung dieses großen Gottes und seitens der Mut und des Chons, der großen Götter.
Amun-Re, der König der Götter, dieser große Gott, der Mächtige, der im Anbeginn war, und Mut und Chons, die großen Götter, sprachen: Wir werden alle Menschen töten, von welcher Art auch, im ganzen Lande, Männer oder Frauen, die streiten werden über alle möglichen Dinge von welcher Art auch immer, (die Maatkare, Tochter des Königs Psusennes, durch Ankauf) des Landes im Süden erwarb, wie auch über alle Dinge von gleichviel welcher Art, die das Volk des Landes an (sie) verkauft hat oder (?) die sie als (Kind aus dessen Besitz) bekam. (Diejenigen, die betrügerisch mit Dingen daraus umgehen werden,) Männer oder Frauen, werden unsere große, schwere Rache zu spüren bekommen; wir werden ihnen in keinem Fall vergeben, wir werden ihre Nasen gegen die Erde richten, und sie werden unterworfen sein (dem Groll [?] dieses großen Gottes) und dem der Mut (und des Chons), der großen Götter.«
Selbst in Dingen des Alltagslebens suchte man Schutz beim Orakel. Eine Gruppe Papyri, die in verschiedenen Sammlungen verstreut sind, zeigt deutlich, wie Amun-Re, Mut, Chons und

selbst Monthu angerufen wurden, um Kinder und andere Personen vor Unglück, Seuchen, bösartigen Dämonen, Schlangenbissen und anderen Übeln zu bewahren.[14] Offensichtlich glaubte man, auch jenseits des Grabes sei der heilsame Einfluß der Orakelsprüche unentbehrlich. Die Überführung der Mumien von Sethos I., Ramses I. und Ramses II. in das Versteck, in dem sie später wiedergefunden wurden, geschah, nachdem die Göttin Mut diesen außergewöhnlichen Schritt gebilligt hatte. Um der vornehmen Dame Neschonsu in der Unterwelt Vergöttlichung und andere postume Gunst zu sichern, erließ Amun-Re ein Dekret, von dem im Grab zwei gleichlautende Abschriften niedergelegt wurden.[15]

Charakteristisch für diese Atmosphäre abergläubischer Frömmigkeit und effektiver Ohnmacht des Regimes ist zum Beispiel, daß gegen Ende der Dynastie ein tanitischer König – vermutlich Psusennes II. – persönlich den Rat Amun-Res einholte, als ein »Großfürst der Maschwesch« aus Herakleopolis namens Scheschonk im Tempel des Osiris zu Abydos ein Bildnis seines verstorbenen Vaters Nimrod aufstellen wollte und für den Tempel selbst Diener und Ländereien als Geschenk anbot.[16] Dafür verlangte Scheschonk vom König das Recht, als Nachfolger in das wichtige Amt seines Vaters berufen zu werden. Hier haben wir einen treffenden Beweis für den wachsenden Einfluß der libyschen Kolonien in Mittelägypten und dem Delta. Ihre Ausdehnung bedeutete eine unentrinnbare Gefahr, der das aufgeteilte Pharaonenreich nicht länger gewachsen war.

II. DIE DRITTE ZWISCHENZEIT

a) Größe und Verfall

Mit diesem Scheschonk, dessen Vorväter in Herakleopolis mehrere Generationen lang den Titel eines »Propheten des Harsaphes« trugen, begann die XXII. Dynastie. Es gibt Anzeichen dafür, das der Übergang von der einen zur anderen Dynastie ohne ernstliche militärische Verwicklungen erfolgte. Zwar berichtet eine aus dem fünften Regierungsjahr Scheschonks I. datierte Stele aus der Oase Dachle über Unruhen in dieser abgelegenen Provinz[17]; dem steht aber entgegen, daß Osorkons I. Sohn und Nachfolger sich mit Maatkare, der Tochter Psusennes' II., vermählte. Scheschonk I. sah sich vor eine komplizierte Lage gestellt, als er seine Macht dem thebanischen Gottesstaat aufzuzwingen versuchte. Die Priesterschaft Amuns schien nicht geneigt zu sein, die Herrschaft des libyschen Fürsten auf der Stelle anzuerkennen; für sie blieb er – wenigstens bis ins zweite Jahr seiner Regierung – lediglich der »Großfürst der Maschwesch«.[18] Man darf wohl annehmen, daß Scheschonk I. Theben nach und nach unter seine Macht zwang, nachdem er zunächst die thebanischen Festungen in Mittelägypten, namentlich die Hauptgarnison El-Hibe, unterworfen hatte. Als die Priesterschaft schließlich diesem Druck keinen Widerstand mehr leisten konnte, ging sie bei der Kapitulation sogar so weit, daß sie den Sessel des Hohenpriesters des Amun mit Iuput, einem Sohn des Königs, besetzte und Würdenträger des Hofes zu den höchsten Tempelämtern zuließ. Dadurch wurde der militärische Charakter des Gottesstaates stärker denn je zuvor betont. Scheschonk I. verlegte die nördliche Grenze des thebanischen Gottesstaates nach Siut vor und setzte einen anderen seiner Söhne als »General von Herakleopolis« über Mittelägypten ein. Er selbst hielt sich von Theben fern und residierte mit Vorliebe im Norden des Landes.

Nachdem so – wenigstens nach außen hin – die Einheit des Reiches wiederhergestellt war, hielt Scheschonk I. den Augenblick für günstig, sich in die Innenpolitik Palästinas einzumischen, wo Jerobeam und Rehabeam das Reich Salomos aufgespalten hatten. Um 930, in seinem fünften Regierungsjahr, zog er gegen Jerusalem und beraubte die Stadt ihrer Schätze (I Könige 14, 25–26). Der Zweck dieses Feldzuges, der durch die Auffindung eines Fragmentes mit dem Namen Scheschonks I. in Megiddo in ein wirklichkeitsnäheres Licht gerückt ist[19], bleibt völlig im dunkel. Der Vorteil, den Ägypten dabei herausholte, lag

Abb. 14: Scheschonk I. vor einer Göttin opfernd

vor allem auf wirtschaftlichem Gebiet, denn der Außenhandel wurde dadurch stark gefördert. Scheschonks I. Waffentaten in Palästina wurden in Theben auf einem riesigen Relief im Tempel von Karnak verherrlicht, auf dem die Namen der Städte wiedergegeben werden, die vom König unterworfen wurden. In Karnak ist übrigens von der Bautätigkeit des Herrschers noch mehr erhalten als in El-Hibe, wo Scheschonk I. einen Amun-Tempel errichtete. Vermutlich hatte er die Absicht, die Errichtung des ersten Innenhofes des Tempels einschließlich des großen Eingangstores noch vollständig durchführen zu lassen. Auf einer Inschrift aus den Steinbrüchen von Ǧebel Silsile heißt es: »Es war seine Majestät, die den Befehl gab, einen sehr großen Pylon zu errichten, um Theben durch seine Tore erstrahlen zu lassen, damit es um Millionen Ellen erhöht würde, und einen festlichen Hof anzulegen vor dem Hause seines Vaters Amun-Re, des Königs der Götter, und diesen zu umgeben mit Bildwerken und einem Säulengang.« Seine Regierungszeit war aber für die Verwirklichung dieses großen Planes zu kurz. Nur die Säulenreihen an der Nord- und Südseite des Hofes konnten fertiggestellt werden und sind zum Teil reliefgeschmückt. Selbst das große Relief von Scheschonks Siegen in Asien blieb unvollendet.[20]

Nach dem Tod Scheschonks I. hüllt sich die Geschichte Ägyptens in ein Dunkel, das kaum durchdringbar ist. Eine der Ursachen ist die Verlagerung des politischen und militärischen Schwerpunktes in den Norden des Landes, wo die archäologischen Funde infolge der Bodenfeuchtigkeit weniger zahlreich sind. Theben wurde etwas in den Hintergrund gedrängt. Man gewinnt aus dieser Situation den Eindruck, daß die Struktur des Gottesstaates unter den neuen Herrschern bis zu einem gewissen Grade unverändert geblieben ist, wenn sie auch nicht mehr — wie nach dem Vorbild Herihors — die Vereinigung von Königtum, militärischem Oberbefehl und hoherpriesterlicher Würde in einer Hand bezweckte. Unter- und Oberägypten sollten sich in Zukunft parallel entwickeln mit Tanis als politischer und Theben als geistlicher Hauptstadt. Von den Nachfolgern Scheschonks I. — Osorkon I. und Takelot I. — ist wenig Verbürgtes bekannt. Es sieht ganz danach aus, als ob Ägypten in dieser Zeit einen gewissen Wohlstand aufzuweisen hatte, denn Osorkon I. ließ den Tempeln bedeutende Schenkungen zukommen, die vor allem in Edelmetallen bestanden.[21] Indirekt verhalf er seiner Regierung auch in Theben zur Geltung, wo er seinen Sohn Scheschonk als Nachfolger des Hohenpriesters des Amun Iuput einsetzte. Dadurch, daß sie sich zugleich weitgehende militärische Befugnisse zulegten, traten diese Prinzen praktisch wie selbständige Gouverneuere der Thebais auf. Scheschonk betonte seine Souveränität dadurch, daß er seinen Namen im Königsring schreiben ließ. Ebenso machte es sein Sohn Harsiese, der sich in Theben neben dem inzwischen auf den Thron gelangten Osorkon II. als König anerkennen ließ und dessen Grab in Medinet Habu noch zu Beginn der XXVI. Dynastie seinen eigenen Klerus besaß. Bei all dem bleibt es aber eine sehr umstrittene Frage, mit welchen Empfindungen der eigentliche Herrscher von seinem Palast in Tanis aus diesen bewußten Drang nach Unabhängigkeit beobachtet hat. Die kärglichen epigraphischen Quellen geben hier keine Aufklärung, denn da Königsinschriften fehlen, geben die wenigen Biographien hoher thebanischer Beamter bei dem traditionellen Stil vager Erwähnungen und nichtssagender Lobeshymnen auf den Pharao weder einen Aufschluß über den historischen Ablauf der Ereignisse, noch kann man aus ihnen die inneren Spannungen ablesen.

Erst mit der Thronbesteigung Osorkons II., der 870 seinem Vater Takelot I. folgte, kommt einiges Licht in diese Dunkelheit. Seine Regierung und die seiner Nachfolger bis etwa 760 kann man als die große Blütezeit der libyschen Fremdherrschaft betrachten. Der neue Herrscher war vor allem darauf bedacht, ein gesundes Gleichgewicht unter den politischen Rivalitäten herzustellen, die die Einheit seines Reiches zu untergraben drohten. Als Hoherpriester des Amun gelangte in Theben sein Sohn Nimrod auf den Thron, der bis dahin »General von Herakleopolis« gewesen war und dieses bedeutende Amt auch nach seiner Thronbesteigung ausübte.[22] So konnte sich Osorkon II. auf die libysche Garnison von Herakleopolis getrost verlassen. Sie stand bereit, um im Süden des Landes für Ordnung zu sorgen. Bei Feiern aus Anlaß seines 22. Regierungsjubiläums stellte er in Bubastis mit sichtbarer Genugtuung in einem feierlichen Gebet an Amun fest, daß Theben »seinem Herrn, Amun-Re, überantwortet sei«, und verbot den Vertretern der Krone, sich in die internen Angelegenheiten des Gottesstaates einzumischen.[23] In Memphis begann mit Kronprinz Scheschonk, dessen Mutter die große Königsgemahlin Karomama war, eine neue Reihe von Hohenpriestern des Ptah, die sich mehrere Generationen lang hielt. Er starb vermutlich vor seinem Vater, da er nicht zum König gekrönt worden ist. Sein Grab wurde 1942 in Mitrahine bei dem anderer Mitglieder seines Herrscherhauses entdeckt.[24] In Tanis, wo 1929 das geplünderte Grab Osorkons II. wiederaufgefunden wurde, kam auch der Sarkophag seines Sohnes Hornacht zum Vorschein, der hier den Titel eines »Hohenpriesters des Amun« trägt[25], obwohl er bereits als Knabe starb. Auch hier hat der Herrscher offenbar die Ausübung der geistlichen Macht indirekt seiner Aufsicht unterworfen.

In diesem scheinbar gefestigten Staat blieb Theben jedoch der Mittelpunkt politischer Unruhe. Als Osorkon II. starb, folgte ihm sein Sohn und Mitregent Takelot II., dessen Mutter eine Konkubine war. Der junge König hatte als Gemahlin Karomama, die Tochter des Hohenpriesters des Amun Osorkon, der in einer langen Inschrift auf den Tempelmauern zu Karnak die bewegte Geschichte seines Lebens geschildert hat.[26] Besäßen wir diesen Text nicht, dann wäre uns über die Regierung Takelots II., die trotzdem mindestens ein Vierteljahrhundert gedauert hat, nahezu nichts bekannt. Nun sieht es aber so aus, als ob der Herrscher mit einem Bürgerkrieg habe fertigwerden müssen, in welchem sich Theben vom Norden loszulösen versuchte, was zur Folge hatte, daß das Land in eine jahrelange Anarchie verfiel.

Im 11. Regierungsjahr Takelots II. war Osorkon schon alt genug, um die Ämter des Hohenpriesters des Amun, des obersten Heerführers und des Gouverneurs von Oberägypten zu bekleiden. Er blieb in seinem Hauptquartier in El-Hibe in Mittelägypten, bis im Süden ein allgemeiner Aufstand ausbrach. Er zog den Rebellen mit einem Heer entgegen, schlug sie auf seinem Weg nach Theben und hielt einen triumphalen Einzug in der Hauptstadt, wo ihn die Götter und deren Priesterschaft herzlich begrüßten, als ihren Retter feierten und das schmähliche Verhalten der rebellischen Beamten anklagten. Diese wurden von Osorkon unbarmherzig mit dem Feuertod bestraft. Um die Ruhe wiederherzustellen und die Restauration tatkräftig in die Hand zu nehmen, ernannte der Hohepriester neue Beamte und erließ fünf Dekrete, in denen er die thebanischen Tempel und ihre Priesterschaft mit Gunstbeweisen überschüttete.

Theben war jedoch nur scheinbar bezwungen. Für einige Zeit konnte Osorkon wohl in seine Residenz zurückkehren, aber kaum vier Jahre später schmiedeten die Feinde des Königs neue Pläne. Das ganze Land griff zu den Waffen. Es herrschte allgemeine Anarchie. Wie dieser Kampf, in dem Osorkon aufs neue die Belange seines Vaters verteidigte, nach Jahren beendet wurde, wird in der Chronik nicht ausdrücklich berichtet. Wahrscheinlich sahen beide Parteien, als der Krieg aussichtslos geworden war, freiwillig von weiterer Gewaltanwendung ab und schlossen einen Waffenstillstand. Osorkon hielt jedenfalls unter allgemeinem Jubel einen triumphalen Einzug in Theben und nahm seine Tätigkeit als Hoherpriester wieder auf.

Als Takelot II. gestorben war, folgte ihm jedoch entgegen aller Erwartung nicht Osorkon, sondern Scheschonk III. Sogar das Amt des Hohenpriesters wurde Osorkon um diese Zeit genommen, denn im sechsten Regierungsjahr Scheschonks III. übte Harsiese diese Tätigkeit aus. Einige Jahre später wurde er aber nach Theben zurückberufen, spätestens wohl im 22. Regierungsjahr Scheschonks III. Offenbar aus Dankbarkeit überschüttete Osorkon die thebanischen Götter und ihre Priesterschaft mit Wohltaten, ließ aber auch andere Tempel in Mittel- und Oberägypten seine Freigebigkeit genießen. Die letzten Jahre seines

Pontifikats verliefen anscheinend ruhig. Er bekleidete sein hohes Amt noch im 39. Regierungsjahr Scheschonks III. Als er sich vermutlich bald darauf aus Altersgründen zurückzog, ging sein Amt in die Hände desselben Harsiese über, der den Hohepriestersessel schon in den ersten Jahren von Scheschonks Regierung innegehabt hatte.

Scheschonk III. herrschte nicht weniger als 52 Jahre über Ägypten. Wie seine Vorgänger residierte er in Tanis, wo die Inschriften eines monumentalen Tores und sein 1940 wiederentdecktes Grab an seinen Aufenthalt erinnern.[27] Man fand seinen Namen auch auf Denkmälern an mehreren Orten des Deltas. Dennoch hatte er vermutlich schon einige Jahre vor seinem Tod einen Rivalen in der Person des Petubastis, des Begründers der XXIII. Dynastie, die — nach Manetho — aus Tanis stammte, aber wohl eher einer Adelsfamilie in Bubastis entsprossen sein dürfte. Petubastis ließ sich zunächst im Delta und später auch in Theben als König bestätigen. Seine Macht wurde aber nicht allgemein als gesetzlich anerkannt, denn der Hohepriester Osorkon ließ seine Chronik immer noch nach den Regierungsjahren Scheschonks III. datieren, und auch die Priesterschaft des Serapeums zu Memphis ignorierte anfänglich seine Existenz.

b) Die libysche Anarchie

Den letzten König der XXII. Dynastie, der das ganze Land noch unter seiner Macht vereinigt hatte, stellte schließlich ein Stadtfürst kalt, der sich nach und nach zu einem Herrscher aus eigener Machtvollkommenheit emporgearbeitet hatte. Damit trat die Geschichte Ägyptens in eine düstere Phase, in der die Schwäche der tatsächlichen Staatsgewalt sich um so kontrastreicher abhebt. In dieser Periode dominierte die Rivalität prominenter Generale oder Hoherpriester und führte zu einer Zersplitterung des Landes in Feudalstaaten, die zur Erhaltung ihrer Selbständigkeit ununterbrochen miteinander im Krieg lagen. Ein Echo aus dieser Zeit der Regierungslosigkeit und politischer Eifersüchteleien, die erst zu Beginn der XXVI. Dynastie ein Ende fanden, erklingt aus einem Zyklus volkstümlicher Erzählungen, die zusammen die Petubastissage bilden. Bisher sind daraus drei große, wenn auch nur als Fragmente erhalten gebliebene Novellen mit historischem Hintergrund bekanntgeworden: *Der Streit um den Thron Amuns, Der Kampf um den Panzer des Inaros* und *Der Asienzug des Petuchons, des Bundesgenossen des Inaros.* Das Thema der ersten Novelle ist der Krieg zwischen Petubastis, dem König von Tanis, den eine Reihe lokaler Dynasten unterstützte, und dem Horuspriester von Buto, der seine Trabanten mit nach Theben genommen hatte, um sich des Amunthrones zu bemächtigen.[28] Die zweite Novelle schildert in einem ähnlichen Zusammenhang den Kampf um den Panzer des Inaros, der zwischen verschiedenen Deltaprovinzen und ihren militärischen Führern entbrannt war. Auch hier steht König Petubastis von Tanis im Mittelpunkt.[29] In der dritten Erzählung tritt zwar die Rivalität zwischen Petubastis und Inaros noch einmal in Erscheinung, aber im Mittelpunkt steht eine ägyptische Expedition nach Asien unter Leitung des Petuchons, der sich nach einem Kampf mit der Amazonenkönigin Serpet sehnt und mit ihr zusammen einen Feldzug gegen das Land Hentu unternimmt.[30]

Es geht hieraus wenigstens hervor, wie und wann sich Petubastis zum König ausrufen ließ. Sein Auftreten brachte es mit sich, daß in Ägypten zwei Dynastien nebeneinander an die Regierung kamen, so daß man die XXIII. Dynastie durchweg als mit der XXII. zeitgleich betrachten muß. Diese Spaltung der Regierung entwickelte sich bald zu einer echten Zerstückelung. Petubastis wurde auch in Theben anerkannt, wo unter seiner Regierung Harsiese (II.) den Pontifikat innehatte und der Sohn eines nicht näher bezeichneten Königs Scheschonk als großer Heerführer auftrat.[31] Dieser Harsiese fand als Hoherpriester einen Nachfolger in Takelot, den einige Historiker für den späteren König Takelot III. halten. Er war ein Zeitgenosse Scheschonks IV., eine im übrigen kaum bekannte Königsfigur. Er hat wahrscheinlich nach Petubastis den Thron bestiegen. In Theben folgte auf Scheschonk IV. Osorkon III., dessen Mutter die große Königsgemahlin Karomama war und der darum häufig mit dem früheren Hohenpriester Osorkon identifiziert wurde, obwohl dagegen ernste chronologische Bedenken geltend gemacht werden können.[32] Unter seiner Regierung ereignete sich eine verheerende Überschwemmung, die große Schäden im Tempel von Luksor anrichtete. Er blieb mindestens 28 Jahre an der Regierung[33] und teilte vom 24. Jahr ab die Macht mit seinem Sohn und Mitregenten Takelot III., der schließlich sein Nachfolger wurde. Vor seiner Thronbesteigung bekleidete dieser das Doppelamt des Hohenpriesters von Theben und von Herakleopolis, das mit der Gouverneurswürde von Oberägypten verbunden war. Osorkon III. hatte auch eine Tochter, die Gottesgemahlin Schepenupet (I.), die die Pflegemutter der äthiopischen Gottesgemahlin Amenirdis I. wurde. Takelot III. regierte mindestens 23 Jahre und starb vermutlich kinderlos, da nach seinem Tod sein Bruder Amenrud für kurze Zeit den Thron erbte.

Das wenige, das uns über die Regierung dieser Herrscher bekannt ist, verdanken wir in der Hauptsache Denkmälern aus Karnak, Luksor und Medinet Habu. Man nennt daher die XXIII. Dynastie mit Recht eine thebanische Dynastie. Nach Norden zu soll ihr Einfluß kaum weiter gereicht haben als bis zum Gau von Herakleopolis. Parallel mit dieser Herrscherfamilie, die sich

»Söhne der Isis« nannte, regierte in Unterägypten eine Dynastie von »Söhnen des Bastet«, zu der Pemui und der ihm folgende Scheschonk V. gehörten. Über ihre Regierung ist allerdings nur bekannt, daß sie wie ihre Vorgänger in Tanis residierten und sich gleichzeitig auch in Bubastis zu behaupten verstanden. Die Schwäche ihrer Macht geht deutlich aus der Tatsache hervor, daß sie nicht in der Lage waren, in den übrigen Gauen Unter- und Mittelägyptens der Entwicklung autonomer Stadtstaaten wirksam entgegenzutreten. Diesen verworrenen Zustand hat der griechische Geschichtsschreiber Herodot treffend als Dodekarchie bezeichnet (II,147). Da das Quellenmaterial zu spärlich ist, läßt sich einstweilen die Entstehung, die weitere Entwicklung und der Verfall der örtlichen Fürstenhäuser, die sich um 730 v. Chr. in Herakleopolis, Hermopolis und Leontopolis eine unabhängige Machtstellung gesichert hatten, nicht rekonstruieren. Wesentlich günstiger verhält es sich mit den meisten Städten im Delta, wo Vertreter der libyschen Militäraristokratie, die sich als souveräne Herrscher betrachteten, die Fundamente der unitaristischen Monarchie noch stärker untergruben. Durch neuere Untersuchungen hat man hier soviel Klarheit gewonnen, daß es heutzutage möglich ist, das Agglomerat unabhängiger Delta-Zwergstaaten Stück für Stück zu rekonstruieren, wie es für die weitere politische Entwicklung Ägyptens im 7. Jahrhundert v. Chr. von entscheidendem Einfluß gewesen ist.[34] Während in Bubastis, Tanis und Leontopolis selbst in Zeiten größter Anarchie offiziell Pharaonen die Regierung leiteten, fiel der Südosten des Deltas mit Athribis und Heliopolis zum Teil an Prinzen des Königshauses. In den übrigen Städten herrschten »große Befehlshaber der Maschwesch«, die mit den regierenden Familien näher oder weiter verwandt waren. In den Gauen von Sebennytos-Diospolis, Busiris, Mendes-Hermopolis und in der Ostprovinz, die im Zentrum und im Osten des Deltas gürtelförmig die königlichen Gaue umschlossen, waren diese »Befehlshaber« kraftvolle Persönlichkeiten, die ihre Souveränität eine Zeitlang unbehindert zu erhalten verstanden. Im Westen war dies nur in Saïs der Fall, während die eigentlichen Grenzgebiete unter die Aufsicht eines »Oberbefehlshabers der Libu« fielen, der in Kôm el-Hisn residierte. Diese Stadtfürsten waren zugleich Oberbefehlshaber ihrer Heere und Priester der örtlichen Götter.

Unter diesen Machthabern müssen Männer gewesen sein, die sich durchaus nicht ohne weiteres in die Aufsplitterung und Schwächung ihres einst so starken Mutterlandes fügten, sondern davon träumten, die Wiedervereinigung so schnell wie möglich zustande zu bringen. Jedenfalls stellen wir fest, daß ein »Oberbefehlshaber der Maschwesch« namens Osorkon um 750, als die Mitte und der Osten des Deltas in eine Anzahl von kleinen Stadtstaaten aufgeteilt waren, die Verwaltung des ganzen Westens in der Hand hatte; Kôm el-Hisn, Saïs und Buto waren hier die wichtigsten Zentren.[35] Es steht außer Zweifel, daß Tefnachte von Saïs, der später die XXIV. Dynastie begründete, dieses Reich von Osorkon oder einem seiner Nachfolger geerbt hat. Die Inschriften auf einer Stele, die aus dem 38. Regierungsjahr eines nicht genannten Königs stammt, der wahrscheinlich als Scheschonk V. zu identifizieren ist, deuten implicite darauf hin, daß Tefnachte inzwischen auch Memphis seinen territorialen Besitzungen einverleibt hatte, so daß sein Reich im Süden bis an den Gau Herakleopolis reichte und im Osten durch das Fürstentum Sebennytos begrenzt wurde.[36] In der Tat war dieser Tefnachte trotz des üblichen Titels eines »Oberbefehlshabers der Maschwesch« ein viel echterer Monarch als der tanitische oder bubastische Pharao.

c) Zurück zur Einheit

Auf seinem Weg zur Vereinigung von Unter- und Mittelägypten traf Tefnachte ziemlich unerwartet auf einen Gegner. Es war Pianchi, der damalige König von Kusch, das heißt des heutigen Nubien und des Sudans. Seine Macht erstreckte sich bis nach Oberägypten; er hatte sogar einigen Einfluß in Herakleopolis und Hermopolis. Nachdem es Tefnachte gelungen war, Nimrod von Hermopolis als Bundesgenossen auf seine Seite zu bringen, was ihm bei Peftaubast von Herakleopolis, der Pianchi treu blieb, mißlang, wollte er diesen durch die Belagerung seiner Hauptstadt zur Vernunft bringen; aber da schickte in seinem 21. Regierungsjahr (730) der König von Äthiopien ein Heer gegen den Deltafürsten. Darüber ist ein Bericht auf einer großen Stele erhalten geblieben, die Mariette in Napata am Fuß des Ǧebel Barkal entdeckt hat. Sie ist eines der wichtigsten historischen Denkmäler, die das ägyptische Altertum überliefert hat.[37] Vor einer Schilderung dieses Feldzuges ist es jedoch gut, einen Augenblick in der Geschichte zurückzugehen, um das Entstehen und Wachsen des Großreiches von Kusch zu verfolgen.

In Napata, nicht weit vom vierten Katarakt, hatte sich zur Zeit der XVIII. Dynastie eine ägyptische Kolonie angesiedelt, die unter der Jurisdiktion des »Vizekönigs von Kusch« stand. Die aus dem Norden importierte Kultur blieb dabei klar erkennbar erhalten, auch als unter den Ramessiden das Gebiet dem Einfluß Ägyptens mehr entzogen wurde und vermutlich eine stärkere Verschmelzung mit der einheimischen Bevölkerung zustande kam. Kennzeichnend ist dafür vor allem die große Verehrung, die der Reichsgott Amun-Re in Napata genoß. Um 800 erstreckte sich das Reich von Napata nach Norden mindestens bis zum dritten Katarakt. Bei El-Kurru im Sudan wurde die

Nekropole der Vorfahren der kuschitischen Pharaonen wiederaufgefunden.[38] Das allmähliche Wachstum ihrer Macht wird treffend durch die Entwicklung ihrer Grabstätten gekennzeichnet. Von den ursprünglich üblichen Grabhügeln entwickeln sie sich bald zu den Proportionen ausgesprochener Pyramiden. Auch die Innenausstattung der Gräber fällt auf. Sie wurde um so eleganter, je mehr das Königshaus an Ansehen gewann. Der erste Herrscher von Napata, der schließlich bis auf ägyptisches Gebiet vordrang, war aller Wahrscheinlichkeit nach Kaschta, der Vater Pianchis.[39] Vielleicht glückte es ihm sogar, seine Macht auf die ganze Thebais auszudehnen, wo zu jener Zeit ein schwächlicher Osorkon III. außerstande war, dem kuschitischen Einfall entgegenzutreten. Jedenfalls zwang Pianchi die Tochter Osorkons III., die Gottesgemahlin Schepenupet (I.), Kaschtas Tochter Amenirdis (I.) — mit anderen Worten: seine Schwester — als Nachfolgerin zu adoptieren.

Dieser Pianchi, dessen Name verrät, daß er einem Geschlecht angehörte, das enge Beziehungen zu Ägypten unterhielt, war der erste König der Napata-Dynastie, die sich zielbewußt in die Innenpolitik des Nillandes einmischte. Er befand sich gerade in Napata, als ihn die Nachricht erreichte, daß Tefnachte sich des ganzen westlichen Deltas bemächtigt, die übrigen Deltafürsten zu einem Bündnis überredet und Memphis besetzt habe, um nun Herakleopolis zu belagern, das sich der Koalition ferngehalten hatte. Zunächst wartete Pianchi wohlweislich die Entwicklung der Ereignisse ab. Offenbar verfolgte er damit den Zweck, seinen Gegner beim Aufmarsch so weit wie möglich von seiner Basis abzuziehen. Als ihm ein neues Hilfsgesuch seiner Besatzungstruppen in Oberägypten die Nachricht brachte, Nimrod von Hermopolis habe sich auf die Seite Tefnachtes geschlagen, ließ Pianchi seine Soldaten Hermopolis erobern. Gleichzeitig schickte er aus Nubien ein Hilfsheer, an das er vor dem Abmarsch folgende originelle Ansprache richtete:

»Greift den Feind nicht bei Nacht an wie bei einem Glücksspiel, sondern liefert ihm die Schlacht, wenn ihr gesehen werden könnt. Fordert ihn aus der Entfernung zum Kampf auf! Wenn er euch bittet, auf das Fußvolk und die Reiterei aus einer anderen Stadt zu warten, dann setzt euch hin, bis sein Heer kommt. Kämpft nur, wenn er es von euch verlangt. Mehr noch: Falls sich Bundesgenossen von ihm in einer anderen Stadt befinden, dann wartet auf sie. Welche Prinzen er auch mitbringen mag zu seiner Unterstützung, oder auch zuverlässige libysche Truppen, laßt ihm zuvor mit folgenden Worten ansagen: ›Ihr alle (wir wissen nicht, wen wir beim Erblicken des Heeres anzusprechen haben), spannt das beste Gespann aus eurem Stall ein und stellt euch in Schlachtreihe auf! Seid euch jedoch bewußt, daß Amun der Gott ist, der uns gesandt hat!‹«

›Wenn ihr Theben erreicht habt, das gegenüber von Karnak liegt, säubert euch im Fluß, bekleidet euch mit dem schönsten Linnen, entspannt die Bogen und laßt den Pfeil ruhen. Rühmt euch nicht Männer von Kraft zu sein, denn ohne ihn (nämlich Amun) ist kein Tapferer im Besitz von Kraft. Er macht die Schwachen stark, so daß viele vor wenigen fliehen und ein einzelner imstande ist, tausend Mann zu besiegen. Benetzt euch mit dem Wasser seines Altars. Küßt die Erde vor seinem Anblick. Sprecht zu ihm: ›Gib uns eine Gelegenheit, laß uns streiten im Schatten deines Armes! Dem jugendlichen Soldatenheer, das du ausgesandt hast, gehört der Sieg, und viele sollen beben vor ihm!‹« (Z. 9–14).[40]

Nach einigem Aufenthalt in Theben stieß Pianchis Heer auf die Truppen Tefnachtes, als diese den Nil herauffuhren, schlug sie und erbeutete ihre Schiffe. Anschließend rückte das Heer nach Herakleopolis vor. Am Westufer des Bahr Jussef stieß es mit dem Feind zusammen, jagte ihn hinüber, wo es erneut zu einem Treffen kam, das für die Nubier mit einem Sieg endete. Aber anstatt Tefnachte weiterzuverfolgen, kehrten Pianchis Soldaten in den Süden zurück, um Hermopolis zu belagern, wo sich inzwischen Nimrod verschanzt hatte.

Trotz dieser Erfolge war Pianchi alles andere als zufrieden. Weil Tefnachte und sein Bundesgenosse ihm entwischt waren, zog er selbst wutentbrannt nach Theben, nahm dort am Opet-Fest teil und eilte darauf nach Hermopolis, um persönlich die Belagerungsoperationen in die Hand zu nehmen. Inzwischen hatte das Heer, um den Herrscher gnädig zu stimmen, drei andere Städte in Mittelägypten unterworfen. Trotzdem blieb Pianchi unerbittlich. Nachdem der König vor Hermopolis angekommen war, ließ er an der Einschließungslinie und den Sturmanlagen Verbesserungen durchführen und zwang dann auch nach einiger Zeit die völlig abgeschnittene Festung zur Übergabe. Nimrod schickte eine Gesandtschaft zu dem äthiopischen Herrscher, um über die Kapitulationsbedingungen zu verhandeln, und ließ seine Gemahlin Nestenet bei Pianchis weiblicher Sippschaft um Gnade für ihn selbst und seine Familie flehen. Der Sieger zeigte sich großmütig, nahm Nimrods Geschenke an und hielt einen triumphalen Einzug in der Stadt. Bei einem Besuch im fürstlichen Palast und den Ställen machte vor allem der Hunger, den Nimrods Pferde bei der Belagerung hatten leiden müssen, auf Pianchi Eindruck. Er ließ die Besitzungen seines Rivalen der Staatskasse überweisen und die Getreidevorräte dem Amun-Tempel in Karnak.

Der Weg nach Unterägypten stand Pianchi damit so gut wie offen. Aus Dankbarkeit für die Befreiung seiner Stadt überreichte ihm Peftaubast von Herakleopolis Geschenke. Ohne auch nur einen einzigen Streich wurden dann die Festungen von Per-

sechemcheperre, Meidum und Itjtaui eingenommen, die Pianchi ihrer Untertänigkeit versicherten. So gelangte er ungehindert bis vor Memphis. Obwohl der König in aller Form versprach, die Stadt und ihre Einwohner zu schonen und den dortigen Göttern Opfer zu bringen, gelang es ihm nicht, die Verteidiger der Festung dazu zu bringen, die Sinnlosigkeit ihres Widerstandes einzusehen. Im Gegenteil: Durch einen Ausfall versuchten sie Pianchis Heer zurückzuwerfen, aber es gelang ihnen nicht. Als die Belagerten sich aufs neue verschanzt hatten, bekamen sie unerwartete Hilfe von Tefnachte, dem es im allerletzten Augenblick gelang, mit 8000 Kriegern in die Festung einzudringen. Nachdem er die Verteidigung reorganisiert und seine Soldaten darauf hingewiesen hatte, daß die Stadt angesichts ihrer reichlichen Lebensmittelvorräte imstande sei, eine lange Belagerung durchzustehen, zog er erneut nach Norden, um noch weitere Hilfstruppen zu sammeln. Inzwischen war Pianchi bis an die Hauptstadt herangekommen und hielt Kriegsrat:
»Als der Tag anbrach, beim ersten Morgengrauen, erreichte Seine Majestät Memphis. Nachdem er an dessen Nordseite gelandet war, stellte er fest, daß das Wasser bis zur Wallmauer reichte, so daß die Schiffe an (den Mauern von) Memphis anlegten. Dann sah Seine Majestät, daß es eine befestigte Stadt war: eine hohe Umwallung, neu errichtet, und Zinnen mit starker Besetzung. Es war nicht möglich sie anzugreifen. Im Heer Seiner Majestät äußerte jeder seine Meinung über alle (möglichen) strategischen (Annäherungs-)Mittel.« (Z. 89–90) Unter all den Schlachtplänen, die Pianchi von seinen Feldherren empfohlen wurden, wählte er den eines Angriffs auf der Ostseite von Memphis, wo die Schiffe seiner Feinde vor Anker lagen. Es kostete ihn wenig Mühe, den Hafen zu erobern und von der Flotte Besitz zu ergreifen. Er ließ die Schiffe entlang der Umwallung in Schlachtlinie aufstellen und befahl, von da aus zum Sturm auf die Stadt überzugehen. Memphis hielt diesem Angriff nur kurze Zeit stand und erlitt gewaltige Verluste. Seiner typischen Einstellung getreu ordnete Pianchi an, die Wohnstätten der Götter zu schützen, und begab sich zum Tempel des Ptah zu rituellen Waschungen und einem imposanten Opfer.
Durch die Eroberung von Memphis zerfiel die unterägyptische Koalition weiter. Zunächst unterwarfen sich alle Machthaber des memphitischen Gaues; dann kamen verschiedene Deltafürsten, um den äthiopischen König mit Geschenken zu überhäufen. Pianchi suchte den Gott Atum von Cheraha auf, um ihm seine Frömmigkeit zu bezeugen, und begab sich anschließend zum Tempel des Re in Heliopolis, wo man ihm alle möglichen Ehrungen zuteil werden ließ:
»Er kam und begab sich zum Hause des Re und betrat den Tempel unter wiederholten Lobpreisungen. Der oberste Vorleseprie-

ster lobte Gott, der vernichtet hatte diejenigen, welche sich gegen den König erhoben hatten. Das Ritual des Per-duat[41] wurde vollzogen; er band ihm das *sdb*-Kopftuch (?) um und reinigte ihn mit Weihrauch und Wasser. Er brachte ihm Blumensträuße vom Het-benben[42], er bot ihm Opferbrote (?) an. Er (nämlich der König) bestieg die Treppe bis zum großen Erscheinungsfenster, um Re im Het-benben zu sehen. Der König selbst stand dort ganz allein. Er zerbrach den Riegel, öffnete die Tür und betrachtete seinen Vater Re im herrlichen Het-benben, das Morgenboot des Re und das Abendboot des Atum. Er schloß die Tür, befestigte Ton daran und versiegelte sie mit seinem eigenen Siegel. Den Priestern erklärte er sodann: ›Ich selbst habe die Versiegelung ausgeführt, auf daß von allen Königen, die (nach mir) aufstehen werden, kein anderer hier eintrete.‹ Sie warfen sich vor Seiner Majestät auf den Bauch und sagten: ›Möge es so bleiben und andauern für alle Ewigkeit, oh Horus, der du Heliopolis liebst.‹« (Z. 103–105)[43]

Nach dieser Zeremonie stattete Pianchi auch noch Atum von Heliopolis in dessen Tempel einen Besuch ab und empfing König Osorkon von Bubastis, der kam, um sich ihm zu unterwerfen. Anschließend schlug er in der Nähe von Athribis sein Lager auf und empfing dort den regierenden Fürsten Peteisis, der ihn aus eigener Initiative aufsuchte, um ihm die Übergabe seiner Stadt anzubieten. Wie an den anderen Orten huldigte Pianchi auch in Athribis den einheimischen Göttern und nahm die traditionellen Geschenke entgegen. Inzwischen hatten sich die meisten Deltafürsten huldigend um ihn geschart. Weit davon entfernt, sie etwa zu bestrafen, schickte er als Sieger sie wieder in ihre Heimatstädte zurück. Doch noch war Tefnachte, der Hauptfeind, nicht geschlagen. Er versuchte gerade, in der Stadt Mesdai kurzfristig einen Aufstand anzuzetteln. Aber Pianchi griff schnell und tatkräftig ein. Tefnachte blieb somit nichts anderes übrig, als den äthiopischen Herrscher als seinen Herrn und Meister anzuerkennen. Von dem Ort aus, wohin er sich zurückgezogen hatte – aller Wahrscheinlichkeit nach war es seine Hauptstadt Saïs – kapitulierte nun auch er und legte in Gegenwart von Pianchis Abgesandten sogar einen Treueid ab. Von diesem Augenblick an durfte der Äthiope sich als rechtmäßiger Herrscher über ganz Ägypten betrachten. Ehe er im Triumphzug nach Napata zurückkehrte, ließ er sich noch von den Pharaonen von Leontopolis und Bubastis sowie den Prinzen von Krododilopolis und Aphroditopolis huldigen.

»Vincere scis, Hannibal, victoria uti nescis!« (»Zu siegen verstehst du zwar, Hannibal, nicht aber deine Siege zu nutzen!«) Diese Worte des römischen Geschichtsschreibers Livius können – *mutatis mutandis* – auch auf Pianchi bezogen werden, dessen Feldzug für die Entwicklung der ägyptischen Geschichte in der

Tat ohne Folgen geblieben ist. Warum ließ der Sieger die Chance, ein geeintes Ägypten fest der äthiopischen Krone zu verbinden, ungenutzt? Obwohl Pianchi sich rühmte, Könige ein- und abzusetzen[44], wie es ihm beliebte, deutet nichts darauf hin, daß er im Interesse der Einigung des Landes versucht hat, Reformen durchzuführen oder sonstige einschneidende Maßnahmen zu treffen. Im Gegenteil: Er scheint an den bestehenden Verhältnissen überhaupt nichts geändert, sondern sich damit begnügt zu haben, mit reicher Beute in seine Hauptstadt zurückzukehren. Angesichts der Milde, die er gegenüber seinen Widersachern zeigte, und der Eile, mit der er in den eroberten Städten den einheimischen Göttern seine Pietät bezeugte, kann man sich nicht des Eindrucks erwehren, daß der äthiopische König seinen Feldzug als eine Art heiligen Krieg betrachtete, bei dem andere als imperialistische Überlegungen ausschlaggebend waren. Aber wie dem auch sei, die langsame Verschmelzung der unterägyptischen »Dodekarchie« zu einem Einheitsstaat wurde dadurch nicht aufgehalten, sondern höchstens etwas verzögert.

Aus Pianchis Berichten ist nicht zu entnehmen, warum er es so eilig hatte, in sein Land zurückzukehren, ohne auch nur versucht zu haben, seinem Widersacher Tefnachte zu begegnen. Dieser hat jedenfalls einige Jahre nach der Rückkehr des Äthiopen in seine Heimat wieder über so viel Macht verfügt, daß er sich um 725 zum Pharao krönen lassen konnte. Die beiden einzigen Aufzeichnungen, in denen von ihm als König die Rede ist, reichen weder aus, um beurteilen zu können, wie weit sich seine territoriale Macht erstreckte, noch ob er beim Untergang der Dynastien von Leontopolis und Bubastis die Hand im Spiel hatte. So viel ist sicher, daß bei Manetho als einziger König der XXIV. Dynastie und unmittelbarer Nachfolger der XXIII. Dynastie Bokchoris, der Sohn Tefnachtes, erwähnt wird, so daß aller Wahrscheinlichkeit nach unter dessen Regierung der letzte Nachkomme Scheschonks I. für immer von der historischen Bühne verschwand.

Nach Manetho soll Bokchoris sechs Jahre regiert haben. Sein Name blieb uns durch Stelen aus dem Serapeum (von denen eine aus seinem sechsten Regierungsjahr datiert ist) und auf einem in Tanis gefundenen Fragment erhalten. Außerdem kam 1895 aus einem etruskischen Grab eine Vase zum Vorschein, die die ovalen Siegel (Kartuschen) des Pharao trägt und seinen Kampf mit den Negervölkern illustriert. Wie Manetho zu berichten weiß, soll Bokchoris von dem äthiopischen König Schabaka zum Kriegsgefangenen gemacht und bei lebendigem Leib verbrannt worden sein. Aus einem als »Wahrsagung des Lammes« bekannten und seiner Regierungszeit zugeschriebenen literarischen Text in demotischer Schrift ergibt sich, daß der Saïtenfürst für die Ägypter der letzten Zeit zu einer legendären Gestalt geworden war. Bei einer ganzen Reihe klassischer Autoren gilt er als einer der größten Gesetzgeber des Niltales und war ihnen wegen seiner weisen Rechtsprechung bekannt.[45]

III. DIE XXV. DYNASTIE

a) Die Äthiopen in Ägypten

Nach dem Tod Pianchis war die Regierung in Napata in die Hände seines jüngeren Bruders Schabaka übergegangen. Auch sein Grab hat man in El-Kurru wiedergefunden. Über die Dauer seiner Regierung ist uns aus ägyptischen Quellen kein späteres als das Jahr 15 bekannt. Man darf es mit einiger Wahrscheinlichkeit in das Jahr 701 datieren, obwohl die Chronologie dieser Periode noch keineswegs endgültig festgelegt ist.[46] Schabaka ist der erste äthiopische Fürst, über dessen Anwesenheit in Ägypten an verschiedenen Orten Zeugnisse gefunden wurden.

Aus dem Bericht Manethos, der Bokchoris' Tod der Invasion Schabakas zuschreibt, muß gefolgert werden, daß der Äthiope seine Heere bis in den Norden des Landes vorrücken ließ. Konnten wir Pianchi bei seinem triumphalen Feldzug in Ägypten beinahe Schritt für Schritt verfolgen, so ist das bei Schabaka nicht der Fall. Wir besitzen weder einen einzigen zeitgenössischen Bericht über den Krieg des Äthiopen gegen die Deltafürsten, noch darüber, wie es ihm gelang, sich von ihnen als der einzige rechtmäßige Pharao anerkennen zu lassen. Wir können höchstens auf Grund zeitgenössischer assyrischer Quellen schließen, daß die Eroberung Unterägyptens nach 715 und spätestens 711 stattgefunden hat. Von diesem Zeitpunkt an hörte Unterägypten auf, ein selbständiger Landesteil zu sein. Die Gaufürsten legten freilich nicht sofort alle politische Macht nieder; einige gebärdeten sich auch weiterhin so unabhängig, daß die äthiopischen Herrscher zu bewaffneter Intervention gezwungen wurden, um ihren Widerstand zu brechen. Aber das Prinzip der unitären Monarchie ist unter Schabaka so weit wiederhergestellt, daß jedenfalls nach außen hin nur ein Fürst in Ägypten regiert. Der Äthiope erscheint als König auf Denkmälern, die in Bubastis, Pharbaithos und selbst in Buto, im Herzen des saïtischen Gaues, wiedergefunden wurden. Besonders in Memphis scheint er festen Fuß gefaßt zu haben, denn unter anderem schrieb die Überlieferung ihm die Entdeckung eines berühmten Textes über die einheimische Götterlehre zu.[47]

Wie schon sein Vorgänger Pianchi, kümmerte sich auch Schabaka eingehend um die oberägyptische Hauptstadt Theben. Das äthiopische Fürstenhaus hatte den Gottesstaat schon seit der Einsetzung von Amenirdis (I.), der Tochter Kaschtas, zur Mitregentin und Erbin der Gottesgemahlin Schepenupet (I.) fest in der Hand. In seiner Eigenschaft als Hoherpriester des Amun stellte ihr Schabaka seinen Sohn Harmachis an die Seite, der der Ehe mit der Königin Mesbata[48] entstammte. Im Amun-Tempel zu Karnak restaurierte und schmückte er das Tor des vierten Pylons nach einem Plan, den Thutmosis IV. in der XVIII. Dynastie entworfen hatte.[49] Besondere Erwähnung verdienen sein »Saal des Goldes« und sein »Schatzhaus« – beide nördlich des Haupttempels gelegen –, denn sie gehören zu den wenigen Bauten, die er aus eigener Initiative auf ägyptischem Boden errichten ließ. Auch der kleine Ptah-Tempel wurde auf seine Weisung restauriert und in Medinet Habu eine Einfriedigungsmauer und ein neuer Torturm errichtet. Seine rege Bautätigkeit in Denderah an dem bekannten Hathor-Tempel geht aus einer Stele hervor, die den Namen des Königs aufweist.[50] Die Frömmigkeit der äthiopischen Herrscher und ihr Eifer, die ägyptischen Gotteshäuser wiederherzustellen und durch Opfergaben die Anbetung zu fördern, werden durch alle diese Denkmäler treffend illustriert.

Aus den wenigen verfügbaren Angaben über die Kriege Schabakas kann man nicht mit Sicherheit folgern, wie weit die Herrschaft des Königs über die Landesgrenzen hinausreichte. Aus der Inschrift eines wahrscheinlich aus Asien stammenden Skarabäus möchte man schließen, daß schon unter seiner Regierung Beziehungen mit Palästina bestanden haben, wenn diese auch einen rein kommerziellen und diplomatischen Charakter trugen.[51] Steinblöcke mit Schabakas Namen, die in der Oase Bahria auftauchten, lassen jedenfalls den Schluß zu, daß der Herrscher auch in diesen Gebieten eine militärische Besatzung unterhielt.

Auf Schabaka folgte Schabataka, ebenfalls ein Sohn Pianchis. Er kann den Thron frühestens 710 bestiegen haben. Schon zu Anfang seiner Regierung übertrug er die Wahrung der Belange des Nillandes seinem Bruder, dem späteren König Taharka, unter dem der äthiopische Einfluß in Ägypten seinen Höhepunkt erreichte. Eine Inschrift aus Kawa läßt vermuten, daß er mit Taharka, der damals 20 Jahre alt war, eine Expedition nach Unterägypten unternommen hat, wo sich anscheinend noch nicht alle örtlichen Machthaber der äthiopischen Oberherrschaft völlig unterworfen hatten. Im übrigen sind auf ägyptischem Boden nur vereinzelte Zeugnisse seiner Regierung zu finden, so daß man den Eindruck gewinnt, sie sei ziemlich uninteressant verlaufen. Nach Manetho soll Schabataka von Taharka ermordet worden sein, und zwar vermutlich zu einer Zeit, als letzterer schon Mitregent war. Das Grab Schabatakas fand man in El-Kurru.

Die Thronbesteigung Taharkas, der ebenfalls ein Sohn des Eroberers Pianchi und seiner Gemahlin Abar war, datiert man allgemein in das Jahr 689; sie kann aber auch bereits 690 stattgefunden haben. Das ägyptische Quellenmaterial über Taharkas Regierung steht ganz im Zeichen der Inschriften auf fünf großen Stelen, die bei den Ausgrabungen von Kawa zutage kamen.[52] Es sind typische Beispiele von Propagandatexten mit politischer Tendenz, deren Interpretation mehr als einmal durch unklare Ausdrücke und Anspielungen erschwert wird. Vier dieser Stelen haben nur für die lokale Geschichte Bedeutung. Sie berichten von der Anlage und dem Bau eines Amun-Tempels zu Gempaaton (Kawa), der mit reichlichen Opfergaben bedacht wurde. Die fünfte Stele dagegen trägt einen besonderen Charakter. Von ihr waren verschiedene Versionen im Umlauf, von denen in Koptos, Maâtana und Tanis Fragmente aufgetaucht sind. Da sie in das sechste Regierungsjahr des Herrschers datiert sind, nennt man sie gewöhnlich »Die große Inschrift des Jahres 6«. Die Übersetzung des wichtigsten Absatzes dieser Stele mit der Datumsangabe und den üblichen Lobpreisungen der Wohltaten, die der König seinem Land Tag für Tag erweist, lautet:[53] »Wunder sind geschehen in der Zeit Seiner Majestät, im sechsten Jahr seiner Regierung – dergleichen wurde nie gesehen seit den Zeiten der Vorväter –, weil sein Vater Amun-Re ihn so sehr liebt. Seine Majestät hat ihren Vater Amun-Re, den Herrn von Karnak, um eine Überschwemmung gebeten, um zu verhüten, daß man in ihrer Zeit verhungerte. Was nun alle Angelegenheiten angeht, die über die Lippen Seiner Majestät kommen, so pflegt sein Vater Amun sie unmittelbar geschehen zu lassen. (Als dann auch) die Zeit für das Steigen des Hochwas-

Abb. 15: Taharka und der Gott Hemen

sers gekommen war, zeigte es sich jeden Tag in großem Maße, und es dauerte viele Tage an und stieg jeden Tag eine Elle mehr. Es drang in die Hügel von Oberägypten und stieg bis über die Dämme von Unterägypten.
Das Land war (wieder) Urwasser geworden, (lauter) Überschwemmungswasser, so daß die Inseln nicht mehr vom Fluß zu unterscheiden waren. Es zeigte 21 Ellen, 1 Handbreit und $2^1/_2$ Finger breit am Kai in Theben. Seine Majestät ließ sich die Chroniken der Vorväter bringen, um das Hochwasser nachzuprüfen, das zu ihrer Zeit stattgefunden hatte. Aber etwas derartiges war nicht zu finden. Der Himmel hatte nun in Nubien geregnet und hatte alle Berge glitzern lassen. Jeder hatte in Nubien alles im Überfluß. Ägypten war in großer Festesfreude, und man segnete seine Majestät. Seine Majestät war über alle Maßen erfreut darüber, was ihr Vater Amun für sie getan hatte, und ließ deshalb allen Göttern Opfer bringen. Denn sie war froh über ihres Vaters Tat für sie.
Und Seine Majestät sprach: ›Mein Vater Amun-Re, der Herr des Thrones beider Länder, hat für mich vier schöne Wunder gewirkt im Laufe eines Jahres, des sechsten meiner Regierung als König. (Etwas) dergleichen hat man seit den Urahnen nicht gesehen. Es kam eine so große Überschwemmung, daß sie das Vieh mitriß und das ganze Land unter Wasser setzte. Man konnte dergleichen in der Zeit der Vorväter nicht verzeichnet finden, und es war niemand, der sagte: ›Ich habe (dergleichen) gehört von meinem Vater.‹ Er (das heißt Amun) machte die Äcker für mich schön in ihrer ganzen Ausdehnung; er tötete die Ratten (?) und die Schlangen, die sich dort befanden; er verhinderte, daß die Heuschrecken Schaden anrichteten, und er ließ nicht zu, daß der Südwind sie zu Boden schlug. Ich habe (auf diese Weise) eine Ernte für die doppelte Getreidescheuer eingebracht, die man nicht abschätzen konnte, bestehend aus ober- und unterägyptischer Gerste und jeglicher (sonstiger) Saat, die auf der Erdoberfläche gedeiht.
Nun wohl, ich war aus Nubien gekommen inmitten der königlichen Brüder, die Seine Majestät (d. h. Schabataka) entboten hatte. Als ich mich bei ihm befand, wählte er mich vor allen seinen Brüdern und allen seinen Kindern aus, so daß ich über sie herausgehoben wurde durch Seine Majestät. Ich eroberte die Herzen (meiner) Untertanen und pflanzte Liebe ein bei jedermann. Ich wurde zu Memphis gekrönt, nachdem der Falke (d. h. Schabataka) gegen Himmel geflogen war. Mein Vater Amun befahl mir, daß alle fremden Länder unter meine Fußsohlen gestellt werden sollten, südwärts bis Retehukabet und nordwärts bis Kebehuhor, ostwärts bis zum Aufgang der Sonne und westwärts bis zu ihrem Untergang.
Nun war meine Mutter in Nubien, nämlich die Königsschwe-

ster, süß von Liebe, die Königsmutter Abar, möge sie leben! Ich hatte Abschied von ihr genommen als junger Mann von zwanzig Jahren, als ich mit Seiner Majestät nach Unterägypten gegangen war. Und nun war sie nach Norden gekommen, um mich zu sehen nach Verlauf von (vielen) Jahren. Sie fand mich gekrönt auf dem Thron des Horus, nachdem ich die Krone in Empfang genommen hatte und die beiden Uräen vereinigt hatte, während alle Götter meinen Körper beschützten.«

Wir brauchen uns nicht lange mit der Auslegung dieser Angaben aufzuhalten; der Text spricht für sich selbst. Man hat daraus ableiten wollen, Taharka sei im sechsten Jahr seiner Regierung ein zweitesmal zum König gekrönt worden. Dafür sind jedoch keine ausreichenden Anzeichen vorhanden. Wohl geht aus dem Text hervor, daß Taharkas Regierung für Ägypten eine Periode großer Wohlfahrt gewesen ist. Offenbar war in den vorangehenden Jahren durch außergewöhnliche Trockenheit die Gefahr einer Hungersnot entstanden. Eine außergewöhnlich hohe Überschwemmung in Taharkas sechstem Regierungsjahr brachte nicht die üblichen verheerenden Folgen mit sich, sondern wurde die Grundlage des allgemeinen Wohlstandes. Im Delta war die Ruhe nun wiederhergestellt. Überall erwies der fromme König nach dem Beispiel seiner Vorgänger den Göttern und Tempeln Wohltaten. Spuren von Taharkas Baufreudigkeit finden sich von Tanis im äußersten Norden bis an den Ǧebel Barkal im Sudan. Seine Herrschaft wurde offenbar auch in den libyschen Oasen anerkannt, und er muß – nach der Einfuhr ausländischer Produkte zu urteilen – mit Asien rege Handelsbeziehungen unterhalten haben.

Bei seinen Aufenthalten in Ägypten scheint der kuschitische Herrscher mit Vorliebe in Tanis und Memphis residiert zu haben. Gerade in der letztgenannten Stadt, wo zahlreiche Denkmäler seinen Namen tragen, hat er sich auch zum König von Ägypten und dem Sudan krönen lassen. Dennoch sind die bedeutendsten Zeugnisse der äthiopischen Fremdherrschaft gerade in Theben erhalten geblieben. Angespornt durch ihre Hingabe für Amun, haben die kuschitischen Fürsten Karnak zum Mittelpunkt ihrer Bautätigkeit gemacht. Der riesige Bezirk des thebanischen Reichsgottes war zur Zeit der Dritten Zwischenzeit, wenn auch nicht in Verfall geraten, so doch wegen der rückläufigen Tempeleinkünfte und der Verlegung des politischen Schwerpunktes nach dem Norden des Landes in gewissem Maß vernachlässigt worden. Die äthiopischen Könige nahmen sich vor, Ägypten in seiner vergangenen Größe wiedererstehen zu lassen. Ihre Sorge galt vor allem der Verschönerung und Ausschmückung bestimmter Baukomplexe sowie der Errichtung kleiner Nebenheiligtümer innerhalb des gewaltigen Tempelbezirks oder in dessen Nähe. Der große Tempel selbst hatte unter dem Wandel der Zeiten allerdings weniger gelitten. Auf dem Platz vor dem heutigen zweiten Torbau errichtete Taharka einen bemerkenswerten Kiosk über einem imposanten Säulengang. Kolonnaden des gleichen Typs, aber von bescheideneren Ausmaßen entstanden unter seiner Regierung ferner vor dem Heiligtum des Amun, »der die Gebete der Bittenden anhört«, östlich des großen Tempels, vor dem Tempel des Chons in der südwestlichen Ecke der Umfriedung und vor dem Heiligtum Amun-Re-Monthus in der gegenüberliegenden Ecke. Der Tempelbezirk war so nach allen vier Himmelsrichtungen mit einem ansehnlichen Zugang versehen. Die äthiopischen Fürsten trugen außerdem zur Vollendung der Tempel zweier anderer thebanischer Götter bei, die Amuns Wohnstatt teilten: Mut und Ptah. Ferner wurde auf ihre Initiative hin eine Anzahl kleinerer Heiligtümer neu errichtet. Von ihren Baumeistern stammt vermutlich auch der Entwurf zum Tempel der Nilpferdgöttin Opet, der sich an den des Chons anlehnt. Zwischen dem Haupttempel und dem nördlichen Teil der Einfriedigungsmauer legten sie — oder in ihrem Auftrag die Gottesgemahlinnen — eine Reihe von Kapellen an, in denen der Gott Osiris unter verschiedenen Aspekten verehrt wurde. Damit hielt der Osiriskult in Karnak offiziell seinen Einzug, um unter den folgenden Dynastien noch an Ausstrahlungskraft zu gewinnen. Der schnellen Ausbreitung des Monthu-Re-Kultes ist vielleicht die Errichtung einer Anzahl Kapellen im nördlichen Sektor von Karnak zuzuschreiben. Schließlich wäre noch darauf hinzuweisen, daß Taharka zwischen dem großen Tempel und dem heiligen Teich ein typisches Re-Harachte-Heiligtum baute, in dessen Nähe sich ein Nilpegel befindet, der vermutlich ebenfalls ihm zuzuschreiben ist.

b) Die assyrischen Invasionen

Nicht allein die äthiopische Fremdherrschaft hat in diesen Jahren die ägyptische Unabhängigkeit ersticken lassen. Die kuschitischen Fürsten fanden in dem aufstrebenden assyrischen Reich einen Rivalen, der mit Tatkraft nach der Weltherrschaft strebte. Daß man sich der drohenden Gefahr in Ägypten schon seit einiger Zeit bewußt war, hatte sich bereits in der Schlacht von Karkar (Qarqar, 853) gezeigt, wo ein ägyptisches Kontingent an der Seite westasiatischer Verbündeter gegen Salmanassar III. gekämpft hatte. Nach diesem mißglückten Versuch, den assyrischen Aufstieg aufzuhalten, war in den ägyptisch-asiatischen Beziehungen ein Stillstand eingetreten. Es dauerte etwa bis zum Jahr 730, ehe eine neue Annäherung an den alten Bundesgenossen zustande kam. Hosea, der König von Israel, suchte in Ägypten Unterstützung, um das Joch der assyrischen Herrschaft abzuschütteln. Darauf belagerte Salmanassar V. drei Jahre lang

Samaria, bis die Stadt sich 722 endlich seinem Nachfolger Sargon II. ergab. Ägypten hat diese Episode der assyrisch-asiatischen Kriegsunternehmungen anscheinend als neutraler Zuschauer verfolgt, denn weder die Bibel noch die assyrischen Königsannalen erwähnen eine bewaffnete Intervention aus dem Nilland. Als jedoch zwei Jahre später Sargon II. erneut einem syrischen Aufstand die Stirn bieten mußte, lieferte der Ägypter Sibu, wahrscheinlich ein General des Bokchoris, an der Seite des Königs von Gaza in Raphia eine Schlacht, wurde aber dabei besiegt. Ägypten wurde nun von dem assyrischen Fürsten zu den Ländern gerechnet, die ihm im siebenten Jahr seiner Regierung (715) Tribut leisteten.
Es ist nicht ganz klar, welche Politik Schabaka, der sich in Unterägypten nach Bokchoris' Tod als rechtmäßiger König anerkennen ließ, gegenüber Assyrien verfolgt hat. Die Tatsache, daß er unter seiner Regierung den König von Aschod, der bei ihm Zuflucht gesucht hatte, gefesselt an Sargon II. auslieferte, läßt die Vermutung aufkommen, daß er versucht hat, den assyrischen Herrscher wohlwollend zu stimmen. Andererseits ist kaum daran zu zweifeln, daß er den assyrischen Aufstand von 711 insgeheim begrüßte. Aber wie dem auch sei, Schabaka war sich zweifellos darüber klar, daß er das assyrische Reich nicht mit Waffengewalt zu Fall bringen würde; natürlich darf man annehmen, daß er jeden Versuch, der Ausbreitung der assyrischen Macht zuvorzukommen, heimlich unterstützte, dabei aber der Gefahr eines offenen Konfliktes gewandt zu entgehen wußte.
Auf Sargon II. folgte 705 sein Sohn Sanherib. Dieser schlug bei seinem dritten Feldzug in der Nähe von Altaku ein starkes Heer, das sich aus »ägyptischen Königen, Bogenschützen, Streitwagen und Pferden des Königs von Äthiopien« zusammensetzte und den aufständischen Städten Westasiens zu Hilfe geeilt war. Dann bezog Sanherib in der Nähe von Lachisch Quartier und ließ Jerusalem belagern. Aber König Hiskia weigerte sich, seine Hauptstadt preiszugeben. Inzwischen rückte aus Ägypten bereits ein neues Hilfsheer unter dem Kommando des jungen Taharka heran. Sanherib verließ sein Lager und zog dem Äthiopen entgegen. Vermutlich kam es aber nicht zu einem Treffen, und Taharka wie auch Jerusalem wurden durch eine im assyrischen Heer ausgebrochene Pestepidemie gerettet, die von der Bibel wie von den Ägyptern als ein Wunder ausgelegt wurde. Wer weiß, ob es wirklich an dem war. Jedenfalls verließ Sanherib eilends Palästina und kehrte bis zu seinem Tod nicht mehr dorthin zurück.
Zur Zeit der Regierung Asarhaddons (681–669) versuchte der inzwischen zum König gekrönte Taharka erneut, in Palästina Unruhe zu stiften. Es ist sogar mehr als wahrscheinlich, daß er bei dem Aufstand von Sidon die Hand im Spiel hatte, der 677

durch den assyrischen Herrscher blutig unterdrückt wurde. Nach einem mißglückten Versuch im Jahre 674 ließ Asarhaddon 671 seine Truppen erneut in Ägypten einrücken. Den Verlauf dieses Feldzuges schildert er wie folgt: »(Unter den Truppen) Taharkas, des Königs von Ägypten und Kusch, Gegenstand der Verfluchung ihrer großen Gottheit, richtete ich von Ischupri bis zu seiner Residenz Memphis – in einem Streifen Land von 15 Tagen – täglich ohne Aufenthalt ein gewaltiges Blutbad an. Ihm selbst fügte ich fünfmal mit der Spitze meines Pfeiles eine unheilbare Wunde zu. Seine Residenz Memphis belagerte und eroberte ich in einem halben Tag durch Unterminierung, Breschen und Leitern; ich verwüstete und vernichtete sie und ließ sie in Flammen aufgehen. Seine Gemahlin, seine Nebenfrauen, Uschanahuru, seinen Kronprinzen, und seine übrigen Söhne und Töchter, seinen Besitz, sein Gut, seine Pferde, seine Rinder und sein Kleinvieh habe ich in unzähligen Mengen nach Assyrien weggebracht. Die Wurzeln von Kusch habe ich aus Ägypten ausgerissen. Niemand habe ich dort zurückgelassen, um mir zu huldigen. Über ganz Ägypten habe ich erneut Statthalter, Verwalter, Hafenkontrolleure, Aufseher und Leiter angestellt.«[54] Dem Bericht über den Feldzug seines Vaters fügte Aššurbanipal noch einige interessante Details hinzu. Eine Anzahl ägyptischer Städte erhält assyrische Namen. Zwanzig der von Asarhaddon eingesetzten Stadtfürsten werden namentlich aufgeführt. Unter ihnen finden wir Necho (I.), den Herrn von Memphis und Saïs, und ebenso Montuemhat, den Fürsten von Theben. Obwohl Asarhaddon nur das Delta unterworfen hatte, kamen anscheinend auch Repräsentanten oberägyptischer Städte, um ihre Untertänigkeit zu bezeugen. Doch wäre es wohl voreilig, daraus schließen zu wollen, sie hätten sich dem Assyrer freiwillig unterworfen und auf seine Unterstützung spekuliert, um den Äthiopen aus dem Land zu jagen. Kaum zwei Jahre später sah sich Asarhaddon jedoch veranlaßt, einen neuen Feldzug gegen Ägypten zu unternehmen, in dessen Verlauf er allerdings starb. Ihm folgte sein Sohn Assurbanipal (669–629) auf dem Thron.

Die ägyptischen Feldzüge Assurbanipals sind uns wie die seines Vorgängers nahezu restlos aus assyrischen Quellen bekannt. Über ihre Datierung besteht allerdings noch einige Unsicherheit. Gemeinhin ordnet man den ersten Feldzug dem Jahr 666 zu. Dem König war bekanntgeworden, daß Taharka sich aufs neue der Stadt Memphis bemächtigt hatte und gegen die (noch von seinem Vater Asarhaddon in Ägypten eingesetzten) Stadtfürsten rüstete. Darauf gab Assurbanipal Befehl, den assyrischen Garnisonen zu Hilfe zu eilen. Die beiden Heere trafen sich bei Karbaniti, und die Ägypter wurden geschlagen. Taharka flüchtete nach Süden und gab seine Flotte den Siegern preis. Der Assyrer konzentrierte seine Truppen, verstärkte sie mit syri-

schen und ägyptischen Kontingenten und trieb den Äthiopen schließlich bis nach Theben zurück. Was danach geschah, verschweigen die Quellen größtenteils. Nichts weist darauf hin, daß die oberägyptische Hauptstadt zu diesem Zeitpunkt den Siegern in die Hände gefallen wäre. Mit Sicherheit darf nur angenommen werden, daß nach dem Rückzug des assyrischen Heeres aus Theben oder überhaupt aus Ägypten im Delta ein Aufstand ausbrach, dessen Führer Necho von Saïs, Šarru-lū-dāri von Tanis und Pekrur von Persopdu waren. Sie verhandelten gerade mit Taharka über ein Bündnis, als Assurbanipal sie überraschte. Die aufständischen Städte ließ er grausam bestrafen und Necho und Pekrur in Fesseln nach Ninive bringen. Dann wurde es dem Assyrer aber doch wohl klar, daß es zweckmäßiger wäre, auf irgendeine Art und Weise das Vertrauen der Ägypter zu gewinnen, damit er in dem fernen Nilland seine Interessen wahren konnte. So zeigte er sich großmütig und schickte Necho reich beschenkt und geehrt heim, gab ihm seine alte Machtstellung zurück und ernannte seinen Sohn Nabû-šēzibanni (vermutlich der spätere König Psammetich I.) zum Herrn von Athribis. Auf dieses Weise wollte er den unitarischen Charakter der ägyptischen Monarchie ein für allemal unterstreichen und restaurieren.
Der Zeitpunkt des zweiten Feldzuges Assurbanipals läßt sich mit ziemlich großer Sicherheit bestimmen, denn aus ägyptischen Quellen ergibt sich eindeutig, daß der Stifter der XXVI. Dynastie, Psammetich I., das Jahr 664 als sein erstes Regierungsjahr datierte.[55] Daraus darf geschlossen werden, daß er in diesem Jahr die Nachfolge seines Vaters Necho angetreten hat. Der griechische Geschichtsschreiber Herodot, der die assyrischen Eroberungszüge in Ägypten vollkommen übergeht, berichtet dagegen von Necho (I.), dieser sei von dem Äthiopen Sabakoos getötet worden, ein Name, unter dem Herodot die ganze äthiopische Dynastie zusammenfaßt. Taharka kann hier schwerlich gemeint sein, denn er hielt sich im Jahr 664 nicht im Delta auf; eher könnte es sein Neffe und Nachfolger Tanutamun sein, der im ersten Jahr seiner Regierung – kurz nach dem Tod des Vorgängers – einen Feldzug gegen die Deltafürsten unternahm. Ein Bericht darüber ist uns in der sogenannten Traumstele erhalten geblieben, die zusammen mit der Stele Pianchis in Napata entdeckt wurde.[56] Als Tanutamun Taharkas Tod erfuhr, eilte er in die äthiopische Hauptstadt und ließ sich zum König krönen. Unmittelbar darauf zog er mit einem Heer nach Norden, fuhr an Elephantine und Theben vorbei, wo er den Göttern opferte, und erreichte schließlich Memphis. Vor den Mauern der unterägyptischen Hauptstadt kam es zu einer Schlacht, aus der der Äthiope als Sieger hervorging. Obwohl Tanutamun keinen der zahllosen Feinde, die in diesem Kampf fielen, mit Namen auf-

führt, darf ohne weiteres unterstellt werden, daß Necho, der zweifellos seinem assyrischen Oberherrn treu geblieben war, dabei das Leben einbüßte. Nach Herodot ist Psammetich dann nach Asien geflohen, wohl um Assurbanipal zu bewegen, mit Waffengewalt in Ägypten zu intervenieren. Inzwischen war Tanutamun bis zum Delta vorgedrungen. Er hoffte, die dortigen Stadtfürsten zu einer Schlacht zu zwingen, aber diese gingen aus ihren Festungen nicht heraus, so daß dem König nichts anderes übrig blieb, als sich einstweilen in seinen Palast in Memphis zurückzuziehen. Nach einiger Zeit erschienen die Deltafürsten dort unter Führung Pekrurs von Persopdu, um sich ihm aus eigenem Antrieb zu unterwerfen und ihm Tribut anzubieten. Der König zeigte sich mit dieser Huldigung zufrieden und entließ die Fürsten in ihre Residenzen. Hier endet der Bericht der Stele.

All dies muß sich in der ersten Hälfte des Jahres 664 ereignet haben. Taharka wird also vermutlich zu Anfang des Jahres gestorben sein. Der zweite Feldzug Assurbanipals muß sich unmittelbar anschließen. In den Königsannalen wird er wie folgt beschrieben: »Zu Beginn meiner Regierung, zur Zeit meines ersten Feldzugs, begab ich mich geradewegs nach Makan und Meluḫḫa. Tanutamun, König von Ägypten und Kusch, der das Kommen meines Heeres vernommen hatte in dem Augenblick, als ich die ägyptische Grenze überschritt, verließ Memphis und flüchtete, um sein Leben zu retten, in das Herz von Theben. Die Könige, Statthalter und Inspekteure, die Asarhaddon, König des Landes von Assur, der Vater, der mich gezeugt hat, in Ägypten eingesetzt hatte, kamen auf mich zu und umarmten meine Füße. Tanutamun verfolgend, begab ich mich auf den Weg und erreichte Theben, seine Festung. Als er die Wucht meines Angriffes sah, verließ er Theben und flüchtete nach Kipkipi.« Assurbanipal berichtet anschließend, daß er Theben und Heliopolis eroberte und eine reiche Beute, bestehend aus »Silber, Gold, Edelsteinen, allem vorstellbarem Besitz und Schätzen dieser Städte, bestickten Kleidern, Leinen(-Gewändern), Männern und Frauen, großen Pferden (und) zwei hohen Säulen aus reinem Elektron, deren Gewicht 2500 Talente betrug und die am Tempeleingang aufgestellt waren«, nach Assyrien mitnahm.[57]

Diese allem Anschein nach im Herbst 664 stattgefundene Verwüstung Thebens wird in den ägyptischen Texten nirgends erwähnt. Im Licht zahlreicher Überreste der äthiopischen Herrschaft in Karnak ist die Frage berechtigt, ob die Zerstörung wirklich so gründlich gewesen ist, wie Assurbanipal sie darstellt. Aber wie dem auch sei, das Leben in Ägypten ging nach dem Rückzug des Assyrers weiter, ohne daß von irgendwelchen Änderungen in der Staatsverwaltung oder der Bewirtschaftung der Tempelgüter etwas zu spüren war. Während Psammetich I. nun im Delta die Regierung fest in der Hand hatte, erkannte man in Theben noch eine Zeitlang Tanutamun als König an. Erst im neunten Jahr seiner Regierung (655) verband der Deltafürst auch Oberägypten endgültig der Saïtenkrone.

c) Der Gottesstaat von Theben unter den Äthiopen

Nach dieser Übersicht über die politische Auseinandersetzung zwischen Äthiopien und Assyrien, bei der letzten Endes allein Ägypten durch den Gewinn seiner Unabhängigkeit Nutzen zog, empfiehlt sich eine Untersuchung, auf welchen Grundlagen die äthiopischen Könige ihre Macht in Ägypten begründet haben und wie es ihnen gelang, sie aufrechtzuerhalten. Da fällt zunächst ins Auge, daß sie nicht etwa ihre Kultur den Besiegten aufoktroyierten, sondern sich selbst ganz den ägyptischen Verhältnissen anpaßten und in ihren offiziellen Inschriften sogar die Sprache ihrer Feinde zur ihren machten. Im eigenen Vaterland ließen sie Tempel und Gräber im rein ägyptischen Stil bauen. In Theben, wo sie sich als fromme Anhänger des Amun-Kultes zeigten, brach Pianchi durchaus nicht mit der Tradition, wenn er Kaschtas Tochter Amenirdis durch die Gottesgemahlin Schepenupet (I.) als Erbin adoptieren läßt. So soll auch Psammetich I. vorgegangen sein, als er 655 der Thebais seine Regierung auferlegte. Man fürchtete sich sichtlich davor, die Selbständigkeit dieses Gottesstaates anzutasten, dessen feste Organisation auch in Zeiten heftigster politischer Auseinandersetzungen ganz unerschüttert geblieben war. Falls Pianchi dabei gehofft hatte, der äthiopische Einfluß in Theben werde auf diese Weise allmählich wachsen, so haben ihn die Ereignisse insofern teilweise eines anderen belehrt, als diese eine Maßregel für sich allein längst nicht ausreichend erschien. Unter der äthiopischen Dynastie hat der Gottesstaat auf kein einziges Privileg seiner Souveränität verzichtet. Seine Machtsphäre wurde nicht eingeschränkt, seine Ausstrahlung nicht gehemmt. Lediglich seine Verwaltungsorgane wurden umbenannt.

Seit Amenirdis' Adoption zog die Gottesgemahlin mehr und mehr weltliche Macht an sich. Waren sie unter der XVIII. Dynastie noch größtenteils Königsmütter oder -gemahlinnen, so waren die Gottesgemahlinnen der libyschen, äthiopischen und Saïtenzeit Königstöchter, die ihr Leben ehelos im Dienst Amuns verbrachten und deren Nachfolge durch Adoption geregelt wurde. Auf Amenirdis (I.) folgte Schepenupet (II.), Pianchis Tochter. Nach ihr kam Amenirdis (II.), Taharkas Tochter. Die saïtischen Herrscher gingen darin noch weiter. Unter der XXV. und XXVI. Dynastie erreichte die Gottesgemahlin den Höhepunkt ihrer Würde als Verkörperung des dem Amun geweihten Gottesstaates. Sie verfügte über ihre eigene Hofhaltung, die sich aus Würdenträgern verschiedenen Ranges zusammensetzte, denen ein Majordomus vorstand: Gesandte, Palastaufseher, Kammerherren, Diener, Jünger, Schreiber, Baumeister usw. Sie umgab sich mit einem göttlichen Harem von unverheirateten Sängerinnen aus allen Klassen der Gesellschaft, die ebenfalls auf dem Weg der Adoption ihre Nachfolgerinnen fanden.[58] Ihre weltliche Macht als einzige ständige Repräsentantin des Fürstenhauses wurde durch die Tatsache hervorgehoben, daß ihr offizieller Titel den des Königs nachahmte und daß sie ihren Namen in einem Königsring schrieb und nach eigenem Belieben Denkmäler errichtete. In ihrem Fürstentum, über das sie selbstherrlich regierte, unterstand sie ausschließlich dem Pharao, der mit ihrer Hilfe vom Mutterland aus seine Kontrolle über den Staatsapparat verstärkte. In den Augen ihrer Untergebenen galt sie jedoch weniger als Trägerin politischer Macht denn als die Hohepriesterin des Reichsgottes Amun, nach dessen Ansichten sie sich trotz ihrer fremden Abstammung gutwillig richtete.

Daß man diesen Zustand nicht gemeinhin als eine Rückkehr zur theokratischen Staatsführung der XXI. und XXII. Dynastie definieren kann, liegt auf der Hand. Vor allem war nicht die ganze Macht beim Hohenpriester des Amun konzentriert. Dieser nahm fortan nur noch die erste Stelle im Ehrendienst ein, und selbst in dieser Hinsicht wurde seine Funktion durch die Rolle der Gottesgemahlin überschattet. Überdies war ihm jedes Mitspracherecht in militärischen Angelegenheiten genommen. Es ist charakteristisch, wie wenig Aufschluß uns die Quellen der äthiopischen Zeit über die Zusammenstellung und Organisation des Besatzungsheeres geben. Unter den thebanischen Machthabern, deren Namen uns aus Papyri oder Inschriften bekannt sind, kommen keine eigentlichen Militärs vor. Doch blieb die Funktion des Hohenpriesters des Amun immerhin noch so wichtig, daß Schabaka ihn unter seine Aufsicht stellen wollte. Er vertraute sie seinem ältesten Sohn Harmachis an und hielt sich damit ganz an die Tradition der libyschen Dynastie. Auf Harmachis folgte dessen Sohn Harchêbis, der dieses Amt noch im 14. Regierungsjahr Psammetichs I. ausübte.[59]

Unter den libyschen Dynastien war auch der zweite Prophet Amuns stets ein Verwandter des Fürstenhauses gewesen. Zur Zeit Schabakas wurde dieses Amt von Neshorbehdet bekleidet, über dessen Familie nicht viel bekannt ist. Unter Taharka sehen wir dessen Sohn Nesschutefnut als zweiten Propheten auftreten. Er war höchstens bis in die ersten Regierungsjahre Psammetichs I. im Amt geblieben, denn in den saïtischen Urkunden wird er nicht mehr erwähnt. Möglicherweise war Montuemhat, der vierte Prophet des Amun, ihm nach seinem Tod oder Rücktritt gefolgt. Dieser hatte in der Tat dank seiner Heirat mit der

Enkelin eines kuschitischen Königs — Udjarenes — die erforderliche Voraussetzung, um auf dieses Amt Anspruch erheben zu können. Der dritte Prophet des Amun, der zu Ende der XXV. Dynastie in Theben amtierte, war aller Wahrscheinlichkeit nach Petamunnebnesuttaui, der als Zeitgenosse Psammetichs I. bekannt ist. Er stammte aus einer recht einfachen Familie[60], aber einer seiner Nachfolger, der den gleichen Namen trug, heiratete die Königstochter Diisethebsed und knüpfte auf diese Weise wieder an die Tradition der libyschen Herrscherhäuser an, die dieses Amt durchgehend angeheirateten Verwandten von hohem Rang anvertraut hatten.

Die Besetzung dieser drei bedeutenden Priesterämter durch Männer, die die höchste religiöse Macht kaum praktisch ausübten, sondern höchstens symbolisch nach außen repräsentierten, brachte in der effektiven Verwaltung des Gottesstaates einen Mann in den Vordergrund, der im Amun-Kult lediglich das Amt des vierten Propheten bekleidete: Montuemhat.[61] Aus einer Familie stammend, die zu ihren Mitgliedern eine Anzahl Staatsminister und Bürgermeister von Theben zählte, wurde er als homo novus in Amuns höchste Gemeinschaft aufgenommen. Schon zur Zeit Asarhaddons war seine Autorität in rein politischen Angelegenheiten so beträchtlich, daß er durch den Assyrer als Fürst *(šarru)* des Gottesstaates anerkannt wurde. Da er während der äthiopischen Besetzung geschickt zu lavieren und seine Regierungsposition ständig zu festigen verstand, trat er unter Psammetich I. unbestritten als eine der kraftvollsten Persönlichkeiten seiner Zeit und als der eigentliche Gouverneur der Thebais in den Vordergrund. In einer seiner autobiographischen Inschriften bezeugt er von sich selbst: »Ich war Prinz des thebaischen Gaues, und ganz Oberägypten stand unter meiner Verwaltung (von) Elephantine als südlichem Grenzgebiet (bis) Hermopolis als nördlichem.« Als Psammetich I. im neunten Jahr seiner Regierung (655) feierlich seine Tochter Nitokris durch die Gottesgemahlin Schepenupet als Erbin adoptieren ließ, nahm Montuemhats Name eine prominente Stelle in der Liste der thebanischen Notabeln ein, die die junge Prinzessin in ihrer neuen Würde bestätigen halfen. Fünf Jahre später eröffnete der gleiche Montuemhat eine Prozession hoher geistlicher Würdenträger, die der geweihten Barke Amuns, die noch Taharkas Insignien trug[62], huldigten. Kurz darauf muß er gestorben sein. Sein imposantes Mausoleum befindet sich neben anderen in dem Assassif, wo eine Reihe seiner berühmtesten Zeitgenossen ihre letzte Ruhestätte gefunden hat.

Wie unterschiedlich die Titel auch sind, die Montuemhats Namen auf seinen zahlreichen Denkmälern vorausgehen, so steht doch außer Diskussion, daß er unter Taharka und mehr noch in den ersten Regierungsjahren Psammetichs I. im Delta geradezu nach eigenem Gutdünken über Oberägypten regiert hat. Der Stil seiner Inschriften ist in dieser Hinsicht sehr bezeichnend. Während die Gottesgemahlinnen sich ihrer Abhängigkeit vom regierenden König bewußt blieben, ihre Hofwürdenträger sich als treue Diener erwiesen und die höchsten Funktionäre der Tempel und der Staatsverwaltung ihre Autorität überschattet sahen, erhob sich Montuemhat ganz bewußt bis zum Rang des Herrschers selbst: »Ich bin jemand, der Theben ein Fest feiern läßt, (dadurch, daß er) mehr (für es tut), als frühere Könige getan haben.« Er rühmte sich auch, in Theben und anderswo Denkmäler errichtet oder restauriert zu haben, und ignorierte dabei ohne Bedenken den König, der allein die dazu erforderliche Genehmigung geben konnte: »Mein Herz wurde nicht müde, meine Arme habe ich nicht sinken lassen, ehe ich (alles) wiederhergestellt hatte, was ich in Trümmern vorgefunden hatte.« Die Konzentration von soviel Macht in einer einzigen Hand ließ Theben nach Montuemhats Tod in zerrütteten Verhältnissen zurück. Psammetich I. brauchte erst gar keine Gewalt anzuwenden, um es seinem unterägyptischen Reich anzuschließen. Es ergab sich freiwillig und ließ sich nach und nach unterwerfen.

Blieb die Priesterschaft Amuns unter den äthiopischen Herrschern auch zweifellos die angesehenste, einflußreichste und bestsituierte Gruppe des thebanischen Klerus, so hat in diesen Jahren doch auch die Priesterschaft des Monthu eine schnelle Entwicklung durchgemacht. Dank der Entdeckung der sogenannten *Cachette von Karnak*, aus der der französische Archäologe C. Legrain Dutzende von Bildern mit Aufschriften zum Vorschein brachte[63], boten sich hier reiche Möglichkeiten zum Studium der Sippenbildung der großen Priesterfamilien. Obwohl der größte Teil dieser Texte noch nicht publiziert worden ist, darf angenommen werden, daß ihre prosopographische Bedeutung auch für den Zeitraum der äthiopischen Fremdherrschaft recht erheblich ist. Durch die Veröffentlichung des Quellenmaterials wird zweifellos die Organisation des Amun-Kultes in ein deutlicheres Licht gerückt werden. Überdies darf man hoffen, einen klaren Einblick in die Priesterfunktionen und die untergeordneten Tempelämter zu gewinnen. Einstweilen sind wir für unsere Kenntnis der Priesterschaft Monthus hauptsächlich auf die zahlreichen Sarkophage und sonstige Begräbnisgegenstände angewiesen, die in der Gegend von Deir el-Bahari zutage gefördert wurden. Es sieht ganz danach aus, als ob der Klerus des thebanischen Kriegsgottes zu Ende der XXV. und zu Beginn der XXVI. Dynastie den berühmten Totentempel der Hatschepsut und seine unmittelbare Umgebung in eine riesige Totenstadt verwandelt hat. Schon um die Mitte des vorigen Jahrhunderts wurden hier bei heimlichen Ausgrabungen zahl-

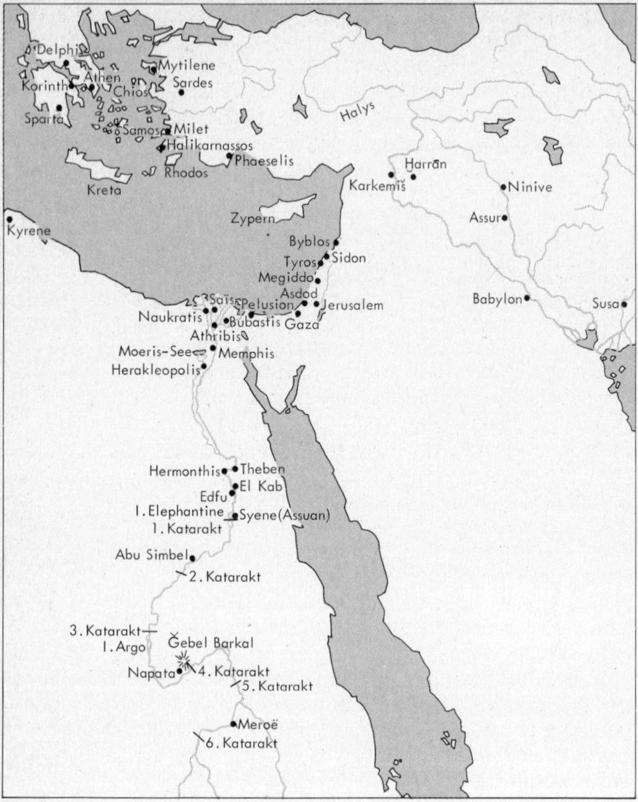

Abb. 16: Ägypten und Vorderasien

reiche Sarkophage von Monthu-Priestern gefunden. Die nachfolgenden Grabungen durch englische, amerikanische und französische Expeditionen haben diese Zahl noch wesentlich erhöht. Es ist nur bedauerlich, daß diese Funde jetzt über viele Museen und Sammlungen verstreut sind, so daß auch da erst einmal Ordnung geschaffen werden muß, ehe man ein klares Bild von den aufeinanderfolgenden Generationen und den Verwandtschaftsbeziehungen dieser ausgedehnten Priestergemeinschaft gewinnt. Vorläufig gibt es nur über zwei Familien ausreichendes Material: über die von Besenmut-Anchefenchonsu und die von Chonsumes-Djedisetiufanch, die beide – jeweils über einen verschiedenen Zweig – von dem dritten Propheten des Amun,

Wenennefer, abstammten, der einer der Vorgänger von Petamunnebnesuttaui war.

Verglichen mit den dürftigen Anhaltspunkten über den Verwaltungsapparat Thebens läßt diese gewaltige Menge von Fakten über den Klerus vermuten, daß die oberägyptische Hauptstadt unter den Äthiopen in einen echten Priesterstaat umgewandelt wurde, aus dem allein Montuemhat als echter politischer Machthaber hervortrat. Man kann sich nicht dem Eindruck entziehen, daß sich unter der XXV. Dynastie ein Zustand herausgebildet hatte, der zu einer allgemeinen Entwertung des Staatsamtes führte. Anscheinend wurde davon vor allem die ehemals so einflußreiche Institution des Wesirats, des höchsten Verwaltungsorgans im Staat, schwer betroffen. Es ist undenkbar, daß jeweils nur ein Wesir den anderen abgelöst hätte; dazu waren es zu viele. Der Titel hatte zumeist offensichtlich nur noch eine symbolische Bedeutung und vererbte sich vom Vater auf den Sohn. Eine einzige Wesirfamilie scheint sich schließlich dieser allgemeinen Begriffsverwirrung entzogen zu haben, um sich ihre Rechte zurückzuerobern: die von Nespamedu-Nespakaschuti, die aus Abydos stammen dürfte.[64]

6. Die Saïtische Renaissance

1. PSAMMETICH I. UND DIE GRÜNDUNG DES PHARAONENSTAATES VON SAÏS

Seit um das Jahr 950 v. Chr. Scheschonk I., ein Offizier libyscher Abstammung, den Thron der Pharaonen bestiegen hatte, war die Zeit für immer vorüber, in der Herrscher ägyptischen Blutes die Geschicke des unteren Niltals gelenkt hatten. Doch war die uralte ägyptische Kultur noch Jahrhunderte lang mächtig genug, die neuen von Hause aus nichtägyptischen Träger der politischen Macht, deren Reihe Scheschonk I. eröffnet hatte, in ihren Bann zu schlagen. Ägyptisierte Libyer und Nubier wurden auf diese Weise die wichtigsten Verteidiger der ägyptischen Kultur gegen die vorderasiatischen Großreiche, die seit dem Aufstieg des Assyrerstaates zur Weltmacht um die Mitte des 8. Jahrhunderts v. Chr. die politische Bühne des Orients beherrschten.

Um das Jahr 663 v. Chr. war jedoch ein Zeitpunkt gekommen, zu dem das Assyrerreich auch diesen Kräften gegenüber den äußeren Höhepunkt seiner Machtentfaltung erreicht hatte. Damals war der letzte Versuch eines Königs von Napata – der unterhalb des vierten Nilkataraktes gelegenen Hauptstadt des im Altertum Äthiopien genannten Landes (nicht zu verwechseln mit dem heutigen Begriff Äthiopien, der mit Abessinien gleichbedeutend ist) – gescheitert, den Assyrern den Besitz Ägyptens streitig zu machen. Angeblich durch ein Traumgesicht hierzu aufgefordert war Tanutamun, König von Äthiopien, nilabwärts gezogen und hatte bei Memphis die unterägyptischen Vasallen der Assyrer geschlagen. Doch vor der heranrückenden Armee des assyrischen Herrschers Assurbanipal mußte er sich wieder zurückziehen. Er konnte nicht einmal verhindern, daß die Assyrer das oberägyptische Theben, die heilige Stadt des gerade von den Äthiopen hochverehrten Gottes Amun, einnahmen und ausplünderten. Mit dem Rückzug Tanutamuns nach Nubien endete gut sechs Jahrzehnte nach dem Siegeszug König Pianchis von Napata durch Ägypten (um oder kurz vor 725 v. Chr.) die Epoche der äthiopischen Herrschaft über das untere Niltal. Von Nubien aus hatten die Äthiopen als treue Diener des ägyptischen Gottes Amun unter Bewahrung aller Formen des Pharaonentums das Land Ägypten regiert. Der Militärmacht des straff organisierten Assyrerstaates, mit der die Äthiopen erst auf dem Boden Palästinas, dann in Ägypten selbst zusammengestoßen waren, hatte sich das Pharaonenreich dieser Nubier jedoch als nicht gewachsen erwiesen.

Bei den Kämpfen zwischen Äthiopen und Assyrern um den Besitz Ägyptens hatte eine Gruppe von in Ägypten ansässigen Kleinfürsten versucht, durch eine Schaukelpolitik zwischen den Parteien ein gewisses Maß an Unabhängigkeit beiden Seiten gegenüber zu bewahren. Ein Bericht des Assyrerkönigs Assurbanipal spricht von zwanzig derartigen Fürsten, von denen die Mehrzahl im unterägyptischen Deltaland saß. Zu ihnen gehörte ein gewisser Necho – so sprechen wir seinen Namen in Anlehnung an die griechische Gepflogenheit aus –, der um das Jahr 667 in einen mißglückten Aufstand gegen die Assyrer verwikkelt gewesen war. Als Gefangener nach Ninive geschleppt, war er jedoch von König Assurbanipal begnadigt und in seiner alten Herrschaft bestätigt worden. Zu dieser gehörte Nechos Heimatstadt Saïs im nordwestlichen Nildelta sowie das wichtige Memphis. Nechos von den Assyrern Nabû-šēzibanni genannter Sohn – aller Wahrscheinlichkeit nach identisch mit seinem späteren Nachfolger Psammetich – erhielt von Assurbanipal außerdem noch die Stadt Athribis, die unweit der heutigen Deltastadt Benha lag. Selbstverständlich war diese Begnadigung aus politischen Erwägungen des Assyrerkonigs erfolgt. Tatsächlich bewährte sich diese Haltung insofern, als beim Vorstoß des Äthiopenkönigs Tanutamun Necho und Psammetich für die Assyrer kämpften. Necho fand dabei den Tod, sein Sohn Psammetich mußte zu den Assyrern fliehen und wurde nach der Vertreibung Tanutamuns von diesen zurückgeführt. Zusammen mit einer Reihe anderer Kleinfürsten, die eine ähnliche Haltung eingenommen hatten, verwaltete Psammetich fortan als assyrischer Vasall Ägypten für König Assurbanipal. Diese Ereignisse, der Untergang des Fürsten Necho, die Flucht und die Rückführung seines Sohnes Psammetich, fielen in das Jahr 664 bzw. 663 v. Chr.[1]

Woher stammte Nechos und Psammetichs Familie? Man hat vermutet, daß sie äthiopischer Abstammung und von einem früheren Äthiopenkönig in ihre unterägyptische Machtstellung eingesetzt worden sei, doch ist das sehr unwahrscheinlich. Vielmehr spricht alles dafür, daß Necho und Psammetich aus dem Kreis zweier Fürsten stammten, deren Machtbereich einige Generationen zuvor das gleiche Gebiet umfaßt hatte. Fürst Tefnachte von Saïs war um 725 der Hauptgegner des Äthiopen Pianchi gewesen und von ihm besiegt, aber nicht vernichtet worden. Tefnachtes Sohn Bokchoris, der seinem Vater in der Herrschaft gefolgt war, hatte um 715 im Kampf gegen Pianchis Nachfolger Schabaka den Untergang gefunden. Tefnachte erscheint in den Inschriften seines Gegners Pianchi unter dem Titel »Fürst der Ma«. Das heißt, er war wie alle damaligen Machthaber in Unterägypten ein Anführer der zu einem erblichen Kriegerstand gewordenen Nachkommen libyscher Söldner der Pharaonen des späteren Neuen Reiches. Die Griechen nannten die Angehörigen dieses ägyptischen Kriegerstandes libyscher Abkunft Machimoi. Auch in Necho und Psammetich werden wir solche Machimoi-Fürsten sehen müssen. Ob sie der Familie des Tefnachte und des Bokchoris entstammten oder nur aus ihrer Umgebung kamen, läßt sich nicht entscheiden. Ägypter im strengen Sinn des Wortes sind sie in keinem Fall gewesen.

Unter den Vasallenfürsten der Assyrer, die nach der Vertreibung der Äthiopen Ägypten für den Großkönig in Ninive verwalteten, war Psammetich von Anfang an entschieden der mächtigste. Ausschlaggebend für seinen weiteren Aufstieg war, daß Assyriens König Aššurbanipal sich bald nach seinem endgültigen Sieg über die Äthiopen gezwungen sah, fast seine ganze Kriegsmacht im Südosten seines Reiches einzusetzen: Gegen das Land Elam und die aufständische Provinz Babylonien. Fast zwei Jahrzehnte, bis zum Fall von Babylon (648) und weiter bis zur Einnahme der hartnäckig verteidigten Elamiterhauptstadt Susa (um 640), blieb das assyrische Hauptheer auf diesem Kriegsschauplatz fest engagiert. Mittlerweile gelang es Psammetich, das Übergewicht über alle sonstigen Machthaber im sich nahezu selbst überlassenen Ägypten zu erringen. Den größten Teil der neben ihm stehenden Fürsten beseitigte er mit offener Gewalt. Andere konnte er dagegen auf seine Seite ziehen. Nachweislich gelang ihm das bei den sogenannten »Schiffsmeistern« von Herakleopolis (16 Kilometer westlich vom heutigen Benisuef gelegen). Das war namentlich deshalb ein wichtiger Erfolg, weil diese Herakleopolis-Fürsten nicht nur das mächtigste Geschlecht in Mittelägypten waren, sondern weil sie auch eine bedeutende Rolle in der Flußschiffahrt bis hin nach Oberägypten spielten. Auch einige der kleinen Deltafürsten mögen sich Psammetich freiwillig unterworfen haben. So wurde der Saïte, ohne daß sein assyrischer Oberherr es verhindern konnte, in wenigen Jahren zum praktisch unbeschränkten Beherrscher von ganz Unter- und Mittelägypten.

Im neunten Jahr seiner Regierung (656 v. Chr.) gelang Psammetich schließlich auch die Einverleibung des oberägyptischen Theben in seinen Machtbereich. In Oberägypten war nach dem Rückzug Tanutamuns nach Nubien und der Plünderung Thebens durch die Assyrer ein gewisses Machtvakuum entstanden. Die höchste Autorität besaß eine Priesterin, »die Gottesgemahlin des Amun«, eine unverheiratete Prinzessin, die ihre Würde durch Adoption vererbte. Dieser »Gottesgemahlin des Amun«, damals eine äthiopische Königstochter namens Schepenupet, stand als Ratgeber und weltlicher Regent ein Fürst namens Montemhet zur Seite. Er hatte sich über alle Wechselfälle hinweg als treuer Anhänger der Äthiopen erwiesen. Jetzt veranlaßte Psammetich die regierende »Gottesgemahlin des Amun«, seine eigene junge Tochter Nitokris als Nachfolgerin zu adoptieren. Das geschah in einer feierlichen Zeremonie im März des Jahres 656. Hierbei vermachte Schepenupet ihrer Adoptivtochter, der saïtischen Prinzessin, auch das große Vermögen, welches mit ihrer Stellung als geistliche Fürstin verbunden war. Diese Ereignisse von 656 bedeuteten, daß sich nach außen hin an den Formen der von der »Gottesgemahlin des Amun« geleiteten Theokratie von Theben nichts änderte, daß aber tatsächlich Psammetich jetzt auch hier in Oberägypten und damit im ganzen Land die Macht ausübte.

Wahrscheinlich tat Psammetich erst jetzt den Schritt, den Assyriens König Assurbanipal kurz und gleichsam etwas verlegen erwähnt. Gyges, der König des westkleinasiatischen Lyderreiches, habe aufgehört, ihm Gesandte zu schicken. Statt dessen habe er seine Truppen zur Unterstützung des »Pišamilki«, des Königs von Ägypten, gesandt, »der das Joch meiner Herrschaft abgeworfen hatte«. Offenbar hat Psammetich, als er die Oberhand über seine ägyptischen Rivalen erlangt hatte, einfach aufgehört, Tribute nach Ninive zu senden. Die Assyrer mußten es nach Lage der Dinge hinnehmen, daß ihre in schweren Kämpfen aufgebaute Oberherrschaft über das untere Niltal auf diese Weise ihr Ende fand.

Die griechische Tradition, vor allem der berühmte Geschichtsschreiber Herodot, der gut zweihundert Jahre nach Psammetichs Aufstieg das Niltal bereiste, weiß nichts von der Assyrerherrschaft über Ägypten. Aber auch sie weiß, daß »eherne Männer«, ionische Griechen und Karer, in Ägypten gelandet und in Psammetichs Dienste getreten seien. Mit ihrer Hilfe habe Psammetich die Oberhand über seine ägyptischen Widersacher gewonnen. Im Delta gelandete und von Psammetich zum Kriegsdienst angeworbene Piraten scheinen die ersten Männer gewesen zu sein, die den kommenden Aufstieg der Griechen auf ägyptischem Boden eingeleitet haben, noch ehe die Hilfstruppen des Gyges eintrafen.

Die Unterwerfung der verschiedenen lokalen Machthaber, die erneute Zusammenfassung Ägyptens zu einem einheitlichen Staatsgebilde und gleichzeitig die Loslösung des Nillandes aus dem Weltreich der Assyrer ist die eine Seite des Lebenswerkes des Saïten Psammetich. Vor allem dank der Angaben Assurbanipals und der griechischen Berichte, so kurz auch die ersteren und mit Sagengut durchsetzt die letzteren sind, können wir uns davon ein hinreichendes Bild machen. Aus zeitgenössischen ägyptischen Texten, die biographische Angaben enthalten, läßt sich die andere Seite dieses Lebenswerkes erschließen: die innere Neuordnung des Pharaonenstaates. Als sich in der zweiten Hälfte des 9. und im 8. Jahrhundert der Staat der Soldatenpharaonen libyscher Abstammung in ein Bündel kleiner Machtgebilde auflöste, waren in dem Land, das in den Zeiten seiner alten Blüte ein Beamtenstaat mit zentraler königlicher Spitze gewesen war, geradezu feudalistische Zustände eingetreten. Daran hatte auch das Zeitalter der Äthiopen- und der Assyrerherrschaft wenig geändert. Psammetich baute aber eine neue straffe Staatsverwaltung auf. An die Stelle des Feudalherrn trat wieder der königliche Beamte. Wir können verfolgen, wie selbst das von Anfang an mit Psammetich eng befreundete Haus der »Schiffsmeister« von Herakleopolis seinen einst über ganz Mittel- und Oberägypten verbreiteten Einfluß noch zu Lebzeiten Psammetichs einbüßte. Wohl blieb das Geschlecht bestehen, und ein Angehöriger desselben begegnet uns noch zur Zeit Alexanders des Großen. Aber für ihre alte selbständige oder auch nur halbselbständige Stellung war im Staate Psammetichs kein Platz mehr. In ähnlicher Weise können wir beobachten, daß die Handlungsfreiheit der im »Gottesstaat des Amun von Theben« führenden Persönlichkeiten, zum Beispiel des Fürsten Montemhet, stark eingeschränkt wurde. Dafür tauchten in Oberägypten von Psammetich eingesetzte neue Beamte in Schlüsselpositionen auf. Symptomatisch ist, daß wir in so weit südlich gelegenen Orten wie Theben, El Kab und Edfu einem Mann begegnen, der vielleicht sogar eine Art Generalgouverneur von ganz Oberägypten war, aber nachweislich aus Unterägypten stammte. Er und viele andere leitende Beamte dieser Zeit kamen zweifellos aus dem engeren Kreis um Psammetich. Mit großer Wahrscheinlichkeit läßt sich sagen, daß diese Männer genau wie die Dynastie selbst blutsmäßig betrachtet mehr ägyptische Libyer als echte Ägypter waren.

Die Spitze des neugeschaffenen Verwaltungsapparates lag in der Stadt Memphis an der Stelle des geographischen Schwerpunktes des Staatsgebietes, »der Waage der beiden Länder Ober- und Unterägypten«. Saïs, die Heimat der Dynastie, blieb demgegenüber die eigentliche Königsstadt, wo auch die Gräber Psammetichs und seiner Nachfolger lagen.

Nicht die geringste Aufgabe für Psammetich war die Neugestaltung des Heerwesens. Auch sie hat dieser Pharao mit Tatkraft und Geschick gelöst. Wie gesagt, entstammte Psammetich selbst aller Wahrscheinlichkeit nach dem Kreis des Kriegerstandes libyscher Abkunft, den die Griechen »Machimoi« nannten. Naturgemäß waren diese »Machimoi« eng mit dem von Psammetich beseitigten feudalistischen System der vorangegangenen Jahrhunderte verbunden. Ein Teil der »Machimoi« durfte zwar als Anhänger Psammetichs gelten. Andere aber waren Leute der von ihm beseitigten Kleinfürsten. Psammetich stellte das ägyptische Kriegswesen dadurch um, daß er die von ihm angeworbenen Griechen und Karer auch nach dem Sieg über seine Gegenspieler im Land behielt. Es war damals die Zeit der großen griechischen Kolonisation. Das Motiv, das viele Griechen und auch Karer in die Fremde führte, war die Notwendigkeit, irgendwo außerhalb der übervölkerten Ägäiswelt eine neue Heimat zu finden. Eine solche gab ihnen Psammetich in Ägypten, indem er regelrechte Kriegersiedlungen für seine ausländischen Soldaten anlegte. Seine griechischen und karischen Söldner waren weniger Reisläufer, die einmal diesem, einmal jenem Herrn dienten, sondern Kolonisten, die Land erhielten und dafür zum Kriegsdienst für den Pharao verpflichtet waren.

Nicht nur Griechen und Karer wurden auf diese Weise in Ägypten heimisch. Auch Nubier, Libyer, Phöniker, Syrer und vor allem Judäer spielten eine ähnliche Rolle. Letztgenannte hatten ihre Hauptgarnison ganz im Süden Ägyptens auf der Nilinsel Elephantine bei Assuan. Hier durften die judäischen Soldatenkolonisten sogar ihrem Gott Jahwe einen Tempel errichten.

Die höheren Kommandostellen blieben jedoch einheimischen Offizieren aus dem Kreis um Psammetich vorbehalten. Sie hatten die gewiß nicht leichte Aufgabe zu lösen, aus diesen in Ägypten angesiedelten Kriegern verschiedenster Zunge ein militärisch brauchbares Instrument zu machen und schlagkräftig zu erhalten. Diese Aufgabe war um so schwerer, als bei den alten »Machimoi« ein begreifliches Ressentiment gegen die ausländischen Kriegerkolonisten herrschte. Ein zwar in den Einzelheiten etwas phantastischer, im Kern aber gewiß historischer Bericht Herodots läßt erkennen, daß sich ein Teil der »Machimoi« von Psammetich lossagte und zum Äthiopenkönig überging, der sie im Süden seines Reiches ansiedelte. Dieser Vorgang wirft ein bezeichnendes Schlaglicht auf die im Saïtenheer herrschenden unvermeidlichen Spannungen.

Indem aber Psammetich Soldatenkolonisten »aus Übersee« ins Land holte, gab er ganz von selbst einem noch viel breiteren Menschenstrom den Weg nach Ägypten frei. Vor allem war es der griechische Kaufmann, der seinen militärischen Landsleuten an den Nil folgte. Rasch entstand als neuer Berufsstand der des Dolmetschers. Aus der Anwesenheit der Menschen aus der Ägäiswelt in Ägypten entwickelten sich bald verschiedenartigste Beziehungen zu deren Heimatländern jenseits des Ostmittelmeers.

Vierundfünfzig Jahre lang hat Psammetich I. von Saïs den von ihm erneuerten Pharaonenstaat gelenkt (664–610 v. Chr.). Seinen Nachfolgern hat er die Wege gewiesen, auf denen sie Ägypten bis zur Eroberung durch die Perser weiterführten. Psammetichs Staatsschöpfung gehört zu den durchaus persönlichen und ganz individuellen Leistungen der Geschichte. Nicht einem Wiedererwachen des alten Ägyptertums zu neuer geschichtlicher Aktivität entsprang das Saïtenreich, sondern der tatkräftigen und geschickten Ausnutzung einer ganz besonderen Konstellation verschiedenster Größen innerhalb Ägyptens und vor allem in der Welt außerhalb des Nillandes durch einen einzelnen. Ihm, der eigentlich gar kein Ägypter im strengen Sinn des Wortes war, dem Libyer Psammetich, und seinem Haus verdankte das neugeschaffene Staatswesen – 130 Jahre lang eine der führenden Großmächte der damaligen Welt – nicht nur seine Existenz. Auch die mit dem neuen staatlichen Aufschwung verbundene Wirtschaftsblüte Ägyptens war nicht die einzige weitere Frucht dieser Leistung. Vielmehr hat Psammetichs Lebenswerk auch der seit Jahrhunderten scheinbar bereits erloschenen uralten ägyptischen Kultur noch einmal eine Blütezeit ermöglicht, die wir gern mit dem Namen der »Saïtischen Renaissance« bezeichnen.

II. DAS JANUSGESICHT DES SAÏTISCHEN ÄGYPTEN

Das Ägypten der Saïtenzeit zeigt ein eigentümliches Doppelgesicht. Psammetichs staatliche Schöpfung war in einem weltweiten Spannungsfeld entstanden, das vom südlichen Nubien bis zu den Mächten im Norden und Osten des Assyrerreiches, aber auch bis zu den Inseln und Küsten des Ägäischen Meeres reichte. Auch nach seiner Konsolidierung blieb der Pharaonenstaat der Saïten zu allen Zeiten unlösbar mit dem wechselvollen Geschehen verbunden, das die Geschichte der alten Welt in ihrer ganzen Ausdehnung damals bestimmte. Ob wandernde Barbarenstämme vom Kaukasus her in das Assyrerreich einbrachen, ob sich in Babylonien die Chaldäer von der assyrischen Herrschaft befreiten, ob im Zweistromland Kämpfe zwischen der versinkenden Macht der Assyrer und Chaldäern und Medern oder in Kleinasien zwischen Medern und Lydern tobten, ob im Iran der Achämenide Kyros den Mederkönig Astyages entthronte, immer wurde auch das Ägypten der Saïten davon berührt. Mehr als das: Alle Ereignisse dieser Art lösten immer wieder nachhaltige politische Aktionen und Reaktionen der Pharaonen von Saïs aus. Dazu kam die von den Saïten ganz bewußt geförderte Rolle, die ausländische Elemente im Nilland selbst als Soldatenkolonisten und bald auch als Kaufleute spielten. Vor allem war es das Griechentum, dessen Verbindungen mit Ägypten immer intensiver wurden. Das Staatswesen, das alle diese weitgespannten Beziehungen zu den verschiedensten und ganz verschiedenartigen äußeren Partnern unterhielt, weltoffen und gewissermaßen »modern« anmutend, stellt die eine Seite des saïtischen Ägypten dar.

Ein ganz anderes Bild bieten demgegenüber die Ausdrucksformen von Kultur und Kunst, die herrschenden geistigen Strömungen im Ägypten jener Zeit. Sie alle entsprangen einem Leitmotiv: Verwirklichung eines Lebensideals, das sich an der eigenen fernen Vergangenheit orientierte. Was man wollte, war nicht weniger als eine Rückkehr zu den Verhältnissen des Alten und Mittleren Reiches der Pharaonen, so wie man sie sich vorstellte. Was man bewußt ablehnte, war die Entwicklung, die Ägypten bald nach der Aufrichtung des Neuen Reiches eingeschlagen hatte, die Entwicklung eines vollen Jahrtausends. Sie wollte man am liebsten ungeschehen machen. Auf allen möglichen Gebieten des Lebens folgte das Saïtische Ägypten diesem Leitgedanken. In der bildenden Kunst schloß sich der Stil so eng wie möglich an die Werke des Alten und Mittleren Reiches an. In Kleidung und Haartracht ließ man sich so darstellen, wie es in jener längst verflossenen Zeit üblich war. Die Amtsbezeichnungen der Würdenträger wurden mit uralten Titeln wiedergegeben. Bei der Abfassung von Inschriften versuchte man, die längst nicht mehr gesprochene klassische Sprache und die dazu gehörige Form der Schrift nachzuahmen. Sogar ganze Texte, Totentexte zum Beispiel, wurden einfach wörtlich übernommen. Pyramiden und Königsgräber der alten Zeit wurden sorgfältig ausgebessert, der religiöse Kult der vor Jahrtausenden verstorbenen Pharaonen ehrfurchtsvoll gepflegt.
Auch sonst war das Ägypten der Saïtenzeit das Land einer besonders stark betonten Religiosität. Dabei ergab sich aus der großen Wertschätzung der Vergangenheit ganz zwangsläufig, daß man allergrößten Wert auf Formeln und Äußerlichkeiten des Kultus legte. Ein ganzer Katalog von Ritualvorschriften, Speisegeboten und dergleichen erlangte eine Bedeutung wie niemals zuvor. Die »Erfüllung des Gesetzes«, das heißt des starren religiösen Gesetzes, war nach Ansicht der Exponenten dieser ägyptischen Religiosität, der Priesterschaften, der oberste Gesichtspunkt, dem sich das Leben des Staates wie des einzelnen unterzuordnen hatte.
Mit alledem hing eine immer schärfer werdende Exklusivität des spätzeitlichen Ägypten zusammen. Wer sich nicht an die zahllosen Formalgebote der ägyptischen Religion hielt, galt als »unrein«. Selbstverständlich traf dieses Urteil besonders die Ausländer, da sie sich ja nicht an die Ritualvorschriften und Speisegebote der ägyptischen Religion hielten. »Die Ägypter dürfen nicht mit den Hebräern zusammen essen, da das den Ägyptern ein Greuel ist«, heißt es im Alten Testament (Genesis 43,32). Die betonte Ablehnung der Zeit des Neuen Reiches, als Ägypten Weltmacht war, aber gerade deshalb in besonders engem Kontakt mit dem Ausland gestanden hatte, war nicht zuletzt eine Folge dieser Haltung. Bezeichnend ist, daß die zu jener Zeit in Ägyp-

ten eingedrungenen ausländischen Gottheiten jetzt verfemt und vom Götterhimmel verbannt wurden. Selbst der uralte ägyptische Gott Seth, der besonders in der zweiten Hälfte der Epoche des Neuen Reiches hoch verehrt worden war und der sogar mehreren Pharaonen den Namen gegeben hatte, verfiel dem gleichen Schicksal. Das geschah nicht nur, weil er in der Mythologie die Rolle des Mörders des Osiris spielte, sondern vor allem, weil er der »Gott des Auslandes« war.

Eine solche Einstellung mußte mit Notwendigkeit zum Fanatismus führen. Sie mußte es um so mehr, als das geistige Niveau der breiten Massen in der ägyptischen Spätzeit ein besonderes Maß an Primitivität erreicht hatte. Mehr als einmal kam dieser Fanatismus zu blutiger Entladung.

Alle diese Tendenzen, das Bestreben, eine weit zurückliegende Vergangenheit wieder zum Leben zu erwecken, die Übersteigerung der Religiosität, die Abkapselung gegen die »unreinen« Fremden, hatten sich schon vor der Saïtenzeit, besonders unter der Herrschaft der Äthiopen, bemerkbar gemacht. Jetzt aber kamen sie zum vollen Durchbruch.

Der von der Saïtischen Dynastie und ihrer Umgebung getragene, mitten in der Welt des 7. und 6. Jahrhunderts stehende Staat und das von der Gegenwart abgewandte geistig-religiöse Ägypten der gleichen Epoche waren ihrem Wesen nach krasse Gegensätze. Dabei entfalteten beide Seiten starke Kräfte. Ihr Nebeneinander, die Spannungen zwischen den Extremen, aber auch die Kompromisse zwischen Herrscherhaus und Priesterschaften als den Hauptexponenten der beiden Richtungen haben das historische Gesicht Ägyptens im Zeitalter der Saïten entscheidend bestimmt.

III. DAS SAÏTENREICH, DIE STAATEN VORDERASIENS UND DIE GRIECHISCHE WELT

Der Aufkündigung der assyrischen Oberhoheit über Ägypten durch Psammetich um das Jahr 655 folgte kein neuer Versuch der Assyrer mehr, noch einmal das Nilland zu unterwerfen. Auch nach der Einnahme von Babylon und Susa waren sie dazu nicht mehr in der Lage. Im Gegenteil, das Assyrerreich sah sich auf allen Fronten bald mehr und mehr in die Verteidigung gedrängt. Die größte Gefahr drohte von den Stämmen des Nordens und Nordostens, den Kimmerern, den ihnen vom Kaukasus her nachdrängenden Skythen und schließlich den Medern des nordwestlichen Irans. Die Skythen drangen auf einem verheerenden Zug durch die Länder Vorderasiens (etwa 630–625 v. Chr.) sogar bis nach Südpalästina vor und näherten sich den Grenzen Ägyptens. Psammetich, dessen Truppen wahrscheinlich schon in den Jahren nach der Beseitigung der Assyrerhoheit über Ägypten ins südliche Palästina vorgedrungen waren, konnte die Skythen jedoch abweisen. Wahrscheinlich bei ihrer Verfolgung gelang ihm die Einnahme der Stadt Asdod, von der Herodot zu berichten weiß (um oder bald nach 625 v. Chr.). In dieser Zeit hatte das schwer angeschlagene Assyrerreich endgültig aufgehört, eine Gefahr für Ägypten zu sein. Seit dem erneuten Abfall Babyloniens im Jahr 626, als sich der Chaldäerfürst Nabupolassar unabhängig gemacht hatte, und der etwa gleichzeitig erfolgten Thronbesteigung des Mederkönigs Kyaxares, der zum erstenmal in der Geschichte die Gebirgsstämme im nordwestlichen Iran zu einem mächtigen Staatsgebilde zusammenzufassen verstand, war Assyrien selbst in seiner Existenz bedroht.

Eine babylonische Chronik gewährt uns Einblick in die Ereignisse, die sich seit dem Jahr 616 v. Chr. im Zweistromland abgespielt haben. Damals waren die Assyrer und die Chaldäer von Babylon in Kämpfe verwickelt. In diese Kämpfe griff Pharao Psammetich von Ägypten ein. Er tat es aber nicht, um sich an der Zerschlagung des Assyrerreiches zu beteiligen. Im Gegenteil, ein von ihm entsandtes Hilfsheer zwang den Chaldäerkönig Nabupolassar, bis nach Babylon zurückzugehen (616 v. Chr). Was mag den Pharao bewogen haben, jetzt zugunsten seines früheren Oberherrn, den er aus Ägypten vertrieben hatte, in die Kämpfe auf einem so weit entfernten Kriegsschauplatz einzugreifen?

Es gibt dafür nur eine plausible Erklärung: Psammetich muß erkannt haben, daß Assyrien längst keine Gefahr mehr für Ägypten bedeutete, daß aber ein auf den Trümmern Assyriens errichtetes neues vorderasiatisches Großreich womöglich nicht an Ägyptens Grenzen haltmachen würde. Sein Verhalten ist nur aus einer tiefen Einsicht in die politische Situation des damaligen Vorderasiens und vor allem in ihre geistigen Hintergründe zu erklären. Dort lag seit längerer Zeit schon die Idee des universalen Weltreiches gewissermaßen ständig in der Luft. Unter diesen Umständen erforderte das ägyptische Lebensinteresse ein aktives Eingreifen zugunsten der jeweils schwächeren Macht, um in Vorderasien ein Gleichgewicht der Kräfte aufrechtzuerhalten. Gelang das nicht, war die Gefahr für Ägypten riesengroß.

Psammetichs Hilfe verschaffte den Assyrern Entlastung, aber nur vorübergehend. Im Jahr 614 eroberten und zerstörten die verbündeten Meder und Chaldäer die alte Assyrerhauptstadt Assur. Zwei Jahre später erlitt Ninive das gleiche Schicksal: Im Sommer 612 wurde es erstürmt und dem Erdboden gleichgemacht. Mit Mühe behauptete sich westlich der verlorenen assyrischen Kernlande ein Prinz namens Aššur-uballiṭ. Zu Ḫarran

(südlich der Stadt Urfa auf heute türkischem Staatsgebiet unweit der syrischen Grenze) ließ er sich an Stelle des bei der Zerstörung von Ninive umgekommenen Sin-šar-iškun zum Assyrerkönig ausrufen. Jedoch schon im Jahr 610 verlor er auch diese Stadt und mußte über den Euphrat zurückgehen. Es war das Jahr, in dem in Ägypten der alte Pharao Psammetich nach 54-jähriger Regierung starb.
Nicht weniger als in Vorderasien hatte Psammetich seine außenpolitische Aktivität auch in der jungen griechischen Staatenwelt entfaltet. Zwar gab es hier keine machtpolitischen Fragen, von denen Ägypten in ähnlicher Weise berührt wurde wie von den Auseinandersetzungen zwischen den vorderasiatischen Reichen. Doch aus Griechenland kamen Psammetichs beste Soldaten, und gute Beziehungen zwischen dem Hof des Pharao und den Staaten Griechenlands waren zweifellos dazu angetan, den Strom griechischer Militärkolonisten nach Ägypten weiter anschwellen zu lassen. Auch waren diese Beziehungen wirtschaftlich von Bedeutung, denn Ägypten konnte nach Griechenland Getreide und auch etwas Papyrus und Segelzeug ausführen, wofür die Griechen mit dem am Nil besonders hoch geschätzten Silber bezahlten. Griechische Handelsfaktoreien entstanden am Nil, so eine befestigte Niederlassung der seemächtigen Milesier an der Mündung des Bolbinitischen Nilarms. Wahrscheinlich gab es auch regelrechte Zollstationen zur Überwachung des Außenhandels. Die Griechen hegten für den Pharao aus Saïs Bewunderung. Wie hoch sein Prestige veranschlagt wurde, zeigt die Tatsache, daß der Neffe und spätere Nachfolger des mächtigsten Mannes auf dem griechischen Festland zur Zeit des ausgehenden 7. Jahrhunderts, des Fürsten Periander von Korinth, den Namen Psammetich erhielt.
Schließlich unterhielt Psammetich auch Beziehungen zum Äthiopenkönig in Napata. Zwischen diesem Staat und dem Ägypten Psammetichs herrschte Friede, der auch durch den Übergang eines Teils der »Machimoi« nach Äthiopien nicht ernsthaft getrübt wurde. Psammetich verzichtete auf jeden Versuch, die alte ägyptische Herrschaft über Nubien zu erneuern, während die Äthiopen nicht mehr nach Ägypten vordrangen. Elephantine im Gebiet des ersten Nilkataraktes, wo die judäischen Soldaten Psammetichs saßen, blieb die südliche Grenzstation des Pharaonenreiches.
Auf Psammetich folgte sein Sohn Necho II. (610–595 v. Chr.). Der Staatsbau Psammetichs stand so fest, daß dieser Thronwechsel keinerlei Erschütterung bedeutete. Auch die Außenpolitik des Verstorbenen wurde ohne Bruch fortgesetzt. Die schon erwähnte babylonische Chronik berichtet, daß im Sommer des Jahres 609 ein vereinigtes ägyptisch-assyrisches Heer den Euphrat überschritt und eine babylonische Abteilung besiegte.

Doch gelang es nicht, die Stadt Ḫarran wiederzugewinnen. So zog im nächsten Jahr (608) Pharao Necho persönlich aus. Auf dem Weg an den Euphrat, bei Megiddo in der Ebene Jesreel, sah er sich durch einen Angriff des Königs Josia von Juda aufgehalten, der seine Unabhängigkeit durch den Pharao bedroht glaubte. Josia wurde völlig geschlagen und fand in der Schlacht den Tod. Die Ägypter zogen weiter nach Norden. Von den weiteren Kämpfen zwischen dem Pharao und den Chaldäern von Babylon haben wir erst aus dem Jahr 606 wieder Kunde.

Das politische und militärische Engagement Psammetichs und Nechos in Vorderasien war nicht erfolgt, weil diese Pharaonen hier auf Eroberungen ausgehen wollten.[2] Auch der Zusammenstoß mit Josia von Juda ergab sich aus einem Angriff der Judäer auf das den Assyrern zu Hilfe ziehende Heer, das bereits weit westlich an Jerusalem vorbeimarschiert war und das Staatsgebiet von Juda kaum berührt hatte. Offensichtlich kam der Angriff Josias dem Pharao höchst unerwünscht. Eine Angabe des Alten Testaments, Necho habe Josia darauf aufmerksam gemacht, er hege ihm und Juda gegenüber gar keine feindlichen Absichten, trifft jedenfalls das Richtige. Durch das Vorgehen Josias aber war Necho geradezu gezwungen, jetzt in Juda einzugreifen: Er ließ den neuen Judäerkönig Joachaz nach dreimonatiger Regierung gefangensetzen und legte seinem zum Nachfolger bestimmten Bruder Jojakim einen Tribut auf. Aber auch weiter im Norden, in Syrien, mußte Necho bald die Verwaltung des Landes übernehmen. Denn in der Zeit zwischen 608 und 605 waren Aššur-uballiṭ und sein assyrischer Reststaat untergegangen. Wir hören seither nichts mehr von ihnen. Das Ende seines assyrischen Verbündeten ließ dem Pharao nur die Wahl, dessen ehemalige Besitzungen in Syrien zu übernehmen oder aber sie der neuen Chaldäergroßmacht zu überlassen, mit der er sich seit Jahren im Kriegszustand befand. Aus Sidon stammende Bruchstücke einer Hieroglypheninschrift Nechos deuten übrigens darauf hin, daß in jenen Jahren auch die phönikischen Küstenstädte der Oberhoheit des Pharaos unterstanden.

Seit dem Jahr 606 haben wir wieder Einblick in die Kämpfe zwischen den Ägyptern und den Chaldäern, die sich auf das Gebiet am mittleren Euphrat konzentrierten, etwa dort, wo der Fluß die heutige Grenze zwischen Syrien und der Türkei passiert. Im Jahr 606 gewannen die Ägypter die Stadt Kimuḫu am Euphrat nach viermonatiger Belagerung zurück. Anfang 605 errangen sie einen weiteren Sieg. Dann aber fiel im gleichen Jahr in einer großen Schlacht die Entscheidung gegen sie: Nebukadnezar, der chaldäische Kronprinz, schlug bei Karkemiš die Ägypter bis zur Vernichtung und verfolgte die Reste ihrer Truppen bis nach Hamath, dem heutigen Ḥama. Unmittelbar danach zwang der Tod seines Vaters Nabupolassar den Sieger zur Rück-

kehr nach Babylon, wo er Anfang September in feierlicher Form den Thron bestieg. In den folgenden Jahren finden wir Nebukadnezar noch mehrfach in Syrien, wo er die dortigen Machthaber seiner Herrschaft unterwarf. Aus diesen Jahren stammt vielleicht der in aramäischer Sprache abgefaßte Brief des Fürsten von Askalon, in dem er den Pharao um Hilfe gegen Nebukadnezar bat. Doch dieser war jetzt so überlegen, daß er im Jahr 601 bis zur Grenze Ägyptens vordringen konnte. Hier aber erlitt er in einer für beide Seiten verlustreichen Schlacht einen Mißerfolg und mußte nach Babylon zurückkehren.
Offenbar ist bald nach diesen Ereignissen ein Friedensschluß zwischen Necho und Nebukadnezar erfolgt. Dafür spricht vor allem, daß der Aufstand, den König Jojakim von Juda 598 gegen Nebukadnezar unternahm, keine Aktion des Pharaos auslöste. Necho rührte sich nicht, als der Chaldäerkönig gegen Jerusalem zog, die Stadt zwei oder drei Monate lang belagerte, Mitte März 597 einnahm und 8000 judäische Vornehme, Kriegsleute und Waffenhandwerker nach Babylonien fortführte.
Beide Seiten hatten auch Grund genug, einen Ausgleich zu suchen. Der Chaldäerstaat sah sich im Osten und Norden vom Reich des Mederkönigs Kyaxares umklammert, das ihm an Macht weit überlegen war. Zwar waren Chaldäer und Meder politisch befreundet, aber diese Freundschaft beruhte auf der alten gemeinsamen Feindschaft gegen Assyrien, das zu existieren aufgehört hatte. Von Medien und nicht von Ägypten her drohte auf längere Sicht für Nebukadnezar die Hauptgefahr. Für Pharao Necho wiederum lag eine ähnliche Situation vor wie die, die früher seinen Vater Psammetich veranlaßt hatte, den Ausgleich mit Assyrien zu suchen. Die Ägypten von Nebukadnezar drohende Gefahr war letzten Endes geringer als die, die nach einer Unterwerfung Babyloniens durch die Meder von Vorderasien her drohen mußte.
Um so aktiver setzte Necho die Griechenlandpolitik Psammetichs fort. Sein Kriegsgewand aus dem syrischen Feldzug soll er dem Apollo des Milesischen Heiligtums der Branchiden geweiht haben, berichtet Herodot. Vor allem wurde Necho zum Schöpfer einer starken Seemacht auf dem Mittelmeer wie auf dem Roten Meer. Seit seiner Zeit erscheinen Titel wie »Admiral«, »Kapitän« u. ä. in den biographischen Inschriften wesentlich häufiger als zuvor. In Nechos Auftrag vollbrachten phönikische Seeleute die größte seemännische Leistung des Altertums: die Umsegelung Afrikas vom Roten Meer bis zum Mittelmeer. Herodot sagt hierzu, er könne nicht glauben, daß die Schiffer bei ihrer Fahrt um Afrika tatsächlich »die Sonne zur Rechten gehabt« hätten, wie behauptet würde. Aber gerade dieser Hinweis auf Verhältnisse, wie sie auf der Südhalbkugel herrschen, bezeugt,

daß die Afrikaumsegelung kein »Seemannsgarn« war. Weiter versuchte Necho, den wahrscheinlich zur Zeit des Neuen Reiches schon einmal vorhandenen Wasserweg vom Nil zum Roten Meer herzustellen. Wie es scheint, haben technische Schwierigkeiten — 120000 Arbeiter sollen laut Herodot bei dem Unternehmen zugrunde gegangen sein — die Beendigung dieses Werkes verhindert.

Auch der nächste Thronwechsel im Saïtenhaus verlief reibungslos. Dem im Jahr 595 verstorbenen Necho folgte sein Sohn, der wieder den Namen Psammetich führte (595—589 v. Chr.). Unter ihm blieb der Frieden mit Nebukadnezar erhalten. In seinem vierten Regierungsjahr unternahm Psammetich II. eine Expedition, die ihn — wahrscheinlich über See — an die palästinensische oder phönikische Küste führte. Diese Expedition war kein kriegerisches Unternehmen, denn Psammetichs Begleitung bestand aus Priestern. Es ist zu vermuten, daß das Ziel dieser Reise das seit der Zeit des Alten Reiches der Pharaonen mit Ägypten auch religiös eng verbundene Byblos war. Byblos war in der ägyptischen Mythologie der Ort, wo die Göttin Isis die Leiche des Osiris wiederfand, und die heute noch eindrucksvollen Ruinen des bis in die Zeiten des Alten und Mittleren Reiches zurückgehenden Tempelbezirks zeigen auch architektonisch starken ägyptischen Einfluß. Byblos ist das heutige Djebail, 40 km nördlich von Beirut. Aber gleichgültig, ob Byblos das Ziel der Wallfahrt Psammetichs II. war oder ein anderer Küstenort, Voraussetzung für dieses Unternehmen war, daß friedliche Beziehungen zu Nebukadnezars Staat bestanden.

Einen Kriegszug hatte das Heer Psammetichs II. ein Jahr zuvor tatsächlich durchgeführt, aber an einer ganz anderen Front: im Süden gegen den Äthiopenkönig von Napata. Wie es nach sieben Jahrzehnten friedlicher Beziehungen zwischen Saïten und Äthiopen zu diesem Zusammenstoß kam, ist nicht ersichtlich. Ob die Vermutung, Psammetich II. wollte einem drohenden Angriff der Äthiopen auf Ägypten zuvorkommen, zutrifft, läßt sich nicht entscheiden. Psammetich selbst blieb in Elephantine, seine beiden Generale Amasis, Kommandeur der ägyptischen Machimoi, und Potasimto, Kommandeur der griechischen und sonstigen ausländischen Truppen, führten das Heer nach Süden. Sie kamen nicht nur, wie man früher annehmen mußte, bis ins Gebiet des zweiten Nilkataraktes, sondern zogen ungeachtet der zahllosen Klippen und Stromschnellen des Batn-el-Hagar genannten Flußabschnittes südlich des heutigen Wadi Halfa und der Verlassenheit der Nubischen Wüste weiter. Etwa im Gebiet von Dongola schlugen Amasis und Potasimto die Truppen des Königs von Napata und drangen vielleicht sogar bis in die Gegend der feindlichen Hauptstadt vor. Auf dem Rückmarsch kritzelten griechische, karische und phönikische Soldaten eine Reihe von Inschriften auf die Beine der Ramseskolosse des Tempels von Abu-Simbel. Eine von ihnen lautet: »Als König Psammetich nach Elephantine gekommen war, da schrieben dieses diejenigen, welche mit Psammetich, dem Sohn des Theokles, gefahren waren. Sie kamen über Kerkis hinauf, soweit es der Fluß zuläßt. Die Ausländer dabei führte Potasimto, die Ägypter Amasis. Geschrieben haben wir es, Archon, Sohn des Amoibichos, und Pelekos, Sohn des Udamos.« – Militärisch war das Unternehmen entschieden ein Erfolg, aber zu einer Erneuerung der alten ägyptischen Herrschaft auch nur über Unternubien führte es nicht. Außer den Soldateninschriften von Abu Simbel gibt es kein einziges Denkmal von Psammetich II. oder einem seiner Nachfolger aus der Gegend südlich des Kataraktengebietes von Assuan. Elephantine blieb nach wie vor die südliche Grenzfestung des Saïtenreiches. Doch flammte unter Psammetich II. in Ägypten offensichtlich eine Art Äthiopenhaß auf. Damals wurden auf vielen Denkmälern aus der Zeit der Äthiopenherrschaft über Ägypten die Namen der alten Könige von Napata ausgekratzt.

Anfang Februar 589 verstarb Pharao Psammetich II. Ihm folgte sein Sohn Apries, den die Bibel Hophra nennt. Dieser junge Herrscher schlug eine neue Richtung in der Außenpolitik ein: Bald nach Beginn seiner Regierung, als sich in Jerusalem die Judäer abermals gegen Nebukadnezar erhoben hatten, entschloß er sich zum Angriff auf die Chaldäer. Seine Flotte lief gegen die Nebukadnezar untergebenen Phönikerstädte Sidon und Tyros aus, während er selbst mit der Landarmee aufbrach, um das seit dem 15. Januar 588 von Nebukadnezar belagerte Jerusalem zu entsetzen.

Dieses Vorgehen des Apries bedeutete um so mehr einen Bruch mit der Politik seiner Vorgänger, als damals das Mederreich tatsächlich auf dem besten Weg zu sein schien, sich zur Vormacht in ganz Vorderasien emporzuschwingen. Seit 590 tobte in Anatolien ein großer Krieg zwischen den Reichen der Meder und der Lyder, dessen Folgen noch nicht abzusehen waren. Mehr als ein Zeitgenosse sah damals in den Medern die künftige Weltmacht, der auch Nebukadnezars Reich zum Opfer fallen müßte; verschiedene Stellen des Alten Testaments haben uns Zeugnisse von dieser Stimmung bewahrt. Pharao Apries folgte angesichts dieser Weltlage anderen Maximen als seine Vorgänger: Er erstrebte unmittelbaren Länder- und Machtgewinn in Vorderasien.

Mit dieser Politik ist Apries gescheitert. Seine Flotte scheint aber Erfolge errungen zu haben. Wir können das daraus schließen, daß die Phönikerstadt Tyros sich bald gegen Nebukadnezar stellte. In der Folgezeit wurde sie dreizehn Jahre lang von einem chaldäischen Heer belagert (585–573 v. Chr.). Schließlich kam ein Kompromiß zustande; Tyros blieb selbständiges Königreich, erkannte aber die chaldäische Oberhoheit wieder an. Schon vor Beginn der Belagerung von Tyros durch die Chaldäer war aber in Palästina die Entscheidung gefallen, die Apries' Hoffnungen zerstörte.

Auf die Kunde vom Heranrücken der Ägypter hatte Nebukadnezar die Belagerung Jerusalems aufgehoben und war Apries entgegengezogen. Angesichts der unbezwungenen Stadt in seinem Rücken und der Erfolge der Ägypter zur See war das ohne Frage ein riskanter Entschluß. Wir wissen nicht, was sich zwischen den beiden Heeren abspielte. Wir wissen nur, daß sich das Wort des Propheten Jeremia erfüllte: »Siehe, das Heer Pharaos, das euch zu Hilfe ausgezogen ist, wird wieder heim nach Ägypten ziehen, und die Chaldäer werden wiederkommen und wider diese Stadt streiten und sie gewinnen und mit Feuer verbrennen.« Jerusalem und sein Tempel wurden zerstört, der Großteil der Bevölkerung in die »babylonische Gefangenschaft« abgeführt (586 v. Chr.). Der gefährliche Unruheherd im Chaldäerreich war beseitigt, der Angriff des Pharao abgeschlagen. Überdies erzielte Nebukadnezar in der Folgezeit einen weiteren wichtigen Erfolg: Seiner Diplomatie, unterstützt vom Herrscher des kleinen Reiches Kilikien in Südostanatolien, gelang es im Jahr 585, den Frieden zwischen den Reichen der Meder und der Lyder zu vermitteln. Zwischen beiden Staaten wurde der Halys-Fluß, der heutige Kizil Irmak, als Grenze festgelegt. Das Gleichgewicht der Mächte war bewahrt worden. Gleichzeitig hatte das Chaldäerreich sehr viel Prestige gewonnen.

Für den ägyptischen Staat bedeutete der äußere Mißerfolg dagegen auch eine tiefgreifende Erschütterung im Innern. Das zeigt eine große Meuterei der Garnison von Elephantine. Aus einem unbekannten Anlaß beschlossen die Soldaten, nach Äthiopien zu desertieren. Zwar gelang es dem Festungskommandanten Neshor, wie er selbst sagt, durch geschicktes Verhandeln mit den Meuterern, die Disziplin wiederherzustellen. Doch blieb diese Meuterei nicht die einzige, die sich unter Apries abspielte.

Im Jahr 570 wurde der Pharao von einem libyschen Fürsten namens Adikran zu Hilfe gerufen, der sich gegen den aufblühenden Griechenstaat von Kyrene nicht mehr behaupten konnte. Naturgemäß konnte Apries keine seiner griechischen Armeeeinheiten gegen die Griechen von Kyrene entsenden. So zog ein aus ägyptischen Machimoi bestehendes Heer gegen Kyrene, erlitt jedoch eine schwere Niederlage. Nur wenige Versprengte kamen nach Ägypten zurück. Dieses Ereignis ließ die ständig schwelende Zwietracht und gegenseitige Eifersucht zwischen den einheimischen und fremden Truppen des Pharao zum offenen Ausbruch kommen. Zum erstenmal seit fast hundert Jahren gab es in Ägypten jetzt wieder einen inneren Krieg. Auf der einen

Seite standen die einheimischen Soldaten, die einen Offizier aus Siuph bei Saïs mit Namen Amasis zum König ausriefen. Auf der anderen Seite standen Pharao Apries und die starken griechischen und karischen Kontingente der Armee. In den sich hauptsächlich im Nordwestdelta abspielenden Kämpfen gewann Amasis die Oberhand. Apries fand, wahrscheinlich im Jahr 568, bei einem letzten Versuch, die Macht wiederzugewinnen, schließlich den Tod. Seine Leiche wurde von Amasis im Erbbegräbnis der Dynastie zu Saïs mit allen königlichen Ehren beigesetzt.

In diese innerägyptischen Auseinandersetzungen hinein stieß ein Angriff Nebukadnezars (568 v. Chr.), der den Augenblick der größten Schwäche des Pharaonenstaates auszunutzen verstand. Doch ist es unwahrscheinlich, daß Nebukadnezar, dessen Reich immer unter dem latenten Druck seines medischen Nachbarn stand, die Eroberung des Nillandes plante. Wahrscheinlich war sein Feldzug nur eine großangelegte Demonstration, die den Ägyptern seine militärische Überlegenheit vor Augen führen und sie vor jeder weiteren Aggression warnen sollte. Dieses Ziel hat der Chaldäerkönig auch erreicht.

Amasis mußte zwei Aufgaben lösen, die ihm der gestürzte Apries als böse Erbschaft hinterlassen hatte. Einmal mußten die Beziehungen zu den von Apries mit so schlechtem Erfolg bekriegten äußeren Mächten, dem Chaldäerreich und dem Staat von Kyrene, neu geordnet werden. Zum anderen ging es um die dringend notwendige Aussöhnung zwischen den Einheimischen, speziell den Machimoi, und den Griechen im Land. Beide Aufgaben verstand Amasis zu lösen.

Mit Kyrene schloß Amasis Freundschaft und ein Bündnis und gab die Unterstützung der Libyer gegen die Griechen von Kyrene auf. Von dieser Linie ging Amasis auch dann nicht ab, als in Kyrene innere Wirren ausbrachen, die sogar den Untergang eines kyreneischen Heeres durch die Libyer zur Folge hatten. Amasis mischte sich in alle diese Auseinandersetzungen nicht ein. Herodot weiß übrigens auch zu berichten, daß Amasis eine Kyreneerin namens Ladike geheiratet habe. Diese Nachricht ist durchaus glaubhaft, wenn auch der Thronfolger Psammetich III. und die anderen uns bekannten Kinder des Amasis von ägyptischen Müttern abstammten.

Noch wichtiger als die Aussöhnung mit Kyrene war die Verständigung mit dem Chaldäerreich. Wahrscheinlich gelang sie Amasis noch zu Lebzeiten Nebukadnezars (bis 562 v. Chr.). Jedenfalls kam es nie wieder zu einer Auseinandersetzung zwischen den beiden Mächten, auch als Nebukadnezar gestorben war und sich seine Nachfolger als Herrscher geringeren Formates entpuppten. Im Jahr 547 finden wir Amasis schließlich sogar als Verbündeten nicht nur des Königs Kroisos von Lydien, sondern auch Nabonids, des letzten Königs von Babylon. Offensichtlich hat Amasis eine Außenpolitik verfolgt, die ganz im Geist Psammetichs I. und Nechos nicht auf Eroberungen außerhalb Ägyptens abzielte, sondern auf die Erhaltung des Gleichgewichtes zwischen den Mächten Vorderasiens. Lediglich die Insel Zypern machte sich Amasis mit Hilfe seiner starken Flotte tributpflichtig. Das führte zu einem verstärkten Handelsverkehr zwischen Ägypten und Zypern. Verschiedene Funde, speziell aus Ostzypern, zeigen eine auffällige Zunahme ägyptischer Kultureinflüsse auf der Insel in dieser Zeit.

Noch schwieriger als die Neuordnung der außenpolitischen Beziehungen war die Überbrückung der Spannungen zwischen den Ägyptern und den am Nil ansässigen Griechen. Amasis verdankte seinen Thron den Machimoi. Diesen wie überhaupt den Einheimischen waren die Fremden im Land ein Ärgernis. Umgekehrt waren die Ausländer für Amasis so unentbehrlich wie zuvor für Psammetich, Necho oder Apries. Amasis löste das Problem, indem er die Reibungspunkte zwischen Fremden und Einheimischen auf ein Mindestmaß reduzierte. Die verschiedenen »Heerlager« der Griechen und Karer wurden aufgelöst, die griechisch-karischen Kontingente in der Hauptstadt Memphis konzentriert. Vor allem hob Amasis den freien Handel der Griechen in Ägypten auf und beseitigte ihre Faktoreien. Dafür gab er ihnen einen anscheinend zur Zeit Psammetichs II. gegründeten Ort im nordwestlichen Nildelta: Naukratis wurde zu der Griechenstadt in Ägypten. Sie erhielt das Handelsmonopol für den griechisch-ägyptischen Handel und erlebte dadurch einen steilen Aufstieg. In Naukratis entstanden griechische Heiligtümer: Die Milesier, Samier und Ägineten besaßen eigene Tempel, die Leute von Chios, Teos, Phokaia, Klazomenai, Rhodos, Knidos, Halikarnassos, Phaselis und Mytilene ein gemeinsames Heiligtum, das »Hellenion«. Die Griechen empfanden Amasis als ihren Wohltäter und feierten ihn als »Philhellenen«. Amasis tat alles, um diesen Ruf noch zu fördern: Als 548 der Apollo-Tempel in Delphi niederbrannte, hat der Pharao den Wiederaufbau gefördert. Er hat auch sonst mehrfach Weihgeschenke an griechische Tempel übersandt. Bald bemächtigte sich die Legende seiner Person. Mit den großen Weisen Griechenlands, Persönlichkeiten wie Pythagoras, Solon, Thales, Kleobulos, Bias und Pittakos habe er persönlichen Kontakt gepflegt, erzählte man sich später ohne Rücksicht darauf, daß diese Männer zum Teil gar keine Zeitgenossen des Amasis waren. Und doch entsprang Amasis' Griechenpolitik von Haus aus nicht so sehr einer gefühlsmäßigen »Griechenfreundlichkeit« als dem Bestreben, durch Konzentration der Griechen in Ägypten die Gefahr von Reibereien zwischen Fremden und Einheimischen möglichst zu verringern. Jedenfalls waren Maßnahmen, die eine Konzession an die antigriechische Stimmung der Ägypter waren und die dennoch von den Griechen als Wohltat empfunden wurden, ein politisches Meisterstück.

Unter Amasis erreichte das Land den Gipfel seiner wirtschaftlichen Aufwärtsentwicklung, die unter Psammetich I. eingeleitet worden war. Wenn allerdings Herodot von 20000 Städten spricht, die unter Amasis bestanden, so ist das ebenso übertrieben wie eine moderne Vermutung, Ägypten habe damals etwa 20 bis 21 Millionen Einwohner gehabt. In Wahrheit zählte Ägypten damals ähnlich wie in griechisch-römischer Zeit etwa 7 bis 7 1/2 Millionen Einwohner, eine Zahl, die erstmalig gegen Ende des 19. Jahrhunderts n. Chr. wesentlich überschritten wurde. – Auch als Gesetzgeber und Verwaltungsmann hat Amasis einen Ruf erlangt, der ihn viele Jahrhunderte überdauerte. Dabei war er von Hause aus ein Militär aus bescheidenen Verhältnissen und blieb persönlich zeitlebens ein Mann der mitunter recht derben Lebensfreude. Nicht nur Herodot zeichnet ihn so, sondern auch die ägyptische historische Novelle von »Amasis und dem Schiffer« aus dem 3. Jahrhundert v. Chr. weiß von seiner Vorliebe für den Wein und volkstümliche Erzählungen zu berichten.

Trotz des unbestreitbaren Formates des Politikers Amasis aber braute sich noch zu seinen Lebzeiten das Verhängnis zusammen, dem das Ägypten der Saïtenzeit zum Opfer fallen mußte. Es brach nicht von innen her zusammen (die gefährliche Krise, die sich gegen Ende der Regierung des Apries bemerkbar gemacht hatte, war durch Amasis' Geschick bald überwunden worden). Das Ägypten der Saïten fiel, weil sich in der Welt der großen Politik das ereignet hatte, was Psammetich, Necho und später Amasis selbst so sehr gefürchtet und mit allen Mitteln der Diplomatie und sogar der militärischen Intervention zu verhindern getrachtet hatten: An die Stelle eines Systems nebeneinander stehender und sich gegenseitig in Schach haltender Staaten war in Vorderasien eine Weltmacht mit universalen Herrschaftsansprüchen getreten. Es waren nicht die Meder, wie es ein Prophet vom Rang Jeremias erwartet und wie es gewiß mancher andere gefürchtet hatte. Mediens König Astyages (585–550 v. Chr.), der Nachfolger des Kyaxares, blieb trotz seiner militärischen Übermacht den Verträgen mit Babylonien und den anderen Staaten treu. Als aber Astyages ganz unvermutet durch seinen bis dahin unbedeutenden persischen Vasallen Kyros gestürzt worden war, änderte sich das Bild mit einem Schlag. Der Präventivkrieg des Lyderkönigs Kroisos, der mit Babylonien und Ägypten in einem militärisch allerdings nicht zum Tragen kommenden Bündnis stand, gegen die Perser endete mit dem Untergang des Lyderstaates und der Einverleibung von ganz Kleinasien in das Perserreich (546 v. Chr.). Fast kampflos fiel einige Jahre später auch Babylonien den Persern anheim (539 v. Chr.). Von da an

stand Ägypten allein der ganz Vorderasien umspannenden persischen Weltmacht gegenüber. Daß der Angriff der Perser auf Ägypten erst einige Monate nach dem Tod des Amasis und der Thronbesteigung seines Sohnes Psammetich III. (November/Dezember 526 v. Chr.) erfolgte, war nur auf den Einfall turanischer Nomaden ins iranische Bauernland zurückzuführen, bei dessen Abwehr König Kyros den Tod fand (529 v. Chr.). Die Überlegenheit des vom neuen Perserkönig Kambyses geführten Heeres über die Machtmittel des Pharaos war so offenkundig, daß selbst die von Ägypten abhängigen Zyprioten und der von Amasis für ein Bündnis gewonnene Tyrann Polykrates von Samos sich auf die Seite der Perser stellten. Auch ohne den Verrat eines griechischen Offiziers, Phanes von Halikarnassos, der zu den Persern überlief, hätte Psammetich III. militärisch kaum eine Chance gehabt. In einer einzigen großen Schlacht bei Pelusium (etwa 40 Kilometer östlich des heutigen Port Said) wurde im Frühjahr 525 das Heer des Pharaos vernichtet. Nur die Stadt Memphis leistete noch Widerstand, der aber bald mit ihrer Einnahme und der Gefangennahme des letzten Saïten endete.
Seitdem war Ägypten eine Provinz des persischen Weltreiches der Achämeniden. Dennoch waren die Traditionen der Saïtenzeit so stark, daß diese später, in der Periode des Niedergangs der Achämenidenmacht, noch einmal eine gewisse Renaissance erlebte. Dreimal machten im Westdelta heimische Machthaber, wie einst die Saïten ägyptisierte Libyerfürsten aus dem Kriegerstand, Aufstände gegen die Perser (486–484, 463/62–454 und 404 v. Chr.). Beim dritten Male hatten sie Erfolg. Für sechzig Jahre gab es noch einmal ein Pharaonenreich (404–343/2 v.Chr.), das in verschiedenster Hinsicht eng an die Saïtenzeit anknüpfte. Als später unter den ptolemäischen Nachfolgern Alexanders des Großen die letzten Versuche zur Wiederaufrichtung eines Pharaonenstaates in Ägypten gemacht wurden, waren es neben äthiopischen Elementen im Süden Machimoi aus dem Nildelta wie einst Psammetich und Amasis. Ihr Scheitern bedeutete das Ende der Epoche, in welcher ägyptisierte Nubier und Libyer der ägyptischen Kultur noch einen Rahmen gegeben hatten, in dem sie sich zum letztenmal entfalten konnte. Seither gab es nur noch geschichtsloses Fellachentum. Die Geschichte Ägyptens war nunmehr bis mitten in unsere Gegenwart allein die Geschichte seiner fremden Herren.

IV. BAUDENKMÄLER, KUNSTWERKE, SOZIALES UND GEISTIGES LEBEN IM ÄGYPTEN DER SAÏTENZEIT

Das Zeitalter der Saïten gehört nicht zu den Epochen der Geschichte des Pharaonenreiches, die uns viele eindrucksvolle Ruinen hinterlassen haben. Das liegt jedoch nicht etwa an mangelnder Baufreudigkeit jener Periode, sondern allein daran, daß das Zentrum des Staates im unterägyptischen Deltaland lag, wo sich auch aus anderen Perioden keine ansehnlichen Ruinenstätten erhalten haben. Von der Königsstadt Saïs sind nur dürftige Trümmer erhalten. Nur die Schilderungen der Griechen vermögen uns eine gewisse Vorstellung von dieser bis zur Römerzeit wichtigen Stadt zu vermitteln. Wir können nichts mehr von der Palastanlage der Saïten oder von dem prächtigen Tempel der Stadtgöttin Neith sehen, wo auch die Gräber der Pharaonen aus dem Haus des Psammetich lagen. Nicht anders steht es um Naukratis mit seinen Heiligtümern der griechischen Götter und um die damals führenden volkreichen Deltastädte wie Mendes, Sebennytos, Buto, Athribis oder Bubastis. Letztgenannte war eine Stadt, in der sich laut Herodot alljährlich 700 000 Menschen zum Fest der Göttin Bastet versammelten. Auch daß Psammetich und Amasis in ihrer Verwaltungshauptstadt Memphis den Tempel des Gottes Ptah in großem Stil erweiterten, Riesenstatuen errichteten und der Göttin Isis einen Tempel erbauten, wissen wir allein von Herodot. Abgesehen von den Ausbesserungsarbeiten an den Pyramiden führt uns nur ein einziges Werk die zweifellos sehr groß angelegte Bautätigkeit der Saïten noch unmittelbar vor Augen: die unterirdischen Grüfte der heiligen Apisstiere bei Memphis.

Die Verehrung des dem Ptah von Memphis heiligen Apisstieres geht in sehr alte Zeit zurück. Im Neuen Reich erbaute Ramses II. in der Wüste westlich von Memphis die unterirdische Grabanlage für die Mumien der verstorbenen Apisstiere. Doch erst Psammetich I. begann die Erweiterung, die der Anlage ihre gewaltigen Dimensionen gab. 350 Meter beträgt die Länge der 3 Meter breiten und 5,5 Meter hohen Gänge. Die eigentlichen Sargkammern sind im Durchschnitt 8 Meter hoch. Aus einem einzigen Block bestehen die vierundzwanzig riesigen Steinsarkophage für die Stiermumien. Im Durchschnitt sind sie 4 Meter lang, 2,30 Meter breit, 3,30 Meter hoch und etwa 65 000 Kilogramm schwer. Teilweise sind sie fast 1000 Kilometer weit aus den Steinbrüchen bei Assuan herbeigeholt worden. Der oberirdische Kulttempel dieser später als Serapeum bezeichneten Grabstätte der Apisstiere war zweifellos ebenfalls ein bedeutendes Bauwerk, doch ist von ihm nichts erhalten.

Dieses Serapeum legt zusammen mit den Nachrichten über andere Bauten, die der Ungunst der Natur des Landes im nördlichen Ägypten zum Opfer gefallen und uns daher nicht erhalten geblieben sind, von dem ungeheuren Aufwand an Arbeit und finanziellen Mitteln, den die Saïtenzeit der Religion gewidmet hat, Zeugnis ab. Nicht minder bedeutende Mittel als diese Bauten verschlangen aber die Stiftungen an Land, Menschen, Vieh und allen möglichen Produkten, die den Tempeln zuflossen. Ein demotischer Papyrus aus der Perserzeit spricht von den staatlichen Lieferungen von Silber, Vieh, Geflügel, Korn u. a., die die Tempel zur Zeit des Amasis erhielten. Wenn die leider nicht mit letzter Sicherheit lesbare Zahl richtig gedeutet wird, entsprach der Geldwert dieser Lieferungen einer Summe von über 7 Millionen Goldmark. Demgegenüber bezogen später die Perser aus ganz Ägypten nebst den libyschen Oasen und der Kyrenaika nur knapp 5 Millionen Goldmark an Steuern.[3] Fragt man nach den Motiven dieser betont großzügigen Haltung der Saïtenkönige den Tempeln und Priesterschaften gegenüber, so drängt sich der Eindruck auf, daß erstere um die letzteren geworben haben. Tatsächlich mußte der Saïtische Staat, dessen weltoffene Außenpolitik und betonte Fremdenfreundlichkeit in krassem Widerspruch zu den Anschauungen der Priester und deren exklusiver Haltung allem Ausländischen gegenüber stand, alles tun, um die Duldung seiner Handlungen durch die einflußreichen Priesterschaften zu erkaufen.

Die Priester und Tempel im politisch weniger wichtigen Oberägypten wurden dabei von den Saïten weniger reich bedacht als die Heiligtümer Unterägyptens. So haben die Saïten auch keine nennenswerte Bautätigkeit in der alten Amun-Stadt Theben ausgeführt, nicht einmal am großen Tempel von Karnak. Sie haben sich lediglich damit begnügt, die scheinbare Selbständigkeit des Amun-Priesterstaates nicht anzutasten. Wie schon Psammetich I., so veranlaßte später Psammetich II. die Adoption seiner eigenen Tochter durch die regierende »Gottesgemahlin des Amun«. Nitokris, die Tochter Psammetichs I., bestellte im Jahr 595 v. Chr. Psammetichs II. Tochter Anch-nes-neferib-Re zu ihrer Nachfolgerin. Auch Amasis hat diese geistliche Fürstin hochgeehrt; auf einer Darstellung in Karnak finden sich Pharao und »Gottesgemahlin des Amun« als dem Anschein nach gleichberechtigt nebeneinander dargestellt.

Was im Theben der Saïtenzeit an nennenswerten Bauten entstand, waren keine Werke der Pharaonen, sondern Grabanlagen einiger hoher priesterlicher Beamten des »Gottesstaates«. Es handelt sich um Ziegelbauten mit unterirdischen Felsgräbern von teilweise überraschenden Dimensionen. Sie finden sich in einer El-Assassif genannten Talsenkung unweit des berühmten Terrassentempels der Hatschepsut von Deir el-Bahari. Eines dieser Felsengräber, das einem Petamenophis gehört, übertrifft mit seinen 21 Räumen und seiner Gesamtlänge von 263

Abb. 17:
Kopf eines Königs.
Obsidian.
XXVI. Dynastie,
um 600 v. Chr. (?)

Metern selbst die Pharaonengräber des Neuen Reiches im »Tal der Könige«. Da mit den Tempelbauten der Saïten auch die Reliefs an den Tempelwänden zugrunde gegangen sind, gehören die Darstellungen an den Wänden dieser thebanischen Gräber zu dem wenigen, was uns von Relief und Wandmalerei dieser Zeit erhalten geblieben ist. Sie schließen sich nicht nur ihrem Inhalt nach eng an religiöses Gedankengut der alten Zeit an, sondern auch in der Art der künstlerischen Ausführung. Gelegentlich sind wir sogar in der Lage, im einzelnen festzustellen, welches Monument des Alten, Mittleren oder beginnenden Neuen Reiches von dem betreffenden Zeitgenossen der Saïtenkönige zum Vorbild für die Ausgestaltung seines eigenen Grabes auserwählt wurde.
Zu dem Besten, was uns die Kunst der Saïtenzeit hinterlassen hat, gehören zweifellos die Statuen und Porträtköpfe von Königen und Vornehmen. Sie zeigen in ihrer Haltung, ihrem Gesichtsausdruck und in der Art und Weise der Wiedergabe der Kleidung den Wunsch und die Sehnsucht der Saïtenzeit, das Alte und Mittlere Reich wiederaufleben zu lassen, besonders deutlich. Künstlerisch und technisch sind sie in der Regel meisterhaft gearbeitet, und zwar mit Vorliebe aus hartem dunklem Gestein. Mitunter kann selbst ein versierter Spezialist kaum entscheiden, ob ein solches Werk zum Beispiel aus der Zeit des Mittleren Reiches oder aber aus der Saïtenzeit stammt. Auf ebenso hoher Stufe wie jene Werke stehen viele der zahlreichen

Tierplastiken, etwa manche der uns erhaltenen Abbildungen des Falkengottes Horus. Weiterhin gehören Statuetten aus Bronze, Darstellungen von Göttern, Menschen und vor allem von verschiedenen Tieren, vielfach zu den wirklich guten Leistungen, die die ägyptische Kunst in dieser späten Epoche noch zu schaffen verstand. Schließlich sind auch alle möglichen Erzeugnisse des Kunsthandwerks, namentlich aus Fayence, erwähnenswert.

Alle Zweige der Kunst des saïtischen Ägypten suchten immer wieder engsten Anschluß an die eigene längst verflossene Vergangenheit. Es ist überflüssig zu sagen, daß es dieser Kunst trotz der Anwesenheit so vieler Hellenen im Staat des Psammetich und des Amasis weltenfern lag, Anregungen aus der so anders gearteten Kunst der Griechen entgegenzunehmen.

Hat der großangelegte Versuch des spätzeitlichen Ägypten, die Uhr der Zeit um Jahrtausende zurückzudrehen, auf dem Gebiet der bildenden Künste manche hochachtbare Leistung im Gefolge gehabt, so ist doch unverkennbar, wie viele Seiten des Lebens ganz im Zeichen der Erstarrung und Verknöcherung standen. Das gilt schon für die soziale Struktur der Bevölkerung. Zwar ist die auf den Eindrücken griechischer Beobachter beruhende Ansicht, es habe sich im spätzeitlichen Ägypten ein regelrechtes Kastenwesen herausgebildet, übertrieben. Richtig ist jedoch, daß die Zugehörigkeit zu den beiden führenden Berufsständen, dem Kriegerstand der Machimoi und der Priesterschaft, so gut wie erblich geworden war und daß es Außenstehenden nur noch in seltenen Ausnahmefällen gelang, Anschluß an diese Kreise zu gewinnen. Auch von den Gruppen am unteren Ende der sozialen Skala, den als »unrein« verachteten Fischern der Deltalagunen und den Hirten, ganz besonders denen der Schweineherden, sonderte sich die übrige Bevölkerung scharf ab. Zwischen den Machimoi und den Priestern einerseits, den Fischern und Hirten anderseits stand die Masse der Fellachen und der städtischen Handwerker und Gewerbetreibenden. Gewiß gab es kein Gesetz, wonach jeder von ihnen nur den Beruf des Vaters ergreifen durfte. In der Praxis war die Immobilität der ägyptischen Gesellschaftsordnung jedoch zur Saïtenzeit zweifellos weit fortgeschritten. Die übergroß gewordene Ehrfurcht vor aller Tradition, der Drang, am Überkommenen nicht nur nicht zu rütteln, sondern sogar die Vergangenheit wieder zur Gegenwart zu machen, muß zwangslaufig die ohnehin nicht große Initiative der Mehrheit der Ägypter zur Veränderung ihrer sozialen Stellung weiter gelähmt haben.

Kennzeichnend für dieses spätzeitliche Ägyptertum war weiterhin seine mit Fanatismus gemischte Ängstlichkeit, alle Formen und Formeln der Religion zu pflegen, so sinnlos sie auch sein mochten. Besonders trat das auf dem Gebiet in Erscheinung, das bereits den Griechen als ebenso absonderlich wie für Ägypten charakteristisch in die Augen fiel: auf dem des Tierkultes. Zu keiner Zeit hatte sich die ägyptische Religion von den uralten fetischistischen Vorstellungen, daß sich in bestimmten Tieren die Kraft der Götter manifestiere und daß daher ein Tier dieser Gattung als heilig zu verehren sei, lösen können. Der Apisstier des Gottes Ptah und der Falke des Gottes Horus sind nur zwei Beispiele für zahllose andere. Jetzt in der Spätzeit nahm dieser Tierkult geradezu groteske Formen an. Von dem ungeheuren Aufwand der Saïten für das Serapeum, die Grabstätte der Apisstiere, war bereits die Rede. Dazu kam aber nicht nur eine weitere Grabanlage für die Buchisstiere im oberägyptischen Hermonthis, sondern an verschiedensten Plätzen wurden ganze Massenfriedhöfe für die in den einzelnen Gauen heiliggehaltenen Tiere angelegt. Mumifizierte Krokodile, Katzen, Hunde, Paviane, Falken, Ibisse usw. haben sich in beträchtlicher Zahl erhalten, da jetzt in der Spätzeit nicht mehr nur einzelne in den Heiligtümern gehaltene Tiere als heilig betrachtet und rituell bestattet wurden, sondern alle Exemplare der in den verschiedenen Distrikten verehrten Gattung sich einer derartigen Behandlung erfreuten. Es gibt Berichte aus dem spätzeitlichen Ägypten, wonach die — womöglich unabsichtliche — Tötung eines Tieres der in einem Gau für heilig gehaltenen Gattung durch den Bewohner eines Nachbargaues zu blutigen Massenprügeleien zwischen den Fellachen der beiden Gebiete führte. Zu alledem gehörte ein wild wuchernder Glaube an Dämonen und an Zauberei. Die vielen aus der Spätzeit erhaltenen Amulette zeigen, wie hoch die schwarze Magie damals am Nil im Kurs stand. Kein Wunder, daß die Griechen und gewiß nicht minder die Perser über diese Ägypter immer wieder den Kopf schüttelten.

So würde das geistige Niveau des Ägyptertums zu einer Zeit, als in der griechischen Welt die ionischen Naturphilosophen, in Juda und im Iran Propheten vom Rang eines Jeremia und eines Zarathustra wirkten, ein traurig primitives Bild bieten, ließe sich nicht feststellen, daß wenigstens bei einem Teil der Oberschicht auch wertvolleres religiöses Gedankengut wirksam war. Es handelt sich um eine stärkere Betonung des persönlichen Momentes, das den Einzelmenschen und die Gottheit miteinander verbindet, um die Hervorhebung der ethischen Verpflichtung im Rahmen der religiösen Vorstellungswelt. Im allgemeinen waren Religion und Ethik im alten Ägypten mehr zwei nebeneinander stehende Größen als zwei unauflöslich miteinander verbundene Erscheinungen aus ein und derselben Wurzel. Nur gelegentlich, vor allem in der Osiris-Religion der Feudalzeit zwischen dem Alten und dem Mittleren Reich der Pharaonen, traten ethische Werte stärker in den Vordergrund. Aufs

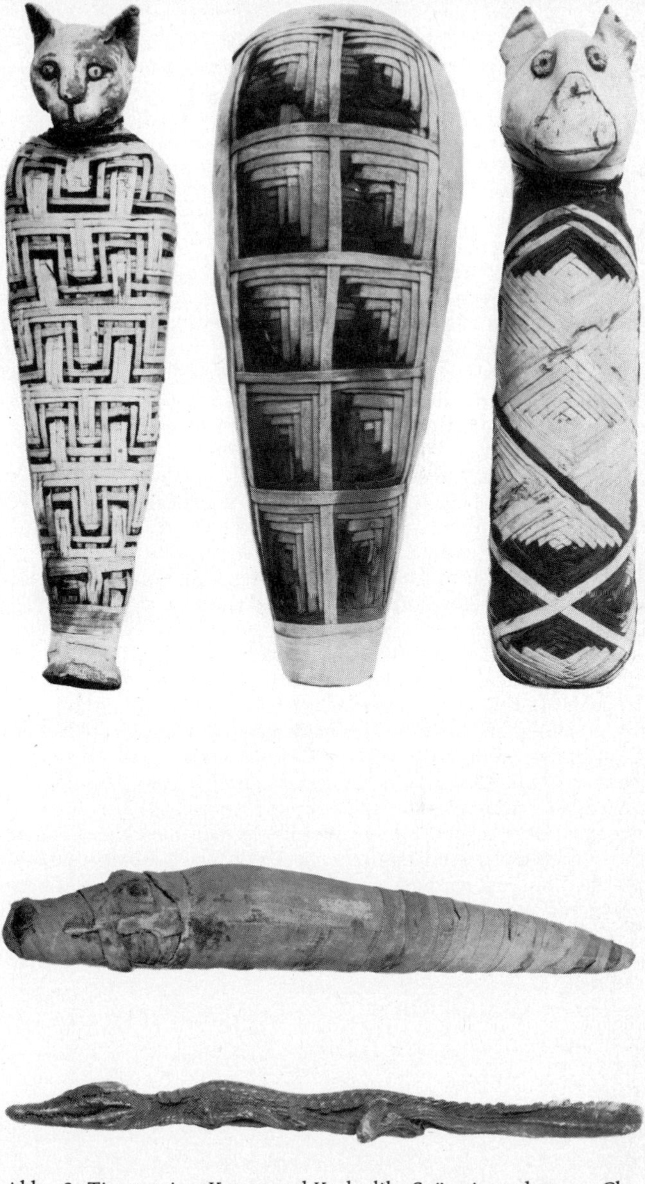

Abb. 18: Tiermumien. Katzen und Krokodile. Spätzeit, nach 700 v. Chr.

Ganze gesehen lag der Schwerpunkt der altägyptischen Religiosität auf anderer Ebene. Jetzt in der Spätzeit aber gab es Kreise, denen die Ethik das eigentlich Entscheidende war und nicht der Wust von religiösen Formeln und Kultvorschriften. Wenn etwa der Pharao Amasis bei Herodot seinem griechischen Verbündeten Polykrates von Samos als ein Mann von tiefer Lebensweisheit gegenübertritt, so sind zwar die ihm in den Mund gelegten Gedankengänge vom Neid der Götter dem Glücklichen und Erfolgreichen gegenüber in dieser Form griechischen Ursprungs. Richtig ist aber, daß in gewissen Kreisen der Oberschicht des Saïtischen Ägypten hochgeistige Vorstellungen zu finden waren. Das beweisen biographische Inschriften aus dieser Zeit und überdies verschiedene in demotischer – spätägyptischer – Schrift und Sprache abgefaßte Weisheitslehren. Wenn auch letztere nur in Handschriften aus noch späterer Zeit erhalten sind und der Zeitpunkt ihrer Entstehung nicht genau zu bestimmen ist, so wird man sie doch als für die Einstellung gewisser Kreise der Saïtenzeit charakteristisch ansprechen dürfen.
Diese lichtere Seite des spätägyptischen Geisteslebens mit seinen von Ethik und Lebensweisheit bestimmten Idealen darf jedoch ebensowenig wie die Meisterschaft verschiedener Werke der bildenden Kunst dieser Zeit darüber hinwegtäuschen, daß wir es bei der Saïtenzeit mit der Endphase einer großen Kultur zu tun haben. So wenig wie der kunstvolle Staatsbau der Pharaonen von Saïs bei aller Weitsicht und diplomatischen Geschicklichkeit seiner Beherrscher auf die Dauer in der von den neuaufsteigenden Größen des Perser- und des Griechentums beherrschten Welt der politischen Mächte bestehen konnte, so wenig konnten vom damaligen Ägypten aus noch geistige Impulse ausgehen, die für den weiteren Gang der Geschichte entscheidend waren. Auch im Nilland wurde die Zukunft zunächst vom Aufstieg der von den Griechen geschaffenen antiken Kultur, auf längere Sicht aber von der Ausbildung der vier in Vorderasien beheimateten, eng miteinander verknüpften großen Weltreligionen: Ahuramazda-Glaube Zarathustras, Judentum, Christentum und Islam bestimmt. Von ihnen sind die beiden letztgenannten schließlich die Mächte geworden, die der Geschichte Ägyptens nach Erlöschen der allerletzten Traditionen der Pharaonenzeit auf allen Gebieten neue Wege gewiesen haben.

7. Die Griechen

Die Anfänge der eigentlichen griechischen Geschichte (im Unterschied zur »helladischen« und »mykenischen« Vorgeschichte) liegen in Dunkelheit. Die großen Kulturen der Bronzezeit in Griechenland und im westlichen Kleinasien gingen in einer Zeit schwerer und weit verbreiteter Unruhen, Invasionen und Völkerwanderungen zugrunde. Vorzeichen für diesen Umsturz gab es schon früher, die kritische Zeit aber kam mit den Dezennien nach etwa 1200 v. Chr. In den folgenden zwei bis drei Jahrhunderten war der größte Teil des östlichen Mittelmeergebiets ein machtpolitisches Vakuum: Festungen und Paläste waren radikal zerstört worden und wurden weder wiederaufgebaut noch ersetzt. Überall deuten die Anzeichen auf ein erhebliches Absinken des materiellen Lebensniveaus, auf viele Bewegungen von Völkern, Rückgang der Bevölkerungsziffern (und in einigen Regionen wie der westlichen und südlichen Peloponnes zeitweise fast völlige Entvölkerung), auf Abnahme von interregionalem Handel und Verkehr, schließlich auf das Fehlen territorialer Reiche und Staaten, wie sie für die späte Bronzezeit charakteristisch gewesen waren.
Es muß betont werden, daß die Anzeichen, aus denen wir solche Schlüsse ziehen, sämtlich archäologischer Natur sind. Die Schrift, soweit sie bekannt gewesen war, war bei den an das Mittelmeer grenzenden Völkern (außer in Syrien und Ägypten) allem Anschein nach verlorengegangen. Für die uns erhaltenen Zeugnisse gelten deshalb alle Begrenzungen, mit denen die archäologische Dokumentation belastet ist: Sie kann zwar den Zusammenbruch und Niedergang des Alten nachweisen, sie zeigt materielle Armut und ein niedriges Niveau von Kunst und Technik. Was sie aber sehr viel weniger deutlich und in mancher wichtigen Hinsicht überhaupt nicht veranschaulichen kann, sind die Ansätze zur Entwicklung des Zukünftigen und Neuen in den Jahrhunderten nach 1200, die Fortschritte nicht nur materieller Art, wie sie das Eisen als neuestes und technisch vielseitigstes Metall mit sich brachte, sondern Fortschritte auch in gesellschaftlicher, politischer und kultureller Hinsicht. Die Zukunft der Griechen lag nicht in zentralistischen, von Palastbürokratien kontrollierten

Staaten, sondern in einer neuen Gesellschaftsform, welche sich aus den verarmten Gemeinwesen entwickelte, die die große Katastrophe überstanden hatten.
Den Gang dieser Entwicklung, die Heranbildung dieser neuen Gesellschaft, können wir nicht verfolgen, es sei denn an Hand einiger verstreuter Hinweise, die sich an den archäologischen Zeugnissen ablesen lassen. Es hilft uns wenig, daß sich in den schriftlichen Dokumenten aus jener Zeit, die aus Syrien, Ägypten und Mesopotamien erhalten sind, keine Erwähnung der Griechen gefunden hat. In diesem Sinn sind *wir* es, die im dunkeln tappen, und nur in diesem Sinn ist es legitim, der Konvention zu folgen, welche die Periode der griechischen Geschichte zwischen 1200 und 800 v. Chr. als das »dunkle Zeitalter« bezeichnet. Den Begriff des »dunklen Zeitalters« so zu akzentuieren, heißt nicht, den Eindruck materieller Armut verkennen, der sich allenthalben bietet, aber es soll die geschichtliche Betrachtungsweise aus dem Bann der alten Welt gelöst werden, die untergegangen war, und sich vielmehr dem Entstehen einer neuen Welt zuwenden, das sich in diesen Jahrhunderten vollzog.

I. DAS DUNKLE ZEITALTER

An der großen Zerstörungswelle beiderseits des Ägäischen Meeres, deren Mitte etwa in das Jahr 1200 fällt, waren fremde Völker beteiligt, die aus uns unbekannten Gründen auf dem Land- oder Seeweg oder auf beiden zugleich sehr wahrscheinlich ursprünglich aus dem Norden ins Mittelmeergebiet kamen. Die Eindringlinge können infolge innerer Unruhen in den angegriffenen Staaten leichteres Spiel gehabt haben, ihr Angriff kann mit solchen Unruhen im Zusammenhang gestanden haben. Wir wissen darüber nichts. Es besteht Grund zur Annahme, daß während der folgenden 100 bis 150 Jahre weitere, weniger zerstörerische Einwanderer kamen, unter ihnen diejenigen, welche den dorischen Dialekt des Griechischen von nordwestlich des Golfs von Korinth in die Peloponnes brachten, die in geschichtlicher Zeit sein geographisches Zentrum bildete. Von den Einwanderern vor den Dorern blieben möglicherweise einige in Griechenland, auf den Inseln und in Kleinasien, andere scheinen weitergezogen zu sein. Weder ihre Zahlen noch ihre gesellschaftliche Struktur und ihr kulturelles Niveau sind in nennenswertem Umfang bekannt, ebenso unbekannt ist ihr Beitrag zur späteren kulturellen Entwicklung der Welt, in die sie eindrangen; wir kennen nur das Ausmaß der Zerstörung, die sie anrichteten. Nicht einmal die Dorer sind in den archäologischen Zeugnissen zu erkennen, trotz allem, was im Altertum und in der Neuzeit über sie geschrieben worden ist.[1] Rekonstruktionsversuche aus

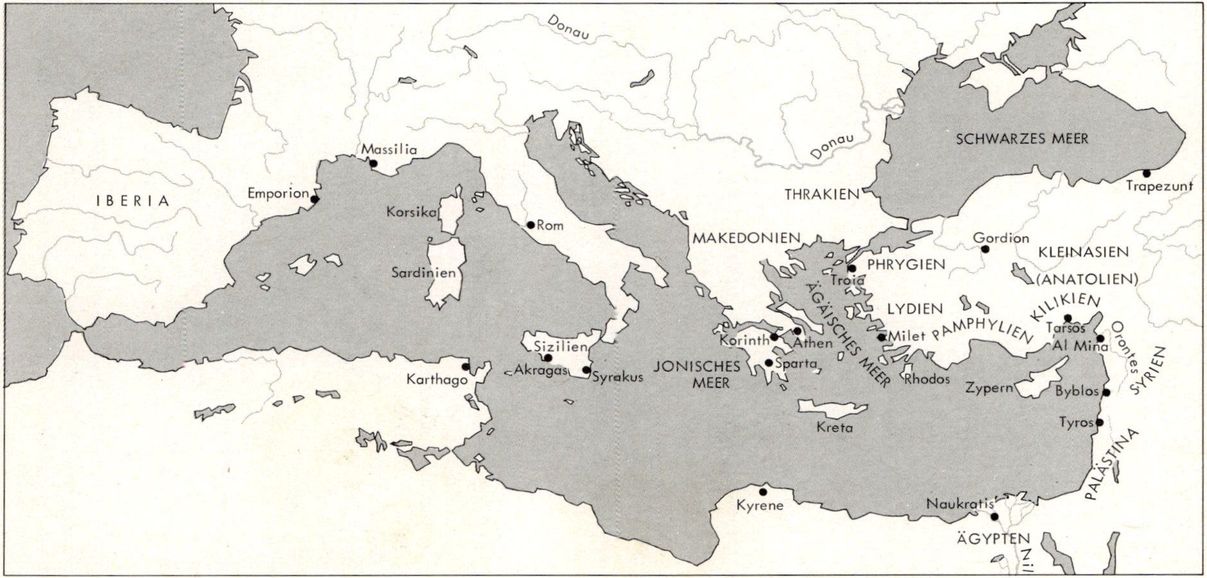

Abb. 19: Die griechische Welt

den Institutionen des 6. und 5. Jahrhunderts sind weitgehend wertlos; ebenso stellt die Gewohnheit, in der Kultur und den Institutionen des späteren Griechenlands die Beiträge der ansässigen Bevölkerung (die oft noch in Gruppen unterteilt werden) und der Neuankömmlinge auszusondern, wie hartnäckig sie sich auch in der modernen Geschichtsschreibung hält, nur den Versuch dar, eine prinzipiell unlösbare und sogar sinnlose Frage zu beantworten. Dem großen Bruch gegen 1200 folgt trotz der weitreichenden Zerstörungen etwa 150 Jahre lang in den archäologischen Zeugnissen eine weitgehende Kontinuität in einer Anzahl wichtiger Techniken und Gebräuche. Vor allem die Keramik jener Zeit war noch deutlich »mykenisch«, wenn auch der Stil sich so weit änderte, daß er von dem des 13. Jahrhunderts unterschieden werden kann. Die beiden Stilphasen werden jetzt als Mykenisch III B und III C unterschieden. In III C erscheinen, im Gegensatz zu dem früheren III B, viele identifizierbare örtliche Varianten.

Abgesehen von den Schlüssen, welche die archäologischen Zeugnisse zulassen, können wir mit Sicherheit annehmen, daß die griechische Sprache in ungebrochener Kontinuität fortbestand und daß auch in ihr ein Prozeß örtlicher Differenzierung sich beschleunigte, der mit der Zeit zu der uns geläufigen Dialektverteilung der geschichtlichen Periode führte.[2] Wir erfahren daraus nichts über Fortbestand oder Veränderungen der gesellschaftlichen Form, denn über den gesellschaftlichen Bereich lassen sich, außer den schon angedeuteten negativen Feststellungen, aus Archäologie und Sprachgeschichte allein keine Schlüsse ziehen. Es wird sich aber im weiteren Verlauf dieses Kapitels zeigen, daß die späteren literarischen Zeugnisse bestimmte Folgerungen zulassen und daß diese Folgerungen es weder fordern noch erlauben, den Einwanderern und der ansässigen Bevölkerung in der Entwicklung bestimmte Rollen oder spezifische Beiträge zuzuweisen.

Die ersten echten Neuerungen zeigen sich in den archäologischen Funden während des 11. Jahrhunderts. Zu diesen Neuerungen gehört die protogeometrische Keramik, deren markantestes Erkennungszeichen die mit dem Zirkel gezogenen Kreise und Halbkreise in der Bemalung sind. Es erscheinen neue Werkzeuge, Waffen und andere Kleingegenstände (wie z. B. lange Gewandnadeln), die in steigendem Maß anstatt aus Bronze aus Eisen angefertigt werden; bei den Schwertern vollzieht sich dieser Wechsel ganz abrupt.[3] Ferner zeigen sich einige Veränderungen in den Gräbern und den Bestattungsbräuchen. Für alle diese Neuerungen gibt es Vorläufer verschiedener Art, und es wäre falsch, anzunehmen, daß sich gegen 1050 in dem gesamten Gebiet, von dem die Rede ist, ein plötzlicher und gleichförmiger Wechsel vollzog. Dennoch weist aber das Material im ganzen gesehen auf eine wesentliche Änderung, deren bedeutendstes Element zumindest symbolisch die protogeometrische Keramik darstellt, denn diese bildet die erste Stufe in der langen Folge keramischer Stile, welche durch viele Jahrhunderte hindurch das archäologische Wahrzeichen der Griechen bilden sollten. Der Übergang zu diesem Stil scheint sich, zumindest in Attika und Thessalien, ungefähr gleichzeitig vollzogen zu haben.[4]

Vielleicht gegen Ende des gleichen Jahrhunderts läßt sich eine weitere Erscheinung beobachten, deren Bedeutung sehr viel augenfälliger ist: die Gründung kleiner griechischer Siedlungen in Kleinasien (im Gebiet der heutigen Türkei) durch Auswanderer aus Griechenland selbst. Im Lauf der Zeit wurde so die gesamte westliche Küste Kleinasiens griechisch, so daß die Ägäis erstmalig sozusagen zu einem innergriechischen Wasserweg wurde. Die Siedlungen in Kleinasien gruppierten sich in drei Streifen äolischen, ionischen und dorischen Dialekts (in dieser Reihenfolge) von Norden nach Süden. Bis zur völligen Hellenisierung der Küste vergingen freilich noch etwa dreihundert Jahre komplizierter geschichtlicher Entwicklung mit manchen kriegerischen Auseinandersetzungen, die für uns weitgehend dunkel bleiben. Was wir inzwischen dank großenteils noch vorläufigen Ergebnissen archäologischer Untersuchungen wissen, ist, daß die Besiedlung sich in vielen einzelnen Wanderungen kleiner Gruppen vollzog, daß die Siedlungen Neugründungen und nicht Weiterführungen oder Verstärkungen älterer bronzezeitlicher oder mykenisch-griechischer Gemeinwesen in Kleinasien darstellten und daß die erste Wanderungswelle bald nach dem ersten Aufkommen protogeometrischer Keramik einsetzte. Die Auffindung großer Mengen von protogeometrischen Scherben hat es den Archäologen ermöglicht, die Wanderung zu datieren und zumindest einige Fundorte mit bestimmten Regionen Griechenlands in Verbindung zu bringen. Über die Frage, warum jede einzelne Gruppe die Ägäis zu dem Zeitpunkt überquerte, zu dem sie es tat, sind der Spekulation Tor und Tür geöffnet. Über die Gründe für die Wahl des Ziels ist dagegen keine Spekulation vonnöten. Die Küste von Kleinasien bildet eine Serie von Landzungen, die natürliche Verteidigungsstellungen bieten und fruchtbare Flußtäler und Ebenen als Hinterland haben, und im 11., 10. und 9. Jahrhundert gab es weder mächtige Staaten noch große Bevölkerungen, die neue Siedler hätten hindern können, Fuß zu fassen. Ein Fundort, Alt-Smyrna (so genannt, um es von der benachbarten späteren Stadt Smyrna, dem modernen Izmir, zu unterscheiden), gibt ein Bild davon, wie diese frühen Siedlungen aussahen: klein, ärmlich, die Häuser ineinander verschachtelt und hinter ihrer befestigten Stadtmauer fast verkrochen. Gegen Ende des dunklen Zeitalters, nachdem es vermutlich seit der Zeit seiner Gründung gewachsen war, zählte Alt-

Smyrna nicht mehr als 500 kleine Häuser innerhalb und außerhalb der Mauern. Demnach hätten dort etwa 2000 Menschen gewohnt.
Die Dunkelheit jener Zeit erstreckt sich für uns auch auf die einheimischen Völker des westlichen Kleinasien, und es gibt nichts, worauf sich eine bestimmte Ansicht über ihr Verhältnis zu den griechischen Einwanderern stützen könnte. Man hat die Vermutung geäußert, daß es den Griechen gelang, die Menschen in ihrer unmittelbaren Nachbarschaft unter ihre Kontrolle zu bringen und als dienstbare Arbeitskräfte zu gebrauchen. Das ist ein plausibler Gedanke (denn die Griechen der historischen Zeit taten genau dies, in Kleinasien und an den Küsten des Schwarzen Meeres wie auch im Westen), aber nicht mehr als das. Wir können die ansässigen Völker jener Zeit nicht einmal mit Namen nennen: die mysteriösen Karer existierten vermutlich damals, die Lyder dagegen noch nicht. Nur von den Phrygern sind in neuester Zeit Spuren gefunden worden; dieses Volk lebte in der frühen Periode zu weit von den Griechen entfernt, als daß man sie als Nachbarn bezeichnen könnte.[5] Die Phryger kamen, vermutlich um die Zeit der frühesten griechischen Wanderungen, über die Dardanellen nach Kleinasien, konzentrierten sich aber weiter im Landesinneren. Im 8. Jahrhundert war ihr größtes Zentrum, Gordion, mehr als 300 km von der Küste der Ägäis entfernt, ausgedehnt, reich und mächtig geworden und besaß eine Kultur, die technisch und materiell weit fortgeschrittener war als die der kleinasiatischen (und auch der übrigen) Griechen. Gordion wurde gegen Anfang des 7. Jahrhunderts von einfallenden Kimmerern aus den russischen Steppen zerstört. Damit war die Blütezeit der Phryger zu Ende. Wo sie in Texten aus der klassischen Zeit Griechenlands auftauchen, erscheinen sie als das Volk, das den Griechen ein großes Kontingent an Sklaven stellte, z. B. für die Arbeit in den athenischen Silberbergwerken.
Spätestens seit dem 8. Jahrhundert sind Importwaren aus Phrygien und phrygische Einflüsse in der Kunst bei den Griechen in Kleinasien nachzuweisen. Der Verkehr scheint weitgehend in einer Richtung verlaufen zu sein. Es ist deutlich, daß Phrygien in jener Zeit mit weiter östlich beheimateten Zivilisationen in enger Beziehung stand. Die Archäologen haben anscheinend Spuren der hethitischen »Königsstraße« durch Anatolien gefunden, von der man vermuten kann, daß sie von den Phrygern aufrechterhalten wurde. Aber sie war nicht der wichtigste Weg, auf dem während des dunklen Zeitalters östliche Einflüsse nach Griechenland gelangten. Sie kamen in weit stärkerem Maß auf dem Seeweg aus Syrien, wobei Zypern eine bedeutende Rolle als Vermittler spielte. Der Kontakt zwischen Griechenland und dem Nahen Osten riß nie völlig ab. Dies konnte schon deshalb

Abb. 20: Griechenland und die Küste Kleinasiens

nicht geschehen, weil die Griechen nicht umhin konnten, Metall einzuführen: Kupfer, Zinn und später in steigendem Umfang Eisen, Metalle, die zu jener Zeit sämtlich überwiegend, wenn nicht ausschließlich, aus dem Osten kamen. Auch Zypern wurde durch die Zerstörungen von 1200 stark in Mitleidenschaft gezogen. Es scheint sich aber schnell erholt zu haben. Der Kupferabbau stand fast mit Sicherheit niemals still. Spätestens seit dem 11. Jahrhundert gewann Zypern auch durch seine Eisenverarbeitung Bedeutung, deren Einflüsse sich auf dem Festland z. B. in eisernen Waffen zeigen.

Zypern besaß eine ideale Lage als Umschlagplatz zwischen Osten und Westen. Ein entsprechend wichtiger Handelsstützpunkt auf dem kleinasiatischen Festland wurde 1936/37 gefunden, als in al-Mina im Flußdelta des Orontes in Syrien (heute auf türkischem Gebiet) ein antiker Hafen ausgegraben wurde. Zyprische und am Ort gefertigte Keramik in al-Mina geht bis ins 9. Jahrhundert und möglicherweise noch bis in frühere Zeit zurück. Gegen 800 zeigen sich in den Funden erste Spuren griechischer Keramik, die mit der Zeit an Menge zunahm und auch nach der Eroberung des Gebiets durch die Assyrer gegen Ende des 8. Jahrhunderts erhalten blieb. Es ist wichtig zu betonen, daß nach den gegenwärtig vorhandenen Zeugnissen al-Mina (wie ungefähr zur gleichen Zeit Tarsos in Kilikien) nur als Handelsumschlagplatz und nicht als dauernder Siedlungsort für die Griechen von Interesse war. Das Material gibt keinen Aufschluß darüber, was für Waren gehandelt wurden, aber es kann wenig Zweifel bestehen, daß die Beschaffung von Metall ein Hauptanliegen der Griechen bildete. Schließlich muß darauf hingewiesen werden, daß das Vorkommen griechischer Keramik in den Funden (zuerst vor allem anscheinend in denen aus Euböa und von einigen Kykladischen Inseln, später auch aus Korinth und anderen Orten) nicht notwendig die Folgerung zuläßt, daß die beteiligten Handels- und Transportunternehmen in den Händen von am jeweiligen Herkunftsort der Keramik ansässigen Griechen waren. Die genaue Untersuchung eines bei Kap Gelidonya in der südwestlichen Türkei gesunkenen Schiffes, das zyprische Kupferbarren und andere Produkte geladen hatte, hat als mögliche Folgerung ergeben, daß das Fahrzeug selbst syrisch war.[6] Das Wrack kann in die Zeit um 1200 datiert werden. Das ist für den hier betrachteten Zusammenhang zu früh. Es lohnt aber, daran zu erinnern, daß der Handel in den homerischen Gedichten praktisch ein Monopol der »Phöniker« ist und daß »Phönikien« für Homer, wie später im 5. Jahrhundert für Herodot, das gesamte Gebiet zwischen der syrisch-kilikischen Grenze und Ägypten bezeichnete.

In al-Mina ist keine Schrift gefunden worden. Daher ist sein antiker Name unbekannt. Es besteht die entfernte Möglichkeit, es mit Poseidion zu identifizieren, das nach Herodot (III 91) zu dessen Zeit die nördliche Grenzstadt einer der persischen Satrapien bildete. Herodot weiß über die Vergangenheit von Poseidion nur zu berichten, daß es von einem der legendären Helden, Amphilochos, gegründet worden sei. Dies ist nicht untypisch: Allgemein gilt, daß die östlichen Griechen, als sie schließlich ihre Geschichte aufzuzeichnen begannen, was nicht vor dem 5. Jahrhundert geschah, für die Frühzeit außer Gründungssagen, die einen einzelnen zum Helden hatten, nur Berichte über isolierte Vorfälle, im allgemeinen kriegerische Konflikte, kannten. Für die Zeit vor dem 6. Jahrhundert konnten sie keine geschlossene Erzählung aufzeichnen, und für eine zusammenhängende Darstellung der formalen Geschichte ihrer Gesellschaft und Institutionen hatten sie kein Interesse. Das Bild, das sie uns hinterlassen haben, ist nach den Worten eines modernen Forschers »eine schematische Zeichnung, koloriert mit den emotionalen Sympathien und der politischen Schönrednerei einer späteren Zeit«[7]. Herodot selbst war sich nicht sicher. Als er die Behauptung aufstellte (III, 122), daß Polykrates von Samos der erste Grieche war, der sich um die Schaffung eines Seereiches bemühte, fügte er die Erklärung hinzu, daß er »von Minos« und anderen seinesgleichen »absehe«, daß Polykrates nur in dem Zeitraum, »den man die Zeit der Menschen nennt«, der erste war. Wir würden sagen: der erste in historischer, im Gegensatz zur mythischen, Zeit.

Unsere einzige Kontrollmöglichkeit, die Archäologie, hat bestätigt, daß Smyrna eine äolische Gründung ist, die später von Ionern übernommen wurde. Anders steht es mit den Überlieferungen über die frühe ionische Kolonisation: Diese soll eine einzige Bewegung gewesen sein, die von Athen ausging und dort organisiert wurde. In Athen, heißt es, seien viele Flüchtlinge versammelt gewesen, darunter auch Männer aus Pylos unter Führung des Königs Neleus. Dies ist, wie die Archäologie erwiesen hat, zum großen Teil reine Phantasie. Daß Athen bei der Gründung einiger ionischer Siedlungen eine Rolle spielte, ist fast sicher, aber von der übrigen Überlieferung erweist sich wenig als wahr. Zunächst hatten die griechischen Altertumsforscher keinen Begriff von dem großen Zusammenbruch um 1200, keine Vorstellung von einer Bronzezeit und infolgedessen kein Bild von der zeitlichen Ausdehnung des dunklen Zeitalters. Sie wußten nicht und konnten nicht wissen, daß zwischen der Zerstörung von Pylos und den frühesten Wanderungen aus Griechenland nach den Gebieten jenseits der Ägäis vielleicht 150 Jahre vergangen waren, eine viel zu lange Zeit also, als daß ein Haufen von Flüchtlingen aus Pylos in Athen hätte warten können – eine Situation, die schon in sich wenig Wahrscheinlichkeit hat. Außerdem ist die Erzählung von einer einzigen großen Kolonistenexpedition bare Erfindung. Dagegen wurde die führende Rolle Athens in der Entwicklung und Verbreitung der protogeometrischen Keramik völlig vergessen, und man mag bezweifeln, ob spätere Griechen diese Töpferwaren überhaupt als griechischen Ursprungs erkannt hätten.

Es wäre infolgedessen sinnloses Bemühen, die griechischen Überlieferungen über ihr »dunkles Zeitalter« in Kleinasien im Detail zu verfolgen. Die Bedingungen sind für das griechische Festland wenig besser, denn die Überlieferung über Ereignisse bis etwa 800 oder 750 ist dort von ähnlicher Gestalt und ähnlichem Inhalt wie die kleinasiatischen Gründungssagen. Statt dessen müssen wir uns den frühesten vorhandenen schriftlichen Dokumenten zuwenden: der homerischen *Ilias* und *Odyssee*, zwei epischen Gedichten, das eine fast 17000, das andere ungefähr 13000 Verse lang. Was lehren sie uns als Quellen historischer Information? Es gibt vielleicht keine Frage über das griechische Altertum, die heftiger und mit weniger Einigung diskutiert wird, und es wird hier nur möglich sein, den Standpunkt festzustellen, von dem dies Kapitel ausgeht.[8] Die beiden Gedichte sind in Ionien komponiert, die *Ilias* vielleicht gegen Mitte des 8. Jahrhunderts, die *Odyssee* etwas später. Die Verfasser sind zwei verschiedene Dichter, die im Rahmen der gleichen Sängertradition arbeiteten. Die Gedichte bilden den Höhepunkt einer langen Überlieferung mündlich improvisierter Dichtkunst, ausgeübt durch beruflich spezialisierte Sänger, die weit in der damaligen griechischen Welt umherreisten. Im Lauf von Generationen verbanden diese Sänger viele Vorfälle und örtliche Überlieferungen und gruppierten sie um mehrere allgemein heroische Themen. Sie schufen eine in hohem Maß stilisierte und formal gebundene poetische Sprache, deren Dialekt in der Hauptsache ionisch ist, aber auch äolische Elemente enthält. Zweifellos gab es auch Heldendichtung und Sänger in der mykenischen Welt. Die Überlieferung, die hinter den homerischen Gedichten steht, stammt jedoch im wesentlichen aus der Zeitspanne, die wir das dunkle Zeitalter nennen. Diese Überlieferung muß, nebenbei bemerkt, als kulturelles Gegengewicht gegen übermäßige Akzentuierung der *materiellen* Armut in jener Zeit nachdrücklich in Rechnung gestellt werden. Sie blickte zurück auf ein vergangenes goldenes Zeitalter und verfügte über weitgehende (aber keineswegs vollständige) Kenntnis der Orte, wo sich die größten mykenischen Zentren befanden. Davon abgesehen sind aber Kultur und Gesellschaft, die in den Gedichten dargestellt sind, zum großen Teil sowohl mit den archäologischen als auch mit den erhaltenen schriftlichen Zeugnissen (den Linear B-Tafeln) über die Bronzezeit unvereinbar. Andrerseits sind sie mit der Kultur Ioniens im 8. Jahrhundert v. Chr. nicht besser vereinbar: Die Gedichte zeigen das deutliche Bestreben, die Gegenwart auszuschließen. So findet sich kein Anzeichen dafür, daß Kleinasien inzwischen recht dicht mit Griechen besiedelt ist, die Dorer sind nicht erwähnt, und es gibt allgemein – mit Ausnahme der Machtausdehnung – keine Unterschiede zwischen den Griechen, weder dem Dialekt noch den Institutionen nach. Schließlich sind in der Darstellung Waffen und Werkzeuge durchweg aus Bronze; freilich ist durch Unachtsamkeit an einer Reihe von Stellen Eisen erwähnt, das zur Zeit der Abfassung der Gedichte als Gebrauchsmetall gegenüber der Bronze überwog.

Trotz solcher Anachronismen an beiden Enden der Zeitskala ist die Darstellung der gesellschaftlichen und militärischen Struktur in sich folgerichtig. Diese Darstellung ist, unserer Auffassung nach, im allgemeinen ein Bild der Verhältnisse in Griechenland während des dunklen Zeitalters, gemalt mit den Farben des Dichters und nicht des Historikers oder Chronisten, weder im einzelnen naturgetreu noch im ganzen immer sachlich, in den Proportionen sicherlich übersteigert, aber deshalb nicht völlig ein Werk der Einbildungskraft. Man mag sich in Analogie an die feudale Welt des *Beowulf*, des *Nibelungenliedes* und des *Rolandsliedes* erinnern. Die Welt des Agamemnon, Achill und Odysseus war eine Welt von Königen und Adligen, die viel Land und Herden besaßen und ein Leben großer Herren lebten, in welchem Kriege und Raubzüge nichts Ungewöhnliches waren. Die Macht konzentrierte sich in den Hauswesen *(oikos)* der Adligen. Ihre Ausdehnung war abhängig von Reichtum, persönlicher Leistung, Verbindungen mit anderen Familien durch Heirat und von der Zahl derer, die in Abhängigkeit oder Dienstbarkeit dem *Oikos* angehörten. Stämmen oder anderen größeren Gruppen auf verwandtschaftlicher Basis ist keine Rolle zugewiesen. Während der zwanzig Jahre, die Odysseus nicht in Ithaka war, behandelten die Adligen seine Familie und seine Besitztümer auf schamlose Weise, aber weder gab es für seinen Sohn Telemachos eine Gruppe von Verwandten, an die er sich um Hilfe wenden konnte, noch war die Gemeinschaft voll integriert und für etwaige Gegenmaßnahmen organisiert oder ausgerüstet. Telemachos' Ansprüche als Odysseus' Erbe waren im Prinzip anerkannt, aber ihm fehlte die Macht, ihnen Nachdruck zu verleihen. Agamemnons Ermordung durch seine Frau Klytämnestra und ihren Liebhaber Ägisthos legte seinem Sohn Orestes die Verpflichtung zur Rache auf, doch im übrigen ging das Leben in Mykene unverändert weiter — mit der einzigen Ausnahme, daß Ägisthos an Agamemnons Stelle regierte. Der König, der die Macht innehatte, war Richter, Gesetzgeber und Befehlshaber. Es gab allgemein gültige Zeremonien, Riten, Konventionen und einen Ehrenkodex, nach welchem die Adligen lebten; zu diesem gehörten das Gastrecht, der Austausch von Geschenken, Opfer für die Götter und die vorschriftsmäßige Ausführung der Grabriten. Dagegen gab es kein formales Recht und keine Verfassungsmaschinerie. Das Gleichgewicht der Macht hing an dünnen Fäden. Spannungen zwischen König und Adligen waren chronisch, Kämpfe um den Besitz der Macht häufig.

Es ist wahr, daß Telemachos auf Ithaka eine Versammlung einberief, die seine Beschwerden über die adligen »Freier« anhören sollte. Die Versammlung hörte beide Seiten an und unternahm nichts, und dies Verhalten steht beispielhaft für das Verhalten jeder Versammlung, von der in den beiden Gedichten die Rede ist. Allgemein bildet die stumme Rolle, die dem Volk zugewiesen ist, die größte Schwierigkeit, welche die beiden Gedichte dem Historiker bieten. Das Volk ist immer gegenwärtig, auch in den Schlachtschilderungen, aber stets als eine umrißlose Masse, deren genaue Stellung undeutlich bleibt. Ein kleiner Teil, vor allem im Krieg erbeutete Frauen, heißen »Sklaven«, sie scheinen aber nicht schlechter gestellt zu sein als die übrigen. Einige wenige Spezialisten — Seher, Sänger, Metallarbeiter, Schreiner, Ärzte — scheinen einen höheren Status innezuhaben. Die Gedichte erwähnen die Seeschiffahrt und einen dringenden Bedarf nach Handel, genauer gesagt, nach dem Im-

port von Kupfer, Eisen, Edelmetallen, feinen Tuchen und anderen Luxusgütern. Selbst den Königen oder Häuptlingen ist es erlaubt, zu solchen Zwecken Expeditionen zu unternehmen. Im übrigen scheint alles, was mit Handel zu tun hatte, Ausländern und vor allem »Phönikern« zugeteilt gewesen zu sein. Ein Kaufmann genannt zu werden, war für Odysseus eine schwere Beleidigung: Angehörige seiner Klasse tauschten Güter zeremoniell als »Geschenke« aus oder nahmen sie mit Gewalt. Die Unbestimmtheit der Rolle des gemeinen Volkes hängt natürlich zum Teil mit der Thematik der Gedichte zusammen, denn die Dichter konzentrieren sich mit voller Absicht auf die Helden und ihre Heldentaten. Es mag aber wohl auch die Tatsache mitwirken, daß in der Wirklichkeit, in der die Dichter lebten, die scharfen Standesgrenzen späterer Gesellschaftsformen und vor allem deutlich abgegrenzte Kategorien von »Freiheit« und »Unfreiheit« noch fehlten. In den Gedichten zeigt sich mit aller Klarheit *eine* grundsätzliche soziale Trennung: die zwischen Adligen und Nichtadligen. Oberhalb wie unterhalb dieser Grenze erscheinen die Abgrenzungen verwischt, und vielleicht entsprach dies den wirklichen Verhältnissen.
Es wäre müßig zu behaupten, daß diese Feststellungen die Grundlage für eine *Geschichte* des dunklen Zeitalters bilden, zumal die in den Gedichten erzählten Begebenheiten historisch völlig außer Betracht fallen müssen. Alles, was sich behaupten läßt, ist, daß nach dem Untergang der Herrscher der mykenischen Welt und der Machtstruktur, an deren Spitze sie gestanden hatten, die Gesellschaft eine neue Ordnung, neue Institutionen und neue Werte finden mußte, die der neuen sozialen und materiellen Situation angepaßt waren, einer Situation, die sicherlich durch die Anwesenheit der Zugewanderten mitbestimmt wurde. Wenn bei der Zerstörung der mykenischen Welt auch innere soziale Unruhen mit im Spiel waren (was wahrscheinlich, aber nicht beweisbar ist), so bildeten diese ein weiteres Moment in der Gestaltung der neuen gesellschaftlichen Formen. Was in den Jahrhunderten nach der Zerstörung geschah, kann, im Gegensatz zu der Gleichförmigkeit des homerischen Bildes, nicht überall im gleichen Sinne verlaufen sein. In Kleinasien (wie in allen folgenden Auswanderungen von Griechen in neue Gebiete) waren die Siedlungen kleine territoriale Einheiten, die sich um einen städtischen Kern gruppierten. Nach den Funden zu schließen gab es ähnliche Einheiten seit dem Beginn des dunklen Zeitalters auch auf dem griechischen Festland und auf einigen Inseln in der Ägäis. Die homerischen Dichter nehmen dies als Regel an, aber noch zu ihren Lebzeiten und mehrere Jahrhunderte später fehlten in weiten Regionen Griechenlands (wie z. B. Thessalien und Ätolien) städtische Zentren völlig und lebten die Bewohner in locker organisierten

Gemeinschaften von Bauern und Hirten. Dagegen scheint die Klassenstruktur, wie die Gedichte sie schildern, allgemein verbreitet gewesen zu sein. Es gab eine aristokratische Oberschicht und Könige oder Häuptlinge, die in dieser Oberschicht etwas mehr als den Rang eines Ersten unter Gleichen innehatten. Wieviel mehr (oder gelegentlich wieviel weniger) Macht sie besaßen als die übrigen, war individuell verschieden. Zu der Zeit, als die *Ilias* und die *Odyssee* niedergeschrieben wurden, hatten die »Gleichen«, wie wir aus anderen Quellen wissen, die Könige fast überall abgeschafft und die Monarchie durch die Aristokratie ersetzt. In irgendeiner, für uns nicht genau faßbaren Weise existierte auch das Volk als ein geschlossenes Kollektiv; es bleibt freilich dunkel, wer dem »Volk« im einzelnen angehörte, und es ist sicher, daß das Volk keine politische Macht im verfassungsrechtlichen Sinn darstellte.

Es ist merkwürdig, daß die Dichter sich zwar einer gemeinsamen Bindung bewußt waren, welche die Griechen einte: ihrer Sprache, Religion und Sitte (aber weder zu jener Zeit noch später einer politischen Bindung oder einer Scheu, untereinander Krieg zu führen), daß aber weder die *Ilias* noch die *Odyssee* sie mit dem Namen nennt, der spätestens seit dem 8. Jahrhundert bis in unsere Zeit der ihre geblieben ist. Sie sind Hellenen, ihre Welt ist Hellas – »ihre Welt« und nicht »ihr Vaterland«, weil sie nie eine politische Einheit bildeten und weil deshalb »Hellas« eine Abstraktion war, ähnlich wie die Christenheit im Mittelalter oder der Islam in der heutigen Zeit. In den homerischen Gedichten tragen die Griechen statt dieses einen drei verschiedene Namen: Achäer, Argiver und Danaer. Die beiden ersten haben sich als Bezeichnungen für bestimmte Orte gehalten, der dritte kam völlig außer Gebrauch. Es ist aber so gut wie sicher, daß die Begriffe »Hellas« und »Hellenen« im 8. Jahrhundert schon geläufig waren, und zugleich mit ihnen die Genealogien, die unweigerlich als Erklärungen für die in geschichtlicher Zeit vorhandenen Unterteilungen nach Dialekt, »Stämmen« oder politischer Organisation erfunden wurden: Hellen, der Sohn des Deukalion, hatte drei Söhne, Doros, Xuthos und Aiolos, und so fort. Im 8. Jahrhundert gab es auch schon Ansätze zu panhellenischen Institutionen: bestimmte Orakel- und Kultstätten, wo Weissagungen erteilt wurden, und die Olympischen Spiele.

Im 8. Jahrhundert kehrte schließlich auch die Schrift in der Form eines mit geringen Veränderungen von den Phönikern entlehnten Alphabets nach Griechenland zurück. Die griechischen Überlieferungen treffen in diesem Punkt zu, obgleich sie, was das Datum der Übernahme angeht, keinerlei Auskunft geben. Uns ist es heute möglich, die Quelle näher als die nordsemitische Schrift zu identifizieren, und zwar speziell als die im Geschäfts-

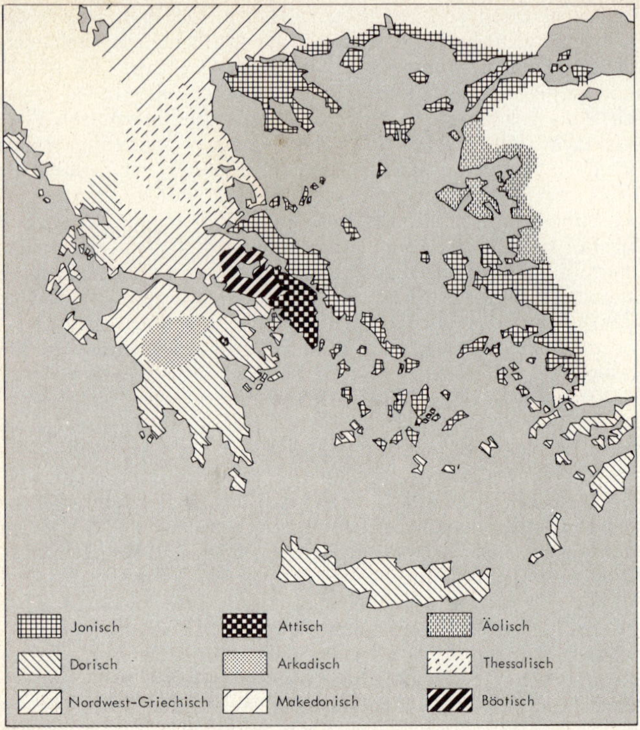

Abb. 21: Griechische Dialekte um 400 v. Chr.

verkehr übliche Kursivschrift, im Gegensatz zu den monumentalen Buchstaben etwa der Inschriften in Byblos. Man kann vermuten (aber nicht beweisen), daß Al Mina einer der Orte war, an denen sich der Kontakt ergab und von denen die Verbreitung ausging. Die erste Übernahme der Schrift erfolgte vielleicht mehr oder weniger unabhängig durch Menschen aus Euböa, Kreta und Rhodos, von wo aus sich die Fertigkeit dann auf einem verwikkelten Netz von Wegen in alle griechischen Gemeinwesen verbreitete.[9] Weder der unmittelbare Grund, aus dem das Alphabet zu jenem spezifischen Zeitpunkt (wahrscheinlich gegen 750) übernommen wurde, noch die Ursachen seiner sehr schnellen Verbreitung sind uns recht deutlich. Es sollte noch eine lange Zeit vergehen, ehe die Griechen sich ihrer neuen Fertigkeit zur Aufzeichnung von Chroniken oder von religiösen Texten bedienten – im Altertum zwei der wichtigsten Anwendungen der

Schrift im Nahen Osten. Bei den Griechen scheint sie zu Anfang vor allem zum Zweck dessen, was man Beschriftung nennen könnte, und als mnemonisches Hilfsmittel gedient zu haben, d. h. einesteils um Namen auf Keramik, Grabsteinen usw. aufzuschreiben, andernteils als Gedächtnishilfe zur Fixierung von Listen, die öffentlicher Beachtung und Erinnerung wert schienen (z. B. die der Sieger bei den Olympischen Spielen), weiter von Gesetzen und vor allem von dichterischen Texten.
Die homerischen Gedichte, um zusammenzufassen, blickten auf das dunkle Zeitalter und sogar noch etwas weiter zurück, ihre Komposition und schriftliche Niederlegung aber fällt bereits in den Beginn einer neuen Zeit. Diese Periode heißt, mit der konventionellen Bezeichnung, »archaisch«. Das Wort stammt aus der Terminologie der Kunstgeschichte, genauer gesagt aus der Geschichte der Skulptur, ebenso wie die Bezeichnung »klassisch« für die folgende Zeit, die (grob gesprochen) gegen 500 beginnt. Das Griechenland der archaischen Zeit wird Gegenstand der weiteren Seiten dieses Kapitels sein.

II. GESELLSCHAFT UND POLITIK IN DER ARCHAISCHEN ZEIT

Zwei Erscheinungen, die den Beginn der archaischen Periode kennzeichnen, sind zum einen die Entstehung der für Griechenland in der Folgezeit typischen Struktur der politischen Gemeinwesen, der *Polis* (konventionell, aber nicht sehr glücklich, mit »Stadtstaat« übersetzt), zum andern die extrem weite Ausbreitung von Hellas, in deren Verlauf sich das von Griechen bewohnte Gebiet in einem Zeitraum von etwa 200 Jahren nach Osten bis zur südöstlichen Ecke des Schwarzen Meeres, nach Westen bis fast zum Atlantischen Ozean ausdehnte.
Wir haben angedeutet, daß die Gemeinschaft als politischer Organismus während des dunklen Zeitalters nur eine schwer faßbare Existenz besaß. Die Wandlung, durch welche dieser Organismus Gestalt und Wirklichkeit gewann, läßt sich für uns nicht verfolgen. Man kann aber formulieren, daß in ihrem Verlauf die mächtige Einzelpersönlichkeit sich den Formen der Obrigkeit und ihres Wirkens institutionell unterordnete, daß das Individuum zum Glied der Gemeinschaft »gezähmt« wurde, freilich mit der Einschränkung, daß es der Gemeinschaft im ganzen Verlauf der griechischen Geschichte nicht gelang, das ehrgeizige und fähige Individuum an einem Wirken über und jenseits ihrer Kontrollmöglichkeiten zu hindern.
Ein Kennzeichen für diese Wandlung ist die Abschaffung des Königtums, wenn auch der Titel »König« gelegentlich weiterbestand; dabei ist merkwürdig, daß dieser Wechsel, unähnlich der gleichartigen Entwicklung in Rom, in den griechischen Le-

genden und Überlieferungen keine Spuren hinterlassen hat. Aber die Entwicklung erschöpfte sich nicht in der Abschaffung der Monarchie, sondern führte weiter zur Einrichtung politischer Ämter und Gremien mit mehr oder weniger formal definierten Vorrechten und Kompetenzen und mit institutionell festgelegten Formen für die Auswahl und den Wechsel der Amtsträger. Die *Polis*gemeinschaften waren klein und politisch unabhängig (außer wenn sie mit Gewalt unterworfen wurden). Ihre Siedlungsform war die im Mittelmeergebiet fast überall gebräuchliche: Sie hatten ein städtisches Zentrum (oft freilich wenig größer als ein Dorf), wo die wichtigsten öffentlichen und religiösen Gebäude sich befanden, wo ein großer Teil der Bevölkerung, besonders der reichere, tatsächlich wohnte und wo das gesamte Volk sich versammeln konnte, wenn es nötig wurde. Der Ort, an dem das geschah, ist die *Agora* in ihrem ursprünglichen Sinn, lange ehe das Wort die Bedeutung »Marktplatz« annahm. Meistens gab es auch eine Akropolis, einen erhöhten Punkt, der, als Burg ausgebaut, der Verteidigung diente. Stadt und Land wurden im wesentlichen als Einheit, nicht, wie oft in den Städten des Mittelalters, als zwei gegensätzliche Elemente betrachtet. Diese Auffassung fand ihren Ausdruck in der Sprache, indem die Gemeinschaft mit den Menschen, nicht mit dem Ort identifiziert wurde. Ein Grieche der damaligen Zeit konnte den Begriff »Athen« als politische Einheit nur mit den Worten »die Athener« ausdrücken. Das Wort »Athen« bedeutete nie mehr als einen Punkt auf der Landkarte: Man reiste nach Athen, aber man führte Krieg gegen die Athener. Natürlich war die Geschwindigkeit, mit der sich diese weitverstreuten und politisch autonomen Gemeinwesen entwickelten, sehr ungleichmäßig, und die Endstadien der Entwicklung zeigten beträchtliche Unterschiede. Von den Gemeinwesen des 8. und 7. Jahrhunderts bis zur klassischen *Polis* war noch ein weiter Weg. Dennoch existierten die Ansätze bereits in der archaischen Zeit.[10]

Die für Hellas so charakteristische Zersplitterung erklärt sich zum Teil aus den geographischen Verhältnissen. Das eigentliche Griechenland (die Balkanhalbinsel) zeigt als Landschaftsform in weiten Teilen ein Gewirr von Gebirgszügen und kleinen Tälern oder Ebenen, in welchem die einzelnen Siedlungsgebiete weitgehend voneinander isoliert sind. Die Küstenstriche Kleinasiens begünstigten durch ähnliche topographische Verhältnisse eine ähnliche Besiedlungsstruktur. Auch die Ägäischen Inseln sind gebirgig, außerdem ist die Mehrzahl von ihnen sehr klein. Die geographischen Verhältnisse reichen aber als Erklärung allein nicht aus, vor allem nicht für die späteren Entwicklungen in Griechenland. Sie erklären z. B. nicht, warum ganz Attika eine politische Einheit bildete, während es im benachbarten und nicht wesentlich größeren Böotien zwölf unabhängige Stadtstaaten gab, die weitgehend mit Erfolg allem Bemühen Thebens, des größten unter ihnen, um eine Oberherrschaft widerstanden. Sie erklären auch nicht, warum auf einer winzigen Insel wie Amorgos die gesamte klassische Periode hindurch drei verschiedene *Poleis* bestanden. Vor allem können sie nicht erklären, warum die Griechen die *Polis* als kleine, selbständige politische Einheit nach Sizilien und Unteritalien verpflanzten, wo sowohl die geographischen Verhältnisse als auch die Selbsterhaltung die Schaffung größerer politischer Gebilde und die strukturelle Einigung sehr viel ausgedehnterer Territorien nahegelegt hätten. Was sich hier auswirkt, ist also offensichtlich etwas sehr viel Grundsätzlicheres, nämlich eine Überzeugung, daß die *Polis* die für ein zivilisiertes Leben einzig angemessene politische Struktur darstellt, eine Überzeugung, die Aristoteles in den letzten Tagen der griechischen Unabhängigkeit zusammenfaßte, indem er den Menschen als ein *zoon politikon* definierte, ein Wesen also, das von Natur aus dazu bestimmt ist, in einer *Polis* zu leben.

Der Verkehr auf dem Landweg zwischen den einzelnen Siedlungsgebieten war selten leicht; gelegentlich war er, vor allem gegen bewaffneten Widerstand, unmöglich. Wasserwege im Inneren des Landes fehlten fast völlig. Daher wurde die See der normale griechische Reiseweg, auch für kurze Strecken. Die Griechen wurden so im Altertum das seefahrende Volk *par excellence,* aber dennoch zeigt ihre Einstellung dem Meer gegenüber zwei bemerkenswert verschiedene Seiten: Einerseits war es für sie der Wohnsitz jener freundlichen Nymphen, der Nereiden, andererseits war sein Herrscher Poseidon, den die Menschen fürchteten und besänftigten, aber niemals liebten.[11] Als die Griechen von der Mitte des 8. Jahrhunderts an sich zu einer kontinuierlichen Ausdehnung gezwungen sahen, vollzog sich diese zur See in westlicher und in nordöstlicher Richtung. Gegen Ende der archaischen Zeit bewohnten Griechen ein ungeheuer großes Gebiet, das sich von den nördlichen, westlichen und südlichen Küstengebieten des Schwarzen Meeres über das westliche Kleinasien und die Balkanhalbinsel (mit den dazwischenliegenden Inseln) und über große Teile Siziliens und Süditaliens an beiden Küsten des Mittelmeeres weiter nach Westen bis nach Kyrene in Libyen und bis nach Marseille und noch zu einigen Städten an der spanischen Küste erstreckte. Wohin die Griechen sich auch wandten, siedelten sie sich an der Meeresküste an, nicht im Hinterland.

Die See ist nicht das einzig Gemeinsame in dem Lebensraum, den alle diese Regionen dem Menschen bieten. Sie teilen darüber hinaus das, was wir populär mediterranes Klima und Vegetation nennen, Gegebenheiten, die ein Leben unter freiem Himmel zulassen und sogar begünstigen, wie es heute noch geläufig ist. Die Sommer sind sonnig und heiß, die Winter erträglich und an der Küste und im ebenen Land meist schneefrei. Olivenbäume und Wein wachsen reichlich, Blumen im Überfluß, die Ebenen erzeugen Gemüse und Getreide, die See ist fischreich, und im hügeligen Gelände ist, zumindest für die kleineren Tiere, hinlängliches, stellenweise reiches Weideland. Nichts wächst in der Regel üppig, so daß Ackerbau und Weide dauernde Aufmerksamkeit fordern, andererseits genügen zur Befriedigung des Bedarfs an Wohnstätten und vor allem an Wärme sehr primitive Mittel. Nur Metalle und Bauholz (z. B. für Schiffe) können durch Knappheit erhebliche Schwierigkeiten verursachen. Sie sind zwar vorhanden, aber nur in begrenzten und zum Teil recht abgelegenen Gebieten. Auch Trinkwasser kann mitunter knapp sein; daher die Bedeutung von Quellen und Brunnen in Legende und Wirklichkeit.

Die griechische »Kolonisationsbewegung«, wie die Periode der Auswanderungen und Neugründungen unglücklicherweise genannt wird, kann man sich schematisch in Form zweier langer Wellen vorstellen. Die Bewegung nach Westen begann um 750 v. Chr., setzte sich in vollem Umfang etwa ein Jahrhundert lang fort und war gefolgt von einer zweiten Welle, die ungefähr ein weiteres Jahrhundert dauerte. Damit war die Bewegung im wesentlichen abgeschlossen. Die Wanderung nach Nordosten begann gegen 700 mit Niederlassungen in Thrakien, auf nahegelegenen Inseln wie Thasos und in der Troas in Kleinasien. Seit ungefähr 650 folgten Bewegungen in die Gegend des Hellespont und weiter entlang der beiden Küsten des Schwarzen Meeres. Diese endeten erst gegen Ende des 6. Jahrhunderts bei der Mündung des Don an der nördlichen Küste und in Trapezôs (dem heutigen Trebizond) in der südöstlichen Ecke. Die antiken Berichte über diese Bewegungen sind wegen ihres mythischen Charakters und durch ihre Konzentration auf wenige Einzelpersönlichkeiten und deren Streitereien zu Ungunsten breiterer, gesellschaftshistorisch interessanter Themen wenig aufschlußreich. Andererseits sind diese Berichte »historischer« als die noch ungenaueren und verwirrteren Überlieferungen über die Wanderung nach Kleinasien zu Beginn des dunklen Zeitalters, und selbst diese letztere läßt sich im Prinzip in der Überlieferung noch erkennen. Während die früheren Auswanderungen im Einzelfall wahrscheinlich eher den Charakter einer ungeordneten, zufällig durch die Umstände herbeigeführten Flucht hatten, war die Bewegung der archaischen Zeit eine organisierte Verlagerung von Teilen der Bevölkerung in Gruppenauswanderungen, die durch die »Mutterstädte« systematisch organisiert wurden.

Der allgemeine griechische Begriff für solche Neugründungen in fremdem Land, *Apoikia,* ist bestimmt durch die Idee der *Aus-*

wanderung, dagegen fehlt ihm der Beiklang der Abhängigkeit, den der moderne Begriff »Kolonie« ausdrückt. In der Regel war jede *Apoikia* von Anfang an als unabhängige *Polis* geplant, die zwar ein Gefühl der Verbundenheit mit ihrer Mutterstadt behielt, aber weder wirtschaftlich noch politisch von ihr abhängig war. Diese Unabhängigkeit trug nicht zuletzt dazu bei, daß die Auswanderer im allgemeinen zu ihrer alten Heimat freundschaftliche Beziehungen wahrten, wobei die Störungsmomente und Konfliktsituationen, wie eine koloniale Abhängigkeit sie mit sich bringt, sich für sie nicht ergaben. Es sei noch angemerkt, daß die Bezeichnung der »Mutterstadt« sich oft aus einer etwas willkürlichen Wahl ergab, weil sich in vielen Neugründungen Siedler aus mehr als einem Ort der griechischen Welt vereinigten.

Nach einem chronologischen Schema, das sich auf archäologische Zeugnisse und auf die Bemühungen einiger griechischer Altertumsforscher der Spätzeit stützt, war die früheste »Kolonie« Cumae (in der Nähe von Neapel) kurz vor 760 v. Chr. (d. h. genauer gesagt, die Insel, die heute als Ischia bekannt ist und von der aus dann Cumae gegründet wurde); die Siedler kamen aus Chalkis und Eretria, den beiden wichtigsten Städten auf

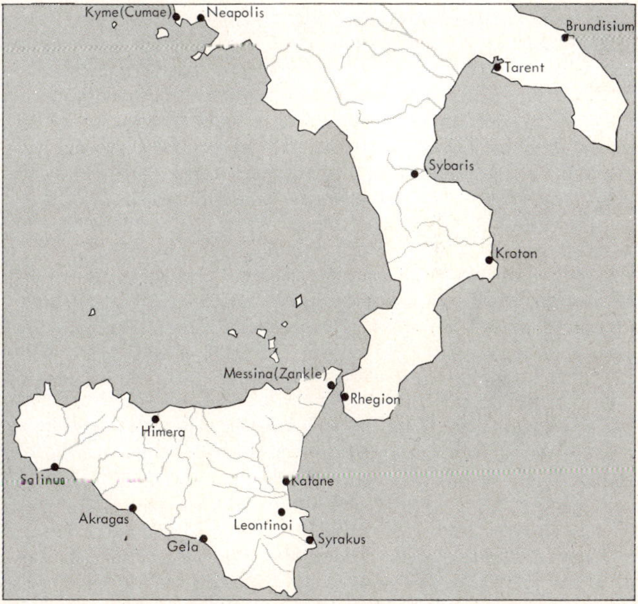

Abb. 22: Sizilien und Süditalien

Euböa. Chalkis war auch das Ursprungsland von Zankle (dem späteren Messina) in Sizilien, von Rhegion auf dem italienischen Ufer der Straße von Messina und von Naxos, Leontinoi und Katane im östlichen Sizilien, die nach der Überlieferung sämtlich vor 730 gegründet sind. Beteiligt waren in Zankle andere Siedler aus Euböa, in Rhegion Flüchtlinge aus Messenien und in Leontinoi Auswanderer aus Megara. 733 ist nach der Tradition Syrakus von den Korinthern und (nicht genauer bezeichneten) »anderen Dorern« gegründet worden, 720 Sybaris in Süditalien von Menschen aus Achaia mit einer kleinen Beteiligung aus Troizen in der Peloponnes, 688 Gela im südlichen Sizilien von Kretern und Rhodiern. Danach komplizierte sich die Geschichte der Gründungen durch »innere« Wanderungen, indem einige der Neugründungen ihrerseits weitere Pflanzstädte gründeten, während von Osten neue Auswanderer kamen. Auf diese Weise entstand gegen 650 Himera von Zankle aus unter Mitwirkung eines Kontingents von Flüchtlingen aus Syrakus, Kyrene gegen 630 von der winzigen Insel Thera in der Ägäis (dem jetzigen Santorin) aus, Selinus um die gleiche Zeit von Megara Hyblaia im östlichen Sizilien aus; Massilia (Marseille) wurde gegen 600 von Phokern aus Kleinasien gegründet und Akragas (das heutige Agrigent) gegen 580 von Siedlern aus Gela zusammen mit Auswanderern aus dessen Mutterland Rhodos.[12]

Diese Aufstellung ist nicht vollständig, und keines der überlieferten Daten ist gesichert. Sie mag aber genügen, um die zeitliche Abfolge der Bewegung, die sich durch die Archäologie im großen und ganzen bestätigt hat, zu veranschaulichen, um ferner die Art und Weise zu zeigen, wie die Siedlungen sich durchweg ans Meer klammerten, und schließlich um ein Bild von der Zahl, der Verschiedenheit und der geographischen Verteilung der beteiligten griechischen Gemeinwesen zu geben. Es ist unnötig, die gleiche Demonstration durch einen Katalog der Gründungen am Schwarzen Meer zu wiederholen, aber es ist der Erwähnung wert, daß die wichtigsten Ursprungsstädte für diese Region Megara und Milet waren. Alle die Länder, in welche die griechischen Auswanderer zogen, waren bewohnt, und zwar von einer Vielzahl von Völkern auf sehr verschiedenen Entwicklungsstufen; daraus ergaben sich ein überall verschiedenes Maß von Widerstandskraft und von Interesse an den Neuankömmlingen. Die Etrusker in Mittelitalien waren stark genug, die Ausdehnung der Griechen nördlich der Bucht von Neapel (und eines entsprechenden Punktes an der adriatischen Küste) zu verhindern, und kulturell so weit fortgeschritten, daß sie in der Folgezeit von ihnen das Alphabet, vieles aus ihrer Kunst und manche Elemente ihrer Religion übernahmen. Dagegen waren die Bewohner Siziliens (die Sikeler usw.), ebenso wie die Thraker nördlich der Ägäis und die Skythen im Gebiet des Schwarzen Meeres, technisch und sozial weniger weit entwickelt als die einwandernden Griechen. Einige von ihnen wurden anscheinend von den Griechen gezwungen, ihnen als halb leibeigene Arbeitskräfte zu dienen, die Zeugnisse dafür sind allerdings verworren und gering an Zahl. Andere wurden ins Landesinnere zurückgedrängt und standen zu den Griechen in den folgenden Jahrhunderten in einem unsicheren, komplizierten Verhältnis.

Eine Untersuchung der Liste der Mutterstädte (und umgekehrt derer, die anscheinend an der Bewegung keinen Teil hatten) ergibt, daß zwischen der Art der Gemeinwesen und ihrer »Kolonisierungs«tätigkeit wenig ursächlicher Zusammenhang besteht. Insbesondere rechtfertigt nichts in der Liste die früher weit verbreitete Auffassung, daß die Aussendung der Pflanzstädte hauptsächlich durch Handelsinteressen motiviert gewesen wäre. Im Laufe der Zeit entstanden einige echte Handelsumschlagplätze wie z. B. Emporion an der spanischen Küste (heute Ampurias), dessen Name griechisch »Handelsplatz« bedeutet, und ein Ort gleichen Namens an der Donmündung, ferner die hochinteressante Siedlung in Naukratis im Nildelta, wo die Pharaonen die Vertreter einer Anzahl zum großen Teil kleinasiatischer griechischer Staaten, die mit ihnen Handel trieben, gemeinsam ansiedelten. Es ist bezeichnend für solche typischen Handelsniederlassungen, daß ihre Zahl sehr klein war und daß sie relativ späte Gründungen darstellen. Das spanische Emporion wurde von Massilia aus gegründet, das selbst nicht vor 600 entstand. Naukratis ist etwas früher als Massilia zu datieren, dagegen entstand das russische Emporion am Don erheblich später.[13] Entscheidend ist aber, daß diese Orte keine eigentlichen griechischen *Poleis* waren, sondern, wie Al Mina vor ihnen, Treffpunkte zwischen der griechischen und außergriechischen Welt, während die übrigen Neugründungen von Anfang an in jeder Hinsicht griechische Gemeinwesen waren. In der archaischen Zeit, von der hier die Rede ist, bedeutete dies unter anderem, daß sie vor allem agrarische Siedlungen waren, gegründet von Menschen, die auf der Suche nach Land ihre Heimat verlassen hatten. Diese Auswanderer ließen sich nahe am Meer nieder und bevorzugten gute Ankerplätze. Aber dies war nicht ihr Hauptanliegen. Deshalb hat von den vielen griechischen Gründungen in Süditalien keine den besten Hafen an der italienischen Ostküste, das römische Brundisium (heute Brindisi) als Siedlungsort gewählt. Und deshalb nannten sich die Aristokraten von Syrakus, das die größte unter den neuen Städten im Westen wurde, *Gamoroi*, das heißt wörtlich: »die sich das Land teilten, die Landbesitzer«.

Was die Analyse letzten Endes als gemeinsames Moment in allen Städten zeigt, von denen die Auswanderungsbewegung ausging, war ein Krisenzustand, der ernst genug war, um zur

Bereitstellung aller der Mittel zu führen, die für ein Unternehmen von der Schwierigkeit einer Umsiedlung nach Übersee notwendig waren – dazu gehörten Schiffe, Ausrüstungen und Waffen, vermutlich auch Werkzeug, Saatgut, Lebensmittel und Hausgerät – ein Krisenzustand, der ferner für die Auswanderung ganzer Teile der Bevölkerung die notwendigen psychologischen Voraussetzungen schuf. Hinter den überlieferten Erzählungen von persönlichen Feindschaften, Streitigkeiten und Morden, welche die späteren Griechen mit einzelnen Gründungen verbanden, liegt ein tieferer und umfassenderer gesellschaftlicher Konflikt. Man darf die Rolle des Abenteurergeistes nach Art der Wikinger im Griechenland der archaischen Zeit nicht überschätzen: Herodot berichtet (IV 153) ausdrücklich, daß in Thera bei der Auswahl der Emigranten für die Gründung von Kyrene Zwang ausgeübt wurde. Was ebensowenig übertrieben werden darf, ist der Umfang des Verkehrs zwischen Griechenland einerseits und dem Westen und der Küste des Schwarzen Meeres andererseits in den Jahrhunderten vor den Auswanderungen. Daß 500 Jahre zuvor zwischen dem mykenischen Griechenland und Orten in Sizilien und Süditalien Handelsbeziehungen nachzuweisen sind, beweist in diesem Zusammenhang nichts. Weit bedeutsamer ist die wachsende Zahl von Zeugnissen, daß weder im Westen noch im Osten an den Orten der Neugründungen *vor* der Zeit der tatsächlichen Auswanderung griechische Keramik nachgewiesen werden kann. Freilich kann man annehmen, daß jede Gruppe von Auswanderern einige Kenntnis von ihrem Bestimmungsort hatte und sich nicht wie Christoph Kolumbus einschiffte, um einer Phantasmagorie nachzujagen. Und sobald erst einige neue Siedlungen existierten, konnten weitere Auswanderer leichter und im Besitz größerer Kenntnisse folgen.

Die Ursache der Krise liegt in der Art und im Wachstum der aristokratischen Gesellschaft während des dunklen Zeitalters. Die archäologischen Zeugnisse zeigen eine Vermehrung von Reichtum und technischen Fertigkeiten und ein Anwachsen der Bevölkerung. Seit das Königtum nur mehr als Name existierte, scheint die Aristokratie sich zusammengeschlossen zu haben, einen großen Teil des Landes (und vor allem des besten Landes) unter ihrer Kontrolle gehabt und ferner Institutionen geschaffen zu haben, die ihr ein Monopol auf die Macht sicherten. Die Betonung der Genealogien in den späteren Überlieferungen, in denen jede adlige »Familie« ihren Stammbaum auf einen »göttlichen« oder »heroischen« Ahnherren zurückführte, ist ein sicheres Zeichen für die Tendenz, »Geburt« und Abstammung als einziges Kriterium für die Zugehörigkeit zur Aristokratie gelten zu lassen. Ihr Reichtum ermöglichte es den Aristokraten, sich wichtige Neuerungen in der militärischen Ausrüstung zunutze zu machen, die um die Mitte des 8. Jahrhunderts aus Mitteleuropa und aus dem Orient eingeführt worden zu sein scheinen.[14] Sie benutzten ihren Reichtum ferner, um sich Angehörige des gemeinen Volkes zu verpflichten oder eine Schutzherrschaft über sie zu gewinnen. Entgegen in weiten Kreisen herrschenden Ansichten über die soziale Entwicklung im allgemeinen scheinen große, auf quasi verwandtschaftlichen Bindungen beruhende Gruppen wie *phylai, genê* und *Phratrien* erst jetzt begonnen zu haben, sich institutionell auszuwirken (was sie in der Gesellschaftsstruktur, wie sie die homerischen Gedichte schildern, nicht taten).[15] Man kann mit Wahrscheinlichkeit annehmen, daß sie zur Stützung der aristokratischen Macht und Herrschaft beitrugen, in Analogie zu den *gentes* des archaischen Rom mit ihren *clientes*. Es muß freilich zugegeben werden, daß die Stellung der nicht zur Aristokratie gehörenden Mehrheit des Volkes uns nur in sehr nebelhafter Weise bekannt ist. Von Ausnahmen wie den Heloten in Sparta abgesehen bleibt die Frage offen, ob und in welchem Umfang die Mehrheit der Arbeitskräfte auf den Feldern und Weiden und in den einzelnen Hauswesen frei oder halbfrei war und ob überhaupt solche Begriffe sich schon systematisch anwenden lassen (zumal echte Sklaverei mit Sicherheit sehr selten war). Es ist kaum zu bezweifeln, daß sich eine Klasse relativ wohlhabender Nichtaristokraten bildete, die sich hauptsächlich aus Bauern und daneben einigen Kaufleuten, Seefahrern und Handwerkern zusammensetzte. Ihre Herkunft und Geschichte mögen dunkel sein, aber sie tauchen in den uns erhaltenen Fragmenten lyrischer Dichtung auf, deren früheste um 650 zu datieren sind, und sie spielten fraglos eine erhebliche Rolle in dem ungefähr zum gleichen Zeitpunkt anzusetzenden Aufkommen einer bei den Griechen vollständig neuen Infanterieformation: der gedrängten Phalanx von Schwerbewaffneten (mit dem griechischen Wort: *Hopliten*). Da jeder Soldat normalerweise seine eigene Rüstung und Waffen stellen mußte, konnten nur Männer mit größerem Vermögen sich als Hopliten qualifizieren (wie es auch in der klassischen Zeit noch üblich war).

Der Konflikt innerhalb der Gesellschaft (oder, mit dem griechischen Begriff, die *Stasis*) dehnte sich auf alle Klassen aus und führte zu verschiedenen Vereinigungen und Bündnissen. Innerhalb der Aristokratie selbst gab es trotz vielfacher Verbindungen durch Verwandtschaft und Heirat (innerhalb und außerhalb der einzelnen *Polis*), trotz der Klienten- und Schutzherrschaftsverhältnisse und trotz der Schaffung formaler Institutionen für die politische Verwaltung dauernde Streitigkeiten um den Besitz von Ehre und Macht. Es genügt, zur Illustration das hartnäckige traditionelle Vorurteil in Athen zu erwähnen, daß die Alkmäoniden niemals linientreu waren und politisch eigene Wege gingen, oder an das Machtmonopol zu erinnern, welches die Familie der Bacchiaden in Korinth innehatte. Neben der Aristokratie gab es die wohlhabenden »Bürgerlichen«, die ihren Anteil an den Vorrechten verlangten und deren Wunsch naturgemäß nachdrücklicher und gewichtiger wurde, nachdem sie durch die Einführung der Hoplitenphalanx militärisch an Bedeutung gewonnen hatten. Schließlich gab es die Armen, die Masse der arbeitenden Bauern, deren Stellung sich wahrscheinlich in dem Maß verschlechterte, in dem im allgemeinen Reichtum und Wohlhabenheit in den oberen Klassen zunahmen. Ein Anwachsen der Bevölkerung war in sich eine Gefahr, wenn nicht sogar ein ausgesprochenes Übel, denn weite Teile Griechenlands und der Ägäischen Inseln konnten mit dem Ertrag ihres Acker- und Weidelandes eine wachsende Bevölkerung einfach nicht mehr ernähren. Die Verbesserung des Lebensstandards der Aristokraten und Neureichen scheint auch zu größerem Druck auf die unteren Klassen geführt zu haben, z. B. in Form einer Ausdehnung der Kultivierung auf agrarisch weniger geeignete Randgebiete oder durch ein Verlangen nach mehr und in ihren Aufgaben differenzierteren Arbeitskräften innerhalb und außerhalb des Haushalts. Diese Tendenz wurde durch die Gesetze, welche Grundeigentum und Verschuldung regelten, erleichtert. Im Endeffekt gab es, wie Aristoteles in seiner Schrift über die *Verfassung von Athen* schrieb, »lange Zeit innenpolitische Auseinandersetzungen zwischen den Adligen und dem Volk«, weil »die Armen, mit ihren Frauen und Kindern, den Reichen versklavt waren« und »keine politischen Rechte hatten«.

Diese lapidare Feststellung ist vereinfacht und zu schematisch. Wir sind außerdem nicht in der Lage zu sagen, wie weit sich die *Stasis* allgemein ausgebreitet hatte. Dennoch kann die Überlieferung, die von verbreiteten Forderungen nach einer Neuverteilung des Landes und Annullierung der Schulden spricht, keine reine Fiktion sein, und es ist durchaus berechtigt, das Monopol der Aristokraten in der Rechtsprechung und Rechtsfindung zu betonen. Der böotische Dichter Hesiod klagt mit scharfen Worten die »Bestechungen verschlingenden Richter« seiner Zeit (wahrscheinlich des beginnenden 7. Jahrhunderts) an. Für die unteren Klassen, im Gegensatz zu den besser Gestellten, hatten wirtschaftliche Forderungen und der Anspruch auf Gerechtigkeit den Vorrang vor dem Verlangen nach politischen Rechten. Diese Suche nach Gerechtigkeit erklärt ein anderes Leitthema der Überlieferung, nämlich die Rolle des weisen Gesetzgebers. Das Gesetz war in einer Welt, die gerade lernte, Dinge schriftlich zu fixieren, in den Händen einer althergebrachten und nach außen hermetisch abgeschlossenen Aristokratie, die, sich ewig selbst fortzeugend, bestrebt war, ihre Geheimnisse zu wahren, eine mächtige und in zunehmendem Maß unerträgliche Waffe.

Wieder drängt sich die Analogie zu Rom auf: Mehr und mehr Stimmen erhoben sich, daß keine Gerechtigkeit sein könne, ehe das Gesetz öffentlich bekannt und seine Verwaltung, die Rechtsprechung, offen, gerecht und billig würde. Es war unvermeidlich, daß die Männer, denen man die Verwirklichung dieses Anspruchs in einem Gemeinwesen nach dem anderen übertrug, wenn die Forderung eindringlich genug erhoben wurde, das Recht nicht nur kodifizierten, sondern auch reformierten. Vorbilder fehlten ihnen; daher erfanden und schufen sie frei in einer Art von erzwungener Originalität, die für jeden Aspekt des Lebens und der Kultur in der archaischen Zeit charakteristisch war. Man kann dies nicht genug hervorheben. Das politische System von Ämtern, Räten und schließlich, am Ende der Entwicklung, Volksversammlungen war eine freie Erfindung. Einige Mythen und Kultgebräuche mögen aus dem Osten entlehnt sein, ihre Verbindung war neu und originell. Völlig neuartig war auch ihre literarische Formulierung in einem so frühen Werk wie Hesiods *Theogonie,* so neu wie die Konzeption, aus der ein solches Werk entstand: die Vorstellung, daß ein Dichter, der nicht wie ein Priester berufen war, das Recht hatte, Mythen über die Götter zu systematisieren. Selbst die Phalanx der schwerbewaffneten Hopliten war eine Neuschöpfung, ganz gleich welchen ausländischen Ursprungs die Rüstung des Hopliten in Einzelteilen gewesen sein mag.

Zweierlei muß für die Gesetzgeber der archaischen Zeit besonders betont werden. Das eine ist ihr Selbstvertrauen. Sie waren sich alle einig, daß die Gerechtigkeit von den Göttern kam, aber selten erhoben sie den Anspruch auf eine göttliche Sendung oder göttliche Eingebung. Der Anruf des Orakels in Delphi mag dazu beigetragen haben, ihr Werk mit einer Art göttlichem Segen zu besiegeln, ähnlich wie die gleiche Bitte um Zustimmung gelegentlich bei der Aussendung einer Gruppe von Auswanderern zur Gründung neuer Städte ergangen war. Aber die Abfolge der Handlungen war stets die gleiche: Zuerst wurden die Maßnahmen formuliert, dann der Gott befragt. Diese Ambivalenz blieb durch Jahrhunderte für die griechischen Gemeinwesen charakteristisch. Religiöse Handlungen waren häufig und ihr Bezug auf die Gebiete des Lebens allumfassend. Spätere Zeiten erfanden sogar delphische Orakelsprüche, um die vielen Gelegenheiten wettzumachen, bei denen die Befragung Apollos in der Vergangenheit versäumt worden war. Die Autorität der Götter über das Leben von Individuen und Gemeinschaften war ebenso allgemein als Bestandteil der Natur aller Dinge anerkannt wie ihre tatsächliche Einmischung. Und doch fand die Gemeinschaft, die solche Anschauungen von den Göttern hatte, die Eingebung und Rechtfertigung ihrer Handlungen in sich selbst und nach menschlichem Maß.

Das zweite ist die Anerkennung der Ungleichheit der Menschen durch die Gesetzgeber. Gerechtigkeit war zu jener Zeit nicht gleichbedeutend mit einer egalitären oder demokratischen Konzeption. Solon der Athener schrieb: »Ich gab dem gemeinen Volk die Vorrechte, die ihm genügen.« Was die Machthaber betrifft, fuhr er fort, »sorgte ich dafür, daß sie keine Ungerechtigkeit erlitten. Ich stand und deckte beide Parteien mit einem starken Schild und erlaubte keiner, ungerecht die Oberhand zu gewinnen.« Es wäre anachronistisch, bei Solon – selbst bei Solon – demokratische Anschauungen zu sehen. Das gemeine Volk, der *Demos*, mag gegen Beginn des 6. Jahrhunderts kurz davor gestanden haben, zu einer echten politischen Macht zu werden. Die Frage der Volkssouveränität aber stand noch nicht auf der Tagesordnung.

Die Tatsache, an die uns Solons Worte erinnern, ist die, daß sich die wirtschaftlichen, rechtlichen und politischen Entwicklungen im archaischen Griechenland in einer langen Periode des Kampfes vollzogen, eines Kampfes, der verworren, ungleichmäßig und nicht kontinuierlich vor sich ging, der aber in seinen kritischen Augenblicken sehr heftig war. Zunächst bot die Möglichkeit, Teile der Bevölkerung auswandern und neue Städte gründen zu lassen, eine Art Sicherheitsventil. Es kam aber der Zeitpunkt (der in vielen Gebieten etwa um die Mitte des 7. Jahrhunderts eintrat), zu dem äußere Lösungen nicht mehr möglich waren oder nicht mehr genügten. Die *Stasis* flammte heftig auf, ehrgeizige Individuen in einer der Parteien ergriffen die Gelegenheit zu ihrem eigenen Vorteil, und es entstand jene typisch griechische Erscheinung: die des Tyrannen. Das Wort »Tyrann«, ursprünglich neutral in seiner Bedeutung, bezeichnete einen Mann, der ohne legitime Autorität (im Gegensatz zu einem König) die Macht ergriff und innehatte, und implizierte zunächst kein Urteil über seine Eigenschaften als Mensch oder als Herrscher. Dies Urteil, das ausnahmslos negativ ausfiel, wurde später gefällt, und in jener späteren Zeit färbten die Griechen rückblickend die Geschichte des Zeitalters der Tyrannen, um sie ihrem neugefaßten moralischen Verdammungsurteil anzupassen. Freilich verdeckten sie nie völlig die Tatsache, daß zwischen den einzelnen Tyrannen große Unterschiede bestanden und daß manche von ihnen sogar mildtätig und gut regiert hatten.

Es ist unmöglich, die Tyrannis in Griechenland zu verstehen, wenn man nicht zunächst versucht, den Begriff in der Vorstellung vom Beiklang des Despotismus zu befreien, der ihm anhaftet, seit die Griechen der klassischen Zeit ihn damit belastet haben. Dieser Vorgang wird deutlich werden, wenn wir uns später im Verlauf dieses Kapitels mit den Peisistratiden in Athen beschäftigen. Die Irreführung in der Gedankenverbindung trifft nicht so sehr den tatsächlichen äußeren Verlauf der Tyrannenherrschaft, denn spätestens die Nachkommen der ersten Usurpatoren wurden in ihren Bemühungen, eine dynastische Erbfolge zu sichern, meist zu brutalen Despoten und schließlich vertrieben; die Tyrannenherrschaften der archaischen Zeit dauerten sämtlich nur wenige Generationen. Aber das Aufkommen der einzelnen Tyrannen und ihre Rolle haben ihre Ursachen nicht im moralischen Charakter einzelner Persönlichkeiten, sondern in der gesamten gesellschaftlichen Situation. Die Tyrannis breitete sich, wahrscheinlich beginnend mit dem dritten Viertel des 7. Jahrhunderts, in vielen Städten des griechischen Festlandes und später auch auf den Inseln in der Ägäis, in Kleinasien und in den Städten des Westens aus. Unsere wichtigste Informationsquelle ist Herodot, der nicht vorgibt, über die zeitliche Folge Genaues zu wissen. Die Bemühungen späterer griechischer Historiker und Altertumsforscher um eine genaue Chronologie haben weder zu deutlichen noch zu zuverlässigen Ergebnissen geführt. Es ist infolgedessen in den meisten Fällen sicherer, keine exakten Daten anzugeben. Der früheste und für uns in mancher Hinsicht am wenigsten erklärbare Tyrann war Pheidon von Argos, den Aristoteles möglicherweise richtig als einen legitimen König beschreibt, der als Tyrann regierte. Im Verlauf etwa der nächsten Generation entstanden typische Tyrannenherrschaften in Korinth, Sikyon und Megara, um nur die bekanntesten zu nennen. Diese Liste und das Aufkommen von Tyrannen in Athen, Naxos, Samos und Milet im 6. Jahrhundert weisen gemeinsam auf einen starken (wenn auch nicht völlig eindeutigen) ursächlichen Zusammenhang zwischen der Tyrannis einerseits und Fortschritten in der Entwicklung der wirtschaftlichen und politischen Verhältnisse und vor allem des Urbanismus andererseits hin. Daher war die Tyrannis am seltensten in den am wenigsten entwickelten Gebieten wie Akarnanien, Ätolien und Thessalien.

Der gemeinsame Faktor im Aufkommen aller Tyrannen war die Unfähigkeit der erblichen Aristokratien, die zunehmenden Konflikte in ihrer Umgebung zu lösen, sei es die in ihren eigenen Reihen, sei es die, an denen die Neureichen, die wachsende städtische Bevölkerung und die verschuldeten und verarmten Bauern beteiligt waren.[16] Konflikte mit anderen Staaten bildeten mitunter ein zusätzliches Moment, z. B. in Argos das Spannungsverhältnis zu Sparta, in Athen das zu Megara. Es ist kein Zufall, daß in den neu besiedelten Gebieten das Aufkommen der Tyrannis ein Jahrhundert und mehr später lag und dort oft mit den Problemen verwoben war, die durch mächtige Nachbarstaaten verursacht wurden: Lydien und Persien im Osten, Karthago im Westen. Polykrates von Samos zog großen Vorteil aus der Notwendigkeit, in einem Ausmaß wie nie zuvor Widerstand gegen Persien zu organisieren, und daraus, daß er fähig war,

dies durchzuführen. Weniger bedeutende Tyrannen wählten den umgekehrten Weg und stützten ihre weniger spektakuläre Herrschaft auf persische Hilfe.
Die Tyrannis hatte demnach eine militärische Seite, aber die Leibwachen und Truppen der Tyrannen, ob einheimischer Herkunft oder Söldner, dürfen nicht deren sehr erhebliche Beliebtheit bei der Bevölkerung verschleiern. In jeder Stadt gab es Gruppen, die einen Tyrannen herbeiwünschten und erwarteten, daß er mit Drohungen und Gewalt die gesellschaftlichen und politischen Ziele erreichen werde, die sie selbst auf andere Weise zu erreichen sich unfähig fühlten. In Athen hatte ein Mann namens Kylon gegen 630 einen erfolglosen Putschversuch unternommen. Eine Generation später forderten weite Kreise, daß Solon sich nach dem Muster der Gewaltherrschaften im benachbarten Megara und Korinth zum Tyrannen machen sollte. Solon weigerte sich und versuchte, die Reform mit anderen Mitteln zu erreichen, aber die Tatsache, daß eine solche Forderung ernsthaft erhoben wurde, bleibt bedeutsam. An vielen Orten bewirkte die Tyrannis auf Kosten der herkömmlichen Aristokratie in der Tat genau das, was von ihr erwartet und gefordert wurde. Damit soll nicht gesagt werden, daß die Tyrannen sich als Träger einer geheimnisvollen geschichtlichen Bestimmung oder als Vorläufer der Demokratie oder ähnliches mehr *verstanden*. Sie strebten nach Macht und Erfolg, und wenn sie intelligent und selbstbeherrscht waren, erreichten sie ihren eigenen Vorteil, indem sie die Gemeinschaft förderten, die sie regierten. Für die Dauer einer oder zweier Generationen eleminierten sie die *Stasis* mit ihren verzehrenden Auswirkungen. Sie schlossen durch interdynastische Heiraten und andere Mittel Bündnisse mit anderen griechischen Staaten und wirkten so, wo die Möglichkeit bestand (was nicht immer der Fall war), für den Frieden. Sie setzten sich für die Unabhängigkeit der kleinen Bauern ein und pflegten vielleicht (obwohl dies nach den vorhandenen Zeugnissen absolut nicht sicher ist) Handel und Handwerk. Sie stärkten das Zusammengehörigkeitsgefühl der Gemeinschaft durch die Errichtung öffentlicher Bauwerke und durch die festliche und prunkvolle Ausgestaltung des periodischen Zeremoniells größerer Kulte. Vor allem aber brachen sie mit der Gewohnheit der althergebrachten Aristokratenherrschaft. Die paradoxe Auswirkung war, daß die Tyrannen, die selbst über Verfassung und Gesetz standen, im Endeffekt die *Polis* und ihre Institutionen stärkten und dazu beitrugen, den *Demos*, das Volk in seiner Gesamtheit, auf eine Stufe des politischen Selbstbewußtseins zu heben, die in der Folge in manchen Staaten die Regierung durch den *Demos*, die Demokratie, Wirklichkeit werden ließ.
Die große Schwäche der Tyrannis lag natürlich darin, daß sowohl ihre Atmosphäre als auch ihre praktischen politischen Aus-

wirkungen so ausschließlich von den persönlichen Eigenschaften des Tyrannen abhingen. Eine weitere Schwäche bildete die Verführung, die sie unweigerlich darstellte: Der Tyrann war nicht der einzige fähige und ehrgeizige Mann im Staat, aber für die übrigen gab es keinen Platz, der ihren Ansprüchen genügt hätte; infolgedessen war die einzig mögliche Form politischer Rivalität Verschwörung und Mord. Daher führte die Tyrannis infolge ihrer Struktur meistens in der zweiten oder spätestens in der dritten Generation zu Despotismus, Bürgerkrieg und entweder Abdankung oder Umsturz. Was folgte, war von einer Stadt zur anderen unterschiedlich. Die Jahrhunderte ungleichmäßiger Entwicklung in der griechischen Welt hatten ein dauerhaftes Erbe von erheblichen Strukturunterschieden hinterlassen. Zwei Staaten, beide in ihrer Art außergewöhnlich, erlangten in der Folgezeit die größte Bedeutung: Sparta, wo die Tyrannis gänzlich vermieden wurde, und Athen, welches das Musterbeispiel für die griechische Demokratie und zugleich die größte imperialistische Macht Griechenlands werden sollte.

III. SPARTA

Zu den außergewöhnlichen Eigenschaften Spartas gehörte nicht zuletzt, daß es ein Territorialstaat war, in welchem die *Polis* und das zu ihr gehörende Territorium nicht synonym waren, wie es z. B. in der für griechische Verhältnisse typischen Weise bei Attika und Athen der Fall war. Die *Polis* von Sparta bestand, zumindest in der Idealvorstellung, aus einer einzigen Klasse von »Gleichen« *(homoioi)*, die über eine im Verhältnis zu ihnen sehr große unterworfene Bevölkerung regierten. Sparta lag in einer Ebene von fast 1900 qkm auf dem rechten Flußufer des Eurotas und im Herzen des Distrikts Lakonien. Nach der Eroberung von Messenien umfaßte sein Gebiet insgesamt etwa 8300 qkm, mehr als das Dreifache der Fläche Attikas. Angesichts der topographischen Verhältnisse in Griechenland bedeutet diese Zahl für sich allein nicht viel. Entscheidend ist, daß Messenien und, in geringerem Maß, Lakonien fruchtbarer waren als die meisten anderen Landstriche in Griechenland, so daß die Einwohner sich ernähren konnten, ohne Lebensmittel einzuführen, außer vielleicht im Fall schwerer und anhaltender Kämpfe. Lakonien besaß auch Eisenminen, eine Seltenheit in Griechenland. Wir wissen allerdings nicht, wie früh ihre Ausbeutung begann. Der wichtigste Nachteil des Gebietes war die Unwirtlichkeit der Küste. Sparta selbst war buchstäblich von der See abgeschnitten. Der nächstgelegene Hafen war Gytheion etwa 43 km im Süden. Er wurde sowohl für die Handelsschiffahrt als auch als Stationierungsort für eine kleine Flotte benutzt.

Die Spartaner selbst waren nicht sehr zahlreich. Das größte militärische Kontingent, das sie nach den vorhandenen Zeugnissen je ins Feld führten (in der Schlacht bei Platää gegen die Perser 479 v. Chr.), zählte 5000 Hopliten. Diese Ziffer läßt auf eine Höchstzahl von 20000 bis 25000 männlichen Spartanern schließen, allerdings nur unter der nicht sicheren Voraussetzung, daß sie nie riskieren konnten, mehr als die Hälfte ihrer kampffähigen Truppen weit von Sparta ins Feld zu schicken. Bei Platää kämpften in der spartanischen Armee auch 5000 *Periöken*, Männer aus dem übrigen Lakonien (und vielleicht einige wenige aus Messenien), die frei waren und in ihren eigenen kleinen Siedlungsgemeinschaften (wie z. B. Gytheion) lebten, die aber im Gegensatz zu den übrigen freien Griechen im militärischen und außenpolitischen Bereich nicht autonom waren. In dieser Hinsicht waren sie Untertanen Spartas, verpflichtet, dessen außenpolitische Entscheidungen zu akzeptieren und auf Geheiß der Spartaner und unter ihrem Kommando in deren Armee mitzukämpfen. Aber obwohl sie Sparta untertan waren und ihrer Stellung nach nicht mit dessen echten Verbündeten (wie z. B. den Korinthern) verwechselt werden dürfen, waren die *Periöken* zugleich Bürger ihrer eigenen Gemeinwesen, sprachen einen dorischen Dialekt und hatten, wie die Spartaner selbst, das Recht, sich nach ihrem eponymen Vorfahren Lakedaimon (Sohn des Zeus und der Taÿgete, der Nymphe des benachbarten Berges Taÿgetos) Lakedämonier zu nennen. Sie unterschieden sich so wesentlich von dem übrigen und zahlreichsten Teil der unterworfenen Bevölkerung, den *Heloten*.

Der Ursprung des Helotensystems ist seit dem Altertum Thema endloser und wenig überzeugender Spekulation gewesen. Es gab Parallelen an anderen Orten der griechischen Welt, so z. B. in Kreta, in Thessalien und in den »kolonisierten« Gebieten im Osten und Westen, aber über sie ist noch weit weniger bekannt als über die Verhältnisse in Sparta, so daß sie zur Lösung des Helotenproblems keine Hinweise bieten. Wenn eine Stadt oder ein Gebiet von Eroberern versklavt wurde, war das normale Verfahren fast während des gesamten Altertums, daß man die Einwohner als Sklaven verkaufte und so überallhin zerstreute. In Lakonien dagegen entschlossen sich die Spartaner zu der gefährlichen Alternative, eine ganze Bevölkerung unterjocht daheim und in dem Gebiet zu behalten, das praktisch ihr Geburtsland war. Später (wahrscheinlich im 8. oder zu Beginn des 7. Jahrhunderts) wiederholten sie dies in dem neu eroberten Messenien. Die Heloten waren Sklaven in dem Sinn, daß sie keine persönliche Freiheit hatten. Sie unterschieden sich aber von den sonst geläufigen käuflichen Sklaven in mehrfacher Hinsicht. Sie waren nicht Privateigentum einzelner, sondern Untertanen des spartanischen Staates, die durch den Staat einzelnen zugewiesen wurden. Sie wahrten anscheinend eine normale verwandtschaftliche Struktur und lebten zum großen Teil in ihren eigenen, zusammenhängenden Gruppen (»Gemeinwesen« wäre der falsche Begriff). Sie hatten sogar, zumindest theoretisch, gewisse Rechte auf Besitz.[17] Die Ursprünge dieses Systems sind dunkel: So ist unbekannt, wie anfangs in Lakonien zwischen den beiden sehr unterschiedlichen Untertanenverhältnissen der *Periöken* und *Heloten* unterschieden wurde, wie es zuging, daß die Befehlsgewalt über die *Heloten* Monopol der Spartaner wurde und die *Periöken* an ihr keinen Anteil hatten, obgleich sie ihrerseits die Freiheit hatten, echte Sklaven zu erwerben und zu besitzen, wenn sie es wollten. Dagegen sind die Konsequenzen des Systems in der geschichtlichen Zeit deutlich genug. Es wird sich zeigen, daß die *Heloten*, die im Verhältnis weit zahlreicher waren als die Sklaven irgendeines anderen griechischen Staates, auch Athens, für die Entwicklung des einzigartigen spartanischen Staatssystems und für Spartas außenpolitische Entscheidungen von fundamentaler Wichtigkeit waren.

Unsere Unkenntnis Spartas im dunklen Zeitalter dehnt sich auf den ganzen Verlauf seiner frühen institutionellen Entwicklung aus. Die Archäologie hat hier noch weniger als sonst Aufklärung geben können. Für die Darstellung ist daher der einzig vernünftige Weg, sich sofort der archaischen Periode vom Beginn des 7. Jahrhunderts an zuzuwenden und alle Bemuhungen aufzugeben, aus den offensichtlichen Erfindungen, welche die spätere Überlieferung prägen (unter Einschluß jener, die schließlich mit dem Namen des legendären Gesetzgebers Lykurg in Verbindung gebracht wurden[18]), etwas Zusammenhängendes zu rekonstruieren. Die Zeugnisse, die wir für Sparta im 7. Jahrhundert besitzen, sind keineswegs zahlreich, dafür sind sie zuverlässig, einige von ihnen stammen aus der Zeit selbst, und alle sind den normalen Kontrollmitteln der historischen Analyse zugänglich. Wir können z. B. die Fragmente des lyrischen Dichters Alkman lesen, die den sicheren Schluß zulassen, daß Sparta zu seiner Zeit noch in der allgemeinen griechischen Kulturtradition stand, was später nicht mehr der Fall war. Andere Zeichen weisen in die gleiche Richtung: Neben den archäologischen Zeugnissen gehört in diesen Zusammenhang die plausible Überlieferung von Spartas führender Rolle in der Entwicklung der griechischen Musik, und zwar unabhängig davon, ob man bereit ist zu glauben, daß der Gründer der musikalischen Tradition in Sparta ein Lyder namens Terpander war, der die Leier erfand und aus Lydien nach Sparta emigrierte. Wir können die Fragmente des Dichters Tyrtaios lesen, die zeigen, daß im Sparta des 7. Jahrhunderts die gleiche chronische *Stasis* herrschte wie im übrigen Griechenland (was ebenfalls später nicht mehr der Fall war), d. h., es wurden Kämpfe um die Verteilung des Landes ausgefochten, Nichtaristokraten erhoben politische Ansprüche (wobei die relativ neue Hoplitenarmee eine wichtige Rolle spielte), und es gab Konflikte mit anderen Staaten auf der Peloponnes, vor allem mit Tegea, der führenden Stadt Arkadiens, und mit Argos. Es existiert sogar eine in vieler Hinsicht rätselhafte Überlieferung, daß Sparta gegen 700 v. Chr. Siedler aussandte, die Taras (das heutige Tarent) in Süditalien gründeten.

Die wahre Geschichte der Gründung von Taras mag unsicher bleiben. Sicher ist, daß Sparta nie wirklich an der »Kolonisationsbewegung« der archaischen Zeit beteiligt war. Den Grund dafür bildete sein ausgedehntes Territorium, besonders nach der Eroberung von Messenien. Diese Tatsache war auch gemeinsam mit dem System der unterworfenen *Periöken* und *Heloten* die Hauptursache für Spartas einzigartige Entwicklung. Sparta hatte im Endeffekt keine andere Wahl, als einen Weg einzuschlagen, der sich von der Entwicklung aller übrigen griechischen Staaten wesentlich unterschied. Der kritische Zeitpunkt kam mit dem sogenannten Zweiten Messenischen Krieg, der nach der Überlieferung siebzehn Jahre dauerte und der wahrscheinlich ins dritte Viertel des 7. Jahrhunderts zu datieren ist. Messenien erhob sich gegen die spartanische Oberherrschaft, und es fehlte nur wenig, daß die Spartaner unfähig gewesen wären, die Revolte zu unterdrücken. Der Hauptgrund hierfür lag, wie es nach Tyrtaios' Äußerungen scheinen will, in mangelndem Einvernehmen, Unordnung und an Rebellion grenzenden Zuständen in ihren eigenen Reihen.

Während dieses Kampfes rief Tyrtaios nach *Eunomia*, »Gehorsam gegenüber den Gesetzen«, nach der Tugend also, die in den Augen mancher Griechen Spartas größter Vorzug in der klassischen Zeit werden sollte. (Es ist übrigens der Erwähnung wert, daß Tyrtaios in allen seinen Ermahnungen zu vaterländischer Gesinnung und *Eunomia* niemals Lykurg erwähnte.) Nachdem die Messenier wieder unterworfen waren, schritten die Spartaner zur Ausarbeitung einer Lösung für ihre beiden brennendsten Probleme: die Ausschaltung der *Stasis* in ihren Reihen und die Wahrung einer sicheren Kontrolle über die Heloten, die weit zahlreicher waren als die freien Männer. Die einzelnen Schritte, durch welche diese Lösung – ein Kompromiß zwischen den Forderungen verschiedener Gruppen – schließlich erreicht wurde, können wir nicht verfolgen. Außerdem fanden in den folgenden Jahrhunderten im Rahmen der einmal gefundenen Kompromißlösung weitere Veränderungen statt. So gibt es z. B. unter den Gelehrten keine einhellige Meinung über das Datum und die genaue Bedeutung eines der entscheidenden Dokumente, der sogenannten Großen Rhetra, deren Text uns durch Plutarch (*Leben des Lykurg*, VI) in verderbtem Zustand und in einem verworrenen Kontext erhalten ist. Nach jeder möglichen Deutung bildet aber dieser kurze Text, der die Kompetenz der Beschlußfassung unter die Könige, die Ältesten und eine Versammlung der gesamten männlichen Bürgerschaft verteilt, das erste in der griechischen Geschichte erhaltene Zeugnis für eine Volksversammlung mit echten, wenn auch beschränkten Machtbefugnissen, und zwar zu einem Zeitpunkt, der wahrscheinlich noch vor dem Zweiten Messenischen Krieg liegt. Es ist bedeutsam, daß in der Rhetra die Ephoren nicht erwähnt werden, die zu jenem Zeitpunkt bereits existierten und die spätestens bis zur Mitte des 6. Jahrhunderts zum wichtigsten einzelnen Bestandteil der spartanischen Regierung wurden. Das Maß unserer Unkenntnis und die Tragweite der Entwicklung in den Institutionen Spartas, mit der zu rechnen ist, zeigen sich so zur Genüge in diesem einzigen Text.

Der Zustand der *Eunomia* wurde nach Herodot (I 65) schließlich unter den Königen Leon und Agesikles, d. h. gegen Beginn des 6. Jahrhunderts erreicht. Wenn dies als richtig anerkannt wird, läßt sich folgern, daß die recht komplexe Struktur der spartanischen Gesellschaft in den beiden Generationen nach dem Zweiten Messenischen Krieg ausgearbeitet wurde. Die männlichen Spartiaten, die »Gleichen«, waren von dieser Zeit an dauernd und hauptberuflich Militärs. Ihr Leben wurde im Prinzip vollständig vom Staat geformt und war ihm ausschließlich gewidmet. Selbst die Entscheidung, ob ein männliches Neugeborenes am Leben bleiben durfte oder nicht, lag nicht bei den Eltern, sondern bei staatlichen Funktionären. Dies war eine der vielen Institutionen, die dazu dienten, sowohl symbolisch als auch in der Praxis den Einfluß der verwandtschaftlichen Bande so weit wie möglich zu verringern und dadurch eine der Hauptquellen von Loyalitätskonflikten auszuschalten. Mit sieben Jahren wurde ein Junge dem Staat zur Erziehung übergeben, einer Erziehung, deren Akzente auf körperlicher Ausdauer, militärischen Fertigkeiten und den Tugenden des Gehorsams lagen. Als Kind und Jugendlicher wuchs der junge Spartiate in einer Serie von stufenweise nach Altersklassen gegliederten, eng zusammengeschlossenen Gruppen heran, als erwachsener Mann besaß er als wichtigste Bindung die an sein Regiment und an die Gruppe, mit der er gemeinsam lebte und die Mahlzeiten einnahm. Riten verschiedener, einige ziemlich haarsträubender Art, vervollständigten das System bei Abschluß und zu Beginn bestimmter Entwicklungsabschnitte. Schließlich wurde die Konzentration auf den einzigen Zweck im Leben eines Spartiaten dadurch noch erhöht, daß er aller wirtschaftlichen Sorgen und Tätigkeiten entbunden war. Diese fielen den *Heloten* und *Periöken* zu, die in ihren verschiedenen Abhängigkeitsverhältnissen Nahrung und Waffen herstellten und den nötigen Handel trie-

ben. Die *Heloten* arbeiteten natürlich unter absolutem Zwang, dagegen waren die *Periöken* Nutznießer einer Monopolstellung, da weder die Spartaner selbst noch Außenseiter mit ihnen in Wettbewerb treten konnten. Den Spartanern war sogar verboten, gemünztes Geld zu gebrauchen; Außenseiter hatten keinerlei Zugang zu Spartas Wirtschaft außer durch Vermittlung der *Periöken* oder des Staates. Dies hilft wahrscheinlich zu erklären, warum von Unruhen unter den *Periöken* trotz ihres Mangels an Autonomie und ihrer Verpflichtung zum Militärdienst so gut wie nichts bekannt ist.
Die Erziehung der Spartiaten förderte auch von der Kindheit an den Wettbewerb untereinander, nicht so sehr in intellektuellen Leistungen oder mit dem Ziel wirtschaftlicher Vorteile als in körperlicher Leistungsfähigkeit und Ausdauer. Die Belohnungen waren in einer Hinsicht mehr ehrenvoll als materieller Art, aber sie ebneten mitunter den Weg zu führenden Stellungen und Befehlsgewalt über andere. Schon im Alter von 18 Jahren konnte man durch die Aufnahme in ein jugendliches Elitekorps mit dem Namen *Hippeis* (Ritter) belohnt werden, zu dessen Funktionen die Ausführung geheimer Regierungsaufträge und die Polizeiaufsicht über die Heloten (und gelegentlich die Ermordung der gefährlichsten unter ihnen) gehörten. Später folgte die Möglichkeit, zu Kommandoposten in der Armee und schließlich zu Regierungsämtern zu gelangen. An der Spitze des Regierungssystems standen zwei erbliche Könige – eine anomale, nicht leicht zu definierende Institution. Die Könige kommandierten die Armee im Feld. Daheim aber fehlten ihnen nicht nur im eigentlichen Sinn königliche Kompetenzen, sondern sie unterstanden auch einer strengen Aufsicht der Ephoren und konnten sogar von diesen bestraft werden. Andererseits behielten sie bestimmte traditionelle Priesterfunktionen, hatten ein Recht auf eine Anzahl äußerer Vorteile und wurden nach ihrem Tod in einem Umfang und in einer Weise öffentlich betrauert, die Herodot als griechischen Gebräuchen völlig fremd empfand: Er nannte die königlichen Begräbnisriten »barbarisch«. Die Könige waren von Amts wegen Mitglieder der *Gerusia,* eines Rates von 30 Ältesten, dessen übrige Mitglieder auf Lebenszeit gewählte Männer von über 60 Jahren waren. Sie scheinen in diesem Ältestenrat weder den Vorsitz geführt noch sonst auf seine Beschlüsse mehr Einfluß gehabt zu haben als alle übrigen Mitglieder. Auch in der Volksversammlung führten sie nicht den Vorsitz. Diese war offenbar nicht kompetent, selbst Beschlüsse herbeizuführen oder auch nur Vorschläge zu ändern, die vor sie gebracht wurden, war aber dennoch für grundsätzliche politische Entscheidungen die letzte Instanz. Neben den Königen gab es fünf Ephoren, die jährlich aus der gesamten Bevölkerung gewählt wurden. Ihre Amtsführung war auf ein Jahr beschränkt. Während dieser Zeit

aber hatten sie weitreichende Kompetenzen in der Außenpolitik, in der Strafrechtsprechung und allgemein im Bereich der Verwaltung.
Allein die Existenz zweier Königshäuser bildet einen Hinweis darauf, daß dem Ideal einer Gemeinschaft von »Gleichen« die Wirklichkeit nicht entsprach. Die Verfassung mag die Könige in ihrer Machtvollkommenheit eingeschränkt haben, aber die Aura, mit der sie umgeben waren, ermutigte und begünstigte die fähigeren und ehrgeizigeren unter ihnen darin, ihre Befehlsgewalt auf eine Art und Weise zu erweitern, die oft zu einer Störung des Machtgleichgewichts innerhalb der Gesellschaft führte. Auch einige Ephoren verführten die ausgedehnten Machtbefugnisse ihres Amtes zu dem Versuch, sie innerhalb ihres Amtsjahres bis ins Letzte auszukosten. Herodot berichtet mit an Besessenheit grenzender Häufigkeit über die Bestechlichkeit spartanischer Könige, und Aristoteles sagt, daß Korruption unter den Ephoren die Regel war. Es ist möglich, daß dies stark übertrieben ist (oder sich im Fall Aristoteles' auf die Zeit von Spartas Niedergang im 4. Jahrhundert bezieht), es zeigt aber eindeutig, daß die spartanische Strenge in Wirklichkeit nie so vollständig war wie in der Theorie. Außerdem war der materielle Besitz unter die »Gleichen« ungleich verteilt. Einige von ihnen besaßen genügend Reichtum, um sich an den olympischen Wagenrennen zu beteiligen, was unter der griechischen Aristokratie mehr als alles andere Zeichen außergewöhnlicher Wohlhabenheit war. In den erhaltenen Listen sind für die Zeit zwischen 550 und 400 v. Chr. neun Spartaner als Sieger aufgeführt, die insgesamt zwölfmal den ersten Preis davontrugen. Einer von ihnen, Damaratos, war König, ein anderer, Arkesilaos, wurde zweimal Sieger, und zwanzig Jahre nach ihm siegte sein Sohn.[19] Man kann sich schwer vorstellen, daß Männer, die über solchen Reichtum verfügten, sich seiner nicht zur Förderung eigener Wahlerfolge oder des Fortkommens ihrer Kinder in deren gesamter Karriere bedient hätten. In gleicher Weise ist es schwierig, sich die Psychologie einer spartanischen Volksversammlung genau vorzustellen. In solchen Versammlungen kamen nicht, wie etwa in der athenischen Volksversammlung, viele heterogene Individuen zur Abstimmung zusammen, sondern die Mitglieder eines hochdisziplinierten Armeekorps, denen ihr Leben lang der Gehorsam als höchste bürgerliche Tugend anerzogen worden war. Konnten solche Männer den Debatten unvoreingenommen zuhören und die Stellung der Sprecher in der Armeehierarchie oder ihre individuellen Leistungen im Feld außer acht lassen? Antworten auf solche Fragen müssen spekulativ sein, weil unsere antiken Berichterstatter sie sich nicht gestellt haben. Interne Konflikte zeigen sich in den uns erhaltenen Berichten, was das 6. Jahrhundert angeht, nur an den aufsehenerregenden Karrieren einiger

weniger Individuen, und hier fast ausschließlich im Zusammenhang mit außenpolitischen Ereignissen. Herodot hält inne, um zu berichten (V 39–40), wie zuerst die Ephoren und dann die Ältesten auf den kinderlosen König Anaxandridas Druck ausübten, eine andere Frau zu nehmen, um die Linie seines Königshauses nicht aussterben zu lassen, und wie sie ihm nicht näher bezeichnete Maßnahmen des gesamten spartanischen Volkes androhten, falls er bei seiner hartnäckigen Weigerung bleiben sollte. Dagegen ist die erste geschichtliche Erscheinung, an Hand derer Auseinandersetzungen über grundsätzlichere Probleme oder über die Bestimmungsgewalt im Staat und damit das Wesen der eigentlichen Mechanik der politischen Entscheidungen für uns sichtbar werden, die Karriere eines Mannes wie Kleomenes I., der seine militärischen Erfolge und außenpolitische Tätigkeit ausnutzte, um (mit Aristoteles' Formulierung über Pheidon von Argos zu sprechen) den Versuch zu machen, sein Königtum in eine Tyrannenherrschaft zu verwandeln.
Die antiken Schriftsteller nahmen an, daß der Schlüssel zu Spartas Außenpolitik in der Existenz der Heloten lag. Um sie unter Kontrolle zu behalten, mußte Sparta nicht nur auf der Peloponnes den Frieden erhalten, weil ein feindlicher Staat (wenn nicht vorsätzlich, dann allein durch den Umstand, daß Spartas Energie und Truppen zu stark in Anspruch genommen wurden) Unruhen unter den Heloten provozieren konnte, sondern es konnte auch nur nach ausgedehnten Sicherheitsvorkehrungen eine Armee außerhalb der Peloponnes ins Feld schicken. Spartas Politik war nicht immer defensiv gewesen und hatte Gebietserweiterungen vermieden, aber eine Niederlage gegen Tegea und die Unmöglichkeit, Argos zu erobern, scheinen es schließlich um die Mitte des 6. Jahrhunderts in diese Richtung gedrängt zu haben. Kriege und Eroberungen wurden durch Defensivbündnisse und Nichtangriffspakte ersetzt. Freilich wurde naturgemäß nach wie vor wenn nötig Gewalt gebraucht, um Bündnisse zu erzwingen oder ihre Auflösung zu verhindern. Gegen Ende des 6. Jahrhunderts war praktisch die gesamte Peloponnes, mit Ausnahme von Argos, das zu mächtig, und von Achaia, das zu abgelegen und unbedeutend war, in das spartanische Bündnissystem eingegliedert. Außerdem unterstützte Sparta zur Stärkung der Bündnisse die ihm freundlich gesinnten Parteien innerhalb der verbündeten Staaten, in der Regel Oligarchien, und erwarb sich so unverdienterweise den Ruf, prinzipiell der geschworene Feind aller Tyrannen zu sein. In Wahrheit war Spartas Politik gegenüber den Tyrannen opportunistisch und richtete sich mehr nach der Berechnung des eigenen Vorteils als nach moralischen oder anderen prinzipiellen Urteilen. So tat Sparta z. B. nie einen Schritt gegen die Tyrannen in Sikyon, Korinth oder Megara, dagegen war sein Eingreifen das entscheidende

Moment bei der Vertreibung des Hippias aus Athen im Jahre 510 v. Chr.
Das Eingreifen in Athen wird in unseren Quellen im Zusammenhang mit der Geschichte Kleomenes' I. und mit dem Hauptakzent auf der Tätigkeit des Königs selbst berichtet. Es ist möglich, daß er der wichtigste Fürsprecher oder sogar der Urheber der hier von Sparta verfolgten Politik war, es kann aber kein Zweifel bestehen, daß er den Feldzug gegen Athen in seiner offiziellen Eigenschaft als König und mit offizieller Billigung unternahm. Später ergaben sich Komplikationen, als es zwischen zwei Parteien in Athen um die Nachfolge der Tyrannen zum Bürgerkrieg kam. Kleomenes zog erneut gegen Athen, um Isagoras gegen Kleisthenes zu unterstützen. Er wurde geschlagen und kehrte abermals mit einer durch verbündete Truppen verstärkten Armee zurück. Als die Verbündeten aber erfuhren, warum sie ins Feld geführt wurden, rebellierten sie unter Anführung Korinths mit der Begründung, daß eine Einmischung in Athens innenpolitische Angelegenheiten ungerecht und nicht ihre Sache sei. Anscheinend fanden sie darin die Unterstützung des anderen spartanischen Königs, Damaratos. Das ganze Unternehmen endete mit einem Fiasko für Kleomenes, das wichtige Folgen hatte. Wir erfahren, daß die Spartaner es daraufhin zur Regel machten, nie beide Könige gemeinsam zu Feldzügen zu entsenden, und es ist anzunehmen, daß zugleich auch die Praxis eingeführt wurde, die Ephoren als Begleiter der Könige mit ins Feld zu schicken, und daß dies der Zeitpunkt der allgemeinen Erweiterung ihrer administrativen Kompetenzen war.
Die Bundesgenossen wurden seit jener Zeit in mehr oder weniger formalen Konferenzen jeweils konsultiert, wenn ihre militärische Unterstützung erwünscht oder zumindest wenn ein gemeinsames Unternehmen größeren Umfangs geplant wurde. Ein lockeres Netz von bilateralen Verträgen zwischen Sparta und seinen einzelnen Verbündeten verwandelte sich jetzt in etwas, das einem echten Staatenbund näher kam. Moderne Historiker nennen dies Bündnissystem wirklich den »Peloponnesischen Bund«, obwohl die Griechen stets an der Bezeichnung »Sparta und seine Verbündeten« festgehalten haben und obwohl zu den Mitgliedern in verschiedenen Perioden auch Staaten außerhalb der Peloponnes wie Megara, Ägina und Athen gehörten. In einer Hinsicht geht die moderne Bezeichnung zu weit: der »Bund« brachte es nie zu einer organisierten Zentralverwaltung und hatte nicht einmal eine gemeinsame Kasse; das Maß seiner Solidarität und seiner praktischen Wirksamkeit wechselte von einem Jahrzehnt zum anderen und von einer politischen Frage zur anderen. Trotzdem war sein Vorhandensein real genug, um Sparta das notwendige zusätzliche Truppenpotential zu gewährleisten und ihm im eigenen Land so viel

Frieden zu sichern, daß es in den folgenden Jahrzehnten zur größten militärischen Macht Griechenlands und zum anerkannten Anführer der Griechen gegen die persische Invasion wurde.

IV. ATHEN

Geographisch ist der Distrikt Attika, insgesamt etwa 2700 qkm groß, typisch für griechische Verhältnisse. Er ist nicht so fruchtbar wie die besten Landstriche (z. B. Messenien), schließt aber dennoch einige ausgedehnte, anbaufähige Ebenen ein. Zwei Eigenheiten fordern allein besondere Erwähnung: Attika besaß im Süden und Osten sehr ausgedehnte Küstenstriche, die geeignet waren, Schiffe an Land zu ziehen, und in Laurion im Südosten hatte es eine reiche Silberquelle, die seit dem Ende des 6. Jahrhunderts und vielleicht schon in früherer Zeit ausgenutzt wurde. Es gibt, wie schon angemerkt, nichts in der Landschaft, das für die frühe politische Einigung des Distrikts eine hinreichende Erklärung böte. Auch eine historisch stichhaltige ethnische Erklärung fehlt. Das Wort »Attika« ist nicht mit »Böotien« oder »Thessalien« zu vergleichen: Die Menschen in Attika hießen nicht »Attiker«, sondern sie waren Athener, während ein Mann aus Theben sowohl Thebaner als auch Böotier war. Der Name »Athen« selbst ist einfach eine Ableitung von dem der Athena, der Schutzgottheit der Stadt. Die Athener schrieben ihre politische Einigung *(synoikismos)* ihrem König Theseus zu. Aber dies ist eine späte, wahrscheinlich im 6. Jahrhundert entstandene Überlieferung, deren völlig mythischer Charakter (gleich dem aller übrigen Heldentaten des Theseus, der zu einer Art spätgeborenem Nachfolger des Herakles wurde) sich in der Mischung von Vagheit, Unwahrscheinlichkeiten und ernsthaften Irrtümern über Tatsachen (wie die Datierung des *Synoikismos* in die Zeit vor dem Troianischen Krieg) zeigt, aus denen der kurze Bericht des Thukydides (II 15–16) besteht. Wir haben keine Möglichkeit, es wesentlich besser zu machen. Es ist so gut wie sicher, daß der Einigungsprozeß sich über eine längere Zeitspanne erstreckte und nicht durch einen einzigen Akt eines Königs oder Heroen zustande kam. Zumindest ist anzunehmen, daß die Eingliederung von Eleusis relativ spät stattfand, und die Quellen enthalten einige Hinweise, daß sie nicht auf friedliche Weise geschah. Im ganzen gesehen war der *Synoikismos* für das Griechenland des dunklen Zeitalters und der archaischen Zeit eine große Ausnahme, wenn nicht einzig in seiner Art. Athen war nicht nur seiner Ausdehnung nach neben Sparta der größte einzelne »Stadtstaat«, sondern es wurde auch, im Gegensatz zu Sparta, ein in sich geeinter Staat ohne Untertanen im eigenen Land: Es gab keine *Periöken*, geschweige denn *Heloten*.

Alle freien Bürger Attikas waren in gleicher Weise Athener. Die Klassenunterschiede waren groß, waren aber weder in regionalen noch in ethnischen Unterschieden begründet, sondern bestanden gleichermaßen in allen Gebieten des Staates. Die Sklaven kamen von außen.

Athen war einer der Staaten, die in der Welle von Auswanderungen und Neugründungen keine Rolle spielten, es hatte keine einzige »Kolonie« aufzuweisen, nicht einmal wie Sparta ein Taras. Es gibt dafür keine Erklärung außer der Vermutung, daß die große Ausdehnung Attikas Ausweichmöglichkeiten bot, die andere Staaten auswärts suchen mußten, und daß die erstaunliche und kontinuierliche Keramikerzeugung seit der frühesten protogeometrischen Periode auf eine überdurchschnittlich hohe industrielle und kommerzielle Entwicklung schließen läßt. Wie dem auch sei, Athen sah sich schließlich, spätestens gegen Mitte des 7. Jahrhunderts, der gleichen *Stasis* ausgesetzt wie das übrige archaische Griechenland – mit den gleichen Problemen, den gleichen Konflikten zwischen verschiedenen Gesellschaftsgruppen und dem gleichen Ruf nach einem Tyrannen. Die Situation komplizierte sich möglicherweise noch durch den *Synoikismos*: Bei der Einigung können viele, wenn nicht alle, aristokratischen Familien in den Gebieten seßhaft geblieben sein, wo sie seit alters her ihre Besitztümer hatten (wie z. B. Marathon, Brauron oder Eleusis); dies war kein Hindernis, daß sie ihren Wohnsitz normalerweise nach der im Mittelmeergebiet üblichen Art in Athen selbst hatten. Eine solche Grundlage diente anscheinend den energischeren Eupatridenfamilien (»Eupatriden« war die Bezeichnung für die attischen Aristokraten; das Wort bedeutet »von guter Abstammung«) dazu, ihre Klienten und Hintersassen zu mobilisieren, um im eigenen Interesse Parteikonflikte zu inszenieren.

Die erste uns bekannte Episode aus diesem Parteienkampf ist der erfolglose Versuch eines Adligen namens Kylon, sich gegen 630 zum Tyrannen aufzuwerfen. Spätere athenische Berichte erzählen den Vorgang in der Fassung, daß Kylon seine Unterstützung hauptsächlich von außerhalb Athens und vor allem von seinem Schwiegervater Theagenes bezogen habe, der Tyrann von Megara war. Die Athener sollen einmütigen Widerstand geleistet und die Alkmäoniden während der Kämpfe einen Fluch auf sich gezogen haben, indem sie ein zugesichertes freies Geleit nicht respektierten und Kylons Anhänger umbrachten. Die Verzerrung in diesem Bericht erscheint recht augenfällig. Die Tyrannen hatten überall erhebliche Unterstützung innerhalb ihres Staates, und selbst die Athener mußten zugeben, daß eine Generation später die Forderung, Solon solle Tyrann werden, sehr verbreitet war. Dagegen ist die verwandtschaftliche Beziehung zwischen Kylon und Theagenes in sich nicht unwahrscheinlich.

Solche Heiraten bildeten einen wichtigen Teil der Beziehungen zwischen den Städten, und wenige aristokratische Familien hatten Skrupel, einen Tyrannen als Schwiegersohn oder Schwiegervater anzunehmen. Was schließlich das Blutbad nach Kylons Kapitulation angeht, so besteht die Möglichkeit, daß schon einige Jahre lang ein Blutrachezwist bestanden hatte, der zu Ausschreitungen solcher Art führte. Dies würde helfen, die für uns schattenhafte Gestalt Drakons zu erklären. Drakon hat angeblich im Jahr 621 das Recht in einer Gesetzsammlung kodifiziert, die, wie eine spätere, gegnerische Überlieferung besagt, »mit Blut, nicht mit Tinte geschrieben« war. In dieser Überlieferung fehlen in bemerkenswerter Weise konkrete Angaben. Was Drakon wahrscheinlich in Wirklichkeit getan hat, war, daß er die Gesetze über Mord in Einzelheiten festlegte. Ein Teil dieser Gesetze war gegen Ende des 5. Jahrhunderts noch in Kraft. Die wenigen Details, die wir kennen, befaßten sich im wesentlichen mit der Abschaffung der herkömmlichen Form der Blutrache. Es ist möglich, daß die Morde im Anschluß an Kylons Putschversuch dazu die Ursache bildeten. Dagegen ist es mit völliger Sicherheit eine Erfindung, daß Drakon das gesamte Recht kodifiziert hätte. Das geschah erst durch Solon eine Generation nach ihm.

Für Solon besitzen wir die erste wirkliche Dokumentation. Er war ein recht produktiver politischer Propagandaschriftsteller. Wie alle Schriftsteller in jener Zeit, in der die wenigsten lesen und schreiben konnten, schrieb er nicht Prosa, sondern Verse. Seine Werke blieben Jahrhunderte lang erhalten. Wir kennen sie noch durch einige längere Zitate. Außerdem existierte viele Jahre lang der Originaltext seiner Niederschrift der Gesetze auf hölzernen Tafeln; allerdings sind die Berichte über sie so widersprüchlich, daß über Einzelheiten und selbst darüber, wie lange Zeit sie zugänglich blieben, unter den modernen Forschern keine einheitliche Meinung besteht. Solon war ein Eupatride, der im Jahr 594 zum *Archon*, dem damals höchsten Staatsamt in Athen, gewählt wurde und umfassende Vollmachten erhielt, durch eine gründliche Reform der Gesetze und des politischen Systems der *Stasis* ein Ende zu machen. Sowohl die Wahl Solons als auch die Art, wie sie geschah, sind bedeutsam. Er riß die Macht nicht an sich, sondern sie wurde ihm übertragen, was beweist, daß unter den Aristokraten selbst eine hinreichend große Zahl bereit war, den lauten Forderungen der Opposition, die zum großen Teil aus kleinen Bauern in irgendeiner Form persönlicher Unfreiheit bestand, größere Konzessionen zu machen. Die einzige Hoffnung auf einen erfolgreichen Kompromiß gewährte ein Aristokrat, der öffentlich für die Armen eingetreten war. Solon hatte, wie wir aus seinen frühen Gedichten wissen, die Schuld am Bürgerkrieg in Athen der Gier und Unmenschlichkeit der Reichen zugeschrieben. Die Armen dankten ihm dies mit der Forderung, er solle Tyrann werden.[20] Solon weigerte sich, aber er akzeptierte das Archontat und die außerordentlichen Vollmachten. In seiner Reform steuerte er einen komplizierten Mittelkurs zwischen den extremen Forderungen der kleinen Bauern auf der einen und dem unbekehrbaren Flügel der Aristokraten auf der anderen Seite.

Seine erste Maßnahme, die sogenannte *Seisachtheia* (wörtlich »Abschüttelung der Lasten«), richtete sich gegen das Grundproblem der Unfreiheit der Bauern. Die Schulden wurden annulliert, und die vielen Athener, die sich als Abgabenpflichtige *(hektemoroi)* in Abhängigkeit befanden oder infolge von Verschuldung in Unfreiheit geraten waren, wurden wieder frei. Ein neues Gesetz verbot für alle Zukunft, freie Männer und Frauen als Sicherheit für Darlehen anzunehmen. Solon vermied aber den extremsten revolutionären Schritt der Einziehung großer Besitztümer zur Verteilung an die ärmsten Bauern und diejenigen, die keinen Landbesitz hatten. Dennoch schrieb Aristoteles mit Recht unter allen Maßnahmen, die Solon im Interesse des Volkes getroffen hatte, der *Seisachtheia* die größte Bedeutung zu. Ein freier Bauernstand bildete die Grundlage der attischen Gesellschaft während der gesamten Geschichte Athens als unabhängige *Polis.* Die Stellung der Bauern blieb mit ernsthaften Nachteilen behaftet, aber seit Solons Reform waren sie gegen die herkömmlichen Formen persönlicher Ausbeutung geschützt. Solon verstärkte diesen Schutz noch wesentlich durch Reformen in der Rechtsprechung und durch die Kodifizierung der Gesetze, eine Maßnahme, die Klarheit, Sicherheit und Vertrautheit der Öffentlichkeit mit dem Recht in Athen einführte.

Im Bereich der Verfassung war der notwendige Ausgleich komplizierter herbeizuführen, denn hier existierten Konflikte auch innerhalb der oberen Klassen. Solons entscheidende Neuerung war die Schaffung einer formalen Standeshierarchie, in welcher der Reichtum das einzige Kriterium für die Einstufung bildete. Die Bürgerschaft wurde in vier Klassen nach dem Vermögen eingeteilt, das (was zu betonen wichtig ist) nicht nach Geldbesitz, sondern nach dem landwirtschaftlichen Ertrag gemessen wurde. Die höchsten Ämter im Staat, deren Amtszeit ein Jahr betrug, waren Angehörigen der obersten Klasse vorbehalten, deren Land jährlich 500 trockene oder flüssige Maßeinheiten erbrachte. Aus den Inhabern eines dieser Ämter, des Archontats, rekrutierten sich nach Ablauf der Amtszeit die Mitglieder des *Areopag,* des traditionellen Ältestenrats mit Mitgliedschaft auf Lebenszeit und einer allgemeinen und nicht genau definierten Aufsichtsvollmacht über den Staat (etwa nach Art des Senats in Rom), einer Institution, die Solon beibehielt. Die nächsten beiden Klassen waren für die niedrigeren Ämter und vermutlich für den neuen Rat der Vierhundert qualifiziert, der von Solon geschaffen wurde. Die übrigen, die weniger als 200 Maßeinheiten im Jahr produzierten (*Thetes* genannt), hatten nur Stimmrecht in der Volksversammlung. Wie sich im einzelnen die Funktionen der Volksversammlung und des Rates der Vierhundert in Gesetzgebung und politischen Entscheidungen gestalteten, ist unbekannt und Gegenstand vielfältiger Vermutungen. Die Quellen erwähnen darüber nichts, mit Ausnahme einer sehr wichtigen Neuerung, daß nämlich die Volksversammlung für manche Rechtsstreitigkeiten zur Berufungsinstanz über die Magistrate erhoben wurde.

Trotz der Unklarheit vieler Details sind uns die gedanklichen Grundlagen der Reform und ihre allgemeinen Auswirkungen deutlich. Die reichsten Nichtaristokraten hatten in Zukunft Zugang zu den höchsten Ämtern und zum Areopag. Dadurch war das Monopol der Eupatriden gebrochen, doch waren ihnen Macht und Einfluß keineswegs entzogen. Die mittleren Klassen, darunter diejenigen, die in der Armee als Hopliten dienten, erhielten zum erstenmal das Recht, an der Regierung mitzuwirken. Selbst die Armen wurden politisch als Teil des gesamten *Demos* anerkannt, wenn ihre Einflußmöglichkeiten auch stark beschränkt waren. Die großen Lücken in der Struktur der noch nicht voll entwickelten *Polis*, die vorher ihrer Existenz als politisch funktionierendem Gemeinwesen entgegengestanden hatten, waren damit sehr stark verengt, wenn auch noch nicht völlig aus der Welt geschaffen.

Solon scheint nach Vollendung seiner Reform Athen verlassen zu haben, vermutlich in der Furcht, daß die unbefriedigten Extremisten versuchen würden, ihn zu weiteren Neuerungen oder zur Ergreifung der Macht als Tyrann zu zwingen. Die Parteistreitigkeiten setzten sich fort. Zweimal erwies es sich als unmöglich, einen Archon zu wählen. Nach 580 erfahren wir nichts mehr von Störungen dieser Art, vermutlich weil die Verfassungsmaschinerie von diesem Zeitpunkt an vom größten Teil der reicheren Klassen, sowohl Eupatriden als auch Nichtadligen, formal anerkannt wurde. Freilich konnte der Mechanismus der Verfassung allein den inneren Frieden nicht sichern: Der *Stasis* konnte vom grünen Tisch aus kein Ende gesetzt werden. Den kleinen Bauern war die Sicherheit ihrer Person durch Solons Reform garantiert, aber ihre wirtschaftliche Stellung blieb weiterhin unsicher. Auch für diejenigen, die keinen Landbesitz hatten oder durch agrarische Erträge allein nicht ihr Leben fristen konnten, scheint die Stadt nicht in hinreichendem Maß Lebensunterhaltsmöglichkeiten geboten zu haben. Forderungen und Gegenforderungen wirkten sich zum Nutzen der ehrgeizigeren Aristokraten aus, die nach wie vor auf ihre abhängige und verbündete Gefolgschaft in ihren Heimatbezirken zurückgreifen

konnten, um in dem dauernden Kampf um Ehre, Macht und Reichtum ihren Vorteil zu wahren. Schließlich gelangte *ein* Mann zu mehr Macht als sie alle und erreichte das, was Solon zu verhindern gesucht hatte. Peisistratos, ein einflußreicher Aristokrat, der seine Vorfahren bis auf den homerischen Nestor zurückführte und der im Krieg gegen Megara einiges Ansehen gewonnen hatte, unternahm nach der Überlieferung im Jahr 561/60 einen ersten Versuch, sich zum Tyrannen zu erheben. Einige Zeit später wurde er vertrieben, unternahm einen weiteren Versuch, wurde abermals vertrieben und erreichte es schließlich 545 beim drittenmal, seine Stellung so wirksam zu festigen, daß er bis zu seinem Tod im Jahr 527 regierte. Nachfolger wurde sein Sohn Hippias, der erst 510 mit Hilfe einer spartanischen Armee gestürzt wurde.
Es gibt über die Peisistratiden keine zeitgenössischen literarischen Zeugnisse. Der erste uns erhaltene Bericht ist der des Herodot, der in der Mitte des folgenden Jahrhunderts schrieb, zu einer Zeit, als jeder rechtmäßig denkende Grieche die Tyrannis und alle Tyrannnen a priori als verderblich und unmoralisch verdammte. Es ist deshalb um so bedeutsamer, daß Herodot und spätere Historiker sich darüber einig waren, daß Peisistratos eine Ausnahme bildete und, soweit dieser Begriff nicht einen Widerspruch in sich bildete, ein »guter Tyrann« war. Einigkeit herrscht ferner darüber, daß eine Ursache für den Erfolg des Peisistratos und seiner Söhne in ihrer Handhabung von Solons Verfassung lag. Diese wurde unverändert in Kraft belassen; es wurde nur dafür gesorgt, daß der jährlich gewählte Archon ein Mitglied ihrer Familie oder ihrer Gefolgschaft war. Wir sollten dies nicht in naiver Weise verstehen, obwohl die Feststellung als Tatsache zweifellos richtig ist. Peisistratos scheint seinen ersten Versuch oder seine ersten Versuche, die Macht zu ergreifen (es ist nicht sicher, ob die Überlieferung über die beiden Fehlschläge zutrifft), mit der Unterstützung unternommen zu haben, die er innerhalb Attikas finden konnte. Beim drittenmal aber kam er (mit Hilfe eines Vermögens, das er sich auf irgendwelche Weise aus den Silberminen beim Berg Pangaion in Thrakien verschafft hatte) mit einer Söldnertruppe, die er zum Teil als ständige Leibwache in seiner Burg auf der Akropolis behielt. Seine unversöhnlichen Gegner wurden getötet oder verbannt. Mit solchen Sicherheitsvorkehrungen konnte Peisistratos es sich leisten, die Institutionen der Volksversammlung, des Rates, der Beamten und Gerichte und selbst des Areopag in Tätigkeit zu belassen. Andererseits konnte ihn niemand dazu zwingen, so zu handeln. Daß er es aus freien Stücken tat, ist ein Beweis für seine politische Klugheit und letzten Endes einer der Schlüssel zu seiner Stellung in der Entwicklung des athenischen Staates.
Das genaue Verhältnis zwischen den Peisistratiden und den

übrigen Aristokratenfamilien in Athen während ihrer fünfunddreißigjährigen ununterbrochenen Regierung ist nicht leicht zu definieren. Spätere Überlieferungen, die von der unsterblichen Feindschaft von Familien wie den Alkmäoniden berichten, können als nachträgliche Versuche, die Vergangenheit der Sippe von freundschaftlichen Beziehungen zu den gestürzten Tyrannen reinzuwaschen, außer Betracht fallen. Die Alkmäoniden unternahmen zwar im Jahr 513 einen erfolglosen Versuch, Hippias zu stürzen, aber zuvor war einer von ihnen, Kleisthenes, unter Hippias Archon gewesen, und noch früher war dessen Schwester mit Peisistratos verheiratet gewesen. Ähnlich zweideutig und wechselhaft war das Verhältnis der Peisistratiden zur Familie des Miltiades. Die letztere war durch Heirat mit den Kypseliden, den Tyrannen von Korinth, verschwägert, während die Mutter des Kleisthenes eine Tochter des Tyrannen von Sikyon war. Hierin zeigt sich eine Fortsetzung der familienpolitischen Praxis, die wir schon im Zusammenhang mit Kylon im 7. Jahrhundert beobachteten. Eine andere Gemahlin des (mehrmals verehelichten) Peisistratos war eine Aristokratin aus Argos gewesen, die zuvor mit einem Tyrannen in Ambrakien und Angehörigen der Kypselidenfamilie verheiratet gewesen war. Weitere Verbindungen der Peisistratiden zu anderen griechischen Staaten bestanden nach Euböa, Thrakien, Makedonien, Thessalien und zu Lygdamis, dem Tyrannen von Naxos. Kurz gesagt: Aristoteles' Verallgemeinerung (in seiner Schrift über die *Verfassung von Athen* XVI 9), daß Peisistratos die Unterstützung sowohl der Adligen als auch des Volkes gewann, läßt sich, was die Adligen betrifft, auch auf die auswärtigen Beziehungen ausdehnen. So sehr die damalige Aristokratie in Griechenland die Oligarchie der Regierung eines einzigen Mannes aus ihren Reihen vorgezogen haben mag, so wenig erhob sie je diese Bevorzugung zum Prinzip. Auseinandersetzungen zwischen einem Tyrannen und einem einzelnen oder einer Familie aus aristokratischen Kreisen entsprangen, soweit wir von ihnen Kenntnis haben, stets nur der Sorge um die persönliche Ehre oder Stellung, nicht grundsätzlicheren Differenzen. Selbst die Ermordung von Hippias' jüngerem Bruder Hipparchos im Jahr 514, die dazu führte, daß sich die Tyrannis zu einer despotischeren Form der Herrschaft verhärtete, ging auf Eifersucht in einer päderastischen Liebesaffäre zurück. Die beiden Mörder, Harmodios und Aristogeiton, wurden später von den Athenern als Helden verehrt. In Wahrheit aber hatte ihre Tat mit politischem Interesse und prinzipieller Gegnerschaft gegen die Tyrannis nicht das geringste zu tun.

Dagegen erlitt die athenische Aristokratie unter der Herrschaft der Peisistratiden eine Niederlage für alle Folgezeit. Fünfunddreißig Jahre ordnungsgemäßer Funktion der solonischen Verfassung, selbst unter dauernder Oberaufsicht des Tyrannen, konnten nicht ungeschehen gemacht werden, zumal in dieser Zeit in Athen Frieden herrschte und der Wohlstand wuchs. Die führenden Familien hatten nach wie vor die wichtigsten Ämter inne und befaßten sich mit den auswärtigen Beziehungen. Aber indem sie dies taten, wurden sie zugleich durch den Zwang und die zunehmende Gewöhnung, sich innerhalb des Rahmens der Verfassung zu betätigen, der die früheren Parteistreitigkeiten in steigendem Maß ausschaltete, politisch »gezähmt«. Als Hippias im Jahr 510 in die Verbannung getrieben wurde, suchte ein Teil der Aristokraten unter der Führung von Isagoras, die Zustände der guten alten Zeit wiederherzustellen. Sie unterlagen in einem zweijährigen Bürgerkrieg. Im Anschluß daran ordnete Kleisthenes die Verfassung neu und schuf die strukturelle Grundlage für die attische Demokratie. Dabei half ihm ohne Zweifel ein Nationalbewußtsein, das die Tyrannen tätig und mit konkreten Maßnahmen gefördert hatten: Sie bauten auf der Akropolis einen großen Tempel der Athena Parthenos (der 480 von den Persern zerstört und später durch den heute bekannten Parthenontempel ersetzt wurde) und begannen den Bau eines weiteren für den olympischen Zeus; sie förderten nationale Kulte (im Unterschied zu regionalen) und führten Rezitationen aus den homerischen Gedichten im Panathenaenfest sowie einen Wettbewerb in tragischen Chören in den Großen Dionysien ein; sie unterstützten allgemein die Künste und luden Dichter und Musiker aus dem Ausland an ihren Hof in Athen.

Dies sind Imponderabilien, deren Wirkung nicht übersehen werden darf, selbst wenn sie schwer abzuwägen ist. Ihre Wirkung bleibt auch bestehen, wenn man anerkennt, daß das Interesse der Tyrannen mindestens ebensosehr dem eigenen Ruhm wie der Schaffung eines nationalen Bewußtseins galt. Ein Teil dieser Wirkung war wirtschaftlicher Art. Athen war immer noch weitgehend ein Agrarstaat; den Schlüssel zu wirtschaftlicher Stabilität bildeten die Verhältnisse in der Landwirtschaft. Wir wissen wenig über die Tätigkeit der Peisistratiden in diesem Bereich, außer daß sie den ärmeren Bauern durch erleichterte Kredite Unterstützung gewährten, aber alle Zeugnisse aus dem folgenden Jahrhundert weisen darauf hin, daß die Tyrannis die Periode war, in der die Klasse der mittleren und kleinen Landbesitzer sich fest und für die Dauer etablierte. Dies wäre weit schwieriger, wo nicht unmöglich gewesen, wenn nicht zugleich der städtische Sektor der Wirtschaft erheblich angewachsen wäre. Dies geschah in der Tat, wenn uns auch die Einzelheiten völlig unbekannt bleiben. Die intensive Pflege der öffentlichen Feste und des Bauwesens bildete eines der Momente, die zu diesem Anwachsen beitrugen. Ein anderes zeigt sich in dem erstaunlichen Aufschwung in hochwertiger attischer bemalter Keramik, die gegen Mitte des 6. Jahrhunderts im griechischen Keramikexport, vor allem nach Italien und Sizilien, praktisch eine Monopolstellung erreichte. Noch ein weiteres Zeichen bilden die attischen Münzprägungen. Es ist unsicher, wann gemünztes Geld in Athen zuerst in Umlauf kam, aber die entscheidende Wendung zu den berühmten silbernen »Eulen« fällt entweder in die Regierungszeit des Peisistratos oder in die seines Sohnes. Dies war auch die Zeit, in der die Sklaverei in Athen zuerst Bedeutung gewann und in der mehr und mehr freie Männer aus anderen griechischen Städten sich dort ansiedelten, als für Handel und Handwerk neue Möglichkeiten entstanden.

Die späteren Athener blickten auf Solon als den Mann zurück, der ihnen den Weg zur Demokratie gewiesen hatte, und betrachteten die Zeit des Peisistratos und Hippias als ein unbehagliches Zwischenspiel. Sieht man aber von moralischen Urteilen und der Einschätzung von Absichten oder Voraussicht ab, so war die geschichtliche Rolle der Tyrannen nicht minder unentbehrlich, um die Athener auf dem einmal gewiesenen Weg weiterzuführen.

V. DIE KULTUR DES ARCHAISCHEN GRIECHENLAND

Bei aller geographischen Verstreutheit und politischen Zersplitterung behielten die Griechen ein tief verwurzeltes Bewußtsein ihrer Zugehörigkeit zu einer gemeinsamen und einzigartigen Kultur, das Bewußtsein, wie es Herodot (VIII 144) formuliert hat, »daß wir vom gleichen Stamm sind und die gleiche Sprache reden, daß uns die Heiligtümer der Götter, die Riten, die Gebräuche, gemeinsam sind«. Sie hatten recht, und dies ist um so erstaunlicher, wenn man bedenkt, daß es keine politische oder kirchliche Zentralgewalt gab, daß bis zum Ende der archaischen Zeit ihre Kultur überwiegend auf mündlicher Weitergabe beruhte, und wenn man sich den Erfindungsgeist veranschaulicht, mit dem in diesem oder jenem Gemeinwesen ein politisches oder kulturelles Problem nach dem anderen gelöst wurde. Vielleicht ist nichts so bezeichnend wie die Schnelligkeit, mit der sich eine neue Idee ausbreitete. Das phönikische Alphabet ist ein frühes Beispiel, andere sind die Verfassungsstruktur mit Rat, Beamten und Volksversammlung, der dorische Tempel und das gemünzte Geld. Es scheint keine Rolle gespielt zu haben, ob eine »Erfindung« ursprünglich griechisch oder von außen entlehnt war. Wenn sie sich allgemein in der griechischen Gesellschaft als funktionsfähig und mit den spezifischen örtlichen Bedingungen als vereinbar erwies, war ihr Wert bald überall in der griechischen Welt praktisch anerkannt.

Eines der verbindenden Momente war der Mythos. Es ist schwer, andere Völker zu finden, deren Bestand an Mythen quantitativ und qualitativ so reich war. Es gab einen Mythos für jeden Ritus und jedes Kultzentrum, für jede neue Stadtgründung und für fast alle Naturerscheinungen: die Bewegung der Sonne, die Sterne, Flüsse und Quellen, die Erdbeben und Seuchen. Der Mythos erfüllte eine Reihe von Funktionen: Er war erklärend, didaktisch, heuristisch und kanonisierend. Er gab den Griechen der archaischen Zeit zugleich ihr Wissen von der Vergangenheit, von ihrer Geschichte. Er sanktionierte Institutionen, Kulte, Feste, Glaubensmeinungen, die Herrschaft der Aristokraten im allgemeinen und die Autorität einzelner adliger Familien im besonderen (angefangen mit ihrer Genealogie) – und so fort für alle Gebräuche und alles Denken der Gemeinschaft. Der Mythos konnte dies leisten, weil an seine Wahrheit geglaubt wurde, und dies obwohl es weder ein geheiligtes Priestertum noch irgendeine andere transzendental bezogene Autorität gab, die das Vorrecht gehabt hätte, Mythen zu schaffen oder zu bestätigen. Nach Herodots Worten (II 53) waren es Homer und Hesiod, die »als erste für die Griechen die Genealogie der Götter festsetzten, den Göttern ihre Titel gaben, die Ehren und Aufgaben unter sie verteilten und ihre Bilder schufen«. Dies mag nicht wörtlich zutreffen, aber es drückt die grundsätzliche Wahrheit aus, daß, soweit es fur die Griechen in diesen Dingen überhaupt eine Autorität gab, diese Autorität bei den Dichtern lag, die vielleicht den Anspruch erhoben (und sogar glaubten), »von den Musen inspiriert zu sein«, die man aber nach keinem sinnvollen Maßstab mit Propheten oder Priestern gleichsetzen kann. Dichterische Eingebung ist nicht prophetische Offenbarung. In ähnlichem Sinn bezeichnete das griechische Wort *hiereus*, das wir mit »Priester« übersetzen, gewöhnlich einen Laien, der, wie jeder andere zivile oder militärische Funktionär, ein öffentlicher Beamter war. Es gab Individuen, die vorgaben, zu den Göttern in einer besonderen Beziehung zu stehen – Seher, Wahrsager, Zukunftsdeuter –, aber im allgemeinen waren sie Privatpersonen, hatten kein Amt inne, und ihre Macht beruhte auf dem einzigen pragmatischen Test, ob sie Anhänger fanden oder nicht. Nur selten waren Priester und Mystiker in einem Heiligtum vereint, wie das in Delphi der Fall war. Die offiziellen Priester dort waren Laien und fungierten als Verwalter, seine überragende Stellung verdankte das Heiligtum seinem Orakel, dem Gott Apollon selbst, der Fragen beantwortete, indem er durch eine Frau sprach, die »Pythia« genannt wurde und die im ganz strengen Sinn ein Medium war.

Der Mangel an Systematik, der die Folge von Jahrhunderten dezentralisierter und »inoffizieller« Schaffung neuer Mythen war, ist nicht zu verkennen. Als dann die Griechen sich nach

Osten und Westen zerstreuten, mußten Apollon, Demeter, Herakles und andere Götter und Halbgötter mit ihnen reisen. Sie mußten auch wechselhafte politische Beziehungen und Bündnisse unterstützen, ferner Vorstellungen von »ethnischer« Zusammengehörigkeit (wie bei den Ionern) oder die sich gegenseitig ausschließenden Ansprüche mancher Heiligtümer auf größere Autorität als andere. Die längste der sogenannten »homerischen Hymnen« handelt von Apollon und besteht aus zwei verschiedenen Teilen, die unzusammenhängend, wenn nicht gar unvereinbar sind; der eine verbindet den Gott mit Delphi, der andere mit Delos, seinen beiden wichtigsten Heiligtümern. Dies Beispiel läßt sich tausendfach vermehren, wie jedes Handbuch der griechischen Mythologie zeigt. Außerdem glaubten zwar alle Griechen an das gesamte Pantheon und verehrten es, aber kein einzelner und keine Stadt hätte jemals sämtliche möglichen Riten aller Götter ausführen können. Jede Stadt hatte ihre Schutzgottheit und ihre spezifischen engen Beziehungen zu bestimmten anderen Göttern und Heroen, und auch dies war wenig geeignet, eine Systematik zu fördern. Schließlich (aber nicht vor dem 6. Jahrhundert v. Chr.) begannen sich gelegentliche Stimmen in Zweifel oder Skeptizismus zu erheben. Es waren aber nicht viele, denn die meisten Menschen *studierten* die Mythen nicht, sondern sie führten die Riten aus, und damit war genug getan.
Im Lauf der archaischen Periode gewannen einige religiöse Zentren panhellenisches Ansehen. Wir haben erwähnt, daß nicht wenige Überlieferungen über die Befragung von Delphi bei der Gründung der ersten »Kolonien« wahrscheinlich spätere Erfindungen waren. Die Erhebung Delphis von einem Kult überwiegend örtlicher Bedeutung zum größten der panhellenischen Orakel geschah eher im 7. als im 8. Jahrhundert. Obwohl das überlieferte Datum 776 v. Chr. für die Gründung der vierjährlichen Olympischen Spiele zu Ehren des Zeus sehr wohl exakt und das erste feste Datum in der griechischen Geschichte sein kann, weisen die Zeugnisse wiederum darauf, daß die Spiele zunächst in der Hauptsache Griechen aus der Peloponnes anzogen und dann ähnlich wie Delphi in der übrigen griechischen Welt an Bedeutung gewannen. Kein anderes Zentrum konnte sich mit Delphi und Olympia messen, aber die Griechen kamen schließlich von weit her, um auch andere Orakel zu befragen, z. B. in Dodona in Epirus oder Klaros in Kleinasien, oder um sich an den Isthmischen oder Nemeischen Spielen in der Nähe von Korinth als Wettkämpfer oder Zuschauer zu beteiligen. Es waren also ihre Kulthandlungen und die mit diesen Kulthandlungen verbundene Dichtung, Architektur, Skulptur und Athletik, die es den politisch zersplitterten und oft gegeneinander Krieg führenden Griechen am ehesten möglich machten, zu einer Art von tätiger Einheit zu gelangen. Dagegen war die Religion kein

Abb. 23: Blick auf Delphi von der obersten Sitzreihe des Theaters

starkes Moment für die Bildung einer *politischen* Einheit und nicht einmal für den Frieden innerhalb von Hellas. Apollon wurde oft durch das delphische Orakel befragt, ehe ein Krieg begonnen wurde, aber es ist nicht überliefert, daß er jemals den Frieden als um seiner selbst willen gut den kriegerischen Parteien empfohlen hätte, selbst wenn er sich gelegentlich auf Grund einer spezifischen Situation und ihrer Erfolgschancen gegen ein Unternehmen aussprach. Die Panhellenischen Feste waren zwar Zeiten des Waffenstillstands, aber es hat nicht den Anschein, als ob sie auf lange Sicht zum Frieden oder auch nur zu besserer Verständigung wesentlich beigetragen hätten.

Spiele und andere Formen des Wettkampfes (in Dichtung, Musik und Tanz) waren ein regelmäßiger Bestandteil bedeutender religiöser Feierlichkeiten. Die Ursprünge dieser Sitte verlieren sich im Schatten des dunklen Zeitalters. Die lang ausgesponnene Beschreibung in der *Ilias* von den Wettkämpfen, die Achilles beim Begräbnis des Patroklos veranstaltete, ist das früheste uns erhaltene literarische Zeugnis. Schon hier zeigt sich in Andeutungen die komplizierte Psychologie solcher Wettkämpfe. Die griechische Religion war kein separater Lebensbereich für sich, sondern mit allen Aspekten persönlichen und politischen Verhaltens eng verknüpft. Man ehrte die Götter und suchte ihre Unterstützung auf viele verschiedene Arten und Weisen: Man lud sie zu Tisch und teilte Speise und Trank mit ihnen, man ließ sich von Besessenheit ergreifen (im Mänadismus und anderen

Formen orgiastischen Verhaltens), und man hielt Wettspiele ab, Feste körperlicher Tüchtigkeit, denn hervorragende physische Leistungsfähigkeit war ebensosehr ein Geschenk der Götter wie alles übrige. Dies alles gehört zum Begriff des Wettkampfes, aber es zeigt noch in keiner Weise die volle Ausdehnung des Begriffs. Das griechische Wort, das wir hier als »Wettkampf« übersetzen, ist *Agon*, ein Begriff, der nicht nur einen sportlichen oder dichterischen Wettstreit bezeichnen kann, sondern auch einen Rechtsstreit, eine Schlacht, eine Krise oder die Agonie verzehrender Sorge im Existenzkampf. In unserem Zusammenhang läßt man daher *Agon*, wie Jakob Burckhardt in seiner glänzenden Darstellung der Rolle des Agonalen im archaischen Griechenland[21] gesehen hat, am besten unübersetzt, denn der *Agon* war vor allem anderen der ritualisierte, nichtmilitärische Ausdruck eines Wertsystems, in welchem die Ehre den höchsten Platz einnahm. Man strebte nach Ehre selbst um den Preis des eigenen Lebens, und der Ehrverlust, die Schande, war das unerträglichste Unglück, das einen Mann treffen konnte.[22] Kulturen, in denen Ehre und Schande diese Rolle spielen, haben in anderen Gesellschaften existiert, z. B. unter den Beduinen und in den Mittelmeerländern bis in die jüngste Zeit, und die in ihnen gültigen Werte und Auffassungen finden sich wohl in gewissem Grad in jeder Gesellschaft. Was für die Griechen besonders kennzeichnend ist, ist die Intensität, mit der diese Werte den Ablauf religiöser Feste bestimmten. Ihre größte literarische Formulierung (und auch die späteste, in der so viel von der Haltung der archaischen Tradition bewahrt ist) findet sich in den Oden Pindars, der gegen 438 starb. Zu einer Zeit, als Athen schon in der vollen Blüte seiner demokratischen Kultur stand, feierte Pindar noch die Sieger in den Wettspielen nicht nur durch die Verherrlichung ihrer Leistung und der gewonnenen Ehre, sondern auch durch Strophen voll von brutaler Schadenfreude über die vernichtende Schmach der Unterlegenen.

Pindars Werte waren weitgehend die der archaischen Aristokratie, mit deren Lebensform der *Agon* auf das engste verbunden war. Von allen Siegen brachte die höchste Ehre der im Wagenrennen, dem teuersten aller Wettkämpfe und daher dem Sport, welchem sich die Tyrannen mit Vorliebe zuwandten. Pindar und andere Spezialisten für die Verfassung von epinikischen Oden, wie Gedichte zu Ehren von Siegern bezeichnet wurden, stellten ihre Kunst mit der gleichen Selbstverständlichkeit in den Dienst der Tyrannen wie in den der übrigen Aristokraten. Dies ist eines der Anzeichen für ihre Ablehnung der neuen sozialen und politischen Werte, die gegen Ende der archaischen Zeit in Erscheinung zu treten begannen. Ein weiteres ist ihre völlig mythische Denk- und Darstellungsform. Vergleicht man aber diese Oden mit der Schilderung der Spiele bei Patroklos' Bestattung in der

Ilias, so zeigt sich eine wichtige Verlagerung des Akzents. Die *Ilias* feiert die einzelnen Helden, Pindar und seine Kollegen dagegen schreiben die gewonnene Ehre nicht nur dem Sieger als Individuum zu, sondern auch seinen Verwandten und Vorfahren und der Gemeinschaft, der er angehört. Kurz gesagt: Im *Agon* der archaischen Zeit zeigt sich jene Dialektik und letztlich jenes Spannungsverhältnis zwischen Individuum und Gemeinschaft, das seit jener Zeit ein Wesenszug der westlichen Gesellschaft überhaupt geblieben ist. Nach der Art unserer Zeugnisse wissen wir nichts über die Einstellung des einfachen Volkes zu den Werten, die Pindar noch ausdrückte. Die Zuschauer bei den Spielen kamen ohne Zweifel aus allen Teilen der Bevölkerung. Und doch war Opposition gegen das aristokratische Ethos unvermeidlich, einerseits bei den Moralisten, deren Anschauungen das Syndrom von Ehre und Schande hinter sich zu lassen begannen, andererseits auch bei denen, die in den langen Kampf um die Zerstörung des aristokratischen Monopols auf Reichtum und Macht verwickelt waren. Die Zähmung des homerischen Helden genügte nicht. Es war ebenso unerläßlich, den agonalen Geist als negatives und sogar asoziales Element innerhalb der Gemeinschaft zu dämpfen, wenn nicht völlig zu vernichten. Dies zeigt sich für uns deutlich in den Gedichten Solons, so sehr dieser die Rechte der oberen Klassen respektierte. Auch der Krieg war inzwischen eine Sache der Gemeinschaft geworden und konnte nach der Einführung der Hoplitenphalanx nicht mehr im agonalen Geist der homerischen Einzelkämpfe geführt werden.
Die Spannung zwischen dem Individuum und der Obrigkeit ist schon in den *Werken und Tagen* Hesiods[23] (einem Gedicht, das wahrscheinlich gegen Beginn des 7. Jahrhunderts zu datieren ist) unmißverständlich ausgedrückt. Sprache und Versmaß dieses Gedichts bleiben in der epischen Tradition, und es enthält noch starke mythische Elemente, aber im Gegensatz zur *Theogonie* sind die *Werke und Tage* sehr weitgehend ein »privates« Gedicht und in der ersten Person geschrieben. Daneben sind sie einer der finstersten Klagegesänge, die jemals verfaßt wurden, voll von Entsetzen über das »eiserne Zeitalter« von Armut und Ungerechtigkeit, in welchem die Menschen leben, voll Bitterkeit gegen die »Bestechungen verschlingenden Richter«, die Gefahren von Untätigkeit und Luxus und die ständig drohende Armut. Diese Einstellung ist um so bemerkenswerter, wenn man sich bewußt bleibt, daß das »Ich« des Gedichts sowohl, zumindest halb-beruflich, ein Dichter und Sänger als auch ein Bauer ist, der wohlhabend genug ist, Sklaven zu besitzen und der Erwerbung weiteren Landes durch die Früchte seiner Arbeit entgegenzusehen. Mit den *Werken und Tagen* erschienen zwei grundsätzlich neue Elemente in der griechischen Dichtung, die beide bis zum Ende der archaischen Zeit vorherrschend bleiben

sollten, allerdings nicht notwendigerweise immer kombiniert wie in Hesiods Gedicht. Das eine ist der persönliche Bezug: Der Dichter spricht im eigenen Namen. Es kann ein Fehler sein, daraus automatisch den Schluß zu ziehen, daß die Gedichte autobiographischen Inhalts sind, denn möglicherweise wirkt sich hierin nur eine gültige Konvention aus, daß Gedichte in Ichform geschrieben werden. Dennoch zeigen die Dichtungen, »welche Standpunkte der Dichter vertreten wollte, welche Gefühle er mit Vorliebe ausdrückte und welche Themen er vorzugsweise behandelte«.[24] Zu diesen Themen gehörte oft sehr offenherzige soziale und politische Kritik wie bei Tyrtaios, Solon, Alkaios von Lesbos oder Theognis von Megara. Diese Kritik ist das zweite neue Element. Sie hat keineswegs bei allen Dichtern die gleiche Tendenz. So spricht z. B. Theognis von der Aristokratie in wesentlich anderem Ton als dem, den wir bei Solon gesehen haben. Die Vielfalt der Ideen und Standpunkte spiegelt sowohl den neuen »Individualismus« als auch die steigende Komplexität und die wachsenden Konflikte innerhalb der gesellschaftlichen Situation.
Solche Dichtung mußte nicht nur mit der heroischen Anschauungsweise, sondern auch mit dem heroischen oder epischen Stil brechen, den die neuen Dichter sehr wohl kannten. Die Gedichte wurden wesentlich kürzer (die *Werke und Tage* sind in dem uns überlieferten Text noch über 800 Verse lang, die *Theogonie* über 1200), und neue Versmaße wurden geschaffen. Häufig waren die Gedichte auch persönlich in dem engeren Sinn, daß sie die größere gesellschaftliche Szenerie verließen und von der Liebe oder den Freuden von Wein, Freundschaft und Zecherei sangen. Diese Entwicklung zeigt sich schon bei dem frühesten Dichter des neuen Genres, dessen Werk uns in nennenswerter Menge (und auch großenteils nur in fragmentarischer Form) erhalten ist, Archilochos von Paros, dessen Hauptschaffenszeit ziemlich genau gegen 650 oder 640 v. Chr. datiert werden kann. Die große Vielfalt der Versmaße, die er verwendet, deutet darauf, daß er auf eine lange Tradition von Volksliedern zurückgreifen konnte, die neben der epischen Überlieferung existierte. Dichtung dieser Art verbindet sich in der ganzen Welt allgemein mit einer Gelegenheit: einem Zusammensein beim Wein, dem Erntetanz in einem Dorf, einem großen öffentlichen Fest und unzähligen anderen, und in der Regel verbindet sie sich auch mit Gesang. Die Gelegenheit bestimmte nicht nur Stil und Thematik der Dichtung, sondern auch die Konventionen, die für die einzelnen poetischen Gattungen galten. Die Beziehung ist in den Fragmenten des Archilochos nicht deutlich zu erkennen, aber sie gilt zweifellos für die meisten Lyriker nach ihm und die ganze Breite ihrer Produktion, von den Trinkliedern des Anakreon bis zu den großen Chorgesängen Pindars und seiner Vorgänger.

Besonders die Verfasser solcher Chorgesänge reisten weit durch die griechische Welt auf der Suche nach Arbeitgebern, aber auch von den übrigen Lyrikern war ein großer Teil keineswegs unbeweglich seßhaft. Die Dichtung der archaischen Zeit war in diesem Sinne durchaus panhellenisch, und es ist nicht ohne Bedeutung, daß die Dichter selbst nicht nur aus dem griechischen Mutterland und von den Ägäischen Inseln, sondern auch aus Kleinasien und den neueren Zentren im Westen stammten.

Wendet man sich einer ganz anderen intellektuellen Entwicklung, dem Aufstieg der Philosophie seit etwa 600 v. Chr., zu, so scheint das griechische Festland in der ersten Phase ganz unproduktiv gewesen zu sein. Die Anfänge spielten sich in Ionien und vor allem in Milet ab; später, in der zweiten Hälfte des 6. Jahrhunderts, entstand ein weiteres Zentrum in Sizilien und Süditalien, anscheinend unter der geistigen Führung von Flüchtlingen, die sich dort niedergelassen hatten. Xenophanes floh gegen Mitte des Jahrhunderts aus Kolophon nach Sizilien, Pythagoras ein wenig später aus Samos nach Kroton, wo er eine echte Schule gegründet zu haben scheint, die zugleich eine geheime mystische Sekte war.

Es ist unmöglich, Ausdrücke wie »scheint« und »anscheinend« in der Behandlung dieser frühen »Physiker«, wie die Griechen sie nach dem Wort *physis* (Natur) nannten, zu vermeiden, denn alle Überlieferungen, die uns über sie berichten, sind fragmentarisch, verworren und zum großen Teil nicht vertrauenswürdig. Bei aller Fragwürdigkeit der Einzelheiten kann aber kein Zweifel über die Revolution im Denken bestehen, die sie auslösten und die mit dem bekannten Wort als der Weg vom Mythos zum Logos, zur Vernunft, bezeichnet wird. Lange Zeit lag die Revolution mehr im Bereich der Denkmethoden als in den Ergebnissen, denn diese waren spekulativ und im Licht späterer Erkenntnisse oft von größter Naivität. Im Grunde waren auch Fragen wie: Was ist die Welt?, Was ist der Mensch? keineswegs neu. Aber die Antworten waren bisher stets mythisch, spezifisch und konkret gewesen. Natürliche und menschliche Erscheinungen waren durch bestimmte übernatürliche Ereignisse und Handlungen erklärt worden, die ihrerseits unerklärlich blieben. Die Revolution der ionischen Philosophie bestand demgegenüber darin, daß verallgemeinerte Fragen gestellt und allgemeine, rationale, »unpersönliche« Antworten gegeben wurden. Diese Art zu denken war die notwendige Vorbedingung für Philosophie und wissenschaftliche Erkenntnis, im Unterschied zu bloßem empirischem Wissen, das die Griechen, z. B. im Bereich der Metallverarbeitung oder Navigation, inzwischen in reichem Maß besaßen.

Die frühen ionischen Philosophen scheinen ihre Bemühungen weitgehend auf die Erklärung des Kosmos und die Natur des

Seins im allgemeinen konzentriert zu haben. Dagegen war zumindest Xenophanes mehr Moralist und sogar Theologe; einige seiner berühmten Aphorismen sind ebenso radikal wie beißend: »Homer und Hesiod haben den Göttern alles nachgesagt, was unter den Menschen schmachvoll und verwerflich ist: Diebstahl, Ehebruch und Betrug.« Die Pythagoreer wandten ihre Aufmerksamkeit der Seele zu und entwickelten eine Lehre von Seelenwanderung und Wiedergeburt. Ihre mystische Lehre verwickelte sie anscheinend auf irgendeine Weise (die für uns, wie die Lehre selbst, hoffnungslos im dunkeln bleibt) in die komplizierten politischen Verhältnisse der griechischen Städte in Italien, wo sie zu Mittelpunkten von Parteienkampf und Revolution wurden. Solche mehr auf den Menschen konzentrierten Bemühungen brachten die Philosophen in direkten Widerspruch zum Mythos und seiner herkömmlichen Deutung, besonders zu einigen der moralischen Grundanschauungen, die der Mythos stützte. Aber niemand zweifelte bisher an der Geschichtlichkeit der Mythen, so daß der neue Rationalismus in dieser Zeit noch nicht zu einer neuen Orientierung der Anschauungen über die Vergangenheit führte; mit anderen Worten: Die Zeit der Entstehung einer griechischen Geschichtsschreibung war mit ihm noch nicht gekommen.[25]

Endlich bildet auch die Geschichte der bildenden Künste eine kontrapunktische Ergänzung zu den Themen, welche diesen Abschnitt bestimmt haben. Trotz vieler regionaler und örtlicher Verschiedenheiten war die bildende Kunst panhellenisch, was sich nicht nur in der Leichtigkeit zeigt, mit der die Künstler, ihre Ideen und ihre Werke von einem Ort zum andern reisten, sondern was auch in der Gesamtwirkung anschaulich wird. Ein Grieche des 7. oder 6. Jahrhunderts fand in dieser Hinsicht eine weitgehend bekannte Umgebung, wohin er auch reiste. Die Kunst war wie die Dichtung zweckgebunden. Ihre Regeln richteten sich weitgehend nach ihren Zwecken. Sie bildete einen Bestandteil des täglichen Lebens und war nicht etwa gelegentlichen Mußestunden oder dem Privatvergnügen reicher Sammler und Ästheten vorbehalten. Sie fand sich in den Tempeln und anderen öffentlichen Gebäuden, nicht in Museen. In den Haushalten gab es schöne Gefäße, Spiegel und Juwelen, keine »Kunstgegenstände«. Selbst im privatesten Bereich der Kunst findet sich selten unter den unzähligen Krügen, Vasen und Trinkgefäßen ein nicht zum Gebrauch bestimmter, exzentrischer Gegenstand.

Mit dem 6. Jahrhundert hatten Töpfer, Maler und Bildhauer die Gewohnheit angenommen, ihre Werke zu signieren – ein revolutionärer Schritt in der Geschichte der Kunst, nämlich die Anerkennung des Künstlers (genau wie des lyrischen Dichters) als Individuum. Aber der Künstler wurde nicht zum Individualisten

Abb. 24: Spät-geometrische Urne aus Athen. Höhe 1,23 m. Spätes 8. Jahrhundert v. Chr.

um jeden Preis, der rastlos nach Neuerungen suchte. In jeder einzelnen Periode und an jedem einzelnen Ort hielt er sich an die anerkannten Regeln (und seine Kunden verlangten nichts anderes von ihm), und nur innerhalb dieses Rahmens drückte er seinen Werken seinen individuellen Stempel auf. Natürlich gab es in der kontinuierlichen Geschichte der bemalten Keramik, die ohne Unterbrechung bis zum Beginn des dunklen Zeitalters zurückgeht, bemerkenswerte Veränderungen nicht nur in der Technik, sondern auch in Mode und Geschmack. Die erstaunlichste von allen war vielleicht die Eroberung des Marktes in großen Teilen der griechischen Welt, vor allem im Westen, durch attische Ware um die Mitte des 6. Jahrhunderts. Wie oder warum die größeren Veränderungen im einzelnen zustande kamen, ist uns völlig unbekannt. Wir kennen weder die Erfinder noch den Grund, weshalb ihre radikalen Neuerungen die Verbreitung fanden, die wir beobachten. Die Existenz von Regeln führte nicht zu mechanischer Wiederholung oder Sterilität. Betrachtet man die Geschichte der Keramik im ganzen, so zeigt sich eine deutliche Wechselwirkung zwischen dem Künstler als Individuum und dem Künstler als Funktionär oder Sprecher seiner Gesellschaft, auch wenn die Erklärung für uns nicht deutlich ist.

Die übrigen bildenden Künste haben, so weit unser Wissen reicht, eine wesentlich kürzere Geschichte. Alle Malerei der archaischen Periode mit Ausnahme der Vasenmalerei ist für uns verloren. Architektur und Skulptur sind uns erst seit der Zeit bekannt, als neben vergänglichen Materialien wie Holz und luftgetrockneten Ziegeln Stein verwendet wurde, d. h. seit dem 7. Jahrhundert. Was dann auffällig ist, ist das Vorherrschen religiöser Zusammenhänge und Zwecke in diesen Künsten. Griechische Architektur und Skulptur waren im strengen Sinne öffentliche Künste. Das Griechenland der archaischen (wie der klassischen) Zeit war eine Welt ohne Paläste und private Villen. Unter den öffentlichen Gebäuden waren es die Tempel, denen weitaus die größten Mühen und Ausgaben in verschwenderischem Maß galten. Sie waren mit in Stein gehauenen Metopen, Pedimenten und Friesen verziert, und im Inneren verbargen sie Statuen der Götter, denen sie geweiht waren. Auch außerhalb der Tempel war der Zusammenhang zwischen Skulptur und Religion stärker, als er auf den ersten Blick erscheinen mag. Die Statuen der Sieger in den großen Wettspielen fallen in diese Kategorie, denn wie die Chorlieder waren solche Statuen eine Form der Danksagung an die Götter durch die Gesellschaft (oder die Tyrannen), welche die Athleten repräsentierten. Wie die Chorlieder galten auch die Statuen nicht eigentlich den Athleten als Individuen: Sie waren keine Porträts, sondern idealtypische Bilder, die ohne Unterschied Menschen und Götter darstellen konnten. Die bekannten archaischen Statuen nackter junger Männer (mit dem technischen Begriff: *Kouroi*) aus Stein oder Bronze, von denen heute mehr als zweihundert Exemplare, die frühesten aus der Zeit um 650, bekannt sind, werden von modernen Gelehrten manchmal als »Apollon«, manchmal als »Jüngling« bezeichnet. Diese Unterscheidung ist aber nur legitim, wenn sie durch äußere Anzeichen gestützt wird, wenn z. B. die Statue zu einem Grab gehört oder der Sockel mit einem inschriftlichen Text erhalten ist. Die Statue selbst gibt keine Anhaltspunkte.

Solche Skulpturen symbolisierten wie die Tempel den Triumph der Gemeinschaft, der *Polis*, sie demonstrierten ihre Größe, ihre Macht und vor allem ihr Selbstbewußtsein. Die mykenischen Herrscher bauten für sich selbst große Gräber und Paläste. Bis zum Zeitalter der Tyrannen gab es nie wieder Individuen, die

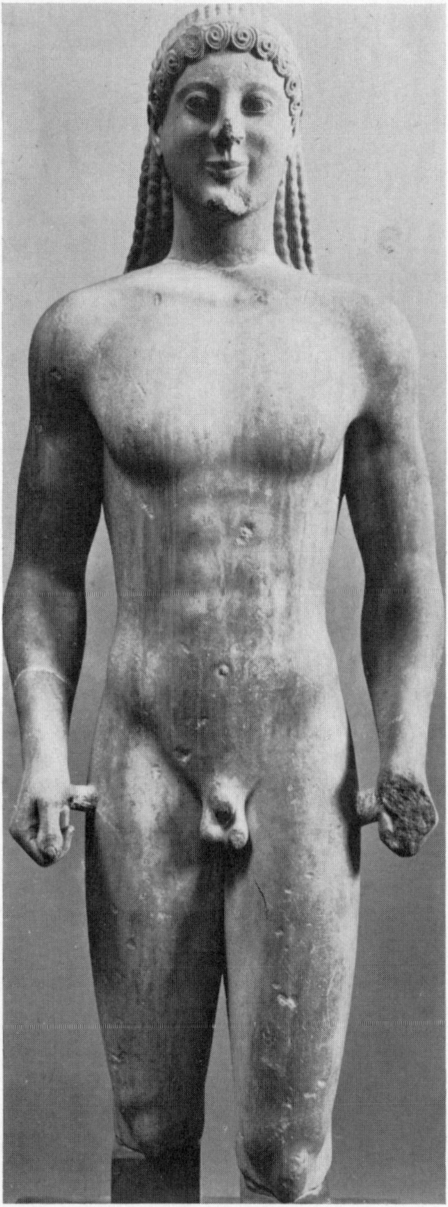

Abb. 25: Kouros aus dem Heiligtum des Apollon Ptoios in Böotien. Ende des 6. Jahrhunderts v. Chr.

über genügend Macht und Mittel verfügten, um es ihnen gleichzutun. Aber nicht einmal die Tyrannen bauten Paläste oder prunkvolle Gräber zur Verherrlichung ihrer Person. Peisistratos wohnte eine Zeitlang auf der Akropolis in Athen, aber sein »Denkmal« dort war kein Palast, sondern der Tempel der Athena Parthenos. Darin zeigt sich, ebenso wie in dem Brunnenhaus, das er bauen ließ, wie stark die griechische Gemeinschaft an Leben und Kraft gewonnen hatte, so daß selbst ein Tyrann sich ihr beugte. Die homerischen Helden lebten in den Legenden von ihren Taten und ihrer Tapferkeit fort. Die »Helden« der neuen Zeit verewigten sich in Bauwerken für die Gemeinschaft.
Im gesamten Verlauf dieser Kulturgeschichte gab es viele Einflüsse und Anleihen aus dem Nahen Osten: im Mythos, in der Mathematik, in der Architektur der Tempel, der Skulptur, der Vasenmalerei. Wenn darüber hier nichts gesagt worden ist, so nicht in der Absicht, diese Einflüsse zu leugnen, sondern um die Akzente richtig zu setzen. Was auch immer die Griechen von außen entlehnten, assimilierten sie sofort und verwandelten es (soweit es sich nicht um bloße technische Fertigkeiten, wie z. B. in der Metallverarbeitung, handelte) in etwas original Griechisches. Sie übernahmen das phönikische Alphabet, aber die Phöniker kannten keinen Homer. Die Idee der freistehenden menschlichen Statue mag aus Ägypten stammen, aber es waren die Griechen, nicht die Ägypter, die diese Idee über die *Kouroi* zu den großen Standbildern der klassischen Zeit entwickelten. Im Verlauf dieser Entwicklung erfanden sie nicht nur den Akt als künstlerische Form, sondern in einem sehr wichtigen Sinn erfanden sie die Kunst selbst. »Es waren die Griechen, die uns lehrten zu fragen: ›*Wie* steht er?‹ oder sogar: ›Warum steht er so?‹«[26] Es ist nicht weithergeholt, solche Fragen (von denen wir natürlich nicht wissen, ob ein früher griechischer Bildhauer sie sich jemals in dieser Form stellte) mit Fragen jener Art in Zusammenhang zu bringen, wie sie die ionischen Naturwissenschaftler zur gleichen Zeit formulierten. Menschliches Selbstvertrauen und Selbstbewußtsein, das solche Fragen in der Politik wie in der Philosophie und Kunst ermöglichte und förderte, bildete die letzte Ursache des »griechischen Wunders«.

Anmerkungen

KAP. 1: ASSYRIEN UND SEINE NACHBARLÄNDER (BABYLONIEN, ELAM, IRAN) VON 1000 BIS 617 V. CHR.
DAS NEUBABYLONISCHE REICH BIS 539 V. CHR.

Abkürzungen

AfO	=	Archiv für Orientforschung.
ANET	=	(ed. J. B. Pritchard) Ancient Near Eastern Texts Relating to the Old Testament. 2. Aufl. Princeton 1955.
ARAB	=	D. D. Luckenbill, Ancient Records of Assyria and Babylonia. Bd. I und II, Chicago 1926/27.
CT	=	Cuneiform Texts in the British Museum.
JNES	=	Journal of Near Eastern Studies.
KB	=	Keilschriftliche Bibliothek. Berlin.
RLA	=	Reallexikon der Assyriologie. Berlin-Leipzig 1932 ff.
RA	=	Revue d'Assyriologie. Paris.
ZA	=	Zeitschrift für Assyriologie. Berlin.

1 Über die Aramäer und ihre Ausbreitung vgl. S. SCHIFFER, *Die Aramäer.* Leipzig 1911; R. T. O'CALLAGHAN, *Aram Naharaim.* Rom 1948; B. LANDSBERGER, *Sam'al.* Ankara 1948; A. DUPONT-SOMMER, *Les Araméens.* Paris 1949; J.-R. KUPPER, *Les nomades en Mésopotamie* ... Paris 1957, S. 112–145; S. MOSCATI, *The Aramaen Aḫlamû,* in: Journal of Semitic Studies 4 (1959), S. 303 bis 307.

2 ARAB I, S. 107 f.; E. F. WEIDNER, AfO 3 (1926), S. 151–161; H. F. WEISSBACH, RLA 1 (1928), S. 209–211; J.-R. KUPPER (s. Anm. 1) S. 119; 133.

3 ARAB I, S. 109–125; J. SEIDMANN, *Mitteil. d. Altor. Ges.* 9/3 (1935), S. 8–35; E. F. WEIDNER, RLA 1, 29–31.

4 V. SCHEIL, *Annales de Tukulti-Ninip.* Paris 1909; ARAB 1, S. 126 bis 137; J.-R. KUPPER (s. Anm. 1) S. 124–126; R. J. TOURNAY-SOUBHI SAOUAF, *Stèle de Tukulti-Ninurta II.,* in: Annales arch. de Syrie (1952), S. 169–190.

5 G. DOSSIN, *Annales arch. de Syrie* 11–12 (1961–62), S. 197–206.

6 G. HÜSING, *Der Zagros und seine Völker,* in: Alter Orient 9 (1908); M. STRECK, *Das Gebiet der heutigen Landschaften Armenien, Kurdistan und Westpersien nach den babylonisch-assyrischen Keilschriften,* in: ZA 13 (1898), S. 57–110; 14 (1899), S. 103–172; 15 (1900), S. 257–382; F. THUREAU-DANGIN, *Une relation de la Huitième Campagne de Sargon.* Paris 1912; E. M. WRIGHT, The *8th Campaign of Sargon II of Assyria,* in: JNES 2 (1943), S. 173 bis 186; E. A. SPEISER, *Southern Kurdistan,* in: Annual of the Amer. Schools of Oriental Research 8 (1926/28); J. V. KINNIER-WILSON,

Iraq 24 (1962), S. 101–113; L. Vanden Berghe, *Archéologie de l'Iran ancien.* Leiden 1959.

7 Zu den Ausgrabungen in Hasanlu vgl. R. H. Dyson in *Archaeology* 1958–1960; *Expedition* 1958–1959; *Illustrated London News* 23. 1. 1960; 13. 2. 1960; 30. 9. 1961; *Science* 135/3504 (Wash., 1962), S. 637–647.

8 Godard, *Le trésor de Ziwiye.* Haarlem 1950; R. Ghirshman, *L'Iran ...* Paris 1951, S. 89–93; M. Falkner, AfO 16 (1952), S. 129–132; R. D. Barnett, *Iraq* 18 (1956), S. 111–116.

9 Über Urartu vgl. die Bibliographie bei R. Follet, *Rivista degli Studi Orientali* 32 (1957), S. 189–200; RA 52 (1958), S. 191 f.; 53 (1959) S. 52 f. Urartäische Inschriften bei F. W. König, *Handbuch der chaldischen Inschriften;* Beiheft AfO 8 (1955); G. A. Melikišvili, *Urartskije klinoobraznyje nadpisi.* Moskau 1960 (bessere Edition). Allgemein: A. Goetze, *Kleinasien,* 2. Aufl. München 1957, S. 189–200. Wirtschaft: M. Riemschneider, *Wirtschaftsformen und Militärwesen in Urartu,* in: Soz. ökon. Verhältnisse im Alten Orient (Berlin 1961), S. 237–244. Kunst: B. B. Piotrovskij, *Iskusstvo Urartu.* Leningrad 1962. Briefe: I. M. Diakonoff, *Urartskije pis'ma i dokumenty.* Moskau-Leningrad 1963.

10 H. F. Weissbach, RLA 1, 214–220; ARAB 1, 138–199; D. J. Wiseman, *A New Stela of Assurnasirpal,* in: Iraq 14 (1952), S. 24–39; E. Michel, *Die Texte Aššur-naṣir-aplis II.,* in: Welt des Orients 2 (1954), S. 312–321; 404–407; M. Vieyra, *Les Assyriens.* Paris 1961.

11 Über Salmanassar III. vgl. ARAB 1, S. 200–252; E. Michel, *Die Aššur-Texte Salm. III.,* in: Welt des Orients 1 ff. (1947 ff.) [in Fortsetzungsartikeln]; G. G. Cameron, *Sumer* 6 (1950), S. 6 bis 26; Fuad Safar, *Sumer* 7 (1951), S. 3–21; J. Laessøe, *Iraq* 21 (1959), S. 38–41; W. G. Lambert, *Anatolian Studies* 11 (1961), S. 143–158; J. V. Kinnier-Wilson, *Iraq* 24 (1962), S. 90–115; P. Hulin, *Iraq* 25 (1963), S. 48–69. Zu den Syrienfeldzügen s. besonders A. L. Oppenheim, ANET, S. 276 ff. mit Anm. 1 (Bibliographie).

12 P. Naster, *L'Asie mineure et l'Assyrie aux VIIIe et VIIe siècles av. J.-C.* Löwen 1938.

13 ARAB 1, S. 230 f.; »Synchronistische Geschichte« Kol. III Z. 22 bis 35 (ediert in CT 34 pl. 40).

14 D. Oates, *Iraq* 25 (1963), S. 6–39.

15 D. Oates, *Fort-Salmaneser,* in: Iraq 21 (1959), S. 98–129; J. Laessøe, *A Statue of Salmaneser III from Nimrud;* S. 6–37; D. Oates, *The Excavations at Nimrud,* in: Iraq 23 (1960), S. 1–14; 25 (1963), S. 6–37.

16 Texte: Kalaḫ-Stele: I Rawlinson 29–34; ARAB 1, S. 253–260; Assur-Stele: E. F. Weidner, AfO 9 (1933/34), S. 89–101; »Gottesbrief«: Keilschrifttexte aus Assur historischen Inhalts 2 Nr. 142; Weidner, *a. a.O.,* S. 101–104. »Synchronistische Geschichte«: CT 34 pl. 41 Z. 1–14.

17 E. F. Weidner, AfO 8 (1932/33), S. 27–29.

18 AfO 9 (1934), S. 102 f. Zum Begriff des »Gottesbriefes« vgl. unten Anm. 46.

19 F. H. Weissbach, *Babyl. Miscellen.* Leipzig 1903, S. 16, Nr. VI, Z. 4: *Marduk-zākir-šumi šar kiššati* »M., König der Gesamtheit.«

20 Stele der Sammuramât bei W. ANDRAE, *Stelenreihen aus Assur.* Leipzig, S. 10 f.; ARAB 1, S. 260. Über Sammuramât-Semiramis vgl. bes. H. LEWY, JNES 11 (1952), S. 264–286.

21 ARAB 1, S. 260–265; s. a. H. F. WEISSBACH, RLA 1, S. 31 f.

22 Die sog. »Synchronistische Geschichte«, ediert CT 34 pl. 38–41 (sowie Duplikate). Vgl. F. E. PEISER-H. WINCKLER, *Die sog. synchr. Gesch.*, in: KB 1 (1889), S. 194 ff.; H. TADMOR, JNES 17 (1958), S. 131 (Teilübers. mit Bibliographie); E. F. WEIDNER, AfO Beiheft 12 (1959), S. 49; 51; 54 (Teilübers.).

23 Vgl. RLA 2, S. 429 für die Jahre 788 und 787.

24 L. W. KING, *Chronicles of Early Babylonian Kings* 2. Aufl. 1907, S. 66–68; s. a. E. F. WEIDNER, RLA 2, S. 453 »Erība-Marduk«.

25 J. FRIEDRICH – G. R. MEYER – A. UNGNAD – E. F. WEIDNER, *Die Inschriften vom Tell Halaf*, in: AfO Beiheft 6 (1940).

26 Vgl. *a. a. O.*, S. 38, Nr. 48.

27 F. W. KÖNIG, AfO Beiheft 8, S. 37.

28 *A. a. O.*, S. 59 f., Nr. 10.

29 *A. a. O.*, S. 117, Nr. 102, rechte Seite I Z. 9 f.: ^{m}*aš-šur-ni-ra-ri-ni* ^{m}*a-da-di-ni-ra-ri-e-hi* MAN ^{kur}*aš-šur-ni-i* »Aššur-nirāri, (Sohn) von Adad-nirāri, Königs von Assyrien«.

30 *A. a. O.*, S. 116 f., Nr. 102 Kol. VII–VIII.

31 *A. a. O.*, S. 123 f., Nr. 9 III–IV.

32 Inschrift aus Jekke; vgl. R. D. BARNETT, *Hittite Hieroglyphic Texts at Aleppo*, in: Iraq 10 (1948), S. 122 ff. und Tfl. XIX. Allerdings ist die Gleichsetzung *sa-s-tu*$_4$*-ri* = Sardur noch nicht von allen Hethitologen anerkannt.

33 F. THUREAU-DANGIN, *L'inscription des lions de Til Barsip*, in: RA 27 (1930), S. 1–21.

34 Eponymenkanon, Jahre 771–754; s. RLA 2, S. 430, Z. 47 bis Rs. Z. 6; vgl. auch RLA 1, S. 211 »Aššurdân III«.

35 ARAB 1, S. 265–268; E. F. WEIDNER, AfO 8 (1932), S. 17.

36 Inschriften dieses Königs: ARAB 1, S. 269–295; D. J. WISEMAN, *Iraq* 13 (1951), S. 21 f.; 18 (1956), S. 177 ff. Vgl. auch die »Babylonische Chronik« (H. WINCKLER, KB 2, S. 272) Kol. I Z. 1–24. Zu den Ereignissen in Syrien und Palästina vgl. A. L. OPPENHEIM, ANET, S. 282–284 samt Bibliographie dort S. 276 Anm. 1. Im einzelnen: A. ALT, *Das System der assyr. Provinzen auf dem Boden des Reiches Israel*, in: Zeitschr. des Deutschen Palästina-Vereins 52 (1929), S. 220 ff.; *Neue assyr. Nachrichten über Palästina und Syrien*, a. a. O. 67 (1945), S. 178 ff.

37 A. DUPONT-SOMMER, *Les inscriptions araméennes de Sfiré.* Paris 1958.

38 E. FORRER, *Die Provinzeinteilung des assyr. Reichs.* Leipzig 1920.

39 Text K 1349; s. H. WINCKLER, *Sammlung von Keilschrifttexten* Bd. 2, Nr. 1; DERS., *Altoriental. Forschungen* 1, S. 403 ff.; ARAB 2, S. 69–71.

40 E. UNGER, *Sargon II. von Assyrien, der Sohn Tiglatpilesers III.* Istanbul 1933.

41 Zu den Inschriften Sargons vgl. D. J. LYON, *Keilschrifttexte Sargons, Königs von Assyrien.* Leipzig 1883. H. WINCKLER, *Die Keilschrifttexte Sargons II.* Leipzig 1889; A. T. OLMSTEAD, *Western Asia in the Days of Sargon of Assyria, 722–705 B. C.* New York 1908; ARAB 2, S. 1–114; A. G. LIE, *The Inscriptions of Sargon II, King of*

Assyria. The Annals. Paris 1929; E. F. WEIDNER, AfO 14 (1941/44), S. 40–53; C. J. GADD, *Iraq* 16 (1954), S. 172–201; H. TADMOR, *Journal of Cuneiform Studies* 12 (1958), S. 22–40; 77–100. Zahlreiche historische Nachrichten finden sich auch in den zeitgenössischen Briefen. Vgl. dazu LEROY-WATERMAN, *Royal Correspondence of the Assyrian Empire*. Ann Arbor 1930/31; H. W. SAGGS, *Iraq* 20 (1958), S. 182–212. – Über Elam zur Zeit Sargons und seiner Nachfolger vgl. W. HINZ, *Das Reich Elam*. Stuttgart 1964, S. 121 ff.: Das neu-elamische Reich (rund 750 bis 640 v. Chr.).

42 Text K 1349 (s. Anm. 39) Z. 38–40.

43 F. W. KÖNIG, AfO Beiheft 8, S. 139–150, Nr. 118–122.

44 *A. a. O.*, Nr. 122. Die Stele von Topzawa (bzw. Sidekan) befindet sich ca. 35 km von Rōwandūz und ca. 25 km von der Stele von Kēl-i-šīn entfernt.

45 Vgl. R. FOLLET, *Rivista degli Studi Orientali* 32 (1957), S. 61–81.

46 Es handelt sich um den detaillierten Feldzugsbericht, den der König in die Form eines Briefes an einen oder mehrere Götter kleidet und in dem er Rechenschaft über Ablauf und Erfolg der Unternehmungen ablegt. Zu sonstigen »Gottesbriefen« vgl. oben S. 40 und Anm. 18 (Samši-Adad V.) sowie unten S. 80 (Asarhaddon). Ferner A. UNGNAD, *Orientalistische Literaturzeitung* 21, S. 72 f.; E. WEIDNER, AfO 12, S. 147; J. VAN DIJK, *La sagesse suméro-accadienne*. Leiden 1953, S. 13 ff.

47 F. THUREAU-DANGIN (s. Anm. 6) S. XIV.

48 Für Landtauschurkunden vgl. J. KOHLER – A. UNGNAD, *Assyr. Rechtsurkunden*. Leipzig 1913, Nr. 10; JOHNS, *Assyrian Deeds and Documents*. Cambridge 1924, Nr. 660; 809.

49 Über Sanherib vgl. D. D. LUCKENBILL, *The Annals of Sennacherib*. Chicago 1924; ARAB 2, S. 115–197; A. K. GRAYSON, AfO 20 (1963), S. 84, Anm. 5 (zusätzl. Bibliographie). Hinweis auf unveröffentlichte Texte bei R. BORGER, *Bab.-ass. Lesestücke*. 1963, S. 59–62; schließlich die »Babyl. Chronik« (CT 34 Pl. 46 ff.) Kol. II Z. 18 bis III Z. 38.

50 LUCKENBILL (s. Anm. 49) S. 103–116 = Kol. V 23–VIII 88.

51 TH. JACOBSEN – S. LLOYD, *Sennacherib's Aquaeduct at Jerwan*. Chicago 1935.

52 H. LEWY, *Nitokris-Naqî'a*, in: Journal of Near Eastern Studies 11 (1952), S. 264–286.

53 R. BORGER, *Die Inschriften Asarhaddons, Königs von Assyrien*, in: AfO Beiheft 9 (1956), S. 40 f., Z. 8–19.

54 Über Asarhaddon vgl. im einzelnen: B. LANDSBERGER – TH. BAUER, ZA 37 (1927), S. 61–98; R. BORGER (s. Anm. 53); DERS., AfO 18 (1957/58), S. 113–118; DERS., *Bibliotheca Orientalis* 21 (1964), S. 143–148; D. J. WISEMAN, *The Vassal-Treaties of Esarhaddon*, in: Iraq 20 (1958), S. 1–99; dazu R. BORGER, ZA 54 (1961), S. 173 bis 196. Zur »Chronik« Asarhaddons s. S. SMITH, *Babyl. Historical Texts*. London 1924, S. 1–21.

55 J. NOUGAYROL, *Syria* 33 (1956), S. 151–160.

56 R. BORGER (s. Anm. 53) S. 56 f., Kol. IV 53–61.

57 *A. a. o.*, S. 107–109.

58 R. LABAT, *Journal asiatique* 1961, S. 1–12.

59 F. W. KÖNIG, AfO Beiheft 8, S. 157–161, Nr. 126–131.

60 Vgl. oben Anm. 46.

61 LEROY-WATERMAN (s. Anm. 41) Nr. 870.
62 D. J. WISEMAN, *Iraq* 20 (1958), S. 1–99.
63 *A. a. o.*, Z. 237–245.
64 H. VON ZEISSL, *Äthiopen und Assyrer in Ägypten*, in: Ägypt. Forschungen 14 (1955), S. 52–54; R. BORGER (s. Anm. 53) S. 94; J. YOYOTTE, *Les principautés du Delta* . . ., in: Mélanges Maspéro 4 (1961).
65 LEROY-WATERMAN (s. Anm. 41) Nr. 1239.
66 Über Assurbanipal vgl. M. STRECK, *Assurbanipal* Bd. 1–3. Leipzig 1916; ARAB 2, S. 290–407; R. C. THOMPSON, *The Prisms of . . . Ashurbanipal*. London 1931; TH. BAUER, *Das Inschriftenwerk Assurbanipals*. Leipzig 1933; A. PIEPKORN, *Historical Prism Inscriptions of Ashurbanipal*. Chicago 1933; J. M. AYNARD, *Le prisme du Louvre* AO 19.939. Paris 1957.
67 L. F. HARTMAN, *Journal of Near Eastern Studies* 21 (1962), S. 25 bis 37 (der Bericht stammt vom 16. oder 17. Mai 657).
68 Vgl. J. SCHAWE, *Untersuchung der Elambriefe aus dem Archiv Assurbanipals*. Dissertation Berlin 1927.
69 E. F. WEIDNER, AfO 7 (1931), S. 3.
70 T. W. ROSMARIN, *Aribi und Arabien in den babylonisch-assyrischen Quellen*, in: Journal of the Society of Oriental Research 16 (1932), S. 1 ff.
71 Vgl. besonders LEROY-WATERMAN (s. Anm. 41) Nr. 291.
72 Inschrift L Z. 13–18.
73 LEROY-WATERMAN (s. Anm. 41) Bd. 4, S. 213, Nr. 6.
74 Über diese Frage, das Nachfolgeproblem und das Anfangsdatum der neubabylonischen Dynastie vgl. R. BORGER, *Wiener Zeitschr. f. d. Kunde des Morgenlandes* 55 (1955), S. 62–76; *Journal of Cuneiform Studies* 19 (1965), S. 59–77; J. VAN DIJK, *Vorl. Bericht über die . . . Ausgrabungen in Uruk-Warka* 20 (1962), S. 53 f.; AfO 20 (1963), S. 217 b; J. OATES, *Iraq* 27 (1965), S. 135–159.
75 M. STRECK, Assurbanipal. Bd. 2, S. 380 f.; D. O. EDZARD, AfO 19 (1959), S. 143 (Bibliographie).
76 Text K 3409: JOHNS, *Assyr. Deeds and Documents* Nr. 649, 650, 807; J. KOHLER – A. UNGNAD, *Assyr. Rechtsurkunden* Nr. 20, 21.
77 Zur Regierung Nabopolassars vgl. ST. LANGDON, *Die neubabylonischen Königsinschriften*. Leipzig 1912, S. 14–16; 61–71; D. J. WISEMAN, *Chronicles of Chaldaean Kings*. London 1956, Texte BM 25.127, 21.901, 22.047, 21.946; E. VOGT, *Die neubabyl. Chronik* . . ., in: Vetus Testamentum 4 (1956), S. 72 ff. Vgl. auch R. PARKER – W. DUBBERSTEIN, *Babylonian Chronology 626 B.C. – A.D. 75*. Providence 1956.
78 E. CAVAIGNAC, RA 41 (1957), S. 28 f.; *Journal asiatique* 1961, S. 153 ff.
79 Zur Regierung Nebukadnezars vgl. u. a. H. F. WEISSBACH, *Die Inschriften N.s II. im Wadi Brisa*. Leipzig 1906. ST. LANGDON (s. Anm. 77) S. 16–45; 71–209; D. J. WISEMAN (s. Anm. 77) Texte BM 21.946 und 33.041; E. VOGT (s. Anm. 77); W. F. ALBRIGHT, *Bulletin of the American Schools of Oriental Research* 143 (1956), S. 28–33; A. MALAMAT, *Israel Exploration Journal* 6 (1956), S. 246 ff.; A. GOETZE, *Crozer Quarterly* 33/1, S. 67–78; M. LEIBOVICI, *Nabuchodonosor*, in: Dictionnaire de la Bible, Suppl. 6 (1958), S. 286–291.

80 B. B. Piotrovskij, *Ourartou (Ancien Orient illustré)*. Paris 1954; R. D. Barnett, *Archaeology in Urartu*, in: 3me Rencontre assyriologique internationale 1952. Leiden 1954, S. 15.

81 St. Langdon (s. Anm. 77) S. 45 f.; 209–212; D. J. Wiseman (s. Anm. 77) Text BM 25.124; E. Cavaignac, *Journal asiatique* 1956, S. 341–348.

82 Vgl. besonders St. Langdon (s. Anm. 77) S. 46–48; 219–297; S. Smith, *Bab. Historical Texts*. London 1924, S. 83 ff.; Text BM 35.382 (S. 110–118); B. Landsberger – Th. Bauer, ZA 37 (1927), S. 88 ff.; A. T. Clay, *Yale Babylonian Texts* 1 Nr. 45 (dazu J. Nougayrol, RA 40, 1951, S. 74); P. Garelli, *Nabonide*, in: Dictionnaire de la Bible Suppl. 6 (1958), S. 269–286 mit älterer Bibliographie; C. J. Gadd, *Anatolian Studies* 8 (1958), S. 35–92; W. L. Moran, *Orientalia, nova series*, 28 (1959), S. 130–140.

83 St. Langdon (s. Anm. 77) S. 276–278, Kol. IV Z. 37 bis V Z. 28.

84 D. Cocquerillat, *Palmeraies et cultures de l'Eanna d'Uruk* (im Druck).

85 Text Nabonid H 2 A und B; s. C. J. Gadd, *Anatolian Studies* 8 (1958), S. 56–59, Z. 14–27.

86 Text BM 38.299: S. Smith (s. Anm. 82) S. 83 ff. Kol. V Z. 14–15; Kol. I Z. 21; Kol. II Z. 2–3.

KAP. 2: KLEINASIEN ZWISCHEN HETHITERN UND PERSERN

1 In diesem Kapitel ist die Kennzeichnung der besonderen Aussprache eines Buchstabens durch das š und das ḫ in Personen- und Ortsnamen außer acht gelassen worden, wo es sich um hethitische (luwische) Orts- und Personennamen handelt, die nur in hieroglyphischen Texten gefunden werden.

2 Über diesen König vgl. B. Landsberger, *Sam'al*, S. 31, Anm. 63; S. 32, Anm. 64; S. 33, Anm. 67.

3 Vgl. über diese Aramäisierung B. Landsberger, *Sam'al*, S. 37/38.

4 Vgl. H. G. Güterbock, *Journal of Near Eastern Studies* XIII (1954), S. 110.

5 Siehe H. Th. Bossert, *Mitteilungen des Instituts für Orientforschung* II (1954), S. 83.

6 Vgl. H. Th. Bossert, *Jahrbuch für Kleinasiatische Forschung* II (1951), S. 110 u. 112.

7 Zur Geschichte Hamats siehe B. Landsberger, *Sam'al*, S. 23, Anm. 45; S. 29 u. 60.

8 Vgl. bereits bei I. J. Gelb, *Hittite Hieroglyphic Monuments*, S. 39.

9 Vgl. B. Landsberger, *Sam'al*, S. 26.

10 Vgl. H. W. F. Saggs, *The Nimrud Letters 1952*. Teil IV. Nr. XXXIX = Iraq XX (1958), S. 182–187 u. S. 202 ff. (der Datierung Saggs' für die Zeit Sargons II. kann ich jedoch nicht zustimmen).

11 Siehe H. Th. Bossert, *Archiv für Orientforschung* XVII (1954–56), S. 61.

12 Ich verdanke diese Angabe einer persönlichen Mitteilung von Herrn Professor E. Laroche (Straßburg und Paris).

13 Siehe A. GOETZE, *Journal of Cuneiform Studies* XVI (1962), S. 53; seiner Datierung der Texte von Karatepe stimme ich jedoch nicht zu.

14 Siehe zuletzt H. J. KANTOR, *Journal of Near Eastern Studies* XXI (1962), S. 93 ff. mit weiteren Verweisen.

15 Vgl. H. TH. BOSSERT, *Studi Classici e Orientali* I (1952), S. 58 und *Belleten* XVI (1952), Fasc. 64, S. 537 ff.; siehe jedoch P. MERIGGI, *Studi Classici e Orientali* II (1953), S. 34.

16 Vgl. J. M. BIRMINGHAM, *Anatolian Studies* XI (1961), S. 185 ff.

17 Vgl. H. W. F. SAGGS, *The Nimrud Letters 1952*. Teil II, Nr. XV = Iraq XVII (1955), S. 133/134.

18 Meiner Ansicht nach muß der von D. J. Wiseman veröffentlichte Text Tiglatpilesars III., der kurz vor der Erwähnung Wašu-Šar(ru)maš' von einem angesehenen Fürsten spricht, der sich dem assyrischen König unterworfen habe, auf Midas bezogen werden. Siehe *Iraq* XVIII (1956), S. 124 und 126 Rev. 23 ff.

19 Vgl. B. LANDSBERGER, *Sam'al*, S. 76 ff. und H. G. GÜTERBOCK, *Bulletin of the American School of Oriental Research* 162 (1961), S. 49/50.

20 Was Lydien und die Kimmerer betrifft, folge ich der Chronologie und Rekonstruktion der Geschehnisse von Kaletsch in *Historia* VII (1958), S. 1–47. Ein von Hartmann behandelter astronomischer Text (ABL 1391) beweist meiner Meinung nach lediglich, daß die kimmerische Bedrohung sich schon 657 v. Chr. in Assyrien aufs neue stark bemerkbar machte. Über Lydien oder Gyges wird in diesem Text nicht gesprochen; vgl. L. F. HARTMANN, *Journal of Near Eastern Studies* XXI (1962), S. 25 ff.

21 Die Entdeckung, daß Ḫumē in den neubabylonischen Texten mit Qu(m)e im Assyrischen identisch ist, stammt von W. F. ALBRIGHT, *Bulletin of the American School of Oriental Research* 120 (1950), S. 22 ff.

22 Zu diesem letzten Detail vgl. D. J. WISEMAN, *Chronicles of Chaldaean Kings (626–556 B. C.)*. London 1956, S. 40, 74–77 u. 88.

KAP. 3: SYRIEN UND PALÄSTINA VOM AUSGANG DES 11. BIS ZUM AUSGANG DES 6. JAHRHUNDERTS V. CHR.

VOM AUFKOMMEN DES KÖNIGTUMS IN ISRAEL BIS ZUM ENDE DES JÜDISCHEN EXILS

Abkürzungen siehe Literaturverzeichnis (S. 362)

1 In I Sam. 14, 47 ist das ursprüngliche *wajjiwwašēaʿ* »und er hatte Erfolg« zu *jaršîaʿ* »er handelte freventlich« entstellt.

2 So, *m*^{e}*rîbbaʿal*, lautet der Name in I Chr. 8, 34; 9, 40. In II Sam. 4,4; 9, 6. 10–13; 16, 1. 4; 19, 25. 31; 21, 7 ist er zu Mephiboseth, *m*^{e}*pîbōšät*, entstellt. Vgl. Anm. 3.

3 Der I Chr. 8, 33 erhaltene Name *'äšbaʿal* ist II Sam. 2–4 zu Is-Boseth, *'îš-bōšät*, »Mann der Schande« entstellt worden. Vgl. Anm. 2.

4 Die Deutung von *hā'*^{a}*šûrî* in II Sam. 2, 9 ist unsicher. Einige halten

es für einen Schreibfehler von *hā'^{a}šērî* »die Asseriter«, also die Angehörigen des Stammes Asser.

5 O. Eissfeldt, *Ein gescheiterter Versuch der Wiedervereinigung Israels (II Sam. 2, 12 – 3, 1)*, in: Kleine Schriften, Bd. III. Tübingen 1965, S. 132–146; 147–150.

6 J. Begrich, *Sofēr und Mazkīr*, in: Zeitschrift für die alttestamentliche Wissenschaft 58 (1940/41), S. 1–29; R. de Vaux, *Titres et fonctionnaires égyptiens à la cour de David et de Salomon*, in: Revue Biblique 48 (1939), S. 394–405.

7 J. Černy, *Egypt from the death of Ramesses III to the end of the twenty-first dynasty*, in: The Cambridge Ancient History. Rev. Aufl. Bd. I u. II, Fasc. 27. Cambridge 1965, S. 53.

8 J. Černy, *a.a.O.* (Anm. 7), S. 53/54; A. Malamat, *The Kingdom of David and Solomon in its Contacts with Egypt and Aram Naharaim*, in: The Biblical Archaeologist 21 (1958) S. 96–102; ders., *Aspects of the Foreign Policies of David and Solomon*, in: Journal of Near Eastern Studies 22 (1963), S. 1–17.

9 G. E. Wright, *A Solomonic City Gate at Gezer*, in: The Biblical Archaeologist 21 (1958), S. 103–104; Y. Yadin, *Solomon's City Wall and Gate at Gezer*, in: Israel Exploration Journal 8 (1958), S. 80–86.

10 Y. Yadin, *New Light on Solomon's Megiddo*, in: The Biblical Archaeologist 23 (1960), S. 62–68.

11 In I Kön. 9, 18 stellt der überlieferte hebräische Text zwei Lesarten zur Auswahl: *tāmār* und *tadmôr*. Von diesen verdient *tadmôr* »Palmyra« den Vorzug vor dem in Südpalästina zu suchenden *tāmār* »Thamar«. Die I Kön. 9, 18 entsprechende Stelle der Chronik, II Chr. 8, 4, bietet denn auch *tadmôr*. Vgl. Anm. 14.

12 W. F. Albright, *The Administrative Divisions of Israel and Judah*, in: Journal of the Palestine Oriental Society 5 (1925), S. 15 bis 54; A. Alt, *Israels Gaue unter Salomo*, in: Kleine Schriften. Bd. II. München 1953, S. 76–89.

13 K. Schreiden, *Les entreprises navales du roi Salomon*, in: Annuaire de l'Institut de Philologie et d'Histoire Orientales et Slaves 13 (1955), S. 587–590.

14 In I Kön. 9, 18 ist statt *bā'āräṣ* »im Lande« zu lesen *ba'^{a}rām* »in Aram«. Vgl. Anm. 11.

15 A. Parrot, *Le Temple de Jérusalem*. Neuchâtel-Paris 1954.

16 A. Alt, *Verbreitung und Herkunft des syrischen Tempeltypus*, in: Kleine Schriften. Bd. II München 1953, S. 100–115; H. Schmidt, *Der heilige Fels in Jerusalem*. Tübingen 1933.

17 Im hebräischen Text von Richt. 18, 30 ist dem ursprünglichen Konsonantenbestand *mšh*, der *mōšäh* »Mose« zu lesen ist, ein kleines *n* eingefügt worden, so daß *mnšh* herauskam, das *m^{e}naššäh* »Manasse« gelesen sein will. Die Ersetzung von »Mose« durch »Manasse« erklärt sich daraus, daß man die Verbindung Moses mit dem später als abgöttisch gebrandmarkten Heiligtum in Bethel aus der Welt schaffen wollte.

18 D. G. Hogarth und L. Woolley, *Carchemish*. Bd. I–III. London 1914–52.

19 H. Ingholt, *Rapport Préliminaire sur la première campagne des fouilles de Hama*. Kopenhagen 1934; ders., *Rapport Préliminaire sur sept campagnes de fouilles à Hama en Syrie (1932–1938)*.

Kopenhagen 1940; M. NOTH, *Das Reich von Hamath als Grenznachbar des Reiches Israel,* in: Palästina-Jahrbuch 33 (1937), S. 36–51.

20 Ausgrabungen in Sendschirli (Museen zu Berlin, Mittheilungen aus den Orientalischen Sammlungen XI–XV), Bd. I–V. Berlin 1893–1943; KAI, Nr. 24–25. 214–221; ANET, S. 500/501; R. D. BARNETT, *The Gods of Zinjirli* (Compte Rendu de l'Onzième Rencontre Assyriologique Internationale). Leiden 1964, S. 59–87. Tafel I B–VIII.

21 H. TADMOR, *Que and Muṣri,* in: Israel Exploration Journal 11 (1961), S. 143–150.

22 KAI, Nr. 26; ANET, S. 499/500. – A. ALT, *Die phönizischen Inschriften von Karatepe,* in: Die Welt des Orients I, 4 (1949), S. 272–287; II, 2 (1955), S. 172–183; R. D. BARNETT, *Karatepe. The Key to the Hittite Hieroglyphs,* in: Anatolian Studies 3 (1953), S. 53–95.

23 AOB, Nr. 138. 140. 141 – ANEP, Nr. 205. 371–374.

24 A. JEPSEN, *Israel und Damaskus,* in: Archiv für Orientforschung 14 (1941/44), S. 153–172; A. MALAMAT, *a.a.O.* (Anm. 8); B. MAZAR, *The Aramean Empire and its Relations with Israel,* in: The Biblical Archaeologist 25 (1962), S. 98–120; J. SAUVAGET, *Esquisse d'une histoire de la ville de Damas,* in: Revue des Études Islamiques 8 (1934), S. 421–480.

25 E. J. WEIN und RUTH OPIFICIUS, *7000 Jahre Byblos.* Nürnberg 1964.

26 G. GARBINI, *L'espansione fenicia nel Mediterranee,* in: Cultura e scuolas VII (1963), S. 92–97; I. SCHIFMAN, *Die phönikische Kolonisation des westlichen Mittelmeeres,* in: Das Altertum 10 (1964), S. 195–201.

27 KAI, Nr. 1–7.

28 AOT, S. 440; AOB, Nr. 665–666; ANET, S. 504; ANEP, Nr. 456 bis 459.

29 JOSEPHUS, *Ant.* VIII 5, 3; 13, 2; IX 14, 2; X 11, 1; C. Ap. I 17 f. – W. F. ALBRIGHT, *The New Assyro-Tyrian Synchronism and the Chronology of Tyre,* in: Annuaire de l'Institut de Philologie et d'Histoire Orientales et Slaves 13 (1955), S. 1–9; J. LIVER, *The Chronology of Tyre at the Beginning of the First Millenium B. C.,* in: Israel Exploration Journal 3 (1953), S. 113–120.

30 *Samaria-Sebaste.* Report of the Work of the Joint Expedition in 1931–1933 and of the British Expedition in 1935. Nr. 1: The Buildings at Samaria. London 1942; Nr. 2: Early Ivories of Samaria. London 1938; Nr. 3: The Objects from Samaria. London 1957. – A. PARROT, *Samaria, die Hauptstadt des Reiches Israel.* Zürich 1957.

31 KAI, Nr. 181; AOT, S. 440-442; AOB, Nr. 120; ANET, S. 320 bis 321; DOTT, S. 195–198. Tafel. X.

32 O. EISSFELDT, *Ba'alšamen und Jahwe,* in: Kleine Schriften, Bd. II. Tübingen 1963, S. 171–198; R. DE VAUX, *Les prophètes de Baal sur le Mont Carmel,* in: Bulletin du Musée de Beyrouth 5 (1941), S. 7–20.

33 AOT, S. 343; AOB, Nr. 121–125; ANET, S. 280/281; ANEP, Nr. 351–355; DOTT, S. 48–50. Tafel III.

34 Diese Annahme ließe sich vielleicht auch damit begründen, daß, wie der nach II Kön. 13, 5 auf das Gebet des Joas von Jahwe ge-

sandte Mann »Helfer« *(môsîa')* genannt wird, so 14, 26 Jerobeam II. wenigstens mittelbar als »Retter« *('ōzēr)* bezeichnet wird.

35 O. Eissfeldt, *Amos und Jona in volkstümlicher Überlieferung,* in: Festschrift für Ernst Barnikol. Berlin 1964, S. 9–13.

36 O. Eissfeldt, *»Juda« und »Judäa« als Bezeichnung nordsyrischer Bereiche,* in: Forschungen und Fortschritte 38 (1964), S. 20–25.

37 KAI, Nr. 215.

38 W. W. Hallo, *From Qarqar to Carchemis: Assyria and Israel in the Light of New Discoveries,* in: The Biblical Archaeologist 23 (1960), S. 34–61.

39 KAI, Nr. 201; ANET, S. 501; DOTT, S. 239–241. Tafel XV.

40 KAI, Nr. 202; AOT, S. 443/444; ANET, S. 501/502; DOTT, S. 242 bis 250.

41 M. Noth, *La'asch und Hazrak,* in: Zeitschrift des Deutschen Palästina-Vereins 52 (1929), S. 129–141.

42 A. Ungnad, *Eponymen,* in: Reallexikon der Assyriologie. Bd. II. Berlin 1938, S. 412–457.

43 E. F. Weidner, *Der Staatsvertrag Aššurnirâris VI. von Assyrien mit Mati'ilu von Bît-Agusi,* in: Archiv für Orientforschung 8 (1932/33), S. 17–26.

44 KAI, Nr. 222–224; ANET, S. 503/504.

45 J. Friedrich, *Phönizisch-punische Grammatik.* Rom 1951, S. 153 bis 162: *Skizze der Sprache von Ja'udi im nördlichen Syrien.*

46 AOB, Nr. 146/147; ANEP, Nr. 335.

47 In der hebräischen Schrift sind *r* und *d* so ähnlich, daß sich häufig nicht entscheiden läßt, ob *r* oder *d* gemeint ist. In unserem Fall wäre also bei der Berücksichtigung nur des Konsonantenbestandes statt *'rm* »Aram« *'dm* »Edom« und statt *'rmjm* »Aramäer« *'dmjm* »Edomiter« zu lesen.

48 A. Alt, *Das System der assyrischen Provinzen auf dem Boden des Reiches Israel,* in: Kleine Schriften, Bd. II. München 1953, S. 188–205.

49 Es handelt sich aller Wahrscheinlichkeit nach um Tefnachte, den Fürsten von Saïs im westlichen Nildelta. Vgl. H. Goedicke, *The End of »So, King of Egypt«,* in: Bulletin of the American Schools of Oriental Research 171 (1964), S. 64–66; W. F. Albright, *The Elimination of King »So«,* in: Bulletin of the American Schools of Oriental Research 171 (1964), S. 66 und R. Borger, *Das Ende des ägyptischen Feldherrn Sib'e=sô',* in: Journal of Near Eastern Studies 19 (1960), S. 49–53.

50 KAI, Nr. 189; AOT, S. 445; AOB, Nr. 607; ANET, S. 321; DOTT, S. 209–211. Tafel XI.

51 ANET, S. 308; DOTT, S. 84–86. – E. F. Weidner, *Jojachin, König von Juda, in babylonischen Keilschrifttexten,* in: Mélanges Syriens Dussaud. Bd. II. Paris 1939, S. 923–935.

52 Die irrigen Datumsangaben in Jer. 27, 1; 28, 1 sind, wie es oben geschehen ist, zu korrigieren.

53 AOT, S. 345; ANET, S. 282/283; DOTT, S. 53–58.

54 AOB, Nr. 143, 144; ANEP, Nr. 447.

55 E. F. Weidner, *Der Vertrag Asarhaddons mit Ba'al von Tyros,* in: Archiv für Orientforschung 8 (1932/33), S. 29–34.

56 O. Eissfeldt, Das Datum der Belagerung von Tyrus durch Nebukadnezar, in: Kleine Schriften, Bd. II. Tübingen 1963, S. 1–3.

57 E. Unger, *Namen im Hofstaate Nebukadnezars II.*, in: Theologische Literaturzeitung 50 (1925), Sp. 481–486; DERS., *Babylon, die heilige Stadt.* Berlin-Leipzig 1931, S. 282–294. Tafel 52–56.

KAP. 4: ARABIEN

1 Wir umschreiben arabisches ṯ mit (stimmlosem, englischem) th, g/ǧ nur bei späteren Namen mit (englischem) j, ḫ mit (englisch-französischem) kh, ḏ (stimmhaftes ṯ) mit dh, š mit (englischem) sh, ġ (eine stimmhafte velare spirans wie im norddeutschen »Tage«) mit gh, die beiden Halbvokale u̯ und i̯ mit w und y, die Diphthonge ai̯ und au̯ im Inlaut mit ai und au, im Auslaut mit ay und aw, ein dem Südarabischen eigenes s mit s′. Der Stimmeinsatz und Stimmabsatz werden mit accent aigu, der Kehllaut mit accent grave bezeichnet. Um es dem Leser leicht zu machen, erscheinen Namen, deren arabische oder aramäische Form bekannt oder, eventuell mit geringer Abweichung, noch im Gebrauch ist, allein, also ohne akkadische Entsprechungen, z. B. Ḥamāh, Ḥarrān, Khaibar, Taimā', Ḥazā'ēl (nur hier, sonst nur aus besonderen Gründen mit Längenbezeichnung), auch das aus dem Alten Testament gewohnte Dedān statt des akkadischen Dadān. Von Iata'/Yatha', bei denen der arabische Name seiner Umsetzung ins Akkadische folgt, erscheint nur Iata', wenn die Person wieder vorkommt.

2 Siehe U. Thilo, *Die Ortsnamen in der altarabischen Poesie* (Schriften der Max Freiherr von Oppenheim-Stiftung, Heft 3). Wiesbaden 1957, S. 111; *Koran* 89, 8/9 mit Wādi gemeint. Im 10. Jahrhundert ist der Name nach Süden gewandert, wie sich aus al-Muqaddasi, *Bibliotheca Geographorum Arabicorum.* Hsg. v. M. J. de Goeje. Bd. III, IV. Leiden 1877, S. 79 u. Register ergibt.

3 Auch A. Musil, *Arabia Deserta.* New York 1927 tut das, denn er nennt die Syrische Arabische Wüste.

4 »ungefähr«, nämlich nicht Dedan, sondern das 15 km nördlich davon liegende Ḥigrā, Egra, al-Ḥigr, siehe W. Caskel, *Lihyan und Lihyanisch* (Arbeitsgemeinschaft für Forschung des Landes Nordrhein-Westfalen, Geisteswiss. Heft 4, Abh.). Köln-Opladen 1954, 39, S. 96.

5 Der Name bedeutet Heuschrecke und kommt als Jundab oder Jundub noch zur Zeit des Propheten Mohammed vor.

6 An Texten und Übersetzungen sind in diesem nordarabischen Teil J. B. Pritchard, *Ancient Near Eastern Texts relating to the Old Testament.* 2. Aufl. Princeton 1955 und gelegentlich T. Weiss Rosmarin, *Aribi und Arabien in den babylonisch-assyrischen Quellen.* Diss. Würzburg 1931. New York 1932, für Asarhaddon dazu R. Borger, *Die Inschriften Asarhaddons.* Graz 1956, AfO, Beiheft 7 benutzt.

7 Idiba'il? (bei Pritchard, S. 284, linke Spalte, 25: Idi-ba'lu. Im Alten Testament: 'Adbe'el). In den gleichen Texten kommt ein Statthalter Idib'il vor. Dieser Name findet sich noch als Db'l in einem Sgraffito, d. h. einer in den Fels geritzten Inschrift, ab Ende des 2. Jahrhunderts (A. van den Branden, *Les Inscriptions Thamoudéennes.* Löwen-Heverlee 1950, S. 300). Idib'il wird

übrigens in *Fischer Weltgeschichte*, Bd. 5, S. 377 erwähnt. Wir folgen dort A. Musil, *Arabia Petraea*, S. 478, mit den Verbesserungen von W. F. Albright, *The biblical tribe of Massa' and some congeners.* Estratto da Studi Orientalistici in honore di Giorgo Levi Della Vida. Bd. I. Rom 1956, S. 14.

8 aramäisch, nach dem aus dem Alten Testament bekannten König von Damaskus benannt.

9 Für diese Lage kann man zwei Sgraffiti aus der Gegend von Taima' vom Ende des 5. Jahrhunderts anführen, deren Verständnis ich meinem Schüler, Herrn Hanspeter Roschinski, verdanke. Die Schreiber berichten von ihrer Teilnahme an dem Krieg gegen Nabayat wie ebendort ein dritter an dem gegen Dedan (auch *Fischer Weltgeschichte*, Bd. 5, S. 378), das 135 km von Taima' entfernt ist. Die drei Sgraffiti stehen in Van Den Branden, *Les Textes Thamoudéens de Philby*. Löwen 1956, 266 ac, ag, a.

10 W. F. Albright, *Massa'*, S. 4 f.

11 Siehe das Bild in B. Moritz, *Arabien*. Hannover 1923, Tafel 6. Musil, der viel für die Kenntnis des Kriegsschauplatzes getan hat, sucht den steilen Berg Khukkurina in den Tulul 'Iyath östlich von Damaskus. Das paßt aber nicht zu der Gleichsetzung von Khulkhuliti mit Khålkhåla, die auch er für richtig hält. Auch fehlen dort die neun Dörfer und Brunnen, die im Text ausdrücklich erwähnt werden und nur in und an der Leǧāb existieren.

12 B. Meissner, *Zwei Reliefs Asṣurbanibals mit Darstellungen von Arabern*, in: Islamica II (1925), S. 391 ff.; D. Opitz, *Die Darstellung der Araberkämpfe Aššurbānaplis aus dem Palast zu Ninive*, in: AfO VII (1931/32), S. 7–13.

13 Genaueres in der noch ungedruckten Habilitationsschrift von Dr. Walter Dostal, Wien.

14 Pritchard, S. 298, rechte Spalte (V 26–30).

15 W. Caskel, *Die alten semitischen Gottheiten in Arabien*, in: Le Antiche Divinità Semitiche, Studi . . . raccolti da Sabatino Moscati, Studi Semitici 1. Rom 1958, S. 115. Das Buch wird in den folgenden Anmerkungen als *Le Antiche Divinità Semitiche* zitiert.

16 gewissermaßen phonetisch geschrieben; der älteste Beleg für die Aussprache des arabischen ḍ »als laterale emphatische Spirans (. . . ein dem l entfernt verwandter Laut)«.

17 Eine Schlick-Niederung, meist mit Salzkrusten bedeckt. Vgl. B. Landsberger und Th. Bauer, *Zu neuveröffentlichten Geschichtsquellen der Zeit von Asarhaddon bis Nabonid*, in: ZA 37 (1927), S. 75; baṣṣu bezeichnet wahrscheinlich . . . Schlammsand.

18 Sie hießen damals: Khaibar, Fadak, Yadī',
zur Zeit des Propheten: Khaibar, Fadak, Yadī',
seit der Neuzeit: Khaibar, el-Ḥuwaiyiṭ, el-Ḥāyiṭ.
In H. St. John Philby, *The Land of Midian*. London 1957, S. 13–46, werden in Wort und Bild die Reste des Altertums in der Ḥarra beschrieben, die zum Teil bis in jene Zeit zurückreichen können.

19 z. B. der Stadt der Meder. Das ist Ekbatana. Mit den Medern sind bekanntlich die Perser gemeint. Wir weisen hier noch einmal darauf hin, weil dies der Ursprung eines Sprachgebrauchs ist, der sich außer bei den Griechen in einer interessanten südarabischen Inschrift vom Jahr 271 v. Chr., siehe *Fischer Weltgeschichte*, Bd. 6, S. 295 f., und noch in nordarabischen Sgraffiti aus dem 6. oder gar dem Anfang

des 7. Jahrhunderts n. Chr. findet. Siehe J. PIRENNE, *Paléographie des inscriptions sud-Arabes* ... Bd. I (Verh. knkl. vlaamse Ac.... van Belgie, Kl. d. Letteren, nr. 26). Brüssel 1956 (in den folgenden Anmerkungen als Pirenne I zitiert), S. 214, Anm. 3.

20 Diese wird allerdings verschieden erklärt, und zwar aus folgenden Gründen: Ein Wort ist so schlecht geschrieben oder kopiert, daß es nicht gelesen, sondern nur erraten werden kann: ? Lanze ? Ferner ist die Sprache der ›thamudischen‹ Inschriften, zu der das Sgraffito gehört, noch nicht untersucht worden. Endlich ist das Alter dieser Inschriften strittig. Doch darf die Entscheidung darüber nicht durch das Auftreten des »Königs von Babylon« in dem Sgraffito präjudiziert werden, denn ein Gegenstand, der von dem letzten Herrscher der einstigen Weltmacht geweiht war, kann über ein Jahrhundert von Generation zu Generation weitergegeben werden.

21 G. Caton-Thompson schrieb den Expeditionsbericht.

22 Sie liegen vor in R. LEBARON BOWEN und FRANK P. ALBRIGHT, *Archaeological Discoveries in South Arabia, with contributions by Berta Segall, J. Ternbach, A. Jamme, H. Comfort and Gus. W. Van Beek* (Publications of the American Foundation for the Study of Man. Hrsg. v. W. F. Albright. Bd. II). Baltimore 1958. Ferner in A. JAMME, *Sabaean Inscriptions from Mahram Bilqîs (Mârib)* (Publications of the American Foundation for the Study of Man. Hrsg. v. W. F. Albright. Bd. III). Baltimore 1962. Die ältere Sammlung südarabischer Inschriften, *Corpus Inscriptionum Semiticarum*, pars quarta, t. I–III, Paris 1889–1932, wird in den folgenden Anmerkungen als C zitiert.

23 Zu den 9 gewöhnlich aufgezählten kommt VAN DEN BRANDEN, *Les Inscriptions Thamoudéennes*, S. 251 (Hu 495), ein Sgraffito aus der Umgebung von Taima'. Außerdem scheint sich ein besonderer Duktus für Monogramme herausgebildet zu haben, dessen Züge sich nicht ganz gleich sehen, aber eine gewisse Ähnlichkeit mit denen der alten südarabischen Inschriften haben. Solche Monogramme erscheinen mehrfach auf einem Siegel-Zylinder (W. H. WARD, *The Seal Cylinders of Western Asia*. Washington 1910, Fig. 1212, S. 353), auf einem zerbrochenen Krug aus Tell el-Kheleife bei Ghudyan (Erzion Geber) am Ende des Golfes von ʿAqaba vom 7. Jahrhundert (siehe zuletzt P. BONESCHI in RSO XXXVI, [1961], S. 213–23) und auf der in Hajar bin Ḥumeid am Wadi Baiḥan gefundenen Krugscherbe. Sie ist aufgrund der Radio-Karbon-Methode und der Schätzung des Niveaus auf etwa 750 v. Chr. angesetzt worden.

24 Ich verdanke diese Zusammenfassung der Liebenswürdigkeit Gonzague Ryckmans'.

25 Ich verdanke diese Einsicht dem Archäologen der Universität zu Köln, Andreas Rumpf, der in langen Stunden die Photos und Zeichnungen in den beiden ersten Werken J. Pirennes (siehe Anm. 19, 30) mit denen der Originalpublikationen der Klassischen Archäologie in meiner Gegenwart verglich.

26 Die Entsprechung für das ṣ fehlt zufällig in den wenigen vorarabischen Inschriften, ist aber in dem dritten Sprößling dieser Schrift, der Lihyanischen, erhalten.

27 PIRENNE I.

28 A. MOBERG, *The Book of the Himyarites* (Skrifter utgivna af Kgl. Human. Vetenskapssamfundet i Lund, VII [1924] S. LXXIV[2]). – Übrigens hat der den Makrab vorbehaltene Name Yakrubmalik ein weit über 1000 Jahre älteres Vorbild aus dem Amurru-Zeitalter Babyloniens, Yakrubel; vgl. JEAN BOTTÉRO, *Les divinités semitiques anciennes en Mésopotamie,* in: Le Antiche Divinità Semitiche, S. 56.

29 Wer sich mit der Geschichte Saba's beschäftigt, muß von PIRENNE I und der genealogisch-paläographischen Tabelle daselbst ausgehen. Daran ist nur auszusetzen, daß ein Makrab, über den C 610 steht: »erneuerte die Erweiterung (der Stadt) Nashq, die sein Vater begann«, einen anderen Vater erhält als den C 637 mit »erweiterte Nashq« gekennzeichneten. Außerdem hat sich die Zahl der Personen seitdem durch JA (550), 555, 557 um acht vermehrt. Baut man sie in die Tabelle ein, so ergibt sich, daß die Ahnen um zwei Generationen, etwa 45 Jahre, hinaufzusetzen sind.

30 Von hier bis zum letzten Abschnitt wurden außer den Inschriften eingesehen: R. LEBARON BOWEN, *Ancient Trade Routes in South Arabia, Irrigation in Ancient Qatabân;* G. W. VAN BEEK, *Ancient Frankincense-producing Areas in Discoveries,* S. 35–85 u. 139 bis 142; A. FAKHRY, *An Archaeological Journey to Yemen.* Bd. I. Kairo 1952; A. GROHMANN, *Südarabien als Wirtschaftsgebiet.* Bd. 1,2. Wien 1922 und Prag 1933; A. MEZ, *Die Renaissance des Islâms.* Heidelberg 1922, S. 417 f.; J. PIRENNE, *La Grèce et Saba.* Acad. des Inscr. et Belles Lettres. Extrait des Mémoires . . . Bd. 15. Paris 1955; J. PIRENNE, *Le royaume sud-Arabe de Qatabān et sa Datation . . . avec contribution de André Maricq* (Bibliothèque du Muséon Bd. 48). Löwen 1961.

31 Zur Entwaldung der Halbinsel siehe B. MORITZ, *Arabien,* S. 35 ff.

32 In dem Landstrich, der in den ersten Jahrhunderten n. Ch. Sa'kalān genannt wurde (ebenso dessen Bewohner = Sakalitai), später Ẓafār/Dhofar, aber auch weiter im Westen wie zum Teil noch heute, siehe HAROLD INGRAMS, *Befriedete Wüste (Arabia and the Isles).* Wiesbaden 1950, S. 422.

33 Saussurea Lappa, zum Räuchern und zur Körperpflege benutzt.

34 J. EUTING, *Tagbuch einer Reise in Inner-Arabien.* Bd. I. Leiden 1891, S. 92 f.; H. R. R. DICKSON, *Kuwait and her Neighbours.* London 1956, S. 80.

35 *La Grèce et Saba,* S. 71, 106, Pl. X, a'. Das Datum nach A. Rumpf siehe Anm. 25.

36 Ebenso wie die Schlangen unnatürlich verlängert sind, ist es auch bei den Spitzen geschehen, um den hohen Pfeiler zu füllen. Die konischen Figuren stellen vielleicht den Hlg. Berg dar, der im Vorbild zwischen den Hörnern des ibex steht. Auch die Zahlen der Dinge, 7, 10, 9, kommen wohl aus Babel.

37 Diese Deutung beruht auf WILLY HARTNER, *The earliest History of the Constellations in the Near East and the Motiv of the Lion-Bull Combat,* in: Journal of Near Eastern Studies, Bd. XXIV, Nr. 1,2 (1965), S. 1–16, Tafel I–XVI des Sonderdrucks.

38 Auch die irdische Antilope war ein Tier des 'Athtar. Die Auffassung der Reihen 2–3 verdanke ich Dr. P. Kunitzsch.

39 *Répertoire d'épigraphie sémitique.* Veröff. von der Kommission

des CIS, Acad. des Inscr. et Belles Lettres. Bd. V–VII. Redigiert von G. Ryckmans, 2693.

40 Eingesehen wurden außer den Inschriften G. Ryckmans, *Les religions arabes préislamiques*. 3. Aufl., in: Histoire des Religions. Hrsg. v. A. Quillet. Bd. IV. Paris 1960, S. 200–228, 597–605; M. Höfner, *Orts- und Götternamen in Südarabien*. H. von Wissmann-Festschrift. Tübingen 1962, S. 181–185; J. Ryckmans, *De quelques divinités sud-Arabes*. Extrait des Ephemerides theologicae lovanienses, Bd. XXXIX (1963). Gembloux 1963, S. 458–468.

41 und andere, z. B. dhu Samāwī, »der (Begleiter?) des Himmlischen«. Etwa Sirius? Canopus?

42 Aus dem babylonischen Gottesnamen Nabium entstanden. Zu diesem Gott der Amurru-Zeit hören wir: »La parèdre de Marduk, la déesse . . ., et leur »fils«, Nabium, ou Nabû, portent des noms . . . accadiens, épithètes probables (. . . = La lune?; et »le Brillant« = un autre astre?).« J. Bottéro, *Les divinités semitiques anciennes en Mésopotamie*, in: Le Antiche Divinità Semitiche, S. 58. Statt Anbay ist wohl Anbī (Inbī ?) zu lesen.

43 In den minäischen Inschriften (Kh. Y. Nami, *Nuqush Khirbat Baraqish 'ala ḍau' magmu'at M. Tawfik* 1. 2. 3. Kairo 1954, 1956, 1959 (*Fiṣal min magallat kulliyat al-ādāb*. 1954, 1955, 1956), 2. 63,3; 75,3; 3. 113) kommt neben 'Athtar dhu Yahriq ein Athir Yahriq vor. Dieser wird also mit dem Ding, in welchem jener erschienen ist, identifiziert. Dieses Verhältnis spiegelt einen ugaritischen Mythos wider: 'Athtar ist der Sohn der Athirat, der Gattin El's (M. M. Dahood, *Ancient Semitic Deities in Syria and Palestine*, in: Le Antiche Divinità Semitiche, S. 88). Nur ist hier 'Athtar der Sohn des Athir, weil Il/El im minäischen Pantheon fehlt.

44 Was auch immer die Formel: ywm hwṣt kl gwm dh 'lm wšymm wdh ḥablm wḥmrm, »nachdem er alle Gemeinden eines Gottes und eines Schutzpatrons, der Schutzgenossen und der Schutzbefohlenen (?) . . .«, ursprünglich bedeutete, im Mund des ersten und des zweiten Makrabs ist sie ein an ganz Saba' gerichteter Aufruf, sich an öffentlichen Arbeiten zu beteiligen, wie der Kontext zeigt.

KAP. 5: DIE DRITTE ZWISCHENZEIT UND DAS ÄTHIOPISCHE REICH

1 W. Helck, *Die Inschrift über die Belohnung des Hohenpriesters 'Imn-ḥtp*, in: Mitteilungen des Instituts für Orientforschung 4 (1956), S. 161–178.

2 H. Kees, *Herihor und die Aufrichtung des thebanischen Gottesstaates*, in: Nachrichten der Gesellschaft der Wissenschaften zu Göttingen. Phil.-Hist. Klasse. I Altertumswissenschaft. Neue Folge. Bd. II, Nr. 1. Göttingen 1936.

3 C. P. Nims, *An Oracle Dated in »The Repeating of Birth«*, in: Journal of Near Eastern Studies 7 (1948), S. 157–162.

4 P. Montet, *La nécropole royale de Tanis, II (Psousennès)*. Paris 1951.

5 T. E. Peet, *The Great Tomb-Robberies of the Twentieth Egyptian Dynasty*. 2 Bde. Oxford 1930.

6 P. Barguet, *Le Temple d'Amon-Rè à Karnak*, S. 37.

7 G. Maspero, *Les momies royales de Déir el-Baharî.* Kairo 1889.
8 P. Montet, *La nécropole royale de Tanis, II (Psousennès),* S. 185/186.
9 A. Malamat, *Aspects of the Foreign Policies of David and Salomon,* in: Journal of Near Eastern Studies 22 (1963), S. 11–13.
10 J. Černy, *Egyptian Oracles,* in: R. Parker, *A Saite Oracle Papyrus from Thebes,* S. 35–48.
11 J. Černy, *a.a.O.,* S. 38.
12 J. Černy, *a.a.O.,* S. 38.
13 A. H. Gardiner, *The Gods of Thebes as Guarantors of Personal Property,* in: The Journal of Egyptian Archaeology 48 (1962), S. 57–69.
14 I. E. S. Edwards, *Hieratic Papyri in the British Museum,* 4th series. London 1960.
15 B. Gunn, *The Decree of Amonrasonther for Neskhons,* in: The Journal of Egyptian Archaeology 41 (1955), S. 83–105.
16 A. M. Blackman, *The Stela of Shoshenk, Great Chief of the Meshwesh,* in: The Journal of Egyptian Archaeology 27 (1941), S. 83–95.
17 A. H. Gardiner, *The Dakhleh Stela,* in: The Journal of Egyptian Archaeology 19 (1933), S. 19–30.
18 H. Kees, *Das Priestertum im ägyptischen Staat vom Neuen Reich bis zur Spätzeit,* S. 180.
19 B. Porter und R. Moss, *Topographical Bibliography.* Bd. VII, S. 381.
20 R. A. Caminos, *Gebel es-Silsilah no. 100,* in: The Journal of Egyptian Archaeology 38 (1952), S. 46–61.
21 J. H. Breasted, *Ancient Records of Egypt.* Bd. IV, § 729–737.
22 H. Kees, *Das Priestertum im ägyptischen Staat vom Neuen Reich bis zur Spätzeit,* S. 187.
23 R. A. Caminos, *The Chronicle of Prince Osorkon,* S. 172.
24 A. Badawi, *Das Grab des Kronprinzen Scheschonk,* in: Annales du Service des Antiquités de l'Egypte 54 (1956), S. 153–177.
25 P. Montet, *La nécropole royale de Tanis, I (Osorkon II),* S. 59–70.
26 R. A. Caminos, *The Chronicle of Prince Osorkon.* Analecta Orientalia 37 (Rom 1958).
27 P. Montet, *La nécropole royale de Tanis, III (Chéchanq III).* Paris 1960.
28 B. Stricker, *De Strijd om de Praebende van Amon,* in: Oudheidkundige Mededelingen uit het Rijksmuseum van Oudheden te Leiden 29 (1948), S. 71–83.
29 B. Stricker, *De Strijd om het Pantser van koning Inharrow,* in: Oudheidkundige Mededelingen uit het Rijksmuseum van Oudheden te Leiden 35 (1954), S. 47–64.
30 A. Volten, *Ägypter und Amazonen.* Wenen 1962.
31 G. Legrain, *Au pylône d'Harmhabi à Karnak,* in: Annales du Service des Antiquités de l'Egypte 14 (1914), S. 14, 39–40.
32 J. Leclant, *La Chronique du Prince Osorkon,* in: Orientalia 30 (1961), S. 411.
33 R. Anthes, *Die deutschen Grabungen auf der Westseite von Theben in den Jahren 1911 und 1913,* in: Mitteilungen des Deutschen Archäologischen Instituts. Abteilung Kairo 12 (1943), S. 47–49.

34 J. YOYOTTE, *Les principautés du Delta au temps de l'anarchie libyenne,* in: Mélanges Maspero, Bd. I, 4 (Kairo 1961), S. 121–181.
35 J. YOYOTTE, *Le talisman de la victoire d'Osarkon,* in: Bulletin de la Societé Française d'Egyptologie, Nr. 31 (März 1960), S. 13–21.
36 J. YOYOTTE, *Les principautés du Delta au temps de l'anarchie libyenne,* in: Mélanges Masperi, Bd. I, 4 (Kairo 1961), S. 154.
37 B. PORTER und R. MOSS, *Topographical Bibliography.* Bd. VII, S. 217.
38 DOWS DUNHAM, *The Royal Cemeteries of Kush.* Bd. I: *El Kurru.* Boston 1950.
39 J. LECLANT, *Kashta, Pharaon en Egypte,* in: Zeitschrift für Ägyptische Sprache und Altertumskunde 90 (1963), S. 74–81.
40 A. H. GARDINER, *Piankhi's Instructions to His Army,* in: The Journal of Egyptian Archaeology 21 (1935), S. 219–223.
41 Ort der Reinigung und der Schmückung des Königs im Tempel.
42 Name des Sonnenheiligtums in Heliopolis.
43 P. DERCHAIN, *La visite de Vespasien au Sérapéum d'Alexandrie,* in: Chronique d'Egypte 28 (1953), S. 265–269.
44 G. A. REISNER, *Inscribed Monuments from Gebel Barkal,* in: Zeitschrift für Ägyptische Sprache und Altertumskunde 66 (1920), S. 90–93.
45 J. JANSSEN, *Over Farao Bocchoris,* in: Varia Historica (Assen 1954), S. 17–29.
46 J. LECLANT und J. YOYOTTE, *Notes d'histoire et de civilisation éthiopiennes,* in: Bulletin de l'Institut Français d'Archéologie Orientale 51 (1952), S. 26/27.
47 H. JUNKER, *Die Götterlehre von Memphis,* in: Abhandlungen der Preuß. Akad. d. Wissensch., Jahrgang 1939. Phil.-Hist. Klasse Nr. 23. Berlin 1940; DERS., *Die politische Lehre von Memphis,* a.a.O., Jahrgang 1941. Phil.-Hist. Klasse Nr. 6. Berlin 1941.
48 H. KEES, *Die priesterliche Stellung des Monthemeth,* in: Zeitschrift für Ägyptische Sprache und Altertumskunde 87 (1962), S. 61.
49 J. LECLANT, *Les inscriptions »éthiopiennes« à Karnak,* in: Revue d'Egyptologie 8 (1951), S. 101-120.
50 J. LECLANT, *Enquêtes sur les sacerdoces et les sanctuaires égyptiens,* S. 31–42.
51 J. YOYOTTE, *Plaidoyer pour l'authenticité du scarabée historique de Shabako,* in: Biblica 37 (1956), S. 457–476.
52 M. F. LAMING MACADAM, *The Temples of Kawa.* 4 Bde. Oxford 1949–55.
53 J. JANSSEN, *Que sait-on actuellement du pharaon Taharqa?* in: Biblica 34 (1953), S. 23–43.
54 R. BORGER, *Die Inschriften Asarhaddons, Königs von Assyrien,* S. 98/99.
55 R. A. PARKER, *The Length of Reign of Amasis and the Beginning of Twenty-Sixth Dynasty,* in: Mitteilungen des Deutschen Archäologischen Instituts. Abteilung Kairo 15 (1957), S. 208–212.
56 B. PORTER und R. MOSS, *Topographical Bibliography.* Bd. VII, S. 217/218.
57 M. AYNARD, *Le prisme du Louvre AO 19 939,* S. 30–33.
58 J. YOYOTTE, *Les vierges consacrées d'Amon thébain,* in: Comptes rendus de l'Académie des Inscriptions et Belles-Lettres 1961, S. 43–52.

59 H. Kees, *Die priesterliche Stellung des Monthemhet*, in: Zeitschrift für Ägyptische Sprache und Altertumskunde 87 (1962), S. 60–62.
60 R. A. Parker, *A Saite Oracle Papyrus from Thebes*, S. 23.
61 J. Leclant, *Montouemhat*, Kairo 1961.
62 R. A. Parker, *A Saite Oracle Papyrus from Thebes*, Tafel I.
63 G. Legrain, *Renseignements sur les dernières découvertes faites à Karnak*, in: Recueil de Travaux relatifs à la philologie et à l'archéologie égyptiennes et assyriennes 27 (1905), S. 61–82.
64 H. de Meulenaere, *La famille des vizirs Nespamedou et Nespakachouty*, in: Chronique d'Egypte 38 (1963), S. 71-77.

KAP. 6: DIE SAÏTISCHE RENAISSANCE

1 Die Chronologie der Saïten (XXVI. Dynastie) ist bis auf ein Jahr genau völlig gesichert. Die Saïtenzeit wurde durch die Eroberung Ägyptens durch die Perser im Frühjahr 525 beendet. Die Regierungsdauer aller Saïtenkönige steht aufs Jahr genau fest, mit Ausnahme der des vorletzten Herrschers, Amasis. Bei ihm bestehen Zweifel, ob er im 44. oder 45. Jahr seiner Regierung gestorben ist. Bis zum Jahr 1957 vertraten die Wissenschaftler fast einhellig die Meinung, er sei im 44. Regierungsjahr gestorben. Die Auswertung eines Doppeldatums, d. h. eines nach dem üblichen ägyptischen Kalender und nach einem Mondmonatkalender gegebenen Tagesdatums, spricht jedoch dafür, daß Amasis erst im 45. Jahr seiner Regierung starb. (Richard A. Parker, *The Length of Reign of Amasis and the Beginning of the Twenty-Sixth Dynasty*. Mitteilungen des Deutschen Archäologischen Instituts Abteilung Kairo, Bd. 15. Wiesbaden 1957, S. 208–212.) Trotz gewisser Bedenken folgt diese Darstellung den sich daraus ergebenden Ansätzen, wonach also z. B. der Regierungsantritt Psammetichs I. im Jahr 664 erfolgt wäre (und nicht erst 663), usw.

2 Das Alte Testament (II Könige 23, 29) sagt zwar zu Nechos Feldzug von 608, der Pharao sei »gegen den König von Assur zum Euphratstrom hingezogen«. Doch beruht diese Angabe ohne Frage auf einem Irrtum. Durch babylonische Chroniken ist belegt, daß Nechos Armee im Jahr 609 gemeinsam mit den Assyrern am mittleren Euphrat gegen die Chaldäer von Babylon kämpfte, weiter, daß in den Jahren 606 und 605 die Ägypter in der gleichen Gegend wiederum gegen die Chaldäer kämpften. Die gelegentlich geäußerte Ansicht, Necho habe im Jahr 609 – wie vorher schon Psammetich – die Assyrer gegen die Chaldäer unterstützt, dann 608 die Assyrer bekämpft, 606 und 605 aber wieder im Kampf gegen die Chaldäer gestanden, muß als völlig abwegig zurückgewiesen werden. Von einer plötzlichen Schwenkung der pharaonischen Außenpolitik im Jahr 608 kann keine Rede sein.

3 Umrechnung der auf der Rückseite der sog. »Demotischen Chronik« verzeichneten Angabe über den Geldwert der staatlichen Lieferungen an die Tempel zur Zeit des Amasis und des von Herodot (III, 91) überlieferten Steueraufkommens der persischen Satrapie Ägypten nach Eduard Meyer, *Kleine Schriften*. Bd. II. Halle 1924, S. 98–100 und *Geschichte des Altertums*. Bd. IV, 1. 4. Aufl. Stuttgart 1944, S. 150.

1 Für eine neuere Darstellung der Zeugnisse vgl. V. R. D'A. DESBOROUGH, *The Last Mycenaeans and Their Successors.* Oxford 1964, Kap. 10.

2 Die Verteilung und Evolution der Dialekte sind zu komplex, um hier behandelt zu werden. Vgl. J. CHADWICK, *The Prehistory of the Greek Language,* in: Neue veränderte Auflage der Cambridge Ancient History, Bd. II, Kap. XXXIX (1963) und E. RISCH, *Die Gliederung der griechischen Dialekte in neuer Sicht,* in: Museum Helveticum 12 (1955), S. 61–76.

3 A. SNODGRASS, *Early Greek Armour and Weapons.* Edinburgh 1964, S. 103–4.

4 Vgl. die zitierte Arbeit DESBOROUGHS (Anm. 1) und sein Buch *Protogeometric Pottery.* Oxford 1952.

5 Eine ausführlichere Behandlung der Phryger (und Lyder) mit zum Teil anderen Akzenten findet sich oben in Kap. 3. Vgl. R. S. YOUNG, *Gordion on the Royal Road,* in: Proceedings of the American Philosophical Society 107 (1963), S. 348–64.

6 JOAN DU PLAT TAYLOR (HG.), *Marine Archaeology.* London 1965, S. 119–40.

7 J. M. COOK, *Greek Settlement in the Eastern Aegean and Asia Minor,* in: Neuauflage der Cambridge Ancient History, Bd. II, Kap. XXXVIII (1961), S. 5,3.

8 Die der hier vertretenen an nächsten stehende Auffassung der »homerischen Frage« findet sich bei G. S. KIRK, *The Songs of Homer.* Cambridge 1962; vgl. die gekürzte, weniger technische Paperbackausgabe *Homer and the Epic.* Cambridge 1965.

9 Vgl. L. H. JEFFERY, *The Local Scripts of Archaic Greece.* Oxford 1961.

10 Vgl. V. EHRENBERG, *Von den Grundformen griechischer Staatsordnung,* in: Polis und Imperium. Zürich–Stuttgart 1965, S. 105 bis 138 in Diskussion mit F. GSCHNITZER, *Gemeinde und Herrschaft,* in: Sitzungsberichte der Österreichischen Akademie der Wissenschaften, Philosophisch-historische Klasse, Bd. 235, Nr. 3 (1960), außerdem A. HEUSS, *Die archaische Zeit Griechenlands als geschichtliche Epoche,* in: Antike und Abendland 2 (1946), S. 26–62.

11 A. LESKY, *Thalatta. Der Weg der Griechen zum Meer.* Wien 1947.

12 Vgl. T. J. DUNBABIN, *The Western Greeks.* Oxford 1948. Es wird hier kein Anspruch erhoben, daß die genannten Daten auf das Jahr genau wären; vgl. die ausführliche und sehr skeptische Untersuchung von R. VAN COMPERNOLLE, *Étude de chronologie et d'historiographie siciliotes.* Brüssel 1960.

13 Über Naukratis vgl. Kapitel VII.

14 Vgl. die in Anm. 3 zitierte Arbeit von A SNODGRASS und dessen Aufsatz *The Hoplite Reform and History,* in: Journal of Hellenic Studies 85 (1965), S. 110–22.

15 Vgl. A. ANDREWES, *Phratries in Homer,* in: Hermes 89 (1961), S. 129–40 und *Philochoros on Phratries,* in: Journal of Hellenic Studies 81 (1961), S. 1–15.

16 Die Überbetonung der Erfindung des gemünzten Geldes in diesem Zusammenhang in der modernen Literatur ist nicht nur im Prin-

zip falsch, sondern beruht auch auf einer falschen Chronologie. Es scheint jetzt so gut wie sicher, daß die ersten Münzen in Kleinasien geprägt wurden und nicht vor 625 zu datieren sind. Daher kam das Auftauchen der Münzen auf dem griechischen Festland, ganz gleich wie schnell man die Ausbreitung veranschlagt, zu spät, um im Aufstieg der Tyrannis als Institution ein wesentliches Moment darzustellen. Vgl. vor allem C. M. Kraay, *Hoards, Small Change and the Origin of Coinage,* in: Journal of Hellenic Studies 84 (1964), S. 76–91.

17 Über den Status der Heloten vgl. D. Lotze, *Metaxy eleutherōn kai doulōn. Studien zur Rechtstellung unfreier Landbevölkerungen bis zum 4. Jahrhundert v. Chr.* Berlin 1959, Kap. 2 und M. I. Finley, *Between Slavery and Freedom,* in: Comparative Studies in Society and History 6 (1964), S. 233–49.

18 Als Beispiele für Rekonstruktionen des »dunklen Zeitalters«, wie sie hier verworfen werden, vgl. F. Kiechle, *Lakonien und Sparta.* München–Berlin 1963 und G. L. Huxley, *Early Sparta.* London 1962.

19 L. Moretti, *Olympionikai. I vincitori negli antichi agoni olimpici,* in: Memorie delle Classe di Scienze morali e storiche dell'Accademia dei Lincei 8 (1959), S. 55–198.

20 E. Will hat in seinem Buch *Korinthiaka.* Paris 1955, S. 477–81 die ansprechende Vermutung geäußert, die die Leistungen der korinthischen Tyrannen für die dortigen Bauern gut den Befürwortern einer Tyrannis in Athen als Modell vor Augen gestanden haben können.

21 *Griechische Kulturgeschichte,* Bd. IV, Kap. 3 = Gesammelte Werke. Basel 1957, Bd. VIII, S. 59–159; vgl. V. Ehrenberg, *Ost und West.* Prag 1935. Kap. 4.

22 Vgl. E. R. Dodds, *The Greeks and the Irrational.* Berkeley–Los Angeles 1951, Kap. 1 u. 2 und A. W. H. Adkins, *Merit and Responsibility, A Study in Greek Values.* Oxford 1960, Kap. 1–8.

23 Es besteht immer noch keine einhellige Meinung darüber, ob der gleiche Dichter Verfasser der *Theogonie* und der *Werke und Tage* war, nicht einmal darüber, ob die *Tage* vom gleichen Autor stammen wie die *Werke.* Die hier vorgetragenen Feststellungen werden durch dies Problem nicht berührt.

24 K. J. Dover in: Fondation Hardt, *Entretiens sur l'antiquité classique,* Bd. X, *Archiloque.* Vandoeuvres–Genf 1963, S. 212.

25 Vgl. M. I. Finley, *Myth, Memory and History,* in: History and Theory 3 (1965), S. 281–302.

26 E. H. Gombrich, *Art and Illusion.* Veränderte Neuauflage. London 1962, S. 114, vgl. S. 120.

Literaturverzeichnis

KAP. 1: ASSYRIEN UND SEINE NACHBARLÄNDER (BABYLONIEN, ELAM, IRAN) VON 1000 BIS 617 V. CHR.
DAS NEUBABYLONISCHE REICH BIS 539 V. CHR.

Literaturangaben siehe unter Anmerkungen

KAP. 2: KLEINASIEN ZWISCHEN HETHITERN UND PERSERN

I. Quellen

Zu den hieroglyphischen Texten sei insbesondere auf folgende große Textausgaben hingewiesen:

GELB, I. J., Hittite Hieroglyphic Monuments. Chikago 1939

HOGARTH, D. G., WOOLLEY, C. L. und BARNETT, R. D., Carchemish. Bd. I (London 1914), Bd. II (London 1921), Bd. III (London 1952)

MESSERSCHMIDT, L., Corpus Inscriptionum Hettiticarum 1 (Berlin 1900), 1. Nachtrag (Berlin 1902), 2. Nachtrag (Berlin 1906)

II. Sekundärliteratur

Als unentbehrliche Hilfsmittel verdienen eine Sonderstellung

LAROCHE, E., Les Hiéroglyphes Hittites. Bd. I: L'écriture. Paris 1960

MERIGGI, P., Hieroglyphisch-hethitisches Glossar. 2. Aufl. Wiesbaden 1962

AKURGAL, E., Späthethitische Bildkunst. Ankara 1949

–, Phrygische Kunst. Ankara 1955

–, Die Kunst der Hethiter. Aufnahmen von Max Hirmer. München 1961

BITTEL, K., Grundzüge der Vor- und Frühgeschichte Kleinasiens. 2. Aufl. Tübingen 1950

BOSSERT, H. TH., Altanatolien. Berlin 1942

ERZEN, A., Kilikien bis zum Ende der Perserherrschaft. Leipzig 1940

GARSTANG, J., The Hittite Empire. London 1929

GOETZE, A., Kleinasien. 2. Auflage (in der Reihe Kulturgeschichte des des Alten Orient im Handbuch der Altertumswissenschaft. Hrsg. v. I. Müller, A. Otto und H. Bengtson). München 1957

LANDSBERGER, B., Sam'al, Studien zur Entdeckung der Ruinenstätte Karatepe ... Ankara 1948

NASTER, P., L'Asie Mineure et l'Assyrie aux VIIIe et VIIe Siècles av. J.-C. d'après les Annales des Rois Assyriens. Löwen 1938

TALBOT RICE, T., The Scythians. 3. Aufl. London 1961

III. Artikel

Siehe insbesondere:

MERIGGI, P., Le Iscrizioni Storiche in Eteo Geroglifico, in: Studi Classici e Orientali II (Pisa 1953), S. 5–64.

LAROCHE hat in einer Reihe von Aufsätzen verschiedene Götterfiguren aus den hieroglyphischen Texten behandelt. Siehe über Armaš (den Mondgott): Revue de l'Histoire des Religions 148 (1955), S. 13 ff.; über Tarḫundaš (den Sturmgott): Revue hittite et asianique, Fasc. 63 (1958), S. 88 ff.; über Rundaš (den Schutzgott): Syria XXXI (1954), S. 107 ff.; über Kubabaš: Elements Orientaux dans la Religion Grecque ancienne (Paris 1960), S. 113 ff.; über Šar(ru)maš: Syria XL (1963), S. 277 ff.

KAP. 3: SYRIEN UND PALÄSTINA VOM AUSGANG DES 11. BIS ZUM AUSGANG DES 6. JAHRHUNDERTS V. CHR. VOM AUFKOMMEN DES KÖNIGTUMS IN ISRAEL BIS ZUM ENDE DES JÜDISCHEN EXILS

I. Quellen

DONNER, H. und RÖLLIG, W., Kanaanäische und aramäische Inschriften. Bd. I–III. Wiesbaden 1962–64 (Abkürzung: KAI)

GRESSMANN, H., Altorientalische Texte zum Alten Testament. 2. Aufl. Berlin–Leipzig 1926 (Abkürzung: AOT)

–, Altorientalische Bilder zum Alten Testament. 2. Aufl. Berlin–Leipzig 1927 (Abkürzung: AOB)

LUCKENBILL, D. D., Ancient Records of Assyria and Babylonia. Bd. I und II. Chicago 1926/27 (Abkürzung: ARAB)

PRITCHARD, J. B., Ancient Near Eastern Texts relating to the Old Testament. 2. Aufl. Princeton 1955 (Abkürzung: ANET)

–, The Ancient Near East in Pictures relating to the Old Testament. Princeton 1954 (Abkürzung: ANEP)

WINTON THOMAS, D., Documents from Old Testament Times. 2. Aufl. New York 1961 (Abkürzung: DOTT)

II. Darstellungen

ALBRIGHT, W. F., Syrien, Phönizien und Palästina, in: Historia Mundi. Bd. II. München 1953, S. 331–376

ALT, A., Völker und Staaten Syriens im frühen Altertum (Der Alte Orient 34, 4). Leipzig 1936

–, Die syrische Staatenwelt vor dem Einbruch der Assyrer, in: Kleine Schriften. Bd. III. München 1959, S. 214–232

BRIGHT, J., A History of Israel. Philadelphia 1959

–, Geschichte Israels. Übers. v. Ursula Schierse. Düsseldorf 1966

DUPONT-SOMMER, A., Les Araméens. Paris 1949

EICHRODT, W., Religionsgeschichte Israels, in: Historia Mundi. Bd. II. München 1953, S. 377–498

EISSFELDT, O., Phoiniker und Phoinikia, in: Paulys Realencyclopädie

der Classischen Altertumswissenschaft. Neue Bearbeitung. 39. Halbband. Stuttgart 1941, Sp. 350–380
–, Tyros. 3) Stadt in Phoinikien, in: Paulys Realencyclopädie der Classischen Altertumswissenschaft. Neue Bearbeitung. Zweite Reihe. 14. Halbband. Waldsee/Württ. 1948, Sp. 1876–1908
–, Einleitung in das Alte Testament. 3. Aufl. Tübingen 1964
Honigmann, E., 3) Syria, in: Paulys Realencyclopädie der Classischen Altertumswissenschaft. Neue Bearbeitung. Zweite Reihe. 8. Halbband. Stuttgart 1932, Sp. 1549–1727
Kraus, H.-J., Israel, in: Propyläen-Weltgeschichte. Bd. II. Berlin 1962, S. 237–349
Lindblom, J., Prophecy in Ancient Israel. Oxford-Philadelphia 1962 (Neudruck 1963)
Noth, M., Geschichte Israels. 5. Aufl. Berlin 1961
–, Die Welt des Alten Testaments. 4. Aufl. Berlin 1962
Olmstead, A. T., History of Palestine and Syria to the Macedonian Conquest. New York 1931
Parrot, A., Le Temple de Jérusalem. Neuchâtel-Paris 1954
Reicke, B. und Rost, L., Biblisch-Historisches Handwörterbuch. Bd. I–III. Göttingen 1962–67
Renckens, H., De Godsdienst von Israel. Roermond en Maseik 1962
Scharff, A. und Moortgat, A., Ägypten und Vorderasien im Altertum. München 1950
Schmökel, H., Geschichte des alten Vorderasien (Handbuch der Orientalistik. Bd. II, 3). Leiden 1957
Soden, W. v., Der Nahe Osten im Altertum, in: Propyläen-Weltgeschichte. Bd. II. Berlin 1962, S. 39–133

III. Atlanten

Grollenberg, L. H., Bildatlas zur Bibel. Gütersloh 1962
Kraeling, E. G., Bible Atlas. Chicago 1956
May, H. G., Oxford Bible Atlas. London 1962

KAP. 4: ARABIEN

Grohmann, A., Arabien. Kulturgeschichte des Alten Orients. Handbuch der Altertumswissenschaft. München 1963
–, Göttersymbole und Symboltiere auf südarabischen Denkmälern. Akad. Wien, phil.-hist. Klasse, Denkschriften, Bd. 58, I. 1913
Pirenne, J., Arabie préislamique. Encyclopédie de la Pléiade. Histoire de l'art 1. Paris 1961, S. 899–929
Pritchard, J. B., Ancient Near Eastern Texts relating to the Old Testament. 2. Aufl. Princeton 1955
Weiss Rosmarin, T., Aribi und Arabien in den babylonisch-assyrischen Quellen. Diss. Würzburg 1931. New York 1932
Wissmann, H. v., Zur Geschichte und Landeskunde von Alt-Südarabien. Sammlung Eduard Glaser III. SBAW. Phil.-hist. Klasse, Bd. 346. Wien 1964

Literaturangaben siehe unter Anmerkungen

KAP. 6: DIE SAÏTISCHE RENAISSANCE

I. Quellen

a) Griechische Quellen

Herodot, Historiae, II, 147 – III, 15

b) Ägyptische Quellen

Breasted, J. H., Ancient Records of Egypt. Bd. IV. Chicago 1907 (In einzelnen Punkten veraltete, aber zur Information brauchbare Sammlung ägyptischer Quellen in englischer Übersetzung)

Spiegelberg, W., Die sog. Demotische Chronik des Pap. 215 der Bibliothèque Nationale zu Paris nebst den auf der Rückseite des Papyrus stehenden Texten. Leipzig 1914

c) Assyrisch-Babylonische Quellen

Luckenbill, D. D., Ancient Records of Assyria and Babylonia. Bd. II. Chicago 1927
(Sammlung assyrisch-babylonischer Quellen in englischer Übersetzung)

Wiseman, D. J., Chronicles of Chaldaean Kings (626–556 B. C.) in the British Museum. London 1956

d) Hebräische Quellen

Kautzsch, E., Die Heilige Schrift des Alten Testaments. 4. umgearb. Aufl. Hrsg. v. A. Bertholet. Bd. I u. II. Tübingen 1922/23

e) Aramäische Quellen

Meyer, E., Der Papyrusfund von Elephantine. Leipzig 1912

Meyer, Rudolf, Ein aramäischer Papyrus aus den ersten Jahren Nebukadnezars II. Festschrift für Friedrich Zucker. Berlin 1954, S. 251–262

Sachau, E., Aramäische Papyrus und Ostraka aus einer jüdischen Militärkolonie zu Elephantine. Leipzig 1911

II. Darstellungen

Breasted, J. H., Geschichte Ägyptens. 8. Buch: Die Zeit der Restauration und das Ende. Deutsch von H. Ranke. Zürich 1936

Drioton, E. und Vandier, J., Les Peuples de l'Orient Méditerranéen. Bd. II: L'Egypte. Kap. XIII: De Psammétique I. à Alexandre le Grand (663–332). Paris 1952

Gardiner, Sir A., Egypt of the Pharaos. An introduction. Kap. XIII: The last assertions of independence. Oxford 1961

Gyles, M. F., Pharaonic Policies and Administration, 663 to 323 B.C. Chapel Hill 1959

Kienitz, F. K., Die politische Geschichte Ägyptens vom 7. bis zum 4. Jahrhundert vor der Zeitwende. Berlin 1953

–, 5000 Jahre Orient. Ein Gang durch Geschichte und Kultur des

Nahen Ostens von den Pharaonen bis zur Gegenwart. S. 139 ff.: Spätzeitpharaonen, Nebukadnezar und der Aufstieg iranischer Volksstämme zur Weltherrschaft. München 1962

MEULENAERE, H. DE, Herodotos over de 26ste Dynastie (II, 147 – III, 15). Löwen 1951

MEYER, E., Geschichte des Altertums. Bd. III, 3: Die Restaurationszeit und die Begründung des Perserreiches. 3. Aufl. Stuttgart 1954

WIEDEMANN, A., Geschichte Ägyptens von Psammetich I. bis auf Alexander den Großen. Leipzig 1880

–, Herodots zweites Buch mit sachlichen Erläuterungen. Leipzig 1890

WOLF, W., Kulturgeschichte des alten Ägypten. Teil IX: Die Spätzeit. Stuttgart 1962

III. Wichtige Einzelabhandlungen, Zeitschriftenaufsätze u. ä.

BISSING, F. W. v. Forschungen zur Geschichte und kulturellen Bedeutung der griechischen Kolonie Naukratis in Ägypten. Forschungen und Fortschritte 25. Berlin 1949

KEES, H., Zur Innenpolitik der Saïtendynastie. Nachrichten der Ges. der Wissensch. zu Göttingen 1935, S. 95 ff.

MEYER, E., Gottesstaat, Militärherrschaft und Ständewesen in Ägypten. Sitzungsberichte der Preußischen Akad. d. Wissensch. Berlin 1928, S. 495 ff.

SAUNERON, S. und YOYOTTE, J., La campagne nubienne de Psammétique II. et sa signification historique. Bulletin de l'Institut Français d'Archéologie Orientale, Kairo 50 (1952) S. 157–207

KAP. 7: DIE GRIECHEN

Bücher und Aufsätze, die in den Anmerkungen zitiert sind, werden hier nicht wiederholt. Allgemeine Werke über die Geschichte Griechenlands oder über griechische Literatur, Religion, Kunst usw. sind nicht aufgenommen.

ANDREWES, A., The Greek Tyrants. London 1956

BÉRARD, J., La colonisation grecque de l'Italie méridionale et de la Sicile. 2. Aufl. Paris 1957

BOARDMAN, J., The Greeks Overseas. Harmondsworth. Penguin Books 1964

BOWRA, C. M., Greek Lyric Poetry from Alcman to Simonides. 2. Aufl. Oxford 1961

BURN, A. R., The Lyric Age of Greece. London 1960

FINLEY, M. I., The World of Odysseus. Veränderte Neuauflage. New York 1965. Deutsche Übersetzung. Darmstadt 1967

FRÄNKEL, H., Dichtung und Philosophie des frühen Griechentums. 2. Aufl. München 1962

–, Wege und Formen frühgriechischen Denkens. 2. Aufl. München 1960

GRAHAM, A. J., Colony and Mother City in Ancient Greece. Manchester 1964

GUTHRIE, W. K. C., A History of Greek Philosophy. Bd. I u. II. Cambridge 1962–65

Hasebroek, J., Griechische Wirtschafts- und Gesellschaftsgeschichte bis zur Perserzeit. Tübingen 1931
Jeanmaire, H., Couroi et Courètes. Lille 1939
Kirk, G. S. und J. E. Raven, The Presocratic Philosophers. A Critical History with a Selection of Texts. Cambridge 1962
Latte, K., Heiliges Recht. Tübingen 1920
Mazzarino, S., Fra Oriente e Occidente. Florenz 1947
Richter, G. M. A., Kouroi. 2. Aufl. London 1960
Roebuck, C., Ionian Trade and Colonization. New York 1959
Sakellariou, M. P., La migration grecque en Ionie. Athen 1958
Snell, B., Die Entdeckung des Geistes. 3. Aufl. Hamburg 1955
Starr, C. G., The Origins of Greek Civilization 1100–650 B.C. New York-London 1962
Vernant, J.-P., Mythe et pensée chez les Grecs. Paris 1965
–, Les origines de la pensée grecque. Paris 1962
Will, E., Doriens et Ioniens. Paris 1956

Verzeichnis und Nachweis der Abbildungen

Register

Die Bearbeitung des Registers erfolgte durch die Redaktion der Fischer Weltgeschichte.

Hinweis: Was unter Ḫ vermißt wird, suche man unter Ch; was unter Š vermißt wird, suche man unter Sch und Sh.